| 우발적 충돌 |

ACCIDENTAL CONFLICT

우발적 충돌

미국과 중국은 왜 갈등하는가

스티븐 로치 지음 | 이경식 옮김

STEPHEN ROACH

한국경제신문

나의 학생들에게 이 책을 바친다.

ACCIDENTAL CONFLICT
우발적 충돌
| 차례 |

1부
관계에 대해서

2부
중국에 대한 미국의 거짓 서사

3부
미국에 대한 중국의 거짓 서사

4부

맞대결의 서사들

이번에 새로 쓴 책《우발적 충돌》을 한국 독자분들에게 소개할 수 있어서 무척 기쁘다. 지난 25년 동안 한국에서 꽤 많은 시간을 보냈는데, 정부 고위 관리들과 금융시장 관계자들을 만나 지역 차원, 전 세계적 차원에서 중요한 쟁점을 놓고 많은 이야기를 나눴다. 이번 책은 미국과 중국 사이의 갈등에 초점을 맞추고 있다. 내가 보기에 이 갈등은 지금 전 세계가 맞닥뜨린 가장 심각한 위험일 뿐만 아니라 한국에도 매우 심각한 문제이며 반드시 극복해야 할 도전 과제다.

이 책에서 나는 미국과 중국의 갈등과 충돌이 지금 위험한 수준에까지 이르렀다고 주장한다. 그런데 두 나라 모두 정치적인 편의성만을 좇아 서로에 대한 거짓 서사들(false narratives, 서사를 설정하는 주체가 해당 서사가 거짓임을 애초부터 잘 알면서도, 특정한 목적을 달성하기 위해서 대중의 인식을 특정한 방향으로 유도하려고 설정하는 서사-옮긴이)을 만들고 수용하는 일이 없었더라면 일이 이 지경으로까지 악화되지는 않았을 것이라는 게 내 생각이다.

이 책의 2부와 3부에서 자세하게 설명하는 이런 거짓 서사들은 미중 갈등을 고조시키는 강력한 연료로 쓰이고 있는데, 이런 연료들은 지금 전 세계의 수많은 위험한 불꽃 가운데 어느 하나만 만나도 사태를 걷잡을 수 없는 상황으로 몰고 갈 수 있다. 그 위험한 불꽃들이란 예를 들면 대만을 둘러싼 이런저런 긴장과 남중국해에서 고조되는 온갖 위험들, 우크라이나에서 진행되는 전쟁이 러시아의 '무제한의 협력자(중국)'에게 의미하는 것 그리고 글로벌 경기침체의 그다지 중요하지 않은 위험들이다.

사정이 이렇다 보니 한때는 상상도 하지 못했던 열전(熱戰)이 실제로 우리가 사는 지구상에서 일어날 가능성을 이제는 무시할 수 없게 되었다. 1914년 6월에 있었던 한 정치적 암살 사건이 한 달 뒤에 제1차 세계대전 발발로 이어졌는데, 이런 일이 지금 당장이라도 일어날 수 있다는 말이다. 따라서 미중 갈등의 고조가 얼마나 위험한 일인지 사람들은 심각하게 받아들여야 한다. 너무 늦기 전에 말이다.

2022년 7월에 이 책의 원고를 마무리하면서도 어쩐지 불안했다. 현재 상황이 역사적 선례와 놀랍도록 비슷하다는 불길한 느낌이 들었기 때문이다. 그래서 애초에 계획에 없었던 후기를 부랴부랴 써서, 이 책에서 다루는 주제가 현재 일어나는 사건들의 영향을 받아 언제든 달라질 수 있는 움직이는 과녁임을 새삼 분명하게 말했다. 그러면서 나는 이런 책의 가치는 미중 관계의 복잡성 속에서 펼쳐지는 온갖 새롭고 중요한 사건 전개 및 전환들을 해석할 분석의 틀을 제공한다는 점에 있다고 주장했다. 비록 미래의 상황을 정확하게 알 수야 없겠지만 말이다.

그러길 정말 잘했다. 2022년 11월에 이 책이 출간되었는데, 아닌 게 아니라 그 뒤로 미국과 중국이라는 두 초강대국 사이의 갈등이 지금까지 악화일로를 걷고 있기 때문이다. 10월 초에 미국이 첨단 반도체에 대한 중국의 접근을 엄격하게 제한하는 제재를 취했는데, 이 일로 미중 간 기술 전쟁이 갑자기 뜨겁게 타올랐다.

2023년 2월 초에는 미중 갈등이라는 불에 기름을 붓는 사건이 일어났다. 사우스캐롤라이나주의 해안 상공에 떠 있던 중국의 정찰용 풍선을 미국 전투기가 격추한 사건이었다. 그 전날 토니 블링컨 (Tony Blinken) 미국 국무부 장관은 오래전부터 예정되어 있던 베이징 방문을 취소했고, 또 중국의 정찰용 풍선 격추 사건 때문에 블링컨과 그의 중국 대화 상대인 왕이(王毅)는 뮌헨안보회의(Munich Security Conference, MSC)에서 말다툼을 격렬하게 벌였다. 그 뒤에 미국 하원에서는 중국을 규탄하는 청문회가 열렸다. 그리고 차이잉원(蔡英文) 대만 총통이 케빈 매카시(Kevin McCarthy) 미국 하원의장과 7개월 만에 두 번째로 만나면서 미중 관계는 더욱 나빠졌다.

중국은 갈등이 고조되는 최근의 국면에서 자기 역할을 확실하게 수행하고 있다. 2023년 2월에 열린 전국인민대표대회에서도 그랬지만, 시진핑(習近平) 주석은 이것과는 별도로 중국의 발전과 번영을 가로막을 목적으로 중국을 억압하고 봉쇄하며 "전방위적으로 포위"하는 주체가 미국이라고 공공연하게 지목하고 나섰다. 그리고 5월에 중국은 미국의 무역 제재에 보복할 목적으로, 미국의 주요 메모리 칩 생산업체인 마이크론의 제품을 수입하지 않겠다고 나섰는데, 마이크론으로서는 전 세계 매출의 11퍼센트가 중국에서 발생하던 터라서 큰 타격을 입을 수밖에 없었다. 중국이 첨단 반도체에 접근하지 못하도록 제재했던 미국의 조치가 품은 심각성을 고려한다면 중국의 보복 조치가 추가로 이어질 가능성이 크다.

갈등 고조의 궤적이 점점 불길해진다는 사실은 미중 관계의 성격이 중요하게 바뀌고 있음을 뜻한다. 40년이 넘는 지난 세월 동안 두 나라의 경제와 무역은 미중 관계를 지탱해왔다. 그런데 이제 두 나라의 태도는 경제와 무역보다는 안보를 더 중시하는 쪽으로 바뀌고 있다. 아닌 게 아니라 2022년 9월에 미국 국가안보국장 제이크 설리번(Jake Sullivan)이 했던 연설의 내용도 이런 맥락이었고, 그로부터 한 달 뒤인 2022년 10월에 시진핑이 제20차 당대회에서 했던 연설의 내용도 비슷한 맥락이었다. 미국과 중국 모두 이제는 경제와 무역보다 안보를 우선시하기 때문에 우발적인 충돌이 일어날 가능성은 그 어느 때보다도 크고 점점 더 커지고 있다.

그런데 이 책은 갈등과 충돌을 다루는 암울한 책이 아니다. 통념과는 다르게, 나는 미국이 어떤 '중국 문제' 하나를 안고 있는 게 아니라고 주장한다. 마찬가지로 중국이 어떤 '미국 문제' 하나를 안고 있는 것도 아니다. 두 나라는 모두 **'상호관계와 관련된 문제'**를 안고 있다. 내가 내린 진단에 따른 유일한 해법은 두 나라가 모두 받아들일 수 있는 행동을 토대로 하는 **'상호관계와 관련된 해법'**이다. 그런 맥락에서 이 책은 갈등을 해결할 세 가지 방안을 결론으로 제시한다. 첫째는 신뢰를 구축하는 구체적인 의제이고, 둘째는 양국 사이의 투자 장벽을 낮추는 친성장 양자 간 투자조약[Bilateral Investment Treaty, BIT,

일반적으로 BIT를 '양자 간 투자협정'으로 번역하기도 하지만, 조약(treat)은 의회의 비준을 얻어야 유효하고 협정(agreement)은 행정명령만으로도 유효하므로 이 둘은 엄연히 다르고, 따라서 이 책에서는 '양자 간 투자조약'으로 번역한다—옮긴이] 그리고 셋째는 미중사무국이라는 상설 조직이다. 여기에 대해서는 14장에서 자세히 설명할 것이다.

한국이 미국과 중국의 고래 싸움에 휘말려서 등이 터지고 있음은 말할 필요도 없다. 중국은 한국에 가장 큰 수출 대상국이라서 수출에 의존하는 한국 경제로서는 중국과의 연결성을 줄인다면[즉 디커플링(decoupling, 국가와 국가 또는 한 국가와 세계의 경기 등이 동일한 흐름을 보이지 않고 독립적으로 움직이는 현상—옮긴이)을 감행한다면] 엄청난 위험을 맞을 수밖에 없다. 그런데 동시에 한국은 미국의 안보 우산에 크게 의존하고 있어서, 북쪽과 서쪽에서 발생하는 지정학적 긴장의 영향을 훨씬 더 많이 받을 수밖에 없다. 경제와 무역보다 안보를 중시하는 미국의 태도와 비슷하게 한국도 미국과의 동맹에 예전보다 더 크게 가치를 부여하고 있다.

경제적인 차원의 고려와 안보적인 차원의 고려 사이에서 아슬아슬하게 줄타기를 하는 일은 어떤 나라라도 쉬운 일이 아니며, 한국은 특히 더 그렇다. 내가 한국에 해줄 수 있는 최선의 조언은 이 책에서 강조하는 여러 가지 제안처럼, 갈등하는 두 나라의 어느 한쪽을 강력하게 지지하고 나서기보다는 갈등의 고조를 늦추고 이를 해소하기 위한 상호 노력을 지지하는 접근법에 초점을 맞추라는 것이다. 미국과 중국이 미중사무국이라는 상설 조직을 만드는 것을 지원하는 데서 한국은 중요한 역할을 할 수 있다.

미국과 중국이라는 두 초강대국이 충돌을 향해 달려가는 현재의 양상은 신뢰를 기반으로 서로 협력하는 양상으로 바뀌어야 한다. 새롭고 강력하며 영구적인 협력의 참여 구조는 그런 방향으로 나아가는 중요한 걸음이 될 수 있다. 바로 이 흐름(혹은 운동)을 한국이 지원하고 나설 때 미중 갈등의 해결이라는 시급한 과제에 실질적인 변화가 나타날 수 있다.

후속편을 시작하면서

2014년에 출간된 내 책《G2 불균형: 패권을 향한 미국과 중국의 미래 경제 전략(Unbalanced: The Codependency of America and China)》에서 나는 어떤 경고 하나로 책을 마무리했었는데 아무래도 그 경고가 맞아떨어진 것 같다. 그리고 지금 이 사실은 모두에게 너무도 고통스러운 일이다.

　그때 나는 미국과 중국 사이의 동반의존적인[codependent, 자신을 필요로 하는 상대방으로부터 자신의 정서적 욕구 및 존재 가치를 느끼고 자신도 상대방에게 의존하는 상태. 이 책에서는 '상호의존적(interdependent)'이라는 용어와 구별되어 쓰인다. 미중 관계는 동반의존성에서 탈피해 상호의존성으로 나아가야 한다는 것이 이 책의 기본적인 내용이기 때문이다. 이 구분에 대한 저자의 설명은 본문 422쪽을 참조하라―옮긴이] 경제 관계가 끔찍한 수준으로까지 악화되고 틀어질까 봐 두려웠다. 그런데 불행하게도 그런 일이 실제로 일어나고 말았다. 지금 세계 최고 강대국인 두 나라 사이에서 공공연하게 빚어지는 갈등은 이 동반의존적인 관계가 근본적으로 불안정해서 빚어진 결과다.

이런 일이 일어날 걸 진작 알아봤어야 했다. 국가 간 모든 갈등은 당사국들 사이의 조건에 무언가 중대한 변화가 있을 때 나타난다. 《G2 불균형》이 출간되던 때만 하더라도 두 나라의 관계는 갈림길에 서 있었다. 하나는 내가 '비대칭 재균형(asymmetrical rebalancing)'이라고 이름 붙였던 것으로 한쪽은 바뀌고 다른 쪽은 바뀌지 않는 길이었고, 다른 하나는 양쪽 모두 강력한 변화 의지를 지니고 한층 균형을 이루는 길이었다. 그런데 두 나라는 전자의 비대칭적 경로를 선택했고, 이것이 결국 갈등의 원인이 되고 말았다. 만일 대칭 경로를 선택했더라면 두 나라는 갈등을 예방하고 조화로운 협력 속에서 지정학적인 문제들을 함께 극복하면서 성장을 이어나갈 수 있었다. 어떤 길을 선택할지는 오롯이 두 나라의 몫이었다.

그런데 무슨 일이 일어났던가? 모두가 알다시피 중국은 바뀌었지만 미국은 바뀌지 않고 가던 길을 여전히 꿋꿋하게 갔다. 이렇게 될 수밖에 없었던 건 중국이 필수적으로 떠안아야 했던 '성장'이라는 도전 과제가 그 한 가지 이유였다. 중국은 1978년부터 2007년까지 연평균 10퍼센트 경제성장률을 기록하면서 눈부시게 도약했고 그 덕분에 중국의 경제는 임계점에 도달했다. 이 기간에 1인당 국민소득이 10배 이상 늘어난 중국은 이른바 '중진국의 함정(middle-income trap)'을 향해 맹렬하게 달려갔다. 중진국의 함정이란 개발도상국이 경제성장 초기에는 순조롭게 성장하지만 중진국 수준에 들어서면 성장이 장기간 정체하는 현상을 가리키는 말이다.

중국으로서는 이것이 변화로 나아가야 한다는 명확한 신호였다. 그리고 중국은 그 신호를 따랐다. 선견지명이 있었던 것인지, 행운이 따라준 것인지는 모르지만 어쨌거나 중국은 경제성장의 원천을 재조정하는 작업에 나섰다. 점점 불안정해지는 해외 부문에 초점을 맞추기보다는 국내 민간 소비와 자주 혁신(indigenous innovation, 국내에서 진행된 혁신을 뜻한다-옮긴이)에 초점을 맞추는 방식으로 성장 동력을 마련하려 한 것이다. 그러나 중국에서 일어난 변화는 경제적인 재균형의 범위를 훨씬 뛰어넘었으며, 패권과 이념의 정치경제(political economy) 영역에서도 똑같이 극적이고 걱정스러운 편향 현상이 나타났다.

한편 미국은 시대에 뒤떨어진 성장 모델에 매달리면서 사회적·정치적 양극화에 점점 더 깊이 몰두했다. 그러다 보니 결국 주사위가 던져지고 말았다. 두 나라 사이의 위태롭던 역학 관계가 전면적인 무역전쟁 및 기술 전쟁으로 비화한 것이다.

역학 관계가 기울어지면서 '넥스트 차이나(Next China, 저자는 이 말을 '가까운 미래의 중국'이라는 뜻으로 사용한다-옮긴이)'의 역설이 기존의 강대국들을 불안하게 만들었다. 즉 중국이 세계 경제성장의 주요 엔진으로 등장하면서 기존 강대국들의 우월한 지위가 불안해진 것이다. 그러나 중국의 경제성장이 의미하는 내용은 그보다 훨씬 컸다. 오랜 세월 저축도 하지 않은 채 분수에 넘치게 번영을 누려왔던 세계 최강국 미국의 가면을 벗겨버린 것이다.

그리고 갈등은 통제할 수 없을 정도로 커지면서 점점 더 위험한 수준으로 치달았다. 역사 속 숱한 비극들이 전하는 경고에도 불구하고,

새롭게 떠오른 경제 대국은 왕좌에 앉아 있는 기존의 경제 대국을 겨냥하며 저돌적으로 달려들었다.

상황이 굳이 이런 식으로 풀리지 않아도 되었다. 게다가 최악의 결과를 피할 기회는 지금도 여전히 있다. 그런데 정말 의문이다. 과연 두 나라는 너무 늦기 전에 갈등을 해결하려는 의지가 있을까? 또는 그런 전망을 하고는 있을까? 헨리 키신저(Henry Kissinger, 냉전 시기에 미국 국무부 장관을 역임했던 정치학자-옮긴이)도 말했지만, 미국과 중국은 지금 냉전의 새로운 버전을 눈앞에 두고 있다. 알다시피 두 나라의 동반의존성은 갈등이 급격히 고조되는 위험 수위에 이미 다다랐다. 두 나라에는 함께 참여하고 공존할 새로운 틀이 필요하며, 이는 점점 더 긴급한 과제로 대두되고 있다. 그래서 이 책은《G2 불균형》이 걸음을 멈췄던 바로 그 지점에서 다시 걸음을 시작하려 한다.

편의성이라는 경험

역사에는 온갖 거짓 서사들이 흩뿌려져 있다. 지구가 둥글지 않고 평평하다는 이론과 프톨레마이오스(Ptolemaeos) 우주론에서부터 UFO 목격담, 도널드 트럼프(Donald Trump) 전 대통령과 그의 지지자들이 주장하는 부정선거 주장에 이르기까지, 자신의 주장을 설득력 있게 포장하기 위해 사실을 왜곡하는 일은 사람들이 지금까지 늘 해오던 일이다. 중국과 미국이 각자 상대편을 비난할 목적으로 꾸며내는 거짓 서사들도 마찬가지다.

진실한 서사와 거짓 서사를 구별하기란 쉽지 않다. 궁극적으로 진실은 시간이 지난 다음에 드러나기 때문이다. 새로운 발견이 잘못된 과학을 바로잡듯이 '가짜 뉴스'는 얼마든지 사실 확인(팩트 체크)이 가능하며 정치적 우회는 막다른 골목을 피할 수 있다. 그러나 거짓 서사를 없애기는 매우 어려울 수 있다.

트럼프가 했던 정치적 모험과 관련해 트럼프 이후에 나온 대응이 증명했던 것처럼, 사실에 근거한 반론은 그것만으로는 충분하지 않을 수 있다. 거짓말이 반복되면 거짓말을 진실로 믿는 확신이 생기기 때문이다. 그리고 온라인 사회관계망이 지배하는 오늘날에는 이 기술적 '반복'이 매우 중요한 역할을 한다. 반복되는 거짓 서사에 문제를 제기하지 않고 방치할 경우 사람들은 자신이 직접 경험하기 전까지 이 거짓 서사를 진실로 믿는다. 그리고 깨우침의 순간이 올 때까지, 거짓 서사는 스스로 증식하고 독립적으로 활동하며 심지어 자기가 만들어낸 역사까지 바꿔놓기도 한다.

미국인 대부분은 중국에 대한 온갖 부정적인 이야기를 모두 사실로 받아들이는데, 실제로 이런 이야기들은 수많은 미국 대중에게 먹힌다. 퓨 리서치 센터(Pew Research Center)에 따르면 2021년 중반에 미국인 76퍼센트는 중국을 부정적으로 바라봤다. 이 수치는 미국이 2018년에 중국과 무역 전쟁을 시작한 이후 무려 29퍼센트포인트나 급등한 것으로, 2005년 이 조사가 시작된 뒤로 중국을 부정적으로 바라보는 미국 여론의 추이를 보여준다.

중국도 미국과 비슷한 사회적 질병에 시달리고 있다. 중국은 미국 경제를 복제해 미국의 패권을 가져오려고 오랫동안 노력했지만, 역시나 편견이라는 안경을 통해 미국을 바라보고 있다. 중국은 그들의 성장과 발전을 미국이 억제하고 봉쇄하려 한다고 여긴다. 그리고 2018~2021년의 무역 전쟁이 미래에도 이어질 것으로 추정하며, 보호주의적이고 국수주의적으로 바뀌고 있는 미국이 계속해서 중국을 겨눌 것이라고 확신한다.

그와 동시에 많은 중국인이 미국이 쇠퇴의 길을 걷고 있다는 서사를 진실로 받아들인다. 특히 미국이 약 20년 동안 위기와 불안정을 겪어온 것을 지켜보면서는 더욱 이 서사를 믿고 있다. 중국이 믿고 있는 미국에 대한 최종 거짓 서사, 즉 사회주의가 자본주의를 이길 것이라는 서사는 두 나라 사이에 존재하는 갈등의 전혀 다른 측면을 보여준다. 중국인들에게 깊이 뿌리내린 가치관을 바탕으로 하는 이 서사는 두 체제의 공존이 아닌 경쟁을 지향하며 타협의 여지를 거의 남기지 않는다. 공산당이 중국을 지배하는 한, 중국으로서는 이념적으로 편리한 도구가 되어주는 이 서사를 포기할 이유가 없다.

미국과 중국의 거짓 서사들이 대결을 벌이는 지금은 갈등 관계가 계속해서 꼬이기만 할 뿐이다. 중국의 위협에 미국이 집착할 때 미국의 이 집착은 미국의 위협에 대한 중국의 집착과 필연적으로 충돌할 수밖에 없다. 두 경우 모두, 각각의 거짓 서사에 깔린 두려움 때문에 강경한 반응이 나타날 수밖에 없고 이런 행동들은 매우 정당해 보이기까지 한다. 결국 이 거짓 서사들의 충돌은 실제 현실에서의 충돌로 이어졌다.

어쩌다 이렇게 되었을까? 한마디로 말하면 헛다리 짚은 두려움, 실체가 없는 두려움 때문이다. 두려움은 인간적인 관계는 물론이고 경제적인 관계에서도 가장 독성이 강하다. 미국에 만연한 두려움의 뿌리는 한때 자랑스러웠던 미국 제조업 부문의 활력을 빼앗아간 만성적인 일자리 부족과 정체된 임금에 대해 노동자와 그 가족이 느끼는 경제적인 불안으로 거슬러 올라간다. 이 두려움은 중국이 경제 대국으로 떠오른 바람에 미국의 무역 적자 폭이 한층 커졌다는 서사와 겹쳐져, 일자리가 해외로 빠져나가고 미국이라는 나라의 국가적 자아의식이 훼손될 수 있다는 상징적인 두려움이다. 중국산 저가 제품들이 물밀듯 들어와 과거 자기들이 국내에서 만들었던 제품들을 대체했다는 사실을 생각하면 이런 두려움은 더욱 치명적이고 아플 수밖에 없다.

한편 이 서사는 정치적인 차원에서 매우 편리하게 이용되었다. 공화당 소속이든, 민주당 소속이든 할 것 없이 미국의 정치인들은 확인된 몇 가지 사실들을 연결해서 중요한 왜곡 하나를 만들어냈다는 점에서는 똑같다. 바로 지금 미국에서 일어나고 있는 경제 학살은 중국과의 무역 때문만이 아니라 중국의 불공정하고 약탈적이며 대체로 불법적이기까지 한 경제 공격 때문에 나타난 것이라는 서사다. 만약 이것이 사실이라면 미국인이 소중하게 여기는 아메리칸드림(American dream)과 미국의 글로벌 리더십을 중국이 위협하고 있다는 뜻이 된다.

이 음울한 서사는 미국 정치인들에게 특히 유용하다. 곤궁한 미국 노동자들의 불만을 외부로 떠넘길 구실이 되기 때문이다. 즉 이 왜곡된 이야기를 사람들이 진실이라고 받아들인다면 수많은 지역사회에서 미국인이 느끼는 고통에 대해 정치인은 책임을 지지 않아도 된다. 이 서사로 수십 년 동안 미국의 국내저축을 부실하게 만든 정부의 재정 적자에 대한 사람들의 관심을 무역 적자로 돌릴 수 있다. 무역 적자야말로 정치인들이 모든 책임을 떠넘기고 싶어 하는 안성맞춤의 대상이다. 이렇게 해서 스스로 부풀린 경제적 불안과 정치적 편의성이 결합해 설득력 있는 서사 하나가 만들어진다. 그리고 이 서사는 강력한 거짓 서사의 고전적인 여러 조건을 채운 다음 스스로 커져서 독립된 경로를 만들고 나아간다.

그런데 이와 똑같은 일이 중국에서도 일어났다. 역사 속에서 중국과 미국의 무역 전쟁은 오랫동안 불안정하게 이어졌던 중국 지도부의 어두운 측면을 공략했다. 19세기 중반 아편전쟁 때부터 1930년대 중반 일본의 중국 침공까지의 시기를 일컫는, 이른바 중국의 '굴욕의 세기'는 중국의 자존심에 깊은 상처를 남겼고 수많은 중국인에게 고통을 안겼다. 이 상처와 고통 때문에 중국의 대중과 중국공산당 지도자들은 서양의 열강이 언제든 다시 공격해올 수도 있다고 두려워하게 되었다. 이런 고통스러운 불안함 때문에 중국에서도 거짓 서사가 정치적으로 편리하게 이용될 조건이 마련되었다.

따라서 두 나라 사이에 우발적 충돌은 언제든 일어날 수 있는 일이 되었다. 그러니까 이 우발적 충돌이라는 것은, 양국에서 각자의 편의성 때문에 생겨난 거짓 서사가 서로 부딪히지 않는 한 전혀 일어날 일이 없는 그런 충돌이다. 그래서 미국과 중국의 갈등은 지금 매우 위험한 상태다. 대통령이었을 때 도널드 트럼프는 이 갈등을 마구 부채질했지만, 오랜 세월 부글부글 끓어오른 경제적 압박을 해롭기 짝이 없는 민족주의(nationalism, 정확하게는 '경제 민족주의'를 뜻한다-옮긴이) 정치와 연결하는 일은 트럼프만 했던 게 아니다. 트럼프는 미국이 다시 위대한 나라로 우뚝 서는 데 가장 큰 장애물이 중국의 위협이라고 했다. 이런 결론에서는 관세 전쟁이 필연적으로 이어질 수밖에 없었고, 세계에서 가장 강력한 두 나라는 경제 파탄 직전까지 내몰렸다.

그런데 놀랍게도 트럼프의 뒤를 이은 조 바이든(Joe Biden)은 거짓 서사를 털어내려는 노력조차 하지 않고 있다. 그 역시 정치적 편의성 때문이다. 트럼프와 바이든은 공통점이 거의 없긴 하지만 확실한 공통점 하나는 있다. 두 사람 모두 중국에 대한 거짓 서사에 사로잡혀 있으며 정치적인 목적을 위해 이 서사를 적극적으로 활용해서 여론을 뜨겁게 부추긴다는 점이다.

양국의 이 껄끄러운 관계는 세계 경제의 틀을 형성하는 가장 논쟁적인 쟁점들 일부에 뿌리를 두고 있다. 중국이 경제 대국으로 떠오른다는 사실은 그 자체로 양날의 칼이다. 먼저 한쪽을 보면, 가까운 미래의 중국 경제(이 경제를 '넥스트 차이나'라고 부르자)는 점점 더 소비자가 주도하고 서비스업을 기반으로 하며 혁신이 중심이 될 것이다. 넥스트 차이나에는 21세기 전반에 전 세계의 총수요 성장을 이끌어갈 거대한 잠재력이 있다. 이런 발전의 긍정적인 측면은 넥스트 차이나에서 여러 시장이 빠르게 확장하면서 중국에서 중산층이 빠르게 성장하고, 이 과정에서 발생하는 편익의 열매를 다른 나라들도 나눠 가질 수 있다는 점이다. 이때 가장 유리한 위치에 있는 나라가 미국이다. 미국의 세계적인 기업들이 그 열매를 수확할 게 분명하기 때문이다.

이 거대한 가능성이 긍정적인 측면이라면 다른 쪽의 부정적인 가능성 역시 엄청나게 크고 예리하다. 오늘날 전 세계에 걸쳐 한 가지 우려가 사람들의 입에 오르내리는데 특히 미국에서는 더 심각하다. 바로 중국이 부상하면서 발생하는 편익에는 미국 국민을 비롯해 전 세계 사람들의 엄청난 희생이 뒤따를 것이라는 우려. 일자리가 사라지고 임금이 정체될 것이라는 두려움, 모든 나라가 경제적으로 희생될 것이라는 두려움이다.

그런데 두 개의 블랙 스완(black swan, 도저히 일어나지 않을 것 같은 일이 짧은 기간에 일어나는 현상-옮긴이)이 이런 경제적 두려움을 더욱 부풀리고 있다. 그중 하나는 2020년에 시작된 코로나19 팬데믹이었다. 지금은 대부분 주요 경제국, 특히 미국과 유럽은 코로나19 이후 경제회복의 길을 걸어가고 있지만 중국은 지금도 새로운 변종 바이러스들과 싸우고 있다. 모든 경우에, 그 충격의 영향은 개인과 기업 그리고 공공 재정의 행보에 어두운 그림자를 드리울 가능성이 크다. 코로나19 팬데믹으로 타격을 입은 세계는 2020년과 2021년에 우리를 사로잡았던 공포뿐만 아니라 코로나바이러스와 그 여파에 대처하는 법도 함께 배워야 한다. 예방백신을 아무리 맞아도 이 공포는 쉽사리 지워지지 않을 것이다.

또 다른 블랙 스완은 러시아-우크라이나 전쟁이다. 이 전쟁은 코로나19 팬데믹이 발발하고 겨우 2년 뒤인 2022년 초에 일어났다. 표면적으로만 보면 이 전쟁은 미국과 러시아연방 사이에 일어난, 강대국끼리의 전형적인 충돌이다. 그러나 러시아와 '무제한' 협력 관계(파트너십) 협정을 막 체결한 중국은 순식간에 십자포화를 맞았다. 만약 중국이 러시아를 계속해서 지지하거나 지지를 강화함으로써 그 협정을 고수한다면 서구 진영으로부터 적으로 낙인찍힐 위험을 감수해야 한다. 실제로 그렇게 된다면 중국에 대한 이런저런 제재가 뒤따를 것이고, 미국과 중국의 갈등은 더욱 깊어질 것이다.

만약 미국과 중국 어느 한 나라가 이 두 개의 블랙 스완으로 다른 나라보다 더 힘들어진다면 이미 착착 진행되고 있는 비난 게임(blame game, 어떤 실패 상황을 두고 책임을 인정하지 않으려는 사람들이 서로 비난하고 책임을 전가하는 것-옮긴이)은 더욱 치열해질 것이다. 한 가지 예를 들면 미국 정치인들은 코로나19가 중국에서 시작되었다는 이야기를 끝까지 물고 늘어질 것이다. 즉 코로나19가 중국 우한에서 시작되었으니만큼 이미 피해를 입은 사람들과 앞으로 피해를 입을 사람들에게 중국이 책임을 져야 한다고 말이다. 그러면 2020년 코로나19에 대한 미국 정부의 대응이 잘못되었다는 비난은 저절로 소멸된다. 미국의 정치권으로서는 코로나19 대응에 대한 책임을 중국과 중국의 지도자에게 떠넘기는 것이 간편하고 편리할 것이다. 마찬가지로, 중국은 러시아-우크라이나 전쟁 발발에 아무런 역할을 하지 않았지만 새로이 협정을 맺은 러시아의 군사 공격을 그저 묵인만 하더라도 그 모든 비난의 화살을 피할 수 없게 된다.

이 모든 것이 앞으로 어떻게 진행될지는 다들 짐작만 할 뿐이다. 예로 든 것 말고도 왜곡된 서사는 부족하지 않을 정도로 많다. 특히 경제 분야에서는 더욱 그렇다. 불안정한 주식시장 속에서 사람들은 경제가 조금이라도 빨리 회복되길 갈망한다. 올라가기만 하는 인플레이션율과 금리는 커져만 가는 전쟁의 위협과 강대국들 사이의 충돌처럼 다가올 미래를 점점 위태롭게 바꾸고 있다.

궁극적으로 어떤 결과가 빚어지든 간에 세계 최강의 두 나라 사이에서 고조되는 이런 긴장은 전 세계에 지속적으로 영향을 미칠 것이다. 미국과 중국의 경제 모델이 다르다는 사실은 두 나라의 이념뿐만 아니라 시간 지평이 전혀 다르다는 뜻이기도 하다. 미국 예외주의(American exceptionalism, 미국이 정치·경제·사회·역사 등 모든 부문에서 다른 국가와는 구분되는 특별함을 가지고서 세계를 이끄는 강력한 리더십을 발휘하는 세계 최고의 국가라는 뜻-옮긴이)란 말은 경제적인 차원에서 보면 지금 당장 소비하고 저축은 나중에 하자는 것이다. 바로 이것이 슬로건이 되어 미국은 오랫동안 국내저축 기반이 허약했다. 국내저축이야말로 한 나라의 경제성장을 틔우는 씨앗임에도 말이다.

반면에 중국은 한층 장기적인 관점으로 눈부신 성장에 필요한 대규모 투자(생산 능력 확장, 새로운 인프라 구축, 인적 자본의 심화 그리고 요즘은 국내의 자체적 혁신 욕구 등에 대한 투자)를 지원하기 위해 잉여저축(surplus saving, 소비되지 않고 쌓인 자금에 따른 저축-옮긴이)에 크게 의존해왔다. 그렇지만 과연 중국이 미국식의 소비중심주의 모델로 선회할 수 있을까? 마찬가지로, 미국도 미래의 성장에 필요한 투자 자금을 조성하기 위해 중국처럼 국내저축 역량을 회복할 수 있을까?

결과는 자명하다. 단기적인 결과에 집착하는 미국은 저축 및 국제수지에서의 불균형을 방치했다. 국내저축이 부족한 상황에서도 투자와 성장에 필요한 자금을 마련하기 위해 다른 나라들로부터 돈을 많이 빌렸다. 그러나 외국 자본을 유지하려면 국제수지에서 만성적으로 큰 폭의 적자를 감수해야 했다. 이런 모습은 중국이 저축이야말로 미래 성장의 토대라고 강조한 것과 뚜렷하게 대비된다. 그러나 중국에서는 과도한 저축(excess saving, 초과저축) 때문에 여러 문제가 발생했다. 막대한 규모의 무역 흑자가 발생했지만 걷잡을 수 없을 정도로 불어난 중국판 중상주의와 불공정한 거래 관행을 낳았다.

동반의존성이라는 렌즈로 보면 '경제적 차원의 가치제안(economic value propositions, 상품 구매로 얻게 되는 고객의 편익과 구매 비용 간의 차이를 설명하는 일-옮긴이)'에 대한 미국과 중국의 차이는 한층 뚜렷해진다. 1980년대와 1990년대에는 중국 경제와 미국 경제가 요구하는 것들이 완벽하게 들어맞았다. 침체된 중국 경제로서는 20년 동안 이어진 불안정성에서 벗어날 새로운 성장 원천이 간절했다. 미국으로서는 경제성장은 침체 상태인데 물가가 상승하는 지긋지긋한 스태그플레이션에 시달리고 있었다. 이에 미국 기업은 제조업 생산 기지를 중국으로 이전함으로써 생산비를 줄여 수익성을 높일 수 있었고, 물가가 안정되면서 미국 소비자는 더 나은 생활을 누릴 수 있었다. 1990년대 후반과 2000년대 초반까지 미국과 중국은 이해가 맞아떨어진 덕분에 모두 행복할 수 있었다. 미국이 중국의 주요 수출국이 되자 중국 경제는 빠른 속도로 성장했다. 그리고 미국의 소비자는 중국에서 수입되는 저가 제품 덕분에 늘어난 구매력을 실컷 누렸다.

하지만 이는 과거의 일일 뿐이다. 지금 우리의 눈앞에는 동반의존성의 고전적인 충돌이 벌어지고 있다. 중국은 가치사슬(value chain, 기업 활동에서 부가가치가 생성되는 과정-옮긴이)을 끌어올리는 작업을 꾸준하게 진행해서 첨단 제품을 만들고 있으며 미국이 독보적이라고 주장하는 신산업들을 개척해 나가고 있다. 한편 변화를 촉진할 능력도, 의지도 없는 지도자들 아래 불안감에 사로잡힌 미국 대중은 중국이 그들의 미래를 위협하는 존재라는 정치적 편의성의 포로가 되었다.

결국 넥스트 차이나라는 과도기에 대한 전 세계의 대응이 거짓 서사들의 전쟁을 해결하는 데 결정적인 역할을 할 것이다. 중국은 다른 나라들과의 관계에서 빚어진 갈등을 해결하기 위해서뿐만 아니라 국가적 성장 목표를 달성하기 위해서라도 반드시 경제를 바로잡아야 한다. 그런 중국이 자주혁신 정책에서 인공지능에 초점을 맞춘 것은 2049년까지 미국에 버금가는 강대국이 되겠다는 대담한 목표의 핵심이다. 바로 여기서 중국이 수행해야 할 특별한 과제가 떠오른다. 과연 중국은 부채를 무겁게 짊어지고 있는 국영기업을 개혁하거나, 다른 나라의 통화와 완벽하게 교환되는 통화를 포함해 현대적이고 개방적인 금융 시스템을 개발하지 않고도 그런 변화를 이끌 수 있을까?

미국에도 비슷한 질문을 할 수 있다. 과연 미국은 저축과 관련된 문제를 해결하지 않고도 성장을 이어갈 수 있을까? 저축 및 저축이 뒷받침하는 투자와 연구개발이 부족한 미국이 혁신의 최전선에서 앞으로도 계속해서 우월함을 유지할 수 있을까? 미국은 과거에 이룬 마법과도 같은 성과를 다시 이뤄내야 할 뿐만 아니라 경제 자체를 강화해야 한다. 미국은 과거와는 전혀 다른 미래, 즉 중국이 경제 대국으로 중요한 역할을 한다는 사실을 전제로 미래를 꿈꿔야 한다. 미중 갈등의 해결 여부는 두 나라가 맞닥뜨린 어려운 성장 과제를 각자 그리고 함께 어떻게 해결하느냐에 달려 있다.

모든 것이 불안하고 불확실하기만 한 지금의 상황에서 이 갈등 해결은 더욱 절실한 문제다. 코로나19 팬데믹은 세계적인 차원에서 치유가 필요하다. 그리고 유럽에서 일어난 군사적인 충돌도 바로잡아야 한다. 이 두 가지 과제를 동시에 해결하는 일은 유례가 없을 정도로 복잡하다. 획기적인 기술 변화, 정치적 격변, 주기적인 금융 불안, 건강 및 기후 안보와 관련된 새로운 두려움 등이 한꺼번에 겹쳐 있기 때문이다. 게다가 온갖 거짓 서사들이 개입해서 이런 어려운 문제들을 제대로 처리하지 못하도록 우리의 관심을 돌릴 수 있다.

그러나 미국과 중국 모두에 해당하는 말이지만, 거짓 서사의 가장 큰 위험은 정치적 편의성이라는 어두운 구석에 놓여 있다. 정치를 잘

한다는 건 이상적인 경제적·지정학적 전략을 적용한다는 게 아니라 거칠기 짝이 없는 파워 게임을 한다는 말일 수 있다. 그렇지만 정치적 패권을 향한 유혹이 낳은 거짓 서사들이 뿌리를 더 깊게 내리면 우발적 충돌의 악순환을 깨뜨리기는 더 어려워진다. 정말로 위험한 건 과거의 경험에서 나온 수정이나 대책으로는 거짓 서사의 유혹을 온전하게 제거할 수 없다는 점이다. 미국과 중국에 대한 거짓 서사들이 충돌해서 돌이킬 수 없는 피해가 발생하지 않도록 하려면 미중 갈등을 반드시 해결해야 한다. 그러려면 새로운 접근법이 필요하다.

ACCIDENTAL CONFLICT

1부

관계에 대해서

현대 중국의 경우, 다른 주요 국가들과 맺는 관계 역학은 경제성장 전략과 늘 긴밀하게 연결되어 있었다. 중화인민공화국의 건국자이자 혁명가였던 마오쩌둥(毛澤東)은 경제적 지원이 없는 정치적·이념적 혁명이라는 지속 불가능한 조합을 제안했다. 처음에 말도 많고 탈도 많았던 소련과의 동맹에 사로잡혔던 중국으로서는 강력하고 신뢰할 수 있는 동맹국의 지원이 부족했다. 마오쩌둥의 생애가 끝나갈 무렵인 1970년대 중반, 대약진운동(1957년에 시작되었으며 농업과 공업 분야에서 선진 기술을 배워 선진국을 따라잡자는 운동-옮긴이)과 문화대혁명 (1966~1976년)이라는 격변을 거치면서 쇠약해지고 고립된 중국은 사회적·정치적 혼란의 덫에 발목이 잡혀 있었다. 어떤 변화든 간에 반드시 일어나야 했다.

마오쩌둥이 집권했던 20년 동안의 불안정하고 혼란스러운 시대 속에서 새로운 지도 노선과 실용주의를 내세운 덩샤오핑(鄧小平)이 떠올랐다. 덩샤오핑은 개혁과 개방이라는 깃발을 높이 들고 낡은 중국을 현대적인 중국으로 바꿔놓는 설계자로 등장했다. 여기서 '개방'은 마오쩌둥의 고립주의에서 벗어나, 중국 경제를 다른 국가들과 연결해 새롭고 강력한 세계화 물결의 가장 큰 수혜자로 만든다는 뜻이었다.

심각한 경제 문제를 해결하기 위해 다른 나라와의 협력을 추구한 나라는 중국만이 아니었다. 반은 우연이었고 반은 계획에 따른 결과였지만 중국과 미국이 바로 이 협력 관계의 여정을 함께했다. 1970년대 후반에 중국은 새로운 성장 경로를 모색했는데 이런 사정은 미국도 마찬가지였다. 당시 미국은 극심한 스태그플레이션, 즉 물가상승과 성장 둔화가 동시에 진행되는 현상에 시달리고 있었기 때문이다.

중국은 여러 가지 점에서 미국에 도움이 되었다. 중국은 미국 소비자들에게 더 저렴한 제품을 제공함으로써 치솟는 물가와 정체된 임금으로 낮아진 구매력을 높였다. 또한 저축이 부족하고 적자재정 때문에 외국 자금 조달이 절실했던 미국은 중국을 통해 달러 기반 금융자산에 대한 수요를 충족할 수 있었다. 그리고 중국은 성장이 정체된 미국에 새로운 시장을 제공하면서 미국에서는 세 번째로 크고 빠르게 성장하는 수출 시장으로 떠올랐다. 언제 그렇게 되었는지도 알 수 없을 정도로 조용히 말이다.

그 반대급부로 중국은 점점 더 위태로워지는 경제를 빠르게 회복할 수 있는 해결책을 얻었다. 중국 제품에 대한 미국의 수요 덕분에 중국은 30년 동안 연간 10퍼센트 성장이라는 유례없는 속도로 발전했으며 수출 주도의 경제성장 전략을 성공적으로 실행했다. 수출품을 생산하려면 공장과 유통센터 그리고 인프라에 대한 대규모 투자가 필요했는데 이 모든 것은 중국의 성장이라는 불길에 기름을 붓는 격이었다.

시간이 지나면서 어려움을 겪던 두 나라가 서로에게 느끼는 매력은 점점 더 깊어졌고, 협력이 가져다주는 편익은 두 나라 모두에 점점 더 중요해졌다. 1990년대 후반에는 이렇게 편의성을 매개로 한, 두 나라의 알콩달콩한 결합이 경제적 동반의존성이 활짝 꽃을 피우는 단계로까지 발전했다.

그러나 중국은 운이 좋았음에도 불구하고 전 세계 대부분, 특히 미국과의 관계에서 무역수지의 균형을 맞추는 일이 점점 힘들어졌다. 2001년 세계무역기구(WTO) 가입을 계기로 가속화된 강력한 수출 주도 성장은 대내적으로는 거시경제적인 불균형을 초래했고 대외적으로는 무역 상대국과의 긴장을 초래했다. 예전과 같은 경제성장 기적이 계속 이어질 수 있을지 의문이 제기되기 시작했다.

미국과 중국 사이에 놓여 있던 저축과 무역의 거대한 불균형 때문에 세계에서 가장 큰 두 경제 대국은 결국 갈등이라는 막다른 길로 내몰렸다. 더불어 중국에 새롭게 등장한 강력한 지도자 시진핑은 미중 갈등을 또 다른 관점에서 바라보고 있었다. '중국몽(Chinese dream, 오래전 역사에서 세계의 중심 역할을 했던 중국의 영광을 21세기에 되살리겠다는 것으로, 현재 중국 국가주석인 시진핑이 2012년에 공산당 총서기에 선출된 직후에 선언했던 구호다-옮긴이)'을 추구하는 그의 태도에 미국은 제2차 세계대전 이후 확고하게 잡았던 패권을 중국이 위협하려 들 것이라 확신했다.

처음에 축복과 행복만을 안겨주었던 편의성은 동반의존성의 불편한 갈등 국면으로 접어들었다. 두 나라는 서로에게 신경질적으로 반응하며 서로를 비난하는 태도를 굳혀갔고, 이들의 동반의존성은 한층 불안정해졌다. 처음에는 무역 전쟁이 일어났고 그 뒤에 기술 전쟁이 이어졌다. 그다음에는 새로운 냉전의 초기 소규모 충돌이 일어났다. 거짓 서사들이 빠르게 퍼지면서 '중국몽'과 '아메리칸드림'은 위험한 충돌에 직면했다. 두 나라로서는 틀어지고 찢어진 관계를 보다 안전하고 튼튼하게 복구해야 했다.

1장

미국과 중국이 공유하는 역사

중국의 문명은 약 4,000년 전으로 거슬러 올라간다. 그렇게 보면 건국된 지 250년밖에 되지 않은 미국의 실험은 비교가 되지 않을 정도로 미미하게 느껴질 수 있다. 그러나 두 나라가 공유했던 풍부한 역사를 잘못 판단할 소지는 전혀 없다. 미국은 19세기에 산업 강국으로 성장하고 제2차 세계대전의 여파 속에서 전 세계를 호령하는 패권국으로 우뚝 서면서, 이제 막 잠에서 깨어난 중국과 관계를 맺고 현대의 세계 질서를 편성했다.

　지난 50년 동안은 두 나라 모두에 특히 어려운 시기였다. 두 나라 모두 국내적으로 수많은 문제가 있었지만 국제적으로도 까다롭고 힘든 상황이었다. 세계적인 차원의 맥락은 특히 성가셨다. 1970년대의 석유파동과 대 인플레이션(great inflation), 1990년대 후반의 아시아 금융위기, 2008~2009년의 글로벌 금융위기 그리고 2020년대 초의 코로나19 팬데믹과 러시아-우크라이나 전쟁은 우리가 사는 세상이 점점 더 강력한 위기 속으로 빨려 들어간다는 가시적인 징후다. 국경을 초월하는 세계화의 연결성 때문에 그 어떤 나라도 이 위기의 소용돌이에서 벗어날 수 없다.

중국어에서 '위기(危机, 웨이지)'라는 단어는 위험이라는 뜻과 기회라는 뜻을 동시에 담고 있다. 위기의 이런 이중성은 중국과 미국의 경제 전략에 중요한 변화를 가져왔는데, 이 변화 때문에 두 나라는 우발적인 사건과 갈등에 취약해졌다.

20세기에 들어설 무렵 중국은 종말의 길을 걸어가고 있었다. 청나라(1616~1912년) 말기의 붕괴는 당시 중국이 받고 있던 경제적·정치적 압력을 반영하는 것이었지만, 그 시대가 '굴욕의 세기'일 수밖에 없었던 주된 이유는 19세기 중반 아편전쟁(영국과 청나라 사이의 무역수지 문제로 1840년과 1856년 두 차례에 걸쳐서 일어났던 전쟁-옮긴이)과 1930년대 일본의 중국 침략 때문이었다. 중국은 외국군의 군사행동에 무참하게 패배했다. 그뿐만 아니라 영토의 일부가 처음에는 영국, 그다음에는 일본, 마지막에는 소련 같은 제국주의 국가들에 점령당했다. 사실 굴욕이라는 표현은 중국의 국가적 자아에 새겨진 상처를 완곡하게 표현한 것이다. 중국은 지리적 영토를 잃었을 뿐 아니라 자의식이 쪼그라드는 경험도 했던 것이다.[1]

당시 미국은 대체로 방관했다. 다만 제2차 아편전쟁이 일어난 시기가 미국의 남북전쟁 시기와 겹친 것을 두고 어떤 이들은 대영제국이 예전의 식민지였던 미국이 내전으로 허약해진 틈을 타 눈을 돌릴지 모른다고 공포에 떨기도 했다.[2] 미국은 중국이 아편전쟁으로 혼란스러운 동안에는 중립을 지켰지만, 전쟁에서 이긴 영국이 강압적으로 광둥(廣東)을 개방하자 여기서 발생할 경제적인 이득을 재빨리 포착했다.[3] 또한 1931년에 일본이 만주를 침공할 때도 미국은 일본의 시도를 저지하려고 개입하지 않았다.[4] 그로부터 10년 뒤 일본이 진주만을 공격하면서 일본과 전면적으로 전쟁을 시작한 뒤에야 비로소 중국과 동맹을 맺었다.

그러나 이 동맹은 오래가지 못했다. 제2차 세계대전 직후 마오쩌둥 치하의 중국공산당 지도부가 혁명에 성공하자 동맹이 깨졌다. 1950년 한반도에 전쟁이 발발한 뒤에는 미국과 중국 사이에 노골적인 갈등이 전개되었다. 사실 한국전쟁은 건국된 지 얼마 되지 않은 신생국인 중화인민공화국과 비교적 오래된 나라인 미합중국 사이의 관계가 얼마나 취약할 수 있는지 보여주는 역설적인 사건이었다. 그리고 또 하나의 역설적인 사건이 벌어졌다. 중국과 소련이 손을 잡고 한국에서 미국을 상대로 전투를 벌일 때 소련이 일본 대신 만주를 점령한 외국 점령자가 된 것이다.[5]

1953년 한국전쟁은 휴전 상태로 들어갔고 미중 관계의 긴장은 1947년에 시작되었던 미소 냉전 속에서 전개되었다. 한국을 중심으로 전개된 분쟁에서 형성된 중소 군사동맹은 1950년대 마오쩌둥이 소련의 경제 원조에 깊이 의존하던 상황과 맞물려, 전후에 새롭게 재편된 세계적인 역학 관계에서 중국의 위상을 명확하게 보여주었다. 그리고 미국은 여기에 대해 아무런 의심도 하지 않았다. 중국과 소련은 이념적·군사적 협정을 맺었고 두 나라의 관계는 미국에 부담을 안겨주었다. 제2차 세계대전에서는 이겼지만 여전히 불안정했던 미국으로서는 그 부담이 점점 더 큰 위협으로 변해가고 있었다.[6]

미국은 제2차 세계대전에서 승리했고 한국전쟁에서는 무승부를 거두었다. 그러나 갈등에 점점 더 지쳐갔다. 세계는 여전히 취약했고 전쟁은 여전히 통상적인 문제 해결 방법이었다. 모든 나라가 핵전쟁으로 지구가 파멸할 수도 있다는 두려움에 떨었다. 냉전은 언제든 쉽게 열전으로 폭발할 수 있었기에 잠시 전쟁을 멈춘다고 해서 위안이 되지는 않았다. 일촉즉발의 긴장감이 팽배했던 1950년대와 1960년대에 미중 관계가 생산적일 수 없었던 건 너무나도 당연했다.

사전 지식: 중국의 관점에서

냉전으로 세계는 두 개의 진영으로 나뉘었다. 미국과 중국은 각자 다른 길을 걸었으며 공통점이라고는 찾아볼 수 없는 전혀 반대되는 역사관을 가지고 있었다. 먼저 중국부터 살펴보자. 이념적 혁명이 지배했던 그 시기에 중국은 소련과 정치적·군사적 동반자 관계를 맺었지만 어렵기만 하던 중국의 경제에는 아무런 해결책도 제시하지 못했다.[7] 그러나 전후 미국의 사정은 매우 달랐다. 미국은 전쟁으로 인한 피해를 거의 입지 않았으며 전쟁으로 황폐해진 다른 지역을 재건하는 사업을 주도했다. 이는 미국이 전 세계를 경제적으로 지배할 매우 좋은 기회였다.

하지만 역사의 고전적인 아이러니라고 할 수 있는 것은 그 두 가지 길 모두 지속 가능한 건 아니었다는 점이다.

마오쩌둥의 뛰어난 재능은 경제성장 쪽보다는 정치와 논쟁과 이념 쪽에서 발휘되었다. 그는 1949년부터 1976년까지 중국의 혁명 지도자로 군림하며 중화인민공화국의 경제를 붕괴 직전까지 내몰았다. 마오쩌둥이 지도자로 있는 동안 중국의 경제성장은 종잡을 수 없이 발작적으로 오르내렸다. 그가 시도한 가장 위험한 두 가지 실험인 1950년대 후반의 대약진운동과 1960년대와 1970년대의 문화대혁명으로 중국의 정치는 고통과 불안을 겪었고 경제는 그야말로 엉망진창이었다.[8]

당시의 상황이 어땠는지는 중국의 전체 경제 통계에서도 정확히 나타나진 않는다. 1952년부터 1977년까지 실질적인(즉 인플레이션을 고려해서 보정한) 국내총생산(GDP) 증가율은 연간 약 6퍼센트였지만 이는 중국이 빈곤에서 탈출할 만큼은 아니었다. 마오쩌둥의 죽음으로 문화대혁명이 끝났던 1976년에도 전체 중국 생산량의 35퍼센트는 여전히 농업 부문에 집중되어 있었는데, 농업 부문의 노동생산성은 서비스업 부문의 20퍼센트 미만이었고 제조업 부문의 생산성과 비교하면 12퍼센트밖에 되지 않았다.[9]

불균형한 성장 구조는 중국의 경제 번영을 가로막았다. 그 결과 중국은 이력 현상(hysteresis, 경제의 과거 및 현재 상태가 미래 성장 경로에 영향을 미치는 현상-옮긴이)에 발목을 잡혔고 미래의 경제 성과에도 차질을 받게 되었다.[10] 농촌 인구의 4분의 3이 빈곤 상태에서 벗어나지 못했고 중국은 지금까지 이어오던 경로를 계속 유지할 수 없었다.[11] 경제 구조를 근본적으로 바꾸지 않으면 장차 더 심각한 사회적·정치적 혼란에 휩싸일 것은 불을 보듯 뻔했다. 어떤 변화가 되었든 간에 변화가 일어나야만 했다.

이 모든 상황은 마오쩌둥의 뒤를 잇는 지도자가 엄청난 도전 과제를 해결해야 한다는 뜻이었다.[12] 중국으로서는 경제성장을 위한 새로운 대안, 즉 경제성장의 새로운 원천이 절실하게 필요했다. 국민 대다수가 마오이즘(Maoism)이 초래한 이념적 혼란과 경제 실패로 피폐한 상태에 놓여 있었기에, 중국 지도자들은 경제성장을 가져다줄 외부 수요에 눈을 돌리는 것 말고는 선택의 여지가 없었다. 그런데 이렇게 하려면 성장 모델을 획기적으로 바꿔야 했다. 이뿐만 아니라 중국의 성장 방정식에서 전 세계의 다른 나라들을 고려해야 했다.

당시 덩샤오핑은 자주 비난을 받으며 한직에 머물러 있었다. 그러다 1978년에 제3대 중국인민정치협상회의 전국위원장이 된 것을 출발점으로 권력 서열의 정상에 오르면서 경제 부흥에 박차를 가할 기회를 잡았다. 그는 '개혁·개방'으로 이어지는, 사실에 기반한 경제 평가 방식을 도입했으며 이념보다 성장을 강조했다. 이런 태도는 성장보다 혁명적 이념에 초점을 맞췄던 마오쩌둥의 태도와는 완전히 다른 것이었다.

1978년 12월 중국공산당 제11기 제3대 중국인민정치협상회의 전야에 열렸던 '중국공산당 중앙공작회의'에서 덩샤오핑은 그 유명한 연설[이 연설에서 이른바 '흑묘백묘론(黑猫白猫論)'이 나왔다-옮긴이]로 그의 새로운 관점을 크고 명확하게 보여주었다.[13] 이 연설은 20년 동안 사회적·정치적·경제적 혼란 속에서 몸부림쳤던 중국에 중요한 전환점이 되었다.

덩샤오핑은 "문화대혁명은 중국의 사회주의적 발전 과정의 한 단계였다"라고 강조하면서 마오쩌둥의 지도력과 자신의 지도력을 명확하게 대비하며 선을 그었다. 즉 문화혁명의 시대는 끝났다는 말이었다. 그리고 이제 혁명의 열정에서 벗어나 경제 번영을 이루는 무거운 짐을 짊어져야 할 때라고 역설했다.[14]

또한 그는 그 자리에 모인 당 간부들에게 "실사구시(實事求是)를 추구"함으로써 마음을 해방하라고 촉구했다. 확고하고 일관된 정치적 메시지를 통해 전달된 그의 접근 방식은 명확할 뿐만 아니라 실용적이었다. 그는 "하나로 단결할 것"을 강조했는데 이는 앞으로도 중국이 공산당 통치라는 집단 지도 체제로 나아갈 것임을 암시했다. 그러나 그가 남긴 가장 영구적인 유산이라고 할 수 있는 '현대화' 전략은 근면과 개척 정신 그리고 미래 지향적 기회를 추구하는 유능한 관리들의 감독이라는 가치관을 통합시켰다.[15]

이런 접근법은 빠르고 강력한 성과를 가져왔다. 물론 마오쩌둥 시대에 깊이 뿌리를 내린 기득권은 순순히 물러나지 않고 반발했지만[16] 개혁을 향한 바람이 간절했던 덩샤오핑은 온갖 반발을 이겨내면서 중국 경제를 강력한 성장 궤도에 올려놓았다. 이후 35년 동안 실질 국내총생산 증가율은 연평균 10퍼센트를 기록했다. 이 성장 속도는 마오쩌둥이 달성했던 것보다 55퍼센트 이상 빠른 것이었다. 인구 증가를 고려해 보정하면 1978년 이후 1인당 국내총생산이 연간 8.5퍼센트 증가했는데 마오쩌둥 시대에는 그 수치가 3.6퍼센트밖에 되지 않았다. 2020년까지 중국의 1인당 실질 국내총생산 성장률은 마오쩌둥 시대보다 네 배나 높았다.[17] 현대적인 중국이 최초로 시도했던 전환이라는 과제를 무난하게 잘 수행한 셈이다.

덩샤오핑의 초고성장 접근법은 중국이 안고 있던 경제 문제를 편리하게 해결했을 뿐만 아니라 중국의 가장 큰 문제, 즉 대규모의 가난한 실업자를 모두 수용할 만큼 많은 일자리를 창출하지 못하는 문제도 해결했다. 지금도 마찬가지지만 당시 중국은 시골 인구가 도시로 유입되는 역사적인 사건이 진행되던 와중이었다. 경제는 노동집약적인 농업 부문에서 효율적인 제조업 부문으로 이동하고 있었다. 경제 성장 속도를 한층 높이는 것이야말로 시골의 농장을 떠나 도시로 밀려드는 노동자에게 모두 일자리를 줄 수 있는 유일한 방법이었다. 즉 중국의 잉여노동 경제(surplus labor economy)에서 사회를 안정적으로 유지하고 국가의 생활 수준을 높이려면 늘 달리던 러닝머신에서 전보다 더 빠른 속도로 달려야 했다.

도약이라는 중국의 이 성장 단계는 외부와 단절된 상태에서 발생한 게 아니다. 덩샤오핑의 지도력 아래 성장의 초점은 일단 경제의 공급 측면에 맞춰졌다. 그가 강조했던 '4대 현대화'는 산업, 과학기술, 국방, 농업이 동시에 발전하는 것이다.[18] 이 전략은 수요 측면은 거의 언급하지 않았다. 1980년에 1인당 생산량이 500달러가 채 되지 않던 가난한 나라로서 국내 수요(내수)는 그저 희망 사항이었기 때문이다.[19] 그래서 덩샤오핑은 공급에 초점을 맞춘 성장 전략을 보완하기 위해 외국으로 눈을 돌렸다. 이렇게 해외 수요로 눈을 돌리지 않았다면 그 전략은 성공하지 못했을 것이다.

그로부터 30년 뒤, 중국 경제는 또 다른 중요한 전환에 직면했다. 잉여노동 문제를 해결할 방법으로 초고성장 전략을 택했지만 이 전략은 덩샤오핑 경제 기적의 지속성 여부와 관련해 몇 가지 중요한 의문을 제기했다. 원자바오(溫家寶) 총리는 2007년 3월 전국인민대표대회(우리나라의 국회에 해당한다-옮긴이)가 끝난 뒤에 가진 기자회견에서,

중국이 지금은 강력한 경제성장을 이어가는 것처럼 보이지만 그 이면에는 이런저런 문제가 있을 수 있다고 걱정했다. 30년 동안이나 성장을 이어온 중국 경제가 앞으로 점점 더 불안정해지고(unstable) 불균형해지며(unbalanced) 조정되지 않고(uncoordinated) 지속 가능성을 잃을 수 있다(unsustainable)고 말한 것이다.

나중에 '4불(四不, four uns)'이라고도 불리게 되는 원자바오 총리의 이 발언을 계기로 중국에서는 성장 전략과 관련해 격렬한 논쟁이 일어났다.[20] 10퍼센트 성장률을 기록한 덩샤오핑의 초고성장 전략은 대약진운동과 문화대혁명 이후 경제 침체를 해결하는 올바른 전략이었을 수 있다. 그러나 이 해결책은 수명을 다했고 더 많은 관심을 두어야 할 온갖 다양한 문제가 발생했다.

원자바오의 지적은 일리가 있었다. 그가 언급한 불균형에는 국내 저축과 고정투자 과잉이 포함되어 있었는데, 국내총생산에 대한 각각의 비율은 무려 50퍼센트와 40퍼센트나 되었다. 재화나 서비스를 외국과 사고파는 거래의 결과로 나타나는 수지인 경상수지도 마찬가지였다. 중국의 경상수지 불균형은 점점 더 심각해져 2007년에는 국내총생산의 10퍼센트를 넘는 기록적인 흑자가 발생했다.[21] 다른 나라들과 비교할 때 중국의 불균형은 특히 두드러졌다.

한편 중국의 내수 경제는 투자와 수출이 지나치게 많고 국내의 민간 소비(가계 소비)가 충분하지 않아서 더 불안정해졌다. 중앙정부는 중앙집중화된 계획경제 체계를 갖추고 있었으나 통치 체계 전반에 걸쳐 통제력을 잃고 있었다. 지역의 권력 집단이 세력을 강화하면서 통치 체계가 파편화되었고 조정되지 않았기 때문이다.

그러나 원자바오 총리의 4불 발언에서 가장 설득력이 있는 측면은 지속 가능성에 대한 우려였다. 그는 과도한 자원 소비, 특히 석탄을 연료로 하는 생산 방식이 초래하는 과도한 에너지 소비를 언급하면서 끔찍한 수준의 환경 악화와 오염(더러운 공기뿐만 아니라 더러운 식수)을 강조했다. 그리고 지속 가능성은 소득과 부의 분배에서 불평등이 점점 심화되는 현상과도 관련이 있었는데, 이는 뒤에서 설명하겠지만 아직 정식화되지 않은 시진핑의 중국몽과도 크게 상충하는 결과다. 즉 원자바오의 4불은 오랫동안 무시돼왔던 중화인민공화국(People's Republic of China)의 첫 단어, '인민(people)'을 강조한 것이었다.

원자바오는 중국 경제성장의 전략적 절충안이 무엇일지 질문을 던졌다. 30년 전 덩샤오핑의 접근법은 마오이즘의 실패를 극복하기 위한 대안으로서 양적인 경제성장에 초점을 맞췄다. 이 초고성장 전략은 한 세대 동안 지속되던 문제를 즉각적으로 해결하긴 했지만 경제 구조의 불균형 및 불평등, 환경오염 같은 새로운 문제들을 낳았다. 비록 한 번도 직접적으로 말하지는 않았지만 원자바오는 중국 경제의 성장 모델이 양과 질의 균형을 추구해야 한다는 근본적인 과제를 제시한 것이다. 즉 덩샤오핑 시대에 효과가 있었던 접근법이 미래에는 통하지 않을 것이라는 말이었다.

원자바오의 비판은 놀라울 정도로 선견지명이 있는 것이었다. 그로부터 1년 6개월 뒤인 2008년에 글로벌 금융위기가 터지자 전 세계 수요는 유례가 없을 정도로 위축되었고, 그 바람에 수출에 의존하던 중국 경제는 심각한 위협을 받았다. 이는 해외 수요를 당연시했던 중국으로서는 심각하게 받아들여야 할 중요한 경고였다.

세계 무역의 폭발적인 증가를 뒷받침했던 세계화 및 무역 자유화의 가장 큰 수혜자였던 중국은 2007년 기준으로 수출액이 국내총생산의 35퍼센트를 차지할 정도로 수출의 규모가 전례 없이 증가하는 것을 지켜봤다. 이 수치는 중국이 WTO에 가입했던 6년 전의 수치보다 15퍼센트포인트나 높은 것이었다. 2001~2007년의 6년 동안 중국의 전체 국내총생산은 연평균 10.8퍼센트 증가했는데, 이는 덩샤오핑 시대의 기적적인 성장 기간에서도 가장 높은 증가율이었다.[22] 덩샤오핑의 초고성장 해결책이 해외 시장의 수출 수요에 비정상적으로 많이 의존했음은 의심할 여지가 없다.

글로벌 금융위기를 겪으면서 중국은 수출 주도의 해결책에 심각한 의문을 제기할 수밖에 없었다. 금융위기 이후 세계 경제는 더디게 회복되고 있었고 거래량의 전반적인 정체와 감소가 진행되고 있었다. 무역량이 기록적으로 증가하던 금융위기 이전의 추세와 비교하면 극적으로 달라진 모습이었다.[23] 당시 막 대두되던 무역 갈등과 보호주의 무역의 초기 징후들 역시 중국의 수출 주도 성장 전략에 의문을 제기하는 일들이었다.

따라서 원자바오의 4불은 중국의 성장 해법이 양적 차원과 질적 차원의 균형을 이뤄야 한다는 사실뿐만 아니라 위기에 취약해지는 세계와 중국이 맺고 있는 경제적 연결성에 대해서도 심각한 질문을 제기하는 것이었다. 경제적 전환은 1970년대 후반에 그랬던 것처럼 중국의 성장 전략을 떠받치는 국제 관계에 다시 한번 압력을 가했다. 그러나 덩샤오핑의 초고성장 전략을 되돌릴 수는 없었다. 적어도 그렇게 보였다.

그렇지만 중국은 이후 10년 동안 바뀌기 위해 온갖 노력을 다했다. 세계의 경제 분위기는 여전히 불안정해서 무역 긴장이 팽팽하게 유지되었고 재균형(rebalancing) 사업에서 중국이 거둔 성과는 고만고만한 수준이었다. 경제는 수출과 투자에 지나치게 집중되어 있었으며 내수, 특히 가계 소비 규모는 여전히 부족했다. 그러다 2017년에 중국은 또 하나의 핵심적인 전환점을 맞았다. 중국 경제에 변화가 꼭 필요하다고 분석했던 원자바오와 달리, 중국의 새로운 지도자 시진핑이 이념에 무게를 싣고자 몸소 나선 것이다.[24]

이념과 강력한 지도자, 이 둘의 결합이야말로 역설적이다. 많은 점에서 이는 마오쩌둥 시대로 되돌아간다는 뜻이다. 그러나 마오쩌둥이 번영보다 이념을 우선시했다면 시진핑의 접근법은 매우 달랐다. 2017년 그가 내세운 경제 전환은 중국의 성장 및 발전의 방정식에 사회주의적인 도그마(dogma)를 주입하자는 것이었다.

그런데 여기에는 중요한 반전이 하나 있었다. 사적 소유를 혁명적으로 철폐했던 마오쩌둥과 달리 시진핑은 원자바오가 제시했던 구조적 재균형(structural rebalancing)을 위한 분석을 기반으로 했다. 하지만 그러면서도 여기에 '시진핑 구상(Xi Jinping thought)'이라는 이념적 틀을 덧씌웠다. 분석만으로는 중국을 '약속의 땅'으로 이끌기에 설득력이 부족하다고 판단한 것이다. 그는 중국은 올바른 경제 전략을 세웠지만 실행할 의지가 부족하다고 주장했다.[25] 무엇보다 경제 전환이라는 과제를 해결하는 것이 문제인데, 공산당과 이념적 기반이야말로 이 과제를 해결할 효과적이고 규율 있는 열쇠라는 것이다.

시진핑의 접근법은 원자바오의 재균형 사업보다 훨씬 포괄적이었다. 2012년 11월에 그가 중국공산당 중앙위원회 총서기로 취임하는 순간부터 그가 옹호하던 '중국 인민의 위대한 꿈', 즉 중국몽은 국가적 차원에서 진행될 예정이었다. 그 뒤를 이어 전례 없는 반부패 사정 작업이 진행되었고, 또 경직된 당 구조를 뿌리부터 바꿔야 한다는 경고가 나왔다. 1년 뒤, 제3차 전국인민대표대회에서 발표된 포괄적인 개혁 의제는 앞으로 훨씬 더 많은 일이 일어날 것임을 암시했다.[26] 그러나 원자바오의 재균형 전략과 마찬가지로, 이 과제를 실제로 실행하는 것은 시진핑의 개혁이 안고 있던 문제였다. 사업 계획의 많은 것이 보류되었기 때문이다.[27] 그랬기에 더욱 새롭고 규율이 잡힌 접근법이 필요했다.

시진핑 주석은 2017년 10월 18일에 열린 제19차 당대회 개회식에서 그 접근법을 구체적으로 설명했다. 세 시간이 훨씬 넘게 이어진 연설에서 그는 중국의 미래를 대비하는 중국공산당 중심의 새로운 전망을 제시했다. 39년 전 덩샤오핑이 역사적인 그러나 훨씬 짧았던 연설에서 그랬던 것처럼 시진핑도 포괄적인 접근법을 내놓았다.[28] 이 접근법은 경제적 도전 과제를 '5개 영역 통합 계획' 안에 두었는데 그 5개 영역은 정치, 문화, 경제, 사회, 생태다.

또한 경제 정책을 위한 '네 갈래 전략'은 공급 측면의 구조 개혁을 당면 과제로 내세웠다. 이 전략의 네 갈래는 과잉 상태의 생산 역량 줄이기, 과도하게 건설된 주택 없애기, 부채 줄이기(디레버리지), 비용 줄이기다. 시진핑은 위험 제거하기(불필요한 위험 회피)와 빈곤 완화, 환경오염 통제라는 중국의 '세 가지 결정적인 전투'에 집중하라고 요구하면서 무사안일에 빠지지 말라고 다시 한번 경고했다.[29]

그런데 이런 계획 대부분은 예전에 세웠던 계획의 재탕이었다. 특히 경제 재균형 목표가 그랬는데 이 목표는 10년 전 원자바오의 4불로까지 거슬러 올라간다. 시진핑 치하에서 원자바오의 소비자 주도 재균형 전략은 이 책의 9장에서 논의할 '이중 순환(dual circulation, 쌍순환, 경제활동을 국제적인 것과 국내적인 것으로 구분하고 국내 경제에 더 큰 비중을 두겠다는 전략 개념-옮긴이)' 전략이라는 명칭으로 바뀌었다.[30] 이 2017년 버전은 원자바오의 4불보다 한층 새롭게 업데이트되어 혁신, 청정에너지, 친환경 도시화, 가족계획 정책, 그 밖의 여러 개혁에 초점을 맞추고 있었다.

시진핑은 또한 혼합소유제(mixed-ownership) 모델의 장점을 칭송했다. 그런데 역설적으로 이 모델은 기업 국유화 정책을 변함없이 지지하는 동시에 경제에서 시장이 결정적 역할을 해야 한다는 믿음을 재확인하고, 관료주의보다 인민이 우선하며 개인주의보다 집단주의가 우선힘을 강조했다. 전반적으로 2017년의 이 광범위한 의제는 모든 것에 두루두루 효과적으로 적용되었다. 그러나 중국 경제를 질적으로 한 단계 성장시킬 새로운 전략적 돌파구는 없었다.

그럼에도 불구하고 시진핑 주석이 제19차 당대회에서 했던 연설은 포괄적인 실행 전략을 제시했다는 한 가지 결정적인 의미에서 역사적인 것이었다. 개혁에 대한 약속이 오랜 세월 지켜지지 않고 있던 터라 개혁과 관련해서는 피로감이 나타나기 시작했는데, 시진핑은 이런 시점에서 개혁의 동력을 회복할 유일한 방법은 당을 기반으로 하는 통치를 강화하는 것이라고 믿었다. 이렇게 해서 2012년에 시작되었던 반부패 5개년 운동이 갑자기 중요하게 대두되었다. 공산당이 부패하면 새로운 정책을 효과적으로 시행할 수 없다는 인식 아래, 반부패 운동은 공정하고 번영한 사회를 만들기 위한 개혁을 엄격하고 집중적으로 시행할 수 있는 수단으로 여겨졌다.[31]

이는 오랜 세월 주요 당대회를 지배했던 사회주의적 미사여구를 재탕하는 것처럼 보일 수도 있었다. 그러나 이번에는 정말 달랐다. 시진핑은 중국의 경제 전략이 이론적으로 아무리 옳다고 해도 실제 현실에서 실행되지 않는 게 문제라고 인식했다. 그는 9,500만 명 당원으로 구성된 세계 최대 정치 조직인 중국공산당이야말로 이론과 현실 사이에 존재하는 간극을 메울 유일한 제도적 장치라고 봤다. 부패하지 않은 당이야말로 국가의 전략을 성공적으로 실현할 열쇠였고, 바로 이 열쇠가 중국의 성장 전략에서 빠져 있던 퍼즐 조각이라고 본 것이다. 시진핑에게는 당을 개혁하는 것이 모든 문제를 해결하는 길이었다. 이것이 장차 '시진핑 구상'으로 불린 정책의 핵심으로, 중국에서 한 세대 동안 일어난 가장 급진적인 변화였다.

시진핑 구상은 중국 사회주의의 핵심인 '주요 모순(principal contradiction)'이라는 마르크스주의 개념을 재구성함으로써 형성되었다. 애초에 마르크스는 자본주의 체제 아래에서의 사회적 투쟁에 대한 변증법적 비평으로서 이 개념을 언급하면서, 자본주의가 이 모순을 해결하지 못하면 불안정해지고 결국 체제 자체가 실패해서 혁명이 일어난다고 주장했다.[32] 1982년에 덩샤오핑은 개혁·개방의 이념적 근거를 "인민들의 점점 커져만 가는 물질적인 욕구와 사회적 생산의 후진성" 사이에 존재하는 모순을 해결해야 한다는 '주요 모순'이라는 마르크스주의적 개념에서 찾았다. 그리고 그로부터 35년 뒤, 중국은 여전히 과거에 목을 매고 있었고 시대에 뒤떨어진 관점을 유지하고 있었다.

시진핑 구상은 중국의 주요 모순을 최초로 과감하게 재설정하는 것을 전제로 했다. 2017년 연설에서 시진핑은 중국의 주요 모순을 "불균형적이고 불충분한 성장과 더 나은 삶을 바라는 인민의 늘어나는 욕구 사이에 존재하는 모순"으로 재설정해야 한다고 제안했다.[33]

덩샤오핑과 시진핑, 이 두 사람이 각각 규정했던 모순 버전은 모두 인민을 중심으로 하는 것이었지만, 덩샤오핑 때 낙후된 경제와 관련된 문제는 한층 고도화된 21세기 중국 경제의 불균형 및 부적절성과 관련된 문제로 대체되었다. 이렇게 시진핑 구상을 통해 당 이념의 변증법은 원자바오의 재균형 전략과 한층 잘 맞물리게 되었다. 분석과 이념이 결합함으로써 중국이 나아갈 방향에 대한 의심은 모두 불식되었다.

시진핑 구상이 담고 있던 가장 중요한 메시지는 틀릴 수가 없는 것이었다. 왜냐하면 시진핑은 새로운 방향으로 나아가는 것이 아니라 포괄적인 개혁 의제를 확고히 유지하는 것에 초점을 두었기 때문이다. 이 개혁이 이뤄질 수 있으려면 마오쩌둥 시대 이후 중국에는 없었던 당 중심의 통치 구조와 강력한 지도력이 확보되어야 하며 또 당의 개혁이 전제되어야 했다.

시진핑은 주요 모순이라는 마르크스주의적 개념 위에서, 마치 중국의 체제가 금방이라도 무너지기라도 할 것처럼 긴박한 표현을 동원해 자기가 설정한 과제와 명령을 설명했다. 그의 지지자들은 중국 붕괴라는 끔찍한 결과를 피하려면 권위주의적인 강력한 리더십이 필요하다고 주장했다.[34] 당 역시 시진핑의 메시지에 호응하면서, 그의 지위를 마오쩌둥 시대 이후로 없었던 국가주석으로 높여주었다.

실은 '시진핑 구상'이라는 표현이 모든 것을 말해준다. 그전에는 오로지 마오쩌둥의 이념적 발상에만 '구상'이라는 단어가 붙었다. 여기에 비하면 '덩샤오핑 이론(Deng Xiaoping theory)'은 권위가 덜 실려 있다. 장쩌민(江澤民)이 2002년에 제시한 선언인 '3개 대표(三个代表, three represents, 중국공산당은 중국의 선진 사회 생산성의 발전 요구와 중국 선진 문화의 방향 그리고 압도적 다수의 근본적인 이익, 이 세 가지를 늘 대표해야 한다는 개념-옮긴이)'나 후진타오(胡錦濤)가 2016년에 제시한 슬로건인 '과학 발전(scientific development)'은 더 말할 것도 없다.[35]

시진핑 메시지의 위상을 이렇게 높인 것은 그전에 당이 그를 '핵심 지도자'로 지칭했던 것의 연장선에 있다. 핵심 지도자라는 표현은 오로지 마오쩌둥에게만 허용되었던 것이기 때문이다.[36] 시진핑의 위상 변화는 2018년 3월에 전국인민대표대회를 통해서 공식화되었다. 이때 중국 헌법에 명시된 국가주석직 2연임 초과 금지 조항이 삭제되었다. 1992년에 덩샤오핑에서 장쩌민으로 그리고 2003년에 장쩌민에서 후진타오로 10년 만에 중국의 지도자가 바뀌었지만 이 연임 금지 규정이 시진핑 대에서 깨진 것이다. 이로써 시진핑은 사실상 종신 집권의 기틀을 마련했다.[37]

미래에 가장 중요한 것은 시진핑이 이 권력을 휘둘러서 무엇을 추진할 것인가 하는 점이다. 그의 목표는 중화인민공화국 100주년인 2049년까지 위대한 사회주의 국가의 지위를 달성하겠다는 것이다. 그러나 문제는 그 최종 목표가 아니라 여기에 동원되는 수단이다.

지금까지 드러난 모든 징후로 볼 때 그 수단은 대내적인 정치에서나 대외적으로 힘을 과시하는 데서 마오쩌둥 시대 이후 그 어떤 때보다 훨씬 강경하다. 시진핑은 빛을 감추고 어둠 속에서 힘을 기른다는 뜻으로 그다지 주목받지 못했던 덩샤오핑의 '도광양회(韜光養晦, hide and bide)' 접근법이 더는 적절하지 않다고 여기는 것 같다.[38] 시진핑의 지도력은 대내적으로는 권력 공고화, 반부패 그리고 현재 신장에서 일어나고 과거에 티베트에서 일어났던 것 같은 사회적 불안에 대한 단호한 대응 등에 초점을 맞추고 있다. 또한 대외적으로는 일대일로(一帶一路, belt and road initiative, BRI) 정책 그리고 남중국해, 홍콩, 대만 등에서의 권력 투사[power projection, 무력 투사, 원하는 결과를 얻기 위해 권력(무력)을 특정한 장소나 상황에 배치하고 구사하는 것-옮긴이]에 초점을 맞추고 있다.

그러나 마오쩌둥 이후 중국에서 가장 강력한 지도자가 이렇게 권력을 휘두르자 새로운 갈등이 생겨났다. 중국의 이런 변화가 또다시 다른 나라들과의 관계에 대해 깊은 의문을 제기한 셈이다. 과연 시진핑은 수백 년 동안 권위주의 체제의 기반을 허물어뜨렸던 과도한 권력 투사의 유혹에 넘어가지 않고도 개혁을 실행하는 데 필요한 권력을 확고하게 다질 수 있을까?[39]

사전 지식: 미국의 관점에서

중국과 마찬가지로 미국도 제2차 세계대전 이후로 여러 차례 중요한 경제적 전환을 경험했으며 이 전환들은 모두 미국이 세계에서 수행하는 역할에 큰 영향을 미쳤다. 중국과 마찬가지로 미국도 세 차례의 커다란 전환을 겪었다. 1970년대 중반의 대 인플레이션과 1990년대 후반과 2000년대 초반의 자산의존형 경제로의 전환 그리고 2016년 이후로 특히 두드러진 보호무역주의다. 이들 각각의 전환은 끊임없이 도전하는 미국 정치경제의 조건이 늘 유동적이라는 사실에 깊이 뿌리를 두고 있다. 또한 이 전환들은 잔인하게도 모두 중국과의 갈등으로 이어졌다.

경제학자들은 1960년대와 1970년대에 대 인플레이션이 일어났던 원인을 놓고 지금도 여전히 논쟁을 벌인다. 이 인플레이션을 유발한 요인으로는 세계 경제의 동시 호황에서부터 주요 산업 재료 및 상품의 부족과 이중 주문(double ordering, 이중 주문에 따라 수요가 과장된다-옮긴이), 1973년 욤키푸르 전쟁(제4차 중동 전쟁으로, 유대교의 속죄일에 이집트와 시리아가 이스라엘을 공격하면서 일어났다-옮긴이)의 여파로 석유수출국기구(OPEC)가 금수 조치를 내림으로써 네 배로 뛰어오른 유가 등에 이르기까지 다양하다.

생산성 저하와 물가와 연동된 노동 보상이 비용 상승을 압박했고 정책 실패가 누적되면서 문제가 한층 악화되었다. 연방준비제도이사회(Federal Reserve Board, FRB)는 초기의 물가 급상승을 일시적인 현상일 뿐이라고 잘못 진단했다가 나중에 통화 정책을 강화했지만 이미 너무 늦은 뒤였다.[40] 한편 재정 당국은 베트남 전쟁에 예산을 마구 지출하면서도 '위대한 사회[great society, 미국의 린든 존슨(Lyndon Johnson) 대통령이 1960년대에 추구한 빈곤 추방 및 경제 번영 정책-옮긴이]' 사업에 예산을 많이 지출할 수 있다고 오판했다.[41]

결과는 참담했다. 소비자물가지수(consumer price index, CPI) 기준으로 인플레이션율은 1960년대 초에 1퍼센트였던 것이 1960년대 말에 5.5퍼센트로 늘어났고 1974~1975년에는 10퍼센트로 치솟았으며 1980년에는 13.5퍼센트로 최고점을 찍었다.[42] 인플레이션을 통제 가능한 범위로 끌어내리려면 금리를 충분히 인상해야 했다. 이 금리 인상 결정을 FRB의 신임 의장이자 강직한 성품의 소유자였던 폴 볼커(Paul Volcker)가 내렸다. FRB의 기준금리인 연방기금금리는 1981년 초에 19퍼센트까지 올라가면서 미국 경제는 제2차 세계대전 이후 가장 가파른 침체 상태로 내몰렸다.[43]

이는 제2차 세계대전 이후 미국 경제가 거쳐야 했던 가장 큰 시험대였다. 물가상승, 고금리, 소비자 소득의 정체 등에 따른 압박이 경제성장을 강력하게 억눌렀다. 경제성장은 낮고 물가는 비정상적으로 높은 스태그플레이션의 시대를 맞아 미국은 경제 전략을 재고해야 했다.[44] 동화를 억제하는 정책은 문제를 해결하는 방법의 한 부분에 지나지 않았다. 1980년대 말에 미국 경제는 새로운 외부 지원을 점점 더 갈망하게 되었는데, 이때 정치인들은 부채를 털어내고 홀가분한 자유시장 시스템에 활력을 불어넣겠다는 희망을 안고 세금을 감면하고 규제를 완화하는 정책으로 대응했다.

그러나 이것만으로는 충분하지 않았다. 나중에야 확인된 사실이지만 미국은 한 가지 중요한 측면에서 중국과 똑같았다. 즉 미국 역시 새로운 성장 원천이 필요했다. 그러나 성장 원천을 새롭게 마련하기란 쉽지 않았다. 중국과 다르게 미국에서는 1980년대 초에 시작된 무역 적자의 폭이 점점 커지면서 해외 무역이 자국의 경제 번영을 위협한다고 바라봤다. 미국은 이 문제가 미국 달러가 과대평가되었고 중상주의적인 일본 경제가 불공정한 거래를 하기 때문이라고 판단했다. 그래서 미국은 1985년에 이른바 플라자합의(Plaza Accord, 미국, 프랑스, 독일, 일본, 영국 등 G5의 재무장관들이 뉴욕 플라자호텔에 모여서 미국의 달러 가치를 떨어뜨리는 대신 일본의 엔과 독일의 마르크 가치를 높이기로 합의했다-옮긴이)를 통해 일본에 자국 통화의 가치를 높이라고, 미국에 수입되는 일본 제품에 대한 제한을 받아들이라고 강요했다.[45]

그런데 이런 조치도 충분하지 않았다. 달러 가치가 떨어지고 일본의 위협이 줄어들었지만 미국 경제는 여전히 침체의 늪에서 헤어나오지 못했다. 그런데 바로 이 상황에서 중국이 끼어들어 미국의 요구를 충족시켰다. 즉 값싼 상품을 미국 시장에 제공해서 미국 소비자의 부담을 덜어주고, 손쉽게 구할 수 있는 자본을 제공해 미국 재무부가 예산 적자를 메울 수 있게 해준 것이다.

이렇게 해서 미국의 대중(對中) 수입 규모는 1980년에 10억 달러였던 것이 1980년대 말까지 120억 달러로 늘어났고, 이 수치가 지금은 5,000억 달러를 넘는다.[46] 중국이 매입한 미국의 장기 채권 규모도 가파르게 늘어나서 1989년에 2억 달러였던 것이 2021년에는 약 1조 1,000억 달러로 늘어났다.[47]

그러나 이는 1980년대에 미국이 성장을 추구하던 이야기의 반밖에 되지 않는다. 나머지 이야기는 인플레이션 압박이 진정되자 FRB가 통화 정책을 완화했는데 그에 따른 강력한 결과와 관련된 것이다. 연방기금 금리는 1981년에 19퍼센트라는 기록적인 수준에 도달한 뒤 점진적으로 낮아져서 1986년 말까지 6퍼센트 미만으로 떨어졌다.

이렇게 해서 로널드 레이건(Ronald Reagan) 대통령이 FRB의 공로를 인정하면서 했던 말처럼 "다시 한번 미국에 아침이 밝았다."[48] 그리고 미국 대중은 미국 경제의 하강과 상승을 형성하는 데 금리가 얼마나 큰 지렛대 역할을 하는지 새삼스럽게 깨달았다.

대 인플레이션을 잠재운 일은 미국에 은총이자 저주였다. 사실 이 조치는 미국 중산층을 지원하는 데는 거의 도움이 되지 않았다. 중위 임금소득은 10년 동안 정체했으며 지금까지도 정체 상태에서 별로 벗어나지 못하고 있다. 그러나 금리의 빠른 인하는 미국 경제 구조를 소득 주도 성장에서 자산 의존 성장으로 바꿔놓는 강력한 계기가 되었다. 덕분에 부유한 투자자들이 큰돈을 벌 수 있었다. 주식이든, 채권이든 자산 가치가 강력한 디플레이션 및 이와 관련된 금리 폭락에 대응해 급등했기 때문이다.

자산 투자를 할 정도로 여유가 있는 사람들에게는 더할 나위 없이 좋은 일이었다. 자산 소유자들은 경제학자들이 '자산효과(wealth effects)'라고 부르는 현상, 즉 보유 자산의 실질가치가 오를 때 소비지출이 늘어나는 효과를 톡톡히 봤다.

금융시장의 규제가 완화되자 새로운 왜곡 현상이 나타나기 시작했다. 주택 소유자들이 자신의 구매력을 높이려고 가장 큰 자산인 주택을 담보로 재대출을 하고 나섰기 때문이다. 그리고 이렇게 확보한 구매력으로 소비를 늘렸다. 즉 거품이 긴 금융시장과 소비자 스스로 창출한 자산 평가 상승이 임금 정체로 빚어진 중요한 공백을 메웠다. 이 과정에서 불평등의 골이 빠른 속도로 깊어졌지만, 다른 한편으로는 전체적인 과정을 통해서 경제성장의 새로운 원천이 확인되었다. 그리고 1990년대 후반까지 미국 경제는 소득 기반 경제에서 자산 기반 경제로의 전환이 완료되었다.

그런데 안타깝게도 이 또한 잘 통하지 않았다. 미국의 금융시장은 거품이 점점 더 심하게 끼었고, 주식과 주택 그리고 궁극적으로 신용에서도 연속적으로 거품이 형성되었다. 불행하게도 소득이 왜곡된 미국 소비자들은 심리적인 자산효과와 주택 투자에 따른 자본이득(즉 시세차익) 때문에 그들이 누리는 높은 소비 수준의 생활 방식을 당연하게 여겼다. 그런데 이 거품이 꺼졌다. 2000년에 주식 거품이 꺼졌고 2006년에는 부동산 거품이 꺼졌으며 2008년에는 신용 거품이 꺼졌다. 그러자 자산에 의존하던 미국 소비자들은 살림살이가 어려워졌고 소비지출을 급격하게 줄일 수밖에 없었다.

2000년 닷컴 거품(dotcom bubble)이 꺼졌을 때는 소비지출 감소가 그나마 덜했다. 그러나 그로부터 몇 년 뒤에 주택 거품이 꺼지고, 곧이어 신용 거품이 꺼지자 소비지출은 최악의 수준으로 떨어졌다.[49] 미국으로서는 새로운 성장 원천이 필요했다. 이런 사정은 지금도 마찬가지다.

저축 불균형의 정치경제

지난 45년 동안 진행되었던 중국 경제와 미국 경제를 지금까지 간략하게 요약했다. 그런데 이 짧은 요약에서 중요한 주제 하나가 반복해서 나타난다. 두 나라 모두 경제성장의 새로운 원천을 끊임없이 찾고 있다는 사실이다. 미국이 해결해야 할 과제는 한 가지 중요한 측면에서 중국이 직면한 것과는 매우 달랐다. 미국은 너무 적은 돈으로 너무 많은 것을 하려고 하는(즉 분수에 넘치게 살려고 하는) 부유한 국가다. 그런데 중국은 그와 대조적으로, 자신이 새롭게 발견한 성장의 열매를 잠재적 소비자에게 나눠 줄 수 없었으며 그럴 의지도 없었다. 그 바람에 이 두 나라의 저축에는 심각한 격차가 발생했다.

저축 측면에서의 이런 대비는 어떤 기준으로 보더라도 뚜렷하게 드러난다. 중국은 세계 최대 저축 국가이고 미국은 세계에서 저축이 가장 부족한 나라다. 최근 몇 년 사이에 두 나라의 저축액 격차가 약간 줄어들긴 했지만 그래도 여전히 엄청나게 크다. 2021년에 중국의 국내저축 총액은 국내총생산의 45퍼센트로, 미국의 19퍼센트보다 약 2.5배 가깝게 높았다. 절대적인 금액을 놓고 봐도 격차는 크다. 역시 2021년에 중국의 국내저축은 7조 5,000억 달러였는데 미국의 국내저축은 4조 6,000억 달러밖에 되지 않았다.[50]

국내지축은 가계와 기업과 정부가 각각 저축한 금액을 합친 것이다(경제활동의 3대 주체는 가계, 기업, 정부다-옮긴이). 미국의 만성적인 재정 적자는 국내저축의 주요 걸림돌이지만 개인과 기업도 중국보다 저축을 훨씬 적게 한다. 반대로 중국은 전반적으로 상당히 높은 저축률을 보인다. 기업과 가계의 초과저축(excess saving)은 정부의 예산 적자를 상쇄하고도 넉넉하게 남을 정도다.

위에서 인용한 수치는 총저축(gross saving), 즉 자본의 감가상각을 포함해 총소비를 제외한 가처분소득을 가리킨다. 감가상각분을 제외하면 순저축(net saving)이 남는데, 이는 한 나라의 생산 능력을 실질적으로 높이는 데 투자될 수 있는 돈이다. 미국의 2021년 국내순저축률은 국민소득의 3.2퍼센트였는데, 이는 20세기 마지막 30년 동안 국내순저축률이었던 6.3퍼센트의 절반 수준밖에 되지 않는다. 즉 미국은 경제성장에 자금을 댈 수 있는 국내저축이 거의 없다는 뜻이다.

중국의 순저축률에 대한 공식적인 추정치는 없지만 대략 20~30퍼센트로 미국의 약 7~10배 정도 된다고 보면 된다. 여기에는 그럴 만한 충분한 근거가 있다.[51] 순저축률에서의 이런 어마어마한 차이는 두 나라의 상대적인 성장 전망에 중요한 영향을 미친다. 중국은 국내저축으로 자국의 생산 능력과 연구개발, 인적 자원에 훨씬 더 많이 투자할 수 있다. 이 세 가지 요소는 생산성과 자주적인 혁신, 경쟁력을 높이는 데 결정적으로 중요하다. 저축이 부족한 미국은 이 모든 측면에서 불리할 수밖에 없다.

이 저축 불균형은 그냥 저절로 생긴 게 아니다. 미국에서 연방정부의 재정 적자가 주된 원인이긴 하지만 자산에 의존하는 미국의 경제 구조 자체가 문제다. 자산 보유자들, 특히 자유분방한 미국 소비자들은 주가와 주택가격이 계속해서 상승하는데 굳이 노동소득을 저축할 필요가 없다고 확신한다. 이는 소득을 기반으로 하는 개인 저축률이 1982년 말 가처분소득의 약 13퍼센트였던 것이 주택 거품이 한창이었던 2005년 중반에는 2.5퍼센트까지 떨어졌다는 사실에서 확인할 수 있다. 사람들은 새로운 자산 경제 아래 구태의연하게 저축 따위는 할 필요가 없다고 생각했던 것이다.

그러나 중요한 함정 하나가 놓여 있다. 어떤 경제든, 심지어 아무리 창조적인 자산 중심의 미국 경제라고 해도 투자하고 성장하려면 저축이 필요하다. 장기적으로 보면 자산 의존적 저축은 경제성장을 지원하지 않는다. 거품으로 뒷받침되었다가 결국 꺼져버리는 자산은 특히 더 그렇다. 이런 사실은 2000년대 초에 명백히 드러났다. 소득 기반 저축의 감소와 정부의 만성적인 재정 적자가 손을 잡고서 2008~2010년 국내저축률을 마이너스로 끌어내렸다. 그러다 2021년에 3.2퍼센트로 회복되긴 했지만 말이다.[52]

바로 이 지점에서 미국이 다른 나라들과 맺고 있는 관계가 작동한다. 미국은 저축이 부족한 상황에서 투자와 성장을 원하는데, 그러려면 해외의 잉여저축을 수입해야 한다. 그리고 외국 자본을 유치하려면 다른 나라들을 상대로 국제수지 적자를 감수해야 한다. 미국 경제의 규모와 저축액 부족 규모를 고려할 때 다수의 무역 상대국에 대한 이런 무역 적자의 폭은 매우 클 수 있다. 여기에 대해서는 4장에서 자세히 설명할 것이다.

아무튼 그렇기 때문에 우리는 국내저축이 부족해서 발생하는 무역 적자의 결과를 살펴볼 수밖에 없다. 미국인은 무역 적자를 좋아하지 않는다. 여기에는 그럴 만한 이유가 있다. 무역 적자는 부의 해외 유출을 상징하는 현상이다. 생산량과 일자리와 소득이 무역 상대국으로 넘어가는, 즉 국내에서 발생할 수 있는 경제활동이 해외로 빠져나간다는 뜻이다.

미국의 정치인들은 이런 해외 유출을 증오하는 대중의 반감을 포착해서, 해외로 빠져나간 일자리를 국내로 다시 불러들이겠다고 약속하는 반(反)무역 의제에 매달려왔다. 로널드 레이건과 조지 H. W. 부시는 일본을 겨냥해 이 문제를 제기했다. 도널드 트럼프는 이 주장을 완전히 새로운 수준으로 끌어올렸다. '미국을 다시 위대하게!(Make

America Great Again!)'라는 슬로건을 내세우면서 중국을 상대로 무역 전쟁을 벌이겠다고 공언한 것이다(1963~1969년에 재임했던 린든 존슨의 슬로건 '미국을 위대하게!'를 본뜬 것이다-옮긴이).

술수에 능하고 정치적 편의성만을 좇는 미국의 지도자들은 국내 저축이 그토록 부족해진 가장 큰 책임이 자기들에게 있다는 중요한 사실을 숨겼다. 정부의 재정 적자는 국민소득계정(national income accounts, 국민경제를 하나의 거대 기업으로 보고 국민소득을 기업회계에 준하는 계정 방식으로 통괄한 것-옮긴이)에서 마이너스 저축으로 나타난다. 미국 연방정부는 2001년 이후로 그리고 1962년 이후 59년의 54년 동안 해마다 재정 적자를 기록했다.[53] 이렇게 지속적으로 적자가 발생하지 않았다면 외국 자본이 그토록 절실하지도 않았을 것이고, 그 자본을 받는 대가로 무역 적자를 감수할 필요도 그토록 크지 않았을 것이다.

미국의 정치인들은 꿩도 먹고 알도 먹을 수 있다고 암묵적으로 주장한다. 즉 공공연한 무역 전쟁을 포함해 온갖 수단을 써서 무역 적자를 제거하는 동시에, 애초에 무역 적자를 발생시킨 소비지출을 이어갈 수 있다고 주장하는 것이다. 미국의 정치인은 미국은 잘못한 게 아무것도 없다면서 다른 나라에 책임을 돌리는 일을 잘한다. 1980년대에는 일본 탓을 했고, 지금은 중국 탓을 한다.

방탕함 때문에 빚어진 결과에 책임을 지지 않으려는 이런 태도를 여론은(즉 일반 국민은) 너그럽게 받아들였다.[54] 그러나 일이 이렇게 전개될 수 있었던 것은 한 가지 중요한 경제적 맥락이 있었기 때문이다. 미국의 저축 양상이 이렇게 바뀐 것은 한층 광범위한 어떤 상황의 연속선상에 놓여 있다. 1980년대와 1990년대의 디플레이션에 따른 이득은 자산시장 및 부유한 자산 보유자들에게 불균형적으로 돌아갔다. 자산 경제에서 발생한 이익은 현재의 소비 및 자산을 기반으로 하는 저축(예를 들면 주택 구매 등의 부동산 투자를 말한다-옮긴이)을 지원하는 데 사용되었다.

미국의 정치인들은 초기의 이런 변화 상황을 반겼다. 그 덕분에 미국인이 분수에 넘치는 생활을 할 수 있었기 때문이다. 이른바 경제의 내부(국내) 소득 창출 능력에 환호했던 것이다. 그러나 중산층이 압박을 받기 시작하면서 미국 정치는 포퓰리즘으로 전환했고, 이에 따라 무역 갈등과 보호주의가 등장했다. 저축, 정확하게 말해서 저축 부족이야말로 현재 중국을 표적으로 삼는 미국의 국제 관계 갈등을 유발한 주요 원인이다.

그런데 중국의 저축과 관련된 이야기는 미국과 정반대다. 중국은 국내저축이 너무 많은 게 문제였다. 그래서 경제성장을 견인하는 한편 미국 및 다른 국가들과의 긴장을 완화하기 위해서는 잉여저축을 효과적으로 활용할 방법을 찾아야 했다.

물론 1980년대에는 중국도 야심 찬 성장을 추진하는 데 필요한 자금을 대기 위해 저축을 많이 해야 했다. 문화대혁명 직후에는 공장과 도로가 파괴되어 중국 경제의 전망은 을씨년스럽기 짝이 없었다.[55] 당시 중국에는 국내외 소비자에게 상품을 공급할 조립 및 유통 부문의 현대적인 생산 능력과 인프라가 부족했다. 그랬기에 중국으로서는 덩샤오핑이 추진하는 개혁의 수출 요건을 충족하기 위해 그런 사정을 빠르게 개선해야 했다.

그리고 저축 덕분에 그게 가능해졌다. 1980년에 중국의 국내저축률은 국내총생산의 33퍼센트였는데, 이 수치는 이후 1990년대 초반까지 꾸준하게 늘어나서 1994년에는 43퍼센트를 기록했다.[56] 중국은 전체 개발도상국 중에서도 저축이 가져오는 기회를 포착하는 데 단연 두드러졌다. 1980년을 기준으로 하더라도 중국의 국내저축률은 다른 신흥국이나 개발도상국보다 약 30퍼센트나 높았다. 1994년에 중국의 국내저축률은 전체 개발도상국의 거의 두 배에 육박했다. 성장이 비약적으로 이뤄지던 초기에 중국의 국내저축은 중국의 수출 주도 성장 전략에 필요한 대규모 투자를 가능하게 해주었던 자금원이었다. 저축은 늘 투자와 동일한 것이라고 경제학은 말하는데, 이 진리를 중국이 현실에서 증명했다.

그러나 이후 중국의 저축 전략이 틀어지기 시작했다. 1990년대 후반 국영기업을 대상으로 하는 공격적인 개혁이 진행되었는데, 그 바람에 저축에 영향을 미치는 두 가지 일이 일어났다. 4,000만 명이 넘는 노동자가 정리해고되었으며 이에 따라 '철밥통'이 해체된 것이다. 이 철밥통은 그동안 중국의 노동자에게 쉼터와 음식에서부터 교육과 의료에 이르는 중대한 사회적 혜택을 보장했었는데 이것이 깨져버린 것이다.

중국은 1990년대 후반에 국영기업 개혁을 빙자해 이런 혜택을 거의 없애버림으로써 국가가 장려하는 저축의 상당 부분이 증발되는 커다란 손실을 초래했다. 국가가 제공하던 혜택이 끊어지자 사람들은 그 손실에 대한 대안을 마련해야 한다는 두려움에 예비적 저축(precautionary saving, 미래 소득의 불확실성에 대비한 저축-옮긴이)을 더욱 열심히 했다. 그래서 중국의 국내저축률은 1990년대 후반과 2000년

대 초반에 약간 떨어진 뒤에 치솟았는데, 2008년에는 52퍼센트까지 올랐다.[57]

이는 전혀 기대하지 않았던 매우 불안정한 결과였다. 중국 가계는 예비적 저축을 선택함으로써 자동차, 가구, 가전제품, 사치품 같은 것을 사들이는 재량소비(discretionary consumption, 기본적인 생활을 유지하는 데 필요하지 않은 품목을 소비하는 것-옮긴이)에 등을 돌렸다. 이렇게 해서 소비 주도 성장이라는 오랜 목표가 좌절됐다. 중국 국내총생산에서 민간소비가 차지하는 비중은 2000년에 46퍼센트에서 2010년에 34퍼센트로 줄어들었고 경상수지 흑자는 2007년까지 국내총생산의 9.9퍼센트를 차지할 정도로 치솟았다.[58] 이는 당시 전 세계적으로도 가장 큰 불균형을 드러내는 지표였는데, 이를 근거로 많은 사람이 2008~2009년 글로벌 금융위기 직전에 중국이 불안정한 영향을 끼쳤다고 비난했다.[59]

중국의 잉여저축은 국제 금융에 영향을 미쳤을 뿐만 아니라 다른 나라들과 맺은 관계 또한 악화시켰다. 미국의 저축 부족이 전 세계 약 100개의 국가를 상대로 계속해서 무역 적자를 낳았던 것처럼, 중국의 넘쳐나는 저축은 약 160개 국가를 상대로 무역 흑자를 기록했다.[60] 중국의 무역 흑자는 엄격한 통화 관리의 도움을 받았기에 가능했으며, 또한 불공정한 무역 관행이라는 비난을 받았다. 그랬기에 중국은 1980년대의 일본 꼴이 났다. 통화를 조작하는 중상주의자라는 비난이 쏟아진 것이다. 이처럼 중국의 잉여저축 양상은 자신도 모르게 또는 악의적인 의도에 따른 당연한 결과로(서방의 많은 사람이 이렇게 생각했다) 중국과 세계 국가들의 관계를 악화시켰다.

저축은 어디로 향할까?

미국과 중국의 저축 격차는 두 나라 사이에 발생하는 국제 관계 문제들을 이해하는 데 큰 도움이 된다. 중국은 미국의 저축 공백을 메꾸는 데 핵심적인 역할을 한다. 잉여저축을 활용해야 하는 중국은 직접적으로 그리고 거대한 글로벌 공급망 네트워크에 참여하는 간접적인 방식으로 전 세계에 자국의 제품을 판매한다. 오랜 기간 미국은 중국의 가장 큰 해외 시장이었다. 무역 상대국 사이에서 발생하는 적자와 흑자를 분석하는 것이나 공급망이 연결된 오늘날의 세상에서 적자와 흑자를 정확하게 측정하는 것은 매우 복잡한 과정인데, 여기에 대해서는 4장에서 자세하게 살펴볼 것이다.

그러나 이런 문제를 인식한다고 해서 해결책이 저절로 나오지는 않는다. 중국이 저축을 덜 해야 하고 미국이 저축을 더 해야 한다는 것이 완벽하게 논리적인 해결책이긴 하지만, 두 나라 모두 이렇게 하는 것이 현상을 유지하는 것보다 훨씬 더 어렵다. 이런 사정은 당장 몇 년 동안에는 더 그럴 것 같다. 포스트 코로나 시대에 미국의 저축 문제는 점점 더 나빠지고 있다. 2020년 이후 경기부양을 목적으로 정부가 7조 달러가 넘는 자금을 시장에 풀면서 미국의 재정 적자는 국내총생산의 15퍼센트까지 치솟았고, 이대로라면 2031년까지 5년 동안 전체 공공 부채 규모는 국내총생산의 평균 103퍼센트까지 불어날 수 있다. 이 수치는 제2차 세계대전 직후인 1946년의 106퍼센트라는 기록에 근접하는 것이다.[61]

과도할 정도로 시장에 순응하는 FRB가 오랜 기간 유지한 제로금리 환경에서는 부채에 따른 이자 비용은 무시해도 될 정도도 미미했기에 재정준칙(fiscal discipline, 재정 운용의 목표 설정 및 달성을 위한 방안 등을 법제화한 것-옮긴이)에 대한 압박은 거의 없었다. 그 바람에 미국에서 저축 구멍은 더 커지고 깊어졌다. 그런데 FRB가 커져만 가는 인플레이션 압력에 대응하기 위해 금리를 정상화하려는 움직임을 보이고 있어 이 기조는 바뀔 수 있다. 그러나 연방정부의 예산을 통제하는 것에 의회는 여전히 강력하게 반대하는 분위기다.

한편 낮은 저축률 때문에 예측 가능한 미래의 미국 경상수지 적자는 엄청난 규모로 커질 것이다. 결국 무역 적자는 미국에 심각한 문제로, 더욱 해결하기 어려운 문제로 남을 것이다. 정치권에서 당연하게 여기는 것과 다르게 개별 국가들을 상대로 하는 무역 전쟁은 저축 문제로 발생하는 다자간 무역 적자를 해결할 수 없다. 그럼에도 이 문제를 해결할 수 있다고 장담하는 정치인들은 이른바 '두더지 게임'의 경제 비전이라는 함정에 빠지고 만다. 어떤 나라와의 무역 적자를 해결하는 순간 다른 나라와의 무역 적자는 그만큼 더 커지니 말이다. 일본이라는 두더지를 때려서 문제를 해결했는데, 이번에는 중국이라는 두더지가 머리를 쏙 내민 것이다. 중국을 때리면 그다음에는 어떤 나라가 머리를 쏙 내밀고 나타날까? 저축이 부족한 미국이 풀어야 할 문제다.

중국 역시 저축 문제를 해결해야 할 과제로 끌어안고 있다. 중국은 여러 해 동안 '저축 흡수(saving absorption, 저축 가운데 지출로 흡수되는 부분-옮긴이)'를 강조했다. 즉 잉여저축을 줄여 사회안전망에 투자할 필요성을 강조했다. 9장에서 자세히 살펴보겠지만 사회안전망 투자가 늘어나면 예비적 저축이 줄어들고 재량소비가 늘어나기 때문이다. 그러나 이 과정은 고통스러울 정도로 느리게 진행되었다. 중국의 국내저축률은 2008년에 51.6퍼센트로 최고점을 찍은 뒤에 2021년에 45퍼센트로 예전보다 조금 줄어들긴 했지만 여전히 높은 수준이다. 모든 개발도상국과 신흥국의 평균보다 약 11퍼센트포인트나 높다.[62]

잉여저축 때문에 발생하는 압박을 완화하려면 무엇을 해야 하는지 중국은 잘 안다. 그러나 중국은 새로운 성장 원천을 사용하지 않은 채 그냥 깔고 앉아 있다. 잉여저축을 사용할 수만 있다면 좋겠지만 그게 쉽지 않다. 좀처럼 풀리지 않는 문제다. 예를 들어 중국이 저축률을 다른 개발도상국의 평균 수준으로 낮추기만 한다면 현재 구멍이 숭숭 뚫려 있는 사회안전망을 강화하는 데 1조 7,000억 달러를 자유롭게 투입할 수 있다. 그러나 그렇게 하지 못하고 있다.[63]

중국은 어느 정도 잘사는 나라라고 자처하지만, 만약 저축률을 선진국 수준인 20퍼센트까지 낮추면 저축 흡수에 따른 효과는 상당히 커질 것이다. 또한 만성적인 국제 관계 문제를 해결하는 데 저축 흡수를 호의의 표시로 사용할 수도 있다. 중국에서 예비적 저축이 줄어들고 그에 따라 국내 소비가 늘어나면 미국을 포함한 주요 무역 상대국들로서는 엄청나게 신나는 일이 될 것이다.

중국에서 저축 흡수에 불을 붙이려면 무엇이 필요한지는 뻔하다. 1990년대 후반에 크게 해체된 사회안전망을 재건하는 것을 정부 정책의 목표로 삼아야 한다. 그러면 가계는 미래를 훨씬 낙관적으로 바라볼 것이다. 정확하게 말하면(9장에서 자세히 설명하겠지만) 미래에 대한 두려움 때문에 유지하는 예비적 저축을 재량소비로 유도할 인센티브가 필요하다. 실제로 중국 정부가 제안한 여러 가지 개혁은 노후 대비나 건강보험, 그 밖의 여러 가지 사회안전망 측면의 문제를 해결하는 것을 목표로 한다. 그러나 중국은 이런 개혁 약속을 거창하게 했다가 지키지 않았던 일이 많다. 과연 이번에는 좀 다를까?

가능성을 안다는 것과 결정적인 순간을 포착한다는 것은 별개의 문제다. '시진핑 구상'은 이런 차이를 분명하게 인식하고서 중국의 개혁가들이 수행할 과제를 새로운 차원으로 끌어올린다. 저축 문제의 해결 여부는 통치에 대한 이 새로운 접근법을 검증할 훌륭한 스트레스 테스트(stress test, 일어날 가능성이 있는 시나리오를 가정해 시스템이 받을 잠재적 손실을 측정하고 건전성을 평가하는 테스트-옮긴이)가 될 것이다. 그리고 그 새로운 접근법은 국내 경제의 균형을 다시 잡아줄 뿐만 아니라 잉여저축으로 초래된 국제 관계 문제를 해결하는 데 중국을 한결 유리한 위치에 서게 해줄 것이다.

2장

편의성에서 동반의존성으로

개인과 개인의 관계가 인간의 정신을 살찌우는 것처럼 나라와 나라 사이의 관계는 오랜 세월 성장과 번영의 핵심적인 동력이었다. 그런데 점점 더 세계화되는 세상에서 나라와 나라 사이의 이런 상호작용은 매우 복잡할 수밖에 없다. 여러 나라가 동시에 참여하는 정치경제는 언제나 미묘한 균형을 이루는데, 오늘날에는 이 균형이 한층 미묘하다.

이 딜레마의 한가운데 있는 것이 성장과 무역 사이의 균형이다. 미합중국과 유럽연합(EU)이 보여주듯이 정치는 강력한 경제 연합을 만들어서 성장 기회를 확대할 뿐만 아니라 무역 자유화라는 상호 이익을 높일 수 있다. 그러나 정치는 소련의 해체가 증명하듯이 분열을 촉진할 수도 있고, 1930년대의 세계 무역 전쟁 같은 무역 갈등을 촉발할 수도 있다. 오늘날의 미중 갈등은 성장과 무역의 균형이라는 정치경제에 깊이 뿌리를 두고 있다.

확실히 현재의 무역은 예전과는 너무나 다르다. 19세기에 데이비드 리카도(David Ricardo)가 제시한 비교우위론의 토대가 된 국가 간 상품 교환 조건은 지금 믿을 수 없을 정도로 복잡한 다국적 조립 및 생산 플랫폼, 즉 공급망(supply chain) 또는 좀 더 공식적인 표현으로 하자면 글로벌 가치사슬(global value chain)로 진화했다.[1] 조건과 환경이 이렇게 복잡해지면서 국가 간 관계는 훨씬 복잡해졌고, 그래서 국가 간 갈등도 언제든 생길 수 있게 되었다.

이런 사정은 특히 미국과 중국의 관계에 적용된다. 최근 두 나라에서 진행된 경제 체제상의 전환은 두 나라의 관계를 여러 측면에서 불안정하게 만들었다. 그런 전환은 무역 당사국 사이의 규칙을 바꿀 뿐만 아니라 한 나라가 다른 나라를 위협하는 것으로 오인되기 쉽다. 그래서 우발적인 충돌이 얼마든지 일어날 수 있고 또 실제로 일어난다.

미중 갈등의 핵심은 무엇보다도 관계 갈등이다. 인간관계가 대부분 그런 것처럼 두 나라도 처음에는 서로의 매력과 장점에 이끌려서 손을 잡았다. 그러나 시간이 지나면서 애초에 손을 잡았던 순수한 마음은 더 깊은 차원에서 해결해야 할 과제를 떠안는 부담스러운 관계로 발전했다. 그런데 두 나라 사이에는 늘 어떤 것이 부족했다. 바로 상호 신뢰였다. 미중 사이의 신뢰 결핍에 대해서는 뒤에서 자세히 살펴보겠지만, 일단 여기서는 신뢰가 중요하다는 사실만 분명히 하고 넘어가자. 서로에 대한 신뢰가 없으면 당사국 사이에 얼마든지 있을 수 있는 정상적인 마찰이 비난이나 경멸, 노골적인 갈등으로 확대될 수 있다. 관계가 결렬되거나 파경을 맞을 가능성도 매우 현실적인 문제로 대두된다.

이는 미중 경제 관계의 성격과 관련해 중요한 의문을 제기한다. 경제적 전환이 위협하는 관계의 핵심은 무엇일까? 이런 위협이 어쩌다 노골적인 갈등으로 증폭되었을까? 이 악순환을 너무 늦기 전에 막을 방법이 있을까?

세계 무역의 새로운 역설

현대 국가는 자급자족과는 거리가 멀다. 현대 국가는 원자재나 숙련된 노동력 같은 핵심 자원들이 부족하기 때문에 이를 보완하려고 다른 나라들과 무역을 한다. 리카르도의 비교우위 법칙은 모든 나라가 다른 나라의 강점이나 자원에 의지할 때 커다란 편익을 누릴 수 있다고 가르친다. 이는 국가 간 무역 증가가 여기에 참여하는 모든 나라의 이익으로 이어진다는 '윈윈' 주문(呪文)의 본질이다. 따라서 무역은 경제적인 결정이기도 하지만 정치적인 결정이기도 하다.[2]

그러나 국경을 초월하는 무역에서는 그동안 혁명이 일어났다. 잉글랜드와 포르투갈이 상호 이익을 위해 직물과 포도주를 거래한다는 데이비드 리카르도의 고전적인 사례가 그 시대에는 타당했지만 오늘날에는 그렇지 않다. 오늘날의 무역은 한 나라에서 완제품으로 생산되어 다른 나라에 판매되는 형태의 교환에만 한정되지 않는다. 사실 완제품이라는 개념 자체가 바뀌었다.

리카르도 시대부터 대략 1960년대까지, 완제품은 기본적으로 한 국가의 노동력과 자본 또는 노동자와 원재료의 조합을 포함하는 국내 생산 공정의 산출물이었다. 그런데 오늘날 완제품은 그렇지 않다.

전 세계의 여러 중간 생산 플랫폼 및 조립 플랫폼에서 생산된 반제품을 인풋으로 삼아, 수많은 부품의 단편적인 결합물로서 조립라인에서 생산되기 때문이다. 이런 다단계 방식의 조립 및 생산 공정은 한 국가 안에서 수직적으로 통합된 제조 공장을 염두에 둔 리카도의 개념과는 전혀 다르다.

생산과 조립을 결합하고 많은 나라에서 이뤄진 인풋 및 부품을 결합하는 글로벌 가치사슬은 정보통신 기술의 획기적인 발전, 운송 비용의 획기적인 감소 그리고 제품 흐름의 연결성이라는 물류에 관한 새로운 발상에서 비롯된 결과다. 이것이 글로벌 경쟁의 개념을 완전히 뒤집었다. 또한 모든 초국가적 경제 관계, 특히 중국과 미국의 경제 관계에서 글로벌 가치사슬은 중요한 의미를 지닌다.

경제학자 리처드 볼드윈(Richard Baldwin)은 세계화의 이런 변화를 '분화(unbundling)'라고 부르면서 이 분화라는 맥락에서 글로벌 가치사슬을 평가한다.[3] 첫 번째 분화는 자급자족 체제를 유지해온 마을이 지리적 영역 바깥에서 식량이나 그 밖의 필수품을 조달할 수 있을 때, 즉 소비자를 생산자에게서 떼어놓을 때 나타났다. 특히 19세기에 선박과 철도를 이용하는 물리적인 운송 비용이 줄어들면서, 이런 교환 과정은 국가 간 무역으로 확대되었다.

두 번째 분화는 기술 및 물류 분야가 발전해 나중에 완제품으로 조립될 부품이나 반제품 생산 공정이 분화되는 것이다. 이는 글로벌 가치사슬이 생산자를 국가로부터 근본적으로 떼어놓을 때 나타나는 현상이다. 첫 번째 분화가 국가 간 경쟁을 촉진했다면 두 번째 분화는 글로벌 경쟁의 비(非)국가화로 이어졌다.[4]

이런 분화들은 미중 무역 갈등의 한 가지 역설을 강조한다. 국가 무역 통계수치들은 글로벌 가치사슬의 실제 현상과 일치하지 않는다. 한 제품이 최종적으로 조립되는 곳을 떠나 최종 시장으로 향할 때, 이 제품은 완제품이다. 선적되는 항구에서 이 제품은 다른 나라에서 부품이 생산되고 조립되는 초기 단계 공정과 관계없이 그때까지 누적된 총 제조원가로 평가된다. 국가 통계 시스템은 글로벌 가치사슬의 중간 단계에서 발생하는 부품이나 반제품의 생산과 조립 과정을 고려 대상에서 제외한다는 뜻이다. 애초에 무역 통계는 한 국가 안에서 완제품을 생산하는 경우를 전제로 한 것이라서, 글로벌 가치사슬 시대의 가치 분화 내용을 담지 못한다.

애플의 아이폰이 가장 적절한 사례가 될 수 있다. 아이폰은 대부분 중국 정저우에서 조립된 다음 상하이에서 미국으로 출고되는데, 이때 아이폰의 제조원가는 개당 대략 240달러다. 미국에서 아이폰의 연간 국내 판매량이 약 6,000만 대인데, 미국의 통계청은 아이폰 관련 무역 적자를 제조원가 240달러를 기준으로 해서 170억 달러로 평가한다. 그러나 중국 공장에서 실제로 발생하는 아이폰의 생산비용은 개당 8.46달러, 즉 전체 비용의 3.5퍼센트밖에 되지 않는다.[5] 이 제품의 부가가치 대부분은 (중요도 순서로 열거하면) 일본과 대만과 한국에서 발생하는데, 이들 나라에서 발생한 부가가치가 총 제조원가의 약 55퍼센트를 차지한다.

아이폰은 철저하게 글로벌 가치사슬 속에서 생산된 제품이다. 그러나 미국의 통계청은 이런 사실을 완전히 무시한다. 이는 미국의 정치인들도 마찬가지다. 가령 도널드 트럼프는 2019년 무역 전쟁에서 중국을 상대로 새로운 관세를 부과하겠다고 위협하면서 "애플이 중국에서 제품을 생산한다"라고 주장했다.[6] 그러나 정확한 사실을 이야기하려면 애플이 중국에서 제품을 '조립한다'라고 말했어야 했다.

이런 지적은 통계수치를 놓고 트집을 잡자는 게 아니다. 미국이 발표한 무역 통계에 따르면 2021년 중국의 대미 수출액은 약 5,060억 달러였다.[7] 그러나 중국이 미국에 수출한 많은 상품이 처음부터 끝까지 중국에서 생산된 게 아니다. 중국의 대미 수출액 중 많은 부분이 국가 단위를 초월하는 글로벌 공급망에서 생산된 부품 및 반제품의 부가가치로 형성된 것이다. 중국의 대미 수출품의 최종 제품은 중국의 생산라인이 아닌 조립라인에서 만들어진 것이다. 글로벌 가치사슬은 중국을 세계의 공장에서 세계의 조립라인으로 바꿔놓았다. 즉 중국의 대미 수출액은 미국 통계청이 발표한 5,000억 달러에 훨씬 못 미친다는 뜻이다.[8]

그럼에도 미국 통계청 관계자들이 2021년 미국의 대중 무역 적자가 3,550억 달러라고 보고한 내용이 중국의 무역 관행을 다루는 공개적인 논쟁에서 중요한 근거로 제시되고 있다. 미국 상무부가 발표한 공식 통계에 따르면 2021년 미국의 무역 적자 중에서 대중 무역이 차지하는 비율은 32퍼센트로 다른 어떤 무역 상대국보다 압도적으로 높다.[9] 최근 몇 년 동안 미국의 무역 적자에서 중국과의 무역이 차지하는 비율이 여러 가지 이유로 줄어들었다는 사실에는 신경도 쓰지 않는다. 물론 그중에서도 가장 중요한 이유로 2018년부터 트럼프 정부가 중국 수입품에 매기는 관세를 가파르게 올렸던 일을 꼽을 수 있지만 말이다.

중국은 불공정 거래 관행을 통해 미국의 생산량과 일자리와 소득을 자국으로 빼돌린다는 비난을 받고 있다.[10] 그러나 이런 비난의 상당 부분은 과장된 것이다. 실제로는 다른 국가에서 생산된 부품과 반제품 그리고 제품 설계 및 기타 부가가치까지도 모두 중국의 대미 수출액에 포함되기 때문이다.

이제는 글로벌 가치사슬이 국가 간 무역 현황에 투영된 왜곡을 측정할 수 있다. 경제협력개발기구(OECD)와 WTO의 연구자들은 글로벌 가치사슬의 제각기 다른 과정에서 창조된 부가가치를 따로 구분해서 분리하는 통계 척도를 공동으로 개발했는데, 이 척도에 따라 추정하면 중국의 대미 수출액 가운데 35퍼센트가 부풀려진 액수다.[11]

이는 미국의 전체 상품 무역 적자에서 중국이 차지하는 비중이 현재 발표된 정부 통계가 제시하는 32퍼센트가 아니라 20퍼센트 정도밖에 되지 않는다는 뜻이다. 물론 20퍼센트도 여전히 높은 비율이지만 미국 정치인들이 인정하고 싶은 비율보다 훨씬 낮은 수치임은 분명하다. 좋든 싫든 간에 중국을 공격하는 자료가 글로벌 가치사슬이 지배하는 세계 무역이라는 현실과 동떨어진 케케묵은 통계 시스템에서 나왔다는 사실만큼은 분명하다.

널리 통용되는 세계 무역의 통계적 '증거'와 실질적인 세계 무역의 현실은 이렇게 차이가 나는데, 이런 불일치는 미중 관계의 많은 것을 말해준다. 중국을 통해 미국으로 유입되는 외국 제품이 지닌 가치의 많은 부분이 실제로는 중국이 아닌 다른 나라들에서 창조되었다. 이 나라들은 어디일까? 이들은 어떻게 해서 미국 무역 퍼즐에 끼워 맞춰졌을까? 또한 이 나라들은 미중 무역 관계의 진정한 성격을 놓고 뭐라고 말할까? 무역 갈등이 '정당한 전쟁'이 될 수 있으려면, 즉 도덕적으로나 윤리적으로 정당하다는 근거를 충분히 가지려면 이런 여러 질문에 객관적이고 사실을 기반으로 하는 답변이 필요하다.

편의성을 위한 동반자 관계

미국과 중국의 관계에 관한 이야기는 1979년 초 덩샤오핑이 미국을 방문한 사건에서부터 시작되었다. 1949년 중화인민공화국이 수립된 이후 중국의 최고지도자가 미국을 공식적으로 방문한 것은 그때가 처음이었다. 워싱턴 D.C. 공식 방문으로 시작된 덩샤오핑의 미국 여정은 지극히 미국적인 것들을 경험하는 일정으로 끝났다. 그는 조지아와 텍사스, 워싱턴을 여행하면서 여러 기업을 방문하고 미국의 기술을 둘러봤으며 문화 활동을 경험했다.

키 150센티미터의 덩샤오핑이 휴스턴에서 열린 로데오 행사에 참석해서 커다란 스텟슨(Stetson, 미국의 모자 제조 브랜드-옮긴이) 카우보이 모자를 쓰고 찍은 사진은 수많은 신문의 1면을 장식했다.[12] 그의 방문을 반대하는 시위가 일어나고 심지어 암살 시도까지 있었음에도, 그는 중국이라는 나라가 풍기는 신비로움에 더해 매우 인간적이고 사랑스럽기까지 한 인상까지 미국인에게 심어주었다.

덩샤오핑이 했던 일정 중 가장 중요했지만 상대적으로 덜 평가되었던 것은 1979년 2월 3일부터 4일까지 워싱턴의 시애틀을 방문한 일일 것이다. 이 일정은 우연한 게 아니라 철저한 계획에 따른 것이었는데, 그가 탄 비행기는 시애틀 바로 남쪽에 있는 보잉필드(킹타운티)

국제공항에 착륙했다. 시애틀에 머무는 동안 그는 헨리 키신저를 잠깐 만났다. 키신저는 1972년에 리처드 닉슨(Richard Nixon) 대통령의 역사적인 중국 방문을 성사시킨 뒤로 중국의 오랜 친구였던 인물이었다. 그러나 덩샤오핑은 중국의 친구를 만나는 일보다 더 중요한 목적이 있었다. 중국이 경제 도약을 하려면 비행기가 필요했고, 세계 최대의 항공기 제조사 보잉은 중국과 같은 새로운 고객이 가져다줄 엄청난 사업 기회를 기대하고 있었다.[13]

2월 4일 일요일 오후, 덩샤오핑은 시애틀에서 북쪽으로 25마일 떨어진 에버렛에 가기로 예정되어 있었다. 마치 수학여행을 하는 학생처럼 덩샤오핑은 에버렛에서 보잉의 거대한 747 항공기 공장 및 조립라인을 몇 시간에 걸쳐서 둘러봤다.[14] 중국은 이미 항공기 석 대를 주문해두었으며 추가로 더 많은 항공기를 구입하기로 보잉과 약속이 되어 있었다. 특히 전날 휴스턴에 있는 존슨우주센터를 방문해 현대 기술에 한참 매료된 덩샤오핑은 중국의 성장 잠재력이 활짝 꽃피우기를 기대하며 그의 새롭고 명확한 전망이라는 렌즈를 통해 747을 바라봤다.

덩샤오핑은 골프 카트를 타고 보잉사의 에버렛 공장을 세 시간에 걸쳐 둘러보면서 크게 감명을 받았다. 그날 키신저를 만나는 일정에는 30분이라는 시간밖에 배정하지 않았다는 사실을 보면 그가 에버렛 공장에 얼마나 많은 관심을 가졌는지 짐작할 수 있다. 그를 지켜본 어떤 사람은 그가 "호기심 넘치는 어린아이처럼 보인다"라고 말했을 정도였다.[15] 그러나 그가 어린아이처럼 느꼈던 그 매력은 나중까지도 영향을 미쳤다. 당시만 하더라도 보잉도 그랬고 덩샤오핑도 그랬지만, 중국이 이후 20년 동안 보잉의 가장 큰 고객이 될 줄은 전혀 알지 못했다. 미국의 정치인들과 정책 입안자들 역시 미국의 가장 큰 수출 사업인 민간 항공기의 가능성을 그때만 하더라도 그다지 높이 평가하지 않았다.

1979년 당시에 미국과 중국 사이에는 국경을 넘나드는 무역이 사실상 전무했다. 미중 양국의 수출입 총액은 겨우 40억 달러밖에 되지 않았는데, 2018년에 최고치를 기록한 6,620억 달러와 비교하면 그야말로 새 발의 피다.[16] 1979년 당시에 양국이 거래하는 무역이라고 해봐야 변변찮았다. 미국의 대중국 수입품은 대부분 섬유제품(의류)과 어린이 장난감이었다. 대중국 수출품은 주로 농산물이었는데 특히 옥수수, 콩, 밀이 주된 상품이었다.

미국 쪽에서 보면 수입이 수출을 훨씬 능가했고, 미중 무역에서 미국은 약 30억 달러 적자를 봤다. 30억 달러면 여러 해 동안 좁은 변동폭 시이에서 등락을 거듭하던 미국의 전체 무역 적자 중 10퍼센트를 조금 넘는 규모였다. 그런데 이것이 당시에는 그다지 특별하다고 할 정도로 큰 문제가 아니었다. 전반적으로 무역 적자에 대해 전혀 걱정하지 않았던 미국은 무역 불균형에서 중국이 차지하는 부분에 거의 아무런 관심도 보이지 않았다.

덩샤오핑은 미국 방문 일정을 마치고 중국으로 돌아가려고 비행기에 탄 그 순간부터(그 비행기도 보잉 747이었다) 본국에서 자기를 기다리는 모든 의제를 끌어안고서 곧바로 사색에 잠겼다. 그날 아침 그는 시애틀에서 심한 감기와 열병에 시달리다가 깨어났다. 그리고 그가 탄 비행기는 40시간 전에 착륙했던 바로 그 비행장에서 몰아치는 폭풍우 속에서 다시 이륙했다. 비행기 안에서 그는 중국이 미국과 손을 잡을 때 중국에 어떤 기회들이 나타날지 어렴풋하게 짐작했다.[17]

미국도 마찬가지였다. 1979년 초에 미국 경제는 스태그플레이션에 빠져 있었다. 그해 말 이란 인질 사태가 나기 전이었음에도 지미 카터(Jimmy Carter) 대통령의 정치 생명은 이미 위태로웠다. 미국은 전면적인 지정학적 위기를 향해 위태롭게 달려가는 가운데 점점 커져만 가는 경제 위기의 해결책을 찾고 있었다. 덩샤오핑이 미국에 도착하기 한 달 전 카터는 중국과의 완전한 수교를 받아들였으며, 덩샤오핑이 워싱턴 D.C.에 머물 때 양국 정상은 무역 및 투자 협정에 서명했다. 덩샤오핑은 시애틀에서 머문 운명적인 40시간을 포함해 총 8일 동안의 일정을 소화했는데, 이 방문은 중국이 미국에 도움이 될 수 있다는 인상을 미국인에게 남겼다.

그런데 덩샤오핑의 미국 방문은 그저 시작일 뿐이었다. 1970년대 초에 리처드 닉슨과 헨리 키신저는 각각 마오쩌둥과 저우언라이(周恩來)를 상대로 차갑기만 했던 외교 관계를 따뜻하게 녹이긴 했지만 양국의 경제 관계는 대체로 별것 없이 잠잠했다. 그러나 이 관계는 덩샤오핑이 미국을 방문한 뒤부터 달라지기 시작했다. 1985년 미중 무역 규모는 약 80억 달러로 늘어났고, 덩샤오핑의 미국 방문 이후 10년이 지난 1989년에는 그 규모가 180억 달러로 늘어났으며 미국의 대중 무역 적자는 60억 달러를 넘어섰다.

무역 흐름의 구성에도 중요한 변화가 나타났다. 중국 제품에 대한 미국의 욕구가 확대된 것이다. 의류와 장난감 외에도 더욱 정교한 기계류와 기타 자본 설비(capital equipment, 최종 생산물을 생산하는 데 필요한 기계와 설비 및 도구-옮긴이)를 점점 더 많이 사들이기 시작했으며, 자동차 부품과 가전제품, 희토류와 같이 배터리와 전자제품 생산에 필수적인 핵심 전략물자도 수입했다.[18]

1980년대에 중국 제품의 수입이 미국 제품의 수출보다 더 빠른 속도로 증가하면서 중국 시장으로 들어가는 미국 제품 흐름의 질이 상당히 개선되었다. 그리고 그 선두에 항공기가 있었다. 보잉으로 향하는 중국발 주문서가 넘쳐날 정도였다. 1979년에 덩샤오핑이 에버렛 공장을 시찰하면서 항공기 넉 대를 주문했지만, 지금은 2,000대가 넘는 보잉의 항공기가 중국에서 중국 국기를 달고 운항한다.

이렇게 해서 현대의 미중 경제 관계는 경제적 어려움을 겪던 두 나라가 비교적 순수한 의미에서 편의성을 추구하기 위해 맺은 동반자 관계로 시작되었다. 그리고 한동안은 이 관계가 상당한 성과를 거두었다. 중국은 새로운 수출 주도 성장 전략을 지원할 해외 수요가 필요했다. 수출액은 1980년 국내총생산의 6퍼센트였던 것이 1990년까지 15퍼센트로 늘어났고, 그 뒤로도 다시 폭발적으로 늘어나서 2009년에는 37퍼센트를 찍었다. 이 기간에 미국은 1984~2007년 중국 수출액 누적 성장분의 약 20퍼센트를 차지하면서 중국의 가장 큰 무역 상대국이 되었다.[19]

또한 미국은 중국과의 무역 관계를 통해서 상당한 이득을 얻었다. 소비자의 소득이 정체되는 압박 속에서 저가의 중국 상품은 미국인의 구매력을 높이는 데 도움이 되었다. 인플레이션을 고려해 보정한 개인의 가처분(세후)소득은 1980년대와 1990년대에 연평균 3.2퍼센트씩 증가했는데, 이 추세는 1980년에 13.5퍼센트였던 전체 소비자

물가지수 인플레이션율을 1989년까지 2.2퍼센트로 떨어뜨린 강력한 디플레이션의 긍정적인 영향이 반영된 것이었다.[20] 중국 그리고 중국이 세계화에 미친 영향이 없었더라면 미국의 디플레이션은 덜 두드러졌을 것이고, 그 결과 미국 노동자의 실질소득(인플레이션을 고려해 보정한 가처분소득) 증가 폭은 훨씬 작았을 것이다.[21]

경쟁이라는 도전에 직면했던 미국 경제계도 저가의 중국산 재료나 부품 혹은 반제품 덕분에 수익이 늘어나는 이득을 봤다. 미국 기업이익의 세후 비율은 1980~1999년 국내총소득의 5.2퍼센트라는 상대적으로 안정된 비율로 유지되었다.[22] 고비용 국내 생산을 중국으로 아웃소싱함으로써 발생하는 비용 효율성과, 더 저렴한 중국산 기계 및 기타 인풋이 없었더라면 상대적으로 높은 수준의 그런 이익은 가능하지 않았을 것이다.

덩샤오핑의 미국 방문 직후 양국 간의 교역량이 급격하게 늘어난 것은 단순한 우연이 아니었다. 외국의 도움이 필요했던 미국과 중국은 서로가 원하는 것을 주고받았다. 양국은 서로가 공유하는 역사 속에서 적절한 순간에 상대방이 필요로 하는 것을 제공했던 것이다.

동반의존성

세월이 흐르면서 미중 관계는 점점 깊어졌다. 처음에는 그저 편리하기만 했던 것이 나중에는 양국이 점점 더 긴급하게 느끼는 성장 명령을 이행하는 데 꼭 필요한 것이 되었다. 중국산 제품에 대한 미국의 수요는 미중 관계를 단단하게 고정하는 닻 역할을 했다. 이 관계는 중국의 수출 주도 경제성장을 촉진했을 뿐만 아니라 양국 사이의 금융 자본 흐름을 뒷받침했다. 중국 쪽에서 이 관계의 중요성은 1990년대 후반에 발생한 아시아 금융위기의 두 가지 교훈으로 거슬러 올라간다. 바로 개발도상국에는 통화 안정(currency stability, 통화량과 상품 총액 사이의 균형이 잘 이뤄져서 화폐의 구매력이 확고하게 유지되는 상태-옮긴이)이 매우 중요하며, 경제 기간에 통화를 방어하기 위한 외환보유고 역시 중요하다는 교훈이다.

그 위기가 진행되는 동안에 중국은 빠르게 성장하던 다른 아시아 국가들의 경제를 무너뜨린 급격한 통화 평가절하를 피할 수 있었다. 상대적으로 폐쇄적인 중국의 자본계정(국제수지표 작성에서 자본의 유입과 유출을 계상하는 계정-옮긴이)은 아직 초기 단계였던 중국의 금융시장을 전 세계적인 혼란으로부터 보호해서 자국의 통화가 투기꾼들의 공격을 받지 않도록 막아주었다.[23]

결국 자본시장을 전진적으로 개방하고 환율을 시장이 결정하도록 전환하는 것을 포함한 금융 개혁 조치들이 중국의 경제성장에서 중요한 의제가 되었다. 신중한 태도로 일관했던 중국의 관료들은 그런 조정 작업들은 점진적으로 이뤄져야 하며 엄격하게 관리되어야 한다고 오랫동안 강조해왔다. 이는 중국의 통화 관리자들이 달러화 대비 위안화의 가치를 엄격하게 통제할 수 있는 범위에서 유지할 수 있도록, 외환보유액의 상당 부분을 미국 정부가 발행한 채권처럼 달러화 기반 금융 자산에 묶어야 한다는 뜻이었다.[24]

중국은 외환보유액이 2,000억 달러 미만이었던 1990년대 후반 이후로 공식적인 외환보유액을 3조 2,000억 달러 이상으로 끌어올렸다. 이 액수는 2015년에 최고점을 기록했던 4조 달러를 기준으로 보면 줄어든 것이지만, 투기꾼으로부터 통화를 방어하고 장차 일어날지 모를 글로벌 위기에 수출이 줄어들더라도 중국 경제를 보호하기에는 충분하다.[25] 중국이 이 전략을 실행할 수 있으려면 미국의 달러화가 필요했다.

중국이 자기 자산을 달러화로 표시함으로써 가장 많은 혜택을 보는 나라는 바로 미국이다. 그 이유는 1장에서도 살펴봤듯이 미국은 적자 재정과 고정투자 그리고 궁극적으로 경제성장에 자금을 조달하는 데 필요한 국내저축이 부족하기 때문이다. 중국으로서는 달러화 기반 자산에 많은 투자를 함으로써 저축이 부족한 미국에 자기 잉여 저축의 상당 부분을 효과적으로 빌려줄 수 있다.

현재 중국이 보유하는 미국의 장기 국채 금액은 1조 1,000억 달러 수준인데, 일본이 가지고 있는 1조 3,000억 달러보다는 조금 적다.[26] 일반적으로 중국은 외환보유액의 약 60퍼센트를 달러 기반 자산으로 보유하고 있다고 알려져 있다. 이 자산은 미국의 전체 증권[즉 재무부가 발행한 증권, 패니 메이(Fannie Mae)나 프레디 맥(Freddie Mac), 지니 메이(Ginnie Mae) 같은 모기지 대부업체가 발행한 증권, 회사채, 주식, 단기 예금 등]을 두루 아울러 대략 1조 8,000억 달러나 되는데, 이 금액은 재무부 통계가 포착하는 금액보다 60퍼센트 이상 많다.[27]

미국은 또한 미국의 대중 수출품 수요가 중국에서 빠르게 늘어나는 데서도 이익을 얻는다. 2000년에 중국은 미국의 전체 상품 수출액에서 2퍼센트만을 차지했다. 하지만 이후 20년 동안 미국의 대중 수출은 연평균 12퍼센트씩 성장했다. 이 성장률은 다른 어떤 나라에 대한 수출 증가율보다 높은 것이었다. 그리고 2021년에는 미국의 전체 상품 수출액에서 중국이 차지하는 비율은 9퍼센트 가까이 되어, 중국의 수입국에서 미국은 캐나다(18퍼센트)와 멕시코(16퍼센트)에 이어 세 번째 자리를 차지했다.[28]

미국의 수출 시장 중에서 세 번째로 크고 가장 빠르게 성장하는 중국은 미국 제조업체와 노동자를 크게 지원해왔지만 그에 걸맞은 우호적인 평가를 미국이나 미국인에게 받지는 못했다. 지금도 여전히 많은 미국 정치인이 중국이 미국의 수출 시장으로는 규모가 작고 상대적으로 중요하지 않다고 잘못 알고 있다.[29]

그렇기에 미중 관계를 경제적 동반의존성의 관점에서 바라보는 주장은 설득력이 있다. 중국은 수출 수요와 자국 통화의 재정적 지원을 미국에 의존하고, 미국은 소비자의 구매력과 기업의 수익을 떠받치기 위해 값싼 중국산 수입품에 의존하며 늘어나는 대중 수출에도 점점 더 의존하고 있다. 그리고 미국은 국내저축의 심각한 부족분을 메꾸려면 중국 자본이 있어야 한다. 이런 연유로 2010년에 미중 관계는 서로 경제적으로 의존함으로써 함께 이득을 보는 강력한 쌍방향 관계로 굳어졌다.[30]

동반의존성은 또한 중국이 전 세계의 다른 나라들과 한층 폭넓은 관계를 추구한다는 가시적인 표현이기도 하다. 중국 경제는 점점 더 세계화되는 구조 안으로 촘촘하게 엮였다. 그러나 이런 촘촘함 속에서도 몇 군데 느슨한 구석은 있었다. 1990년대 후반부터 시작된 글로벌 위기들은 세계화가 얼마나 지속될 수 있을까 하는 근본적인 의문을 제기했다. 회복력의 새로운 원천이 나타날 것이라는 전망과 다르게, 세계화는 국경을 넘나드는 금융시장과 세계 무역 흐름을 오염시켰고, 이 오염은 동반의존적 관계에 있는 국가들을 취약하게 만드는 원천이 되었다. 이런 불안함을 목격한 중국은 특히 2008~2009년의 글로벌 금융위기 이후로, 글로벌 경제와 세계화에 의존할 것인가에 대해 곰곰이 따져보기 시작했다.

이후 중국에서는 자급자족에 초점을 맞추는 새로운 전략, 즉 해외 수요보다 국내 수요에 초점을 맞추는 전략이 대두되었다. 1장에서 언급했듯이 원자바오 총리는 2007년에 저 유명한 4불 발언으로 그런 전략 전환의 씨를 뿌렸다. 그리고 시진핑은 2019년에 해외 수요와 국내 수요를 동시에 지원하겠다는 정책적인 노력을 '이중 순환' 전략이라는 이름으로 한결 분명하게 정리했다.

그런데 중국의 이런 노력은 미중 관계의 동반의존성을 심각하게 위협한다. 중국이 국내 소비를 촉진하면 잉여저축이 줄어들 수 있는데, 이렇게 되면 미국과 같은 저축 부족 국가들이 받는 압력이 더욱 커질 수밖에 없기 때문이다. 미국으로서는 저축 없이 성장하려면 중국의 잉여저축에 의존할 수밖에 없었는데, 중국이 자급자족 전략으로 돌아서면 심각한 결과를 맞을 게 뻔했다.

현재 미중 갈등 속에서 빚어지는 긴장은 두 나라의 관점이 다르기 때문에 나타난 결과다. 과거에 강대국이었지만 불안정이라는 유산으로 고통받았던 중국은 예전의 활력을 되찾기 위해 성장과 발전이 시급했다. 애초에 중국은 강대국으로 부흥하는 과정에서 필요한 지원을 받기 위해 서구의 무역 상대국들에 의지하고자 했다. 이 접근법은 자기 나름대로 또 다른 성장 문제를 안고 있던 미국에 특히 도움이 되는 것이었다. 그런데 중국이 이제 그 전략을 재고하고 나선 것이다. 중국의 이런 재평가는 양국의 동반의존 관계를 불안정하게 만들었다. 즉 그 재평가는 다가올 갈등과 충돌의 씨앗이었다.

전환의 갈등들

편의성에서 동반의존성으로의 진화는 그냥 나온 것이 아니라 미국 경제와 중국 경제의 핵심적인 전환에서 비롯된 것이었다. 그 전환은 경제활동의 한 단계에서 다른 단계로의 이동을 반영하는 것으로, 사실 이런 전환들은 성장과 발전의 자연스러운 과정이다. 그러나 미중 관계에서 이 전환들은 양국의 동반의존 관계를 흔들어놓았다. 관계 전환에 내재된 온갖 복잡한 요소들을 이해하면 미중 갈등에서 작용하는 여러 가지 힘들을 쉽게 이해할 수 있다.

넓은 의미에서 보면 편의성에서 동반의존성으로의 전환은 양국 관계의 깊이가 크게 바뀌었다는 사실을 반영한다. 편의적인 관계는 '얕은 수준의' 경제적 연결성이 반영된 것인데, 이 경우 두 나라 사이의 무역과 자본 흐름은 각 나라가 해외의 다른 나라들과 맺는 경제적 연결에 비하면 상대적으로 작다. 이런 얕은 수준의 연결에서는 상대국이 지금까지 해주던 지원이 끊어진다고 해도 그로 인한 타격이나 손실은 커다란 충격이 되지 않는다.

그러나 동반의존적인 관계는 다르다. 이 관계에서는 두 나라가 전체 무역 및 자본 흐름에서 상대방에게 크게 의존하는 '깊은 수준의' 경제적 연결성을 지닌다. 그렇기에 서로를 향한 양국의 지원은 양국 모두에 전략적으로 중요하다. 이런 필수적인 지원이 끊어진다는 것은 불안정을 초래하는 매우 위협적인 변화다.

얕고 편의적인 관계가 흔들릴 때는 갈등이 잘 일어나지 않는다. 도로로 치면 잠깐 덜컹거리고 마는 방지턱일 뿐이다. 아무리 나쁘다고 해봐야 잠깐 돌아가는 불편함 정도만 있는 짧은 우회로밖에 되지 않는다. 그러나 깊고 동반의존적인 관계가 흔들릴 때는 무역이나 자본 흐름 또는 두 가지 모두가 훨씬 큰 영향을 받는다.

외부 지원에 크게 의존하는 나라의 경제는 불안정한 경향이 있다. 즉 미국과 중국 모두 저축 불균형으로 경제가 불안정한데, 이런 불균형이 있을 경우 깊은 연결성은 매우 불안정해질 수 있다. 그리고 이는 경제에 타격을 입히는 일이 비대칭적으로 발생할 때, 즉 한 나라의 경제 전환이 다른 나라의 경제에 지장이나 혼란을 주지 않을 때 특히 더 그렇다. 이런 변화는 관계를 맺고 있는 두 나라 사이의 관계 조건을 바꿔놓는데, 일이 이렇게까지 진행되면 양쪽의 취약성이 모두 노출되는 위기가 발생할 수 있다.

이처럼 얕은 연결성과 깊은 연결성을 구분해서 보면 미중 갈등이 한층 뚜렷하게 보인다. 두 나라는 매우 다른 경제 체제를 가지고 있지만 한 가지 중요한 측면에서는 공통점이 있다. 바로 두 나라 모두 자국의 중요한 경제 문제를 해결하기 위해 관계를 발전시켰다는 점이다. 두 나라 모두 국내 경제를 성장시키기 위한 해결책을 외부에서 찾았다. 그리고 바로 그 지점에서 문제가 발생했다. 경제를 전환해야 한다는 과제를 해결하기 위한 외부적 대응이 서로를 겨누는 칼날이 되어버린 것이다.

'개혁·개방'이라는 덩샤오핑의 주문(呪文)을 통해 전략의 틀을 짠 중국은 수출을 활성화하기 위해 대미 수출이라는 해외 수요에 크게 의존했고, 이렇게 해서 중국 경제는 폭발적으로 성장했다. 그리고 미국은 중국과 맺은 깊은 관계 덕분에 세 가지 주요 경제 문제를 해결할 수 있었다. 첫째, 국내에서 생산되던 고가 상품을 중국의 저가 상품으로 대체함으로써 가처분소득이 낮던 소비자의 구매력을 높였다. 둘째, 중국 자본을 끌어들여 막대한 규모의 재정 적자 문제를 해결했다. 셋째, 수출을 급격하게 늘려 경제성장을 촉진했다. 만일 두 나라 사이에 이런 깊은 연결성이 없었다면 중국이 얼마나 오래 저성장의 늪에서 허우적거렸을지, 미국의 스태그플레이션이 얼마나 오래갔을지 모른다.

1970년대 후반과 1980년대 초반에 두 나라는 각자 경제를 전환해야 한다는 긴급한 과제에 직면했다. 중국의 과제는 개혁·개방을 해야 한다는 것이었고 미국의 과제는 스태그플레이션을 극복해야 한다는 것이었다. 그리고 두 나라 모두 각자의 전환 과제를 해결할 해결책을 외부에서 찾았고 서로에게 이익이 되는 접근법을 기꺼이 수용했다. 이는 '윈윈' 전략이 채택되는 그야말로 고전적인 과정이었다. 두 나라가 필요로 했던 전환과 깊은 연결성은 두 나라의 전략적 열망과 잘 맞아떨어졌다.

그러나 서로가 모두 만족하는 순간은 영원히 지속되지 않았다. 지속적인 저축 불균형으로 결국 양국 관계는 불안정해졌고, 상호 만족이 있던 자리에 갈등과 충돌이 들어섰다. 미국의 무역수지 적자, 즉 저축이 중국에서는 만성적으로 남아돌고 미국에서는 치명적으로 부족한 상황이 맞물려 발생한 이 결과가 두 나라 사이의 갈등에 불을 붙였다.

그러나 저축의 불균형은 그야말로 빙산의 일각이었다. 두 나라의 경제적 갈등과 무역 갈등은 점점 커지는 사회적인 긴장 때문에 한층 증폭되었다. 모두가 '중산층 불안(middle-class angst)'에 시달리고 있었다. 미국에서는 이 불안이 정체된 실질임금과 늘어나는 불평등 그리고 자살, 마약, 알코올 중독으로 인한 죽음을 가리키는 이른바 '절망의 죽음'으로 나타났다.[31] 그리고 중국에서는 농촌에서 쏟아져 나오는 잉여노동과 인구의 고령화, 부족한 사회안전망 등으로 나타났다. 이렇게 해서 두 나라는 포스트 코로나 시대의 온갖 압박 요인에, 유럽에서 진행된 전쟁이 초래한 세계적 혼란에 직면했다.

지난 10년 동안 두 나라는 경제성장의 압박을 받아왔는데 앞으로 몇 년 동안에도 경제성장은 여전히 해결해야 할 과제로 남을 것 같다. 경제적·사회적·정치적·지정학적 차원에서 진행되는 다층적인 긴장은 양국의 갈등을 더욱 복잡하게 만든다.

이 갈등으로 양국의 경제 문제는 더욱 복잡해질 것이다. 중국은 예전보다는 못하지만 여전히 수출 성장의 중요한 원천인 미국에 의존할 것이다. 만일 미국의 관세가 중국의 대미 수출을 계속 제약한다면 중국은 덩샤오핑 시절에 그랬던 것처럼 그 공백을 메울 또 다른 성장 원천이 필요해질 것이다. 한편 미국 경제도 생산적인 성장의 감소, 인구통계학적 문제, 늘어나는 부채 같은 점점 더 거세지는 역풍을 맞고 있다. 이런 상황에서 미국 역시 경제 번영을 위한 또 다른 새로운 해결책이 필요해질 것이다. 불평등, 교육, 기후변화, 건강, 인종적인 편견(미국)과 민족적인 편견(중국) 등 두 나라가 똑같이 안고 있는 문제들을 생각해보면 두 나라가 경제성장에서 중요한 전략적 도전 과제에 또다시 직면했음은 의심의 여지가 없다.

그러나 과연 이들은 서로에 대한 불신과 갈등 상황에서 이런 문제들을 해결할 수 있을까? 이들이 갈등을 제쳐두고 다시 손을 잡는 방식으로 문제를 해결하기는 예전보다 훨씬 어려울 것이다. 한때 중국산 저가품 수입을 환영했던 미국은 이제 중국에 대한 아웃소싱을 반드시 극복해야 하는 위협으로 바라본다. 한편 중국은 미국이 중국의 성장을 억제하려 한다면서 미국을 반드시 극복해야 하는 위협으로 바라본다. 양국이 마주한 위협과, 이에 대응하면서 발생하는 또 다른 위협은 두 나라 사이의 갈등을 더욱 해결하기 어렵게 만든다.

이 모든 것은 두 나라가 궁극적으로 해결해야 할 해외 수요와 국내 수요 사이의 불안정한 균형이 앞으로도 이어지리라는 걸 강조한다. 이런 긴장이 계속되면 이미 만들어진 악순환의 고리 하나가 더욱 악화될 수 있다. 예일대학교의 역사학자 존 가디스(John Gaddis)는 "마오쩌둥이 해외에서 싸움을 벌인 것은 국내의 단결을 유지하는 중요한 방법이었다"라고 주장했다.[32] 그런데 이런 전략이 시진핑 시대에서도 여전히 이어질까? 또한 이 전략이 미국을 상대로도 통할까?

적을 이기고자 하는 정당한 전투에 적극적으로 참여하도록 선동하는 충동질, 즉 국가적 차원의 통일성을 향한 충동질은 현재 진행되는 미중 무역 전쟁에서 양국의 전투원 모두에게 중요한 근거가 될 수 있다. 시진핑이 부르짖는 민족주의 열정은 승리를 위해 치러야 하는 대가로 혹은 성공을 부르는 촉매로 미중 갈등을 요구할까? 도널드 트럼프의 보호무역주의 전술들은 '미국을 다시 위대하게' 만들기 위한 정치적 지지를 결집하는 데 정말 필요할까?

지금 당장 어떤 긴급한 조치가 필요하다는 건 명백하다. 두 나라 모두 경제성장을 이루기 위해 해결해야 할 과제는 달성하기 어려워 보인다. 시진핑 시대에 들어 중국의 연평균 1인당 국내총생산 성장률은 6.1퍼센트에 그쳤다. 이 성장률은 시진핑 이전의 세 지도자(덩샤오핑, 장쩌민, 후진타오) 시대의 평균치인 8.9퍼센트에 비하면 크게 뒤처지지만 마오쩌둥 시대의 3.6퍼센트보다는 확실히 나아졌다.[33] 경제성장의 궤도가 양적인 측면에서 벗어나 질적인 측면에서 꼭 필요한 것을 채워준다면 성장 속도가 느리더라도 감수할 가치가 있다고 자국민을 설득하는 일은 시진핑 주석의 몫이 될 것이다.

미국도 비슷한 문제들을 안고 있다. 미국의 1인당 실질 국내총생산 성장률은 중국과 완전히 다른 이유로 둔화되었다. 2007년 이후 글로벌 금융위기의 여파로 이 성장률은 지금까지 연 0.6퍼센트로 줄어들었는데, 이 수치는 1950년부터 2006년까지의 2.3퍼센트에 비하면 약 4분의 1밖에 되지 않는다.[34] 그리고 여러 차례에 걸쳐 느린 성장을 이어오면서, 경제 불황 당시의 사회적·경제적 병폐가 노출되면서 사회에 혼란이 가중되었다. 성장과 관련해 미국이 맞닥뜨린 거대한 도전 과제들을 해결하는 일은 앞으로 미국의 지도자들이 감당할 몫이다.

이런 쉽지 않은 전망 아래에서도 희망은 있다. 벼랑 끝으로 내몰린 국가는 생존 본능과 리더십에 의존해 새로운 길을 찾을 수 있다. 중국의 덩샤오핑은 국가가 커다란 고통을 겪을 때 선견지명을 지닌 지도자로서 자기가 해야 할 역할을 충실하게 했다. 미국의 폴 볼커도 절체

절명의 상황에서 독립적이며 잘 훈련된 중앙은행 수장으로서 해야 할 일을 역시 잘 해냈다.[35] 미국과 중국의 통치 체계는 매우 다르지만 결정적인 순간에 각국의 체계는 정치경제와 번영 사이의 상호작용 영향을 크게 받았다. 앞으로도 이런 일이 다시 일어날 수 있을까?

관계의 틀

두 나라의 경제적 동반의존성에는 협력하는 두 나라의 양적 연결성을 넘어서는 한층 깊은 의미가 담겨 있다. 얕은 연결성을 토대로 편의성만을 좇아서 형성된 결합은 서로에 대한 헌신의 정도가 낮아서 언제라도 쉽게 파기될 수 있다. 당사국들은 그 관계를 계속 이어갈 수도 있고, 그만둘 수도 있다. 관계가 끝난다고 하더라도 그 여파로 길을 잃고 헤맬 일은 없다. 그러나 동반의존성으로 맺어진 관계는 보다 진지한 것이어서 매우 의미 있는 연결성을 기반으로 한다.[36] 당사국들은 서로에게 많은 것을 걸고 있으며 상대국의 지원에 의존한다.

이 책의 뒷부분에서도 강조하겠지만 이런 동반의존적인 관계가 해체되면 파괴적인 결과가 빚어진다. 바로 이런 위험을 세계 최강의 두 경제 대국인 미국과 중국이 안고 있다. 이 두 나라가 지금 동반의존성의 고전적인 갈등 국면에 놓여 있기 때문이다.

물론 개인적인 차원의 인간관계에서 일어날 수 있는 일과 관련된 병리학 진단을 두 나라의 경제 관계에 적용하는 것이 비약이긴 하다. 심리학은 인간의 정신과 행동을 연구하는 학문이고 경제학은 개인적인 차원(미시) 및 전체 경제 차원(거시)에서 희소한 자원을 할당하는 방법을 연구하는 학문이다. 경제학의 대가들은(이들은 보통 좌절한 수학자의 모습을 하고 있다) 대개 경제 분석의 심리적 측면을 경시한다.[37]

'수학'은 물리학뿐만 아니라 경제학에서도 오랜 세월 성공을 보장하는 언어였다.[38] 그러나 인간의 욕망과 서사, 관계와 같은 모호한 개념들은 수학적인 모델링을 하기가 쉽지 않다. 그래서 개인과 기업을 '완벽한 정보'라는 조건 아래에서 운영되는 '합리적인 의사결정자'로 특성화하는 것을 선호하는 경제학자들은 그런 추상적이고 모호한 개념들을 늘 "이렇다 혹은 저렇다 가정한다."[39]

물론 이들 경제학자는 우리 인간이 영위하는 삶이 실제 현실에서는 불완전할 수밖에 없다는 엄연한 사실을 거의 인정하지 않으며 또 이런 사실을 가정하지도 않는다. 경제학의 새로운 분야인 행동경제학은 경제활동의 의사결정 과정에서 그 결정을 내리는 개인의 인지적 및 정서적 요인이 영향을 미친다는 사실을 강조함으로써 주류 경제학의 그런 단점을 해결하려고 시도했다.[40] 그러나 몇몇 행동경제학자들은 크게 인정을 받기도 했지만 행동경제학은 지금도 대부분의 전통 경제학에서는 불가사의하게 여기는 영역으로 남아 있다.

그럼에도 불구하고 동반의존성의 심리학을 경제학적으로 번역하는 일은 흥미롭다. 미국정신의학회(American Psychiatric Association)의 〈정신장애 진단 및 통계 매뉴얼(Diagnostic and Statistical Manual of Mental Disorders, DSM)〉은 동반의존성을 '관계 중독(relationship addiction)'이라고 설명하는데, 관계 중독에는 타인의 필요성에는 과도하게 관심을 가지면서 자신의 필요성에는 우선순위를 낮게 매기는 태도도 포함된다.[41] 나아가 DSM은 동반의존성의 '방어적인 척도'와 일치하는 갈등 고조 경로를 강조함으로써 관계 중독의 점진적인 성격을 설명한다. 고도로 적응적인 관계로 시작되었던 것도 나중에는 관계의 완전한 파열, 즉 '방어적 조절 장애(defensive dysregulation)'로 귀결된다.[42]

물론 이런 관점으로 미국과 중국을 바라보는 것이 지나친 과장일 수 있다. 다음 쪽에 있는 〈표 1〉은 미국과 중국의 동반의존성을 심리적 관점과 정치적·경제적 관점을 종합해서 보여준다. 이것은 우리가 앞으로 2부와 3부에서 살펴볼 갈등의 여러 가지 발전 양상, 즉 두 나라 사이에 일어난 우발적 충돌의 잘못된 서사들에서 시작된 갈등의 발전 양상을 분석하는 데 유용하게 쓰일 것이다.

〈표 1〉은 미중 관계가 갈등이 고조되는 흐름의 주요 이정표 일곱 개를 여기에 상응하는 DSM의 방어 기능 평가 척도와 나란히 표시한 것이다. 미국과 중국 아래에 표시된 'X'는 각각의 갈등 국면에서 분쟁을 촉발한 책임이 누구에게 있는지 표기한 것이다. 두 나라 모두 'X' 표시가 되어 있는 경우는 두 나라 모두에 책임이 있거나, 한 나라가 도발했을 때 다른 나라가 보복 행동을 한 것이다. 이 표는 비난 게임의 최종 점수를 계산해서 어느 나라가 얼마나 잘못했는지 따지려는 게 아니다. DSM 척도는 갈등의 책임 순위를 따지려는 것이라기보다는 갈등이 고조되는 과정에서 나타나는 연속적인 단계들을 따져보려는 것이다.

이 비교는 물론 완벽하지 않다. 뒤에서 갈등이 고조될 때 나타나는 여러 가지 미묘한 측면들을 더욱 자세히 설명할 것이다. 여기서는 한 걸음 뒤로 물러나 이렇게 갈등이 고조될 수 있는 동반의존성 관계에

DSM 방어 기능 평가 척도	미국	중국	미중 갈등의 주요 이정표	갈등의 기원
높은 적응 수준	X	X	편의성에 따른 결합	미국의 스태그플레이션과 중국의 (대약진운동 및 문화혁명 이후의) 불안정에서 비롯되었으며 새로운 성장 원천을 추구한다
정신적인 억제		X	부흥	'굴욕의 세기'에서 비롯된 민족주의적인 중국몽의 결과다
사소한 이미지 왜곡 수준		X	시진핑 구상	주요한 전략적 돌파라기보다는 수정주의 이념 및 개혁 이행으로, 시진핑의 지위를 마오쩌둥 수준으로 높인다
부인·부정	X		양자 간 무역 적자에 집착	부당한 무역 관행이라기보다는 거시경제적 저축 부족이 반영된 것이다
중요한 이미지 왜곡 수준	X		시진핑 구상	허약한 논리와 증거를 기반으로 하는 주장으로, 1980년대 일본에 했던 것과 같은 비난의 정치에서 비롯되었다
행동 수준	X	X	무역·기술 전쟁	생존의 위협에 대한 깊은 공포를 반영한다. 중국은 미국의 봉쇄를 두려워하고, 미국은 중국의 기술 지배를 두려워한다
방어적 조절 장애	X	X	제2차 냉전	말과 행동에서의 초기 신호이며(예를 들면 당한 대로 갚는다는 식의 블랙리스트 작성) 제2차 냉전의 초반 흐름이다.

〈표 1〉 갈등 프레임

* 출처: American Psychiatric Association, Diagnostic and Statistical Manual of Mental Disorders, 4th and 5th eds. (Washington DC: American Psychiatric Publishing, 2003 and 2013).

대해 생각해보고자 한다. 동반의존성 관계의 다음 세 가지 특성은 두 나라를 충돌로 몰아가고 있다.

첫째, 동반의존성은 본질적으로 **반응적(대응적)**이다. 상처받기 쉬운 두 나라는 상대방이 보내는 신호에 빠르게 대응한다. 어느 쪽이든 간에 상대방 때문에 소중한 것을 잃을 때 이 상실은 증폭되거나 과장되는 경향이 있다. 저축이 부족한 미국 경제는 경제적인 자아의식이 부족하다. 그래서 중국이 자국의 잉여저축을 줄이거나 미국에 가장 필요한 달러 기반 투자를 회수하려고 할 때 미국은 위협을 받는다고 느낀다. 마찬가지로 소비자 주도 성장을 지원하는 국내 소비가 부족한 중국은 미국이 중국의 수출품에 관세를 부과하거나 화웨이처럼 중요한 기업을 제재할 때 위협을 받는다고 느낀다. 중국은 자국 제품에 대한 미국 소비자의 수요 및 자국 기업에 호의적인 미국 시장에 크게 의존하기 때문이다.

둘째, 동반의존성은 **비대칭적인** 반응을 불러일으키는 경향이 있다. 흔히 협력 관계에 있는 나라 중 한 나라만 변화의 필요성을 인식하곤 한다. 자립경제를 추구하는 나라는 지속 가능성이 더 큰 성장 전략을 채택할 수 있다. 중국에서는 자립경제 전략이 저축을 줄이고 소비를 늘리며 경제 개혁을 시행에서 규율성을 높이는 것을 뜻한다. 한편 미국에서 자립경제 전략은 사람들이 자기 소득 범위 안에서 분수에 맞게 살고 저축을 더 많이 하며 이 저축으로 새로운 생산 능력과 인프라 및 인적 자본 확보에 투자하는 것을 뜻한다.

비대칭성은 한 나라가 바뀔 때 다른 나라가 그에 발맞춰 바뀌지 않을 때 문제를 일으킨다. 예를 들어 미국이 소비자가 주도하고 저축을 적게 하며 적자 재정을 유지하고 부채를 끌어들이는 방식으로 성장을 계속 이어가려고 하는데, 중국이 민간 소비, 서비스업 부문, 자주 혁신, 잉여저축 감소 등으로 성장하겠다면서 경제 구조를 전환한다면 두 나라 사이의 관계는 불안정해질 것이다. 상품 수출과 잉여금융 자본에 덜 치우친 중국 경제는 협력 상대국인 미국이 기대하는 것을 더는 미국에 제공하지 못할 것이다. 갈등은 이런 비대칭성에서 발생한다.

물론 비대칭적인 관계 변화에는 경제 외적인 요소도 작용한다. 정치적인 여러 요인의 변화는 오늘날 특히 눈여겨봐야 할 부분이다. 최근 민주주의가 심각한 공격을 받고 있다고 믿는 미국뿐만 아니라, 곧 살펴보겠지만 시진핑 시대에 들어서서 정치적인 계산이 극적으로 바뀐 중국을 보더라도 그렇다.[43] 두 나라의 사례에서 어떤 정치적 변화가 더 큰 것인지 말하기는 어렵다. 그러나 둘 다 엄청난 충격을 안겨줄 수 있다. 어쨌거나 이 시점에서 내릴 수 있는 결론은 두 나라의 정치경제 사이에 이뤄지는 상호작용도 미중 동반의존성을 매우 불안하게 만들 수 있다는 점이다.

셋째, 동반의존성은 **진행성** 장애다. 〈표 1〉을 통해 DSM 방어 기능 평가 척도의 지표를 미중 갈등의 고조 양상에 맞춰보려는 핵심적인 이유가 여기에 있다. 동반의존성은 반응성 장애이기 때문에 비대칭적인 변화는 쉽게 마찰과 긴장으로 이어질 수 있다. 한 나라가 경제 성장 전략을 바꿀 때 다른 나라는 이를 위협으로 해석하거나 느낄 수 있다. 자신감이 부족하고 쉽게 상처를 받는 쪽은 상대국을 비난하고 방어적인 피해의식을 느낌으로써 그 위협에 대항하는데, 이런 식으로 갈등은 점진적으로 고조된다.[44]

이런 행동 반응들은 그냥 저절로 생기는 것이 아니라 인간 행동을 뒷받침하는 서사(이야기)의 결과물이다. 다음 장에서는 미국과 중국의 경제적·정치적 갈등을 촉발하고 확산하는 데 서사가 어떤 역할을 하는지 살펴볼 것이다.

관계에서 빚어질 수 있는 위험을 평가할 때는 어떤 위협의 진실성과 진실한 서사의 타당성 그리고 상호작용을 불안정하게 만드는 거짓 서사의 약점을 판단하는 것이 중요하다. 사실과 허구를 구분하면 갈등을 유발하는 동기가 드러난다. 그러나 동기와 상관없이 그 갈등이 담고 있는 뜻은 분명하다. 어떤 행동과 그 행동에 대한 대응이 점진적으로 확대되는 것은 동반의존성의 병리학에 내재된 본질적인 특성이다. 2016년 미국 대통령 선거 운동에서 트럼프가 허풍으로 떠들었던 말이 무역 전쟁과 기술 전쟁으로 비화되었고 지금은 새로운 냉전으로까지 치닫고 있다. 그리고 예상했다시피 이 갈등에 대해 두 나라는 서로 책임이 없다고 주장하면서 갈등의 책임을 상대에게 돌린다. 이 갈등은 스스로 진화하고 강화되고 있으며, 자기파괴적으로 진행되고 있다.

어떤 나라의 경제를 '정신분석'한다는 것이 무리한 시도일 수도 있다. 그러나 본질적으로 건강하지 못한 관계의 위험성은 얼마든지 파악할 수 있다. 그리고 경제학이든 심리학이든 간에 사회과학은 갈등을 해결하고 궁극적인 회복에 나서는 첫 단계인 진단을 중요시한다. 이런 점을 인정할 때 동반의존성에 문제가 발생했다는 것은 심각한 상태로 접어든 미중 관계를 올바르게 진단한 것일까? 만약 그렇다면 이 진단은 어떤 처방을 우리에게 일러줄까?

3장

두 개의 꿈

관계 갈등을 연구하는 작업은 우울할 수 있다. 그러나 아무리 암울한 경제학 이야기라고 하더라도 밝은 측면이 있기 마련이다. 관계가 언제나 갈등의 악순환으로 끝날 이유는 없다. 길을 가다 보면 험한 곳이 나타나기 마련이지만, 지속적이고 유익한 관계를 위해 꼭 필요한 두 가지 요소인 상호 신뢰 그리고 변화를 상상하고 수용하려는 의지를 결합한다면 갈등을 해결하고 관계를 개선할 기회도 나타난다. 이는 개인과 개인 사이뿐만 국가와 국가 사이도 마찬가지다.

국가가 꾸는 꿈은 가능성을 이야기한다. 아메리칸드림과 중국몽은 둘 다 민속과 역사에 뿌리를 두고 있으며 국민들의 밝은 희망을 표현하는 말이다. 역사학자 제임스 트러슬로 애덤스(James Truslow Adams)는 대공황 시절인 1931년에 아메리칸드림이라는 용어를 대중화했다고 평가받는다.[1] 시진핑은 2012년 공산당 총서기에 선출된 직후 중국몽의 현대적 개념을 정리했다.[2] 아메리칸드림이 처음에는 사회문화적 현상을 묘사하는 문학적 개념에 가까웠다면, 중국몽은 야심 찬 새 지도자가 국가적 목적으로 제시한 정치적 진술이었다.

어쨌든 두 개의 꿈 모두 국민에게 자긍심을 심어주고 나라가 어디로 나아갈 것인지 방향을 일러주기 위한 것이었다. 그러나 이 꿈들이 각각 맞추는 초점은 다른데, 이 차이가 중요하다. 아메리칸드림은 개인 차원의 기회를 말하지만 중국몽은 '위대한 중화민족의 부흥'을 말한다. 맥락상의 차이도 있다.[3] 아메리칸드림은 국가가 최악의 불황기를 맞아 심각한 절망에 빠져 있던 시기에 만들어졌다. 하지만 중국몽은 국력이 한층 고조되던 시기에 처음 제시되었다.

이 두 꿈은 미중 관계를 논할 때 중요하다. 이 꿈들은 개인의 권한과 국가의 권한을 말하며 자유와 계층의 상향 이동, 국내에서의 힘과 대외적인 힘 사이의 균형을 말하고 있기 때문이다. 전혀 다른 역사를 가진 두 개의 독특한 문화적 열망이 담긴 국가적 가치관과 목적을 진술하고 있다.

우리는 꿈을 액면 그대로 받아들이면 안 된다는 것을 경험과 상식을 통해서 알고 있다. 꿈은 인간의 잠재의식 속에 떠다니는 현실 모습의 단편들과 환상이 한데 뒤섞인 것이다.[4] 그러나 정치적이고 사회적인 진술로서의 아메리칸드림과 중국몽은 현실적인 인식을 토대로 한다. 이 꿈들은 각자 자기 나라의 핵심적인 가치관을 반영하는 범위 안에서 국가적인 서사라는 자격을 가진다. 관계라는 관점에서 보면 미국과 중국이 해결해야 할 도전 과제는 아메리칸드림과 중국몽이 교차하는 지점에서 발생한다. 그렇다면 이 두 개의 꿈은 갈등 해결을 촉진하기 위해 힘을 합칠까, 아니면 적대적으로 작동해서 갈등을 악화시킬까? 미국과 중국이 꾸는 꿈을 각각 하나의 서사로 바라보면 미중 갈등을 한층 깊이 이해할 수 있다.

국가적인 전망

중국몽이 지금의 모습으로 처음 정식화된 시점은 시진핑이 중국공산 당 총서기로 선출되고 두 주 뒤인 2012년 11월 29일이었다. 이날 그는 중국 최고 지도부인 정치국 상무위원들과 함께 베이징의 천안문 광장에 있는 국립중앙박물관에서 '부흥의 길(Road to Rejuvenation, 復興之路)' 전시회를 둘러보고 있었다. 물론 이 방문은 국가 지도자의 리더십을 강화하기 위한 목적으로 철저하게 계획된 것이었다.

세계에서 가장 큰 박물관의 한쪽 날개 전체에서 진행된 이 거대한 전시회는 중국이 겪었던 '굴욕의 세기'를 들려주는 것으로 시작되었다. 전시회의 전반부는 사진과 문서와 해설을 통해, 19세기와 20세기 초에 자랑스러운 조국이 외국 열강의 침탈에 시달리고 점령당했던 뼈아픈 비극을 묘사했다. 애국심을 자극하는 음악이 흐르는 후반부는 침략과 점령이라는 굴욕을 딛고 일어난 중국의 대담한 부흥을 주제로 다루었다. 이런 식으로 전시회는 역경을 극복하고 혁명으로 떨쳐 일어나서 중국의 가장 고통스러웠던 역사를 교훈으로 삼아 중화인민공화국으로 부상한 중국의 미덕을 찬양했다.

시진핑 주석은 이 전시회를 관람한 뒤 애국심에 가득 찬 목소리로 그 자리에 모여 있던 언론을 향해 "중화민족의 위대한 부흥이 곧 오늘날 중화민족의 꿈이다"라고 선언했다.[5] 이 발언은 그냥 한번 해본 일회용이 아니라 국가를 향한 충성의 맹세였다. 시진핑의 중요한 정치적 관점을 드러낸 이 엄숙하고 정교한 선언은 곧바로 언론을 타고 온 세상에 알려졌다. 그리고 모든 사람이 눈으로 직접 볼 수 있도록 머그잔, 접시, 포스터 등에도 새겨졌다. 이렇게 해서 1970년대 중반 문화대혁명이 끝난 이후 중국에서 볼 수 없었던 민족주의적 열정이 뜨겁게 타올랐다.

시진핑이 처음 제시했던 중국몽에 대한 설명은 나중에 더 완벽한 버전으로 다듬어지고 확장되어 다음과 같이 정리되었다.

— 중국의 꿈은 결국 인민의 꿈이다.
우리는 철저하게 인민에 의지해서 이 꿈을 실현해야 한다.
우리는 인민에게 끊임없이 편익을 제공해야 한다.
중화민족의 위대한 부흥을 실현하는 것,
이것은 현대사에서 우리 중화민족의 가장 큰 꿈이다.[6]

시진핑 주석의 중국몽에 대한 논평은 지금까지도 계속 이어지고 있다.[7] 그가 '부흥의 길' 전시회에서 처음 했던 말 앞에 나중에 새로 추가한 세 줄의 내용에서 '인민'을 강조했다는 점은 특히 주목할 만하다. 중국은 어쨌거나 중화**인민**공화국이다. 나라 이름에 들어간 단어인 '인민'을 언급하지 않은 채 한 나라의 꿈을 꾼다고 하면, 국민에게 필요한 것보다 국력을 강조하는 잘못된 메시지가 전달될 수도 있었다. 즉 신흥 국가의 단호하고 강인한 새로운 지도자가 시민의 열망과는 무관하게 호전적인 위협을 한다는 식으로 해석될 수 있었다.

중국몽을 공식적으로 설명하는 글에서 처음 세 줄을 나중에 따로 추가한 것은 그런 부정적인 인상을 바로잡기 위한 시도였다. 중국몽은 국력뿐만 아니라 평범한 중국인의 요구를 해결하기 위해 힘을 모으자고 이야기하는 것이었다.[8] 그런데 이 수정 내용은 시진핑이 마오쩌둥 이후 중국의 가장 강력한 지도자로 위상이 재조정된 뒤에 새로운 질문의 대상이 되었다. 이에 대해서는 3부에서 자세히 살펴볼 것이다.

이 확장된 버전의 중국몽은 중국이 바라는 모든 것을 아우르는 주문이 되었다. 이 꿈은 중국 지도부와 중국 대중이 연결되는 시금석이기도 하고 민족주의적인 구호이기도 하다. 또한 정치적 성명이자 사회적인 목표, 경제적인 목표이기도 하다. 시진핑의 중국몽은 내면적인 것과 외면적인 것을 모두 포괄한다. 처음에는 적당히 부유한 사회를 향하지만 궁극적으로 '위대한 사회주의 국가'를 향하는 중국의 야심 찬 성장 궤적에 대해 모든 사람이 공유하는 번영의 개념과 딱 들어맞도록 조정되어 있다. 그러나 무엇보다 중요한 점은 중국이 전 세계 강대국들 사이에서 예전의 위상을 회복하겠다는 의지를 강조한 것이 아닐까 싶다. 이 모든 것 그리고 이보다 더 많은 의미가 '부흥'이라는 말 안에 담겨 있다.

새롭게 떠오르는 중국에 부흥이라는 말은 군사력이나 동맹 구축 같은 부문에서 중요한 지정학적 함의를 지닌다. 인민해방군을 현대화하겠다는 시진핑의 의지는 이런 점에서 특히 중요하다.[9] 진정한 동맹도 마찬가지다. 시진핑 주석의 대표적인 외교 정책인 '일대일로' 아래 중국은 30조 달러 규모의 포괄적인 인프라 프로그램을 통해 아시아, 아프리카, 유럽 그리고 지금은 남미까지 140여 개국에 투자하고 있으며 아울러 이 투자를 지렛대 삼아 그 나라들에 영향력을 행사하고 있다.[10]

부흥은 또한 국내 경제에서도 중요한 의미가 있다. 중국은 현재 전 세계 생산량의 약 19퍼센트를 차지하고 있으므로, 구매력평가지수(purchasing power parity, 동일한 상품의 나라별 가격을 비교해 각국 통화의 가치를 나타내는 지표-옮긴이)로만 보면 세계 최대의 경제 대국이다. 그러나 이 수치는 19세기 중반에 중국이 기록했던 35퍼센트에 비하면 절반밖에 되지 않는다. 중국이 예전의 경제 대국 위상을 되찾기까지는 아직도 갈 길이 멀다는 뜻이다.[11]

동시에 중국몽의 본질이 부흥이라는 점을 강조할 때 전혀 다른 메시지가 전달될 위험이 있다. 중국이 스스로를 해외 열강의 침탈을 당했던 불운한 희생자로 바라본다는 사실이 노출될 수 있는 것이다. 즉 중국이 해외 열강의 침탈을 받지 않았다면 지금 세계를 선도하는 국가로서의 위상을 어렵지 않게 유지하고 있을 것이라는 말이 된다. 이 견해는 20세기 초 중국에서 일어났던 불안정한 소요 사태 및 청 왕조의 멸망에 대한 책임이 오로지 외국 열강에만 있다고 본다.[12]

또한 고대부터 17세기까지 역사에서 선도적이었던 중국이 18세기와 19세기의 산업혁명에 동참하지 못하도록 막았던 기술적 자립주의의 실패 책임에서 벗어나게 해주는 핑곗거리이기도 하다.[13] 이처럼 중국은 그들이 겪은 곤경과 결과에는 책임을 지지 않은 채 부흥에만 집착함으로써, 스스로 초래한 문제를 다른 나라들의 책임으로 돌리거나 잘못된 갈등 의식을 중국몽의 핵심으로 삼고 있다. 뒤에서 살펴보겠지만 중국만 이런 '남 탓하기'에 빠진 것은 아니다.

중국몽과 다르게 아메리칸드림은 정치 지도자가 아니라 작가이자 역사가인 제임스 트러슬로 애덤스가 제안했다. 애덤스는 《미국의 서사시(The Epic of America)》에서 다음과 같이 썼다.

— 아메리칸드림은 모든 사람이 능력이나 성취에 따라 삶을 한층 풍요롭고 충만하게 가꿀 기회가 보장되는 것이다.

이는 단지 좋은 자동차와 높은 임금을 바라는 꿈이 아니라, 모든 남자와 여자가 타고난 역량을 최대한 발휘할 수 있고 있는 모습 그대로 남들로부터 인정받는 그런 사회 질서를 바라는 꿈이다.

(…) 이런 아메리칸드림이 현실에서 이뤄질 수 있으려면 우리 공동체의 정신적·지적 삶은 계급별 또는 집단별로 자기들만의 관심사, 습관, 시장, 예술 그리고 삶을 따로 가지고 있는 나라들과는 달라야 한다.

(…) 우리가 이 꿈을 실현하려면 더 큰 것을 건설하려 하지 않고 더 나은 것을 건설하기 위해 함께 노력해야 한다. 양적인 것을 추구할 때가 있고 질적인 것을 추구할 때가 있는 법이다.[14]

1931년에 출간된 《미국의 서사시》에서 애덤스는 절망의 구렁텅이에 빠진 미국인을 향해 국가적 낙관주의를 소리 높여 외쳤다. 당시 미국 경제는 미국 역사상 가장 급격하게 위축되고 있었는데 1929~1933년 사이에 실질 국내총생산이 26퍼센트 줄어들었고 실업률은 25퍼센트로 치솟았다.[15]

애덤스는 국가 전체에 드리워진 무거운 자괴감에 짓눌리지 않고 자신감과 희망을 촉구했다. 그의 말은 고통받는 미국 대중에게 영감을 불어넣었으며 거의 영적일 정도로 강력한 영향력을 행사했다. 능력에 따른 보상, 물질적 욕구보다 사회적인 편익을 우선하는 태도 그리고 계급적인 차별 거부는 미국이 모든 사람에게 커다란 기회의 땅임을 시사했다. 이는 개인적으로 무척이나 어렵고 힘들던 시기이자 국가적으로 많은 것이 필요하던 시기에 선포된 우아하고도 강력한 메시지였다.

애덤스의 전망은 이후 수십 년 동안 반복해서 도전을 받았다. 나중에 미국이 경제성장을 하게 되면서, 특히 성차별과 인종차별에 따른 불평등이 늘어나고 중산층의 임금이 정체되고 물질적 갈망이 점점 커지고 사회적 긴장을 불러일으키는 일들이 연달아 일어나면서, 애덤스의 이상주의적인 소망은 순진하기 짝이 없는 것처럼 보였다. 하지만 더 나은 미래를 바라는 꿈은 가장 힘든 시기를 버텨가던 국가에 없어서는 안 될 슬로건이 되었다. 그리고 그 꿈은 상황이 꽤 좋아지던 시기에는 설령 성취할 수 없는 것이라고 하더라도 상상할 수 있는 모든 것에 대한 가능성을 풍부하게 열어놓았다.

국가가 지속적인 번영과 더 나은 삶을 꿈꾼다고 해서 비난받을 일은 거의 없다. 그러나 국가가 그 모든 것을 단번에 해결할 수는 없다. 경제적이거나 사회적이거나 정치적인 여러 가지 이유로, 번영으로 나아가는 길은 여러 갈래로 갈리고 많은 꿈이 깨지기도 하며 어떤 꿈들은 실현 가능성이 커지기도 한다.

중국몽과 아메리칸드림은 지난 세월 동안 두 나라가 걸어왔던 전혀 다른 궤적을 반영한다. 그러나 몇 가지는 두드러질 정도로 비슷하다. 예를 들면 시진핑이 제시했던 중국몽의 전망과 마찬가지로 아메리칸드림도 국내적인 관점과 대외적인 관점 모두에서 프레임을 형성할 수 있다. 국내적인 관점에서 보면 미국은 세대가 바뀌면서 생활 수준도 그만큼 개선되었고 빈곤과 질병을 근절하는 분야에서도 커다란 진전이 있었으며 물질적인 부(富)를 과시할 수 있게 되었다. 애덤스가 주장한 것처럼 그런 보상들이 개인의 능력과 성취에 따른 것이라고 친다면 말이다.

그런데 대외적인 차원의 아메리칸드림은 외국인 이민자에게 국경을 개방할 것인가 말 것인가 하는 차원으로 오랫동안 표현되었다. 이를 내부에서 보면 미국의 군사적 우월성은 확실히 두드러져 보인다.[16] 어떤 관점에서든 간에 아메리칸드림은 오랫동안 기회라는 개념과 그 이상의 꿈 그리고 법치와 공정함으로 보호받는 미국의 힘을 상징해왔다.

애덤스가 묘사한 것처럼 양보다 질을 추구하는 국가 개념은 현재 중국이 맞닥뜨린 전략적인 도전 과제들에도 통한다. 애덤스는 미국을 묘사하면서, 그 도전 과제 각각은 초점을 맞춰야 할 특정한 시점이 있다고 강조했다. 이는 중국도 마찬가지다. 덩샤오핑의 초고성장 해결책은 원자바오와 시진핑이 제시했던, 속도는 느리지만 질적으로 수준 높은 성장책에 자리를 내주고 물러났다.

어떤 나라에서든 간에 경제가 성장해서 성숙해질 때 사람들이 기대하는 건 똑같다. 평등에 더 초점을 맞춘 경제 정책을 기대한다. 결국 미국과 중국 두 나라 모두 성장 자체가 목적인 성장보다 번영의 꿈이 훨씬 중요하다. 애덤스는 이를 명시적으로 밝혔고, 원자바오와 시진핑은 암묵적으로 인정했다.

물론 아메리칸드림이나 중국몽 그 어떤 것도 꿈이 실현될 것이라고 보장하지 않는다. 관계 갈등이 양국에 압력을 가할 때는 특히 더 그렇다. 동반의존성이라는 렌즈를 통해서 바라보면 중국몽의 열망은 아메리칸드림의 열망과 마찰을 일으킬 수 있다. 이 마찰은 두 꿈의 핵심에서 비롯된다. 그 핵심이란 모든 점에서 전혀 다른 두 나라가 서로 다른 경제성장 단계에 있으면서 자신의 문제가 상대국 때문에 발생했다면서 비난하는, 사람 중심의 열망이다. 동반의존성이 이미 저축 및 무역의 불균형 때문에 긴장과 갈등을 낳고 있는 상황에서, 미국과 중국의 성장 기반이 한층 위태로워지면서 두 나라가 품은 꿈의 전망은 더욱 복잡해지고 있다.

중요한 것은 국가의 꿈이란 간절히 바라는 미래의 목표를 사람들에게 제시하기에 미래 지향적이라는 점이다. 엄청난 전망과 군욕외 순간에 뿌리를 둔 아메리칸드림과 중국몽은 어렵고 힘들었던 역사를 뒤로하고 앞으로 나아가고자 하는 미래지향적인 경로를 제시한다. 이 두 개의 꿈은 현재진행형이다. 중국은 한때 가난했지만 경제성장에 성공해서 지금은 중진국 대열에 올랐다. 그러나 성장과 번영을 추구하는 과정에서 성취해야 할 것들이 여전히 많다. 미국은 부유한 국가지만 번영을 유지하고 성장을 유지하려면 구조적 역풍 문제를 지금 당장 해결해야 한다.

그런데 두 나라의 꿈을 경제적 차원에서만 생각해서는 안 된다. 한 나라의 경제성장 궤도가 정치 시스템과 맞아떨어지지 않으면 그 나라가 꿈꾸는 열망은 산산조각이 날 수 있다. 통치(거버넌스)와 리더십은 한 나라가 꿈꾸는 정치경제를 육성하는 데 결정적인 역할을 할 수 있다.

번영을 다시 생각한다

아메리칸드림이나 중국몽 모두 미국이나 중국의 현재 상황을 보여주는 정적인 스냅사진이 아니다. 또 1인당 국민소득이 미국은 지난 150년 동안 15배 늘어났고 중국은 지난 40년 동안 25배 늘어난 것과 같은,[17] 이미 달성한 과거의 성과를 돌아보면서 기념하고 축하하는 것도 아니다. 그 꿈은 목표가 실현될 가능성이 아무리 불확실하고 희박해도 가능성을 좇는 전향적인 것이다.[18]

경제학자와 정치인, 정책 입안자는 한 나라의 국내총생산을 척도로 꿈의 실현 여부를 양적인 차원에서 판단하는 경향이 있다. 과거의 성과를 놓고 따지거나 미래의 목표를 놓고 따지는 이 접근법에는 이미 잘 알려진 몇 가지 결함이 있다. 예를 들면 '국민소득계정'이라는 국제적인 시스템은 환경오염, 교통 혼잡, 쓰레기 배출, 노동자 안전, 화학·핵 폐기물, 기후변화 같은 부정적인 외부효과를 아예 판단 기준으로 삼지 않는다는 이유로 오랫동안 비판을 받아왔다.[19] 국내총생산 또한 국민소득이 계층별로 어떻게 분포되는지는 거의 알려주지 않는다. 따라서 이는 평등이라는 가치를 전혀 고려하지 않는 지표다. 중요한 사실은 국내총생산 기반 지표가 경제성장의 질보다는 양, 즉 규모와 속도를 더 중시하는 경향이 있다는 점이다.

이런 중요한 단점들을 논외로 치면 국내총생산 지표는 한 국가가 열심히 걸어온 성장 궤적을 매우 분명하게 드러낸다. 이 지표는 꿈이 전형적으로 설정될 가능성 대비 신뢰성 및 실현 가능성이라는 중요한 관점을 도출한다. 꿈은 어떤 관점에서 보면 환상이지만 다른 관점에서 보면 현실을 확인하는 잣대다.

중국으로서는 원자바오가 제안했던 재균형 노선을 따라 강력한 성장 모델을 바꾸려는 노력으로 이 현실을 확인할 수 있다. 만약 그렇게 해서 이 어렵고도 복잡한 변화가 가능하다면 2021~2049년 사이에 중국의 1인당 소득은 세 배나 네 배로 늘어날 것이며 '위대한 현대적 사회주의 국가' 100주년 목표가 가시권에 들어올 것이다.[20] 중국몽을 실현하려면 바로 이것이 필요하다.

아메리칸드림도 이와 비슷한 현실 확인이 가능하다. 최근 미국 경제가 상대적으로 부진하다는 점을 고려하면 특히 그렇다. 미국의 실질 국내총생산 성장률은 1950~1999년까지 50년간 3.7퍼센트를 기록한 이후 2000~2021년까지는 이 성장률이 2퍼센트로 둔화되었다. 만일 미국 경제가 3.7퍼센트 성장률을 유지했다면 2021년까지 실질 국내총생산은 실제보다 8조 5,000억 달러, 즉 44퍼센트 더 높을 것이다.[21]

그런데 실질 국내총생산의 이런 차액은 명백하고도 중요한 딜레마를 제기한다. 만일 미국 경제가 연평균 2퍼센트 성장에 그친다면 아메리칸드림이 계속 실현될 수 있을까? 그게 아니라면 아메리칸드림의 실현을 위해 예전의 3.7퍼센트 성장으로 돌아가야 할까? 여기에는 받아들일 수 있는 어떤 타협안이 있을까?

미국 전체 인구 다수에게는 2퍼센트 성장이 더는 아메리칸드림의 실현을 보장하지 못한다고 추정하는 것이 타당하다. 장기적인 성장률을 적정한 수준으로(이 수준은 2.5~3퍼센트 사이의 어느 지점이 될 것이다) 다시 끌어올리는 것이 훨씬 기꺼이 받아들일 수 있는 선택이라고 할 수 있다. 그런데 이렇게 하려면 어떻게 해야 할까?

이 질문에 대한 대답은 여러 가지 폭넓은 가능성으로 열려 있다. 궁극적인 해결책은 오랫동안 경제성장의 중추적인 원천이었지만 점점 더 무기력해지는 국가 생산성 성장에 활력을 불어넣는 것이다. 비농업 부문의 노동생산성 증가율은 2011~2021년에 연간 1.1퍼센트로 둔화되었다. 이 수치는 1950~2010년의 2.3퍼센트와 비교하면 절반밖에 되지 않는다.[22] 애덤스 버전의 아메리칸드림과 일치하는 경제이론에 따르면, 장기적으로 노동자는 자신이 기여한 한계생산성 몫에 따라 임금을 지급받는다. 그런데 불행하게도 2010년 이후 노동생산성이 둔화하면서 미국 노동자는 미국이 오랫동안 간직했던 아메리칸드림에 따른 충분한 보상을 받을 수 없었다.

경제학자들은 생산성을 두고 수십 년 동안 논의를 거듭해왔다. 그리고 기업이 신기술에 투자하는 것도 노동자가 일상 업무를 더 효율적이고 '스마트'하게 창의적으로 수행하도록 적절한 도구를 제공하기 위함이란 사실에 전반적으로 동의한다. 그런데 이렇게 동의하고 나면 그다음에 고민해야 할 사항의 초점은 미국의 저축 문제, 즉 자본투자에 필요한 자금을 조성할 수 있는 국내적 역량으로 옮겨 간다. 그러나 미국의 최근 저축 성과는 부족하다. 자국의 역사와 비교해도 그렇고, 중국과 비교하면 더욱 그렇다. 일반적인 수준보다 낮은 저축은 미국엔 이미 현실이 되어버린 나쁜 꿈이다.

물론 경제적인 꿈은 국가 평균만 따지는 것이 아니다. 애덤스가 아메리칸드림을 말하면서 강조했듯이 형평성과 공정성은 매우 중요하다. 이런 점은 불평등을 둘러싼 논쟁이 새롭게 대두되고 있는 중국에서도 마찬가지다. 이는 중국몽이나 아메리칸드림을 실현하는 데 방해물이 되는 소득 및 부의 분배 불균형에 대한 몇 가지 비판적인 질문을 제기한다. 한 국가 안의 인구집단들 사이에 존재하는 불평등은 분노를 조장하고 화합을 해치는 경향이 있으며, 궁극적으로는 모든 시민의 꿈(즉 국가적인 꿈)이 요구하는 국가 통합을 좀먹을 수 있다.

미국과 중국 모두 소득과 부의 집중이 강화되고 있다. 내가 확인한 최신 자료인 2015년을 기준으로 보면 중국에서는 소득 상위 10퍼센트 집단이 전체 소득의 41.7퍼센트를 가져간다.[23] 이는 2011년에 기록한 최고치인 43퍼센트보다는 약간 줄어든 수치이며 2015년 미국의 46퍼센트보다 낮지만, 1980년대와 1990년대 중국 평균인 31퍼센트보다는 훨씬 높다. 부의 분배가 미국과 중국에서 비슷하게 왜곡되어 있음은 분명하다. 2015년 기준 중국의 부자 상위 10퍼센트는 중국 전체 부의 67퍼센트를 차지했는데, 이는 1980~1999년의 평균인 42퍼센트에 비하면 크게 늘어난 수치로 2015년 기준 미국의 73퍼센트에 근접한다.[24]

중국과 같은 개발도상국에서 불평등이 심화되는 양상은 미국 같은 부유한 나라에서 나타나는 양상과 매우 다르다. 덩샤오핑이 1980년대에 조언했듯이, 경제성장 초기 단계에서는 성장의 열매가 모든 사회의 모든 계층에 골고루 분배되길 기대해서는 안 된다.[25] 덩샤오핑은 경제성장의 보상이 궁극적으로는 성장 초기에 수혜 대상에서 제외되었던 집단에 골고루 돌아가야 한다고 강조했다. 이는 명백하지만 반드시 지적해야 했던 중요한 사실이었다. 모든 개발도상국에서 성장과 번영의 초기 열매가 학력과 기술 수준이 높으며 지리적으로 유리한 계층에게 더 많이 분배되었다는 사실은 그다지 놀라운 일이 아니다. 그저 성장이 계속 이어지면서 발전과 빈곤 완화의 성과가 더욱 폭넓은 계층으로 확산되기를 기대할 뿐이다.

덩샤오핑이 강조했던 경제성장의 이런 순서 매기기는, 시진핑이 최근 중국의 소득 및 부의 격차 확대를 역전시킬 것을 강조하며 벌이는 '공동부유(共同富裕, 공동번영)' 정책의 핵심이다.[26] 동부의 도시 지역에 집중되었던 성장의 초기 열매가 다른 지역들로 퍼져나가면서 지금 중국에서는 소득과 부의 분배가 지리적으로 꽤 평등하게 확산되고 있음을 보여주는 여러 징후가 나타났다.[27] 그러나 시진핑이 공동부유를 새롭게 강조하고 나서자(공동부유에 대해서는 4부에서 자세하게 다룰 것이다) 전 세계가 화들짝 놀랐다.[28] 그동안 중국에서는 소득과 부의 분배 불평등이 전반적으로 늘어나는 추세였는데, 중국이 공동부유 정책을 들고나왔다는 사실은 앞으로 훨씬 많은 변화가 일어날 것이라는 뜻이었기 때문이다.

부의 분배 문제에서 시진핑은 덩샤오핑과 다르게 지리보다는 특성 변화를 중시해왔다. 여기에는 그럴 만한 이유가 있다. 2015년 기준으로 중국의 전체적인 소득 대비 부 비율은 7.1배로 증가했다.[29] 이는 미국의 4.7배보다 훨씬 높고, 1980년대와 1990년대에 중국이 기록한 평균인 4.3배보다 65퍼센트나 높다. 이처럼 소득 창출 속도보다

부 창출 속도가 빨라진 데는 점점 뜨거워지는 중국의 부동산 시장의 역할이 컸지만, 중국에서 새롭게 발견된 번영과 관련된 공통점은 없었다.[30] 부의 불평등 수준이 점점 커지는 이 현상은 시진핑이 말했던 '조화로운 사회'와는 어울리지 않게 두드러진 과잉 현상이 되었다.

이런 성장은 중국몽과 관련해 경제적 보상에 담긴 분열적인 특성을 보여준다. 도시화 및 토지 개혁과 관련된 자산 소유가 고용 증가와 실질임금 상승에 따른 노동소득 증가분을 훨씬 초과하고 있기 때문이다. 이 중요한 측면에서 중국몽은 전 세계 국가들의 경제에서 명백하게 나타나는 변화, 즉 부가 소득보다는 자산에 점점 더 많이 의존하는 변화를 잘 보여준다. 시진핑이 새롭게 초점을 맞추는 공동부유 정책은 부의 과도한 창출을 표적으로 삼음으로써 지난 40년 동안 이어졌던 정책 기조와 단절된다. 이렇게 해서 중국몽이 열망하는 목표의 틀이 재구성된다.

심화되는 불평등은 아메리칸드림도 위협한다. 그러나 미국에서의 이런 양상은 중국과는 다른 이유들 때문에 빚어진다. 미국이 공동의 번영이라는 대의에서 점점 멀어지는 이유로는 취약해진 공교육 체계, 도심의 빈민화와 쇠퇴, 약물 남용, 악화된 가족 구조, 노동자보다는 자본 소유자에게 점점 유리해지는 임금 체계 등 여러 요인을 들 수 있다. 급속한 경제성장의 밀물이 들어올 때 해변 모래사장에 놓여 있던 배가 모두 똑같이 물 위로 뜨지 않는 게 당연한 이치이긴 하지만, 2000년 이후의 성장 둔화는 사회적 불평등을 심화시켰고 그래서 많은 사람이 아메리칸드림을 의심하게 되었음은 분명하다.[31]

미국이든, 중국이든, 어떤 나라든 간에 미래를 낙관적으로 바라보려는 마음은 같다. 그러나 이 꿈이 실현될 것이라는 보장은 없다. 동반의존적인 경제 관계로 묶여 있는 미국과 중국이 각자 꾸는 꿈이 실현될 것이라는 보장은 없다는 말이다. 나는 2014년에 출간한 책《G2 불균형》에서 두 나라가 함께 번영을 누릴 가장 좋은 기회는 두 나라의 경제 구조가 동시에 재균형 과정을 거치는 것이라고 주장했다. 그런데 그 일은 아직도 일어나지 않고 있다.

궁극적으로 동반의존성이라는 틀 자체가 두 나라 경제의 공통된 필요가 축복인 동시에 저주임을 암시한다. 여러 해 동안 두 나라 사이의 관계가 가져다준 이득은 그 관계 때문에 발생한 손실보다 컸다. 두 나라의 경제는 서로 의지하면서 성장을 강화했으며 또 각자 가지고 있던 꿈을 실현해왔다. 편의성을 목적으로 맺은 이 관계가 처음에는 무척이나 편리했다.

그러나 결국 그 결합은 편리하지도 않았고 지속 가능하지도 않았다. 갈등은 이제 두 나라 사이에 일상적인 규범으로 자리를 잡았는데 각자의 희망인 중국몽과 아메리칸드림을 심각하게 위협하고 있다. 이런 일이 일어나리라고 예상한 사람은 거의 없었다.《G2 불균형》에서 나는 그렇게 될 가능성을 단지 '악몽'이라고만 언급하면서, 이런 악몽은 좀처럼 실현되지 않는다며 낙관적으로만 전망했다. 그러나 안타깝게도 그 책에서 악몽의 가상 시나리오를 설명하면서 경고했듯이, 흔치 않게 무역 전쟁과 같은 악몽이 실제로 일어날 수도 있다. 그리고 지금 나는 예전에 전망했던 그 악몽 때문에 밤에 잠을 자지 못하고 식은땀을 흘린다.

나라마다 꾸는 꿈은 제각기 다르다. 역사가 다르고 배경이 다르며 상황이 다르기 때문이다. 미국과 중국 두 나라가 각각 꾸는 꿈은 맥락이 전혀 다르다. 미국은 부유한 기존의 강대국이고 중국은 빠르게 성장하는 신흥 강대국이다. 그러나 성장 및 경제적 이득의 분배를 관장하는 체제상의 중요한 차이점들에도 불구하고, 두 나라의 결정적인 도전 과제 하나는 동일하다. 그들이 겪는 어려움을 다른 나라들에 떠넘기지 않으면서 성장 문제를 해결해야 한다는 과제다.

미국과 중국은 서로 다른 꿈을 길잡이 삼아 자기의 길을 걸어가고 있다. 상대의 꿈을 방해하지 않고도 얼마든지 자신의 꿈을 이룰 수 있다. 그렇지만 두 나라가 과연 그렇게 할 의향이 있는가 하는 점은 별개의 문제다.

서사적 정체성과 갈등

아메리칸드림과 중국몽의 기원과 역사는 두 나라의 정신에 대해서도 많은 것을 알려준다. 그러나 이와 동시에 더 깊숙한 질문 몇 가지도 함께 제기한다. 예를 들면 이런 것들이다. 국가가 꾸는 꿈의 목적은 무엇인가? 이 꿈은 정치와 사회와 경제라는 더 넓은 담론과는 어떻게 조응하는가?

물론 이런 의문에 쉽고 단순하게 내놓을 대답은 없다. 그 꿈에는 국가를 향한 애국적이고 통일된 열망, 정치인이 내세우는 상징적인 정책이나 주문(呪文), 기업가 및 위험을 감수하는 투자자에게 제공하는 인센티브, 일반 대중에게 희망을 심어주는 기회와 공정성 약속 등이 담길 수 있다. 그 꿈은 또한 당사국들 사이에서 발생하는 쟁점을 다룰 수도 있다. 그러나 초점이 어디에 놓이든 간에 한 나라의 꿈은 기본적으로 어떤 이야기, 즉 가능성을 다루는 어떤 서사다.

하지만 국가적인 차원의 서사는 상징하는 것이 많으므로 단순한 서사와는 거리가 멀다. 학계의 심리학자들은 '서사적 정체성(narrative identity)'을 자전적으로 재구성한 과거를 토대로 미래를 상상하는 것으로 정의한다.[32] 이런 정의는 앞서 우리가 아메리칸드림과 중국몽의 역사적 뿌리를 살펴봤던 것과 맥락이 통한다. 미국과 중국 모두 그들의 꿈에 담긴 열망은 어렵고 힘들었던 경험을 통해서 형성되었는데, 그 경험이 미국은 1930년대의 대공황이었고 중국은 굴욕의 세기였다. 두 나라 모두 각자 맞닥뜨린 역경을 극복했던 경험이 한결 나은 미래에 대한 희망과 꿈의 구체적인 모습을 만들어냈다.

그런데 이런 과거 재구성이 미래 지향적인 서사를 구성할 때 어떤 역할을 하느냐가 문제다. 시간은 상처를 치유하지만 기억을 흐리게 만들어 진실을 왜곡하기도 한다. 중국에는 부흥이 국가적인 서사의 핵심에 놓인다. 그러나 내가 앞에서도 주장했듯이, 중국의 부흥 의식(sense of rejuvenation)은 국가가 굴욕의 세기를 극복하도록 촉구하는 긍정적인 힘으로 작용할 수도 있지만 자신의 문제를 다른 나라 탓으로 돌리는 부정적인 힘으로 작용할 수도 있다. 미국도 마찬가지다. 대공황은 무방비 상태에 있던 미국을 기습한 사건이기도 했지만 자업자득, 즉 많은 사람이 주장하는 것처럼 '광란의 1920년대(사람들이 활기와 자신감에 차 있던 1920년대를 말한다-옮긴이)'를 부채질했던 투기 과잉에 대한 국가적 대학살이기도 했다.[33]

역사의 서로 다른 재구성을 이렇게 대조하는 것은 진짜 서사와 거짓 서사를 구별하는 데 꼭 필요하다. 나는 이 책의 2부와 3부에서 미국과 중국이 갈등을 빚은 이유 대부분이 거짓 서사 때문이라고 주장할 참이다. 이 거짓 서사는 왜곡된 역사관에서 비롯되었으며 이 때문에 서사적 정체성이 과도하게 형성되었다.

서사 경제학(narrative economics, 내러티브 경제학)을 주창한 로버트 쉴러(Robert Shiller)가 지적했듯이, 학계의 경제학자들은 경제 문제를 평가할 때 흔히 서사의 역할을 경시한다.[34] 그러나 실러는 서사가 경제에 미치는 영향이 적지 않으므로 당연히 관심을 기울여야 한다고 믿는다. 서사는 대응을 유도하고 행동에 대한 지지를 만들어내며, 결과를 형성하는 줄거리(스토리라인)를 제공한다. 한 서사의 매력은 그 서사가 얼마나 중요한 문제를 다루고 후속 토론의 조건을 규정하며 대중의 반응에 영향을 미치는지에 달려 있다.

서사가 대중적인 담론에 미치는 영향력은 매우 빠르게 확산될 수 있다. 전염병학에서는 진염병 확산이 바이러스에 노출된 개체군의 취약성과 바이러스의 전달성이라는 두 가지 조건으로 결정된다고 강조하는데, 서사의 영향력 확산과 관련된 통찰을 바로 이 전염병학에서 얻을 수 있다.[35] 코로나19는 명백하기도 하고 최근에 있었던 사례다. 천연 면역이 존재하지 않는 이 신종 바이러스는 매우 취약한 개체군을 공격할 준비가 되어 있었다. 그리고 코로나가 공기 중의 미립자를 통해 전염된다는 사실이 매우 빠르게 밝혀졌다.

미중 갈등은 바이럴(바이러스처럼 빠르게 확산되는 입소문) 서사의 산물이다. 이 갈등은 국가적 차원의 꿈이 지닌 취약성, 즉 각자가 가지고 있는 열망의 궤도에 대한 존재론적인 위협을 파고든다. 꿈이 없다면

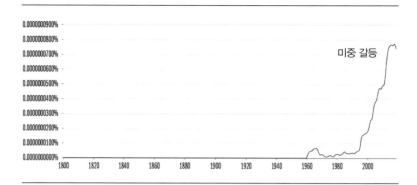

〈그림 1〉'미중 갈등'의 구글 검색 빈도

* 출처: Google Ngram Book Search from 1800 to 2019. Google Books Ngram Viewer, http://books.google.com/ngrams.

위협을 받을 일도 없을 것이다. 이 취약성은 동반의존성의 갈등에서 그리고 그 갈등이 각 나라의 꿈이 실현되지 못하도록 제기하는 여러 가지 위험에서 발생한다.

〈그림 1〉은 구글의 엔그램(Ngram) 필터로 포착한 '미중 갈등'이라는 검색어의 시간별 빈도를 표시한 것이다. 여기서 알 수 있듯이 바이럴 확산은 메신저(최정상에 '트럼프 효과'가 있다) 및 매체(정치화된 사회관계망들)와 함수 관계에 있다.[36]

타이밍과 맥락은 이런 취약성과 확산성의 조합을 강화하는 데서 중요한 촉매 역할을 해왔다. 둔화된 경제성장, 미국의 포퓰리즘과 중국의 민족주의 사이의 상호작용, 코로나19로 초래된 글로벌 성장 충격이 미중 갈등의 서사를 거의 유행병에 가까울 정도로 증폭시켰다. 로버트 쉴러가 지적하듯이, 폭넓게 존재하는 이런 우려들이[특히 스스로 강화되는 집합적 충격(collective impact)이] 바이럴 확산을 촉진한다. 그리고 미중 갈등은 두 나라가 모두 안고 있는 불안함이라는 거센 저류를 자극한다.

전염병은 결국에는 사라진다. 이는 전염병학에서 배울 수 있는 교훈이다. 코로나19를 겪으며 누구나 깨달았겠지만 전염병은 집단 면역이나 의료 개입이라는 방식으로 억제할 수 있다. 즉 전체 개체군의 많은 수가 감염되거나 백신을 맞음으로써 자연 항체를 만들어내 전염병의 확산을 막을 수 있다.

바로 이 지점에서 미중 갈등의 확산 양상과 전염병의 확산 양상이 달라진다. 미중 갈등의 구글 엔그램 검색 결과가 암시하듯이 중산층 불안(middle-class angst)이나 무역 전쟁과 같은 경제 문제에는 자연면역이 없다. 뒤에서 또 말하겠지만, 이런 문제들을 해결하려고 들이대는 정책적 해결책들은 두 나라 사이의 관계 갈등을 예방하는 경제적인 차원의 백신이 될 수도 없다.

이 책의 주된 논점은 진짜 서사와 거짓 서사를 구분하는 것이다. 시간은 서사의 진실성을 검증하는 궁극적인 검사 방법이지만 최종 결과가 나오기까지는 아주 오랜 시간이 걸릴 수 있다. 그리고 사회적 분노와 나쁜 정책으로 이어지는 거짓 서사가 지속적으로 영향을 미칠 때 상당한 피해가 발생할 수 있다. 가장 좋은 사례로는 2020년의 미국 대통령 선거에서 나타났던 '새빨간 거짓말(Big Lie)'을 꼽을 수 있다(이 선거에서 패배한 트럼프는 선거가 부정한 방법으로 조작되었다고 주장하면서, 선거에서 이긴 바이든과 민주당 진영의 주장을 '새빨간 거짓말'이라고 불렀다. 이 거짓말은 '빅 라이' 또는 '커다란 거짓말'로도 번역된다-옮긴이).

이 새빨간 거짓말 현상은 통상적인 기준에서 벗어난 이상한 게 아니다. 그리고 여론은 진실보다 거짓을 훨씬 더 잘 받아들인다. 이 사실은 MIT 미디어랩(Media Lab) 소속 연구자들이 2018년에 수행했던 흥미로운 연구를 통해 이미 입증되었다.[37] 연구자들은 '새빨간 거짓말'이 나왔던 2020년과 2021년보다 이전 기간인 2006년부터 2017년까지 트위터에 올라온 450만 개의 트윗과 리트윗을 분석해서, 트위터에 퍼졌던 약 12만 6,000개의 소문이 어떤 식으로 확산되었는지 조사했다. 그리고 그 소문들은 여섯 명의 독립적인 사실 확인자(팩트체커)들이 논의하고 합의하는 과정을 통해 사실과 거짓으로 분류되었다. 이렇게 해서 나타난 결과는 명확했다. 트위터를 기반으로 한 거짓 서사와 진짜 서사의 리트윗 비율은 6 대 1을 훌쩍 넘었다.

그러나 미디어랩의 이 연구에서 '악마'는 세부적인 사항, 즉 거짓 소문에 대한 대중 수용성의 세분화된 특성에 똬리를 틀고 있음이 확인되었다. 연구자들은 크기, 깊이, 폭, 속도라는 소문 확산의 네 가지 측면을 탐구했다. **크기**는 트위터에서 생성된 소문이 시간이 지나면서 증폭되어 순환될 때 이것을 보는 사람의 수이고, **깊이**는 리트윗의 횟수이며 **폭**은 특정 시간대에 해당 트윗을 보는 사람들의 최대 숫자다. **속도**는 그 소문이 '구조적 확산성(structural virality)'을 갖추기까지 걸리는 시간이다. 이 네 가지 측면에서 거짓의 확산은 진실의 확산을 모두 능가했다.

이런 결과는 모든 주요 정보 범주에서 유효하다. 그러나 관계 갈등에 대한 우리의 평가에 결정적으로 영향을 미치는 중요한 왜곡 요소가 하나 있다. 미디어랩 연구팀은 '정치적 거짓 소문'이 그 어떤 소문보다 빠르게 확산된다는 사실을 발견했다. 이 범주에 속하는 소문은 테러, 자연재해, 과학, 도시 문제, 금융 등의 범주에 속하는 거짓 소문보다 훨씬 빠르게 확산되었다.

또한 이 연구에 따르면 기계나 로봇이 생성한 메시지 사용이 소문 확산을 높이는데, 이런 메시지는 거짓 소문과 진짜 소문의 확산에서 동일하게 영향을 미친다. 그러나 거짓 소문이 진짜 소문보다 여섯 배나 많이 리트윗되었기 때문에 둘 사이의 차이는 거짓 소문을 퍼트리겠다고 의식적으로 결정한 사람들이 만들어낸 것이라고 할 수 있다. 널리 퍼져 있는 선입관과 다르게 거짓 소문이 압도적으로 불균형하게 확산되는 현상에 대한 책임은 로봇이 아니라 인간이 개입했기 때문이라는 말이다.[38]

사실 확인을 전담으로 하는 사업이 새로운 산업으로 등장했음에도 불구하고, 거짓 소문 혹은 가짜 뉴스는 계속 확산되는 경향이 있다. 그리고 정치와 개성과 소셜미디어로 증폭되고 반복되면서 스스로 몸집을 불려나간다. 그래서 거짓 서사는 진실이 아님이 입증된 뒤에도 오래 지속된다.[39]

관계 갈등의 관점에서 보면 거짓 서사의 지속성이야말로 거짓 서사의 가장 성가신 특성 중 하나라고 할 수 있다. 팩트 체커들은 도널드 트럼프가 대통령 임기 동안 했던 거짓말을 3만 573개로 집계했다.[40] 그러나 여론조사 자료에 따르면 2021년 중반 현재 모든 미국 유권자의 약 40퍼센트, 공화당원의 약 75퍼센트가 2020년 11월의 대통령 선거가 조작되었다는 트럼프의 거짓말을 진짜라고 믿는다.[41] 거짓 서사는 스스로 생명을 이어갈 뿐만 아니라 아무리 바로잡으려고 해도 통하지 않는 끈질긴 생명력을 가지고 있다.

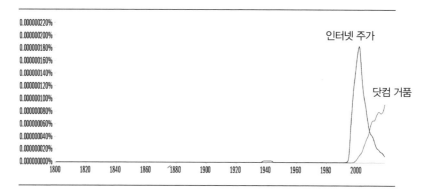

〈그림 2〉 닷컴 거품과 인터넷 주가의 바이럴 확산 양상

* 출처: Google Ngram Book Search from 1800 to 2019. Google Books Ngram Viewer. http://books.google. com/ngrams.

이런 양상은 또 다른 엔그램 검색어 분석 작업을 통해서도 확인할 수 있다. 이 작업은 2000년에 인터넷 기업들의 주가가 극심한 변동성을 보일 때 이 상황을 둘러싼 서사들이 어떻게 확산되었는지 분석했다. 〈그림 2〉에서 알 수 있듯이 2000년 3월에 사상 최고치를 기록했던 인터넷 종목의 주가가 이후 6개월 동안 평균 60퍼센트 하락하면서 '인터넷 주식 종목의 가격'은 절대로 떨어지지 않고 오르기만 한다는 바이럴 서사의 매력은 소멸되었다.[42] 이는 전염병학이 예측할 수 있었던 것과 다르지 않았다. 동시에 '닷컴 거품(dotcom bubble)'에 대한 집착은 오랫동안 토론 주제로 남았다.

어떤 측면에서 보면 당혹스러운 전개 양상이다. 인터넷 주가의 폭발적인 상승은 닷컴 거품의 확대로 이어졌다. 또한 이 거품과 관련해 앨런 그린스펀(Alan Greenspan) 전 FRB 의장을 비롯해 영향력이 매우 높은 사람들이 전파한, 이른바 생산성 강화를 통한 경제성장이라는 '새로운 패러다임'에 대한 거짓 서사가 이어졌다.[43] 그러나 2000년에 해당 주식들의 주가가 붕괴하고 그 서사가 거짓임이 드러났을 때도 닷컴 거품에 대한 집착은 여전히 꺾이지 않았다. 산산이 부서진 꿈에 매달리는 것은 금융시장에서 오랜 세월 나타났고 지금도 나타나는 '비이성적 과열'의 특징이다.[44]

미국과 중국 모두 갈등의 원인을 스스로 만들어냈다는 사실을 부인하면서 그 책임을 상대에게 떠넘기고 있다. 이와 똑같은 일이, 한때 건설적이었던 관계 혹은 적어도 편의성을 보장했던 관계를 오염시키는 거짓 서사에도 적용될 수 있다.

왜 인간은 그토록 거짓 서사에 집착하는 것일까? 이 질문에 대한 대답은 복잡하다. 어쩌면 영원히 해답을 찾지 못할지도 모른다. 하지만 MIT 미디어랩의 연구에서 중요한 힌트를 찾을 수 있다. 소문 확산 과정을 분해하는 작업은 소문을 퍼 나르는 트윗과 그 트윗 이전의 역사 사이에 존재하는 '정보 거리(information distance)'를 계산하는 방식으로 측정되었는데, 이 작업을 통해 거짓 소문의 '색다른 요소(novelty factor)'가 가장 매력적인 특징임이 확인되었다.

이는 흥분감을 느끼고자 하는 인간의 성향 때문일 수도 있고, 로버트 쉴러가 주장하는 것처럼 매우 파격적인 것이 가져다주는 충격에 쉽게 자극받는 성향 때문일 수도 있다. 쉴러는 거짓 서사의 지속성은 상호주의와 복수라는 행동 경향과 관련이 있을 수 있다고 덧붙인다. 이 행동 경향은 자기에게 경제적으로 부정적인 결과가 미칠 수 있음에도 불구하고 위험을 무릅쓰면서까지 비난을 모면하려 하고 상대방을 처벌해서 복수하려는 열망에 따른 것이다.[45]

이 모든 것은 미국과 중국 사이에 존재하는 동반의존성의 갈등 국면을 특징짓는 불편한 관계의 충격 가치(shock value)를 평가하는 것에도 적용된다. 도널드 트럼프는 미국의 전 '트위터 총사령관'으로서 (트위터 사용이 금지되기 전에) 정치적인 헛소문이 여론 형성에 미치는 영향이 얼마나 빠르고 큰지 일찌감치 파악하고 있었다(트위터는 트럼프의 지지자들이 연방의회 의사당에 난입하는 사태가 일어난 직후였던 2021년 1월 8일에 '추가적인 폭력 선동의 위험'이 있다는 이유로 트럼프의 개인 계정을 영구적으로 정지하는 조치를 내렸다-옮긴이).

게다가 확산성이 매우 높은 정치적 유언비어는 로봇이 아니라 개인의 의식적인 전파로 유포될 수 있는데, 따라서 미중 갈등도 기계가 일으킨 것이라기보다는 미중 갈등을 바라는 사람들이 하는 극단적인 말들(이런 말들을 트럼프는 기꺼이 제공한다)에 따른 것이라고 볼 수 있다. 또한 거짓 소문은 여론에 지속적인 영향을 미치는데, 이는 기록적인 수준으로 커진 미국의 반중 정서에 부응하는 것이기도 하다.[46]

어떤 이유에서 비롯되었든 간에 거짓 서사는 미국뿐 아니라 중국에서도 사회적·정치적 담론의 필수 요소가 되었다. 거짓 서사가 여론에 미치는 영향은 아무리 강조해도 지나치지 않을 정도다. 거짓 서사는 좁은 의미에서 사회를 불안정하게 하고 국내 담론에 지속적인 영향을 미치는 데서 끝나지 않는다. 상대 나라에 대해 느끼는 자국의 두려움을 과장하기도 하는데, 본질적으로 불안정할 수밖에 없는 경제적 동반의존성을 지닌 경우는 특히 더 그렇다.

이 책의 2부와 3부는 미국과 중국이 서로를 향해서 풀어내는 거짓 서사에 초점을 맞춘다. 그리고 나는 그 거짓 서사가 두 나라 사이에 고조되는 관계 갈등의 핵심이라고 주장할 것이다. 이 거짓 서사들은 상대국에 대한 자국의 인식을 주도하며 두 나라 사이의 상호작용을 왜곡해서 불안정하게 만든다. 이렇게 해서 생긴 서로에 대한 잘못된 인상이 양국 관계에 깊이 뿌리를 내린다. 거짓 서사는 상대국이 가지고 있는 동기와 의도에 의문을 제기하고, 결국 이런 의문 제기는 상대국의 꿈을 공격하는 위협으로 비친다. 그런데 무엇보다 중요한 사실은 거짓 서사가 우발적인 충돌의 무대를 마련한다는 점이다.

일이 이런 양상으로 전개된다니 걱정스럽다. 그러나 동반의존적인 두 나라 사이에서 일이 이렇게 전개된다는 것은 전혀 놀랍지 않은 사실이다. 갈등은 두 당사국이 비대칭적인 행동을 할 때마다 언제든 발생할 수 있다. 이런 통상적이고 정상적인 마찰을 거짓 서사는 자기 존재 자체를 위협하는 무시무시한 것으로 잘못 인식하게 만들어 양국 관계의 갈등을 악화시킨다. 이런 식으로 갈등은 점점 고조된다.

그런데 이때 중요하고도 새로운 전개가 펼쳐진다. 바로 이 거짓 서사가 방대한 사회관계망들에 힘입어 초고속으로 사회 전체에 퍼지는 것이다. 이렇게 되면 거짓 서사의 영향이 완전히 다른 차원으로 발전한다. 이런 사실을 고려한다면 미국과 중국 모두 이 위협이 얼마나 긴급한 것인지 너무 늦기 전에 인정해야 한다. 미중 갈등을 촉발한 거짓 서사의 실체를 드러내는 것이야말로 갈등을 해결할 첫걸음이다.

그러나 그렇게 한다고 해서 행복한 결말이 보장되는 건 아니다. 거짓 서사를 바로잡거나, 심지어 거짓 서사가 초고속으로 확산되는 것을 억제해도 이미 오염된 여론을 바로잡기에는 충분하지 않다. 지금 미중 갈등은 일촉즉발의 위험 구역에 진입해 있다. 이 시점에서는 갈등으로 인한 충격을 통제하는 것만으로는 충분하지 않다. 두 나라 사이에 새로운 관계의 틀(프레임워크)이 절실하게 필요하다.

ACCIDENTAL
CONFLICT

2부

중국에 대한
미국의 거짓 서사

관계 서사(relationship narrative), 즉 관계 당사국들 사이의 관계를 풀어내는 이야기는 독특하다. 관계 서사는 주관적이고 직접적인 설명과 다르게, 상대국의 행동을 연대기적으로 기록할 뿐만 아니라 당사국들 사이의 상호작용을 강조한다.

상대국에 대한 인식은 종종 편향되고 왜곡된다. 상대국에 대한 서사는 자기 자신을 어떻게 바라보는지를 토대로 인식의 틀이 형성되기 때문이다. 자기 경험을 통해 상대방의 동기와 행동을 평가하는 것은 개인 관계에서도 어렵지만 국가 관계에서는 훨씬 복잡하다. 경제적·사회적·정치적 가치관이 같은 자유민주주의 국가들로서는 독재 정권이 통치하는 국가를 그들과 같은 국가로 여기면서 어떤 평가를 하기가 쉽지 않다. 미국과 중국의 관계 서사는 이런 관점의 편향 때문에 큰 고통을 받으며 왜곡된다.

거짓 서사는 오랜 세월 미중 관계를 나쁜 쪽으로 몰아가고 있는 가장 문제적인 측면 중 하나다. 이런 문제들이 교육 분야에서의 교류나 관광 분야처럼 사람과 사람 사이의 직접적인 상호작용에서 비롯되는 경우는 거의 없다. 그러나 정부 정책이 여론에 미치는 영향은 전혀 다른 차원의 문제다.

중국에 대한 미국의 거짓 서사 대부분의 근거는 중국이 무너질 것이라는 시나리오다. 현대의 대부분 국가와 마찬가지로 중국은 부채 과잉과 자산 거품에서 불평등과 환경오염에 이르기까지 체제와 관련된 잠재적인 위험을 안고 있다. 그러나 미국의 우려는 이런 통상적인 것보다 한층 깊다. 많은 사람이 일당독재 사회주의 국가인 중국이 결국 사회 불안 때문에 붕괴할 것이라고 확신하기 때문이다. 여기서 핵심 단어는 '결국'이다. 이런 격변이 아직 일어나지 않았다는 사실만으로는, 앞으로도 그런 일이 일어나지 않는다고 할 수는 없다고 사람들은 생각한다.

중국은 그 비참한 결말에 저항해왔고, 아직 그 일은 일어나지 않았다. 지도부가 성장과 안정 사이의 중요한 정치경제적 균형을 능숙하게 관리했기 때문이다. 그들은 경제성장과 번영을 중국의 가치관과 (또는 중국공산당이 아름답게 포장하는 표현인 '중국적 특성'과) 일치하는 방향으로 성공적으로 이뤄냈다. 그런데 이런 이야기를 미국은 귓등으로 흘려듣기만 한다.

미국은 중국에서 국내 문제가 악화되어 결국 현재의 체제가 유지되지 못하고 정부가 무너질 것이라고 오랫동안 생각해왔다. 양립할 수 없는 두 체제 사이의 충돌이었던 미국과 소련의 냉전도 아닌 게 아니라 소련이 붕괴하면서 종식되었다. 미국과 중국 사이의 긴장이 과거의 냉전과 비슷한 양상을 드러내자 사람들은 이 새로운 냉전도 비슷한 과정을 거치면서 끝날 것이라고, 이를 예고하는 징후들이 곳곳에서 나타나고 있다고 여긴다.

우크라이나에서 진행되는 전쟁은 새롭고도 우려스러운, 아주 복잡한 문제다. 2022년 2월에 블라디미르 푸틴(Vladimir Putin)과 시진핑이 만나서 합의했던 '무제한 협력' 협정에 따라 중국이 러시아의 우크라이나 침략에 동조한다면 더 그렇다. 그러나 이 새로운 냉전에는 미국의 적이 하나든, 둘이든 관계없이 예상 밖의 중요한 전개가 펼쳐질 수 있다. 지금 미국의 경제력은 제1차 냉전을 수행하던 때와는 사뭇 다르기 때문이다. 제2차 냉전의 상대가 중국 하나든, 아니면 러시아까지 함께 상대해야 하든 간에 오늘날 미국의 경제적인 위상은 과거보다 훨씬 약해졌다. 제1차 냉전에서 미국이 경제적인 승리를 거두었다고 해서 제2차 냉전도 그런 결말로 이어지리라고 장담할 수 없다는 말이다.

트럼프 정부가 시작했고 바이든 정부가 이어가는 미중 무역 전쟁은 중국에 대한 외압을 뒷받침하는 거짓 서사의 실시간 사례다. 미국은 생산량과 일자리와 소득 측면에서 희생을 감수해야 했던 막대한 규모의 대중(對中) 무역 적자를 오랫동안 걱정해왔다. 그러면서 자국 경제가 위태로워진 것을 30년 전 일본 탓으로 돌렸듯이 지금은 중국 탓으로 돌리고 있다. 그러나 미국의 대중 무역 적자가 국내저축이 부족해서 빚어진 결과인 만큼, 미중 무역 갈등은 거짓 서사의 결과로 볼 수 있으며 두 체제 사이의 깊어진 정치적 충돌이 표면화된 것으로 볼 수 있다.

하지만 양국 간 무역 불균형은 지적재산권 도용과 기술의 강제 이전에서부터 국영기업에 대한 부당한 정부 지원금과 공격적인 사이버 스파이 행위에 이르는 중국의 불공정한 무역 관행 등 미국이 제기하는 수많은 주장 가운데 하나일 뿐이다. 중국이 신장과 홍콩에서 인권을 탄압한다는 우려나 코로나19 팬데믹 발생의 책임이 중국에 있다는 주장 등이 이런 의심을 더욱 키웠다. 그래서 중국을 위협적인 존재로 바라보는 인식이 확대되었고, 사람들은 중국이 미국의 가치관을 위협하고 있다고 생각하게 되었다.

이런 주장들은 증거도 빈약하거니와 많은 거짓 서사에 의존한다. 미국은 자국에서 발생한 문제에 대한 책임을 회피하고 선전전이라는 비난 게임(점점 더 위험해질 수밖에 없는)을 밀어붙이면서 이런 거짓 서사를 이용하고 있다.

거짓 서사에서 비롯된 이런 인식은 중국에 대해서 미국이 현재 느끼는 불안감의 근원이다. 이는 무역 전쟁과 기술 전쟁 그리고 제2차 냉전의 초기 단계들을 낳았다. 이런 모습은 신흥 강대국이 기존의 강대국을 위협할 때 전쟁이 일어날 수밖에 없다는, 이른바 '투키디데스 함정(Thucydides trap)'이라는 불길한 사태와 맞아떨어진다. 이런 분위기에서는 냉전을 넘어 열전을 시작해야 한다는 속삭임이 나올 만하다. 그리고 러시아-우크라이나 전쟁은 이 속삭임을 고함 수준으로 높여놓았다. 또한 대만해협과 남중국해에서 긴장이 고조되면서 미국과 중국이 우발적으로 충돌할 가능성은 점점 커지고 있다.

왜 미국은 그들의 핵심 원칙과 가치를 지키기 위해 늘 갈등을 부추겨야 할까? 그런 위협들이 실제로 제기되는 위협일까, 아니면 상상 속에서 만들어낸 위협일까? 미국은 20세기에 일어났던 두 차례의 세계대전과 뒤이어 등장한 냉전에서 승리했지만 이후 감행했던 일들은 오히려 역효과를 낳았다. 그런 일들을 거짓 서사로 정당화했기 때문이다.

베트남을 두고 제시되었던 도미노이론(domino theory, 한 나라의 붕괴가 이웃 나라에까지 영향을 미친다는 이론으로 미국 정부가 베트남 정권을 지원하는 것을 정당화했다-옮긴이)에서부터 이라크가 대량살상무기를 숨겨두고 있다는 주장, 9.11 테러가 일어난 뒤 아프가니스탄에 새로운 국가를 세워야 한다는 주장(9.11 테러가 있은 지 1개월 뒤에 미군은 아프가니스탄 공습을 시작했고 탈레반 정권이 일시적으로 축출되었다-옮긴이)에 이르기까지, 이제 우발적인 충돌은 예외가 아니라 하나의 규칙으로 자리를 잡았다. 혹시 지금 미국은 중국과의 갈등을 고조시키면서 과거에 자기가 저질렀던 것과 똑같은 실수를 저지르고 있는 것은 아닐까?

4장

허세의 맞대결

—— 1982년 미시간주 디트로이트에서 빈센트 친(Vincent Chin)이 살해되었다. 이 사건은 거짓 서사가 한 국가의 사회 구조와 정치경제에 어떤 영향을 주는지 상징적으로 보여준다. 친은 27세였고 기획 분야의 번듯한 직업이 있었으며 중국에서 태어난 미국 시민이었다. 그는 결혼을 8일 앞두고 친구들과 술집에서 총각 파티를 벌였다. 그런데 그곳에서 싸움이 벌어졌고 이때 일을 당했다.

당시 일본산 자동차가 미국으로 대량 수입되면서 미국 자동차 산업이 위축되고 있었고, 이런 여파 속에서 자동차 공장에서 해고당했던 미국인 노동자 두 명이 일본 때문에 생계가 위협받는다고 분노하며 친을 때려서 죽인 것이다. 그 미국인들은 일본인과 중국인을 구분하지 못했고 또 그럴 마음도 없었다. 그들로서는 아시아인을 싸잡아 비난하는 것 자체가 중요했다.

어떤 서사가 국민 정서와 정책에 영향을 주려면 우선 메가폰이 커야 한다는 것을 도널드 트럼프는 매우 빠르게 파악했다. 트위터를 통해 크게 증폭된 목소리로도 충분하지 않으며 논쟁을 유발하려면 사람들 사이에 불만이 필요하다는 것을 깨달은 것이다. 트럼프가 보기에 그 불만의 대상으로 중국이 적합했다.

로버트 라이트하이저(Robert Lighthizer)는 이 불만의 돌풍을 일으키기에 완벽한 인물이었다. 라이트하이저는 변호사로 약 30년 동안 미국 무역 분쟁의 최전선에 서 있었다. 1980년대 초에 미국무역대표부 (US trade representative, USTR) 부대표로 활동하면서 일본이 폭넓은 분야에서 불공정 무역 관행을 일삼고 있다고 비난하는 여론을 주도했다. 도널드 트럼프는 중국을 겨냥하는 비난전에 활용할 바로 이런 경력의 소유자를 찾고 있었고, 라이트하이저를 2017년 5월에 제18대 미국무역대표부 대표로 임명했다.

라이트하이저에게 출동 명령이 떨어진 과정은 고전적인 거짓 서사의 기본적인 뼈대를 따라 이뤄졌다. 대통령이 된 트럼프는 2016년 대통령 선거 때 공약으로 내세웠던 '미국을 다시 위대하게!'라는 슬로건에 따라 미국을 통치하고자 했다. 그가 보기에 이 과제의 본질은 자랑스러웠던 과거 미국 경제의 영광을 부활시키는 것이었다. 이는 어떤 면에서 보면 시진핑이 내세웠던 중국몽이라는 부흥의 과제와 그다지 다를 게 없었다. 미국 경제의 영광을 되살리려면 미국이 나아가는 길을 가로막는 이런저런 장애물을 제거해야 한다고 트럼프는 주장했다. 그리고 미국의 경제 부흥을 가로막는 가장 큰 장애물로 중국을 꼽았다.

어떤 측면에서 보면 이 주장은 매우 설득력이 있었다. 트럼프가 생각하는 과거 미국의 이미지는 1950년대 초 노동자 세 명 중 한 명이 제조업 노동자일 정도로 제조업 분야에서 잘나가던 미국 경제였다. 그런데 트럼프의 대통령 임기가 시작되던 2017년을 기준으로 미국의 전체 노동자 중 제조업 부문 노동자 비율은 12명 중 한 명밖에 되지 않았으며, 그나마도 시설이 노후한 구닥다리 공장에서 일하는 경우가 많았다.

트럼프는 미국의 무역 적자가 늘어나는 것은 미국 경제가 중국에 무릎을 꿇고 매달리기 때문이라고 지적했다. 미국의 무역 적자를 유발하는 가장 큰 무역 상대국이 중국이라면서, 그들이 저지르는 온갖 부정 및 불법적인 관행 때문에 이런 결과가 빚어졌다고 소리 높여 중국을 비난했다.

트럼프는 중국이 미국 사회와 미국 노동자가 마땅히 누려야 할 부를 강탈하는 것을 막아야만 비로소 미국이 다시 위대해질 수 있다고 주장했다. 사실 트럼프 이전의 미국 대통령들도 중국의 위협에 대해 비슷한 견해를 보였다. 그러나 트럼프와 이전 대통령들 사이에는 중요한 차이점 하나가 있었다. 바로 트럼프는 구체적인 어떤 행동을 하기로 결심했다는 점이다. 그는 중국이 부당한 강탈 행위를 중단하지 않으면 엄청난 대가를 치르게 하겠다고 공약했다. 그리고 라이트하이저에게 첫 번째 임무를 주었다. 중국을 상대로 하는 반대 논리를 개발하는 것, 즉 구체적인 행동의 근거가 될 수 있는 서사를 개발하는 것이었다.

라이트하이저의 어리석음

로버트 라이트하이저가 이 임무를 수행하는 데는 일본을 상대로 했던 경험이 도움이 되었다. 그는 1980년대에 일본을 상대로 그랬던 것처럼, 거의 사용되지 않았던 1974년 미국 통상법 301조('불공정 무역 관행으로부터의 구제'라는 제목을 단 이 조항은 외국의 불공정한 무역 관행에 대응해 미국의 권리를 강제적으로 확보하기 위한 목적으로 제정되었으며 미국무역대표부는 이 법이 정한 요건에 따라 의무적 조치를 하거나 재량적 조치를 할 수 있다고 규정했다-옮긴이)를 들고 나왔다.[1]

2018년 3월에 미국무역대표부는 182쪽 분량의 '301조 불만'을 보고서 형태로 정리했는데, 여기에는 혁신 정책, 강제적인 기술 이전, 지적재산권 보호, 불공정 산업 정책, 사이버 스파이 행위 등 중국이 광범위하게 불공정 거래 관행을 일삼고 있다는 주장이 포함되어 있었다. 1,139개의 증거를 첨부한 가주와 다섯 개의 부록까지 딸린 이 문건은 곧 시작될 무역 전쟁의 정당성을 주장하는 토대가 되었다.[2] 그리고 이는 트럼프가 내놓은 반중(反中) 서사의 본질이었다.

라이트하이저가 내놓은 보고서의 세부 사항을 살펴보기 전에 우선 이렇게 되기까지의 배경을 살펴볼 필요가 있다. 301조 관련 불만을 정리한 그 보고서는 중국의 무역과 경제 관행의 합법성을 따지는 것이었다. 이 보고서의 주장들이 중요한 이유는, 이것이 미국의 거시적 서사에 대한 근본적인 의문들을 제기하기 때문이다. 예를 들면 다음과 같은 의문들이다. 미국의 무역 문제는 얼마나 심각한가? 이런 무역 문제의 발생에 중국은 어떤 역할을 했는가?

앞서 1장에서 주장했듯이 미국의 대중 무역 적자는 더 깊은 문제, 즉 만성적인 국내저축 부족이라는 문제가 밖으로 드러난 증상일 뿐이다. 트럼프가 당선된 해인 2016년의 변변찮은 국내순저축률 2.9퍼센트는 1960~2006년의 평균인 7퍼센트에 훨씬 못 미치는 수준이었다. 그랬기에 미국으로서는 경제성장에 필요한 자금을 조달하려면 다른 나라의 잉여저축을 빌릴 수밖에 없었다. 이는 미국이 외국 자본을 유치하려면 만성적인 국제수지 적자를 감수할 수밖에 없다는 뜻이었다.

모든 국제수지 적자의 이면에는 그 나라가 상대하는 여러 무역국과의 무역수지 불균형, 즉 다자간 무역 적자가 존재한다. 이는 어려운 경제 이론이 아니라 어느 나라에나 적용되는 아주 단순한 산수의 문제다.[3]

이 규칙에서 미국도 예외는 아니다. 2021년 미국의 다자간 상품 무역 적자를 자세하게 뜯어보면 106개국을 상대로 적자를 기록했는데, 2012~2021년까지 10년간 평균 100개국을 상대로 적자를 기록한 것보다 조금 높은 수치다. 통계로 볼 때 중국은 이 무역 대학살에서 말 그대로 악당이다. 미국과 중국의 무역 불균형이 지난 수십 년 동안 심화되면서 미국 전체 적자에서 대중 무역 적자가 차지하는 비중은 2015년에 48퍼센트로 최고치를 기록했다. 2012~2021년까지 10년 동안 중국은 미국의 전체 상품 무역 적자에서 평균 43퍼센트를 차지했는데, 이는 중국 다음으로 미국에 많은 적자를 안겨준 8개국(멕시코, 일본, 독일, 이탈리아, 인도, 한국, 캐나다, 대만)의 점유율을 모두 합한 40퍼센트보다 약간 더 높은 수치다.[4]

그런데 최근 미국의 무역 적자에서 중국이 차지하는 비율이 줄어들기 시작했다. 2015년에 48퍼센트라는 최고점을 찍은 뒤 2021년까지 32퍼센트로 떨어진 것이다. 이 비율은 32퍼센트를 기록한 2008년 이후 가장 낮다. 이렇게 비율이 줄어든 가장 큰 이유는 트럼프 정부가 2018~2019년에 중국에 부과했던 높은 관세 때문인데, 이 내용에 대해서는 조금 뒤에 자세히 살펴볼 것이다.

미국의 전체 무역 적자에서 중국이 차지하는 비중이 줄어드는 것은 표면적으로는 만족스러운 일이고 트럼프-라이트하이저가 만들어낸 서사와 맞물려 있지만, 근본적으로 보면 전체 미국 경제에는 별다른 의미가 없다. 그 이유는 애초에 무역 적자를 초래했던 거시경제적 저축 불균형이 점점 더 나빠졌기 때문이다. 트럼프가 대통령에 취임한 2017년 1/4분기에 이미 국내순저축률은 나쁠 대로 나쁜 3.2퍼센트였고 임기가 끝난 2020년에는 2퍼센트로 훨씬 더 떨어졌다.

저축이 줄어드는 분위기 속에서 두 나라 사이의 보호무역주의는 역효과만 낼 뿐이다. 저축이라는 근본적인 문제를 해결하지 않은 채 중국이라는 단 하나의 무역 상대국에만 보호주의 압력을 행사해봐야 전체 무역 적자를 줄이는 데는 아무런 도움이 되지 않는다. 두더지 게임에서처럼, 이런 조치는 불균형의 책임을 한 나라에서 다른 나라로 돌리는 것에 불과하다.

최근 미국이 중국에 대해 무역 관세를 부과하거나 그 밖의 다른 제재를 가하는 모습은 이런 무역 전환(자유무역협정이나 관세동맹으로 해당 국 사이에서는 관세가 철폐되고 그렇지 않은 나라에는 차별적인 관세가 부과되면서, 무역에서의 수입이 저비용 비동맹국가에서 고비용 동맹국가로 전환되는 현상-옮긴이)이 어떻게 진행되는지 보여준다. 트럼프 정부 마지막 해인 2020년에 미국의 대중 상품 무역 적자는 2018년보다 1,080억 달러 줄었다. 이 '개선'은 트럼프가 매긴 관세와 코로나19의 영향이 크게 반영된 것이었다. 그러나 중국을 제외한 다른 무역 상대국들과의 무역에서 미국이 기록한 적자는 같은 기간에 1,510억 달러 증가했다. 특히 베트남, 멕시코, 대만, 싱가포르, 인도, 한국, 홍콩과의 무역에서 기록한 적자가 급격하게 늘어났다.[5]

대중 적자는 줄어들었지만 다른 나라들과의 무역에서 발생한 적자는 늘어났는데, 이것을 함께 놓고 바라보면 트럼프-라이트하이저 서사는 통렬한 비판을 면하기 어렵다. 미국의 전체 상품 무역 적자는 2021년에 1조 1,000억 달러에 육박하는 신기록을 세웠다. 이 수치는 트럼프가 무역 전쟁을 시작했던 2018년보다 1,970억 달러나 늘어난 것이다. 그럼에도 미국의 무역 적자를 중국 탓으로 돌린다는 건 아주 기본적인 산수를 무시하는 정치적 미사여구일 뿐이다.

국민소득 회계가 일러주듯이, 저축이 부족한 미국 경제가 한 무역 상대국을 쥐어짬으로써 기대할 수 있는 최선의 방책은 무역 적자를 다른 무역 상대국들로 전환하는 것이다. 하지만 아무리 그래봐야 소용이 없다. 일자리가 사라져 생계가 어려워진 미국 노동자들과 한때 자랑스러웠으나 이제 추락해버린 제조업 기업들의 불만을 초래한 근본적 원인, 즉 전반적인 무역 적자는 개선되지 않았기 때문이다. 개선되기는커녕 오히려 악화되었다.

그리고 이 무역 전환의 또 다른 측면은 똑같이 은밀하고도 서서히 퍼지는 결과를 빚어낸다. 전체 무역 적자에서 대중 무역 적자가 다른 나라들과의 무역 적자로 대체되자 미국 기업과 소비자는 그만큼 더 많은 비용을 부담하게 되었다. 여러 이유 가운데 하나이긴 하지만, 그 무역 전환은 기본적으로 저비용 제품을 공급하는 중국에서 고비용 제품을 공급하는 다른 나라들로 수입 대상국을 바꾸는 것이었기 때문이다.[6] 미국이 중국 수입품에 매기는 관세의 인상(이는 미국 기업과 소비자로서는 또 하나의 비용 증가 요인이다)을 전제로 하면, 중국을 쥐어짤 때 발생하는 이익은(사실 이 이익이라는 것도 트럼프-라이트하이저의 서사가 주장하는 것일 뿐이고 실제로는 허상이다) 몽땅 상쇄되고 만다.

마지막으로, 현재와 같은 조건이라면 미국의 무역 적자는 앞으로도 훨씬 심각한 문제로 발전할 가능성이 크다. 코로나19로 연방정부의 재정 적자 규모가 폭발적으로 늘어나면서 미국의 저축 부족은 점점 더 심각해지고 있음을 고려하면, 대중 무역 적자가 개선되었다는 주장은 누가 봐도 뻔한 억지일 뿐이다.[7]

트럼프-라이트하이저의 대중 무역 서사를 뒷받침하는 거시경제적인 주장은 심각한 결함을 안고 있다. 301조 보고서에서 지적하고 제기하는 핵심적인 구조 관련 주장을 세부적으로 평가할 때는, 그 서사자체가 중대한 개념적 오류를 안고 있다는 사실을 염두에 둬야 한다. 그 서사는 정치적인 편의성을 위해 다자간 무역에서 발생한 적자를 중국과의 양자 간 관계에서 찾겠다는, 애초부터 불가능한 해결책을 추구한다.

그런데 한 가지 측면에서 보면 이는 전혀 놀라운 일이 아니다. 라이트하이저는 경제학을 다루는 게 아니라 통상법을 실천한다. 그런데도 트럼프 정부의 경제자문위원들의 전적인 지지와 조언을 받았다. 그러나 불행하게도 이 팀은 정치적인 논리로 운영되면서 가장 기본적인 사항을 놓쳤다.[8] 대중 무역 적자를 해결하겠다는 트럼프의 해결책은 거시경제학을 무시했다. 그 바람에 그의 해결책은 본질적으로 성과를 보장하지 못하는 허세가 될 수밖에 없었다.

강제적인 기술 이전

— 보도에 따르면 중국 정부는 (⋯) 외국 기업의 기술 및 지적 재산권을 중국 기업으로 이전하도록 요구하거나 압박할 목적으로 다양한 수단을 동원한다.

2018년 3월 미국무역대표부 301조 보고서, 5쪽.

강제적인 기술 이전은 현재 미중 경제 갈등의 대표적인 쟁점이다. 중국 정부가 중국에서 운영되고 있는 미국 기업들에 중국 경제활동을 허락해준 대가로 독점 기술을 넘기라고 강요했다는 말이다. 이는 매우 심각한 혐의다. 혁신을 기반으로 하는 미국 경쟁력의 핵심을 공격하는 행위이기 때문이다. 강제적인 기술 이전은 미국에서 개발된 첨단 기술에 중국이 직접 접근할 수 있게 해주는 것으로, 이렇게 되면 중국 기업은 힘을 하나도 들이지 않고 미국의 첨단 기술을 확보할 수 있다. 따라서 강제적인 기술 이전은 지적재산권 도용이나 똑같다고 할 수 있다.

이 주장을 평가하려면 우선 핵심 쟁점 두 가지를 살펴봐야 한다. 하나는 기술 이전이 발생하는 것으로 알려진 플랫폼이며, 다른 하나는 미국 기업이 핵심 기술을 중국 기업에 넘기도록 강제하는 메커니즘이다.

기술 이전은 외국 기업과 국내 협력사 사이에서 합법적으로 설립된 법인인 합작법인(joint-venture, JV, 합작투자) 구조 안에서 이뤄진다고 통상적으로 말한다. 기업계에서 합작법인의 역사는 이집트, 페니키아, 바빌로니아, 시리아 등의 고대 무역으로 거슬러 올라갈 정도로 역사가 오래되었다.[9] 중국과 미국은(미국뿐만 아니라 다른 많은 나라도) 중국에서 신사업의 성장과 확장을 장려하는 모델로서 합작법인이라는 기업 구조를 지원했고 지금도 지원하고 있다. 현재 중국에는 5,600여 개의 합작법인이 운영되고 있는데, 현재 전 세계의 합작법인 및 전략적 제휴의 사례는 약 20만 건이나 된다.[10]

중요한 사실은 미국 기업이나 그 밖의 다국적기업들이 상업적 전망이 높다는 이유로 이런 법률적인 협상 계약에 기꺼이 참여한다는 점이다. 이렇게 하는 데는 빠르게 성장하는 중국 국내 시장에서 이익을 낼 수도 있다는 이유도 있지만, 중국의 근해 지역에 생산 및 조립 플랫폼을 확보함으로써 글로벌 생산비를 절감할 수 있다는 이유도 있다. 301조 관련 보고서가 담고 있는 전반적인 인상과 다르게 미국 기업들은 합작법인 계약의 무고한 피해자가 아니다. 그들은 어떤 조건으로 계약을 맺는지 알고 있었으며, 결코 강압적으로 계약한 것이 아니었다.[11]

또한 사업적인 아이디어를 이전하는 것에 대해서나 합작기업에서 창출되는 공동 자원을 공유하는 것에 대해 당사자들 사이에는 어떤 분쟁도 없다. 합작기업에서는 인적 자원, 비즈니스 전략, 운영 플랫폼, 제품 설계, 생산 기술 등이 필연적으로 섞일 수밖에 없다. 합작 투자 계약에 체결한 회사들로서는 자립 역량을 갖춘 강력하고도 경쟁력 있는 사업을 구축하는 것이 목표다. 외국 기업으로서는 어느 나라에 투자하든 간에 그 나라의 국내 협력사를 확보하는 것이 얼마나 유리한 일인지는 굳이 말할 필요도 없다. 그 나라의 시장에 대해 아무런 정보도 가지고 있지 않은 해외 기업으로서는 그 나라에 대한 지식(시장, 공급망, 유통망, 규제 사항 등)이 매우 중요하다.

그러나 301조 보고서는 합작투자에 참여한 회사들 사이에 자발적인 공유가 아니라 '강요'가 횡행한다는 혐의를 제기한다. 즉 합작법인에 참여한 중국 기업이 그 법인에 참여한 외국 기업을 계약이라는 형식으로 옥죄고 압박해서, 강요가 아니면 도저히 받아낼 수 없는 무언가를 받아낸다는 것이다. 이 주장이 옳다면 미국의 다국적기업들이 핵심적인 독점 기술을 자발적으로 중국 협력사에 넘길 만큼 멍청하다는 가정이 성립해야 한다.

그리고 믿기 어려운 사실이지만, 301조 보고서를 낸 미국무역대표부는 이런 혐의를 뒷받침할 확실한 증거를 제시하지 못했다. 미국무역대표부도 이런 점을 보고서 본문에서 인정하면서 강요는 비공개 구두 지시로 이뤄지므로 확실한 증거를 찾을 수 없다고 했다.[12] 그래서 미국무역대표부는 그 혐의를 다른 방식으로 입증하기로 했다. 미중기업협의회(US-China Business Council, 중국에 진출한 미국 기업들로 구성된 단체-옮긴이) 같은 단체가 실시한 기술 이전 관련 설문조사를 통해 그 증거를 찾겠다는 것이었다. 이렇게 해서 301조 보고서는 응답자들이 특허권을 가진 기술을 중국이 취급하는 방식이 불편하다고 호소하는 '2016년 미중기업협의회 설문조사'를 인용했다(이 조사는 2017년 에 발표되었다).

그런데 301조 보고서가 작성되던 시점인 2016년에 참조할 수 있었던 그 설문조사를 보면 응답자(응답 기업)의 19퍼센트만이 중국 협력사에 기술을 이전하라는 압력을 받았다고 주장했다. 이는 응답자의 81퍼센트는 그런 강제성을 느끼지 않았다는 뜻이다.[13] 게다가 그 기술 이전 뒤에 놓인 동기가 강제적인 것이든 그렇지 않은 간에 대부분의 미국 기업은 그 문제를 심각한 위협으로 여기지 않았다.

2018년에 발표된 후속 설문조사에서는 응답자의 99퍼센트가 지적재산권 보호와 관련해 지난 1년 동안 이렇다 할 정도로 나빠진 것은 없다고 응답했다.[14] 즉 미국무역대표부로서는 강제적인 기술 이전 혐의를 입증할 증거가 부족했으며, 그런 주장의 결과를 입증하려고 제시했던 덜 확실한 증거조차도 전혀 설득력이 없었다.

사실 라이트하이저가 중국의 불공정한 기대 관행의 대표직인 사례로 들었던 강제적인 기술 이전 주장은 그보다 훨씬 깊은 문제를 안고 있다. 우선 외국 기업이 중국에 투자할 수 있는 구조인 합작법인이 꾸준하게 줄어드는 추세인데, 이런 추세는 앞으로 더 심화될 전망이다. 외국 기업의 중국 투자는 2003년에 최고점을 찍었다. 그때는 〈포춘〉 선정 500대 다국적기업이 950개 가까운 합작법인을 설립했다. 하지만 그 뒤로 추세가 꺾여 2016~2020년 새로운 합작법인 설립 건수는 400개 미만으로 절반 넘게 줄어들었다.[15] 활용할 수 있는 최근의 중국 통계에 따르면 2017~2019년에는 투자 프로젝트의 금액 규모 측면에서 100퍼센트 외국인 투자가 합작투자보다 거의 3 대 1로 우세

했으며, 심지어 법인 설립 숫자도 100퍼센트 외국 법인이 합작법인보다 많았다.[16]

게다가 중국이 새로 제정해서 2020년에 발효된 외상투자법(Foreign Investment Law)은 석유 및 가스 탐사, 핵연료 생산, 금융 부문의 여러 분야를 포함하는 여러 핵심 산업에서 외국인 소유 상한제를 점진적으로 없애라고 요구한다. 이렇게 되면 외국 기업으로서는 굳이 합작법인을 만들 필요가 없고 기업 인수 방식으로 중국 기업을 100퍼센트 소유할 수 있다.[17] 그러니까 라이트하이저가 중국 합작법인에 집착해서 자기 논리의 정당성을 찾고자 했던 것은 현실을 알지 못한 채 옛날 뉴스에 매달린 격이다.

그럼에도 세간의 이목을 끌었던 라이트하이저의 주장은 또 다른 측면에서 심각한 문제를 안고 있다. 중국이 기술 이전의 정당성을 명시적으로 인정하고 있으며 기술 이전 대가로 상당한 금액을 지불하겠다는 중국의 의지를 아예 없는 것으로 보기 때문이다.

피터슨 국제경제연구소(Peterson Institute for International Economics)의 니컬러스 라디(Nicholas Lardy)에 따르면 2020년에 중국은 외국의 지적 재산을 사용하는 대가로 380억 달러 가까운 수수료를 지불했다. 이 금액은 10년 전에 중국이 지불했던 금액의 약 세 배로 아일랜드와 네덜란드, 미국에 이어 세계에서 네 번째로 높다.[18] 이런 사실은 강제적인 기술 이전이 도둑질이나 마찬가지라는 라이트하이저의 주장과는 정면으로 어긋난다. 비록 범죄 혐의를 받고 있지만 중국은 미국을 비롯한 세계 주요 국가들과 마찬가지로 기술 분야 라이선싱 계약에 완벽할 정도로 합법적이고 정당하게 대금을 지불하고 있다.

중국이 강제로 기술 이전을 요구한다는 혐의를 씌우는 미국무역대표부의 301조 불만은 사실이 아니다. 널리 퍼져 있는 인식과 다르게, 라이트하이저가 미중 갈등의 원인으로 내세우는 혐의는 불공정 교역 사례가 되지 못한다. 중국이 미국 기업의 기술 이전을 강요한다는 주장은 고전적이면서도 끈질기게 이어지는 거짓 서사다.

지적재산권 도용

—— 미국의 지적재산권에 대한 국제적인 도용 규모는 전례가 없을 정도로 크다. (…) 중국은 지적재산권 도용이 세계에서 가장 큰 규모로 일어나는 나라다.

<지적재산권위원회 보고서(The IP Commission Report)>, 2013년 5월에 작성, 2017년 업데이트.

중국이 기술 이전을 강요한다는 비난은 궁극적으로 어떤 목적을 달성하기 위한 것이다. 그 목적은 바로 도용당한다고 주장하는 신기술에 들어 있는 지적재산권이다. 정보화 시대에 중국이 저지르는 도둑질 행위, 즉 지적재산권 도용 혐의는 많은 미국인과 전 세계 사람들이 제기했다.[19] 2019년에 미국의 전 국방부장관 마크 에스퍼(Mark Esper)가 발표한 성명에 따르면 중국은 "인류 역사상 가장 큰 규모로 자행된 지적재산권 도용" 혐의에 유죄 판결을 받아 마땅하다.[20]

중국에 이런 혐의를 씌우는 것은 트럼프가 벌인 반중 운동에서 결정적으로 중요했다. 트럼프는 자기 이전의 미국 대통령들은 중국이 미국의 귀중한 자산을 아무리 도둑질해도 아무 말 하지 않고 내버려

됐지만 자기는 이런 일이 더는 일어나지 않게 만들겠다고 주장했다. 그런데 트럼프가 퇴임한 뒤 이 도용 혐의는 여전히 미국과 중국을 갈라놓는 관계 서사의 중심 문제로 남게 되었다.

대부분의 서사가 그렇듯이 이 서사 역시 사실을 기반으로 하는 증거를 자체적으로 생산해서 제시한다. 가장 널리 인용되는 증거는 겉으로 보기에 그럴듯하게 보이는 지적재산권위원회(IP Commission)가 수집한 것이다. 이 위원회는 "선도적인 미국인들이 이끄는 독립적이고 초당적인 기관"이라고 자처하는데, 해군 대장 출신으로 미국국가정보국 국장을 역임했던 데니스 블레어(Dennis Blair)와 유타주 주지사를 지냈으며 중국과 러시아 대사를 역임했던 존 헌츠먼 주니어(Jon Huntsman Jr.)가 공동위원장을 맡고 있다.

그런데 이 위원회는 2013년에 작성되었다가 2017년에 업데이트된 보고서를 통해 지적재산권 도용으로 미국 경제가 해마다 2,250억~6,000억 달러 피해를 본다고(피해 추정 범위의 폭이 매우 크다는 사실을 주의 깊게 보기 바란다) 추정했다.[21] 기업이나 국가가 추진하는 스파이 활동과 강제적인 기술 이전, 그 밖의 은밀한 수단 등을 통해 도둑질당했다는 기업 비밀이 해당 추정 피해액의 80~90퍼센트를 차지하며, 나머지는 위조 및 하드웨어와 소프트웨어의 불법 복제에서 발생한 피해라는 것이다. 또한 이 보고서는 중국을 그 주범으로 지목하는데, 이는 마크 에스퍼가 선동하는 내용과 일치한다.

그런데 이런 주장들이 과연 사실인지는 의심스럽다. 미국무역대표부의 301조 보고서에서 강조했던 지적재산권 도용 혐의에서 가장 큰 부분을 차지하는 기업 비밀 도용과 관련된 추정치는 특히 의심스럽다. 기술 이전을 강요한다는 주장과 마찬가지로, 기업 비밀을 얼마나 도난당했는지 그 규모와 관련된 주장도 이를 뒷받침하는 확실한 자료가 없는 것으로 드러났다.

지적재산권위원회는 의심스러운 '프록시 모델링(proxy modeling)' 기법에 의존하는 프라이스 워터하우스 쿠퍼스 LLP(PwC)의 연구를 근거로 도난당한 기업 비밀에서 발생하는 국내총생산 손실 가치를 추정하려고 시도한다. 구체적으로 말하면 마약 밀매, 부정부패, 업무 부정, 불법적인 금융 흐름 같은 불법적인 활동에 대한 자료를 놓고 통계적인 여러 가지 연결성을 구성하는 방식으로 추정치를 산출한다.[22]

PwC의 그 팀은 이런 활동들의 규모(즉 지적재산권 손실에 대한 그들 각각의 '프록시들') 때문에 미국의 국내총생산이 1~3퍼센트까지 줄어들 수 있음을 발견했다. 이런 식으로 그들은 요술 지팡이를 요란하게 흔들어대면서, 프록시 모델링에 따르면 미국의 국내총생산 손실이 지적재산권 도용에 따른 것이라고 결론을 내렸다.

그러나 우리의 초점은 중국에 있다. 바로 여기서 지적재산권위원회의 결론을 뒷받침하는 증거는 완전히 무너지고 만다. 달러 기반 지적재산권 도용에 대해 유일하게 확실한 추정치는 미국 관세국경보호국(Customs and Border Patrol, CBP)이 제공한 자료에서 도출되는데, CBP는 (301조 관련 불만이 제기되기 3년 전인) 2015년에 13억 5,000만 달러 규모의 위조품 및 해적판 물품을 압수했다고 보고했다. 그러나 OECD의 연구원들이 만든 또 다른 모델로 이 수치는 미국의 총 지적재산권 도용 추정치로 부풀려졌다.[23] 사실상 지적재산권위원회는 상대적으로 작은 13억 5,000만 달러의 CBP 데이터 포인트를 사용해 중국이 도용한 지적재산권 가치가 2,250억~6,000억 달러에 이른다는 터무니없는 결론을 내린 것이다. 놀라운 수준의 논리 비약 혹은 믿음의 비약이 아닐 수 없다.

그러나 이렇게 하면 할수록 추정의 정확성은 점점 더 나빠진다. 믿기 힘들겠지만 지적재산권위원회는 또 다른 모델에 의존해서[이 모델은 미국의 소프트웨어 저작권 보호 단체인 비즈니스 소프트웨어 연합(Business Software Alliance)이 만든 모델이다] 미국의 전체 지적재산권 손실 추정치의 61퍼센트를 아시아-태평양 지역에 할당했다.[24] 그리고 마지막 단계로는 아시아-태평양 지역 할당치에서 87퍼센트를 중국에 할당했다. 이 87퍼센트에서 52퍼센트는 중국 본토 몫이었고 35퍼센트는 홍콩 몫이었는데, 이렇게 나눈 근거는 어디에도 없다.

이 모든 것을 고려한다면 중국이 도둑질한 미국의 기업 비밀에 따른 손실(이 손실은 다시, 미국이 입은 지적재산권 손실의 피해 규모를 밝히는 지적재산권위원회의 평가 대부분을 차지한다)을 계량화해서 추정했다는 "흠 잡을 데 없는 증거"의 신뢰도는 심각한 수준으로 낮다. 중국의 지적재산권 도용이 악명 높다는 주장을 사실로 받아들이려면 지적재산권위원회의 논리적 비약이 아무런 문제가 없다고 인정해야 한다. 그런데 지적재산권위원회의 주장은 기본적으로 어떤 모델들을 모델로 한 또 다른 모델들을 기반으로 한다. 그러니 이 모델들이 제시하는 결과가 의심스러울 수밖에 없다. 이 접근법은 전형적인 거짓 서사의 규범까지도 훌쩍 넘어선다. 매우 중요한 쟁점과 관련된 주장을 이런 식으로 전개하는 것은 정의를 실천하는 것과 거리가 멀다.

산업 정책과 기술 포식자

—— 미국무역대표부는 중국 정부가 산업계획에서 중요하다고 판단하는 산업에서 최첨단 기술과 지적재산권을 획득해서 대규모 기술 이전을 꾀할 목적으로, 미국 기업 및 자산을 대상으로 하는 중국 기업의 체계적인 투자 및 인수 과정을 조직적으로 지시하고 추진한다고 판단한다.

미국무역대표부 301조 보고서, 2018년 3월, 65쪽.

미국무역대표부의 301조 관련 불만과 제소는 중국이 성장 산업으로 정한 부문에 대해 정부 차원에서 보조금을 지원한다는 점을 문제 삼는다. 이런 문제 제기는 중국이 첨단 기술 산업을 정부가 부당하게 지원한다는(이는 중국 정부가 다른 책임 있는 국가들이 하지 않는 일을 한다는 뜻이다) 점을 지적하는 것일 뿐만 아니라, 미국의 신도직인 기술 회사를 인수하겠다는 비정상적인 공격적 해외 투자[이를 중국에서는 '저우추취 (走出去, going out)'라고 부른다]를 지적하고 비난한다. 중국이 국내에서 마련할 수 없는 것을 해외, 특히 미국에서 약탈적인 활동을 통해서 마련하려 한다는 주장이다. 미국무역대표부는 중국이 자유롭고 개방적인 시장 기반 체제(중국의 체제와는 전혀 다르며 공정한 규칙에 따라 작동하는 시장 체제)에서 경쟁 우위를 차지하기 위해 국가 차원의 지원을 동원한다고 비난했다.

　중국은 아주 오래전부터 산업 정책을 국가 차원에서 지원해왔는데 이런 관행에 대해 아무런 문제의식을 느끼지 않는다. 1950년대에 소련식의 중앙계획 시대 이후 국가가 주도해서 산업 발전을 지원하는 것은(특히 정부가 적극적으로 육성하고자 하는 산업 분야들을 목표로 삼아서 자금을 지원하는 체계를 마련하는 것은) 중국 경제 전략에서 중요한 요소였다. 지난 10년 동안 세상의 관심을 끄는 여러 가지 전략적 산업 정책이 여러 가지 5개년 계획에서 두드러지게 나타났다.

예컨대 기술 분야에서는 2010년의 '전략적 신흥 산업들'에 이어 2015년 한층 공식적인 '중국제조 2025(中國製造 2025, Made in China 2025, 중국 국무원이 2015년 5월에 제조업 활성화를 목표로 발표한 산업 고도화 전략으로, 과거 중국의 경제성장이 양적인 면에 집중되었지만 앞으로는 혁신 역량을 키워서 질적인 면에서 제조업 강대국이 되겠다는 전략이다-옮긴이)', 같은 해 '인터넷 플러스 액션 플랜[모든 전자 기기에 인터넷을 더한다는 뜻으로, 리커창(李克强) 총리가 2015년에 발표한 계획이다. 인터넷 부문과 제조업을 융합해서 전자상거래와 인터넷 금융 등의 발전을 이루고 중국 인터넷 기업이 글로벌 시장에서 입지를 다지도록 하겠다는 전략이다-옮긴이]', 2017년의 '신세대 인공지능 개발 계획' 등이 있었다. 또한 전기자동차, 재생에너지, 로봇공학, 생명공학, 정보기술, 집적회로, 항공 등 첨단 산업 분야에 정부가 지원한다는 산업별 계획도 많이 나왔다. 전 세계를 대상으로 하는 일대일로 구상과 관련된 노력들 역시 산업 정책이라는 외양을 하고 있지만, 이런 것들은 미국무역대표부가 301조 관련 불만으로 제기한 중국 기술 전략과 관련된 논쟁과는 관련이 덜하다.

하지만 '중국제조 2025' 운동은 처음 등장할 때부터 미국의 신경을 건드렸다. 미국은 이 전략을 새로운 전력원과 첨단 농업 설비뿐만 아니라 자율주행 자동차, 고속철도, 첨단 정보기술 및 공작기계, 이국적인 신소재, 생물학 약제, 정교한 첨단 의료 제품, 새로운 동력원과 첨단 기술 등 미래 거대 산업들에서 세계적인 지배력을 확보하려는 중국의 기만적인 음모를 입증하는 주요 증거라고 봤다. 미국의 이런 반응에는 그동안 자기네 것이라고 주장해왔던 미래 산업들을 중국이 노리고 있다는 의심이 깔려 있다. 이와 관련해 트럼프 정부에서 무역 정책 자문위원이었던 피터 나바로(Peter Navarro)가 한 다음 주장은 유명하다.

―― 중국이 미국의 미래 산업들을 노리고 있다. (…) 새롭게 떠오르는 이 분야의 산업들을 중국이 석권하면 미국 경제에는 미래가 없을 것이다.[25]

여기서 몇 가지 질문이 제기된다. 중국의 산업 정책 전략은 얼마나 독특할까? 미국무역대표부는 마치 중국민이 그린 노력을 기울이는 것처럼 접근한다. 중국이 산업 정책을 통해 얻고자 하는 것은 무엇일까? 중국은 그들의 산업 정책이 여러 신기술의 설계 및 생산 분야에서 국내 역량을 개발함으로써 '자주혁신'을 강화하는 데 초점을 두고 있음을 분명히 밝힌다.

　미국무역대표부는 나바로와 트럼프의 입장에 따라 중국의 이런 시도를 과거 소련이 제기했던 것만큼이나 미국을 강력하게 노리는 거대한 실존적 위협으로 규정한다. 반면에 중국은 이를 경제성장의 필수적인 요소로 본다. 이를 두고 누가 옳고, 누가 그르다고 판단할 수 있을까?

301조 보고서는 그 질문들 중 첫 번째 질문에 대해 "미국에는 중국과 달리 폭넓은 내용을 포괄하는 산업 정책이 없다"라고 분명히 말하면서 공세에 나선다.[26] 따라서 중국이 미국보다 확실하게 불공정한 이점을 누린다고 미국무역대표부는 결론을 내린다. 그러나 미국무역대표부의 이런 주장과 다르게 중국만 산업 정책을 그렇게 교묘하게 운용해서 이득을 보는 게 아니다. 과거에 미국을 비롯해 대부분 선진국이 이와 비슷한 목표를 세우고 이런저런 전술을 구사했었다.

1961년 드와이트 아이젠하워(Dwight Eisenhower) 대통령은 이임사를 하면서 국가가 후원하고 납세자가 지원하는 혁신을 추구하는 미국의 광범위한 노력의 핵심으로 미국의 강력한 군산복합체(軍産複合體, military-industrial complex, 군부와 대규모 방위산업체들의 동반의존 체제-옮긴이)를 언급해서 최초로 여기에 대한 사람들의 관심을 끌었다.[27] 미국은 국방고등연구계획국(Defense Advanced Research Projects Agency, DARPA)을 통해 이런 노력을 추진하는데, 이 기관은 1957년 소련이 스푸트니크 위성을 발사하고 나서 1958년에 아이젠하워가 국방부 산하에 창설한 연구개발 조직이다.

현재 미국의 군사비 예산은 7,000억 달러를 넘는데 이는 중국, 러시아, 영국, 인도, 프랑스, 일본, 사우디아라비아, 독일의 국방 예산을 모두 합친 것보다 크다. 이런 막대한 예산을 들여 국방부는 방위고등연구계획국 및 관련 과학기술에 어마어마한 규모의 공적 자금을 사용한다.[28] 국가 차원의 이 지원은 NASA와 관련된 사업들, 인터넷, 위성위치확인시스템(GPS), 반도체, 원자력, 영상 기술 같은 분야에서 미국의 기술 성장에 중요한 역할을 했으며 코로나19 백신 개발에서 눈부신 혁신을 주도했던 '초고속작전(operation warp speed)'을 포함해 제약 분야의 폭넓은 혁신을 이끌었다.[29]

이런 혁신적이고 획기적인 사업들은 주로 미국의 혁신 리더십을 방어하겠다는 정부의 선제적이고 적극적인 지원에서 비롯되었다. 이 책이 출간되는 시점에 미국의 상원과 하원은 국내 반도체 업계 및 중국과의 경쟁에서 압박을 느낄 것으로 보이는 다른 미국 기업들을 대상으로 별도의 맞춤형 지원책을 의결했다. 그리고 위협으로 여길 수 있는 외국 기술들에 대한 규제는 최근에 제안된 미국·유럽연합통상기술위원회(US-EU Trade and Technology Council, TTC) 같은 다자간 노력뿐만 아니라 미국 재무부 소속이면서 여러 기관을 포함하는 외국인투자심의위원회(Committee on Foreign Investments in the United States, CFIUS)를 통해 이뤄지고 있다. 규제를 강화하겠다는 움직임은 미국의 산업 정책에서 한층 두드러지게 나타난다.[30]

산업 정책을 국가 경제 전략의 핵심으로 삼는 것이 미국만의 이야기는 아니었다. 일본도 그랬다. 1970년대와 1980년대에 일본의 급속한 성장을 뒷받침했던 것은 이른바 '계획 합리적 성장 국가(plan rational development state)' 개념이었다.[31] 일본의 통상산업성은 자국의 신흥 산업을 보호하기 위해 국가가 지원하는 신용할당(credit allocation, 금리가 자금의 수요와 공급을 일치시키는 균형 수준보다 낮게 결정되어 자금의 공급이 수요에 미치지 못하는 경우, 금융기관이나 정책 당국이 자금의 수요자에게 한정된 자금을 나눠 주는 것-옮긴이)이나 관세와 관련된 세부 사항들을 완벽하게 마련했다. 2021년에는 통상산업성의 후신인 경제산업성이 기후변화, 안보, 불평등 등과 관련된 사회적 목표에 부합하는 신기술, 전략 상품, 규제 및 시스템 등에 대한 맞춤형 노력을 특징으로 하는 '경제 및 산업 정책의 새로운 축'을 제안했다.[32]

독일도 마찬가지다. 독일도 자국 경제의 핵심인 미텔슈탄트 (Mittelstand, 중소기업)를 정부가 강력하게 지원하는 정책에 힘입어 인상적인 '경제 기적'을 이뤘다. 이런 지원책의 최신 버전인 '인더스트리 4.0(Industrie 4.0)'은 초점 대상이나 영역 측면에서 중국의 '인터넷 플러스 액션 플랜'과 비슷하다.[33] 그리고 프랑스의 유명한 '유도계획(indicative planning)' 모델[이것은 샤를 드골(Charles de Gaulle) 대통령의 1966~1970년 제5차 계획으로까지 거슬러 올라간다]은 특히 자국의 산업 시스템을 국가와 통합하는 '경제력과 정치력의 융합'을 강조했다.[34]

그러나 미국무역대표부는 다른 나라들의 이런 사례를 모두 무시하고, 오히려 한 걸음 더 나아가 중국의 산업 정책이 '저우추취' 캠페인을 통해 미국에 직접투자를 하면서 미국의 기술기업을 약탈한다고 비판했다. 중국 정부가 기울이는 이런 노력이, 아무런 죄도 없는데 아무런 보호도 받지 못하는 미국의 신생 기업의 독점 기술을 탐욕스럽게 먹어치우는 독특한 방식의 국가 주도 자금 지원책이라고 바라본 것이다.

301조 보고서는 중국이 해외 인수 방식을 통해 외부 기술을 도용하는 것으로 추정되는 혐의에 관한 내용을, 중국이 합작법인 및 부당한 특허 관련 관행을 통한 내부적(국내적) 이전 혐의에 관한 내용보다 두 배나 많이 할애해서 다룬다. 이런 식으로 이 보고서는 세계 최고의 혁신 국가인 미국이 보유하는 가장 귀중한 자산을 중국이 노골적으로 훔치고 뺏는다고 규정하고 비난한다. 301조 보고서는 중국이 미국

의 기술기업을 인수한 사례별 평가를 주된 근거로 삼아 다음과 같이
결론을 내린다.

—— 미국무역대표부는 중국 정부가 첨단 기술과 지적재산권을 획득할
목적으로 중국 기업이 미국 기업과 자산에 투자하거나 인수하도록
체계적으로 지시하고 또 자국 기업에 부당하게 편의를 제공한다고
판단한다.[35]

여기서 미국이 제기하는 강력하고 명백한 비난 역시 이를 뒷받침하
는 실제 사실이나 증거가 부족하다. 미국의 정책 기관인 미국기업연
구소(American Enterprise Institute)가 집계한 중국 기업의 미국 기업 인
수 관련 연간 통계에 따르면, 라이트하이저가 301조 관련 조사를 시
작하기 직전인 2005~2017년 사이에 기술 분야에서 이뤄진 그런 인
수 거래는 겨우 17건이었다.[36] 이와는 대조적으로 부동산 분야에서는
52건의 거래가 있었다. 게다가 이 기간에 중국이 미국의 기술기업을
인수한 거래 건수도 금융, 에너지, 운송, 엔터테인먼트 분야의 거래
건수보다 적었다. 중국 기업의 이런 모습을 두고서, 먹을 게 많고 취
약한 기술기업 사냥감을 찾으려고 실리콘밸리를 스토킹하는 공격적
인 포식자의 모습이라고 할 수는 없다.

중국의 산업 정책 노력이 특별하다고 할 수도 없거니와 미국의 첨
단 기술기업에 이례적으로 초점이 맞춰져 있다고 할 수도 없다는 말
이다. 바로 이 지점에서 의도와 관련된 깊은 의문이 제기된다. 중국은
기술 중심의 산업 정책으로 무엇을 성취하고자 할까? 그리고 미국,

특히 미국무역대표부는 중국의 이런 의도에 문제를 제기할 정당한 근거를 가지고 있을까?

이 질문들에 대한 대답은 기술 혁신과 돌파가 경제성장에서 수행하는 핵심적인 역할에 전적으로 달려 있다. 성장 초기 단계에 있는 가난한 후진국들은 일반적으로 선진국들이 개발한 기술을 수입해야 한다. 시간이 지나면 개발도상국들은 이런 기술을 자국의 기업들 및 사람들의 늘어나는 요구에 적용하면서 국내에서 개발한 혁신 제품으로 외국 수입품을 대체한다. 이렇게 되면 기술을 해외에서 수입하던 것에서 벗어나 국내의 연구소, 기업, 스타트업, 대학 등에서 개발한 기술을 사용하는 것으로 전환이 이뤄진다.

수입에서 자주혁신으로의 이런 전환이 경제성장의 중요한 전환점이 된다고 많은 사람이 믿는다. 개발도상국이 선진국이 이룬 혁신의 최전선에 접근할 때 이런 전환은 더욱 중요해진다. 그러나 이런 전환이라는 과제를 달성하지 못하는 것은 대개 개발도상국들이 중진국 문턱에 도달했을 때 성장이 둔화되는 경향인 '중진국 함정(middle-income trap)'과 관련이 있다.[37] 이 주장이 실제로 타당한지를 둘러싸고 격렬한 논쟁이 있지만, 어떤 국가에서든 간에 궁극적으로는 국내적인 자주혁신이 중요한 목표가 될 수밖에 없음은 확실하다.[38] 그리고 다음 장에서 주장하듯이 중국이 이 결정적인 전환의 순간에 서 있다는 것도 분명하다.[39]

그러나 미국무역대표부의 301조 보고서는 중국이 자주혁신을 강조하는 것이 미국에 심각한 위협이라고 반복해서 말한다. 이런 비판과 비난은 중국의 절도 혐의에 초점이 맞춰지기보다는 오히려 미국의 뻔뻔하기까지 한 특권의식을 드러내는 결과로 이어진다. 로버트 라이트하이저부터 시작해 피터 나바로와 도널드 트럼프까지, 이들은 중국이 유기적인 기술 변화와 혁신 시스템을 독자적으로 개발할 자격이 없다고 전제한다. 미국은 중국의 성공을, 미국의 미래에 대해 중국이 어떤 주장을 하는 것으로만 바라본다. 미국무역대표부는 중국이 추진하는 자주혁신에 동원된 수단의 법적·도덕적 무결성에 대해 얼마든지 의문을 제기할 권리가 있지만(안타깝게도 그런 주장을 하는 데 서툴기도 했다), 혁신을 통해 번영을 누리고자 하는 다른 나라의 권리에 가타부타 문제를 제기할 권리는 없다. 미국무역대표부가 반중(反中)의 허세를 떨치고 있지만 사실 미국으로서는 중국이 추진하는 자주혁신에 뭐라 할 그 어떤 권리도 가지고 있지 않다는 말이다.

사이버 해킹

—— 미국 기업을 겨냥한 중국의 사이버 활동은 미국 기업에 상당한 비용을 초래하고 또 미국의 통상에도 부담을 준다.

미국무역대표부 301조 보고서, 2018년 3월, 176쪽.

사이버 스파이 행위는 미국무역대표부가 중국을 비난하는 세 번째 근거다. 중국 인민해방군이 미국의 통상 이익을 겨냥한 사이버 공격에서 중요한 역할을 수행했음을 보여주는 증거에는 오해가 있을 수 없다. 2013년 6월에 있었던 서니랜즈 정상회담(Sunnylands Summit)에서 버락 오바마 대통령이 시진핑 주석에게 국가 차원에서 진행되던

컴퓨터 해킹의 상세한 극비 증거를 제시했을 정도로 그 일은 심각한 사안이었다.[40]

2014년 5월 펜실베이니아 대배심이 인민해방군 장교 다섯 명을 사이버 해킹 혐의로 기소한 사건을 제외하면 이 갈등은 긍정적인 결과를 낳았다. 적어도 한동안은 그랬다. 이 갈등을 계기로 양국은 2년에 걸쳐 협상을 진행했고 2015년에 사이버 협정을 체결했다.[41] 그때 이후로는 대부분의 보고서가 중국의 사이버 스파이 행위가 줄어들었다고 지적한다.[42] 그런데 어설프게도, 2018년의 미국무역대표부 보고서에서 중국의 불법적인 사이버 활동 내용을 문서로 정리해 제시한 증거 대부분은 2015년의 사이버 협정 이전에 발생한 것들이었다.

그 보고서는 중국 기업의 불법적인 행위와 중국의 불공정한 정책과 규제 제약의 사례를 가득 담고 있다. 특히 사이버 공간에서 이뤄진 지적재산권 도용을 다룬 항목에서는 더욱 그런데, 이 항목에서는 솔라월드, US 스틸 코퍼레이션, 앨러게니 테크놀로지스, 유나이티드 스틸워커스, 웨스팅하우스, 알코아 등이 제기한 불만을 자세하게 다룬다. 특히 사이버 보안('cyber security'를 문맥에 따라서는 '사이버 보안'으로 번역하기도 하고 '사이버 안보'로 번역하기도 함을 밝혀둔다-옮긴이) 기업인 맨디언트(Mandiant)가 작성한 2013년 보고서를 중요하게 언급하는데, 맨디언트 보고서는 상하이에 본부를 둔 인민해방군의 사이버 스파이 부대인 APT1의 해킹 활동을 상세히 기술했다.

75쪽 분량의 맨디언트 보고서 내용은 마치 공상과학 소설 같다. 사용자들의 키보드 입력 내용을 해킹하는 수법을 자세히 설명하고 있으며 해커들의 별명, 예를 들면 '못생긴 고릴라(UglyGorilla)', '슈퍼 하드(SuperHard)', 도타(DOTA) 등을 특정하기도 하고 푸둥의 상하이 다통로에 있는 인민해방군 사이버 부대 61398의 본부 주소를 정확하게 명시하기도 한다. 그렇기에 이 보고서는 국가 차원에서 후원하는 중국의 사이버 해킹에 대한 내부자의 친밀한 설명을 보여주는 것으로는 매우 효과적이다.

그러나 미국무역대표부의 301조 보고서와 마찬가지로 이 보고서 역시 미시적 사례에서 거시적 추론을 도출하려고 시도했기에 온갖 결함으로 가득하다. 예컨대 APT1 부대가 2010년부터 중국 산업 정책의 초점이었던 "7개 전략적 신흥 산업(SEI) 가운데 적어도 네 개를 목표로 설정하고 있는" 위협적인 집단이라는 주장이 그렇다.[43] 자세히 살펴보면 이 주장은 증거가 부족하다. 맨디어트 보고서에서 말하는 사이버 공격의 산업 구성과 중국의 '7개 전략적 신흥 산업' 목표 대상은 거의 겹치지 않기 때문이다.[44]

중국의 위협을 평가하는 미국무역대표부의 접근법에 깔린 주요 방법론적 결함은 이런 점을 한층 분명하게 보여준다. 중국이나 미국처럼 경제 규모가 큰 나라에서는 잘못된 행동의 사례를 쉽게 발견할 수 있다. 그러나 아무리 설득력이 있는 것이라고 하더라도 선택적인 이런저런 에피소드를 근거 삼아 불공정 거래 관행을 폭넓게 주장하는 것은 무책임하다. 이는 강제적인 기술 이전, 해외 투자, 산업 정책, 사이버 보안 모두에서 미국무역대표부 보고서가 안고 있는 중요한 방법론적 결함이다.

사이버 공격 혐의와 이 혐의를 입증하는 증거가 이처럼 일치하지 않는다고 해도 미중 관계가 심각하다는 점은 의심의 여지가 없다. 중국과 미국은 둘 다 심각한 사이버 보안 문제에 직면했다. 두 나라에서 국가 차원 및 개인(기업) 차원에서 사이버 공격을 하는 해커들은 서로의 인터넷 인프라에 반복적으로 침투해서 기업과 소비자, 전반적인 경제활동에 큰 비용을 초래하는 파괴 활동을 한다. 나중에 13장에서 살펴보겠지만 최근 랜섬웨어 출현과 이런 혼란으로 돈벌이를 하려는 해커들의 시도 때문에 이 문제는 더욱 악화되고 있다.

경제를 구성하는 틀이 점점 더 디지털화되면서 이런 혼란이 더 커질 것임은 의심할 여지가 없다. 그러나 이는 미국 경제보다는 중국 경제의 성장 잠재력에 더 큰 영향을 미칠 것이다. 이런 차이가 발생하는 한 가지 이유는 중국 경제의 디지털 점유율이 미국보다 낮기 때문이다. 국제통화기금(IMF)은 현재 국내총생산에서 디지털이 차지하는 비율이 미국은 약 60퍼센트인데 중국은 약 30퍼센트라고 대략 추정하고 있다.[45] 그러나 2030년이 되면 이 비율이 두 나라에서 모두 약 70퍼센트로 엇비슷할 것으로 예측한다. 70퍼센트라는 이 추정치는 중국의 점유율이 40퍼센트포인트 증가한다는 뜻인데, 이는 중국의 예상 증가치가 미국의 예상 증가치인 10퍼센트포인트의 네 배나 된다는 말이다.

IMF의 이 예측은 중국에서 향후 10년 동안 미국보다 더 빠른 속도로 디지털화 중심의 성장이 이어질 것임을 강조한다. 이런 예상 결과는 '중국제조 2025', '인터넷 플러스 액션 플랜', '신세대 인공지능 개발 계획' 등을 포함한 중국의 산업 정책 프로그램의 광범위한 추진 움직임과 일치한다. 이런 야심 찬 계획을 성공시키겠다는 꿈은 미국과 중국의 사이버 갈등이 고조되면서 좌절될 것이다. 주로 이런 이유 때문에 중국은 미국이나 다른 나라들과의 사이버 충돌에 따른 경제적 혼란에 상대적으로 더 취약하다. 성장 잠재력이라는 관점에서 보면 중국은 사이버 보안을 제대로 확보해야 한다는 점에 대해서는 다른 어떤 나라보다 훨씬 큰 위험을 안고 있다.

사이버 갈등의 위험은 이 문제가 곳곳에 은밀히 스며들어 있다는 점이다. 미국과 중국 모두 해킹에 관여하고 있으며 이런 활동이 매우 빠르게 늘어나고 있다. 그러나 두 나라 모두 이런 활동의 폭과 깊이를 제대로 통제하지 못하는 것 같다. 사이버 문제를 제대로 해결하는 것은 양국 관계뿐만 아니라 양국 모두에 시급한 과제다. 나중에 13장에서도 강조하겠지만 결국 누가 누구를 비난할 문제라기보다는 함께 힘을 합쳐서 해결해야 할 문제다.

마지막으로, 미국무역대표부가 182쪽 분량의 301조 보고서를 작성하면서 겨우 20쪽만 사이버 문제에 할애했다는 점도 지적해야 할 것 같다. 이 분량은 중국의 '저우추취' 전략과 관련된 지적재산권 도용 문제에 할애한 분량의 4분의 1도 되지 않으며, 강제적인 기술 이전 문제에 할애한 분량과 비교해도 절반밖에 되지 않는다. 이런 사실을 놓고 미루어 짐작하면 미국무역대표부는 WTO에 중국을 상대로 소송을 제기해서 중국에 대항하는 논리를 펼치면서도 사이버 해킹 문제는 상대적으로 덜 중요하다고 생각했던 게 분명하다.

일본의 교훈

—— 정부가 미국 제품의 위조나 복제를 허용한다면 이는 도둑이 우리의

미래를 훔쳐 가도록 방조하는 것이며 더는 자유무역이 아니다.

로널드 레이건, 1985년 9월 23일.

오래전에 있었던 일이 되풀이되고 있다. 1985년 9월 22일 레이건 대통령은 뉴욕 플라자호텔에서 열린 주요 국가 재무부장관 회의가 끝나고 바로 그다음날 위의 말을 했다. 미국, 일본, 독일, 영국, 프랑스가 막 서명한 플라자합의로 일본은 자국 통화인 엔화의 가치를 끌어올릴 수밖에 없었다. 이 합의의 목표는 미국의 달러화를 구하는 것이었다. 달러화가 급격하게 과대평가되면서, 그러잖아도 궁지에 몰려 있던 미국 제조업 부문의 경쟁력이 힘을 쓰지 못하게 되어 미국이 피해를 보고 있었기 때문이다.

1980년대에 일본은 미국을 경제적으로 가장 크게 위협하는 국가로 널리 묘사되었다. 레이건 대통령과 다른 사람들이 지적재산권을 도용한다는 혐의를 일본에 씌우기도 했거니와 미일 무역 불균형이 워낙 심각했기 때문이다. 일본은 미국과 대치하는 상황에서 경고를 받았고, 결국 비싼 대가를 치러야 했다. 일본이 선택한 후속 정책들은 실패로 돌아갔고 자산 거품이 거대하게 형성되었다. 그리고 거품은 끝내 터졌고 디플레이션이 이어지면서 최소 30년이라는 세월을 '잃어버린' 채 경제 정체의 늪에 빠져버렸다.[46] 이것과 똑같은 이야기가 지금 중국에서 진행되고 있다.[47]

일본과 중국은 그들이 펼친 막무가내의 무례한 중상주의 말고도 다른 공통점을 하나 가지고 있다. 자국의 경제 문제를 해결하기 위해 다른 나라를 희생양으로 삼는 고약한 버릇을 지닌 미국의 표적이 되었다는 점이다. 미국이 1980년대에 일본을 비난했던 것과 마찬가지로 오늘날 중국을 맹공격하는 것은, 점점 확산되고 굳어지는 미국 거시경제의 불균형이 낳은 결과다. 두 경우 모두 미국은 국내저축이 매우 부족해져서 경상수지 적자 및 무역 적자를 떠안게 되었고 결국 아시아의 두 경제 대국과 전투를 벌여야 했다.

1981년 1월 레이건 대통령이 취임했을 때 미국의 국내순저축률은 국민소득의 7.8퍼센트였고 경상수지는 기본적으로 균형을 이루고 있었다. 레이건이 대대적인 감세 조치를 내리고 2년 반이 지나자 연방 정부의 예산 적자가 폭발적으로 늘어났고 국내저축률은 3.7퍼센트로 곤두박질쳤다. 그 결과 경상수지와 상품 무역수지는 적자로 전환되었고 그 상태가 지금까지 이어졌다.[48] 저축과 투자 사이의 국민소득 항등식('국민소득=소비+저축'이라는 항등식-옮긴이)이 지속되었고 국내저축의 부족을 자초한 미국은 심각한 무역 문제에 직면했다.

그러나 레이건 정부는 이런 사실을 외면하고 부정했다. 저축과 무역 불균형 사이의 연관성을 거의 인정하지 않았다. 대신 그 책임을 1980년대 전반에 미국 상품 무역 적자의 42퍼센트를 안겨주던 일본에 돌렸다.[49] 이후 불공정하고 불법적인 무역 관행에 대해 광범위하게 제기된 불만에 힘입어 일본 때리기가 유행이 되었다. 일본에 이 혐의를 씌우는 일을 주도한 인물이 바로 1981년에 미국 상원 재무위원회 수석보좌관이었으며 1983~1985년에 미국무역대표부 부대표였던 로버트 라이트하이저였다. 그는 무역 분쟁을 해결할 기적의 치료법을 발견했다. 바로 미국 통상법 301조였다.[50]

그로부터 30여 년의 세월이 지난 뒤 그때와 고통스러울 정도로 비숫한 상황이 전개되었다. 레이건 대통령은 전임 대통령으로부터 저축이 넉넉하게 마련되어 있는 경제를 물려받았지만 트럼프 대통령은 그렇지 않았다. 트럼프 대통령이 2017년 1월에 취임했을 때 국내순저축률은 3퍼센트밖에 되지 않았다. 이는 레이건이 임기를 시작할 때와 비교하면 절반에도 훨씬 못 미치는 저축률이었다. 그러나 트럼프는 '미국을 다시 위대하게'라는 구호를 내걸고, '미국의 아침'을 내세웠던 레이건과 마찬가지로 대규모 감세 조치를 실행했다.

이 조치에 따른 당연한 결과로 연방정부의 예산 적자가 확대되었는데, 그 확대 규모는 성숙한 경제 확장에서 통상적으로 수반되는 일시적인 민간저축 급증을 상쇄하고도 남을 정도로 컸다. 이렇게 해서 국내저축률은 2020년까지 사실상 국민소득의 2퍼센트로 떨어졌고, 미국의 국제수지(경상수지와 상품 무역수지)는 골이 깊은 적자 상태에서 벗어나지 못했다.

그리고 중국에는 1980년대의 일본과 똑같은 역할이 주어졌다. 겉으로만 보면 지금의 위협이 그때보다 더 끔찍해 보인다. 미국의 상품 무역 적자 폭이 가장 컸던 때가 2015년인데, 이때 대중 무역이 차지했던 비중이 48퍼센트였다. 참고로 1980년대 초 미국의 전체 무역 적자에서 대일 무역이 차지하던 비중은 42퍼센트였다. 그러나 앞에서도 언급했듯이 2012~2021년의 10년 동안에는 그 비율이 30년 전 대일 무역이 차지하던 비중과 똑같은 42퍼센트를 기록했다.[51] 이 수치는 공정하지 못한 거래로 상처를 입었다고 생각하는 피해자들에게 어떤 깨달음을 주었다. 즉 그들의 눈에는 아시아의 두 무역 '악당'이 마치 일란성 쌍둥이처럼 보였던 것이다.

그러나 오늘날 미국이 중국 때리기를 하면서 자국의 저축 부족을 편리하게 무시하는 것처럼 1980년대에 일본 때리기를 할 때도 그랬다. 그때 그 행동은 심각한 실수였고, 지금의 이 행동은 더욱 심각한 실수다. 당시 미국은 일본을 압박할 수는 있었어도 전반적인 무역 적자를 줄일 수는 없었다. 1981년에 로널드 레이건이 대통령에 취임했을 때 상품 무역 적자는 미국 국내총생산의 0.8퍼센트였다. 그런데 1989년 1월에 그가 퇴임했을 때는 이 수치가 2.3퍼센트로 늘어나 있었다. 놀랄 것도 없는 사실이지만 미국 전체 무역 적자에서 대일 무역 부분은 다른 무역 상대국들로 떠넘겨졌는데, 그중 일부는 독일과 같은 고비용 무역 상대국들에 떠넘겨졌다.[52]

1980년대 후반에 일본을 피하고자 했던 미국의 무역 전환은 최근 관세를 앞세워 중국을 피하는 무역 전환과 마찬가지로 플라자합의 결과에 따른 엔화 강세를 반영했다. 1980년대에 일본을 상대로 다자 간의 문제를 양자 간의 해결책으로 해결하고자 했던 시도가 실패했던 것과 마찬가지로, 오늘날 중국을 상대로 한 해결책도 실패의 길을 걸어가고 있다.

심지어 레이건이 30년 전에 일본을 때리기 위해 등용했던 바로 그 로버트 라이트하이저도 트럼프가 중국을 겨누는 비난을 이끌기 위해서 다시 불렀다. 이런 사실로만 보면 그 긴 세월 동안 미국무역대표부는 거의 아무것도 학습하지 못한 게 아닌가 싶다. 라이트하이저는 1985년에 그랬던 것과 마찬가지로 2018년에도 거시적 논의에 무지했다.

두 경우 모두 미국은 자기기만의 망상에 사로잡혀 있었다. 1980년대에 레이건 정부는 검증되지도 않은 공급 측면의 경제 이론들이 약속하는 따뜻한 온기를 기분 좋게 누리면서, 특히 감세 정책을 추진하면 예산 확보가 저절로 될 것이라는 근거 없는 믿음에 눈이 멀어서 예산 적자와 무역 적자 사이의 연관성을 인식하지 못했다.[53] 그리고 오늘날 트럼프 정부와 의회는 저금리의 유혹과 현대통화이론(modern monetary theory, MMT, 정부 지출이 세수를 초과하면 안 된다는 주류 경제학의 철칙을 깨고 경기부양을 위해 정부가 화폐를 계속 발행해야 한다는 이론-옮긴이)이라는 신종 미신 경제학에 빠져 중국 때리기에 한마음으로 나섰다.[54]

미국의 정치인들은 저축이 부족한 미국 경제가 거시경제적으로 제약을 받는다는 사실을 무시하는데, 여기에는 그럴 만한 이유가 있다. 예산 적자를 줄이고 국내저축을 늘려 무역 적자를 줄이자는 정책을 정치적으로 지지하는 층이 없다는 것이 그 이유다. 미국은 꿩도 먹고 알도 먹고 싶어 한다. 즉 국내총생산의 18퍼센트를 잡아먹는 건강보험제도를 유지하면서, 세계 최대 국방비 지출 7개국의 국방비 예산을 합친 것을 초과하는 국방비를 유지하고, 연방정부 세수의 국민총생산 점유율을 지난 50년 평균보다 훨씬 낮게 유지하는 감세 정책을 유지하고 싶어 한다.[55] 저축을 늘리려면 이 중 어느 하나라도 포기해야 하는데, 그렇게 하는 저축은 결코 미국적이지 않은 것으로 여긴다는 말이다.

옛날 영화를 리메이크한 이 영화는 이제 재미없어지고 있다. 미국은 분수에 맞게 사는 것보다 다른 나라(예전에는 일본, 지금은 중국)를 비난하는 편이 훨씬 쉽다고 생각한다. 그러나 속편은 전혀 다른 결말로 끝날 수 있다. 일본의 교훈을 신중하게 연구해온 중국은 미국의 허세를 묵인할 것 같지 않다. 여기서 좀 더 깊은 질문이 제기된다. 왜 미국은 자국의 경제 문제를 해결할 때마다 희생양을 필요로 할까?

이 의문에 대한 대답은 저축에, 미국의 경우를 콕 찍어서 말하면 저축 부족에 뿌리를 두고 있다. 동반의존 관계의 두 나라 사이에서 빚어지는 갈등의 본질적인 원천인 저축 격차(저축 불균형)는 경제성장에서 중요한 차이를 야기한다. 저축은 생산 능력과 인프라, 인적 자본에 대한 투자를 지원한다. 저축을 너무 적게 하는 나라에는 두 가지 선택지가 주어진다. 하나는 투자 및 투자가 보장하는 성장 잠재력을 줄이는 것이고, 다른 하나는 다른 나라의 잉여저축을 빌려 부족한 국내저축을 메우는 것이다.

막대한 잉여저축을 보유한 중국은 자기가 선택한 경제 정책 노선에 따른 결과를 이제 제대로 맞이하고 있다. 한편 국내저축이 지속적으로 감소했던 미국은 두 번째 선택지를 선택했고 이에 따라 무역 적자를 감수할 수밖에 없다. 그러나 미국은 다른 나라들처럼 양국 간에 발생하는 대규모 무역 적자를 좋아하지 않는다. 1980년대에는 대일 무역 적자를 좋아하지 않았고 지금은 대중 무역 적자를 좋아하지 않는다. 따라서 저축과 소비 사이의 간극을 메우려면 저비용의 외국 생산자들에게 눈을 돌리는 것 말고는 다른 대안이 없다.

무역 적자는 미래를 위한 저축을 꺼리는 미국의 근시안적인 태도가 빚어낸 고통스럽고도 현실적인 결과물이다. 진정한 위협은 어느 한 나라(예전에는 일본, 지금은 중국)와의 불균형적 관계가 아니라, 다른 여러 나라와의 무역에서도 미국이 적자를 기록할 수밖에 없게 된 국내저축 부족에 있다.[56]

미국무역대표부가 중국을 겨냥하는 무역에서 허세를 부리며 협박을 해대지만 그들의 논리에는 증거도 불확실하고 분석도 결함투성이다. 미국무역대표부의 301조 관련 보고서는 미국 내에서 반중 정서를 키워왔던 편향된 정치적 문서다. 이는 저축이 부족한 미국이 피해자 코스프레를 하고 있으며, 미국과 중국의 동반의존성이 끔찍하게 잘못된 길로 나아가고 있음을 보여주는 증거다.

모든 나라가 그렇긴 하지만, 중국은 정해진 규칙에 따라서만 행동하지 않는 거친 경쟁자다. 이런 점에 대해서는 중국도 책임을 져야 한다. 그러나 미국무역대표부의 주장과 이에 따른 관세는 스스로 불러들인 여러 문제를 회피하기 위해 무역 정책을 채택한 일종의 정치적인 타협이었다. 이제 트럼프의 무역 전쟁은 누구나 예측할 수 있었던 여러 가지 이유로 역효과를 내고 있으며, 중국이 무역의 규칙을 어겼다고 말하는 거짓 서사는 경제 분야에 중요하고도 나쁜 결과를 앞으로도 계속해서 가져올 것이다. 미국은 약 35년 전 일본을 상대로 치렀던 경험에서 교훈을 얻고 싶지 않았거나 교훈을 얻지 못했는데, 이제는 중국을 상대로 그때와 똑같은 실수를 저지르고 있다.

— 1982년 크라이슬러 공장장인 로널드 에벤스(Ronald Ebens)와 그의 의붓아들이자 자동차 공장에서 해고된 노동자인 마이클 니츠(Michael Nitz)는 빈센트 친을 2급 살인한 혐의로 기소되었다. 그러나 두 사람은 검사들과 형량 거래를 해서 과실치사죄 유죄를 인정했다. 그래서 교도소에 수감되지 않고 각각 집행유예 3년과 벌금 3,000달러, 소송비용 780달러를 내라는 선고를 받았다. 두 사람은 나중에

증오 범죄 혐의로 연방법원에서 기소되었다. 니츠는 무죄를 선고받았다. 에벤스는 유죄 판결을 받았지만 항소심에서 뒤집혀서 결국 모든 혐의를 벗었다.

일본 때리기라는 비극적이고 터무니없는 사회 분위기 속에서 무고한 젊은 중국계 미국인이 사망한 사건은, '처벌받지 않는 비난'이라는 오랜 역사 속에서 추악한 장면으로 기록되어 있다. 그리고 이는 미국이 어떻게 거짓 서사에 휘둘렸는지를 고통스럽게 보여주는 역사적 사실이기도 하다. 그럼에도 2021~2022년에 아시아인을 상대로 저질러진 끔찍한 혐오 범죄들을 보면 과연 미국이 빈센트 친의 죽음에서 교훈을 얻기나 했을까 하는 의문이 든다.

5장

트로이 목마, 화웨이

선전(深圳)은 홍콩 근처 주강 삼각주에 걸쳐 있는 작은 어촌이었다. 35년 전에는 도시적인 면모라고는 찾아볼 수도 없는 곳이었다. 그때는 저 유명한 화웨이도 없었다. 그러나 지금 선전은 인구 1,300만 명의 초현대적인 대도시이며, 이곳에 자리 잡은 화웨이는 직원을 20만 명 가까이 거느리는 중국의 선도적인 기술 회사다. 하지만 이 책에서 다루는 미중 갈등에서 중국과 화웨이의 공통점은 규모가 크다는 점이라기보다는 공포의 대상이라는 점이다. 미국이 보기에 화웨이는 중국과의 기술 전쟁에서 공공의 적 제1호다. 화웨이는 사이버 전쟁에서 중국에 승리를 안겨줄 수 있는 현대적인 대량살상무기의 설계자이자 생산자이기 때문이다.

그 공포 아래에는 극단적인 거짓 서사가 깔려 있다. 이것을 제대로 풀어보려면 이 중국 기업을 신중하게 살펴봐야 할 뿐만 아니라 미국이 기술 분야에서 불안해하는 여러 요인도 함께 살펴봐야 한다. 그 과정을 통해 내가 하고자 하는 이야기를 한마디로 요약하면, 미국은 강력한 경쟁국의 위협을 과장하면서 기술 분야 리더십에서 실수를 했다. 화웨이의 사례는 미중 갈등이 고조되는 과정을 파헤쳐볼 수 있는 좋은 연구 소재다.

화웨이의 경력이 흠잡을 데 없이 깨끗하다고 할 수는 없다. 화웨이는 지금까지 걸어온 35년 역사 속에서 소프트웨어 불법 복제와 장물 취득에서부터 산업 스파이 활동, 최근에는 국제 제재 위반에 이르기까지 온갖 혐의를 받고 있다. 그러나 이런 기록은 결코 화웨이에만 있는 게 아니다. 이런 식이 혐의라면 인텔, 시스코, 구글, 애플 같은 미국의 거대 기술기업들도 마찬가지로 가지고 있다. 사실 미국의 이 기업들도 모두 정보화 시대에서 유사한 위법 행위를 했다는 혐의와 비난을 받았고 지금도 받고 있다. 화웨이의 그런 경력은 19세기 말 영국과 미국을 들끓게 했던 오래된 산업 스파이 역사와 비교하면 그다지 특별할 것도 없다.

왜 미국은 화웨이를 그토록 경계하고 불안해하는 걸까? 그 이유는 이 회사가 의도하지 않게 저지를 수 있는 실수 때문이라기보다는 이 회사가 품고 있을지 모를 의도 때문이다. 모바일, 무선, 셀룰러 기반 기술의 새로운 세대인 5G 통신장비의 세계 최고 개발자이자 생산자인 화웨이가 언젠가는 그들의 플랫폼을 사이버 전쟁의 도구로 전환할 수도 있다는 우려가 바로 그 불안감의 실체다.[1]

화웨이가 글로벌 5G 인프라에 백도어(backdoor, 뒷구멍, 시스템이 고장 났을 때를 대비해서 시스템을 만든 프로그래머가 직접 시스템에 접속해서 점검할 수 있도록 고의로 열어놓은 시스템의 보안 구멍-옮긴이)를 만들고 이를 통해 전 세계에 있는 중국의 적들을 상대로 사이버 무기를 배치하는 것은 어렵지도 않은 일이라는 주장이 사람들에게 먹히고 있다. 즉 화웨이는 장차 있을 사이버 전쟁에서 신화 속 '트로이 목마' 역할을 할 것이라는 추측이다.

이 무서운 이미지는 화웨이의 창립자 런정페이(任正非)의 출신 배경과도 맞아떨어진다. 1944년에 태어난 런정페이는 그 세대의 많은 중국 청년이 그랬듯이 인민해방군으로 복무했다. 9년 동안 군 생활을 하면서 토목 기사 일을 시작했지만 기술 분야에 관심을 가지고 이끌렸다. 나중에는 (군사 계급이 없는) 부연대장 직급까지 올라갔다.[2] 그의 이런 경력을 미국인은 상당히 두려워하는 듯한데, 할리우드 영화 〈아트 오브 워(The Art of War)〉에서도 "한번 인민해방군은 영원한 인민해방군이다"라는 대사에서 그런 두려움을 엿볼 수 있다.[3] 국가가 명령하기만 하면 군인 출신인 런정페이는 주저하지 않고 화웨이를 전투에 투입하지 않겠느냐는 것이다.

편집증은 온갖 서사를 하나로 묶는다. 화웨이가 마련해뒀을 수도 있는 백도어와 런정페이의 인민해방군 복무 경력뿐 아니라 화웨이의 불투명한 소유 구조도 불안감을 증폭한다. 이런 것들이 하나로 합쳐져 의도와 능력에 대한 확신이 생겨난다. 의도와 능력이야말로 과거에 전쟁을 촉발했던 치명적인 조합이 아닌가![4] 쉽게 타격을 받을 수 있는 미국의 눈에는 화웨이가 그런 의도와 능력을 지닌 위협적인 존재다. 이런 사실을 입증할 정황 증거는 명백하다. 또 미국에서는 확실한 증거보다는 추정을 기반으로 하는 가설이 지금은 쉽게 받아들이는 지혜로 자리를 잡았다.

추정에 따른 위협은 중국에 대한 미국의 거짓 서사를 평가하는 데 핵심적인 주제다. 여기까지 읽은 독자라면 중국의 무역 관행이 불공정하다는 미국의 불만(301조)이 증거가 취약하다는 사실을 기억할 것이다. 그리고 화웨이를 향한 의심도 그와 비슷하다는 걸 눈치챌 것이다. 트럼프 정부는 2018년에 화웨이에 대한 선제공격에 나섰는데 처음에는 거의 사용되지 않는 상무부의 '거래제한 업체 명단[엔티티 리스트(entity list)라고도 한다]'을 통해 화웨이를 블랙리스트에 올린 뒤 화웨이의 공급망에도 비슷한 제재를 가했다. 이 공급망에는 화웨이에 중요한 반도체를 제공해온 미국 기업들도 포함되어 있었다. 즉 트로이 목마를 무력화함으로써 심각한 위협으로부터 미국을 보호하고 중국이 세계 통신기술의 목을 조르는 것을 막을 수 있으며, 또 어쩌면 예전처럼 기술 산업을 지배할 수도 있다는 게 그런 공격의 배경에 깔린 주장이었다. 그러나 문제는 그렇게 간단하지 않았다.

새롭게 떠오르는 혁신 국가

미국은 세계 최고의 혁신 국가인 자신의 역할을 다른 국가가 대체할지도 모른다는 두려움에 휩싸여 있다. 화웨이는 그런 두려움의 대상들 중 하나였다. 혁신은 군사적 우위를 차지하기 위한 수단만이 아니다. 기술 변화를 주도함으로써 국가 번영의 필수 요소인 생산성 성장을 뒷받침한다. 이런 이유 하나만으로도 혁신을 둘러싼 주도권 싸움은 오랜 기간 거대한 패권 다툼 및 국제적인 경제 경쟁에서 결정적인 역할을 해왔다. 세계 최고의 혁신 국가로 오랫동안 칭송받았던 미국은 이제 새롭게 떠오르는 중국을 국제적인 패권 다툼과 경제 경쟁, 두 측면 모두에서 심각한 위협으로 바라본다.

그러나 미국이 화웨이에 느끼는 두려움은 혁신 분야에서 주도권이 약해진 현상을 반영한 것이라기보다는 중국이 제기한 특정한 도전이 반영된 것이다. 미국이 내건 화웨이 타도 논리를 이해하기 위해, 우선 역동적이고 빠르게 변화하는 글로벌 혁신 경쟁에 미국과 중국이 대응하는 각각의 방식부터 신중하게 평가해보자.

두 나라가 펼치는 이 경주를 평가할 최고의 잣대는 글로벌혁신지수(Global Innovations Index, GII)로, 이는 선도적인 130개국의 혁신 능력을 종합적으로 측정하는 지수다.[5] 최근에 발표된 GII를 보면 중국이 격차를 빠르게 좁히고 있음을 알 수 있다. 지난 10년간 중국의 GII 순위는 2010년 세계 43위에서 2021년 12위로 상승했다(이때 한국의 순위는 전년도 10위에서 5위로 뛰어올랐다 - 옮긴이).[6] 중상위 소득 국가 중에서는 1위였으며, 2021년에 13위였던 세계 기술 강국 일본보다 조금 높은 점수를 받았다. 한편 미국은 2013년부터 5위 안에 머무르다가 2021년에는 스위스와 스웨덴에 이어 3위를 차지했다.

전반적인 GII 순위에 묻혀 있는 풍성한 세부 정보를 보면 혁신의 신흥 리더로 성장하는 중국의 역량을 더 자세하게 알 수 있다. 최근 중국의 순위 상승은 특히 GII 산출 요소들(한 나라의 혁신 활동으로 빚어진 **결과들**을 말한다)에서 두드러졌다.[7] 중국은 특히 지식 창출과 산업 디자인, 특허 및 상표 등의 분야에서 높은 순위를 차지한다. 전체적으로 GII 혁신 방정식의 산출을 놓고 보면 중국은 2021년 7위를 차지해서 4위를 차지한 미국보다 세 계단 아래다.

중국은 GII 투입 요소들[혁신 활동을 가능하게 해주는 요소들로 제도적인 지원(규제 및 정부 감독), 인터넷 및 통신의 연결성, 시장성숙도 등을 꼽을 수 있다]에서는 순위가 뒤처졌다. GII 투입 지표에 따른 중국의 전체 점수는 2021년에 세계 132개국 중 25위로 미국(3위), 한국(9위), 일본(11위), 독일(14위), 이스라엘(18위)에 크게 뒤진다.

상대적으로 높은 GII 산출 순위와 상대적으로 낮은 GII 투입 순위 사이의 간극은 중국이 최근에 이룬 혁신 역학의 중요한 특징을 드러낸다. 즉 중국은 여전히 낙후된 혁신 인프라에서 구체적인 응용 편익을 이끌어냈다. 그 덕분에 중국은 투입 대비 산출 효과를 따지는 '혁신 효율성'의 GII 순위에서 1위에 근접했다. 그런데 이 사실은 중국이 앞으로도 계속해서 GII 투입 요소들을 개선하는 데 뒤처진다면 지금과 같은 인상적인 개선 추세를 유지할 수 없을 것이라는 전망도 함께 제시한다.

GII 결과를 놓고 보면 중국에서 진행되는 혁신 성장의 가장 중요한 측면을 눈여겨볼 수밖에 없다. 그 측면은 바로 자국의 희소한 자원을 혁신하는 것인데, 특히 잠재적으로 방대한 지식 노동자라는 인적 자본을 상대적으로 새롭게 강조해서 여러 첨단 기술기업에서 전문 기술자나 지도자로 바꿔놓는 혁신을 수행해왔다. 그 결과는 뚜렷하게 나타났다. 중국은 지금 전자상거래 및 금융 기술에서부터 생명과학 및 자율주행 자동차에 이르는 첨단 산업 분야에서 세계적인 수준의 기업을 많이 보유하고 있다.

그런데 어쩌면 가장 중요할지도 모르는 점은 이런 획기적인 응용들이 모두 혁신의 새로운 촉매인 인공지능 분야의 놀라운 발전을 통해 이익을 확보한다는 사실이다. 미국이 중국을 그렇게나 두려워하며 걱정하는 이유도 여기에 있다. 인공지능과 화웨이의 결합으로 중국에 대한 미국의 두려움은 날로 커지고 있다.

새로운 인공지능 초강대국?

인공지능은 혁신을 촉발할 뿐만 아니라 지속시킨다. 정보 처리의 용량과 속도, 즉 크고 빠르게 확장되는 디지털 경험 기반 관찰의 '빅데이터'와 정보 처리 기계의 딥러닝 '신경망', 이 둘의 강력한 조합이 인공지능의 기반이다. 기계학습(machine learning, 컴퓨터가 명시적인 명령을 받지 않고도 스스로 학습하는 것-옮긴이)은 **비지도형**(unsupervised)이든, **지도형**(supervised) 또는 **강화형**(reinforcement)이든 간에 기계로 구동되는(인공적인) 지능의 필수적인 특성이다(지도형 기계학습은 컴퓨터가 입력값과 그에 따른 출력값이 있는 데이터를 이용해 주어진 입력에 맞는 출력을 찾는 학습 방법이고, 비지도형 기계학습은 입력값만 있는 훈련 데이터를 이용해 입력들의 규칙성을 찾는 학습 방법이며, 강화형 기계학습은 데이터 대신 주어진 상태에 맞춘 행동의 결과에 대해 보상을 제공하는 방법이다-옮긴이).[8]

인공지능 시대를 구성하는 요소들이 혼합되면서 중요한 진화가 일어났다. 보상이 이론에서 현실로 이동한 것이다. 기계학습을 최초로 도입한 강력한 새로운 알고리즘을 만드는 과학은 이제 해당 알고리즘을 문제 해결 애플리케이션에 적용했을 때 발생하는 측정 가능한 이점보다 덜 중요하다. 인공지능은 더는 독자적인 산업으로 존재하지 않고 다른 산업들을 결합하고 추동하는 인프라가 되었다.

리카이푸(李開復) 박사는 대만에서 태어나 미국에서 교육을 받고 실리콘밸리에서 일했던 중국계 벤처 자본가다. 그는 인공지능이 이론에서 벗어나 실제 현실에서의 응용으로 전환된 것이야말로 중국에 유리한 점이라는 설득력 있는 주장을 했다.[9] 딥러닝 알고리즘의 수학적·연산적 모델들은 주로 미국과 캐나다, 영국에서 개발되었다. 중국은 인공지능 연구와 특허 분야에서 세계적으로 앞서갔지만 인공지능의 첫 단계에서 여전히 관찰자이자 모방자였다. 완성된 제품과는 거리가 먼, 이런 초기 이론적 노력의 대부분은 이제 비교적 완전한 개방형 아키텍처(open-architecture, 개발자가 설계의 세부 사항을 공개한 구조-옮긴이) 인터넷 기반 연구 플랫폼에서 '공유 지식(오픈 사이언스)' 형태로 쉽게 이용할 수 있게 되었다고 리카이푸는 주장한다.[10]

이 플랫폼들은 리카이푸가 '실행의 시대(Age of Implementation)'라고 부르는 새로운 시대로 중국이 진입할 수 있는 결정적으로 중요한 단초를 제공했다. 중국은 방대한 인터넷 기반 시장들이 낳은 새로운 응용 기업들이 발전하는 시대로 들어섰다. 빅데이터는 중국이 다른 나라들에 비해 상대적으로 우월한 분야다. 중국은 개인을 통제하기 위해 개인정보를 쉽게 침해하고 현재 전 세계에서 가장 규모가 큰 인터넷 커뮤니티를 통해 유례가 없을 정도로 많은 양의 데이터를 아무런 제약 없이 추출하는 이른바 '감시 국가'이기 때문에 그렇다.[11]

'이론에서 현실 응용으로'라는 변화, 즉 인공지능이 있기에 가능한 기술 혁신의 변화는 '하드웨어에서 소프트웨어로'라는 이전의 정보화 시대의 변화를 따라 이동한다.[12] 중국은 정보화 시대의 두 단계 중 어떤 것에도 최초 진출자로서의 강점이 없었지만, 인공지능을 응용하는 측면에서의 기회는 리카이푸의 설명과 딱 들어맞는다. 텐센트의 위챗, 알리바바와 앤트, 바이두, 바이트댄스의 투티아오, 샤오미, 메이퇀 등 강력한 '플랫폼 기업'의 등장은 중국의 인공지능 수준으로 가능한 중국 기업의 엄청난 잠재력을 증명한다.

그러나 이 발전에는 새롭고 중요한 문제점이 하나 있다. 최근 중국의 규제 조치들은 중국의 인터넷 플랫폼 기업의 일부 활동을 제한하고 있다. 이는 게임이나 음악과 같은 플랫폼 기반 콘텐츠가 미치는 사회적·정치적 영향을 정부가 점점 더 불편하게 여긴다는 사실을 보여준다.[13] 2부에서는 인공지능과 사회적 안정 사이의 균형이 중국에서 어떻게 바뀌고 있는지 살펴볼 것이다. 그러나 굳이 깊게 따져보지 않아도 이런 발전이 최근까지 중국이 '인공지능 분야에서는 제약이 없다'는 기준을 중요하게 지켜왔던 정책에 의문을 제기하는 것만큼은 분명하다.

상황이 이렇게 전개되었지만 지금까지 중국 정부는 범죄에 대한 법 집행과 사회 통제 사이의 상호작용은 말할 것도 없고 기업 분야 및 국방 분야에서 빅데이터와 그 잠재적 응용에 대해 확고한 원칙을 지켜왔다.[14] 시진핑은 국가주석으로 선출되었던 2013년에 이미 이 점을 강조하면서 "방대한 데이터의 바다는 산업화 시대의 석유 자원과 마찬가지로 엄청나게 거대한 생산력을 품고 있다"라고 말했다.[15]

앞서 4장에서 잠깐 언급한 '신세대 인공지능 개발 계획'은 2017년 7월에 시작되었고 이후 인공지능의 빅데이터 부분에 관심을 기울인 몇 가지 개발 사업이 이어졌다. 2017년 10월 제19차 당대회 연설에서 시진핑은 빅데이터와 실물 경제의 연계를 강조했는데, 시진핑의 이런 태도는 데이터를 기반으로 하는 응용 사업을 강력하게 추진하라는 격려였다.[16] 그로부터 두어 달 뒤에 그는 중국의 빅데이터 전략에 관한 정치국 연구 회의를 주재하면서 "디지털 경제와 실물 경제의 통합적인 발전"을 강조하고 그 분야에 노력을 기울여야 한다고 한 번 더 촉구했다.[17]

곧 관계 당국들이 후속 조치를 취했다. 특히 국가발전개혁위원회와 산업정보기술부, 교육부가 나섰다.[18] 2020년에 미국의 민간 연구소인 랜드 연구소(RAND Corporation)에서 낸 연구보고서는 중국이 데이터 기반의 공공 보안 도구들(특히 공산당이 정한 기준에 따라 개인의 행동을 '점수화'한다는 이유로 많은 논란이 되었던 사회신용 시스템 그리고 범죄 행위를 예방하고 감시한다는 차원에서 동원되어 점점 더 많이 사용하는 안면 인식 기술)을 만드는 작업에 초점을 맞추고 있다는 점에 주목했다.

또한 외국 군대의 활동, 상대국 군사 자산의 표적, 데이터 집약적인 물자 조달 및 설비 유지관리 체계, 기상 전쟁 게임, 인력 관리 및 훈련을 데이터를 기반으로 분석하는 등 빅데이터의 군사적 활용에 집중하고 있다는 점에도 주목했다. 랜드 연구소가 낸 이 연구보고서는 중국이 빅데이터 분석에 "정부 전체가 나선다"라고 결론을 내렸다.[19]

미국에서는 중국처럼 공식적으로 정부 전체가 나서는 일은 없다. 적어도 아직은 그렇다. 미국의 인터넷 기반 기업들도 새롭게 디지털화된 시장으로 이동할 비슷한 기회가 있지만, 중국 기업들에 비해 한 가지 약점을 안고 있다. 빅데이터 자원의 규모가 충분히 크지 않다는 점이다.[20] 미국에서는 데이터의 개인정보를 보호해야 한다는 관심 때문에 데이터 수집이 제한을 받는다. 따라서 아무리 익명화된 데이터

베이스라고 하더라도 빅데이터를 기반으로 하는 분석이 제한적일 수밖에 없다. 하지만 중국은 미국에서 확보한 그 어떤 것보다 훨씬 많은 고품질의 빅데이터를 이미 대량으로 확보해두고 있다.[21]

미국의 데이터 분석은 대부분 민간의 상업 애플리케이션에 국한되어 구글과 페이스북, 아마존이 채택하는 데이터 추출 전략에 의존한다. 하버드대학교의 소사나 주보프(Shoshana Zuboff) 교수는 이를 '감시 자본주의(surveillance capitalism)'라고 불렀는데 인공지능으로 가능해진 인간의 행동 수정(behavioral modification), 즉 미국의 데이터 중심 인터넷 사업의 재정적 목표와 일치하는 행동 수정을 강조하는 용어다(요컨대 인간 행동에서 빚어지는 데이터를 기업이 직접 수집해서 수익을 창출하는 자본주의를 뜻한다-옮긴이).[22]

그러나 두 나라의 접근법이 비슷한 점은 이것뿐이다. 빅데이터 분석에 대한 중국의 국가적 관심은 미국의 민간 부문이 기울이는 노력을 훌쩍 뛰어넘는다. 게다가 연구조사 데이터로 보면 미국 대중에게서 추출된 빅데이터보다 중국 대중에게서 추출된 빅데이터의 수용도가 훨씬 더 높다.[23] 따라서 시간이 지나면 지날수록 중국은 인공지능의 데이터 기반 및 애플리케이션 기반에서 이익을 실현하기가 미국보다 더 유리해질 것이다.

미국은 인공지능 부문에서 중국의 위협을 뒤늦게 인식하고 최근에야 인공지능국가안보위원회(National Security Commission on Artificial Intelligence, NSCAI)에서 이 위협과 관련된 경고를 제기하고 나섰다. 그레이엄 앨리슨(Graham Allison)과 이 위원회의 위원장인 에릭 슈미트(Eric Schmidt)의 말에 따르면 중국은 이미 "인공지능을 상업 분야와 국가 안보 분야에서 활용하는 수준에서 볼 때 미국과 어깨를 나란히 하는 경쟁자"다.[24] 미국과 중국 두 나라 사이의 혁신 격차는 점점 더 좁혀지고 있다.

중국이든, 미국이든, 그 어떤 나라든 간에 인공지능의 기계학습은 그 나라의 규범과 가치관에 부합해야 한다.[25] 그렇지 않으면 기술적인 측면에서 반발이 일어나고 사회적으로 불안정해질 수밖에 없다. 인공지능을 적극적으로 개발하려고 서두를 때 흔히 '인공'이라는 글자에 담긴 의미가 도외시되곤 한다. 인공지능은 인간의 감정과 지능을 모방하지만 복제하지는 않는다. 관계 갈등에서 인공지능이 수행하는 역할은 바로 이 중요한 구분에 따라 달라질 수 있다.

위협받는 혁신 국가 위상

중국이 고대에 혁신을 주도했던 것처럼 미국은 현대에 들어와서 그런 역할을 했고 지금까지도 하고 있다. 벤저민 프랭클린과 토머스 에디슨, 헨리 포드와 스티브 잡스에 이르기까지 천재적인 발명가들은 오랜 세월 미국 경제를 번영으로 이끌었다. 그러나 이들의 천재성은 아무것도 없는 데서 저절로 나온 게 아니다. 교육에 대한 강력한 투자와 노력, 과학적 발견 정신, 기업가적 열정과 위험 감수, 정부와 민간 기업 사이의 제도적인 협력, 치열한 경쟁 등이 이끌어낸 결과다. 어떤 사람들은 혁신 국가라는 미국의 전성기가 끝났다고 말하지만 생명과학과 대체에너지, 인공지능 분야에서는 여전히 미국이 우위에 있다고 할 수 있다.[26]

옳고 그름이 나중에 어떻게 밝혀지든, 중국의 자주혁신 추진은 미국의 경제 방정식에 새로운 불안감을 불어넣었다. 이 문제는 단지 무역 분쟁 차원의 문제가 아니다. 혁신 경쟁은 세계적인 두 강대국 사이에 긴장의 또 다른 층을 분명하게 보여준다. 이는 서로 관련이 있는 두 가지 가능성을 제기하는데, 그중 하나는 '혁신의 주도권 싸움이 승자에게는 번영을 안겨주고 패자에게는 쇠퇴를 안겨준다는 뜻일까?' 하는 것이고, 다른 하나는 '혁신의 주도권 자리를 한 나라가 아니라 두 나라 이상이 가질 수 없을까?' 하는 것이다.

이 딜레마는 제로섬 관점과 윈윈 관점을 비교하는 것보다 한층 깊은 문제다. 앞서 4장에서 살펴봤듯이 미국무역대표부의 301조 관련 주장은 중국을 대규모 지적재산권 도용, 강제적인 기술 이전, 국가 차원의 산업 정책 지원, 사이버 해킹 등을 자행하는 불법적인 혁신 국가로 낙인찍는다. 그리고 도널드 트럼프 대통령이 시작한 무역 전쟁은 화웨이를 겨냥해서 그가 벌였던 기술 전쟁과 마찬가지로 이런 주장을 현실화했다.

그러나 301조와 관련해서 미국이 제기하는 불만의 상당 부분은 미중 혁신 갈등의 이면인 미국 거시경제의 취약성을 세상에 뚜렷하게 드러낸다. 4장에서 강조했던 저축 부족과 대규모 무역 적자의 결합이 인공지능 분야의 '전면적인' 경쟁자인 중국에 대한 미국의 불안을 악화시킨 것은 아닐까? 두 나라의 허세 경쟁과 충돌이 미국의 혁신 전략에 장애가 되는 훨씬 깊은 문제들을 모호하게 만들어버린 것은 아닐까?

이 질문들은 우리가 미국을 혁신 갈등의 피해자로 바라볼 게 아니라 미국이 수행해야 하는 역할을 주도적으로 바라봐야 함을 시사한다. 무역 전쟁이 미국이 자초한 문제가 아닌지, 즉 미국의 혁신 역량이 쪼그라들었다는 현실을 올바로 바라보지 못하도록 주의를 돌리기 위한 연막이 아닌지 따져볼 필요가 있다. 이는 앞서 살펴봤던 미국의 만성적인 저축 부족과 직접 관련이 있다. 미국은 국내저축이 부족했기에 많은 영역에서, 특히 제조업 역량, 인프라, 인적 자본 등에 투자를 지나치게 적게 했다. 게다가 저축 부족의 압박을 받는 바람에 시급히 필요한 교육 개혁(즉 혁신 방정식의 한 요소인 천재성을 확보하는 혁신)에 자금을 지원하지 못했을 뿐만 아니라 미래 혁신의 동력인 연구개발(R&D)에 투자하는 자금도 점점 줄이고 있다.

지난 10년간 전체 연구개발이 미국 국내총생산에서 차지하는 비중은 약 2.75퍼센트로 상대적으로 안정적으로 유지되고 있지만, 구체적인 내용을 들여다보면 불길한 징조를 보여주는 변화가 있다. 현재 미국의 연구개발비 지출에서 매우 많은 부분이 연방정부 차원이 아니라 기업 차원에서 이뤄지고 있다. 1970년대까지 국내총생산의 1퍼센트로 비교적 안정적이었던 민간 부문의 연구개발 규모는 2017년까지 약 2퍼센트, 즉 두 배로 증가했다.[27] 이는 매우 인상적인 성과다. 그러나 민간 부문에서 기울이는 노력은 과학계의 기초연구 활동보다 상업적인 성향을 띨 수밖에 없다. 그 결과 미국의 연구개발은 '연구'보다 '개발' 쪽으로 방향을 틀었다(연구개발을 기초연구와 응용연구, 시험개발이라는 세 가지 영역으로 나눠 설명하는 것이 일반적이다-옮긴이).

연방정부 차원의 연구개발비 지출 감소는 특히 주목할 만하다. 연방정부가 지원했던 연구개발비는 1953년 국내총생산의 0.7퍼센트에서 1965년 1.9퍼센트로 급증했는데, 이는 소련이 쏘아 올린 위성 스푸트니크호에 대해 국방부의 국방고등연구계획국이 주도했던 대응의 결과다. 그런데 그 뒤로는 양상이 달라졌다. 미국이 달 탐사 경주에서 승리한 뒤부터 연방정부가 지원하는 연구개발비 비중은 계속 줄어들었다. 전체 연구개발비에서 연방정부 지원이 차지하는 비중은 1964년에 67퍼센트로 최고점을 찍은 뒤 2000년에 25퍼센트로 떨어졌고, 이후 계속해서 떨어졌다. 그리고 2017년에 연방정부가 지원하는 연구개발비 규모는 1950년대 초에 기록했던 국내총생산의 0.7퍼센트로 돌아왔다.[28]

특히 우려할 만한 점은 기초연구와 시험개발에 들이는 연구개발비가 급격하게 감소했다는 사실이다. 연구개발 범주에서 이 두 영역은 혁신에 결정적으로 중요하며, 순수과학의 이론적이고 실험적인 연구와 관련된 정부 및 학계의 여러 연구소가 주로 맡아서 추진한다. 그런데 이런 프로젝트들은 대부분 상업적으로 즉각적인 투자 효과를 내지 못하고 짧게는 몇 년, 길게는 수십 년 뒤에야 상업적인 용도로 활용될 수 있다. 즉 연구개발에서 기초연구 영역은 혁신의 씨앗을 뿌리는 영역인 셈이다.

기초연구 영역의 프로그램들은 보통 정부가 자금을 대고 대학교가 집행하는 형식으로 진행된다. 예를 들면 2017년에 미국 연방정부는 모든 기초연구의 약 42퍼센트에 자금을 지원했고 고등교육 기관은 이런 프로젝트의 48퍼센트를 맡아서 집행했다. 2000년 이후부터 기초연구와 시험개발은 미국 전체 연구개발비 지출에서 차지하는 비율이 20퍼센트 미만으로 비교적 꾸준하게 유지되고 있는데, 이런 추세는 아무리 좋게 해석해봐야 전체 연구개발비가 줄어들고 있으니만큼 기초연구와 시험개발 영역의 절대적인 투입 자금이 꾸준하게 줄어들고 있다는 뜻이다.[29]

전반적인 연구개발의 구체적인 내용 변화, 즉 기초연구 영역에 대한 연방정부 자금 지원이 줄어들고 기업 차원에서 응용 및 개발 영역에 지원하는 자금이 늘어난다는 사실이 실질적인 문제다. 미국 국내총생산에서 연방정부 차원의 연구개발비 지출이 차지하는 비중은 1965년부터 줄어들기 시작했는데, 이 시기는 미국 국내저축의 만성적인 하락 추세가 시작하던 시점과 거의 정확하게 일치한다.

국내순저축률은 1964년 4분기에 국민소득의 7.2퍼센트로 최고점을 찍었다. 이 시기는 국내총생산 대비 정부 차원의 연구개발비 지출 비중이 최고치를 기록했던 시점과 동일하다. 게다가 국내저축률이 1964년 말에 최고점을 찍은 뒤에 2020년에는 국내총생산의 2퍼센트로 감소한 것도 연구개발의 핵심 영역인 기초연구에 대한 투자가 줄어든 추세와 일치한다.

어쩌면 우연일 수도 있다. 그러나 국내저축과 연방정부의 연구개발비 지출 추세가 서로 관련이 있다고 믿을 만한 근거가 있다. 냉전이 한창일 때 스푸트니크호를 위시한 소련의 기술적 위협에 직면했던 미국은 혁신이야말로 국가의 생존을 좌우한다고 생각했다. 그런데 얼마 안 가 무사안일주의가 생겨났고 우선순위가 다시 바뀌었다. 미국이 달에 발을 디딘 뒤 소련은 무너지기 시작했으며, 베트남전쟁은 연방 예산의 늘어난 부분을 먹어치웠다. 이 과정에서 연구개발은 찬밥 신세가 되었고 미국 혁신의 핵심 원천은 쇠퇴하기 시작했다.

미국으로서는 전적으로 자기가 초래한 이 문제를 놓고 중국 탓을 할 수는 없다. 그러나 미국무역대표부의 301조 보고서는 중국 탓을 한다. 중국이 강제적인 기술 이전, 지적재산권 도용, 정부가 적극적으로 개입하는 산업 정책 등으로 미국의 혁신 잠재력을 훼손한다면 미국이 맞닥뜨린 혁신 관련 문제의 상당 부분을 중국 탓이라고 지적하는 것이 맞다. 하지만 이는 사실이 아니다.

중국을 비난하는 것도 중요하다. 설령 그 비난이 거짓 서사에 기인한다고 해도 말이다. 그러나 마냥 중국을 비난하기만 하면 미국과 중국이 벌이는 혁신 경쟁의 중요한 측면을 놓치고 만다. 바로 연구개발에 관한 한 중국은 미국과 정반대의 길을 가고 있다는 점이다. 중국은 저축이 남아도는 잉여저축 덕분에 연구개발비를 계속 늘려갈 수 있지만 미국은 저축이 부족해서 연구개발의 '연구' 영역이 계속 줄어들고 있다.

중국은 세계 최대 저축 국가로 연구개발 분야를 지원할 자금을 넉넉하게 가지고 있다. 2017년 기준 중국의 연구개발비 지출은 (구매력 평가 기준으로) 약 4,960억 달러였는데, 이는 EU의 지출을 넘어섰으며 미국의 지출 수준보다 딱 10퍼센트 낮은 것이었다. 2010~2020년의 10년 사이에 중국의 국내총생산 대비 연구개발비 지출 비중은 1.5퍼센트에서 2.4퍼센트로 늘어났다. 이 비중은 여전히 현재 미국 점유율인 2.75퍼센트에 조금 못 미치는 수준이지만 최근의 추세를 토대로 추정하면 앞으로 몇 년 안에 미국을 따라잡을 것이다.[30]

그러나 중국의 혁신 추진 의지는 높은 국내저축률보다 훨씬 중요하게 작용한다. 앞서도 언급했듯이 중국의 혁신은 수입 개발에서 탈

피해 자주적인 개발로 전환한다는 전략이 거둔 성과로, 이제는 전 세계적인 혁신의 최전선에 매우 가깝게 다가섰다. 예를 들면 중국의 우주 계획, 달 탐사선 창어 5호, 화성 탐사선 톈원 1호(화성 탐사 후속 계획은 2033년으로 계획되어 있다) 그리고 우주정거장 톈궁이 그렇다. 최근 전파천문학, 양자컴퓨팅, 심해 유인잠수함 펜도제, 극초음속 미사일 개발 등의 분야에서 이뤄진 발전도 중국이 기초연구에 집중함으로써 얻은 세계적인 수준의 성과를 반영한다.[31]

중국의 과학기술부장관인 왕즈강(王志剛)에 따르면 중국의 전체 연구개발비에서 기초연구 영역에 투입되는 예산 비율은 현재 6퍼센트를 넘었다.[32] 이 수치는 제13차 5개년 계획 기간(2016~2020년)에 해당 영역의 지출이 두 배로 늘어난 것이지만, 중국의 전체 연구개발비 지출에서 기초연구가 차지하는 비중은 여전히 미국의 절반에도 미치지 못하는 17퍼센트다. 중국의 혁신 위협이 임박했다고 두려워하는 사람들은 이런 사실을 위안으로 삼을 수도 있다. 기초연구 분야에서 중국이 미국을 따라잡으려면 아직도 갈 길이 멀다며 말이다.[33] 그러나 지금의 상황이 바뀌지 않으면 중국이 미국을 따라잡는 날이 언젠가는 올 것이고 그 시기도 그다지 먼 미래가 아닐 것이다.

자, 이제 결론을 내려보자. 미국은 혁신 문제를 안고 있다. 그런데 미국은 중국이 불법적인 혁신 국가라는 거짓 서사를 받아들임으로써, 혁신을 뒷받침하는 연구개발비 지출을 포함해 여러 투자 압력을 가하는 거시경제 불균형에 대해 자신의 책임을 인정하지 않고 있다. 저축이 부족한 국가로서 떠안을 수밖에 없는 문제를 직시하고 인정하지 않음으로써 미국은 지속적인 번영에 필요한 혁신이 진행되도록 지원하지 못하고 있고, 어쩌면 그럴 마음이 아예 없을 수도 있다. 여기서 너무나 익숙한 질문이 제기된다. 왜 미국은 자기에게 부족한 것을 중국 탓을 하며 중국을 비난하는 일에 그렇게나 열심일까?

기술 갈등 및 리쇼어링

결국 증거의 진실성은 중요하지 않았다. 쉽게 상처받고 무너질 수 있는 혁신 국가 미국은 새롭게 떠오르는 혁신 국가인 중국을 상대로 강력한 조치를 취했다. 트럼프 정부가 2018년 중국 수입품에 부과한 관세는 예상대로 양측이 보복 조치를 하는 사태로 확대됐다. 중국산 수입품에 대한 미국의 관세는 무역 전쟁이 시작되기 전인 2017년에 3퍼센트에서 2019년 말에 21퍼센트로 올랐다. 그러자 중국은 같은 기간에 자국으로 들어오는 미국 상품에 대한 관세를 8퍼센트에서 22퍼센트로 높이는 것으로 대응했다.[34]

그러나 미국의 관세 조치가 거둔 성과는 적대감을 조장하는 것 외에는 아무것도 없었다. 앞에서도 지적했듯이 양국 간 무역 불균형은 줄어들었지만 가장 최근인 2021년을 기준으로 할 때 106개국을 상대로 하는 미국의 다자간 무역 적자 규모는 계속해서 늘어났다.

그럼에도 미국은 이 조치가 아무런 효과가 없다는 사실을 애써 무시한 채 중국과 전면적인 기술 전쟁을 시작하면서 판을 더욱 키웠다. 화웨이가 1차 표적이었다. 구체적인 위협을 입증할 확실한 증거가 없음에도 불구하고, 미국은 화웨이 5G 플랫폼 제품의 백도어가 미국의 안보를 위협할 수 있다는 가능성 하나만으로 화웨이 제품을 블랙리스트로 분류한 것이다. 이는 로버트 라이트하이저 미국무역대표부 대표가 내놓았던 주장을 구성하는 중요한 부분이었다. 301조를 위반했다는 혐의를 중국에 씌우는 것과 유명한 중국 기업을 표적 삼아 조치를 취하는 것은 별개의 일이었다.

애초에 이 조치는 화웨이를 블랙리스트에 올려 미국 시장에 접근하는 것을 사실상 차단하고자 내린 것이었다. 화웨이는 미국 상무부 산하 산업안전국(Bureau of Industry and Security, BIS)이 관리하는 블랙리스트 '거래제한 업체 명단'에 이름을 올렸다. 이 명단은 미국의 적대국들이 미국의 수출품을 사용해 대량살상무기를 생산하는 것을 예방할 목적으로 마련된 것이었다. 이 명단에 오른 외국 기업들이 미국산 제품을 수입하려면 산업안전국의 심사를 받는 별도의 면허를 신청해야 한다. 따라서 이 명단에 이름이 오른다는 건 언젠가 미국 내 공급업체에 접근이 금지될 수도 있다는 것이다.

이 명단은 1997년에 마련된 뒤로 거의 사용되지 않았다. 그리고 이 명단에 이름을 올린 회사는 주로 항공우주, 화학, 물류, 기술(통신 제외) 등과 관련된 약 200개의 외국 기업이었다. 그러다 2008년부터 이 명단이 안보, 무역, 외교 정책 문제를 해결하는 데 더 적극적으로 사용되면서 여기에 이름을 올린 외국 회사가 급격히 늘어났다. 오바마 정부와 트럼프 정부 때 모두 이 명단 사용이 늘어났는데, 산업안전국은 화웨이를 이 명단에 추가할 것을 권고한 2019년 5월 트럼프 대통령의 행정명령을 신속하게 따랐다. 화웨이를 향한 전쟁이 확대되면서 이 명단의 목록은 급격히 늘어나 2020년 말까지 거의 1,400개나 되는 기업이 이 명단에 이름을 올렸다.[35]

그러자 화웨이에 가장 중요한 수입품인 미국산 고급 반도체 칩의 설계 및 생산에 제동이 걸렸다. 이 칩들이 없으면 화웨이는 당시 세계에서 두 번째로 인기가 높던 스마트폰뿐만 아니라 세계 최고의 5G 통신장비 생산에 차질을 빚을 수밖에 없었다. 중국은 여러 해 동안 노력을 기울였지만 퀄컴, 인텔, 애플리케이션 머티리얼즈, 램 리서치, KLA-텐코와 같은 미국 반도체 회사들 그리고 캐던스 디자인 시스템즈, 시놉시스, 앤시스, 멘토 그래픽스(현재 독일 지멘스가 소유하는 회사지만 여전히 미국에서 대규모로 운영되고 있다) 같은 칩 설계 회사들보다 몇 세대나 뒤처져 있다. 이 회사들은 더욱 발전된 중앙처리장치(CPU), 그래픽처리장치(GPU) 및 FPGA(이미 설계된 하드웨어를 반도체로 생산하기 직전 최종적으로 하드웨어의 동작 및 성능을 검증하기 위해 제작하는 중간 개발물 형태의 집적회로-옮긴이)의 설계 및 생산에 필수적인 기업들로 화웨이의 글로벌 제품 흐름에서는 핏줄과도 같은 존재다.[36]

하지만 트럼프 정부가 벌인 기술 전쟁은 여기서 끝나지 않았다. 트럼프 정부는 화웨이를 거래제한 업체 명단에 올린 뒤에 화웨이의 글로벌 공급망과 연결된 미국 기업들의 광범위한 네트워크에 대한 접근을 제한하겠다고 위협했다. 그런 다음에는 이 접근법의 잠재력을 재빨리 인식하고서, 중국에 대한 다른 불만 사항들을 해결하는 데 이 명단을 활용하는 방식으로 중국과의 기술 전쟁을 확대했다.

예를 들면 신장성의 위구르 무슬림 소수민족 감시와 관련되었다고 알려진 중국 기업을 대상으로 그 명단의 목록을 확대한 조치가 있었다. 비디오 감시(하이크비전, 다후아), 음성 인식(아이플라이텍), 데이터 포렌식(샤먼 메이야 피코), 나노테크놀로지(이신), 인공지능(센스타임) 분야의 중국 기업을 명단에 포함시킨 것이다. 이런 행위는 그 뒤로도 계속 이어져서 2021년 말까지 200개가 넘는 중국의 기술기업이 문제의 명단에 올랐다.[37]

이런 조치는 중국이 자행하는 인권 침해에 대한 미국의 우려를 뒷받침했을 뿐만 아니라 미국을 상대로 혁신 주도권 싸움을 하는 중국의 신예 인공지능 기술기업들을 겨냥했다. 이렇게 해서 거래제한 업체 명단은 대량살상무기 개발이라는 외국의 위협에 대비하는 보호장치를 마련하겠다는 애초의 취지를 한참 벗어났고, 명단에 이름을 올린 회사의 수는 엄청나게 늘어났다.

미국이 중국을 상대로 벌이는 기술 갈등은 이제 세계 무역 및 세계화를 뒷받침하는 새로운 네트워크의 핵심을 때리고 나선다. 현재 '공급망의 무기화'라는 이름으로 널리 알려진 이 양상은 양자 간(쌍무) 관세보다 외국의 위협을 해결하는 데 훨씬 강력한 위력을 발휘한다. 특정 회사를 찍어서 부과하는 제재는 미중 양자 갈등을 심화시킬 뿐만 아니라 공급망의 연결성을 깨뜨림으로써 상호의존적인 오늘날 세계의 연결성을 위협한다.

이는 앞서 2장에서 세계 무역과 경제성장을 견인하는 데 글로벌 가치사슬의 역할이 점점 커진다고 언급했던 논지로도 이어진다. 지난 25년 동안 글로벌 가치사슬이 폭발적으로 성장하면서 세계는 과거 어느 때보다 더 촘촘하게 엮여 있다. 최근에 IMF가 발표한 연구논문에 따르면 1993~2013년 사이에 무역 성장의 73퍼센트가 글로벌 가치사슬 덕분임이 드러났다.[38] 같은 기간에 세계 무역은 세계 국내총생산 증가의 70퍼센트를 차지할 정도로 확대되었고, 글로벌 가치사

슬의 연결성은 점점 더 중요한 글로벌 성장 엔진으로 자리매김하고 있다.[39]

공급망이 무기화될 때 세계 경제가 입을 피해를 과소평가해서는 안 된다. 효율성을 높이는 데 따른 이득, 즉 투입 비용 감소 및 관련 제품 가격 인하 등의 효과가 특히 큰 타격을 입을 것이다. 긴장이 강화되는 시기에는 공급망에서의 약한 고리가 효율성과 병목 현상의 트레이드오프(tradeoff, 하나를 얻으려면 다른 하나를 희생해야 하는 경제 관계-옮긴이)를 일으킬 수 있다.

존스홉킨스대학교의 헨리 패럴(Henry Farrell) 국제학 교수와 조지타운대학교의 에이브러햄 뉴먼(Abraham Newman) 국제학 교수는 국가들 사이의 느슨함을 제거하는 동시에 무기화된 공급망이 수행하는 중요한 역할을 강조하는 이론, 즉 네트워크를 기반으로 하는 세계화 이론을 개발했다.[40] 이 무기화, 즉 공급망뿐만 아니라 국경을 넘나드는 달러 기반 금융 흐름이 미국과 중국 그리고 현재의 러시아 사이에 존재하는 냉전의 위험 및 그에 따른 결과의 심각성을 모두 실질적으로 증가시켰다는 점에 대해서는 11장에서 자세하게 살펴보자.

그러나 고려해야 할 더 즉각적인 영향이 있다. 미국에서 인플레이션을 억제하고 가계의 구매력을 높이는 데 핵심적인 역할을 해온 공급망을 제거하면 숱하게 많은 거시적 토대[펀더멘털(fundamentals), 한 나라 경제가 얼마나 건강하고 튼튼한지 나타내는 경제의 기초적인 요건들-옮긴이]들이 뒤집힐 수도 있다. 그렇게 하려면 이런 위험을 감수해야 한다는 말이다.[41]

최소한 무역은 저비용의 중국인 생산자들에서 고비용의 다른 외국인 생산자들로 전환될 것이다. 시간이 흐르면서 '리쇼어링[reshoring, 인건비 등 각종 비용 절감을 이유로 해외에 나간 자국 기업이 다시 국내로 돌아오는 현상. 반대말은 '오프쇼어링(offshoring)'이다-옮긴이]'이라는 궁극적인 해결책은 비용이 더 많이 드는 국내 생산 플랫폼으로 생산 물량을 돌리는 것이 된다. 그런데 저비용이라는 효율성 이득이 부족하면 기업과 소비자 모두 상대적으로 적은 것에 상대적으로 많은 비용을 지불하게된다. 이렇게 되면 결국 생활 수준은 나빠진다.

글로벌 공급망이 해체되면 중국은 특히 큰 타격을 입을 수 있다. 중국은 2001년 말에 WTO에 가입했는데 이후 18년 동안 국내총생산 성장률은 연평균 9퍼센트를 기록했으며, 도시의 고용 인구는 2억 명이 늘어났고 빈곤층은 5억 명 넘게 줄었다. 중국이 WTO에 가입한 이후 이뤄낸 경제성장이 수출 주도 경제이며 이 과정에서 글로벌 가치사슬의 덕을 크게 봤던 것은 결코 우연이 아니다.

압바을 받는 상황에서는 네트워크 효과(특정 상품에 대한 어떤 사람의 수요가 다른 사람들의 수요에 의해 영향을 받는 효과-옮긴이)가 경제 및 외교 정책에 새로운 차원의 영향력을 행사하므로 새로운 차원의 유용한 지렛대가 될 수 있다는 생각에 정치 지도자들이 점점 더 깊이 빠져들고 있다. 미중 갈등의 결과로 공급망이 무기화되면서, 해외에 진출한 기업을 국내로 되돌리자는 '공급망의 해방' 요구가 확산되고 있다. 같은 생각을 품은 나라들끼리만 공급망 접근을 허용하자는 '프렌드쇼어링[friend-shoring, 생산 시설을 해외로 이전하는 오프쇼어링(off-shoring)이 중국 의존도를 높이고 글로벌 공급망을 교란한다는 지적에 따라 미국이 제안한 대안이다-옮긴이]'이 중요하다는 인식은 러시아-우크라이나 전쟁이 일어난

후 새롭게 대두되고 있다. 한때 경제적·금융적·정치적 통합의 강력한 힘이었던 글로벌 네트워크는 이제 분열과 파편화의 새로운 중심지가 될 위험을 안고 있다.[42]

그러나 세계화의 지정학은 매우 독특하고 복잡한 특성을 띤다. 글로벌 가치사슬이 쉽게 변형되지 않음은 이미 밝혀진 사실이다. 기업은 제품의 원료나 부품을 해외의 어느 한 공급업체에서 해외의 다른 공급업체로 쉽고 신속하게 전환할 수 없다. 최근에 발표된 한 논문도 글로벌 가치사슬의 이런 '경직성(stickiness)'을 강조한다.[43]

오랫동안 고품질 공급망으로 유명한 애플을 봐도 그렇다. 팀 쿡(Tim Cook)은 애플의 CEO가 되기 전에 애플에서 공급망 관리를 책임졌던 최고운영책임자(COO)였다. 그가 아이폰의 공급망을 재설계하기까지는 여러 해가 걸렸다.[44] 공급망을 조정하는 일은 많은 정치인이 상상하는 것처럼 스위치를 껐다가 켜는 일이 아니다. 거리가 멀어도 한참 멀다.

오늘날 세계화는 여러 방면에서 공격을 받고 있다. 공급망(생산과 조립과 유통의 여러 가지 조각들을 하나로 엮어낸 체계)은 현대 세계 경제의 플랫폼이 되었다. 글로벌 가치사슬은 기술과 물류 분야에서 일어난 최신 기술 및 발전을 채택할 뿐만 아니라 재화와 서비스를 점점 더 효율적이고 즉각적으로 제공한다. 그런데 이 효율성의 성과는 코로나 팬데믹에 따른 2021년의 공급망 충격으로 날카로운 질문을 맞닥뜨려야 했다.[45] 처음 사람들은 그 충격이 일시적이며 금방 지나갈 것이라고 생각했다. 그러나 그렇지 않았다. 그 충격은 글로벌 가치사슬이 글로벌 상거래의 엔진으로서 얼마나 중심적인 역할을 수행하는지

역설적으로 보여주었다. 이런 공급망을 해체하거나 무기화하는 행위는 그 누가 하더라도 그동안 힘들게 마련한 모든 이득을 위태롭게 만드는 행위다.

앞서도 언급했듯이 무역 갈등은 새롭거나 새삼스러운 게 아니다. 국가들은 이미 오래전부터 산업적인 역량과 이를 뒷받침하는 기술들을 놓고 서로 싸워왔다. 어떻게 보면 오늘날에 벌어지는 싸움들은 과거 19세기 산업혁명 초기에 있었던 분쟁들을 연상시킨다. 당시 미국은 신흥 강대국으로서 노동자를 착취하고 영국에서 기계를 밀수하고 특허권을 훔치고 산업 디자인을 훔치는 등의 불법적인 일을, 그것도 매우 공격적으로 했다.[46] 이런 전투들에서 사용된 무기들은 시대에 따라 다르지만 혁신 주도의 성장과 경제적 번영을 손에 넣을 수 있다는 점은 예나 지금이나 똑같이 크다. 이것이 바로 현재 기술 전쟁으로 변질된 무역 전쟁의 핵심이다.

트로이의 헬렌

앞서 화웨이가 트로이 목마 역할을 했다고 말했다. 고대 그리스 신화 속 트로이 전투에서 트로이 목마는 결정적인 무기였다. 로마의 시인 베르길리우스에 따르면 그리스군은 10년 동안 트로이 성을 포위하고 공격했지만 함락하지 못하고 마침내 철군을 결정했고, 배를 타고 본국으로 향했다. 그러나 겉으로는 본국으로 향하는 척했지만 사실은 근처의 다른 항구에 숨어 있었다. 그리고 주둔했던 곳에 말 형상의 거대한 목조 구조물을 남겨두었는데, 그리스군이 트로이에 남기는 선물이라며 두고 간 것이었다. 하지만 사실 그 안에는 그리스 전사 30명이 숨어 있었다.[47] 이를 알지 못했던 트로이군은 목마를 성안으로 끌고 들어갔다. 그날 밤 목마 안에 숨어 있던 전사들이 목마에서 빠져나와 성문을 열었고, 밖에서 기다리던 그리스군이 성안으로 들이닥쳤다. 이렇게 해서 길고 길었던 트로이 전쟁이 종식되었다.

그런데 호메로스가 쓴 〈오디세이〉에서는 이야기가 약간 다르다.[48] 제우스의 딸이며 모든 여성 중에서 가장 아름답다고 인정받던 헬렌이 트로이로 갔다. 납치되었는지, 스스로 도망쳤는지는 알 수 없었다. 그러자 그리스인들은 거대한 목마를 동원해 헬렌을 구하려고 전투에 나섰다. 하지만 헬렌은 변심해서 그리스인의 구조에 저항했으며, 트로이 목마의 비밀을 알아냈다. 그녀는 목마 주위를 세 바퀴 돌면서 그리스어로 병사들을 유혹해 바깥으로 유인했다. 목마 밖으로 나온 병사들은 고문을 당하고 죽었고, 트로이 성의 전투는 계속되었다. 헬렌은 나중에 스파르타로 돌아가서 사형선고를 받았다.[49]

미중 갈등 속에서 현대판 트로이 목마 역할을 하게 된 화웨이는 미국 시장이라는 성문 안으로 들어가는 데까지는 성공했지만 적군에 포위되고 말았고, 결국 미국의 통신 플랫폼들을 장악할 5G 인프라의 백도어를 여는 데는 실패했다.

그런데 신화 속 이야기가 화웨이에도 적용될까? 이 질문에 대한 답은 화웨이에 반대하는 논리의 핵심이다. 바로 화웨이의 의도가 불순하다는 것이다. 화웨이의 세계시민의식을 의심할 만한 이유는 많다. 화웨이를 상대로 시스코(2003년), 모토로라(2010년), T-모바일(2019년)이 소송을 제기하는 등의 법적 조치를 취했던 사실만 봐도 그런 의심이 깊었음은 충분히 알 수 있다. 화웨이의 불투명한 소유권(경영권) 구조에 대한 우려가 계속 이어지면서, 이 회사가 중국 정부와 떼려야 뗄 수 없는 관계라는 추정은 더욱 확고해졌다.

화웨이와 관련해 한 특별한 사건이 2018년에 일어났다. 화웨이가 미국의 대(對)이란 제재를 위반했다는 혐의로 기소되었고, 이 일로 런정페이의 딸이자 화웨이의 최고재무책임자(CFO)인 멍완저우(孟晚舟)가 캐나다에서 체포되어 3년 가까이 구금되었다. 그런데 그녀에게 씌워진 혐의에 백도어 스파이 활동에 대한 언급이 없었음에도 그녀를 체포함으로써 화웨이의 이미지를 나쁘게 만들어 범죄 의혹을 키웠다는 게 문제였다.

미국 시장에서 활동하는 화웨이가 미국의 적으로 알려진 어떤 기업과 거래를 한다면 미국을 대상으로 얼마든지 사이버 공격을 할 수 있으리라는 추론은 당연하다. 그런데 미국 정부는 미국의 주요 금융 기관들이 대(對)이란 제재를 훨씬 노골적으로, 그것도 오랜 세월 동안 위반했다는 사실에 대해서는 전혀 문제 삼지 않았다. 적어도 확실히 그렇게 보였다.[50]

이전 오바마 정부가 이란을 상대로 진행하던 핵 합의에서 손을 뗀 도널드 트럼프 대통령은 화웨이를 비난하는 선동을 했고, 이 선동적인 수사에 고무된 미국 대중은 화웨이가 미국의 안보를 위협한다면서 한목소리로 비난하고 나섰다. 그러나 화웨이에 대한 혐의는 결국 백도어 의혹과는 아무런 관련도 없이 법정 바깥에서 해결됐다. 멍완저우는 2021년 9월에 미국의 법정에서 기소유예로 석방되었는데 이때도 산업 스파이 활동에 대한 언급은 전혀 없었다.[51]

화웨이의 백도어 무기와 관련된 주장을 뒷받침할 확실한 증거는 지금까지 아무것도 나오지 않았다. 중국 정부가 화웨이를 통해 컴퓨터 시스템에 접속하거나 암호화된 데이터를 획득할 목적으로 보안 통제를 우회할 수 있는 비밀 코드를 심었다는 증거는 아무것도 나오지 않았다는 말이다. 화웨이가 이러저러한 의도를 가지고 있음을 입증하거나 반증하기란 거의 불가능하지만, 이런 이야기가 대중 속에서 여론으로 확산되면 그러잖아도 논란이 되는 미중 무역 갈등에 또 한 겹 공포를 덧씌우게 된다.

화웨이의 백도어 존재에 대한 공개 계정은 단 하나뿐인 것으로 밝혀졌다. 2011년에 유럽 최대 통신사인 보다폰은 화웨이가 설치한 자사의 유선 네트워크 소프트웨어에서 광대역 네트워크 게이트웨이를 통해 트래픽을 유도하는 가정용 인터넷 라우터와 광학 서비스 노드의 보안을 손상할 수도 있는 취약점을 발견했다고 공개했다.[52] 보다폰의 요청에 따라 화웨이는 그 취약성을 제거했다. 보다폰이 확인한 결과, 백도어를 악용해서 데이터를 따로 챙겼다거나 시스템을 제어했다는 기록은 한 번도 없었다. 보다폰은 이 결과에 만족했으며 애플, 노키아, 에릭슨에 이어 네 번째로 규모가 큰 장비 공급업체인 화웨이에 대한 의존도를 더욱 높였다. 백도어와 관련된 취약점이 무기로 사용될 만한 흔적은 전혀 없었다. 그리고 이 모든 일이 일어난 시점은 미국무역대표부가 301조와 관련된 주장을 내놓기 10년 전이다.

그렇다면 화웨이는 그런 백도어를 만들어서 사이버 전쟁의 무기로 이용할 수 없었다는 뜻일까? 물론 그렇지 않다. 이 사건을 통해 알 수 있는 사실은 어떤 기업이 활동하는 나라의 사이버 보안 전문가들이 해당 기업의 백도어를 얼마든지 발견할 수 있다는 점이다. 이는 사이버 보안 프로토콜이 백도어에 대한 조기 경고를 제공해서 사이버 전투에 이용되기 전에 얼마든지 무력화할 수 있다는 뜻이기도 하다. 보다폰의 사례에서는 이탈리아에서의 화웨이 운영체제에 취약점이 명백하게 있긴 했지만 중국이 그 취약점을 이용해서 악의적인 행위를 했다는 사실이 감지되지 않았음을 눈여겨봐야 한다.

화웨이가 미국의 통신 인프라에 치명적인 위협을 가한다는 증거가 없음에도 불구하고 화웨이를 향한 반감의 열기는 지금도 거세게 타오르고 있다. 이처럼 적대감이 커지는 중요한 이유 하나는 앞서 4장에서 다루었던 주제와 관련이 있다. 저축이 부족한 미국이 장기적인 경제성장을 유지하는 데 투자가 부족하다는 사실을 감추기 위해 모든 게 중국 탓이라며 중국을 붙들고 늘어졌던 것과 마찬가지로, 화웨이를 붙들고 늘어지는 것은 5G 사업에서 뚜렷한 존재감을 발휘하지 못하는 미국의 무능함을 감추기 위한 것일 수 있다.

여기서 핵심적인 질문 하나가 제기된다. 만약 5G가 인터넷과 전화 서비스는 말할 것도 없고 동영상과 전자상거래에 이르는 통신의 모든 측면에 혁명을 일으킬 정도로 중요한 플랫폼이라면, 미국 기업은 이 도전 과제를 수행하기 위해 그동안 어떤 노력을 했을까?

이 질문에 대한 답은 다국적 통신장비 회사인 루슨트(Lucent)가 몰락의 길을 걸었던 슬픈 이야기에서 찾을 수 있다. 루슨트는 1984년에 미국 정부가 벨 시스템(Bell System)을 해체할 때 떨어져 나온 회사로, 세계 최고의 연구 플랫폼 중 하나인 벨 연구소를 보유하고 있었다.[53] 캐나다의 노텔과 협력 관계를 맺고 있던 루슨트는 초기 세대인 3G

네트워크 개발에서 기존 업체로서 유리한 고지를 차지하고 있었지만 몇 가지 재정적인 이유로 5G 분야에서 실수를 저지르고 말았다.[54] 이후 루슨트는 2006년에 프랑스의 알카텔에 인수되었고, 알카텔은 다시 2016년에 노키아에 인수되었다.

나머지는 더 말할 필요도 없는 역사다. 화웨이와 에릭슨, 노키아가 현재 제 세계의 5G 사업을 지배하는데, 이들의 글로벌 시장점유율은 80퍼센트가 넘는다. 이 분야에서 미국 회사는 찾아볼 수 없다. 미국의 주장과 다르게 화웨이가 5G 시장에서 주도권을 얻은 것은 중국 정부로부터 대출 지원을 받았기 때문만은 아니다.[55] 화웨이의 연구개발비 지출은 2021년 기준으로 2015년 예산의 두 배나 되는 220억 달러인데, 이 어마어마한 규모의 예산은 미국의 선도적인 기술기업들인 아마존과 알파벳의 연구개발비 지출과 맞먹으며 애플의 연구개발비 지출을 훌쩍 넘어선다. 게다가 20만 명에 육박하는 화웨이의 직원 절반이 연구 분야에 속해 있다.[56] 이런 노력으로 화웨이는 강력한 상업화 전략의 필수 요소인 5G 특허 경주에서 선두를 달리고 있다.[57]

화웨이가 이처럼 큰 성공을 거두었기에, 미국이 화웨이를 반대하고 나선 것은 백도어에 대한 두려움 때문이 아니라 중국과의 경쟁에서 질지도 모른다는 불안함 그리고 중국을 향한 정치적 복수심 때문이라고 추정해볼 수 있다. 5G 분야의 선두주자인 화웨이를 어떻게든 떨어뜨리려는 미국의 공격 덕분에 미국에 우호적인 유럽의 대안들인 에릭슨과 노키아가 시장점유율을 장악할 수 있었다. 이런 사실을 두고 어떤 사람들은 미국 기업이 5G 시장에 진출할 여지를 마련하는 것이 화웨이 때리기에 담긴 의도라고 추정한다.

하지만 그렇다고 해서 화웨이가 심각한 문제를 안고 있지 않다는 뜻은 아니다. 무역 분쟁의 십자포화를 맞는 것과 기술 분쟁의 피뢰침이 되는 것은 별개의 문제다. 화웨이는 미국 및 미국의 동맹국들이 제기하는 주장을 적극적으로 해명하고 나서기보다는 일관되게 방어적인 태세를 취했다. 그래서 더욱 경멸과 비판, 우려의 대상이 되었다. 2007년 시스코의 레오나드 보삭(Leonard Bosack) 회장은 자사의 라우터들 중 하나에 내장된 소프트웨어 불법 복제 혐의와 관련된 상세한 증거가 제시되자 "우연이다"라면서 당당하게 반박하고 나섰다.[58] 시스코의 이런 모습과 다르게 화웨이는 스스로 의혹을 쌓아나가는 이상한 재주가 있었다.

또한 화웨이는 불투명한 소유권 구조를 투명하게 공개하기를 거부해왔다. 소유권 정보는 미국 및 그 밖의 서방 국가들에서 매우 중요한데, 이들은 화웨이가 기술 분쟁이 격화되는 상황에서 중국 정부가 쉽게 동원할 수 있는 국가 도구일지 모른다고 우려한다. 이런 우려에 귀를 닫고 적극적으로 해명하지 않는 태도는 우려를 씻어내는 데 전혀 도움이 되지 않았다. 화웨이가 한결같이 내놓는 대응은 중국의 국가보안법에서는 회사가 국가의 이익을 위해 행동하도록 요구하는 내용이 없다는 것이다.[59]

마찬가지로, 소유권에 대해서도 화웨이는 회사의 소유주는 직원이며 화웨이는 국가의 간섭을 받지 않는다고 주장한다. 그러나 이런 주장은 억지다. 이 회사의 소유권 95퍼센트 이상을 '노동조합위원회'가 가지고 있는데 이 위원회의 회원이 누구인지, 자금이 어디서 나왔는지, 중국 정부와의 관계는 어떤지 등은 여전히 불투명하다.[60]

중국 기업은 투명성이라고는 찾아볼 수가 없다. 화웨이가 기업 이미지와 관련된 심각한 문제를 해결하고 미국의 느끼는 두려움을 털어내려면 무엇보다도 투명성이 필요하다. 숨길 게 없다면 공개를 두려워할 이유도 없다. 그러나 화웨이는 투명한 공개를 여전히 거부한다. 화웨이가 보이는 대외적인 반응은 중국이 안고 있는 대중적인 이미지 문제가 겉으로 드러난 하나의 현상인데, 여기에 대해서는 뒤에서 자세하게 살펴볼 것이다.

도널드 트럼프 대통령은 화웨이를 향해 전방위 공격에 나섰고 그 뒤를 이은 바이든 대통령도 이 압박을 누그러뜨리지 않고 있다. 따라서 어쩌면 전혀 의도하지 않았던 결과가 나타날 수도 있다. 미국의 제재에 화웨이가 처음 보인 대응은 공급망을 미국에서 대만과 일본으로 바꾸는 것이었다.[61] 그러나 화웨이는 중국 정부의 전략적인 하향식 접근법에 따라 공급망을 자급적인 체제로 전환하기 위해 공격적으로 나서기도 했다. 대만의 반도체 업체인 미디어텍의 지원을 받아 반도체 설계 자회사인 하이실리콘을 중심으로 반도체 개발 노력을 배가한 것이나, 2019년 9월에 출시한 스마트폰 신모델 메이트-30을 미국산 부품을 하나도 사용하지 않고 생산한 것이 그렇다.

미국은 화웨이를 블랙리스트에 올릴 수도 있지만, 그럴 때 오히려 역풍을 맞을 수도 있다. 미국의 제재로 화웨이는 곧바로 영향을 받았는데, 시장을 지배하던 화웨이의 스마트폰 사업은 심각한 타격을 입었으며 2021년에는 수익이 30퍼센트 가까이 줄어들었다.[62] 그러나 시간이 지나면서 이런 압박은 자급자족 체계를 향한 화웨이의 노력을 부추기는 역할만 했다. 이렇게 되면 미국은 수요의 원천이자 공급망의 잠재적인 요충지인 중국에 영향력을 행사할 지렛대만 잃는다. 미국은 화웨이를 현대판 트로이 목마로 규정하는 거짓 서사에 집착함으로써 저축 부족과 같은 훨씬 심각한 국내 과제들을 무시하려고 한다. 그러나 신화 속 헬렌은 아마 재빠르게 다른 말로 갈아탔을 것이다. 결국 또 하나의 교훈이 날아가 버린 셈이다.

6장

냉전에서 이기기

1989년 말 베를린 장벽이 무너졌다. 세계의 균형은 기울어졌다. 냉전은 열전으로 전환되지 않은 채 끝날 참이었고, 오랜 세월 기다렸던 평화가 눈앞으로 다가왔다. 그로부터 대략 33년이 지난 지금, 우크라이나에서 전쟁의 포성이 울리는 가운데 세계의 균형은 또다시 기울어지고 있다. 소련과 생각이 비슷하며 후계 체제라고 할 수 있는 러시아연방은 냉전 이후 오랫동안 이어진 평화를 깨뜨리면서 유럽과 세계를 무대로 상상하기조차 어려운 대학살의 비극을 시작하려 하고 있다.

이 충격 말고도 또 다른 전선에서 냉전이 걷잡을 수 없이 고조되고 있다(적어도 겉으로만 보기에는 그렇다). 미국과 중국의 무역 갈등은 빠르게 기술 전쟁으로 전환되었고, 이제 20세기 방식의 냉전 징후가 눈에 띄게 나타나고 있다. 그런데 미중 긴장이 러시아-우크라이나 전쟁 속에서 고조되고 있음에도 불구하고 갈등이 냉전으로 고조되는 이런 상황도 얼마든지 관리할 수 있다고 순진하게 생각하는 나라들이 있다. 이들은 그런 충돌로 빚어지는 낭비와 긴박함, 즉 경제적 비효율성이나 지정학적 긴장, 더 넓은 지역으로 전쟁이 확대될 위험에 대해서는 전혀 신경 쓰지 않는다. 미국과 중국과 러시아가 그렇다. 이들은 모두 자기가 역사의 올바른 길을 가고 있다고 주장한다.

미국과 중국의 갈등을 뒷받침하는 거짓 서사에 대해 지금까지 우리가 했던 평가를 고려해보면 또 다른 냉전이 시작될 가능성이 크다. 인류의 역사를 돌이켜보면 국가와 국가 사이에 적대적인 관계가 형성된 사례는 수도 없이 많았지만 현재 시점에서 중요한 건 단 하나뿐이다. 바로 1947~1991년까지 44년 동안 이어졌던 미국과 소련 사이의 냉전이다.[1] 그런데 이 역사적인 경험이 가르쳐준 교훈을 사람들은 까맣게 잊어버렸다.

냉전에서 이긴 미국은 소련에 불리하게 작용했던 것이 중국에도 불리하게 작용하리라고 생각한다. 그러나 냉전 초기에 소련의 동맹국이었던 중국 역시 무엇이 위험한지, 장차 무엇을 잃을 수 있을지 스스로 명확하게 알고 있다고 믿는다. 이처럼 미국과 중국 두 나라 모두 자기만의 확신에 사로잡혀, 양국 사이의 갈등이 더 깊어지는 것을 막아야 한다는 사실을 깨닫지 못한다.

이런 안일한 태도는 위험하기도 하고 어떤 면에서는 놀랍기도 하다. 양측 모두 글로벌 패권을 놓고 상대국과 힘겨루기를 한다는 점은 알고 있다. 이 힘겨루기에서 패배하는 것은 그들의 선택지에 들어 있지 않다. 여기서 진다는 것은 국가적인 열망이 좌절된다는 뜻이며 힘의 균형과 세계 경제가 흔들릴 수 있다는 뜻이기도 하다. 그런데 미국과 중국 두 강대국이 이런 위험을 무시한다는 사실은 매우 걱정스러운 일이다.

첫 번째 냉전의 역사를 살펴보면 두 번째 냉전을 어떻게 생각해야 할지 알 수 있다(이하 '제1차 냉전'과 '제2차 냉전'이라고 표현한다-옮긴이). 제1차 냉전 때 미국과 소련은 군사비 지출이 급격하게 늘어나자 큰 부담을 느꼈다. 두 나라가 비록 무기 기술 분야에서는 경쟁자였지만 경제 분야에서는 경쟁자가 아니었다. 미국 경제의 규모는 소련보다 압도적으로 컸다. 냉전이 시작되던 해인 1947년에 소련의 경제 규모는 미국 경제 규모의 30퍼센트도 되지 않았다.[2]

미국 경제는 1950년대와 1960년대에 활황을 누리며 쑥쑥 성장했다. 비록 1970년대와 1980년대 초반에 어려움을 겪긴 했지만 말이다. 상대적으로 규모가 작았던 소련 경제는 겉으로는 강해 보였지만 늘 어려움을 겪었다. 그러다 미국의 경제력이 압도적으로 우세해지면서, 소련은 군사적으로 미국과 대등한 수준으로 보조를 맞추려다 결국 비효율성과 과도한 부담 때문에 무너지고 말았다.

그렇다면 미국은 중국을 상대로 하는 제2차 냉전에서도 그와 비슷한 결과를 기대할 수 있을까? 앞서 1부에서 강조했듯이 미국 경제는 현재 만만치 않은 도전 과제들을 안고 있다. 경제성장이 크게 둔화되고 있으며 이런 추세가 자연스럽게 반전될 전망은 희박하다. 중국 경제는 덩샤오핑의 등장 이후 30년 동안 맹렬하던 성장 속도가 둔화되긴 했지만 그래도 여전히 미국 경제보다 네 배 더 빠른 속도로 성장하고 있다.

그리고 미국과 중국의 경제 규모 차이는(어떤 측정 지표에 따르면 두 나라의 국내총생산은 2016년에 거의 같아졌다) 제1차 냉전 때 미국과 소련의 경제 규모 차이와 크게 다르다.[3] 이는 두 냉전 시대가 크게 다르다는 말이기도 하다. 제2차 냉전에서의 규모 격차 및 상대적인 성장 궤적은 제1차 냉전의 양상과 완전히 다르다. 당시 미국은 소련을 상대로 결정적인 강점을 보유했지만 지금 중국을 상대로 해서는 그렇지 못하다.[4]

물론 중국도 언제든 비틀거릴 수 있다. 그러나 1부에서 살펴본 내용을 토대로 판단하자면 그럴 가능성은 별로 없다. 최근 중국 경제의 성장이 둔화되고 있지만 이렇게 된 것은 중국의 의도적인 재균형 전략 때문이라고 볼 수 있다. 즉 민간 소비 및 서비스업 부문의 성장 목표를 상대적으로 낮게 설정한 전략적 전환의 결과이며, 코로나19 봉쇄로 인한 일시적인 역풍 그리고 10년 이상 지속되었던 부채 집약적 성장에서 탈피하고자 의도적으로 부채를 상환하려는 노력 때문이기도 하다는 말이다.

그러나 중국의 성장이 암초를 만나 좌초될 가능성을 완전히 배제할 수는 없다. 아닌 게 아니라 서방 세계에서는 오래전부터 이 가능성에 무게를 실어왔다. 비록 중국이 남다른 회복력이 있어 중국 경제를 비관적으로 전망하는 사람들이 혼란을 겪어왔지만, 지금까지 중국이 거둔 성과가 밝은 미래를 보장하지는 않는다. 만일 경제가 심각한 문제에 봉착한다면 중국은 제2차 냉전에서 쉽게 패배할 수 있다.

과거에 일어났던 일들을 꼼꼼하게 살펴보면 강대국들 사이의 힘겨루기 이면에 있었던 어두운 측면을 볼 수 있다. 투키디데스 함정, 즉 새롭게 떠오르는 강대국과 기존에 존재하던 강대국 사이에 일어날 수밖에 없는 군사적 충돌의 역사는 수없이 많다.[5] 그리고 많은 경우 이런 충돌은 전면적인 전쟁으로 치달았다. 블라디미르 푸틴이 우크라이나에 핵무기를 쓸 수도 있다고 했음에도 불구하고 대부분 사람이 핵무기 사용은 요즘 시대에서는 생각할 수도 없는 발상으로 치부한다.

그러나 뜻밖의 사건이나 사고는 얼마든지 일어날 수 있다. 1962년의 쿠바 미사일 위기는 제1차 냉전이 열전에 얼마나 가까이 다가갔으며 또 얼마나 위험했는지 보여주는 사건이었다. 현재 대만해협이나 남중국해에서 튈 수 있는 전쟁의 불씨도 그와 비슷하게 위험하다. 최근 중국이 무기 기술 분야에서 놀라운 성장을 이뤄내며 해군력을 갑작스럽게 늘린 것도 마찬가지다. 이런 갈등이 결국은 미국이 바라는 결과로 이어질 것이라는 미국적 관점은 그야말로 제멋에 겨워서 우쭐대는 자만심일 뿐이다.

2019년 헨리 키신저는 미국과 중국은 이미 "새로운 냉전의 구릉" 위에 서 있다고 말했다. 그러면서 양대 경제 대국 사이의 갈등이 깊어지면 제2차 세계대전 당시 "유럽이 겪었던 것보다 훨씬 더 심각한" 결과가 나타날 것이라고 경고했다.[6] 갈등이 고조되면 그 끝에 무엇이 기다리고 있을지는 알 수 없는 일이다. 그러나 유일하게 확실한 점이 있다. 냉전에서는 승리하기가 쉽지 않다는 점, 두 강대국이 장기적으로 전쟁을 벌일 때 전 세계가 입을 피해가 엄청날 것이라는 점이다.

키신저의 경고는 정확하다. 전략이론가이자 미래학자인 허먼 칸 (Herman Kahn)이 제1차 냉전이 한창일 때 경고했듯이, 핵 억제 시대에는 열전의 가능성이 없다며 무시하는 것은 우발적인 전쟁의 경고를 놓치는 안일하고도 무책임한 짓이다.[7] 제2차 냉전이라는 새로운 냉전이 발발할 위험에 대해 신중하게 생각해야 한다. 이런 평가를 하지 않을 그 어떤 이유도, 근거도 없다. 지금 동유럽에서 벌어지는 군사적 충돌을 고려한다면 더욱 그렇다.

두 개의 전보

냉전에 대한 정확한 정의는 없다. 가장 단순한 의미로 설명하자면 냉전은 국가 간 깊고 광범위하고 장기적인 갈등이 이어지지만 직접적이고 광범위한 군사행동으로까지 나아가지 않는 상태다. 이런 갈등은 격렬한 말싸움에서부터 사람과 금융과 무역이 국경을 넘나드는 것을 봉쇄하는 것에 이르기까지 여러 가지 형태로 나타날 수 있다.

미국과 중국 사이에서 벌어지는 무역 전쟁과 기술 전쟁은 이런 비군사적 충돌의 명백하고도 중요한 사례다. 그런데 냉전은 여기에 그치지 않는다. 냉전은 갈등과 적개심의 강도가 커지면 무슨 일이 일어날지 모른다는 걱정을 끊임없는 유발하는, 여러 전선에서 일어나는 충돌이다.

소련에 주재하던 미국의 외교관 조지 케넌(George Kennan)이 모스크바를 떠나면서 썼던 '긴 전보(Long Telegram)'는 냉전이 미국에 어떤 의미인지 종합적으로 평가한 최초의 문서다.[8] 제2차 세계대전 직후인 1946년 2월 22일에 작성된 이 문서는 새로 창설되는 IMF와 세계은행에 소련이 가입하지 않겠다고 거부한 이유를 묻고 답변하는 형식으로 당시 국무부 장관인 제임스 번스(James Byrnes)에게 전달되었다.

당시 기준으로 이 긴 전보는 국무부 역사상 가장 긴 외교 공문이었다.[9] 이 문서는 외교 정책 전략에 대한 케넌의 분석적인 접근법에 따라, 13일 전에 스탈린이 했던 정치 연설을 다섯 개 부분으로 나눠 평가하는 내용으로 구성되었다. 케넌은 소련이라는 체제에서 나타날 수 있는 것이 무엇인지 이 문서를 통해 미국 정치권에 경고했다.

긴 전보는 소련의 위협을 체계적으로 평가하면서 스탈린 체제가 안고 있는 몇 가지 모순을 강조했다. 즉 소련은 전체적으로 농업 사회인데 여기에 군사적 산업화 과제를 떠안은 것, 최근에 진행된 영토 확장에 따라 경제적 압박이 가중된 것, "자기의 취약함을 감출 목적으로 국내 사정을 지속적으로 비밀에 부치는 것" 등이 그런 문제들이었다. 이런 것들과 미국을 억제할 필요성 사이의 긴장을 케넌은 강조했다. 그리고 시간이 지나면 이런 긴장 때문에 소련은 계속해서 실패할 것이며, 결국 자기 무게를 감당하지 못해서 스스로 무너질 것이라고 주장했다.

그러나 그런 일이 일어나기 전까지 소련은 제2차 세계대전 직후에 전 세계가 안고 있던 취약한 안정성에 커다란 위험을 제기했다. 긴 전보는 크렘린궁이 "서구의 열강들이 서로 적대시하도록 만드는 것을 목표로 하는, 세계 문제에 대한 신경증적 시각"을 가지고 있다고 강조했다. 케넌은 소련의 권력 행사는 매우 전략적이며, 따라서 소련은 서방 세계의 강력한 적이 될 수밖에 없다고 경고했다. 그는 소련 정권이 "이성적인 논리에 둔감하고 (…) 무력적인 논리에는 매우 민감하다"라고 봤다.[10] 그로부터 76년 뒤인 지금 시점에서 보면 케넌의 이 말은 블라디미르 푸틴에게도 적용할 수 있다.

긴 전보는 결론 부분에서 미국이 소련의 주요한 적국으로 대두될 위험을 미국이 가벼이 여겨서는 안 된다는 점을 분명하게 지적했다. 즉 소련과의 갈등 문제에 접근할 때는 "전쟁에서 중요한 전략적 문제들을 해결하는 방법을 마련할 때와 동일한 수준으로 철저하고 주의 깊게 접근해야 하며, 필요하다면 계획을 마련하는 노력에 비용을 아끼지 말아야 한다"라고 했다. 그러나 이 전략을 성공적으로 실행하기 위해 전면적인 전쟁은 필요하지 않으며 그 대신 "장기적으로 바라봐야 하고 인내심을 가져야 하지만 경계심을 늦추지 않는 확고한 억제"가 필요하다고 했다. 그러면서 "미국이 우리만의 방법과 인간 사회에 대한 개념을 고집할 용기와 자신감을 가진다면" 종국에는 미국이 승리할 것이라고 결론을 내렸다.[11]

봉쇄 논리는 조지 케넌이 남긴 유산이 되었고, 이 유산 덕분에 케넌은 미국의 외교 정책 역사에서 중요한 자리를 차지했다.[12] 물론 이 전략이 옳다는 검증은 즉각적으로 내려지지 않았다. 긴 전보가 워싱턴으로 전송된 지 45년이 지난 뒤인 1991년에 소련이 해체됨으로써 비로소 검증이 이뤄졌다.

그런데 소련이 해체되고 러시아연방이 미국의 새로운 세계적인 적으로 다시 등장하는 건 1946년에 케넌이 예상한 범위를 한참 벗어나는 것이었다. 그는 소련 이외에 미국을 장차 위협할 수도 있는 또 다른 적들에 대해 별로 언급이 없었다. 소련의 대의에 대해 중국 공산주의자들 및 미국에 비우호적인 정부들이 지원할 것이라는 가능성을 수긍하는 것 말고는 중국이 장차 전략적인 위협으로 떠오를 것이라고는 언급하지 않았다. 그도 그럴 수밖에 없었던 것이, 1946년 당시 중국에서는 결과가 어떻게 나타날지 알 수 없는 혁명이 진행되고 있었기 때문이다.

케넌이 본국에 긴 전보를 보낸 지 75년 만에 새로운 전보가 등장했다. 익명으로 작성되었으며 미국의 국제문제 연구소인 대서양위원회가 발표한 '더 긴 전보[The Longer Telegram, 이 문서는 케넌의 문서 형식에 맞춰 작성되었으며 익명인 'X'의 명의로 〈포린 어페어스(Foreign Affairs)〉에 게재되었다]'는 미국의 냉전 전략에 대한 최신 견해를 제시하는데, 이번에는 중국이 대상이었다.[13] 그런데 더 긴 전보라는 이 문서의 명칭은 적절한 듯하다. 케넌의 문서는 5,000단어 분량이었던 반면 이 문서는 3만 단어로 되어 있었기 때문이다(영어 1만 단어는 200자 원고지로 대략 150매쯤 된다-옮긴이).[14]

소련 체제의 구조적 약점에 초점을 맞춘 1946년의 긴 전보와 달리 더 긴 전보는 미국이 안고 있는 중국 문제를 분석적인 측면이 아니라 시진핑 주석의 개인적인 측면, 즉 그의 역할과 성격에 초점을 맞췄다. 이 문서는 "중국에 대한 미국의 모든 정치적·정책적 대응은 (…) 시진핑 개인이 가지고 있는 원칙이라는 렌즈를 통해 초점이 맞춰져야 한다"라고 촉구한다.

더 긴 전보는 시진핑이 그의 전임자들인 후진타오나 장쩌민과는 매우 다르다고 주장한다. "시진핑 주석은 전임자들과 다르게 서두르는 사람이다." 이는 한 가지 중요한 측면에서 사실이다. 개혁과 경제 재균형의 속도는 시진핑이 집권하기 이전까지 둔화되고 있었다. 그러나 더 긴 전보는 핵심을 놓치고 있다. 이 속도 둔화는 '개혁 피로감'에 대한 중국인의 우려를 불러일으켰을 뿐만 아니라 중국이 불완전한 전환에 갇혀 중국 경제와 국민을 외부의 여러 가지 충격에, 예를 들면 오늘날 매우 정기적으로 발생하는 경향이 있는 2008~2009년 글로벌 금융위기와 같은 충격에 취약하게 만들 수 있다는 우려도 불러일으켰다.[15] 속도가 더 빠른 개혁이 반드시 나쁜 것은 아니라는 말이었다. 즉 시진핑의 급한 성격이 꾸물거리는 재균형 과정을 촉진하고 외부의 충격에 대처할 한층 강력한 회복력을 중국에 제공할 수 있지 않겠느냐는 말이었다.

앞에서도 살펴봤듯이 시진핑은 여러 측면에서 전임자들보다 훨씬 단호했다. 부패 방지 및 2013년의 포괄적인 '제3차 전원회의' 개혁에 초점을 맞췄던 것도 그랬고, 일대일로 운동과 구조 재조정의 '이중 순환' 전략, 최근 '공동부유' 정책까지 그가 보여준 행보가 그랬다.[16] 이념에 초점을 맞추는 것에 대해서도 똑같은 말을 할 수 있다.

그러나 더 긴 전보는 시진핑의 이런 노력들을 중국의 인권 침해 및 남중국해와 대만해협에서 행사하는 무력 시위와 혼동하고 있다. 더 긴 전보는 시진핑의 중국을 제2차 세계대전 이후 가장 큰 위협으로 규정함으로써, 과거 미국무역대표부의 로버트 라이트하이저가 했던 말을 반복하는 것처럼 들리기도 한다. 그리고 라이트하이저의 301조 관련 제소처럼 근거 없는 주장 및 정황 증거를 토대로 대부분의 판단을 내린다.

더 긴 전보에는 짧고 날카로운 15가지 행동 목록 및 달러화의 가치가 절대로 떨어져서는 안 된다는 주장 등 효과가 검증되지 않은 허세가 담겨 있다. 이 문서의 앞부분에서 내리는 단언은 정확하다. 미국의 근본적인 중국 전략이 부족하다는 지적이 그렇다. 그러나 이 문서의 기본적인 핵심은 시진핑이라는 인물을 대상으로 인신공격을 하는 것이다.

미국의 중국 전략이 부족하다는 지적은 중요하긴 하지만 새로울 게 전혀 없는 비판이다. 조지 H. W. 부시(아버지 부시)가 1988년의 대선 유세 과정에서 자기는 "전망을 세우는 일"은 잘하지 못한다고 했는데, 미국이 바로 그렇다.[17] 물론 미국이 늘 그랬던 것은 아니다. 케넌이 제시했으며 결국 성공했던 봉쇄 전략만 해도 그렇다. 그러나 최근에 미국은 외교 정책에서 충동적인 모습을 보여왔으며, 끈기를 갖고 장기적인 사고를 해야 함에도 그렇게 하지 못했다. 아프가니스탄에서도 그랬고 이라크에서도 그랬다. 미국은 군사적 충돌에는 빠르게 뛰어들었지만 이런 실수가 낳는 결과를 이해하는 데는 느렸다.

미국의 전략은 핵심적인 미국적 가치관에 따라 즉각적으로 대응하는 것으로 바뀌었다. 전 세계의 많은 나라가 떠안은 복잡한 문제들을 해결하는 것을 목적으로 더 정교하고 적합한 행동을 의도적으로 추구해야 하는데 그렇게 하지 못한다는 말이다. 미국의 이런 태도가 현재 러시아-우크라이나 전쟁에 대응하는 모습에서 바뀌고 있다고 판단하기에는 아직 너무 이르다.

중국 관련 논쟁은 미국에 분명 중요하다. 그러나 "중국과 관련해서 깊은 전문 지식과 경험을 가진 전직 고위 정부 관리"로만 알려진 더 긴 전보의 익명 저자를 놓고 이러쿵저러쿵 논하기는 어렵다. 대서양위원회는 "우리가 합법적이라고 생각하지만 앞으로도 계속 비밀로 남을 여러 가지 이유를 근거로 해서" 이 익명 방식을 인정했다.[18] 그러나 이 모든 것은 케넌과 같은 소련 전문가들 및 중국 비평가들 대부분이 오랫동안 혐오하던 것과 동일한 비밀주의로 가려져 있다.

두 개의 전보가 똑같이 냉전의 위험성을 경고하지만 중요하게 다른 부분이 있다. 1946년에 케넌은 미국이 내부 강화에 초점을 맞추면 소련에 맞서는 데 성공할 것이라고 했다. 더 긴 전보는 어느 한 차원에서는 이를 인정하는 듯 보이지만 케넌의 긴 전보와 다르게 시진핑이라는 개인을 향한 비난과 편집증에 빠져버렸다. 이런 경향은 현재 미국 정치권을 사로잡고 있는 편향된 사고방식의 사례로서 동반의존성의 갈등 국면에서 전형적으로 나타나는 증상인데, 여기서 빠져나가기란 쉽지 않다. 오늘날 미국은 중국을 상대로 냉전을 불사하겠다는 의지를 보여주고 있지만 실은 스스로 잘못된 것을 바로잡겠다는 자기 쇄신보다는 남을 비난하는 쪽을 선택한 것이다.

제1차 냉전

제1차 냉전은 제2차 세계대전의 두 주요 전승국 사이에서 40년간 벌어진 정치적·이념적 전쟁이었다.[19] 냉전 역사가 존 루이스 개디스(John Lewis Gaddis)의 말에 따르면 미국과 소련은 함께 히틀러의 제3제국에 맞서 싸울 때 "양립할 수 없는 두 체제로 양립할 수 있는 목표를 추구"했다.[20] 그러나 전쟁 내내 명백했던 '양립할 수 없음'은 독일이 항복하자마자 곧바로 현실로 드러났다.

전쟁의 유형을 분류할 때 가장 뚜렷한 구분은 냉전과 열전이라는 구분이다. 냉전은 군비 경쟁과 군사적 태세 및 마찰 그리고 쿠바 미사일 위기 같은 몇 가지 아슬아슬한 상황을 특징으로 한다. 두 나라는 한국, 베트남, 아프가니스탄, 앙골라 등에서 지속적으로 대리전을 벌이면서도 직접적인 충돌은 피했다. 핵 파괴의 위협 때문에 자제할 수밖에 없었다. 그래서 거칠고 험악한 말을 주고받으면서도 필연적으로 초래될 재앙만큼은 회피했다.

1991년에 냉전이 끝나자 양립할 수 없는 두 체제 사이의 엄청난 경제적 차이가 고스란히 드러났다. 표면적으로만 보면 길고 길었던 냉전 기간에 소련이 거둔 경제 성과는 인상적이었다. 1947~1991년까지 1인당 연평균 국내총생산 성장률이 4퍼센트였는데, 같은 기간에 미국의 성장률은 2.1퍼센트밖에 되지 않았다. 그러나 소련의 증가율은 냉전 전반부와 후반부가 확연하게 달랐다. 1947~1976년까지 30년 동안은 평균 5.5퍼센트씩 증가했지만 1977~1991년에는 연평균 성장률이 0.9퍼센트에 그쳤다.

소련은 해체되기 직전 2년 동안에 1인당 생산량이 평균 4.3퍼센트 줄어들었는데, 이는 소련 해체에 뒤이어 등장한 러시아연방 또한 쇠락할 것임을 예고하는 것이었다. 아닌 게 아니라 러시아연방은 1991~1999년까지 첫 8년 동안 1인당 생산량이 총 36퍼센트나 줄어들었다.[21]

미국은 1970년대와 1980년대에 엄청난 시련을 맞았지만 경제적 기반은 비교적 탄탄했다. 소련 경제가 극적으로 내리막길을 걷기 시작한 1977~1991년까지 14년 동안 미국의 1인당 국내총생산 성장률은 꾸준하게 2.1퍼센트를 유지했는데, 이 수치는 냉전 초기 30년 동안과 비교해도 차이가 거의 없었다.[22] 결국 상대적으로 강하고 회복력이 높은 미국 경제가 허약한 소련 경제를 압도했다고 볼 수 있다.

제1차 냉전에서 소련이 휘두른 영향력의 기반인 군사력은 이를 보장할 수 있는 국가 역량의 한계를 훨씬 초과했다. 또 주변의 위성 국가들을 지원하기 위해 소련이 짊어져야 했던 부담도 무거웠다. 소련의 붕괴는 역사학자 폴 케네디(Paul Kennedy)가 '한도를 초과한 제국주의(imperial overreach)'라고 불렀던 현상의 전형이었다.[23]

경제 성과에서의 이런 차이는 미국과 중국 사이에서 벌어지는 제2차 냉전이 장차 빚어낼 결과를 평가하는 데 유용한 토대가 된다. 불안정한 소련 경제는 제1차 냉전이 종식되는 데 결정적인 요인으로 작용했다. 그러나 소련 경제의 붕괴를 소련 경제보다 훨씬 큰 미국 경제의 회복력과 나란히 놓고 살펴보는 일은 제2차 냉전에서 중국 경제와 미국 경제를 비교하는 데 매우 중요하다.

1947~1991년에 미국 경제가 지녔던 힘은 규모와 성장뿐만 아니라 이를 뛰어넘는 무언가를 포함하고 있었다. 미국 경제는 균형을 이루며 성장했다. 특히 저축과 생산성이라는 두 기둥이 강력하게 지탱해준 덕분에 균형을 이룰 수 있었다. 앞에서도 말했듯이 국가순저축률은 경제의 투자 잠재력을 측정하는 가장 좋은 척도인데, 당시 국민소득에서 국가순저축률이 차지하는 비율은 평균 8.8퍼센트였다. 이 넉넉한 국내저축이 반영되어 경상수지는 냉전 기간 전체에 걸쳐 기본적으로 균형을 이뤘다.

그런데 중요한 사실은 제1차 냉전 기간에 미국은 기업의 고정투자(미래의 생산 잠재력을 유지 또는 확충하기 위한 투자-옮긴이)를 지원하는 자금뿐만 아니라 소련에 대항하는 데 필요한 국방력 강화에 들어가는 자금도 국내저축으로 마련했다는 점이다.

풍부한 국내저축과 균형 잡힌 경상수지 덕분에 미국은 냉전 초기 30년 동안 이렇다 할 무역 마찰에 시달릴 일도 없었다. 경상수지에서 가장 중요한 단일 구성 요소인 미국의 해외무역 현황을 보면, 1947~1975년까지는 국내총생산의 0.8퍼센트로 부분적인 흑자였다가 1970년대 중반에 들어서서는 적자로 돌아서기도 했지만 1976~1991년까지 평균적으로 국내총생산의 1.6퍼센트를 기록했다. 후반기 동안에는 일본과의 무역 긴장이 국제 경제 갈등의 주요 원인이었다. 그러나 이 갈등의 전개는 미소 관계의 긴장과는 무관했다.

미국의 생산성 성장은 제1차 냉전 기간 내내 견고하게 유지되었으며 1947~1991년까지 연평균 2.2퍼센트의 성장률을 기록했다. 오랫동안 경제적 번영에 필수적인 요소로 여겨졌던 생산성은 투자 주도형 성장에서 구체화된 신기술의 결과물인 효율성 향상 및 혁신과 동의어다.[24] 제2차 세계대전 이후 수십 년 동안 미국이 기록한 생산성 성과는 미국의 핵심 경쟁력이었다. 게다가 베이비붐 세대가 기록적인 속도로 노동시장에 진입하면서 냉전 시대 동안 경제활동인구는 1.7퍼센트 속도로 증가했다.[25] 탄탄한 생산성과 노동력 성장의 결합은 미국 경제의 강력한 성장 잠재력이 되었다.

안타깝게도 이 활력은 지속되지 않았다. 앞에서 언급했듯이 미국은 1970년대와 1980년대에 경제적 시련에 맞닥뜨렸다. 그러나 2장에서 설명했던 고통스러운 스태그플레이션(성장 둔화, 실업률 증가, 인플레이션 등)에도 불구하고 미국 경제의 탄탄한 회복력은 인상적인 수준으로 유지되고 있었다. 소련 경제는 경제적 압박이 커졌지만 미국 경제는 그 규모와 상대적인 견실함 덕분에 소련 경제보다 우세했다.

제2차 냉전

2019년에 헨리 키신저가 미국과 중국은 이미 "새로운 냉전의 구릉" 위에 서 있다고 했던 말은 결코 가볍게 나온 게 아니었다.[26] 전형적으로 냉혹한 전사이자 미국의 현대적인 대중 정책의 틀을 설계한 키신저는 자신의 경험을 토대로 그런 말을 했다.

그렇지만 미국의 많은 관찰자는 지금의 미중 갈등에 냉전이라는 꼬리표를 붙이려 하지 않는다.[27] 중국은 과거 소련이 위성 국가들에 대해 가졌던 것 같은 영토에 대한 야망은 없는 것 같다. '시진핑 구상'이 뚜렷하게 대두되고 있긴 하지만 현재의 미중 갈등은 과거의 냉전처럼 냉혹한 이념 경쟁을 특징으로 하지 않는다. 그리고 경제적으로 동반의존적인 이 두 나라의 연결 고리는 과거에 미국 경제와 소련 경제 사이에 의미 있는 연결 고리가 없었던 것과는 뚜렷하게 대조된다.

그러나 최근의 전개 양상은 훨씬 섬뜩하다. 무역 전쟁, 기술 전쟁, 코로나19 진원지 논쟁에서 나오는 독설, 미국 의회의 초당적인 반중 정서와 태도 등이 복합적으로 작용하면서 중국의 행보에 대해 미국의 우려는 깊고도 넓어지고 있다. 미국 정부의 고위 관리들은 여론조사 결과를 빌미 삼아 점점 더 과격해지는 반중 정서를 끊임없이 드러내는데, 이런 양상은 전통적인 지정학적 논쟁을 훨씬 뛰어넘는다.

남중국해 영토 분쟁만 해도 그렇다. 티베트와 홍콩과 대만에서의 인권 및 정치에 대한 해묵은 우려는 말할 것도 없다. 신장성의 위구르족 소수민족과 관련된 논란이 점점 커지고 있는 것에 대해서도 마찬가지다. 게다가 호주와 영국과 미국의 새로운 3국 안보 협정인 오커스(AUKUS, 호주와 영국과 미국의 삼각 동맹으로 2021년 9월에 공식 출범했다-옮긴이)는 중국을 겨냥하는 게 분명하며, 이 동맹에는 냉전의 특징이 넘쳐난다.

어쩌면 새로운 냉전의 가장 강력한 양상은 중국이 러시아와 새롭게 무제한 협력 관계를 맺은 것이 아닐까 싶다. 이 협력 관계는 우크라이나에서 발발해서 제2차 세계대전 이후 어느 때보다 세계를 강력하게 분열시키고 있는 파괴적인 전쟁이 발발하기 직전에 맺어졌다. 어쨌거나 두 나라가 긴밀한 관계라는 정황 증거는 넘쳐난다. 논의의 편의를 위해 이 새로운 냉전을 냉전 2.0 버전 혹은 제2차 냉전이라고 부르자.

그런데 이 냉전도 과거의 냉전처럼 그렇게 끝날까? 제1차 냉전의 결과에 결정적으로 작용했던 미소 양국의 경제를 비교한다면 제2차 냉전의 결론은 제1차 냉전과 전혀 다르게 예측할 수 있다. 중국 경제의 전망은 제1차 냉전 때 비틀거렸던 소련 경제보다 훨씬 밝아 보인다. 물론 중국이 재균형과 개혁의 길을 지금처럼 계속 유지한다는 조건이 전제되긴 하지만 말이다. 문제는 미국에 있다. 그 어떤 지표를 놓고 보더라도 지금의 미국 경제는 제1차 냉전 때보다 상태가 좋지 않다.

최근 10년 동안 미국의 경제 성과를 미국이 중국과 벌이는 새로운 냉전의 압력에 견딜 국가 능력을 가리키는 지표로 바라보더라도 걱정을 지울 수 없다. 〈표 2〉에서 보듯이 2012~2021년까지 지난 10년 동안 미국의 실질 국내총생산 성장률은 평균 2.1퍼센트에 그쳐서 제1차 냉전 당시의 3.5퍼센트에 크게 못 미친다. 이에 따라 노동생산성

미국 경제	과거(1947~1991년)	현재(2012~2021년)
실질 국내총생산 성장률	3.5%	2.1%
생산성 증가율	2.2%	1.3%
국내순저축률	8.8%	3.2%
경상수지	−0.1%	−2.4%
해외무역 수지	−0.1%	−4.4%

〈표 2〉 미국의 냉전 수행 능력의 감소

* 주: 저축률은 국민소득의 백분율이며 경상수지와 무역수지는 국내총생산의 백분율이다. 생산성 평균은 1948년부터 시작되며 무역수지는 상품수지다.
** 출처: 미국 상무부(경제분석국)와 미국 노동통계국.

증가율도 제1차 냉전 기간에는 2.2퍼센트였지만 2012~2021년의 10년 동안에는 1.3퍼센트로 둔화되었다. 아닌 게 아니라 최근의 생산성 둔화는 제2차 세계대전 이후를 10년 단위로 묶어 살펴볼 때 뒤에서 두 번째 수준이다.[28]

오늘날 미국 경제를 지탱하는 저축은 훨씬 문제가 많다. 국내순 저축률은 2012~2021년끼지 10년 동인 평균 3.2퍼센트에 그쳐서 1947~1991년의 평균인 8.8퍼센트의 절반에도 미치지 않는다. 국내 저축의 이런 부족을 반영해서 2012~2021년까지 10년 동안의 경상수지와 무역수지는 적자로 급격하게 전환되었다.

이 비교는 미국에 불안감을 안겨준다. 미국 경제는 제1차 냉전 때만 하더라도 소련과 얼마든지 전투를 벌여도 괜찮을 정도로 좋았다. 그러나 2008~2009년의 글로벌 금융위기와 2020년의 코로나19 충격 같은 위기들로 미국 경제는 큰 타격을 받았고, 제1차 냉전에서는 보이지 않았지만 크게 취약했던 경제적 펀더멘털에 시달리면서 제2차 냉전으로 진입하고 있다. 나중에 12장에서 살펴보겠지만 중국은 미국 경제의 이런 상태를 이미 꿰뚫고 있다.

오랜 역사를 바탕으로 사람들은 '미국 예외주의'가 어떤 상황에서도, 즉 중국이나 다른 어떤 나라와 충돌하더라도 통할 것이라고 믿는다. 그러나 미국 경제가 50년 전보다 상당히 취약해졌음을 고려한다면 그런 기대는 무리다. 코로나19 이후 발생한 막대한 예산 적자는 경상수지 적자와 무역수지 적자는 물론 국내저축에 지속적인 압박을 줄 것이다. 이런 상황이라면 새로운 냉전에서 미국은 한 손을 뒤로 묶고 나머지 한 손으로만 중국을 상대해야 하는 위험한 모험을 할 수밖에 없다.

마지막으로, 두 나라의 경제 규모를 비교해볼 수 있다. 구매력평가지수를 기준으로 하면 제1차 냉전이 시작될 때 소련 경제보다 압도적으로 규모가 컸던 미국 경제가 제2차 냉전이 시작되는 시점에서는 중국 경제보다 오히려 규모가 작다. 이 모든 것을 고려하면 제1차 냉전에서 미국에 승리를 안겼던 경제적 우위 전략이 제2차 냉전에서는 패배를 안길 수 있다.

투키디데스와 키신저

격렬한 말싸움은 냉전의 두드러진 특징이다. 1956년에 소련 공산당 서기장 니키타 흐루쇼프(Nikita Khrushchev)가 했던 "우리는 너희를 묻어버릴 것이다"라는 저 유명한 위협은 미국과 소련이 서로를 향해 드러내던 적대감이 얼마나 강렬했는지 보여준다.[29] 1950년대와 1960년대 초 미국의 초등학교 어린이들은 핵전쟁 대피 훈련을 정기적으로 받았다.[30] 그리고 1962년 쿠바 미사일 위기 때 미국인은 진짜로 핵전쟁이 발발할 것이라는 공포에 떨었다. 마오쩌둥 역시 적대적인 냉전 태세에 잘 훈련되어 있었고, "미국의 침략자들과 이들의 앞잡이들"에게 당장 항복하라고 큰소리를 치기도 했다.[31]

공격적인 언사는 동반의존성의 갈등 국면에서 중심적인 역할을 하는데, 이런 것들이 소련과 중국의 지도자들에게서만 나온 게 아니다. 미국의 지도자들도 똑같이 적극적으로 험악한 말들을 쏟아냈다. 위스콘신의 상원의원이었던 조 매카시(Joe McCarthy)는 1950년대 초에 공산주의자를 향해 험악한 말로 공격한 것으로 악명이 높았다. 또한 2020년 트럼프 정부의 인사들은 중국을 비난하는 거친 막말을 일삼았다.

2020년 여름, 미국의 고위 관리 네 명이 연설에서 과거 냉전 시절의 언사가 무색할 정도로 중국을 향해 거친 말을 쏟아냈다. 로버트 오브라이언(Robert O'Brien) 국가안보보좌관은 중국이 이념적인 위협을 행사한다고 비난했고, 크리스토퍼 레이(Christopher Wray) FBI 국장은 중국의 스파이 활동을 규탄하며 과거의 냉전 때와 같은 비난을 퍼부었다. 경제 경쟁을 이야기한 윌리엄 바(William Barr) 법무부 장관은 경제 분야의 경쟁에 초점을 맞췄고, 마이크 폼페이오(Mike Pompeo) 국무부 장관은 캘리포니아 닉슨 도서관에서 한 연설에서 중국을 전면적으로 공격했다.[32]

미국의 외교 정책 고위책임자이자 미국 대통령직 승계 서열 4위인 마이크 폼페이오가 했던 말은 특별한 의미를 담고 있었다. 그가 했던 많은 발언 가운데 특히 "중국의 독한 변종 공산주의"를 겨냥한 "시진핑은 파산한 전체주의 이념의 신봉자다"라는 인상적인 주장과 "자유세계는 반드시 이 폭압적인 체제를 뒤집어엎어야 한다"라는 선언이 그랬다. 그가 닉슨 도서관을 연설 장소로 선택한 데는 1972년에 닉슨 대통령이 역사적인 중국 방문을 하면서 시작되었던 미중 관계가 애초부터 잘못된 것이었음을 암시하겠다는 의도가 녹아 있었다. 폼페이오의 거친 언사와 근거 없는 주장들은 1950년대 매카시의 어록에서 바로 뽑아낸 것 같았다.[33]

냉전의 충돌에서는 공격적인 언사가 새삼스러울 게 없다. 하지만 그래도 이런 발언의 수위가 높은 수준으로 고조될 필요는 없다. 거친 말들이 오가면 신뢰가 훼손되고 대결이 촉진되어 우발적인 충돌이 발생할 무대가 마련된다는 사실을 알아야 한다. 전쟁의 불길이 타오르는 우크라이나에서는 말할 것도 없고 남중국해와 대만해협에서 긴장이 고조되고 있으니만큼, 이 긴장이 더욱 고조될 가능성을 가볍게 여기면 안 된다. 지나간 역사를 보면 온갖 어리석은 행동 때문에 군사적 충돌이 촉발되고 이것이 전쟁으로까지 비화한 사례가 수도 없이 많다는 사실을 알 수 있다.[34]

그레이엄 앨리슨은 새롭게 떠오르는 강대국과 기존의 강대국 사이에서 발생하는 갈등과 관련된 역사적 맥락을 풍부하게 제시했다.[35] '투키디데스 함정'이라는 표현은 앨리슨이 펠로폰네소스 전쟁의 역사를 기술했던 투키디데스에게 경의를 표하기 위해서 만든 말이다. 펠로폰네소스 전쟁은 기원전 5세기에 신흥 강대국인 스파르타와 기존의 강대국인 아테네 사이에서 벌어진 전쟁이었다. 앨리슨은 '투키디데스 함정'이라는 표현으로 오늘날 경쟁 관계에 놓인 미국과 중국 두 나라가 전면적인 군사적 충돌로 이어질 가능성을 강조한다. 이 두 나라의 군사적 충돌은 오늘날 전개되고 있는 냉전에서 가장 염려가 되는 위험이기도 하다.

겉으로만 보더라도 앨리슨의 가설이 시사하는 내용은 무시무시하다. 그는 16세기까지 거슬러 올라가면서 강대국들 사이에 벌어졌던 충돌 사례 16가지를 살폈는데, 그중 12개가 결국 전쟁으로까지 이어졌음을 확인했다. 그렇다면 현재 미국과 중국의 갈등이 군사적 충돌로 이어질 가능성을 75퍼센트로 봐도 되지 않을까? 아마 그렇지는 않을 것이다. 가장 중요한 점은 오늘날의 분쟁은 핵무기 시대 이전의 분쟁과 매우 다르다는 점이다.

16세기와 17세기에 오스만 제국이 유럽의 패권을 휘어잡았던 합스부르크 가문에 대항해 여러 차례 시도했던 도전에서부터 두 차례의 세계대전을 초래했던 엄청난 갈등에 이르기까지, 강대국 사이의 충돌이 전쟁으로 이어지는 것은 거의 확실했다. 그러나 재래식 전쟁이 잠재적인 핵 대결 전쟁으로 바뀌면서 전면적인 (냉전이 아닌) 열전의 가능성은 거의 사라졌다. 적어도 푸틴이 우크라이나와의 전쟁 초기에 핵전쟁을 언급하기 전까지는 다들 그렇게 생각했다. 앨리슨이 연구 대상으로 삼았던 최근의 세 가지 사례를 보면(이 사례들은 모두 20세기에 나타났던 강대국들의 충돌이었다) 핵 파괴의 위협이라는 바로 그 이유로 군사적인 충돌이 일어났던 것은 아니다.

그렇다면 핵 억제 시대에는 냉전이라는 것이 결국 허세 게임일 뿐일까? 아니면 무섭도록 현실적으로 묘사된 공상 소설의 주제일까?[36] 그러나 이런 결론은 관계 갈등을 살펴보며 내릴 수 있는 깔끔한 결론은 아니다. 냉전은 동반의존성의 갈등 국면이 드러내는 가장 논쟁적인 측면을 나타낸다. 핵 억제는 막대한 비용이 드는 군비 증강을 거의 막지 못한다. 2022년에 블라디미르 푸틴이 했던 핵 무력 시위에서 드러났듯이 갈등이 더 높은 수준으로 비화하는 데는 제동 장치가 자동으로 작동하지도 않는다.

시진핑은 오랫동안 중국의 군사력 증강과 인민해방군의 현대화를 우선순위로 삼았다.[37] 미국의 국방비 지출이 아직은 중국의 약 세 배에 이르지만, 11장에서 나는 2030년대 초가 되면 이 격차가 사라지리라 예측하면서 그 근거를 설명할 것이다. 몇 년 전 미국 국방부는 중국 해군력이 급격하게 강화되는 것을 두고 경보를 울렸는데, 현재 중국의 해군력은 세계 최강이다.[38] 중국은 핵무기 보유량이 상대적으로 적다. 하지만 2021년 여름 중국 간쑤성에서 핵미사일 사일로가 대규모로 확장되고 있음이 확인되었다.[39] 얼마 뒤에도 중국은 핵 탑재가 가능한 극초음속 무기를 시험했는데, 이 일은 미국의 국방계에 큰 충격을 안겨주었다.[40]

미국 합동참모본부 의장으로 미국의 최고위급 군사 관료인 마크 밀리(Mark Milley)는 중국의 극초음속 무기를 1957년에 소련이 쏘아 올렸던 인공위성 스푸트니크호에 비견했다. 당시 스푸트니크호 사건은 제1차 냉전의 양 진영에서 모두 국방비 지출이 급격하게 늘어나는 계기가 되었다.[41] 사람들은 폴 케네디가 '한도를 초과한 제국주의'라고 불렀던 현상 때문에, 즉 허약해진 경제력이 감당할 수 있는 수준을 초과하는 국방비 지출 때문에 소련이 붕괴했다고 믿는다.[42] 그런데 중국의 경제력은 그 결론의 반대 방향을 향한다. 중국은 소련과 다

르게 군비 증강을 감당할 경제력을 충분히 갖추고 있기 때문이다.[43]

군비 경쟁의 목적이 힘의 균형을 유지하는 것이라면 중국은 급속한 군사력 증강 및 현대화로 균형을 유지하기 위해 감당해야 할 부담도 달라질 수밖에 없다. 만약 그렇다면 제1차 냉전과 제2차 냉전을 지탱하는 경제적 기반을 나란히 놓고 비교할 필요가 있다. 요컨대 허약해진 소련 경제로서는 자기보다 훨씬 강력한 경제력을 갖춘 미국 경제를 상대로 군비 경쟁을 계속할 수 없었다. 그러나 현재의 중국은 지속적인 군비 증강을 얼마든지 지원할 수 있다. 적어도 소련보다는 한결 쉽게 지원할 수 있다. 현재의 중국 경제가 과거의 소련 경제보다 튼튼하기도 하거니와 현재의 미국 경제가 과거의 미국 경제보다 허약하기 때문이기도 하다.

키신저가 경고했듯이, 핵 억제 시대에는 열전이 일어날 가능성이 적다는 이유만으로 제2차 냉전을 소홀하게 다뤄서는 안 된다. 제2차 냉전은 제1차 냉전과 마찬가지로 세계적인 차원의 힘의 균형에 거대한 영향을 미칠 수 있다. 그러나 제1차 냉전과 다르게 투키디데스의 교훈을 무시해서는 안 된다.

중국과 러시아의 냉전 삼각 전략

빠르게 움직이는 사건들은 종종 역사를 뒤집어놓는다. 투키디데스의 교훈과 이를 현대적으로 해석한 헨리 키신저의 경고는 최근에 새로운 의미를 갖게 되었다. 현대 역사에서 나타났던 크고 비극적인 아이러니들 가운데 하나로, 제1차 냉전 패전국의 후계 국가인 러시아연방이 지금은 제2차 냉전에서 세계 평화와 안정에 여러 가지 심각한 위험을 제기하고 있다. 이는 중국이 제기하는 새로운 도전 과제들에 대한 미국의 거짓 서사를 복잡하게 만들 뿐만 아니라 중국의 전략적 오산 가능성도 제기한다.

이런 새로운 위험들은 두 가지 요인에서 비롯된다. 하나는 중국이 러시아와 새로운 협력 관계를 맺은 것이고, 다른 하나는 러시아가 우크라이나와의 전쟁을 불사할 정도로 공격성을 품고 있다는 것이다. 시진핑은 베이징 동계올림픽 개막일 하루 전인 2022년 2월 4일에 블라디미르 푸틴 러시아 대통령과 포괄적인(무제한적인) 동맹 협정을 체결했다.[44] 이 협정은 기후변화와 건강보험에서부터 지속 가능한 개발과 빈곤 퇴치에 이르는 상호 관심사의 여러 핵심 분야를 포괄하는 것이었다. 그러나 이런 문제들은 지정학적 패권을 두 나라가 공유할 획기적인 돌파구를 마련하기 위한 눈속임용 장식일 뿐이었다. 5,000자가 넘는 그 협정문에서 핵심적인 부분은 "두 나라 사이의 우호 관계에는 한계가 없다"라는 문장이다.

이 새로운 협정의 중요성을 강조하기 위해 나중에 왕이 중국 외교부장은 이 협정이 통상적인 동맹을 훨씬 뛰어넘는 수준이라고 규정하면서 "국제 지형이 아무리 위험하다고 하더라도" 러시아는 이제 중국의 "가장 우선적인(chief)" 전략적 동맹국이라고 강조했다.[45] 협정이 체결된 지 20일이 지난 뒤(중국으로서는 다행스럽게도 베이징 동계올림픽이 끝나고 나흘이 지난 뒤) 러시아는 우크라이나를 일방적으로 침공해 세계를 충격에 빠뜨렸다.

러시아의 이 행동은 한 가지 점에서 제1차 냉전 역사의 한 국면과 비슷하다. 제1차 냉전의 갈등에서 전환점이 되었던 것들 가운데 하나는 1970년대 초에 미국과 중국 사이에서 무르익었던 화해 분위기였다. 1972년에 리처드 닉슨 미국 대통령이 중국을 방문하는 역사적인 사건이 일어났고, 그 결과로 미국과 중국은 당시 경제적 기반이 약해지기 시작하던 소련을 함께 고립시켰다. 전략지정학적 용어로 이 행보는 전형적인 삼각 책략(triangulation gambit)이었는데, 이는 결코 협력할 것 같지 않은 두 나라가 협력해서 제3의 나라를 압박하는 전략을 말한다.

닉슨의 국가안보좌관이자 미국의 대(對)중국 정책의 설계자였던 헨리 키신저는 나중에 이것을 두고 "미국과 중국의 화해는 냉전의 전술적 측면에서 시작되었는데, 나중에는 새로운 세계 질서 진화의 중심지로 발전했다"라고 말했다.[46] 베를린 장벽이 무너지기까지 17년이 걸렸지만 어쨌거나 소련은 삼각 책략이라는 압박의 무게를 견디지 못하고 무너졌다.

그 고통스러운 교훈을 블라디미르 푸틴은 잊지 않았다. 오래전부터 푸틴은 소련의 붕괴가 20세기의 가장 큰 재앙이라고 말해왔다.[47] 그랬던 푸틴이기에 중국과의 협력 관계를 깊고 무제한으로 넓혀나가는 것이야말로 과거에 부당하게 잃어버린 지위를 회복하기 위한 여정에서 중요한 단계라고 바라본다. 미국으로서는 이런 일이 일어날 것을 예상했어야 했지만 그렇게 하지 못했다. 시진핑이 중국 국가주석이 되고 나서 처음 방문한 외국이 러시아였고, 그때가 2013년 초였다. 시진핑과 푸틴이 그때 이후로 만난 횟수만 하더라도 37회나 된다. 이처럼 두 사람은 서로를 세계의 다른 어떤 지도자들보다 훨씬 많이

만났다.[48]

그러나 시진핑만 그랬던 게 아니다. 2001년 장쩌민 주석과 푸틴 대통령은 전략적 가치를 공유하자는 약속으로 '선린우호협력조약'에 서명했다.[49] 당시 중국은 화합 및 늘어나는 글로벌 연결성의 시기였다. 그해 말에 중국은 엄청난 환영을 받으면서 WTO에 가입했다. 러시아도 서방과의 동반자 관계가 점점 커질 수밖에 없음을 인정하면서, G7에 가입해 기존의 G7을 G8로 바꿔놓으면서 세계적인 강대국의 지위로 올라섰다.

그로부터 21년 뒤인 2022년 2월에 러시아 지도자와 중국 지도자가 베이징에서 만났을 때 세상은 매우 달라져 있다. 러시아는 2014년에 크림반도를 침공하고 합병했다는 이유로 G8에서 퇴출되었고,[50] 중국은 미국과의 갈등이 점점 커지고 있었다. 한편 미국은 대중 무역 및 기술 압박이라는 공격적인 전략을 통해 중국을 억제할 수 있다고 확신했으며 새롭게 형성된 러-중 동맹 관계의 전략적 도전에 대비할 준비가 되어 있지 않았다. 제1차 냉전에서 미국과 중국이 소련을 놓고 삼각 전략을 구사했던 것과 똑같은 방식으로, 이제 미국은 러시아와 소련의 삼각 전략 압박을 받고 있다.

우크라이나에서 벌어지는 전쟁은 이 새로운 삼각 전략을 완전히 다른 관점에서 비춰준다. 이는 중국에는 기껏해야 불편한 전개 양상일 뿐이다. 1950년대 중반에 저우언라이 총리가 처음 천명했던 '평화공존 5원칙'을 오랫동안 고수해온 중국은 영토주권 존중과 불가침, 타국 내정 불간섭을 국제 관계의 핵심적인 가치로 설정하고 있다.[51] 그러나 러시아가 우크라이나를 침략하고 이 나라와 국민을 잔혹하게 공격하는 행태는 중국이 대외적으로 내세우는 원칙에 어긋난다. 그래서 중국은 무제한의 협력을 약속한 동맹국의 행동이 자신의 신념과 일치하지 않는 당혹스러운 상황에 놓여 있다.

그러나 중국은 자기가 내세운 원칙의 도덕성보다 더 많은 것을 위험하게 만들고 있다. 동맹국인 러시아가 우크라이나에서 펼치는 잔혹한 군사 작전을 중국이 지원하는 것이 과연 옳은가 하는 의문은 이미 제기되고 있다. 만일 중국이 러시아를 군사적으로 지원하거나 서방이 러시아에 가한 금융 제재를 누그러뜨리는 식으로 아주 조금이라도 힘을 보태준다면 전 세계의 비난을 받을 위험을 감수해야만 할 것이다.

미국은 러시아와 중국이 손잡고 펼치는 삼각 전략의 책략을 무력화하기 위해서라도 중국에 압력을 가해야 한다고 확신하는 것 같다.[52] 중국은 1950년대 후반과 1960년대 초에 소련에 등을 돌렸던 역사가 있긴 하지만 두 나라 사이에는 그보다 더 오랜 세월 동안 사랑해온 역사가 있다.[53]

그러나 이것은 어디까지나 희망일 뿐이다. 중국은 러시아와의 무제한 협력 관계를, 미국이 무역 전쟁과 기술 전쟁 그리고 이제 험악한 막말로 펼쳐내는 봉쇄 전략에 맞선 전략적 대응으로 바라본다. 러시아-우크라이나 전쟁 때문에 중국이 러시아와의 동맹 관계를 불편하게 여기는 것은 분명한 사실이지만, 중국 지도부는 2049년까지 강대국 지위에 올라서겠다는 목표를 생각하면서 지금 당장 우크라이나에서 진행되는 전쟁을 넘어 멀리 미래를 바라보고 있다.

이처럼 중국의 부흥 전략은 지금 당장 우크라이나에서 벌어지고 있는 전쟁이라는 끔찍한 충돌 앞에서도 흔들리지 않는다. 러시아-우크라이나 전쟁이 아무리 잔혹하다고 해도, 시진핑이 소중히 여기는 중국몽의 핵심 목표를 실현하려면 이 전쟁에 따른 비난과 손가락질은 중러 동맹 관계 유지를 위해 치러야 하는 작은 대가일 뿐이다. 이 전략의 손익 계산은 11장에서 해보기로 하자.

이런 상황은 미국에도 똑같이 중요한 전략적 문제를 제기한다. 우크라이나에서 벌어지는 전쟁을 고려하지 않는다면(물론 이렇게 하는 게 갈등의 뜨거운 열기 속에서 결코 쉬운 일은 아니긴 하다), 과연 미국은 다가오는 중국과의 냉전에서 이 새로운 반전에 대응할 준비를 얼마나 잘하고 있을까? 중국과 러시아가 손을 잡고 전개하는 삼각 전략, 제1차 냉전 때와 비교할 때 상당히 취약해진 미국의 경제적 지위, 이 두 가지 요소 때문에라도 제2차 냉전에서 미국이 이길 것이라고 장담할 수 없다. 미국은 제1차 냉전 때 통하던 것이 오늘날에도 통할 것이라는 잘못된 가정에 사로잡혀 다른 거짓 서사를 만들어내 중국과의 갈등을 관리하려고 할지 모른다.

손자병법

긴장이 고조되면서 냉전이라는 개념 틀은 미중 갈등의 많은 위험과 잠재적 영향을 평가하는 도구로서 더욱 중요한 의미를 가진다. 그러나 군사적 충돌과 마찬가지로 냉전에서도 폭력을 통해 이기는 경우는 거의 없다. 승패를 가르는 것은 궁극적으로 전략이다. 더 긴 전보가 정확하게 강조했듯이 현재의 중국을 다룰 장기적인 전략적 틀을 갖추지 못한 미국으로서는 걱정스러운 일이다.

그런데 중국인은 아주 오래전부터 전략적 사고를 해왔다. 춘추전국시대의 군사전략가 손자가 《손자병법》에 썼던 문장을 보자. "전략이 깊고 또 멀리까지 바라보면 (…) 싸움을 하지도 않고 이긴다."[54] 미국도 전략을 중요하게 여기던 때가 있었다. 예를 들면 조지 케넌이 긴 전보에서 끈기 있는 격리를 강조한 것은 손자의 정신과 매우 비슷했다. 그러나 불행하게도 지금 미국은 만성적인 전략 부족에 시달리고 있다.

그런데 냉전에서의 승리는 실제로 어떤 모습이었을까? 제1차 냉전 이후 소련이 붕괴했다는 사실은 체제 관리에 실패한 나라가 냉전에 패배한다는 하나의 가능성, 하나의 선택지를 보여준다. 휴전과 군비축소는 두 나라 모두에 치유와 갱신의 기회를 보장하는 또 다른 선택지다(이 책의 4부에서는 이에 대한 가능성을 살펴볼 것이다). 그러나 냉전은 과거의 동맹국들 사이의 관계를 파괴하는 지속적인 교착상태를 불러올 수 있다. 이는 일종의 '디커플링'을 수반한다. 즉 무역, 기술, 금융 자본, 노동, 정보 흐름 등이 국경을 넘나드는 연결성이 무너진다는 말이다. 이 모든 가능성은 현재 제2차 냉전에서 실현되고 있다.

미국과 중국이 오랜 기간 이어졌던 협력을 뒤로하고 따로 행동하기 시작하면서부터 무역 흐름과 자본 흐름이 줄어드는 디커플링의 위험에 사람들이 많은 관심을 기울이고 있다.[55] 그러나 트럼프의 관세 정책과 코로나19 발생으로 양국 간의 무역은 2019~2020년에 감소했다가 이후 급격히 늘어났다. 미국과 중국의 상품 수출입 총액은 2021년에 6,580억 달러를 기록했는데, 이는 2018년에 기록했던 최고치인 6,620억 달러보다 아주 조금 감소한 것이며 2010~2017년 평균보다는 약 1,000억 달러가 많다. 미국과 중국은 세계에서 규모가 가장 큰 양국 간의 상품 및 서비스 무역을 계속하고 있다.[56]

2021년 말 기준으로 중국이 보유하는 미국 재무부 증권(채권)의 보유액은 1조 1,000억 달러로 감소했다. 이 보유액은 2017년의 최고치에 비하면 10퍼센트 줄어든 것이지만 중국은 여전히 미국 채권을 일본에 이어 세계에서 두 번째로 많이 보유한 나라다. 일본의 미국 채권 보유액은 중국보다 조금 더 많은 1조 3,000억 달러다.[57]

이와 비슷한 추세는 인적 교류에서도 뚜렷이 드러난다. 코로나19 이전에 중국인에게 발급된 미국 비자는 2019년에 2만 7,541개로 감소했다. 이 수치는 2018년 기록보다 35퍼센트 줄어든 것이지만 중국은 외국 근무지의 비자 발급에서 인도를 앞서며 1위를 유지했다. 그리고 코로나19가 발생한 뒤에는 여행 제한 조치가 2020년에 전체 비자 발급에 영향을 주었지만, 중국은 팬데믹 기간에 계속해서 1위를 지켰다.[58]

안타깝게도 제2차 냉전과 미국에서의 불타오른 반(反) 아시아 정서는 미국에서 공부하려는 중국인에게 비자 발급의 문턱을 높였다. 미국 대학교에 등록된 중국인 학생이 받는 비자 증가율은 2년 단위 조사 수치에서 2019~2020년 1.2퍼센트로 줄어들어 2005~2006년 이후로 가장 낮았다. 그러나 미국에는 중국 출신의 학생이 37만 명 넘게(이 수치는 10년 전보다 세 배로 늘어난 것이다) 공부하고 있으며, 중국은 미국의 교육기관에 가장 많은 유학생을 보내는 나라이기도 하다.[59] 최근 바이든 정부가 학생 및 연구자를 대상으로 하는 비자 제한 규정

을 완화한 것은 미중 간 인적 교류라는 핵심적인 분야에서 개선이 이뤄지고 있다는 긍정적인 신호다.[60]

비(非)기술 분야의 무역과 자본, 사람의 국경 간 흐름이 감소하는 것과 함께 기술 제품 및 서비스의 국경 간 이전이 급격히 감소하고 있다는 사실은 한층 장기화된 냉전 디커플링에서는 어떤 일이 일어날 것인지 암시한다. 이런 움직임의 영향은 미국과 중국 모두에서 감지된다. 예를 들어 중국 출신의 학생과 이민자가 줄어들고 미국이 부과한 관세 때문에 중국 수입품 수요가 줄어들면 미국은 중국이 아닌 외국의 고비용 공급자들을 상대로 무역을 전환해야 하고, 미국 내 외국인 학생들의 구매력 상실에서 충격을 입을 것이다. 지금까지는 이 피해가 미미했지만 냉전이 장기화되면 늘어날 것이다.

로디엄 그룹(Rhodium Group)과 미국상공회의소 중국 센터에서 최근 공동으로 발표한 연구논문은 디커플링의 영향을 훨씬 포괄적으로 평가한다.[61] 이 논문은 서시적 영향의 네 가지 경로(무역, 투자, 개인 간 교환, 지식 흐름)를 놓고 추산하는데, 네 가지 경로에서 모두 부분적인 디커플링이 일어나 항공, 반도체, 화학, 의료기기라는 4대 핵심 산업이 큰 영향을 받는 등 미국이 큰 손실을 볼 것이라고 예상했다. 이 논문은 모델링 대상으로 삼은 표본을 뛰어넘어 전면적인 부분에서 디커플링이 일어나면 중국 중심의 글로벌 공급망에 나쁜 영향을 미칠 게 분명하며, 공급망 의존성이 높은 미국은 국가 안보 분야에서 큰 피해를 볼 것이라고 지적한다.

상호의존적인 세계에서 세계 최대 규모의 무역 관계를 맺고 있는 두 나라의 쌍방 디커플링은 전 세계에도 영향을 미친다. 전 세계의 무역 규모가 제1차 냉전 때와는 비교할 수 없을 정도로 커졌기 때문이다. 2008~2009년 글로벌 금융위기의 여파에 따른 오랜 침체에도 불구하고 무역 총규모는 여전히 세계 국내총생산의 약 28퍼센트를 차지하고 있다.[62] 이는 실질적으로 제1차 냉전 시기인 1947~1991년의 평균인 13.5퍼센트의 두 배가 넘는다. 무역이 글로벌 상거래 구조 안에 한층 촘촘하게 엮여 있을수록 이 연결성을 풀기란 그만큼 더 어려울 수밖에 없다. 이런 조건이 1930년대 초에나 있었던 세계 무역 전쟁과 같은 전 세계적이며 파괴적인 글로벌 디커플링의 가능성을 낮춰준다.

이런 복잡한 연결성 때문에 전면적인 글로벌 디커플링의 가능성은 적다. 앞서 언급했듯이 한 나라에서만 생산되던 상품들이 이제는 점점 더 많은 나라를 거쳐 완성품으로 생산되고 있다. 현재 전 세계에서 생산되는 상품은 대부분 다국적 글로벌 가치사슬의 방대한 네트워크 안에서 제조된 부품 및 반제품의 무역을 통해 최종적으로 조립되어 생산된다.[63] 이렇게 다국적 공급망을 통한 양자 간 무역의 확산은 아무리 경제 규모가 큰 나라라고 하더라도 양국의 쌍방 디커플링 효과를 떨어뜨린다.

이런 점들이 미중 무역 갈등의 영향과 결정적으로 관련이 있다. 양자 디커플링이 글로벌 디커플링으로 이어질 필요는 없지만 글로벌 가치사슬로 증폭되는 무역 전환이 발생할 수 있다.[64] 개별 국가에서 생산되는 완제품의 전통적인 교환 방식으로 이뤄지는 무역에서, 복수의 생산 플랫폼에서 글로벌 가치사슬이 주도하는 무역으로 전환되는 무역 구조의 변화도, 점점 더 통합되고 있는 범아시아 공장 방식의 구조에서 일어나는 중요한 변화를 반영한다.

세계은행과 WTO의 연구자들은 중국이 2001년 WTO에 가입한 이후 미국의 미중 상품 무역 적자가 크게 확대된 것은 다른 선진국들(특히 일본, 한국, 대만)이 생산과 조립을 중국으로 오프쇼어링(offshoring, 기업 업무의 일부를 해외 기업에 맡겨 처리하는 것-옮긴이)하기 때문이라는 사실을 최근에 발견했다.[65] 미국의 대(對)중국 무역에서 빚어지는 문제는 대부분의 미국 정가 인사들이나 일부 주요 학자들이 얘기하는 것처럼 중국이 미국 시장에 자국의 상품을 마구 뿌려대기 때문에 발생한 문제, 즉 오로지 중국 때문에 발생한 문제가 아니다.[66]

간과할 수 없는 중요한 사실이 또 하나 있다. 글로벌 가치사슬의 연결성이 늘어났다는 것은 중국에서 생산되어 미국에 수입되는 완제품에 추가로 부과되는 관세는 중국 수출업체뿐만 아니라 그 상품을 생산하는 중국 중심의 공급망에 연결된 제3국의 업체들에도 부담을 준다. 최근 미국이 중국 수입품에 부과하기 시작한 관세는 중국뿐만 아니라 무역에 민감한 동아시아 전역의 국가들에게도 영향을 미쳤다. 공급망 연결성 때문에 미국의 '중국 해법(China fix)'은 동아시아 전 지역으로 확장되었다.[67]

이런 사실들을 고려하면 미중 관계에서(무역 흐름을 통한 실질적인 측면에서나, 자본 흐름을 통한 금융 측면에서나, 기술 및 노동 흐름이 추가로 감소하는 양상 속에서) 추가로 디커플링이 나타날 것 같다. 게다가 더 골치 아픈 정치적 문제도 제기된다. 미국과 중국의 양자 디커플링에서 발생하는 무역 전환은 미국 기업의 아웃소싱이 저비용인 중국 생산 플랫폼에서 벗어나 고비용인 다른 나라로 이동한다는 뜻이기 때문이다.

앞서 지적했듯이 이렇게 되면 미국의 기업과 노동자, 가계는 세금 인상의 부담을 안게 되는 것이나 마찬가지다.

극단적으로 말하면 디커플링은 분쟁 당사국들인 미국과 중국에 직접적인 피해를 줄 뿐만 아니라 전 세계를 위험에 빠뜨린다. 이 사실을 한 가지 사고실험으로도 알아볼 수 있다. IMF의 〈세계 경제 전망(World Economic Outlook)〉 데이터베이스를 이용하면 세계 경제에서 중국을 통계적으로(즉 가상으로) 삭제할 수 있다. 이런 설정은 기본적으로 세계 경제성장의 메커니즘을 수치 차원에서 확인하기 위한 것이다. 다시 말해 완전한 디커플링이 무엇을 의미하는지 알아보기 위해 세계 경제의 전반적인 성장에서 중국이 기여하는 효과를 제외해보는 것이다.

어떤 의미에서 보면 이 통계적 사고실험은 제1차 냉전 기간에 소련이 수행했던 자급자족의 경제를 복제해보는 것이다. 점점 더 논란이 되는 장기적인 냉전 시나리오 아래에서 미국과 미국의 동맹국들이 중국이 전 세계와 맺고 있는 경제적 연결성을 끊는 것을 목표로 한다고 가정하면 된다. 이런 일이 실제로 일어나지는 않겠지만, 이 사고실험을 통해서 우리는 중국의 완전한 디커플링이 세계 경제에 어떤 영향을 주는지 예측해볼 수 있다.

이 사고실험의 결과가 놀랍긴 하지만 사실 따지고 보면 놀라울 게 없다. 중국의 완전한 디커플링은 전 세계에 커다란 문제를 안겨준다. 1980~2020년에 중국은 세계 경제성장의 23퍼센트를 차지했다. 그 40년 동안 전 세계의 국내총생산 성장률은 평균 3.3퍼센트였는데 만일 세계 국내총생산에서 차지하는 비중이 1980년 2.5퍼센트에서

2020년 18퍼센트까지 늘어난 중국이 없었다면 세계 경제는 1년에 2.5퍼센트 성장하는 데 그쳤을 것이다.[68]

실제 현실에서 이런 일이 일어났다면 전 세계는 재앙을 맞았을 것이다. 글로벌 경기순환 분야의 전문가들은 세계 경제가 침체에서 벗어나는 기준선이 세계 국내총생산 성장률 약 2.5퍼센트라고 대부분 생각한다.[69] 세계는 넓고, 따라서 글로벌 경기침체가 200개 이상의 국가 경제를 동시에 덮칠 가능성은 극히 희박하다. 전형적인 글로벌 경기침체 때 경기침체가 나타나는 국가는 전 세계에서 절반 미만이다.[70] 2.5퍼센트라는 기준선은 경기침체가 발생하고 확산되는 변동을 잘 포착한다. 이 실험의 결과는 만일 중국이 없었다면 1980년 이후의 세계 경제는 글로벌 경기침체의 문턱 언저리에서 훨씬 자주, 힘들게 헤맸을 것임을 말해준다.

이 실험에서 2008~2009년의 글로벌 금융위기 직후 몇 년 동안 중국을 세계 경제의 '성장 기록에서 가상적으로 제거해보면 더 흥미로운 결과가 나온다. 즉 2012~2016년에 중국 경제의 회복력은 말 그대로 세계 경제에서 유일하게 보통 이하의 회복 수준과 경기침체 발생 수준 사이에 존재하는 것으로 나타난다. 그 5년 동안 세계 국내총생산은 해마다 3.5퍼센트씩 증가했는데, 중국이 이 증가분의 35퍼센트를 차지했다. 그런데 만일 중국이 없었다면 어떻게 되었을까? 세계 국내총생산 성장률은 세계 경기침체의 기준선인 2.5퍼센트에도 미치지 못하는 평균 2.3퍼센트에 그친다.

물론 이런 계산들은 단지 머릿속에서 그려보는 가상의 연습일 뿐이므로 액면 그대로 받아들일 필요는 없다. 중국이 실제로 존재하지 않을 때의 세계 경제는 중국을 통계에서 지우는 사고실험에서 얻을 수 있는 모습과 매우 다르게 보일 것이다. 그러나 이 사고실험은 특히 글로벌 금융위기의 여파에서 중국이 글로벌 성장의 엔진으로서 수행했던 역할이 얼마나 중요한지 잘 보여준다.

1980년에 수출을 시작한 이래로 중국 경제는 성장 전략을 유지하기 위해 전 세계 다른 나라들이 받쳐주는 수요에 크게 의존해왔다. 하지만 동시에 세계 경제는 중국의 성장이 없었다면 훨씬 어려운 상황이 되었을 것이다. 이런 사실은 제2차 냉전이 장기화되어 중국의 디커플링이 극한까지 이어진다면 그 어떤 나라도 살아남지 못한다는 뜻이다.

두 차례의 냉전을 다룬 이 6장의 이 이야기는 미중 갈등이 앞으로 어떻게 전개될 것인지 많은 점을 시사한다. 가장 중요한 것은 미국이 소련을 상대로 벌였던 제1차 냉전의 결과는 중국을 상대로 벌이는 제2차 냉전을 예측할 수 있는 좋은 지표가 될 수 없다는 점이다. 제1차 냉전을 통해 우리는 미국의 강력한 경제력과 회복력을 살펴볼 수 있었다. 그러나 제2차 냉전에서는 제1차 냉전과 다르게 미국이 예전과 같은 경제적 우위를 지키지 못하고 있다는 점에서 승전국과 패전국이 뒤바뀔 수도 있다.

중국의 군사전략가 손자는 싸우지 않고 이기는 것이 가장 좋은 전략이라고 했다. 비록 소련을 상대로 하는 제1차 냉전 기간에 대리전쟁이 몇 차례 있긴 했지만, 이 냉전에서 조지 케넌의 봉쇄 전략은 손자의 전략을 적용했다. 미국으로서는 싸우지 않아도 되기 위한 노력을 수십 년 동안 기울일 경제적 우위를 확보하고 있었기 때문에 그렇

게 할 수 있었다. 그런데 오늘날 미국에는 그런 우위가 부족하다. 그
럼에도 미국은 예전에 썼던 전략을 그대로 쓰기만 하면 이번에도 잘
될 것이라는 거짓 서사의 위험한 환상에 사로잡혀 제2차 냉전의 살얼
음판을 아슬아슬하게 걸어가고 있다. 미국의 정치인들은 손자가 했
던 다음 말을 기억해야 할 것이다.

"상대를 알고 나를 알면 백 번 싸워도 위태로울 일이 없다."

7장

트럼프에서 바이든으로:
꼬이고 또 꼬이다

"무역 전쟁에서 이기기는 어렵다"라는 유명한 말을 남긴 도널드 트럼프는 갈등이 계속 고조될 것이라고 확신했다. 트럼프는 중국을 상대로 하는 또 다른 냉전이 불가피하다고 봤다. 그는 2020년 11월에 있었던 대선에서 패배했지만 그가 예견했던 가능성은 무산되지 않았다. 과연 바이든 대통령은 트럼프가 일으킨 갈등에 또 한 겹의 갈등을 추가할까?

트럼프의 중국관은 온갖 거짓 서사들로 얼룩져 있었다. 무역 적자 그리고 한때 자랑스러웠지만 지금은 텅 비어버린 제조업 부문에서부터 취약한 기술과 인적 자본에 대한 투자 부족에 이르는 모든 문제의 근원에 중국이 있다고 그는 바라봤다. 그러나 이런 주장의 논리는 다분히 정치적이고 분석적 일관성이 부족하며, 근거가 의심스러운 증거를 토대로 한 것이었다. 또한 기본적인 거시경제 원칙에도 맞지 않았다. 그러나 이 주장은 미국의 대중과 그들이 선출한 의원들에게 먹

혔들었다. 고대 중국의 군사전략가 손자의 가르침처럼 거울을 보며 자신을 알려고 하기보다는 손가락으로 다른 곳을 가리키는 편이 훨씬 쉬웠다.

무엇이든 간에 반복되면 사람들은 그것을 믿는다. 미국의 제45대 대통령인 트럼프가 세운 특별한 기록만 봐도 그렇다. 그가 대통령으로 재직한 4년 동안 무려 3만 개가 넘는 거짓말을 했음에도[1] 이런 사실은 중요하지 않았다. 그의 지지 기반은 굳건했다. 이 지지는 그의 임기 동안 더 확장되지 않았지만 반중 감정만큼은 확실히 넓게 확산되었다. 미국 대중은 인구통계학적 분류나 정치적 성향에 따른 분류와 상관없이 중국을 점점 더 부정적인 시각으로 바라보게 되었다.[2] 1980년대에 일본을 비난했던 것처럼 오늘날 중국을 비난하는 목소리는 수많은 미국인에게 폭넓은 호소력을 발휘한다.

중국을 바라보는 미국의 이런 여론은 조 바이든이 대통령으로 당선된 뒤에도 바뀌지 않았다. 2021년 초 코로나19의 기원을 둘러싼 논쟁이 재점화되면서 중국을 향한 부정적 인식이 예전보다 오히려 강화되었다. 바이든 대통령은 취임 첫날인 2021년 1월 20일에 트럼프가 논란을 빚었던 많은 정책을 뒤집었다. 기후변화에 대한 파리협정 재가입, 세계보건기구(WHO) 재가입, 무슬림 국가 출신 미국 시민의 입국 금지 종료, 멕시코 국경 장벽 건설 중단 등이 그런 조치였다. 그러나 바이든은 트럼프가 추구하던 중국 정책만큼은 예전 그대로 확고하게 이어갔다. 여론이 부정적으로 돌아설지 몰라 두려웠고, 민주당이 의회를 장악해야 한다는 목표 때문이었다.

바이든 정부가 이 결정을 내릴 때 국내의 정치적 상황을 고려한 흔적이 역력하지만 다른 것을 염두에 뒀을 수도 있다. 제2차 세계대전 이후 대부분 기간에 시행되었던 미국의 아시아 정책은 전략적이라기보다는 전술적이었다. 처음에는 한반도에서 일어나는 갈등을 억제하는 것과 전쟁으로 황폐해진 일본을 재건하는 것, 이 둘의 균형을 맞추는 것이 최우선 과제였다. 당시 중국, 특히 마오쩌둥이 등장해서 떠들썩하던 시기에 중국에 초점을 맞추는 것은 우선순위에서 뒤로 밀렸다. 조지 케넌이 제1차 냉전 때 긴 전보에서 말했듯이 "미국의 중국 전략"은 뒤죽박죽 모순투성이였다.

그러다 1970년대에 닉슨과 키신저의 대중 화해 정책이 나오면서 중국 전략이 바뀌기 시작했고, 이것이 또 덩샤오핑 시대에 동력을 얻었다. 그러나 그때조차도 미국의 중국 전략은 여전히 분명하지 않았다. 오히려 대만 문제와 같은 어려운 문제들을 처리하는 데서 의식적으로 '전략적 모호성(strategic ambiguity, 미국이 중국의 대만 침공 시 군사적으로 개입할지 말지를 명확하게 밝히지 않고 모호한 태도로 일관하는 정책-옮긴이)'을 앞세웠는데, 이는 당시 미국의 중국 전략이 지닌 특징이었다.[3] 국제 관계에서 의도적인 모호성은 늘 골치 아픈 문제를 낳기 마련이다. 이는 당사국들 사이에 깊은 신뢰 관계가 형성되어 있을 때만 효과가 있을 뿐, 지금처럼 신뢰가 무너진 상황에서는 갈등이 뒤따를 수밖에 없다.

미국과 중국은 트럼프가 대통령에 취임하기 훨씬 전에 이미 동반의존성의 갈등 국면에 접어들어 있었다. 그러나 트럼프 정부가 촉발한 무역 전쟁 및 기술 전쟁은 상호 신뢰의 흔적들까지 모두 깨뜨렸다. 이런 식으로 미국에서는 중국에 대한 일관성 있는 전략이 없었다. 트럼프의 '거래의 기술(art of the deal, 이 표현은 1987년에 출간된 트럼프의 자서전 제목이기도 하다-옮긴이)'이라는 개념은 전략적인 접근법과 상반되는 것이었다. 미국은 이 갈등에서 무엇을 얻고자 했을까? 단순히 중국을 처벌하는 것이 트럼프의 목표였을까, 아니면 지지자들을 달래기 위해 또 다른 희생양을 찾은 것일까? 어쩌면 미국은 대(對)중국 정책에서 좀 더 근본적인 변화를 추구했던 것일까?

바이든 정부가 보다 튼튼한 중국 정책을 마련하려면 먼저 트럼프 정부의 접근법에 정면으로 맞서 싸워야 한다. 거시경제적 저축 불균형에서 비롯된 미국의 다자간 무역 문제를 중국과의 양자 간 무역 문제로 대체해서는 그 어떤 해결책도 나올 수 없다. 바이든 정부가 전임 정부로부터 물려받은 접근법에 숨은 온갖 엉터리 논리들을 직시하지 않는다면, 아무리 선의를 가지고 전략적인 재평가를 하려고 노력해도 실패할 수밖에 없다.

그러나 전략적 재평가는 미국과 중국 모두에 효과가 있다. 중국뿐 아니라 미국도 어렵기 짝이 없는 국내의 경제 관련 도전 과제들에 정면으로 다가서야 한다. 이렇게 할 때 미중 갈등 해결의 열쇠가 될 창조적 긴장이 미국과 중국 사이에 조성될 수 있다. 이것이 우리가 기대할 수 있는 가장 바람직한 경우다.

실패의 유산: 트럼프주의가 남긴 것

트럼프는 대통령직에서 물러났지만 트럼프주의는 여전히 이어지고 있다. 특히 미국의 무역 정책에서는 더 그렇다. 리카도의 비교우위론에 입각한 상호 이익 관점에서 볼 때 트럼프 재임 당시 무역은 '미국 우선주의'를 강조하는 국수주의적 태도로 일관된, 미국의 일방적 이익을 달성하기 위한 수단이었다.[4] 무역 정책의 이런 전환은 중국을 정조준하면서 미중 관계의 기반을 뒤흔들었다.

미중 양국의 동반자 관계 속에서 무역은 1980년대 이후로 안정적인 역할을 해왔었다. 재화와 서비스가 국경을 초월해서 교환될 때 양국의 경제 협정 규칙을 설정하기가 수월할 것이라는 발상은 2001년 중국이 WTO에 가입하는 것을 지지했던 미국의 기본적인 전제였다. 당시 미국의 지도자들은 중국이 WTO에 가입하면 자연스럽게 서구의 규범을 따를 것이라고 기대했다. 중국이 '우리'의 규칙에 따라 무역을 하다 보면 '우리'와 더 비슷해질 것이라는 논리가 그 기대의 밑바닥에 깔려 있었다.

하지만 지금 돌이켜보면 이런 기대는 너무도 순진했다. 중국의 지도자들은 뼈아픈 굴욕의 세기를 기억하면서 다시는 다른 나라에 휘둘리지 않겠다는 굳은 결심을 가슴에 새기고 있었다. 그래서 그들은 WTO에 가입하더라도 어떤 국제적인 약속이든 서구의 우선순위가 아닌 자국의 우선순위에 따라 수행하겠다고 마음먹고 있었다. 즉 중국의 글로벌 경제 참여에는 중국의 체제와 역사와 열망에 들어 있는 '중국적 특성'이 반영되어야 한다고 생각했던 것이다.

대립 관계 속에서 드러난 미국의 이런 순진함은 단지 중국과의 관계에서만 그랬던 게 아니다. 러시아에 대응하는 양상에서도 미국은 이런 특징을 뚜렷하게 드러냈다.[5] 지난 20년 동안 미국과 유럽의 NATO 동맹국들은 블라디미르 푸틴이 제기하는 안보 관련 편집증에 시시때때로 직면해야 했다. 푸틴은 자국 영토의 서쪽이 잠식되는 것을 두려워하는 한편으로 소련이 해체된 것에 깊이 분개하면서 갈등을 일으키곤 했다. 1999년에 체첸에서 그랬고 2008년에 그루지야에서 그랬으며 2014년에는 크림반도에서, 지금은 우크라이나에서 그렇게 하고 있다.

서방의 전략적 대응은 군사적 충돌을 회피하고 서방의 가치관과 양립할 수 있는 조건을 전제로 러시아연방과의 관계 개선을 시도하는 것이었다. 1997년에 G7 국가들이 두 팔을 활짝 벌려 러시아를 환영한 것도 바로 이런 이유에서였다. 중국과 마찬가지로 러시아도 서방과 점점 가까워지면 결국 '우리'와 더 많이 비슷해질 것이라는 주장, 이제는 이미 익숙해진 이 주장이 대(對)러시아 정책의 밑바탕에 깔려 있었다.

그러나 이는 잘못된 판단이었다. 이후 여러 사건이 펼쳐지면서 중국이나 러시아 모두 미국과 서방이 기대했던 바와 다른 의도를 품고 있었다는 사실이 드러났다. 러시아의 경우 서방의 오산은 심각한 군사적 결과를 가져왔다. 다행스럽게도 중국은 아직은 그렇지 않다. 하지만 여전히 기대에 어긋나는 중국의 독립적인 행보는 중국이 서구에 동화되기를 희망하는 미국인들에게 특히 받아들이기 어려운 모욕이었다. 그들은 자기가 품었던 희망이 거짓 서사를 전제로 한 것이었다고 결론을 내렸고, 불신의 골은 더욱 깊어졌다. 중국은 WTO의 규범을 지키지 않음으로써 301조와 관련해 수많은 위반을 했다는 미국의 불만에 근거를 만들어주었다. 미국은 '바보같이 중국에 사기를 당해서' 중국의 WTO 가입(2001년)에 발 벗고 나선 꼴이 되었다.

트럼프의 무역 전쟁은 미중 양국의 무역 관계에서 비롯된 신뢰의 토대를 폐기하는 것이었다. 이렇게 해서 미중 무역을 더는 원원의 수단이 아니라 미국의 번영을 위협하는 것으로 바라보는 관점이 자리를 잡았다. 미국의 보호무역주의는 중국에 불공정한 무역 관행 의혹을 덮어씌우면서 십자포화를 퍼부었다. 미국은 관세와 제재 그리고 '거래제한 업체 명단'이라는 블랙리스트에 이름 올리기 등 단호한 조치를 취하면서 무역 정책에서 1930년대 이후로 한 번도 가지 않았던 길로 나아가기 시작했다.

트럼프에게 이 모든 것은 훈련이 잘된 거래꾼만이 성공할 수 있는 거대한 '도박'이었다.[6] 미국의 협상 전략은 중국을 압박하는 것이 목표였다. 그렇게 해서 결국 중국이 겁을 먹고 불공정한 무역 관행을 중단하게 만들고, 궁극적으로 '미국을 다시 위대하게' 만들고자 했던 것이다.

여러 차례의 관세 인상 및 뜨거운 협상 끝에 미국과 중국은 마침내 2020년 1월 15일에 미중 무역협상의 '1단계(Phase-I)' 합의에 도달했다.[7] 트럼프는 그의 '거래의 기술'이 제대로 먹힌 덕분에 중국을 굴복시켰다고 믿었다. 그런데 역설적이게도, 바이든이 트럼프의 이 접근법을 러시아에 똑같이 되풀이하고 있다. 우크라이나에서 파괴적인 전쟁을 일으킨 러시아에 강력한 제재를 가하고 나선 것이다. 이 책이 출판될 시점(2022년 11월 29일에 출판되었다-옮긴이)에서만 보면 우크라이나에서 평화적인 협상의 기대는 가망이 없어 보인다.

그러나 중국과의 1단계 합의는 처음부터 실패의 씨앗을 안고 있었다. 가장 중요하게는 그 협상이 다자간 무역에서 빚어진 문제를 미중 양자 간 문제를 해결하는 것으로 풀 수 있다는 전제 아래 진행되었고 또 합의에 이르렀기 때문이다. 예컨대 미중 양자 간 무역에서 무역수지 적자를 기록하던 102개 품목에서(이 102개 품목은 무역 전쟁이 시작된 2018년에 무역수지가 적자였던 품목이다. 2021년에는 이 품목이 106개로 늘어났다) 어느 한 품목을 목표 삼아 미국의 중산층 노동자가 감당하는 부담을 덜어준다고 해봐야 전체적으로 아무런 성과가 없다.[8] 요컨대 국내 저축이 부족한 상태를 유지하는 한 중국과의 무역에서 적자를 아무리 줄여봐야 이 감소분은 다른 나라들과의 무역에서 기록하는 적자로 떠넘겨질 뿐이다.

그리고 4장에서 살펴봤듯이 정확하게 바로 이런 일이 일어났다. 중국과의 무역에서 적자 규모가 줄어들었지만 멕시코, 베트남, 대만, 싱가포르, 한국, 인도 등과의 무역에서는 적자 규모가 그만큼 더 늘어난 것이다. 무역 전쟁이 시작된 이후 전반적인 무역수지 적자는 축소되지 않고 오히려 확대되었다. 충분히 예상할 수 있었던 일이지만 중국을 문제의 핵심으로 바라보고 시도했던 해결책이 역효과를 낳은 것이다.

그럼에도 불구하고 1단계 합의를 미국과 중국 양측 모두가 크게 환영했다. 이 합의의 중요한 내용은 중국이 2021년 말까지 미국산 제품 구매액을 최소 2,000억 달러 더 늘린다는 것이었다. 하지만 이 합의는 2018년 3월에 301조 보고서가 강조한 광범위한 구조적 문제에 대해 본질적인 해결책이 아닌 립서비스를 제공했을 뿐이었다. 트럼프 정부가 소리 높여 주장했던 것과 다르게 이 협상에는 강제적인 기술 이전, 지적재산권 보호, 정부가 국영기업에 주는 보조금, 사이버 보안 등과 관련해서 의미 있는 돌파구가 포함되지 않았다.[9] 예를 들어 중국이 위안화의 가치를 떨어뜨릴 경우 불이익을 각오해야 한다고 위협하지만 실제로는 아무런 의미가 없는 환율 조작 금지 조항이 들어 있었다(중국의 통화는 하락하는 게 아니라 상승하고 있었다). 그리고 농업과 관련된 몇 가지 사항도 트럼프 대통령에게 특히 중요한 선거구의 유권자들을 기쁘게 해주기 위한 것이었다.

1단계 합의가 효과가 없었던 이유는 그 외에도 여러 가지가 있었는데, 특히 2년 안에 중국의 미국 제품 수입 규모를 2,000억 달러 더 늘린다는 목표는 처음부터 비현실적이었다. 이 합의는 2017년 미국의 대중 상품 수출액이 1,320억 달러였던 것을 기준으로 했다. 이 기준에서 2,000억 달러가 증가하려면 2020년과 2021년 모두 연평균 50퍼센트 이상씩 무역수지 흑자를 기록해야 했는데 사실상 불가능한 목표였다. 2000~2013년의 성장률은 연평균 18퍼센트로 매우 높았는데, 이보다 세 배 가까운 성장률을 기록해야 했기 때문이다.

놀랄 것도 없는 사실이지만 코로나19 때문에 세계 무역은 크게 위축되었고 그 영향으로 1단계 합의가 지켜질 가능성은 전혀 없었다. 미국의 대중 수출은 2020~2021년에 평균 18퍼센트 증가했는데, 이는 전년도의 성장률과 동일했지만 합의했던 목표에는 훨씬 못 미쳤다. 피터슨 국제경제연구소의 경제 전문가 채드 보운(Chad Bown)이 1단계 합의 사항이 얼마나 지켜졌는지 분석한 결과에 따르면 목표에 미달한 항목은 광범위했다. 자동차 및 관련 부품, 항공기 엔진 및 관련 부품, 그 밖의 제조 품목에서 중국의 수입은 목표치에 크게 못 미쳤다. 목표를 초과 달성한 미국 제품 수입 품목은 반도체와 의료 장비 뿐이었다.[10] 2021년 말을 기준으로 할 때 중국의 미국 제품 수입 규모는 애초에 합의한 목표의 40퍼센트밖에 되지 않았다.[11]

이 양자 간 협정(쌍무 협정)은 미국의 다자간 무역에서 발생한 문제를 결코 해결할 수 없는 잘못된 해결책이었다. 그뿐만 아니라 애초에 2년 안에 중국의 미국 제품 수입 규모를 2,000억 달러 더 늘린다는 목표를 세웠지만 정확하게 딱 그만큼 목표에 미달한 실패한 해결책이기도 했다.

이 결과는 무역과 관련해 형편없이 나빴던 트럼프 정부의 산수 계산과도 일치한다. 트럼프가 보기에 1단계 합의는 관세의 강력한 지렛대 효과를 증명하는 것이었다. 트럼프는 자신은 관세를 사랑하며 또 미국의 강력한 요구를 준수하도록 중국에 높은 세금을 부과할 것이라고 여러 해 동안 주장했다.[12] 그는 관세가 '거래의 기술' 협상에서 최후의 수단이라고 묘사했다. 그러나 이런 인식은 세금으로 지불되는 돈이 궁극적으로 누구의 주머니에서 나오는지 알지 못했던 트럼프의 근본적인 무지에서 비롯된 결과였다.

그가 거듭 주장한 것과 다르게, 관세 인상에 따른 추가 비용 부담은 중국의 수출업자가 아니라 미국의 수입업자가 졌다. 관세 징수액이 2017년 385억 달러에서 2019년 778억 달러로 가파르게 늘어났다는 사실에서만큼은 트럼프 대통령이 옳았다.[13] 그러나 그것으로 중국을 때릴 수는 없었다. 이는 미국 기업 그리고 궁극적으로 미국 소비자가 부담해야 했던 비용이었고, 어떤 의미에서는 그 부담이 그들에게는 세금 인상이나 마찬가지였다.[14]

이런 심각한 문제가 있었음에도 불구하고 바이든 정부는 트럼프 정부의 1단계 합의의 틀을 대중 무역 정책의 기둥으로 받아들였다. 캐서린 타이(Katherine Tai) 신임 미국무역대표부 대표는 2021년 말이 되어 2년 시한이 지나자, 2020년 1월에 합의했던 2,000억 달러 규모의 미국 상품 수입 목표가 달성되지 못한 책임을 중국이 져야 한다고 거듭해서 주장하고 있다.[15]

이는 매우 실망스러운 모습이다. 특히 타이가 미국의 대(對)중국 무역 정책을 놓고 9개월 동안 힘들게 검토한 뒤에 내놓은 입장이라는 점을 생각하면 더욱 그렇다. 트럼프 정부가 애초에 구상했던 것처럼 1단계 합의는 실패로 끝날 수밖에 없는 일종의 정치적인 제스처일 뿐이었다. 미국과 중국의 무역 관계 갈등을 해결하는 데는 아무런 성과도 거두지 못했다. 그 협상을 하는 동안 시간과 외교적 에너지만 낭비되었을 뿐이다. 결국 이 합의는 두 나라 사이에 적대감을 키우는 결과만 낳았다. 새로 구성된 미국무역대표부가 정밀하게 조사하고 나섰지만 아무래도 이 모든 사실을 놓친 것 같다.

트럼프의 1단계 거래는 정치적인 쇼와 엉터리 경제학이 불행하게 조합된 결과였다. 그런데 바이든 정부도 다를 게 없다. 비록 쇼는 트럼프 정부 때보다 덜하지만 기본적인 사항을 분석하는 능력은 여전히 그때처럼 부족하다. 미국이 안고 있는 다자간 무역에서 발생하는 저축 문제를 여전히 중국과의 양자 간 해결책으로 해결하려고 시도한다는 점에서 그렇다. 1단계 합의는 애초에 불가능했던 거짓 서사를 토대로 했다. 바이든은 트럼프에 반대하는 민주당원이지만 이 문제에 관한 한 트럼프와 똑같이 바라보고 있으며, 어쩌면 다르게 바라볼 능력이 없는지도 모른다.

바이든의 '아시아로의 회귀'

2021년 3월 미국과 중국의 고위 관리들이 알래스카 앵커리지에 모였을 때 냉랭했던 것은 기온만이 아니었다. 바이든 정부가 들어서고 처음이었던 양국 고위 관리의 만남은 가벼운 외교적 만남이라는 정부 간의 통상적인 첫 만남과는 거리가 멀었다. 마치 제1차 냉전을 연상시킬 정도로 얼음장처럼 차가웠다.

미국 협상단에 속해 있던 토니 블링컨 국무부 장관과 제이크 설리번 국가안보보좌관은 중국을 대하는 바이든 정부의 입장을 밝히는 자리에서부터 공격적이고 무뚝뚝했다.[16] 양국의 대표들은 오래된 무역 갈등과 14개월 전 체결되었던 1단계 협상보다 더 날카로운 적대감을 드러냈다.

바이든 팀은 협상의 초점을 한층 넓혀서 중국의 인권 문제와 안보 관련 우려까지 논의 테이블에 올렸는데, 중국이 신장성에서 소수민족 위구르족을 탄압한 일과 남중국해에서 벌이는 영토 모험주의(territorial adventurism) 때문에 그런 문제들을 거론할 수밖에 없다고 했다. 블링컨과 설리번은 중국 고위 관리들과 처음 만나는 자리에서, 중국 대표들이 기대했을 미국 외교의 전통적이고 섬세한 기술보다 트럼프의 거친 거래의 기술을 선택했던 것 같다.

물론 이런 미국의 태도에 대해 중국의 양제츠(杨洁篪) 외교담당 국무위원과 왕이 외교부 장관은 격렬한 반응을 보였다. 2020년 이후 점점 더 분명하게 대두되던 '전랑(戰狼, 늑대 전사, wolf warrior)' 외교(성장한 경제력과 군사력을 바탕으로 무력과 보복 등 공세적인 외교를 지향하는 중국의 외교 방식. '전랑'은 중국의 특수부대 명칭이기도 하며 이것을 제목으로 중국군의 영웅적인 활약을 그린 2017년 영화는 중국인의 애국주의를 찬양하며 큰 인기를 얻었다-옮긴이) 기조에 따라 이례적일 정도로 강경하게 나왔던 것이다.[17]

중국 외교관들은 자국이 활력을 되찾고 세계 무대에서 새롭게 강자로 떠오른 것에 잔뜩 고무되어, 자국을 향한 서방의 모든 비판적인 논평에 과민하게 대응했다. 미국 측에서는 절대로 넘지 말아야 할 보편적 가치관에 초점을 맞췄으나, 중국 측에서는 미국 대표들이 주제넘게 군다고 화를 냈다. 그뿐만 아니라 미국에 제도적으로 남아 있는 인종주의와 2021년 1월 6일에 자행된 트럼프 지지자들의 의사당 점거 및 반란 시도를 언급하면서 여전히 미국이 민주주의의 보루라며 거들먹거리는 행태를 조롱하며 분개했다.

두 나라 대표들 사이에 이렇게 거친 언사가 공개적으로 오갔다는 사실에 서방 국가들은 충격과 공포를 느꼈다.[18] 중국은 미국에서 벌어지는 인권 유린을 비판했지만 그와 전혀 다르지 않은 일들이 중국에서 버젓이 일어나고 있었기 때문이다.[19]

양국의 갈등이 고조된 지 4년이 지났다. 그러나 바이든 정부는 이 갈등을 진정시키려고 노력하기는커녕 미국 의회와 대중의 전폭적인 지지를 등에 업고서 '묻고 더블로!'를 외치며 판을 키웠다.[20] 그리고 중국도 똑같이 대응했다. 두 나라 모두 무역 전쟁에서 한 치도 물러서지 않았고, 양측이 서로에게 내걸었던 관세와 제재를 걷어내기 위한 새로운 제안도 일절 하지 않았다.

두 나라의 대표들은 화해의 제스처를 보이는 것이 스스로 약자임을 인정하는 것이라 생각하면서 자기 입장만 완강하게 고수했다. 바이든 정부는 트럼프 정부가 촉발한 정치화된 반중 정서에 갇혀 꼼짝도 하지 못했다.[21] 한편 민족주의적인 중국과 전랑들은 과거 소극적인 외교 정책을 완전히 벗어던지고 공격적으로 나왔다. 빛을 감추고 어둠 속에서 힘을 기른다는 덩샤오핑의 도광양회 외교 정책 접근법은 완전히 폐기된 것 같았다. 앵커리지 고위급 회담은 살벌할 정도로 냉전 그 자체였다. 개회 발언에서부터 양국 대표는 모든 언론이 지켜보는 가운데 험한 말들을 쏟아냈다. 갈등이 점진적으로 누그러질 가망은 그 어디에도 없었다.

그러나 앵커리지의 진정한 수수께끼는 이런 두 나라가 왜 1단계 합의를 고수했는가 하는 점이다. 그들은 도대체 왜 구멍이 숭숭 뚫려 있으며 실행 불가능한 합의에 매달렸을까? 바로 이 지점에서 양국의 관계는 더욱 꼬이기 시작한다.

이 이야기의 전개는 커트 캠벨(Kurt Campbell)에게로 이어지는데, 캠벨은 현재 바이든 정부의 국가안보회의 인도-태평양 조정관이다. 그는 과거 오바마 정부 때 국무부 동아시아태평양담당 차관보로 있으면서 오바마 정부의 대표적인 외교 정책 구상들 가운데 하나인 '피벗 투 아시아(Pivot to Asia, 아시아 중심 전략, 아시아로의 회귀, '피벗'은 정책 전환을 뜻한다. 미국이 중국을 견제하려면 한국, 일본과 동맹을 강화하고 인도와도 긴밀한 관계를 구축해야 한다는 것이 이 정책의 핵심적인 논리다. 이하 '아시아로의 회귀'로 표기했다-옮긴이)'를 개발하는 데 핵심적인 역할을 했다.

이것의 기본적인 발상은 미국의 외교 정책이 수십 년 동안 중동에 초점을 맞췄는데 이제는 다음 차례의 전략적인 지역으로 초점을 옮길 필요가 있다는 것이었다. 이라크와 아프가니스탄에서 미국이 관여하던 일이 끝나면(미국-이라크 전쟁은 2003년 3월부터 2011년 12월까지였고, 미국-아프가니스탄 전쟁은 2001년부터 2021년 8월까지 이어졌다-옮긴이) 군사·금융 자산을 동아시아에 집중할 여력이 생기지 않겠느냐는 희망이 있었다. 게다가 팽창하는 중국의 영향력이 빠른 속도로 동아시아를 덮치고 있었기 때문이다.

애초에 이 정책 전환은 중요한 정책 구상인 환태평양경제동반자협정(Trans-Pacific Partnership, TPP)의 핵심이었다. 미국은 세계에서 가장 규모가 큰 무역협정을 체결하기 위해 11개국을 상대로(이들 대부분은 동아시아 국가들이었지만 캐나다와 멕시코, 페루도 포함되어 있었다) 길고 힘든 협상을 했다. 그러나 여기에는 중요한 조건 하나가 걸려 있었다. 애초에 TPP를 구상할 때부터 동아시아 지역에서 가장 큰 경제국이자 세계 최대 무역 국가인 중국을 배제한다는 것이었다.

이 배제 원칙은 중국을 봉쇄하겠다는 노골적인 시도였다. 미국 및 그 동맹국들은 전혀 설득력 없는 주장을 매우 격렬하게 내세웠지만, 어쨌거나 TPP는 동아시아뿐 아니라 세계에서 점점 커지는 중국의 영향력에 맞서기 위한 합의였다.[22] '아시아로의 회귀'는 미국의 리더십을 대안으로 제시함으로써 중국이 말하는 '화평굴기(和平屈起, peaceful rise, 평화적 부상. 미국과 일본 등 기존 강대국들을 중심으로 중국 위협론이 확산되자 중국이 대응책으로 내놓은 논리다. 중국은 군사적 위협 없이 평화적으로 성장하겠다는 뜻이다-옮긴이)'를 노골적으로 반박하며 그 정책에 모욕을 주기 위한 것이기도 했다.[23]

이 발상의 기원은 미국이 중국을 상대로 수정주의적으로 펼쳤던 정책에 있다. 중국이 2001년 WTO에 가입하면서 동의했던 조건을 지키지 않는다는 사실을 놓고 미국 경제계와 외교계에서는 불만이 오랫동안 들끓고 있었다. 중국이 서방의 규칙을 따르지 않으니 범지역(pan-regional) 무역의 급증에 따른 성장의 열매가 중국에 넘어가서는 안 된다는 주장이 제기되었다. '아시아로의 회귀' 관점에서 TPP는 중국이 WTO의 규범을 어기면서 부당하게 획득한 경제력에 대응할 균형추를 마련하기 위한 것이었다.

2009년부터 오바마 정부는 모든 외교력을 TPP 협상에 집중했다. 힐러리 클린턴 국무부 장관은 아시아의 재균형이라는 개념을 외교 정책에 재빠르게 녹여냈고,[24] 이 개념을 구체화하는 작업은 당시 국무부 동아시아태평양담당 차관보인 커트 캠벨이 맡아서 했다. 캠벨은 TPP 관련 힘든 토론과 협상에 적극적으로 참여했을 뿐만 아니라 2016년 미국 대통령 선거 유세 때는 힐러리 클린턴 후보의 주요 외교 정책 구상 중 하나인 '아시아로의 회귀'를 적극적으로 홍보했다.[25]

만약 힐러리 클린턴이 2016년 대선에서 이겼다면 캠벨이 TPP의 우산 아래 중국을 봉쇄하는 전략을 실행했을 것임은 의심의 여지가 없다. 그러나 클린턴이 아닌 트럼프가 당선되었고, 트럼프 대통령은 취임 사흘 만에 보호무역주의를 주장하면서 TPP 탈퇴 문서에 서명했다. 그러나 남은 11개국은 2년 뒤인 2018년에 TPP를 포괄적·점진적 환태평양경제동반자협정(Comprehensive and Progressive Agreement for Trans-Pacific Partnership, CPTPP)으로 명칭을 바꿨다. 그러나 이 협정의 기본적인 동력은 그대로 이어졌다. TPP는 애초부터 미국이 함께하든 그렇지 않든 간에 '중국이 없는 아시아'라는 한 가지 조건이 가장 중요했기 때문이다.

그런데 흥미로운 일이 일어났다. 이후 중국은 TPP에 가입하겠다면서 계속 참가 신청을 해왔다.[26] 중국이 11개 CPTPP 회원국 모두가 요구하는 기준, 특히 시장 접근과 노동권, 정부의 기업 보조금 지급과 관련된 기준을 충족할지는 두고 볼 일이다.[27] 최근에 중국과 대립각을 세우고 있는 호주와 캐나다까지 동의해야 한다는 점을 고려하면 중국이 만장일치 찬성이라는 관문을 통과해 CPTPP에 가입하기란 쉽지 않을 것이다.[28] 그러나 중국이 어떻게든 CPTPP의 정식 회원국이 된다면 이는 현대 무역 정책의 가장 큰 아이러니가 될 것이다. 중국을 배제할 목적으로 미국이 주도해서 만든 협정이었는데 정작 미국은 빠지고 중국이 들어온 셈이니 말이다.

'아시아로의 회귀'는 2016년 힐러리 클린턴의 대선 패배에도 불구하고 죽지 않았다. 캠벨은 컨설턴트이자 연구소의 책임연구원으로서, 또 아시아로의 정책 중심 전환을 주장하는 책의 저자로서 여기저기 돌아다니면서 그 개념을 설파했다.[29] 이제 바이든 정부의 아시아 담당 핵심 인물이 된 그는 조 바이든의 국가안보보좌관이자 앵커리지 협상팀의 일원이었던 제이크 설리번과 함께 '아시아로의 회귀' 정책의 틀을 짜는 데 힘을 쏟고 있다.[30] 오바마의 피벗은 이제 바이든의 피벗이 되었다.[31]

놀랄 것도 없는 사실이지만 '아시아로의 회귀'는 2021년 가을에 호주와 영국과 미국의 3자 안보 협정이라는 중요한 새로운 외교 정책 구상으로 다시 빠르게 표면화되었다.[32] 앞서 언급한 '오커스'라는 이 삼각 동맹의 틀은 과거에 서방이 의도했던 중국 봉쇄를 토대로 하고 있다. 그 대표적인 구상은 아시아태평양 지역에서 힘을 점점 키워가는 중국의 해군력에 직접 대항하기 위한 것으로 미국과 영국이 공동으로 개발한 첨단 핵추진 잠수함 기술을 호주에 제공하는 것이다.[33] 미국과 중국이 이미 "새로운 냉전의 구릉" 위에 서 있다고 했던 키신저의 표현을 빌린다면, 오커스 때문에 이제 그 새로운 냉전의 구릉은 훨씬 높고 가팔라졌다.

모순된 공존

미국이 전략의 중심축을 어디로 설정하려는지는 여전히 불분명하다. 2020년 대선에서 트럼프가 패배함으로써 미중 관계가 예전과는 다르게 바뀔 것이라는 평가가 우세했다.[34] 2021년 3월 앵커리지에서 미중의 고위 관리가 만나서 험악한 말들을 주고받았음에도 불구하고 바이든 정부에서는 갈등 관계가 누그러질 수도 있다. 그러나 전환점이 새로운 방향을 예고하는 것이긴 하지만 그 새로운 방향이 어디인지는 여전히 두고 볼 일이다.

그것이 앵커리지에서 토니 블링컨이 했던 회담에 앞서 발표했던 성명의 핵심이었다. 그는 미중 관계의 미래가 적대적이거나 경쟁적이거나 협력적일 것이라는 세 가지로 요약해서 제시했다. 적대적인 경로는 제2차 냉전으로 이어진다. 앞서 6장에서도 주장했지만 이 경로는 미국에 심각한 전략적 실수가 될 수 있다. 중국은 제1차 냉전 상대인 소련보다 매우 강할 뿐만 아니라 지금의 미국 경제는 그때보다 매우 약하다. 제2차 냉전은 가망이 없는 정책 전환일 뿐이다.

앵커리지에서 미국과 중국 양측은 새로운 냉전의 가능성을 강하게 부인했다. 그러나 바이든 정부는 미중 갈등을 범위를 무역에서 인권 및 지정학적 안보 차원으로 확대하는 동시에 적대적인 언사의 수위도 한껏 높였다. 그러나 미국이 중국의 대응에 분노를 표시하는 것은 적대감을 키울 뿐이었다. 양측 모두 냉전을 원하지는 않지만 그렇다고 해서 냉전을 회피하려 들지는 않는 것 같다.

갈등 고조의 사슬을 깨는 것은 결코 쉬운 일이 아니다. 미중 관계처럼 이득 및 손실의 규모가 큰 경우에는 특히 그렇다. 4부에서 자세하게 주장하겠지만 기후변화나 세계적인 차원의 보건 또는 사이버 보안과 같은 공동의 문제를 해결하기 위한 협력적인 노력은 상호 신뢰를 회복하는 데 중요하다. 상호 신뢰가 없다면 이런 문제들보다 더 논란이 많은 문제를 해결한다는 게 불가능하기 때문이다. 바이든 정부가 초기에 기후변화 관련 파리협정에 다시 가입하고 WHO에서 미국의 회원국 지위를 회복하려고 노력하는 등의 조치는 협력을 향한 잠정적인 조치라는 점에서 희망적이다.

갈등과 협력의 중간지대인 경쟁은 걸림돌인데, 그럴 수밖에 없는 이유는 서로 다른 두 체제에서 경쟁이 갖는 의미가 다르기 때문이다. 미국은 시장을 기반으로 하는 자유 기업 체제의 틀 안에서 이뤄지는 경쟁을 생각하지만, 중국은 시장을 기반으로 하는 사회주의 관점에서 경쟁을 바라본다. 그러나 두 나라는 종종 그들 각각의 경쟁 패러다임의 경계를 뛰어넘는다. 이 점에 관한 한, 특히 정부가 막대한 보조금을 지급하는 국영기업이 있는 중국뿐만 아니라 너무도 자주 발생하는 경제 위기 때마다 정부가 고압적으로 개입하는 미국도 마찬가지다. 현재 논란이 되는 중국의 WTO 가입 조건에서 드러나듯이, 공정한 경쟁에 대한 열망은 종종 상호주의나 동등한 처우라는 용어로 표현되지만 체제의 차이 때문에 모두가 인정하는 개념으로 정의하기 어렵다.[35] 두 체제의 가치관과 우선순위가 충돌하는 것은 중국이 WTO의 규범을 준수할 것을 놓고 다투는 논쟁에서 오랫동안 풀리지 않는 난제였다.

바이든의 '피벗'은 미중 관계의 치유로 나아가는 잘 정의된 경로가 아니라 강조점에 대한 일종의 표명이다. 기묘하게도 미국 정부는 지금 '공존'이라는 모호한 냉전 언어로 협력과 갈등과 경쟁을 뒤섞는 틀을 짜고 있는데, 여기서 공존이라는 개념은 체제가 다른 두 강대국 사이의 교착상태를 뜻한다.[36] 전략을 정의하기 위해 이름을 붙이는 것은 미국의 대중 외교에서 오랜 관행이다.[37] 그런데 안타깝게도 **공존**이라는 용어는 중국이라는 도전 과제의 구체적인 내용보다는 국가를 초월하는 관계의 일반적인 성격에 비중을 둔다.

동반의존성의 갈등에 휘말려 있는 두 나라에 공존은 무엇을 뜻할까? 표면적으로는 미국이 대만 문제에서 '전략적 모호성'을 처음 채택했을 때와 비슷하게 외교적인 얼버무림처럼 보인다. 각각의 체제가 합리적인 자유를 가지고서 자기가 나아갈 경로를 정리한 다음에 양측이 모두 용인할 수 있는 대처 방안을 마련하자는 것이다.

이 문제는 한 나라의 선택지가 다른 나라의 선택지를 잠식할 때 발생한다. 바로 이 지점에 지속 가능한 공존(즉 서로의 합의 아래서 허용할 수 없는 침해의 기준을 각자 정한 다음 이 선을 넘을 때 벌칙을 받기로 합의하는 것)이라는 도전 과제가 놓여 있다. 물론 더 심각한 문제는 이 규정을 강제하는 것 그리고 규정을 위반했을 때의 결과다.

이론적으로만 보면 그 자체가 무역협정이 다루는 내용이다. 국가와 국가 사이의 더 광범위한 계약에서도 마찬가지다. 특히 2016년에 미국과 중국이 거의 체결할 뻔했던 시장 개방을 약속하는 양자 간 투자협정에 대한 합의도 그렇다. 이 합의를 트럼프 정부가 2017년에 내팽개치긴 했지만 말이다. 초점이 재화와 서비스의 무역에 놓이든, 국경을 넘나드는 투자에 놓이든, 국방과 안보에 놓이든 간에 신중하게 협상되고 검증과 집행이 가능한 협정은 지속 가능한 공존을 위해 필수적이다. 이 책의 마지막 부분에서 자세하게 설명하겠지만 이것이 갈등 해결의 궁극적인 수단이다.

어떤 협정이 효과적이려면, 협상을 통해 마련된 이 협정은 역기능적인 관계의 핵심적인 문제들을 해결하는 것이어야 한다. 이런 점에서 보면 1단계 합의는 비참한 실패였다. 방향이 잘못 설정된 무역 전쟁의 연속선상에 놓여 있었기 때문이다. 미중 관계를 갈등 고조 상태에서 경쟁적인 긴장 상태로 전환할 기회가 사라졌기 때문에 이 합의는 실질적인 효과를 낳지 못했다. 궁극적으로, 그 긴장을 해소하려면 동반의존의 갈등 국면을 의미 있게 해결하는 수단으로서의 공존 되살리기가 필수적인 조치다. 하지만 이런 일은 미국과 중국에 아직 일어나지 않았다.

바이드노믹스의 불안한 전망

물론 중국과의 껄끄러운 관계는 미국의 46대 대통령인 조 바이든이 풀어야 할 수많은 문제 가운데 하나일 뿐이다. 총기 폭력, 선거권, 이

민, 구조적 인종차별, 무너지는 인프라, 심화되는 불평등, 코로나19 팬데믹 이후의 사회경제적 치유 그리고 러시아와의 위험한 지정학적 대결 등 바이든이 풀어야 할 과제의 목록은 끝이 없다.

그러나 중국 문제를 그 목록에 추가하려면 우선 이 문제가 미국의 근본적인 경제 관련 도전 과제와 어떻게 연동되는지 제대로 알아야 한다. 중국은 미국의 대(對)중국 외교 정책을 의제의 우선순위에서 높이 두지만, 이 의제를 미국 및 미국 경제를 괴롭히는 다른 요소들과 따로 떼어내서 별개로 문제로 다룰 수는 없다.

바이드노믹스(Bidenomics)가 안고 있는 핵심 문제는 출발점부터 잘못되었다는 사실이다. 조 바이든이 2021년 초에 취임했을 때 국내저축과 연방정부의 예산 적자, 경상수지 적자는 모두 매우 불안한 상태였다. 긴급하게 필요했던 코로나19 지원금과 인프라 지원 그리고 새로운 사회보장 프로그램 등과 관련된 법률을 제정한 결과 2020년과 2021년의 미국 연방정부 예산 적자 규모는 국내총생산의 13퍼센트라는 유례없이 높은 수준에 육박했다. 이 적자 수준은 이후 5년 동안 (2022~2026년) 4퍼센트로 줄어들 것이라고 예상되지만, 그래도 이 수치는 장기적인 평균치를 여전히 1퍼센트포인트 이상 웃도는 수준이다.[38] 그리고 안타깝게도 미국의 장기적인 재정 적자 전망은 아무리 낙관적으로 예상하더라도 밝지 않다.[39] 적자 규모가 커지는 것은 바이드노믹스의 특징으로 앞으로도 계속 유지될 가능성이 크다.

바이든 정부의 중요한 거시경제학적 과제 하나가 바로 여기에 있다. 국내순저축률이 역사적인 수준으로 낮을 때(바이든이 취임한 2021년 국내순저축률은 국민소득의 3.2퍼센트밖에 되지 않았다) 대규모 적자 지출에

착수하는 것은 중국 문제에서 정치적으로 가장 논쟁적인 측면인 막대한 무역 적자를 더욱 악화시킬 뿐이다. 대규모 예산 적자가 이미 침체 상태에 있는 국내저축을 더욱 부족하게 만들 상황에서는 경상수지 적자(2021년 국내총생산의 3.6퍼센트로 13년 만에 최고치를 기록했다)가 더욱 확대될 수 있다.[40] 이런 결과는 이미 막대한 수준에 다다른 미국의 다자간 무역 적자에 추가 압력 요인으로 작용할 것이다.

바로 이것이 바이드노믹스의 여러 문제를 중국이 더욱 복잡하게 만드는 부분이다. 트럼프가 중국의 수입품에 매긴 관세 덕분에 중국과의 무역에서 적자가 다소 줄었지만 미국의 다자간 무역 불균형에서 중국은 단연 높은 비중을 차지하고 있다.

국내저축이 감소하고 경상수지 적자가 증가하는 상황에서는 다음 두 가지 현상 가운데 하나는 반드시 일어난다. 하나는 미국의 대중 무역 적자가 더 크게 확대되는 것이다. 다른 하나는 중국 수입품에 대한 고율의 관세가 지속되면 미국으로서는 고비용 무역 상대국으로 수입국을 전환할 수밖에 없는데, 이렇게 되면 결과적으로 미국 기업과 소비자를 대상으로 세금을 인상하는 효과가 빚어진다. 그러면 한 세대 만에 돌아온 높은 인플레이션의 위협을 받고 있는 미국 경제가 더욱 어려워질 수 있다.

이 모든 것이 중국 문제와 관련된 미국의 거시경제 기반이 적어도 2025년까지는 점점 더 나빠질 것임을 말해준다. 저금리 때문에 바이드노믹스에 따른 적자 지출은 연방정부의 부채 상환 의무에 큰 영향을 미치지 않을 것으로 보인다. 그러나 이런 상태는 FRB가 인플레이션과 싸우기 위해 금리를 올리기 시작하면서 결국 달라질 수 있다. 한편 재정 부양책은 여전히 전반적인 무역 적자의 증가, 특히 대중 무역 적자의 증가로 이어질 것이다. 사실 이런 일은 2021년에 이미 일어났다. 미국의 다자간 무역 적자와 대중 무역 적자가 모두 급격히 늘어난 것이다.

앞서 나는 미국처럼 저축이 부족한 국가라면 양국 간 무역 적자를 줄이는 것을 실행 가능한 정책 목표로 다뤄서는 안 된다고, 즉 중국 때리기에 몰두해서는 안 된다고 주장했다. 그러나 중국 때리기라는 정치적 행위는 그 거시경제적 결과와 관계없이 앞으로 몇 년 동안은 계속해서 일어날 것이다.

또한 바이드노믹스는 미국 달러화 가치에도 영향을 미칠 수 있다. 26개 신흥국 통화 전체를 놓고 산정한 달러 지수(broad dollar index)는 2020년 마지막 8개월 동안 인플레이션을 고려해 보정한 수치로 9퍼센트 하락했다가 2021년 1년 동안 약 6퍼센트 반등했다.[41] 미국 경상수지 적자가 악화되고 FRB가 강력한 경기 회복 및 가속화되는 인플레이션 속에서도 기준금리 인상에 제약을 받는 상황에서는, 2020년의 달러화 약세는 앞으로 더 많은 일이 일어날 수 있음을 경고하는 지표일 수 있다.[42]

우크라이나에서 전쟁이 뜨거워지는 가운데 달러화는 2022년 초에 반대로 움직였다. 세계적인 혼란과 긴장의 시기에 보통 그랬던 것처럼 안전한 피난처 역할을 하면서 강세를 보인 것이다. 그러나 시간이 지나 세계가 안정되면 펀더멘털이 작동할 수밖에 없다. 미국 달러화는 지난 50년 동안 세 차례에 걸쳐서 조정되는 경험을 했다. 1970년대에 그랬고 1980년대 중반에 그랬으며 또 2000년대 초반에 그랬다. 감소 폭은 평균 30퍼센트를 조금 넘었는데 이는 2020년 감소 폭의 세 배 수준이다. 미국 국내저축 부족과 경상수지 적자가 이전의 달러화 조정 때보다 더 길게 이어지면 달러화의 또 다른 급격한 조정이 있을 수 있다는 설득력 있는 주장도 있다. 지금까지는 그저 어떤 암시만 있었을 뿐이다. 더 크고 무서운 것이 올 수 있다는 말이다.

달러화 가치의 하락은 위안화에 추가적인 상승 압력으로 작용할 가능성이 크다. 아닌 게 아니라 위안화의 가치는 2000년 초 이후 지금까지 인플레이션을 고려해 보정한 수치로, 약 45퍼센트 상승했다.[43] 중국 당국이 자국 경제가 망가지거나 금융이 불안정해질 것을 우려해 위안화의 통화 절상에 저항할 정도로, 미국 정치의 중국 때리기는 더욱 거세질 것이다. 또 위안화의 통화 절하에(시장이 주도하는 '조작'을 통한 것이든, 정책이 주도하는 '조작'을 통한 것이든 간에) 오랫동안 비판적이었던 미국 정치인들은 훨씬 크게 분노할 것이다.

동시에 달러화 가치의 새로운 하락은 의심할 여지 없이 달러화가 세계의 기축통화 지위를 잃을지 모른다는 의문과 위안화가 그 역할을 대신할 가능성을 제기할 것이다. 미래의 어느 시점에선가 그런 기축통화의 정권 교체가 일어날 가능성을 배제할 수는 없지만, 지금 당장은 그런 일이 실현될 시기도 아니고 상황도 아니다. 아직은 걸음마 단계인 중국 금융 시스템으로서는 위안화를 기축통화로 만들 자격이 없다. 그리고 바이드노믹스의 재정 낭비에도 불구하고 오랫동안 지배적이었던 미국 달러화가 "터무니없이 과도한 특권"을 조만간 포기할 것 같지도 않다.[44]

코로나19 이후의 강력한 반등에도 불구하고, 바이든 시대는 저축이 부족하고 적자가 발생하기 쉬운 미국 경제로서는 놀라울 정도로 어려운 도전의 시기가 될 것이다. 그리고 그 결과는 미중 갈등에 중요한 영향을 미칠 것이다. 중국 문제를 해결하기 위한 온갖 정치적 압력은 결과적으로 양국 모두에 거대한 질문들을 제기할 가능성이 크다. 예를 들면 이런 질문들이다. 미국은 국내저축 부족 문제를 해결할 정치적 의지가 과연 있을까? 아니면 무역 적자를 놓고 계속해서 중국 탓만 할까? 중국은 자기의 경제력과 지정학적 지위를 높이려고 시도하면서, 미국이 안고 있는 여러 경제적 과제 덕분에 발생하는 유리한 기회를 낚아챌까?

미국의 부인 서사

미국이 중국에 대해 가지는 거짓 서사들, 특히 무역이나 기술, 지정학적 갈등과 관련된 서사들은 한 가지 공통된 점이 있다. 바로 미국 민주주의의 핵심적인 가치관과 상반되는 것으로 보이는 일당 독재 국가에 대한 사회적·정치적 비판에 깊이 뿌리를 두고 있다는 점이다. 미국의 민주주의가 현재 미국 안에서 공격받고 있다는 사실은 일단 옆으로 미뤄두자.[45] 중국에 대해 미국 내에 들끓는 거짓 서사의 격렬함은 양극화된 대척점의 한쪽에 서 있는 국가가 '피장파장의 오류(whataboutism)'를 인정할 여지를 남기지 않는다.[46]

아마도 이는 가장 커다란 아이러니일 것이다. 역사적인 자기 의심에 사로잡혀 있는 미국으로서는 민주주의의 보루로서 리더의 위치에 있음을 확인하기 위해 중국이라는 희생양을 필요로 할 수도 있다.[47]

중국에 대한 거짓 서사가 이런 불안한 분위기 속에서 극도의 흥분 상태에 다다른 것은 과연 우연일까?

앞서 나는 정치적으로 생산되어 유포되는 거짓 서사가 입소문을 타고 빠르게 확산될 가능성을 강조했다. 이 거짓 서사들에는 중국의 불공정한 무역 관행 의혹, 화웨이를 무기로 사용한다는 의혹, 또 한 차례의 냉전이 시작되더라도 미국이 승리할 수 있다고 여기는 오만함 등이 포함되어 있다. 신중한 분석과 사실 확인으로 아무리 바로잡아도 이런 거짓 서사들이 사라지지 않는다는 사실은, 이 거짓 서사들이 만들어내는 중국의 이미지가 앞으로도 오랜 기간 미국의 여론에 지속적으로 영향력을 발휘할 것임을 시사한다.

이런 사실은 훨씬 근본적인 질문들을 제기한다. 예를 들면 이런 것들이다. 중국에 대한 거짓 서사가 어째서 미국의 자아의식에 그렇게 중요한 요소가 되었을까? 민주주의의 우월한 가치인 존중, 존엄성, 표현의 자유, 기회 등에 대한 깊은 도덕적 신념 그리고 그런 가치를 다른 사람들과 공유하려는 이타적 욕구 때문일까? 아니면 중국과 벌이는 투쟁을 베트남, 이라크, 아프가니스탄 등에서 치렀던 것과 같은 자기파괴적인 전쟁이 아니라 제2차 세계대전의 '선한 전쟁'이라고 생각하면서, 숭고함이라는 덕목을 지키기 위해 중국과 싸워야 한다는 미국의 오랜 본능 때문일까?[48] 그것도 아니면 심리학자들이 인간이 가진 가장 강력한 감정의 하나라고 여기는 '부인(denial)'에서 빚어진 어떤 것이 작동하기 때문일까?[49]

그런데 우리는 부인이라는 마지막 가능성을 진지하게 받아들여야 한다. 미국 경제의 현재 상태와 미래 전망을 놓고 보면, 안타깝지만 이 부인하는 태도가 원인이라는 주장이 상당히 설득력이 있다. 소득과 성과 인종에 따라 불평등의 골이 빠른 속도로 깊어지고, 생산성이 둔화되고 연방정부의 적자와 부채가 늘어나고 국내저축률이 밑바닥을 기며, 경상수지 적자와 무역 적자가 확대되는 이 모든 양상은 미국의 비참한 현실이다. 그러나 미국 정치는 이런 문제들을 무시하도록 애초부터 프로그램되어 있다.

또 미국 정치는 만일 이런 문제들을 조금이라도 의식한다면 곧바로 실패를 인정하는 것임을 잘 안다. 이는 어쩌면 미국에서 가장 다루기 힘든 경제적 딜레마를 회피하려는 몸부림일 수도 있다. 아닌 게 아니라 미국은 1970년대 후반 이후 경제력에 비해 분수에 넘치게 살았으며, 계속 이렇게 사는 것이 점점 더 어렵다는 사실을 깨닫고 있다.

그렇게 분수에 넘치게 살도록 해준 것을 학자들은 자기창출소득 (self-generated income)이라고 정의한다. 자기창출소득은 노동에 따른 수익을 임금 보상이라는 형태로 주로 반영하는데, 이것은 현재의 생산물로 벌어들이는 소득으로 생활하는 한 국가의 펀더멘털을 뒷받침한다. 바로 여기에 문제의 핵심이 놓여 있다. 미국에서 임금 및 급여 (민간 산업과 공공 부문을 합한 급여)의 총액인 노동소득은 1970년에 국내 총생산 대비 51.4퍼센트로 최고점을 찍은 뒤 2013년에는 42.2퍼센트까지 떨어졌고, 2021년에 44.9퍼센트로 반등했지만 여전히 최고점에는 훨씬 밑도는 수준이다.[50]

역사가 제임스 트러슬로 애덤스가 암시했듯이 국내적으로 창출된 노동소득의 부족은 아메리칸드림의 열망에 젖어 있던 미국에 중대한 도전 과제를 제기했다. 그리고 열심히 일했지만 공정하고 합당한 보상이 보장되지 않는 상황에서 미국인은 구매력의 대안적인 원천으로 눈을 돌렸다. 즉 주택이나 금융 상품에 투자하지 않고 자기가 보유하는 자산의 평가액에 주목한 것이다. 이것이 한동안은 잘 먹히는 것 같았다. 1980년대와 1990년대의 활기 넘치는 분위기 속에서 미국 소비자는 투자 포트폴리오에서 심리적인 재산 증식 효과의 횡재를 열심히 누렸고, 금융 혁신의 도움으로 가장 큰 투자자산인 주택의 자본이득을 창출하기 위해 주택을 담보로 돈을 빌렸으며 여기에 2차 융자까지 했다.[51] 그래도 걱정할 이유는 없었다. 적어도 그때는 그랬다.

그러나 구매력의 보조적인 원천인 이런 것들에 너무 많이 의존하다 보니 결국 힘겨운 결과가 빚어졌다. 재산을 기반으로 하는 새로운 형태의 저축이 자리를 잡으면서, 가계는 노동소득에서 일정 금액을 떼어놓던 전통적인 저축을 줄이게 되었다. 그래서 소득 기반 개인 저축률은 1971년에 최고점이던 13.5퍼센트에서 2005년 3.1퍼센트로 낮아졌다.[52] 자산시장이 훨씬 많은 돈을 빠르게 벌어줄 수 있는데 굳이 옛날 방식으로 일해서 저축할 필요가 없어진 것이다.

이런 상황은 만성적인 연방정부의 예산 적자와 결합해 모든 국내 저축을 압박하는 요인으로 작용했고, 결국 미국은 해외에서 잉여저축을 차입하는 방식으로 외국 자본을 유치하고 대규모 경상수지 적자 및 무역 적자 기조를 이어갈 수밖에 없었다. 그런데 이 모든 것은 너무도 쉬워 보였다.

하지만 소득과 저축이 부족한 국가로서는 자산에 의존하는 경제와 끝없이 확대되는 무역 적자가 결합되는 상황이 지속 가능한 해결책은 아니다. 이런 나라들에서는 자산 거품과 신용 거품이 너무 자주 과도하게 커졌다가 꺼졌고, 1990년대 스타일의 일본식 대차대조표 불황(가계가 짊어진 빚이 너무 많아서 정부가 경기부양책을 내놓아도 소비나 투자로 이어지지 못하는 현상-옮긴이)이 촉발되었으며, 나중에 경기가 회복되어도 회복 수준은 미미할 뿐이었다.[53]

이런 일이 2000년대 초에 미국에서 닷컴 거품과 주식 거품의 여파로 일어났고 몇 년 뒤 부동산 거품이 꺼진 뒤에도 다시 일어났다. 거품은 그 자체가 가장 유혹적인 '부인'의 표현으로, 이미 높은 자산 가격이 앞으로 더 높아질 수밖에 없다는 투기적 믿음을 연료로 삼는다. 거품이 꺼지고서야 비로소 부인을 선택한 진짜 비용이 눈앞에 명백하게 드러난다.

자산 의존적인 미국 경제가 직면한 위험은 미중 관계라는 맥락 속에서 특별히 언급할 내용이 있다. 막대한 잉여저축을 보유한 중국은 저축이 부족한 미국 경제에 매우 중요한 외국 자본 공급원이 되었다. 코로나19 때문에 미국 연방정부의 예산 적자는 2020년과 2021년에 폭발적으로 늘어났는데, 통상적인 예측들은 앞으로 몇 년 동안 이 적자 폭이 줄어들면 아무 문제가 없다면서 낙관론을 펴지만 사실 적자는 앞으로 수십 년까지는 아니더라도 여러 해 동안은 역사적으로 큰 규모로 유지될 것이다.[54]

이렇게 되면 국내저축은 지속적으로 압박을 받을 것이고, 미국으로서는 국내 투자 및 경제성장에 필요한 자금을 대기 위해 외국의 잉여저축에 계속 의존할 수밖에 없다. 가장 큰 외국 자본줄인 중국이 미국의 자금 공백을 메우는 데 큰 역할을 할 것임은 불을 보듯 뻔하다. 그러나 미중 갈등이 고조되는 상황에서 중국의 대출기관들이 기꺼이 그 역할을 하겠다고 나설지는 의문이다.

부인하는 미국의 심리와 태도는 뿌리가 깊다. 미국 대중은 지금과 같은 분수에 넘치는 생활을 중단해야 할 수도 있다는 아주 작은 암시조차도 매우 불편하게 여긴다. 과도하게 확장된 미국의 생활 방식에 중국이 더는 자금을 대지 않겠다고 나설 가능성을 현실에서 인정하려 들지 않는다. 자산이나 부채 주기의 조정이 '평균으로의 회귀(한동안 좋은 성과를 보였다면 그 뒤에는 평균을 밑도는 성과를 보이고, 한동안 나쁜 성과를 보였다면 이후에는 수익이 회복되는것-옮긴이)' 또는 미국 달러화 가치의 하락을 통해 발생할 수 있다고도 믿으려 하지 않는다.

이렇게 해서 부인은 고전적인 방어 기제로 작용한다. 이 방어 기제는 '음악이 연주되는 동안에는 계속 춤을 추게 만드는' 근시안적인 근거로 작용한다. 사실 미국의 이런 부인은 '지구상에서 인간이 가질 수 있는 최고의 마지막 희망'이라는 미국의 자아상과 동반되는 특권 의식에서 나온 것이기도 하다.[55]

미국이 가지고 있는 이 부인의 심리 그리고 태도와 정책은 레이건 주의 버전의 미국 문화에 뿌리를 두고 있을 뿐만 아니라 중국에 대해 미국이 가지고 있는 수많은 거짓 서사들의 핵심에도 뿌리가 닿아 있다. 대중 무역 적자를 바라보는 미국의 허세, 화웨이가 트로이 목마일지도 모른다는 두려움 그리고 중국을 향한 강경한 언사는 모두 미국이 스스로 불러들인 문제에 대한 책임을 받아들이려 하지 않는다는 신호다.

많은 사람이 경제적 책임의 궁극적인 행위라고 할 수 있는 저축을 부정적으로 받아들인다. 저축이라고 하면 언제나 '절약의 역설'이 연상되는데, 이 역설에서 저축은 경제를 지탱하는 소비자 수요를 회피하는 행위이므로 경제성장을 위협하는 것으로 인식하기 때문이다.[56] 그러나 이것은 근시안적인 인식이다. 저축이 없이는 인력과 인프라와 혁신에 대한 기초 투자가 지속되기 어렵다. 저축 의무를 부인하는 심리와 태도와 정책이 깨지지 않는 한 미국의 장기적인 성장은 더욱 어려워질 뿐이다.

그런데 부인이 갈등으로 이어질 수도 있다. 미국 대중은 저축이라는 과제를 회피하면서 미국이 맞닥뜨리는 경제적 어려움을 다른 나라 탓으로 돌리려 한다. 30년 전 일본에 그랬고, 지금은 중국에 그렇게 하고 있다. 충돌의 성격을 어떻게 규정하고 위협을 어떻게 인식하느냐에 따라 미중 갈등은 경제적인 차원을 뛰어넘어 다른 차원으로 비화될 수 있다. 1980년대에 일본을 상대로 그랬고 지금은 중국을 상대로 점점 그렇게 되고 있다. 냉전에서 부인이 안겨주는 위험은 우발적인 충돌의 잠재적인 원인이기 때문에 더 걱정스럽다.

미국은 분수에 넘치는 생활을 애호하고 누리는데, 여기에 숨은 작고 더러운 또 한 가지 비밀은 부인의 대가가 비싸지 않다는 점이다. 낮은 인플레이션으로 지탱되는 예외적으로 낮은 금리 및 거품이 많이 낀 자산시장이 그런 생활을 지탱해주기 때문이다. 이런 비정상적인 조건이 이어지는 한 미국의 부인은 계속 이어질 것이다. 그러나 인플레이션율과 금리가 정상적인 상태로 돌아가기 시작하는 날이 언젠가는 올 것이다. 그 시점이 되면(어쩌면 그 시점이 이미 가까이 다가와 있을지도 모른다) 부인의 대가는 점점 커질 것이다. 그러면 미국은 자기 갱신과 분수에 맞는 생활을 신속히 받아들여야 할 것이다. 이를 회피하는 기간이 길어질수록 그에 따른 대가는 더욱 커질 것이다.

부인이 더는 통하지 않고 또 최종 정산을 해야 하는 심판의 순간이 오기 전까지 미국은 저축 부족과 무역 적자에 시달리며 중국과의 갈등을 해결하지 못할 것이다. 자기 처지를 확실히 알고서 미리 위험을 피하라고 했던 손자의 지적은 지금 미국이 반드시 받아들여야 할 조언이다. 물론 그의 조언은 미국뿐만 아니라 중국에도 적용된다. 스스로 만들어낸 숱한 거짓 서사에 푹 빠져 있는 중국도 미국과 똑같이 부인이 초래할 위압적인 부담에 직면해 있다. 3부에서 이 문제를 살펴보자.

ACCIDENTAL CONFLICT

3부

미국에 대한 중국의 거짓 서사

미국만 거짓 서사를 가지고 있는 게 아니다. 중국도 미국 못지않게 그렇다. 미중 갈등은 양측이 서로 내세우는 거짓 서사가 충돌하면서 지금 수준으로까지 악화되었다. 왜곡된 정보는 미국에서는 소셜네트워크를 통해, 중국에서는 국가 검열을 통해 각각 확산되는데, 이런 정보 왜곡은 온갖 거짓을 뒤섞고 영구화하는 데 핵심적인 역할을 한다.

그러나 두 체제는 매우 다른 방식으로 정보를 왜곡한다. 미국에서는 헌법에 명시된 언론의 자유라는 특권 덕분에 방대한 규모의 온갖 개방형 소셜미디어 플랫폼에서 양극화된 의견들이 무제한으로 쏟아진다. 2020년에 치러진 미국 대통령 선거 결과가 조작되었다고 주장하는 트럼프 지지자들의 '새빨간 거짓말' 같은 근거 없는 음모론이 대표적인 예다. 무역과 기술 분야, 코로나19의 최초 발원지와 지정학적 위협에 이르기까지 중국을 향한 온갖 거짓 서사도 마찬가지다.

그런데 중국의 검열은 전혀 다른 종류의 정보 왜곡을 낳는다. 이 정보 왜곡은 미국에서처럼 사회적·정치적 불안의 양극화에서 나오는 것이 아니라 불안정한 권위주의 국가의 억압과 공포에서 나온다. 검열은 중화인민공화국의 선전 기관이 아주 오래전부터 해왔지만 특히 시진핑 치하에서 더욱 중요하게 자리 잡았다. 토론 따위는 필요 없고 오로지 당이 설정한 목표와 당의 권력, 당이 내세운 목표에만 초점을 맞춘 양식화된 중국의 민족주의적 서사는 '만리방화벽(The Great Firewall)' 같은 인터넷 보안 장치 차원을 넘어 국가가 내세우는 점점 더 중요한 목표가 되었다.

중국의 검열은 진짜 서사와 거짓 서사 사이의 구분을 모호하게 해서 국가의 자아의식을 왜곡한다. 이렇게 해서 거짓 서사는 '중국몽'의 구조 속으로 촘촘하게 직조된다. 한편 미국은 중국과 반대되는 과제를 맞닥뜨렸는데, 이는 정치적·사회적 양극화가 낳은 거짓 서사가 아메리칸드림에 녹아 있는 핵심적인 국가적 가치관을 위협하기 때문이다. 궁극적으로 보면 두 나라가 각각 꾸는 꿈이 내포하는 경로는 역사를 통해서 검증될 것이다. 검열 및 그 밖의 다른 형태의 정보 왜곡은 역사를 되돌리지 못한다. 그저 역사를 왜곡할 수 있을 뿐이다, 그것도 아주 잠시만. 문제는 그 왜곡이 얼마나 오래 지탱될 수 있을까 하는 것이다.

검열은 미국에 대한 중국의 인상을 왜곡하는 거짓 서사들을 풍부하게 생성하는 원천이다. 미중 갈등이 고조되는 것과 관련해서는 세 가지 점이 특히 중요하다.

첫째, 소비주의(소비를 부추기는 사회경제적 현상-옮긴이)를 어떻게 고무할 것인가다. 중국은 지금까지 15년 동안 자기의 경제성장 모델의 균형을 재조정할 필요가 있음을 확인해왔다. 애초에 중국 경제의 성장은 생산자 중심으로 작동했지만 이 경제가 한 단계 높은 수준으로 도약하려면 중국의 방대한 소비 인구의 지원을 끌어내야 한다는 사실은 이미 오래전에 확인되었다. 그런데 중국의 지도자들은 이 일이 어렵지 않을 것이라고 잘못 추정했다. 미국이 했는데 중국이라고 못 할 이유가 없다고 바라본 것이다.

그러나 온갖 화려한 팡파르에도 불구하고 중국 경제가 도약하는 일은 일어나지 않았다. 이는 중국이 소비자 사회에 생소하며 또 그것을 잘 알지 못한다는 점이 반영된 결과다. 세계를 지배하는 미국의 소비자 모델을 복제하는 것이 중국으로서는 쉽지 않았다. 또 이는 불확실성을 빚어내고 가계와 기업가의 야성적 충동(경제가 인간의 합리적·이성적 판단에 의해서만 돌아간다고 보지 않고 인간의 비경제적인 본성도 경제를 움직이는 하나의 요인이 될 수 있다며 제기된 개념-옮긴이)을 억제하는 새로운 규제 및 '공동부유(공동번영)'라는 정책 구상 때문에 방해받을 수도 있다. 소비주의에 대한 더 많은 논의와 진전이 이뤄지지 않는다면 중국 경제의 재균형은 방해를 받을 것이고, 그렇게 되면 중국 경제는 더욱 취약해지고 갈등의 가능성이 무르익을 것이다.

둘째, 중국은 오랫동안 미국의 경제적·지정학적 영향력을 모방하려고 노력해왔다. 놀랄 것도 없는 사실이지만 국내총생산 규모에서 중국은 조만간 미국을 추월할 것이다. 그러나 규모를 키우는 이 경쟁은 두 나라가 벌이는 경쟁에서 단지 하나의 측면일 뿐이다. 중국은 속도에 집착하면서 경제성장 경험의 질을 무시해왔는데 이런 태도는 바뀔 필요가 있다.

특히 중국의 혼합경제(blended economy, 시장경제 체제를 기본으로 하되 국가가 보완적으로 시장에 개입하는 경제 형태-옮긴이) 체제에서는 초점을 양적인 것에서 질적인 것으로 바꾸기가 쉽지 않을 것이다. 지금까지 중국의 전략은 미국식 자본주의와 국가 주도의 시장 기반 사회주의라는 두 체제의 이질적인 요소를 하나로 묶는 것을 목표로 해왔다. 이렇게 해서 나타난 혼종 체제는 국가 차원의 통제가 이뤄지는 가운데서도 시장이 결정적인 역할을 할 수 있게 해주는데, 이 체제는 중국의 혼합소유제 모델의 미묘한 균형을 반영한다.

그러나 그렇게 시도된 균형화 조정 행위는 미국식 자본주의의 유연성을 잘못 이해한 것이다. 중국은 국가가 시장에 개입할 때 시장을 기반으로 하는 자원 할당이 효과적으로 이뤄질 수 있다고 가정한다. 그렇다면 혼합소유제를 원칙으로 고집하는 것이 중국 경제성장의 효율성과 지속 가능성을 훼손하면서 결과적으로는 미중 갈등을 부추기는 거짓 서사들을 만들어내는 걸까?

셋째, 중국이 지금까지 걸어온 성장의 궤적은 한층 깊은 의미가 있다. 이는 중국몽의 수단이지, 종착점이 아니다. 시진핑은 중화인민공화국 건국 100주년인 2049년까지 중국을 '위대한 현대적 사회주의 국가'의 가장 높은 수준에 올려놓아야 한다는 숭고한 목표를 자주 강조한다. 강대국을 향한 이런 열망에 따라 공산당은 '주요 국가와 맺는 관계의 새로운 모델'을 개발하는 데 상당한 힘을 쏟아왔다. 애초에 시진핑이 중국을 미국과 대등하게 만들겠다는 목표 아래 구상했던 패권 분담 협정은 러시아-우크라이나 전쟁이 발발하기 직전인 2022년 2월에 중국의 시진핑 주석과 러시아의 블라디미르 푸틴 대통령이 체결한 '무제한 협력'을 약속하는 협정으로 대체됐다. 그런데 이 두 가지 노력 모두 잘못된 방향으로 진행되었다.

중국이 지고 있는 위험은 서방과의 지정학적 갈등을 방치하고 국내 개혁에 필요한 힘든 일을 하지 않은 채, 강대국으로 우뚝 서는 미래의 중국에 섣불리 초점을 맞출지도 모른다는 점에 있다. 과거의 성과를 토대로 섣부르게 추정해서 과도한 목표를 설정하고 '제국의 과잉팽창(imperial overstretch)'을 시도했다가 실패한 사례는 역사 속에 무수히 널려 있다. 그런데 쉽게 분쟁을 일으키는 성향이 있는 중국은 엄청난 위험을 감수하면서까지 이 역사적인 교훈을 무시한다.

왜 미국이나 중국은 거짓 서사에 집착할까? 서로 극명하게 대조되는 체제를 가진 두 나라가 그 불행한 집착을 똑같이 했다. 두 나라가 이렇게 했던 이유는 서로 다르지만, 맞대결을 펼치는 거짓 서사는 필연적으로 관계 갈등을 낳는다는 점에서는 똑같은 집착이다. 미국과 중국 모두 갈등을 해결하려면 거짓 서사의 뿌리 깊은 환상을 버려야 한다. 그렇게 하려면 두 나라는 무엇을 해야 할까?

8장

검열이 갈등으로

중국의 수도 베이징의 서(西) 창안대로 5번지에는 중국공산당 선전부(Publicity Department of the Chinese Communist Party, CCPPD) 본부가 있다. 이곳은 산업정보기술부 건물과 가까우며 중국 지도부의 본산인 중난하이(中南海)에서 걸어서 이동할 수 있는 거리에 있다. 그러나 CCPPD와 권력의 거리는 이런 물리적 차원의 거리감을 훨씬 뛰어넘는다. 중화인민공화국이 수립되기 전인 1920년대에 CCPPD는 국가의 정치적 통제를 위한 공산당의 혁명 운동과 밀접하게 연계되어 있었다. 그 뒤로 지금까지 이 관계는 줄곧 긴밀했다. 문화대혁명 기간인 1966~1976년까지 11년 동안 활동을 중단한 것을 제외하면 CCPPD는 사실상 중국 통치의 모든 측면에서 핵심적인 역할을 해왔다.

CCPPD는 중국 사회에서 의사 표현의 모든 측면을 속속들이 들여다보는 광범위한 정보 통제 네트워크를 감독한다.[1] 정보 확산을 감시하기 위한 이 기관의 노력이 얼마나 방대한지는 전국 사무실에 상주하는 '여론 분석가'가 최소 200만 명이나 된다는 사실에서도 추정할 수 있다.² 하지만 이는 빙산의 일각이다. CCPPD 외에도 다른 많은 기관이 정보 통제에 적극적으로 참여한다. 통일전선부와 대외선전실 등 당 차원의 조직이 있고 정부 차원에서도 국영언론출판국, 중앙사이버안보정보화위원회 사무국 등이 있다. 또한 인민해방군이 맡아서 수행하는 다양한 정보 통제 활동도 있다. 이것만 보더라도 중국 정부가 국가 담론의 모든 측면을 보고 듣고 영향을 미치는 데 얼마나 강력한 힘을 발휘할지 짐작할 수 있다.³

어느 사회에서나 검열은 거짓 서사의 온상이 된다. 검열은 현실과 생각과 가치관을 왜곡하고 의견 교환을 억제하며 발견을 가로막아 끊임없이 확장되는 허구의 그림자가 진실을 말하는 것처럼 보이게 만든다. 극단적으로 말하면 검열은 한 나라의 영혼을 송두리째 들어내서 진정한 자아의식을 갖지 못하게 하고, 결국은 쉽게 허물어지는 거짓된 국가 정체성을 만들어낸다.

정보 통제의 무거운 손은 중국어로 표현되는 모든 것을 질식시킨다. 국가 차원에서 이뤄지는 검열이든, 스스로 하는 검열이든 간에 중국에서 이뤄지는 모든 검열은 중국에서 정보와 아이디어와 의견을 자유롭고 개방적으로 나누는 일이 매우 부족할 수밖에 없음을 뜻한다. 검열은 중국 내부에서 생성된 콘텐츠를 대상으로 하지만 해외에서 들어오고 나가는 것도 대상으로 삼는다. 중국인은 국가가 제작하고 감독하고 집필하고 구성한 뉴스만 받아먹고 있으며, 해당 내용의 진실성을 놓고 대중적인 토론을 하기를 두려워한다.

국가 차원에서 이뤄지는 대화 통제만이 문제가 아니다. 중국 검열관들이 담론을 규정한다는 것도 문제다. 당의 노선은 말 그대로 수직 선으로 하향식이라서 모든 정보 흐름은 공산당 중심의 국가 지시와 한 치의 오차도 없이 일치한다. 그리고 정보는 걸러지기만 하는 게 아니라 당의 공식적인 논리나 정책에 부합하도록 수정되기도 한다. 현재 중국에서는 점점 더 많은 민감한 문제들이 공개 담론에서 빠르게 삭제되고 있다. 검열이 국내에서 이뤄지는 논쟁을 지배하고 좌우하며 해외와 관련된 문제에 대해서는 국가, 즉 정부가 지지하는 의견을 사람들에게 주입한다. 검열은 중국이라는 일당 독재국가가 지닌 가장 해로운 특징들 중 하나다.

중국적인 특징을 가진 선전

중국의 검열은 신문, 텔레비전, 영화, 문학, 음악, 교육 등 모든 형태의 미디어를 대상으로 한다. 멀티미디어 인터넷 플랫폼은 악명 높은 만리방화벽을 통해 엄격한 검색어 필터링을 받는다.[4] 〈뉴욕 타임스〉, 〈월스트리트 저널〉, 〈블룸버그〉 등 미국의 주요 매체들은 중국 대중들로부터 완전히 차단되어 있다. 최근에는 인도의 몇몇 신문들에도 이와 비슷한 제한이 가해졌다.[5] 그러나 영국 등에 본사를 둔 일부 주요 국제 플랫폼(〈파이낸셜 타임스〉), 일본(〈요미우리 신문〉), 독일(〈빌드〉), 싱가포르(〈스트레이트 타임스〉)에 대해서는 콘텐츠를 엄격하게 제한하는 조건으로 상대적으로 자유로운 활동을 허용하고 있다. 물론 민감성 여부를 판정하기 위해 쳐놓은 인계철선에 이런 외부자들이 너무 다가가면 검열 당국은 곧바로 이들을 질책하며 경고장을 날린다.[6]

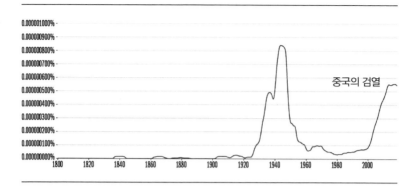

〈표 3〉 중국의 검열 곡선

* 출처: Google Ngram Book Search from 1800 to 2019. Google Books Ngram Viewer. http://books.google. com/ngrams.

중국의 이런 검열 정책을 보면 당연한 결과지만, 미국에 본부를 두고 전 세계의 민주주의 확산과 국제 언론 감시 활동을 펼치는 비영리 인권단체인 프리덤 하우스(Freedom House)는 해마다 평가하는 세계 자유지수(global freedom index) 순위에서 중국을 지속적으로 최하위에 가까운 자리에 놓는다. 2021년 중국의 세계자유지수는 100점 만점에 9점이었는데, 이는 210개국 중에서 하위 10퍼센트에 속하는 점수로 주요 국가들 가운데서는 꼴찌였다. 프리덤 하우스가 평가하는 인터넷자유지수는 상대적으로 적은 70개국이 대상인데, 여기서도 중국은 100점 만점에 10점을 받고 꼴찌를 기록했다.[7]

중국에서 이뤄지는 검열과 관련해서는 충격적인 폭로가 하루가 멀게 나타나고 있다. 전 세계 사람들이 이런 사실을 알고 있고 관심 있게 바라보고 있다. 〈표 3〉에서 보듯이 '중국의 검열'이라는 검색어로 구글 엔그램 검색을 해보면 2012년 말 시진핑이 중국의 최고지도자 지위에 오른 이후 관심이 급증했음을 알 수 있다. 이 검색어에 대한 최근의 언급은 1950년대 중국 혁명기에 일어난 것에는 미치지 못하지만 최근의 인용은 그때의 추세를 훨씬 뛰어넘는다.

이런 상승 곡선이 나타난 이유는 명백하다. 1980년대와 1990년대, 2000년대 초까지 경제 개방 이후 수십 년 동안에는 개인이 자기 의사를 자유롭고 개방적으로 표현하는 활력이 되살아났다. 하지만 그후 정보 통제의 무게중심이 시진핑의 지도력 아래 반대 방향으로, 즉 규율과 이념과 당 차원의 감독 쪽으로 이동했다.[8]

시진핑은 집권 초기에 이미 무게중심을 이렇게 전환할 것임을 무심코 내비쳤다. 2013년에 그는 중화인민공화국의 이념적 뿌리와 이를 강화하는 당의 역할에 초점을 두는 과거의 정책 기조로 돌아갔다. 또한 그는 '대중 재교육(mass-line reeducation)' 운동을 강조했는데, 이는 문화대혁명 이후 가장 전면적으로 전개되었던 반(反)부패 운동과 연결되었다. 그 목표는 인민(대중)과 당 사이의 긴밀한 관계를 재정립하는 것이었다.

인민이 국가 성공의 이념적 토대를 잃은 게 문제일 뿐만 아니라 당이 중국 인민의 기본적인 요구에 보조를 맞추지 못하는 바람에 당 자체가 경직되고 부패했다는 것이 시진핑의 인식이었다. 그는 인민 대중과 당이 원래 지고 있었던 미래 전망을 엄격하게 해석하고 나설 때 비로소 신뢰받는 관계가 재정립될 수 있다고 생각했다.[9]

이런 인식 및 정책 방향에 따라 2013년에 선전 체계가 대중 재교육의 도구로 본격적으로 가동되었고, 그 결과 1990년대 초부터 시작되었던 자유화 추세가 뒤집혔다. 시진핑은 "네 가지 악습"이 중국을 위기로 몰아넣는다고 판단하고 여기에 관심을 집중했다. 그 네 가지는 형식주의, 관료주의, 쾌락주의 그리고 사치였다.[10] **형식주의**는 피상적인 관리 절차들이 중복된다는 뜻이었다. 예를 들면 사무실에서 하는 회의가 지나치게 많다거나 시상식을 쓸데없이 자주 연다거나 하는 것이 형식주의였다. **관료주의**는 업무 처리 과정이 과도하다는 것으로, 예컨대 무의미한 서류 작업이나 흐름도 작성 작업이 많다는 지적이었다. **쾌락주의**는 골프처럼 지나치게 사치스러운 생활 습관이 퇴폐로 이어진다는 지적이었다. 마지막으로 **사치**는 중국인의 생활 방식이 지나치게 물질주의적으로 변했다고 생각하는 시진핑의 지적에서 나온 것이었다.

이런 식의 이름 붙이기는 경우에 따라 임의적이기도 하고 불필요하기도 하다. 형식주의와 관료주의의 차이는 무엇이며, 쾌락주의와 사치의 차이는 정말 무엇일까? 오늘날 모든 나라가 이런 것들뿐 아니라 다른 나쁜 습관들에 젖어 있다.[11]

그런데 중국이 다른 나라들과 달랐던 점은 2013년 3월에 후진타오의 뒤를 이어 중화인민공화국의 주석이 된 시진핑이 이런 나쁜 습관들에 대해 어떤 조치를 하기로 했다는 것이다. 시진핑이 시작한 대중 교육 운동은 이념적인 재각성과 새로운 다짐이 빠르게 이뤄지지 않으면 위기가 닥칠 수 있고 상황이 매우 긴박하다고 암시했다.

이 메시지는 중국이 아직 해결하지 못하고 있던 '주요 모순'을 놓고 시진핑이 나중에 했던 경고와 일치했다. 마르크스주의 이데올로기의 변증법에 따르면, 이념이 대중의 실질적인 요구와 동떨어질 때 주요 모순 때문에 혁명이 일어나고 기존의 사회 체제가 붕괴한다. 이 경고를 시진핑이 하고 나선 것이다. 또 시진핑은 2017년에 제시한

'시진핑 구상'의 기본 축으로 주요 모순을 해결하는 작업을 나중에 추가했는데, 이는 그가 이념을 철저하게 다지는 문제에 공을 많이 들였음을 보여준다.

대중 교육 운동은 검열과 정보 왜곡(information spin)이 늘어나는 것을 정당화하는 또 하나의 근거가 되었다. 국가 및 국가 지도자들이 합당한 설득력을 갖추지 못할 때 중국 대중은 당의 지도 내용을 제대로 알지 못할 것이고, 그러면 국가가 맞닥뜨릴 위기는 점점 더 커지지 않겠느냐는 것이 그 논리적 근거였다. 사회주의 국가의 진정한 노선을 보존하려면 검열은 필수적이라고 했다.

그러나 서방의 관찰자들은 이 문제를 전혀 다르게 바라봤다. 시진핑의 이런 행보를 일종의 권력 게임이라고 바라본 것이다. 즉 반대파의 불만을 억누르고 반대파의 의견과 특성을 제거해서 당이 바라지 않는 어떤 담론이 나타날 여지를 최대한 줄이겠다는 의도가 담긴 정치적인 행위로 바라봤다.[12]

물론 어떤 지도자든 간에 그가 하는 선택과 행동의 동기는 엄청나게 복잡하다. 이는 당연하다. 가치관과 목표가 서로 다를 때 각각의 시스템은 문제가 무엇인지 파악하고 또 해결책을 제시하는 방법이 다를 수밖에 없다. 이는 4부에서 다룰 서로 맞대결을 벌이는 서사들의 전형적인 표현이다. 두 나라의 대결이 갈등을 유발하는 거짓 서사들을 토대로 할 때는 문제가 더욱 첨예해진다.

사실 이것은 우리가 지금 하는 논의에서는 너무 앞서가는 이야기다. 그러나 한 가지만큼은 확실하게 정리하고 넘어가자. 구글 엔그램 키워드 검색이 보여주듯이 지난 10년 사이에 검열에 대한 중국의 인

식이 극적으로 늘어난 현상은 시진핑 구상 아래 역시 극적으로 나타
난 강력한 이념적 순수성과 일치한다는 사실이다. 이것은 결코 우연
이 아니며 다음과 같은 중요한 질문들을 제기한다. 중국공산당이 두
려워하는 것은 무엇일까? 왜 중국의 새로운 이념적 추진력은 검열이
나 다른 여러 행태의 정보 통제 없이는 스스로 설 수 없을 정도로 허
약할까?

담론 권력: 일대일로와 대립 모리

이 질문들의 답을 찾는 데 중요한 힌트를 중국몽에 내재된 긴장에서
찾아볼 수 있다. 중국몽은 위대한 중화민족의 부흥을 갈망하는 꿈이
다(중국몽은 시진핑이 2012년에 공산당 총서기에 선출된 직후 '위대한 중화민족
의 부흥'을 선언하면서부터 시진핑의 대표적인 통치 이념이 되었다-옮긴이). 문제
는 이 부흥이 중국 역사의 어두운 시기, 즉 국가적 자부심이 큰 나라
가 외국 열강에 점령당했던 굴욕의 어두운 시기에 뿌리를 두고 있다
는 점이다. 부흥이 방점을 찍고 있는 대상은 중국이라는 국가 및 중국
국민의 지속적인 힘이 아니라, 어쩌면 아직도 과거의 아픈 상처를 치
유하는 과정에 벗어나지 못한 체제가 본질적으로 지닌 취약성일지도
모른다.

　이런 사실을 중국으로서는 쉽게 인정할 수 없다. 당과 당의 지도부
는 자부심과 쇄신의 민족주의적 메시지를 보내려 하지만 실제로 전
달되는 메시지는 '부인'에 가까운 어떤 것으로 보일 수 있다. 다시 말
해 만성적으로 불안정한 국가임에도 거짓으로 안정감을 주장하는 것

으로 보일 수 있다는 말이다. 중국몽은 그런 부인의 태도와 함께, 시진핑 치하의 중국에서 검열을 정당화하는 구성 원리들을 제공하기 위한 정보 통제의 구실로 자리를 잡았다.

중국이 담론 권력(discourse power)에 점점 더 의존하는 것은(즉 해외의 서사를 국내적인 메시지에 맞도록 통제하는 것은) 검열을 정당하게 여긴다는 뜻이다. 놀랍지도 않은 사실이지만 시진핑은 담론 권력을 점점 더 많이 강조했다. 2016년 이후로 그는 중국 관리들에게 중국의 목표와 꿈과 포부를 강조하면서 "좋은 중국 이야기를 하라"고 촉구했다.[13] 이런 맥락에서 보면 담론 권력은 중국 고위 지도자들이 중국이라는 브랜드를 긍정적인 이야기로 끊임없이 강화하는 작업을 의미한다. 이 작업은 안으로는 자국 국민을 향하고 밖으로는 전 세계를 향한다.

담론 권력은 미묘한 정보 왜곡에서부터 공격적인 검열에 이르기까지 중국의 선전전 무기고에 있는 온갖 다양한 도구에 의존한다. CCPPD(중국공산당 선전부)는 선전전에서 자기가 수행하는 역할을 매우 솔직하게 드러낸다. 예를 들면 선전부 웹사이트에 "이상적인 담론 체계는 중국의 '정치적인 사상과 정치적인 요구 그리고 국가의 이익'을 전 세계 사람들에게 잘 전달할 수 있도록 체계적이고 실용적이어야 한다"라고 밝히는 식이다.[14]

대중적인 서사를 형성하고 강화하는 데서 선전 체계가 수행하는 중요한 역할과 담론 권력을 활용하는 현대 중국의 사례는 역사적으로 많이 있다. 슬로건은 중국 검열의 구성 원리를 형성하는 데 늘 중요한 역할을 해왔다. 덩샤오핑이 채택했던 성장 전략은 '개혁·개방'이라는 슬로건을 통해 대중에게 전달되었고, 이는 다시 과학, 기술,

농업, 산업이라는 네 개 분야에서의 '4대 현대화 계획'이라는 토대 위에 놓였다. 이후 장쩌민의 '화평굴기'가 나왔고 다음에는 후진타오의 '과학적 발전'이 나왔다. 이 모든 것은 '중국적인 특징의 사회주의' 혹은 '시장 기반 사회주의'라는 통합적인 구조로 포장되었다.[15]

이 주제들은 공식적인 선언문이나 성명서, 중국공산당이 승인하고 전국인민대표대회가 제정하는 입법 조치, 중국의 5개년 계획의 여러 전략 등에서 끊임없이 반복되는 일종의 주문(呪文)과도 같은 것이 되었다. 그래서 미디어 매체, 문화 행사, 교육 플랫폼 등에서 정기적으로 모습을 바꿔가면서 앵무새가 하는 말처럼 반복되었다. 이런 일은 CCPPD의 다양한 검열 도구가 여러 통신 플랫폼을 상대로 모든 단계에서 지원하는 일종의 브랜드 강화 작업이었다.

하지만 그 모두가 디지털 시대 이전의 이야기다. 돌이켜보면 담론 권력을 둘러싸고 단편적으로 이뤄졌던 초기의 그런 노력들은 오늘날의 대규모 소셜미디어 플랫폼이나 교묘하게 설계된 웹사이트, 로봇 기반의 메시지 송출, 그 밖의 모든 디지털 소통 형태와 비교하면 너무도 원시적이고 비효율적이었다.[16] 3장에서 살펴본 소문 확산의 신기술을 놓고 보면 그동안 중국의 담론 권력을 밀어 올렸던 지렛대가 매우 극적으로 증폭되었음을 알 수 있다.

여기서 일대일로가 중요한 한 가지 예시가 될 수 있다. 시진핑의 대표적인 외교 정책인 일대일로는 아시아를 하나로 연결하고 다시 세계를 하나로 연결하겠다는 목표 아래 30조 달러 규모의 인프라 네트워크의 중심에 중국이 놓이도록 설계되었다. 이것은 1950년대에 전쟁으로 황폐해진 유럽을 재건하기 위해 미국이 주도했던 마셜 플랜 이후로 가장 야심적인 글로벌 정책 구상이라고 많은 사람, 특히 중국인이 주장한다.

이런 범지역적인 인프라 건설 계획의 착안이나 설계에서 과연 중국이 독창성을 주장할 수 있을지는 논란의 여지가 많다.[17] 그러나 이 문제는 여기서 말하고자 하는 논지에서는 벗어나므로 일단 논외로 치자. CCPPD는 시진핑이 발표하는 일대일로 정책이 긍정적인 반응을 받을 수 있도록 담론을 형성하려고 노력했는데, 특히 유럽의 여러 미디어 플랫폼에서 그랬다.

체코의 한 연구팀에 따르면 2013~2017년까지 중국인이 만든 일대일로 서사의 수가 유럽 언론이 만든 서사보다 수적으로 훨씬 많았다.[18] 이 논문과 별도로, 유럽에서 일대일로 담론에 대해 정량적 평가를 한 논문도 영국과 프랑스와 독일에서 해당 분야 온라인 미디어 피드백이 급격하게 늘어났음을 강조했다.[19]

일대일로에 대한 미국의 인상은 유럽과는 매우 다르게 진행되고 있다.[20] 일대일로에 대한 미국의 반응은 미중 관계의 갈등 양상과 나란히 진행되어 정치인이나 학자, 연구소의 연구원, 기업 경영진에 이르기까지 광범위한 논평가들이 일대일로를 극도로 부정적인 용어로 평가했다.[21] 지정학적인 패권 휘두르기, 대출자를 노리는 부채 함정, 환경 위협, 화웨이 서사와 비슷하게 기술 지배력을 노리는 트로이 목마 등 다양하게 묘사되는 일대일로는 미국의 가장 큰 글로벌 전략적 도전 과제로 인식된다.[22] 결과적으로 미국이 구사하는 담론 권력은 일대일로를 아시아의 인프라 문제를 해결하기 위해 중국이 제시하는 대안적인 해결책이라고 바라보지 않는다.[23]

한편 중국은 국내적으로 대규모 메시지 운동을 통해 일대일로를 부정적으로 바라보는 미국의 견해에 신속하게 대응했지만 그런 비판적인 정서를 무력하게 만드는 데는 그다지 효과를 보지 못했다.[24] 그러나 일대일로를 향한 비판적 정서를 무력하게 만들려는 중국의 노력은 정보 통제와 검열의 새롭고도 중요한 차원, 즉 해외 미디어 플랫폼들을 상대로 담론 싸움을 직접 벌이려는 의지를 상징한다.[25] 중국의 이런 노력은 공격적인 메시지뿐만 아니라 중국 의존적인 외국 기업에 대한 노골적인 압박을 통해서도 이뤄지는데, 후자는 검열을 수출하는 것과 기능적으로 똑같다.

이런 전개 양상에서 악명이 매우 높은 사례가 최근에 하나 있었다. 2019년 10월 홍콩에서 대규모 반정부 시위가 일어났을 때 미국의 프로농구단 휴스턴 로키츠의 단장인 대릴 모리(Daryl Morey)가 "자유를 위해 싸우는 홍콩 시위대와 함께한다"라는 글을 트위터에 올렸다. 중국으로서는 이 일이 민감한 국내 문제에 외국이 간섭한, 용납할 수 없는 사건이었다. 중국 당국은 휴스턴 로키츠와 신속하게 관계를 끊었고 이어서 NBA와도 관계를 끊었다.

농구는 중국이 가장 즐기는 스포츠여서 2019년 NBA 플레이오프 경기 때는 8억 명에 가까운 중국인이 시청했다.[26] NBA는 중국인이 텔레비전으로 NBA 경기를 시청하지 않을 때 엄청난 재정적 손실을 입을 거라는 위협을 느끼고 곧바로 중국의 압력에 굴복해 수습에 나섰다. NBA의 이사들은 모리의 행동을 "유감스러운 짓"이라고 했다. 홍콩에 가본 적도 없었고 그때까지 농구 외 그 어떤 주제에 대해서도 공개적으로 견해를 표명한 적이 없었던 모리는 곧바로 문제의 트윗을 삭제했다. 그러자 미국 정치인들이 뛰어들었다. 그들은 중국을 비난하면서 대중의 반중 정서를 부채질했다.

곧이어 또 다른 일이 일어났다. NBA의 슈퍼스타 르브론 제임스(LeBron James)가 홍콩 시위자들을 지지한다는 트윗을 올린 모리를 비판하고 나선 것이다.[27] 이번에는 홍콩 시민들이 르브론의 유니폼을 태우는 시위를 벌이면서 분노했다. 시간이 지난 뒤에 흥분은 가라앉았지만 결국 NBA는 중국의 텔레비전 시청료 수입에서 4,000억 달러가 넘는 손해를 봤다.[28] 그리고 1년 뒤 대릴 모리는 휴스턴 로키츠의 단장직에서 물러났다.

이처럼 수출된 검열은 끊임없이 변화하는 중국의 선전 및 정보 통제 시스템의 핵심 요소다. 인쇄 매체를 대상으로 국내적인 담론을 엄격하게 통제하던 검열이 위챗과 웨이보와 더우인 같은 중국의 소셜 미디어 플랫폼을 대상으로 하는 데 이어서 이제는 상업적인 보복을 하는 것으로까지 무대를 넓혔다. NBA의 침묵은 중국이 막강한 경제력을 등에 업고 이제 국내가 아닌 해외로까지 검열 대상을 확장했음을 보여준다. 특히 시진핑의 '중국 이야기'에 도전하는 외국의 배우나 여론 주도자에게 어떤 식으로 압력을 가해서 목적을 달성하는지를 보여주는 대표적인 사례라고 할 수 있다.[29]

NBA와 중국의 갈등 말고도 중국의 검열 수출이 늘어났음을 보여주는 사례는 많다. 최근 몇 년 사이에 외국 기업이 중국의 의지에 굴복해서 자국 시장에 내놓는 메시지를 바꾸는 사례는 수없이 많았다. 예를 들어 2017년 케임브리지대학교 출판부는 대중으로부터 높은 권위를 인정받는 계간 학술지 〈차이나 쿼터리(China Quarterly)〉에 수록

된 학술 기사를 '민감한' 주제를 다루었다는 이유로 삭제했다.[30] 2018년에는 미국 의류업체 갭이 중국 이미지가 들어간 티셔츠를 판매했는데, 그 이미지에 대만이 포함되지 않았다는 이유로 중국에 사과해야 했다.[31]

대릴 모리 논란이 한창이었던 2019년 10월에 미국의 유력한 스포츠 케이블 TV 방송인 ESPN은 중국 관련 정치 쟁점에 대해서는 어떤 논평도 하지 않는다는 방침을 내세웠다.[32] 같은 해 10월에는 만화업체 DC코믹스가 홍콩 시위자들에게 동조하는 듯한 메시지를 담은 배트맨 홍보 포스터를 제작했다가 곧바로 폐기했다.[33]

2020년 4월에 EU는 코로나19의 최초 발생지를 파헤치는 보고서에서 중국을 언급하는 내용에 대해서는 검열을 하기로 합의했다.[34] 2021년 초에는 H&M과 나이키와 버버리가 중국이 자행하는 인권 침해에 항의하는 뜻으로 신장성에서 생산되는 직물을 자사 제품에 사용하지 않겠다고 발표했는데, 이후 그에 따른 혹독한 대가를 치렀다. 불매운동과 그 밖의 여러 가지 위협을 중국으로부터 받은 것이다.[35] 그리고 2021년 말에는 미국의 가장 상징적인 두 회사인 월마트와 인텔도 시진핑을 바라보는 미국의 태도를 지지했다가 불편한 상황을 맞이해야 했다.[36]

글로벌 정보 통제를 목적으로 하는 중국의 노력은 점점 더 정교해지는 인터넷 도구들의 덕을 톡톡히 보고 있다. 이런 도구들에는 아스트로터핑(astroturfing, 가짜 개인 트위터 및 기타 소셜미디어 계정)을 통한 온라인 트롤링, 인민해방군이 수동으로 관리하는 트위터의 '양말 인형(온라인상의 가짜 아이디. 원래는 손에 양말을 장갑 끼우듯이 끼운 다음 그 양말에 인격을 부여해 노는 일종의 인형극에 쓰이는 인형을 일컫는 말이다-옮긴이)', 자동화된 로봇이 발송하는 메시지 등이 있는데, 이런 것들은 모두 중국 바깥의 여론을 조작하는 것을 목표로 한다.[37]

이런 담론 권력의 확장은 시진핑이 선전하는 중국의 좋은 이야기를 영구화하기 위해 상당한 경제적 부담까지 기꺼이 감수하겠다는, 과민할 정도로 불안해하는 중국 지도부의 정책에 따른 결과물이다. 중국은 당의 방침에서 벗어나는 것은 무조건 공격적으로 대응해야 하는 위협 대상으로 간주한다.

특히 코로나19 팬데믹이 시작된 뒤부터 중국 검열관들은 격렬하게 대응하고 나섰다. 전 세계를 위협한 신종 코로나바이러스가 중국 후베이성의 수도인 우한의 화난 수산물도매시장에서 발생한 것으로 보이는 가운데, 미국은 트럼프 대통령과 톰 코튼(Tom Cotton) 상원의원을 중심으로 이 바이러스가 우한바이러스연구소에서 일어난 실험실 사고와 관련된 수상한 활동 때문에 발생했다는 우려를 제기했다.[38] 여기에 우한 시장의 살아 있는 동물 표본을 포함한 모든 물적 증거가 파괴되었다는 사실이 보도되자 중국이 진실을 은폐한다는 의혹이 증폭되었다.

이 의혹은 직접적으로든, 간접적으로든 동물에게서 인간으로 바이러스가 전파되었다는 공식적인 설명을 뛰어넘는 그 이상의 어떤 일이 중국에서 일어났다는 말이었다. WHO가 소집한 국제 전문가팀의 예비조사 보고서뿐만 아니라 중국과 서방의 많은 주요 역학자들이 타당하다고 인정하는 이런 설명이 나오자 중국으로서는 반박할 논리가 부족했다.

한 세기 만에 최악의 전염병이 발생한 이 사건에 중국의 책임이 있다는 주장에 중국은 기겁했다. 곧 모든 선전 체계를 동원해서 그 주장을 반박하고 나섰다. 중국의 공식적인 대응은 그런 혐의를 부인하고 오히려 미국에 그 책임이 있다고 반박하는 것이었다. 이런 대응은 중국판 트위터인 웨이보를 통해 대규모로 전개되었으며, 이에 따라 코로나19 기원에 대한 전혀 다른 버전이 확산되었다.

하지만 그 일은 쉽지 않았다. 중국 내에서는 트위터에 접속할 수 없기 때문이었다. 그래도 중국은 검열 수출의 열기를 전례 없이 높였다. 미국의 독립언론사인 〈프로퍼블리카(ProPublica)〉의 조사에 따르면 추적 끝에 중국 정부가 만들었음을 확인한 가짜 개인 트위터 계정이 코로나19 발생 초기에 1만 개 이상 개설되었다.[39] 대서양위원회의 디지털 포렌식 연구소(DFRLab)는 전 세계의 중국 대사관들이 2020년 처음 7개월 동안 트위터 계정을 최소 30개 이상 추가로 개설한 것을 확인했다.[40]

옥스퍼드 인터넷 연구소에서 진행한 세밀한 경험적 연구는 2021년 초에 트위터와 페이스북에서 모두 새로운 계정이 빠르게 확장된 것을 밝혀냈다.[41] 그리고 중국이 기울였던 이런 노력은 중국의 코로나19 대응을 긍정적으로 묘사하는 가짜 메시지에 '좋아요'를 누르고 리트윗하는 중국의 공격적인 캠페인으로 더욱 강화되었다.[42]

앞에서도 언급했지만 메시지를 기반으로 하는 이런 위기 대응 전략은, 글로벌 소셜미디어 플랫폼에서 아스트로터핑을 통해 담론의 틀을 전환할 목적으로 외국 배우들을 끌어들여 돈을 지불하는 중국 정부의 오랜 관행이 반영된 것이다.[43]

중국이 담론 권력을 동원해 시진핑의 좋은 이야기들을 확산하는 가운데, 코로나19 초기에 소셜미디어 채팅의 추가 증폭이 본격화되었다. 그러나 중국 바깥에서는 중국의 이런 사기성 메시지에 속은 사람은 거의 없었다. 물론 CCPPD가 가만히 손을 놓고 있지는 않았다. 그런데 이는 3장에서 살펴봤던 서사적 견인력의 정량적 평가, 특히 봇(bot)에 기반한 거짓 서사 확산이 여론 형성에 상대적으로 효과적이지 않음을 발견했던 MIT의 미디어랩이 미국 내 트위터 기반 메시지를 대상으로 한 평가와 다소 상충한다(이에 대해서는 123쪽을 참조하라-옮긴이). 이런 점을 고려한다면 중국이 디지털화된 코로나19 관련 담론 권력을 활용해 소구하고자 했던 대상은 외국인이 아니라 자국민 및 해외에 거주하는 중국인이다.

미중 갈등은 여러 개의 전선에서 펼쳐지고 있다. 관세, 제재, 외교적 적대감 등이 모두 작동한다는 말이다. 게다가 제1차 냉전과 마찬가지로 검열과 정보 왜곡은 양측이 서로에게 느끼는 적대감을 증가시켰다.

그러나 현재의 냉전은 한 가지 핵심적인 측면에서 과거의 냉전과 매우 다르다. 대립하는 두 나라의 경제적 격차가 역전되었기 때문에도 그렇지만(제1차 냉전 때 미국은 소련보다 경제적으로 우위에 있었지만 제2차 냉전에서 중국을 상대로는 그렇지 못하다-옮긴이) 담론 전쟁의 부드러운 갈등이 무역과 기술을 둘러싼 거친 갈등을 강화하는 데 훨씬 큰 역할을 한다는 점에서 그렇다. 이는 미국과 중국 사이에서 선전을 둘러싼 갈등이 점점 더 위험한 수준으로 무기화되고 있음을 말해준다.

피장파장의 오류와 거짓 동등성

정보를 왜곡해서 갈등을 부추기는 일은 중국에서만 일어나는 게 아니다. 미국과 같은 자유 국가를 포함한 대부분 국가에서도 정도의 차이는 있지만 모두 정보를 왜곡한다. 이 문제를 놓고 남을 비난해봐야 '내로남불'밖에 되지 않는다는 말이다. 미국과 중국의 긴장이 고조되는 상황에서 이런 경향이 갈등 고조에 어떤 영향을 주는지 신중하게 생각할 필요가 있다.

이 비교에서 거짓 동등성(false equivalency, 두 주체 사이에 하나의 유사성이 있을 때 둘 다 똑같다고 바라보는 지나친 일반화-옮긴이)의 요소가 있음은 확실하다. 중국에서 실행되는 것과 같은 검열은 사회의 모든 구성원을 대상으로 하는 발언이나 의견 표명을 막으려는 정부의 직접적인 행동인데, 이는 스펙트럼에서 한쪽 극단에 놓인다. 프리덤 하우스가 매긴 세계자유지수에서 자유 국가들의 평균보다 조금 높은 순위를 차지하는 미국은 정부의 공식적인 명령 차원이 아니라 미국 사회 내의 양극화된 정치 부문에서 정보 왜곡이 발생한다.[1]

그러나 이런 차이가 있다고 해도 이 두 가지 정보 왜곡 압박이 두 나라 사이의 갈등을 강화하는 데 미치는 영향을 비교할 수는 있다. 중국이 국가 주도 검열을 극단적으로 실행한다고 해서 미국이 중국의 주장을 반박할 목적으로 논리와 사실을 왜곡하는 것이 정당화될 수는 없다. 이런 왜곡은 엄밀한 의미의 검열이 아니지만 이것이 대중의 담론과 여론에 미치는 영향은 정책 행동과 경제적 영향을 형성하는

데 중요한 결과를 초래할 수 있으며, 이 결과는 검열이 이뤄지는 사회에서 빚어지는 결과와 크게 다르지 않다.

예를 들어 중국의 담론은 미국의 중국 전략을 봉쇄 전략으로 묘사한다. 미국은 중국의 이런 주장을 왜곡된 선전 사례라고 격렬하게 부인하지만, 트럼프 정부가 전개했던 허세 담론은 미국이 다자 무역에서 기록하는 적자의 책임을 오로지 중국 탓으로 돌리면서, 한때 자랑스러웠던 미국의 제조업 부문을 파괴한 것도 중국이라고 주장한다. 중국과 미국이 각각 펼치는 주장은 비록 왜곡의 정도가 다르지만 두 주장 모두 양국 갈등을 촉발하는 데 중요한 역할을 해왔다.

정보 캠페인(기업이나 단체가 공공의 이익을 목적으로 내세워 수행하는 광고-옮긴이)은 국가 간 갈등이라는 측면에서 오랜 역사가 있지만, 오늘날의 정보 캠페인은 중요한 점에서 다르다. 개방형 구조(시스템의 구조를 외부에 공개하는 방식-옮긴이)의 인터넷은 비용이 거의 들지 않는 정보 전파 및 소셜네트워크 확대와 결합해서 공공 담론을 항구적으로 바꿔놓았다. 중국에서처럼 국가 차원에서 이뤄지는 것이든, 미국에서처럼 양극화된 정치인들에게서 비롯되는 것이든 간에 편향된 메시지는 소셜미디어 플랫폼을 정보 왜곡의 온상으로 만들었다.

같은 생각을 하는 네티즌들은 의견을 나누고 따지는 일이 없이 무조건 하나로 뭉치는 경향이 있다. 이처럼 어떤 콘텐츠를 스스로 선택할 수 있는 구조 아래에서는 강력하게 표현된 의견을 확대하고자 하는 경향이 있는 확증 편향을 초래해서, 검열된 정보든 왜곡된 정보든 간에 모두 양극화되고 분열적인 것으로 이어진다.

인터넷은 정보가 전파되는 범위의 전체 스펙트럼을 새롭게 규정했다. 인터넷은 인쇄기, 라디오, 텔레비전 등 이전의 소통 플랫폼들과 마찬가지로 사람들을 하나로 모을 뿐만 아니라 사회 자체를 바꾼다.[2] 미국과 같은 자유로운 사회에서는 무방비 상태에 놓일 수밖에 없는 시민을 보호할 목적으로 정보 통제가 이뤄져왔다. 그렇지만 이런 일이 늘 바람직한 방향으로 이뤄지지는 않았다. 사실 확인이나 플랫폼의 자체적인 콘텐츠 조정(content moderation)은 거의 아무런 역할을 하지 못했다. 사회에서 극단에 속하는 집단들이 늘 극단적인 담론들을 수용하기 때문이다. 이런 일들이 미국 대중에게 그다지 놀라운 일은 아니지만 버락 오바마 전 대통령을 포함해 미국의 많은 정치 지도자는 이 문제에 대해 무언가 조치를 할 필요가 있다고 생각한다.[3]

미국의 공공기관들은 느리지만 확실하게 행동에 나서고 있다. 1990년대에 주요 담배회사의 CEO들은 담배가 중독성이 있음을 잘 알면서도 의회에서는 중독성이 없다고 증언했다. 어쩌면 지금 페이스북은 알면서도 거짓말을 하는 거대 담배회사와 똑같은 순간을 맞이한 것일지도 모른다.[4] 이는 규모가 한층 큰 규제 감독을 명시할 뿐만 아니라 콘텐츠 개입의 범위를 넓혀서 자발적인 감시의 폭넓은 가능성을 활짝 열었다. 이 자발적인 감시에는 특정 연령대의 자녀를 대상으로 하는 부모의 감독이나 도널드 트럼프처럼 위험한 네티즌에게 내리는 소셜네트워크 사용 금지 등이 포함된다.[5] 검색어 필터링으로 촉발되는 이런 감시 및 감독이라는 개입은 콘텐츠 조정을 검열과 다를 게 없는 것으로 만들어버릴 수도 있다.

이런 관점에서 보면 중국에서 이뤄지는 정보 왜곡이나 미국에서 이뤄지는 정보 왜곡이나 오십보백보다. 관계 갈등을 부추기는 파괴적인 역할을 하는 건 마찬가지기 때문이다. 정보 왜곡은 어떤 형태로든 간에 거짓 서사를 조장하고 여론을 조작하며 복수심에 불타는 적개심으로 무장한 정책이 다른 나라를 노리도록 만든다. 일이 여기까지 전개되고 나면 미묘한 정보 왜곡과 국가가 주도하는 명백한 검열 사이의 구별이 모호해지기 시작한다.

서구 국가들은 중국의 검열을 도덕적으로 혐오스럽고 정치적으로 억압적이라고 생각한다. 반대로 중국은 미국의 정보 왜곡에 대해 비슷한 견해를 표명해왔다.[6] 미국과 중국은 상대방의 관행이 편견을 부추기고 긴장을 높인다고 믿는다. 어떤 면에서 보면 이는 명백한 거짓 동등성이다.

물론 억압적인 정부가 공식적으로 취하는 행위로서의 국가 주도 검열과 한 나라 안에서 사회적·정치적 긴장을 촉발하는 개인적인 행위자들에게서 발생하는 정보 왜곡 사이에는 결정적인 차이가 있다. 또한 극단적으로 왜곡된 정보를 수용하는 집단이 민주적으로 선출된 정부의 통제권을 장악하고 사실 왜곡[트럼프 정부에서는 이것이 '대안적인 사실들(alternative facts)'로 포장되었다]을 공식적인 정부 정책으로 바꿔버린다면 그 거짓 동등성은 더는 거짓이 아니게 된다.[7] 비록 2020년 미국 대통령 선거가 조작되었다는 공화당의 확신이 영원히 깨지지 않을 믿음으로 남아 있긴 하지만, 다행스럽게도 이는 미국의 보편적인 모습이 아니라 극히 예외적인 모습으로만 존재한다. 한편 중국의 검열 체제는 여전히 자기만의 세상 안에서 유지된다.

정부가 주도하는 중국의 검열과 특정 집단이 조장하는 미국의 정보 왜곡 사이에는 중요한 차이가 있으며, 이 차이를 결코 소홀히 여겨서는 안 된다. 그러나 미중 갈등의 고조를 다루는 우리의 논의에서 가장 중요한 것은 이 두 경향성 사이에서 이뤄지는 상호작용이다. 정보 왜곡의 결이 다른 이 두 가지 경향성의 교차 혹은 충돌이 미중 갈등 고조의 역학에서 결정적으로 중요한 촉매 역할을 하기 때문이다.

---

1. 프리덤 하우스에 따르면 미국은 2021년에 세계자유지수 점수를 100점 만점에 83점을 받았다. 2013년의 93점에서 10점이 하락한 점수였다. 2021년에 '정치적인 권리' 항목에서는 32점을 받았는데, 이는 전체 자유 국가들의 중간 점수에 해당하는 18~40점대보다 약간 높은 점수다. 반면에 '시민의 자유' 항목에서는 51점을 받았는데, 이는 전체 자유 국가들이 받은 점수대인 26~60점를 기준으로 하면 상위 25퍼센트에 조금 못 미치는 수준이다. 다음을 참조하라. Sarah Repucci and Amy Slipowitz, "Democracy under Siege," *Freedom in the World 2021* (New York: Freedom House, 2021).

2. 다음을 참조하라. Clay Shirky, "The Political Power of Social Media: Technology, the Public Sphere, and Political Change," *Foreign Affairs*, January/February 2011.

3. 2021년 9월에 실시되고 다음 달에 발표된 한 여론조사에 따르면 성인 미국인 95퍼센트는 잘못된 정보의 확산이 미국에서 심각한 문제라고 생각하며 이런 문제의 책임이 소셜미디어 및 사용자 커뮤니티뿐만 아니라 정치인에게도 있다고 믿는다. 다음을 참조하라. Pearson Institute and AP-NORC, "The American Public Views the Spread of Misinformation as a Major Problem," October 8, 2021. 버락 오바마 대통령은 2022년 4월에 스탠퍼드대학교에서 연설하면서 온라인의 허위 정보가 미국 민주주의에 제기하는 위협이 점점 더 걱정스러워진다고 강조했다. 다음을 참조하라. Steven Lee Myers, "Obama Calls for More Regulatory Oversight of Social Media Giants," *New York Times*, April 21, 2022.

4. 원조 '거대 담배회사'의 순간은 1994년으로 거슬러 올라간다. 내부고발자인 제프리 위건드(Jeffrey Wigand)가 담배에 함유된 니코틴이 인체에 해롭다는 사실을 확인한 담배업계 내부 문서를 세상에 알려서 미국의 주요 담배회사들을 상대

로 중대한 법적 조치가 이뤄졌다. 다음을 참조하라. Barnaby J. Feder, "Former Tobacco Official Begins Giving Deposition," *New York Times*, November 30, 1995; and Michael L. Stern, "Henry Waxman and the Tobacco Industry: A Case Study in Congressional Oversight," The Constitution Project, May 2017. 오늘날 제프리 위건드와 페이스북 직원이었던 프랜시스 하우건(Frances Haugen)을 비교하는 작업이 이뤄지고 있다. 하우건은 페이스북과 자회사인 인스타그램이 자기 소셜네트워크에 위험하며 공포를 유발하는 콘텐츠가 있음을 잘 알고 있었음을 증명하는 대규모 내부 문서를 공개하며 내부고발자가 되었다. 다음을 참조하라. Cat Zakrzewski, "Facebook Whistleblower's Revelations Could Usher In Tech's 'Big Tobacco Moment,' Lawmakers Say," *Washington Post*, October 6, 2021.

5. 트럼프는 트위터에서 영구적으로 계정이 삭제되고 페이스북에서는 2년 동안 계정이 삭제되는 조치를 받았다. 이런 제재는 2021년 1월 6일에 있었던 정치적인 반란 사건에서 그가 중심적인 역할을 했다고 두 회사가 판단했기 때문이다. 그때 트위터가 했던 발언은 "추가적인 폭력을 선동할 위험"을 명시적으로 언급했다. 페이스북 감시위원회(Facebook Oversight Board)는 트럼프가 페이스북의 커뮤니티 표준과 인스타그램의 커뮤니티 가이드라인을 위반했다면서 "선거를 조작했다는 근거 없는 주장을 계속 이어갔으며 또 심각한 폭력의 위험이 가능한 환경을 부르는 행동을 지속적으로 부추겼다"고 지적했다.

6. 다음을 참조하라. GT staff reporters, "Revealing Four-Step Misinformation Campaign against China on Virus Origins Tracing," *Global Times* (China), August 25, 2021. 아울러 다음을 참조하라. Zheping Huang, "Global Times Editor Hu Xijin on US-China relations, Press Freedom in China and the June 4 Protests," *Quartz*, August 9, 2016.

7. '대안적 사실'이라는 모순어법은 트럼프 정부의 선임 고문이었던 켈리앤 콘웨이(Kellyanne Conway)가 만들어낸 유명한 표현이다. 다음을 참조하라. Aaron Blake, "Kellyanne Conway's Legacy: The 'Alternative Facts'-ification of the GOP," *Washington Post*, August 24, 2020.

허위 정보 전쟁

중국의 검열은 정보를 기반으로 하는 미중 갈등에서 점점 더 중요한 도구가 되어가고 있다. 2021년 7월 1일 시진핑은 중국공산당의 창립 100주년을 기념하는 중요하고도 충격적인 연설을 하면서 이 점을 특히 강조했다.[44] 어떻게 보면 이 연설의 내용은 여러 가지 측면에서 예측 가능한 것이었다. 중국의 비약적인 성장을 축하할 뿐만 아니라 유례없는 성장 과정에서 중국공산당이 수행했던 중요한 역할을 강조하는 내용이었기 때문이다.

그러나 시진핑은 의례적으로 치하하는 수준을 훨씬 뛰어넘어 당전략의 논쟁적인 세 가지 측면에 주목했다. 그 세 가지는 자유로운 표현이 수행하는 역할, 중국공산당이 긴급히 통제에 앞장서야 한다는 것 그리고 중국을 향한 적대적인 위협이었다. 그가 이 세 가지를 강조했다는 사실을 고려해야, 중국의 검열과 담론 권력을 다루는 우리의 논의가 더욱 예리해지고 갈등 고조와 허위 정보 전쟁 사이에서 작동하는 상호작용을 한층 깊이 이해할 수 있다.

자유로운 표현

시진핑은 2021년 7월에 했던 그 연설에서 현대 중국이 가장 자랑스러워하는 덕목 하나를 강조했다. 바로 중국과 중국의 확고한 이념은 '마음을 자유롭게 한다(freeing the mind)'는 중국인의 발상을 토대로 한다는 내용이었다. 독립적이고 계몽된 사고를 강조한 것은 그때가 처음이 아니었다. 중국을 개혁과 개방과 성장의 길로 이끌었던 1978

년 12월의 덩샤오핑 연설도 그랬다. 당시 덩샤오핑은 "사람들의 마음을 닫는" 역할을 했던 문화대혁명(1966~1976년)의 격동 10년이 지났으니만큼 이제는 경로를 바꿔서 "마음을 해방하고, 뇌를 사용하고, 사실에서 진실을 찾고, 단결해서 미래를 내다보는 것"이 시급하다고 주장했다.[45] 많은 사람에게 이 이야기는 중국 사회가 막혔던 숨을 쉬며 활기차게 각성할 수 있게 해주는 놀랍고도 신선한 공기였다. 또한 더욱 계몽된 통치와 미술, 문학, 음악에서 자유로운 표현이 가능할 것이라는 희망의 신호였다.[46]

그러나 그 희망은 오래가지 않았다. 1989년 6월의 천안문사태 이후로는 특히 더 그랬다. 덩샤오핑의 연설 이후 수십 년 동안 중국공산당 지도부는 시민들의 생각이 해방되지 않도록 옭아맸다. 당 선전부는 '진실 추구'의 한계를 설정했을 뿐만 아니라 진실을 구성하는 요소인 사실 자체를 왜곡했다. 국가의 사회적·정치적 안정에 도전한다싶은 모든 주제에 대해 공개적인 논의를 금지했다. 덩샤오핑이 지지했고 시진핑이 권장했던 것과 반대로 검열로 사람들의 마음을 가둔것이다. 게다가 검열은 상수가 아니라 변수로 작동하면서 시간이 갈수록 덩치를 키웠다.

1990년대 후반까지 현대 중국의 검열은 천안문광장(Tiananmen Square), 티베트(Tibet), 대만(Taiwan)을 뜻하는 '3T'를 대상으로 했다.[47] 그러다 나중에는 종교나 광신도 집단(예컨대 파룬궁), 공해, 문화대혁명 당시의 개인적 경험, LGBTQ(레즈비언·게이·양성애자·성전환자·성소수자) 관련 쟁점 등에 대한 논의도 금지 목록에 포함되었다. 그래서 지금은 중국공산당의 정책과 상충하는 사실상 모든 것이 목록에 포함되어 있으며, 더 최근에는 시진핑이 내놓는 '좋은 이야기'를 의심하는 것까지 포함되었다. 즉 당이나 당 지도자들을 비판해서도 안 되었다.

또한 점점 민감해지는 문제들, 예를 들면 홍콩에서 일어나는 민주화운동, 대만 독립, 신장 위구르인의 딱한 처지와 상황, 코로나19의 기원, 남중국해에서 진행되는 군사 활동, 최근 러시아가 우크라이나에서 자행하는 만행 등에 대해서도 절대로 언급하면 안 된다.[48] 지금은 이런 금지 대상이 셀 수도 없을 정도로 많다.

중국처럼 고도로 엄격한 검열 체제에서도 허점은 많기 때문에 정보 통제가 완벽하지는 않다. 사람들은 가상사설망(VPN, 인터넷과 같은 공중망을 이용해서 구성한 사설망-옮긴이)을 구축해서 정부의 인터넷 통제를 피하고 있는데, 최근에 중국 정부는 이 문제를 해결하는 방안을 강화했다.[49] 개인과 기업 그리고 웹 기반 정보 플랫폼이 자발적으로 수행하는 자체 검열이 중국의 정보 통제에서 점점 더 중요한 역할을 하도록 만든 것이다.[50] 그래서 지금 중국의 시민은 법률적인 책임을 져야 하는 상황을 두려워하며, 당이 지향하는 국가적 목적과 애국심으로 동기가 부여되어 자발적인 담론 통제에 적극적으로 참여하는 문화를 가꿔나가고 있다.

요컨대 사실에서 진실을 추구하자고 1978년 덩샤오핑이 촉구했고, 2021년에는 시진핑이 또다시 그렇게 하자고 했지만 지금의 중국은 그럴 능력이 없다. 중국 대중이 아는 것이라고는 당이 일러주는 것뿐이다. 사실에 기반해서 진실을 찾는 일은 중국 지도자들이 오랫동안 강조했음에도 불구하고 공허한 문구로만 남아 있다. 시진핑은 자유로운 생각을 강조했지만 이는 시진핑 본인을 포함한 당 지도자들이 오랫동안 지지해온 검열 및 정보 통제 관행과 정면으로 배치된다.

당의 통제

시진핑 주석이 2021년 7월에 했던 연설의 두 번째 불안한 측면은 중국공산당의 통제 문제다. 중국공산당의 가장 큰 두려움은 권력의 중심부에서 밀려나는 것이다.[51] 오랜 정치적 불안정이라는 중국의 역사를 고려하면 충분히 이해할 수 있는 일이다. 시진핑이 자주 강조하며 2021년 7월 연설에서도 강조했듯이 중국공산당은 오늘날 세계에서 가장 큰 정치 조직이지만 9,500만 명이나 되는 당원이라고 해도 중국 인구의 7퍼센트도 되지 않는다. 중국공산당은 아마도 이 엘리트 7퍼센트의 신뢰를 받을 것이다. 그러나 나머지 중국인들은 어떨까?[52]

매우 광범위한 사람들로부터 받는 지지는 당연한 것으로 결정된 사항이 아니다. 이렇게 되려면 조직 내에서 담론 권력이 집중적으로 투사되어야 하며, 당의 메시지에 도전하는 사람은 책임을 엄정하게 져야 한다는, 확고한 위협이 작동하는 '설득력 있는 메커니즘'이 필요하다. 바로 이것이 사실에 근거해서 진실을 추구하는 공개 토론을 당지도부가 두려워하는 핵심 이유다. 또한 이는 중국의 정보 통제 운동이 안고 있는 가장 은밀하고도 무서운 측면, 즉 중국공산당 당원을 제외한 93퍼센트의 국민을 통제하려면 엄격한 검열 제도가 필요하다는 사실을 잘 설명해준다. 자유로운 의사 표현을 장려하기보다는 반대 의견을 깨부수는 것이 중국공산당의 필수적인 통제 수단이 되었다. 그러나 이는 강력함이 아니라 불안함과 나약함의 표시일 뿐이다.

시진핑이 2021년 7월에 했던 중국공산당 100주면 기념 연설은 중국 인구의 7퍼센트인 당원들을 겨냥한 것이었음이 분명하다. 그는 더 많은 중국인이 정치에 개입해야 한다는 입에 발린 말을 한 뒤에 "중국의 성공 여부는 당이 어떻게 하느냐에 달려 있으므로, 당이 확고한 리더십을 굳건하게 지켜나가야 한다"라고 말했다. 그는 당 지지율 하락은 용납할 수 없는 일이며 당이 대중의 신뢰를 잃으면 끔찍한 결과가 빚어질 것이라고 위협했다. 이것이야말로 '7+X=100(퍼센트)' 등식으로 표현되는 권위주의적인 수학의 궁극적인 모습이었다. 검열이든 뭐든 모든 수단을 동원해서 중국의 정치 권력 등식에서 'X 변수'를 통제해야 한다는 말이었다.

위협

마지막으로, 2021년 7월에 시진핑이 했던 연설은 관계 갈등에 관한 중요한 의미를 담고 있다. 중국이 전 세계에서 위상이 높아지면서 중국공산당의 담론 권력 수준도 그에 비례해서 높아졌다. 그런데 "우리는 우리에게 무언가를 가르칠 권리가 있다고 느끼는 사람들이 신성함이라는 가면을 뒤집어쓰고 우리에게 풀어놓는 설교를 결코 받아들이지 않을 것이다"라고 했던 시진핑의 발언에서 알 수 있듯이, 중국의 대외적 태도는 확고했다. 그렇기에 같은 2021년이긴 해도 그 연설보다 시기적으로 앞섰던 앵커리지 미소 고위급 회담에서 중국은 미국을 상대로 험악한 말들을 마구 쏟아냈던 것이다.

이 회담에서 중국의 외교담당 국무위원 양제츠가 보인 전랑(늑대 전사)적인 대응은 즉흥적인 게 아니었다. 토니 블링컨 국무부 장관이 중국의 인권 문제와 영토 침략 시도를 비난하고 나서자 양제츠는 미리 신중하게 작성해둔 대본대로 미국이 매우 민감하게 여기는 주제인 제도적인 인종차별 및 민주주의의 취약성을 건드리면서 반격했다. 당 지도자로서 양제츠는 '중국의 좋은 이야기'를 깎아내리는 비난을 받을 때 똑같은 비난으로 복수에 나서야 한다고 느꼈기 때문이다.

그러나 결정적인 발언은 시진핑의 입에서 나왔다. 2021년 7월의 역사적인 연설에서 당 지도부를 뒷받침하는 정보 대응에 대한 시진핑의 발언은 명백하게 위협적이었다.

— 우리는 어떤 외국 세력도 우리를 괴롭히거나 억압하거나 굴복하도록 놔두지 않을 것이다. 그런 시도를 하려는 사람은 누구나 14억 중국인이 만든 거대한 강철 장벽에 부딪힌다는 사실을 깨달을 것이다. (…) 물러서지 않고 싸우겠다는 용기와 승리를 향한 불굴의 의지가 우리 당을 무적으로 만들었다.

이 발언은 검열과 관계 갈등이 어떻게 이어지는지 잘 보여준다. 정치 권력이 수뇌부에 지나치게 집중될 때마다 정보 왜곡의 여건이 무르익는다. 그리고 허위 정보는 통제력을 유지하는 데 결정적으로 중요한 수단이 된다. 이런 사실은 국가가 주도하는 검열 체계를 지닌 권위주의 국가인 중국뿐만 아니라 정치적 진영이 양극화된 미국의 정치 권력 다툼에서도 마찬가지다.

그러나 이 둘 사이에는 결정적인 차이가 있다. 자유로운 선거가 이뤄지는 민주주의 국가에서는 최소한 선거 덕분에 국민들이 결과에 영향을 미칠 기회가 있다. 그러나 일당 독재국가에서는 그런 기회가 보장되지 않는다. 그렇지만 민주주의 체제가 권위주의를 지향하는 사람들로부터 국내에서부터 공격을 받을 때는 그런 차이를 구분하기 어려워진다.[53]

정보 왜곡은 소셜미디어 플랫폼들을 기반으로 나타나는 거짓 서사의 바이러스성 확산과 결합할 때 특히 위험하다. 이 상호작용은 미국과 중국을 지배하는 각각의 정치 체제에서 다르게 나타난다. 중국이라는 일당 독재국가에서 엄격하게 이뤄지는 검열의 정보 통제는 이제 중국이 '디지털 독재'라는 독특한 유형의 체제를 실행하고 있다는 우려를 불러일으킨다.[54] 디지털 독재라는 용어는 정치적·사회적 통제로 나아가는 불길한 디스토피아를 환기시킨다. 조지 오웰의 소설 《1984년》이 연상될 정도다.[55]

하지만 그렇다고 해서 현재 미국을 괴롭히고 있으며 미국의 대중 담론에 (심각할 정도는 아니라고 해도) 영향을 미치는 '디지털 양극화(digital polarization)'를 무시해도 좋다고 할 수는 없다.[56] 미국에는 중국의 만리방화벽이 없지만 다른 게 있다. 인공지능으로 경제적 동기와 긴밀하게 연동해서 분노와 분열과 정치적 억압을 부채질하는 페이스북 사업 모델이 바로 그것이다.[57] 이런 사실은 조지 오웰의 《1984년》보다는 올더스 헉슬리의 《멋진 신세계》에 가까운 심리 조작이 미국에서 일어날 가능성을 암시한다.[58]

어쩌면 사과와 오렌지를 비교하는 것처럼 애초에 전혀 다른 것을 비교하는 것일까? 어느 정도는 그렇기도 하다. 나는 지금까지 갈등 고조라는 관점에서, 영향에 대한 객관적 평가가 우연적인 (거짓) 동등성(causal equivalency)의 도덕성보다 더 중요하다는 점을 거듭 강조해왔다. 권위주의의 디지털화와 양극화, 이 둘은 미국과 중국이 취할 수 있는 정치적 태도를 극단으로 몰고 가서, 거짓 서사를 좇고 갈등이 무르익도록 만든다. 그리고 중국의 늑대 전사들과 '미국을 다시 위대하게!'를 외치는 미국의 군중이 그 도구로 활용된다.

격렬한 민족주의 혹은 국수주의는 겸손함과 자아 인식을 버리게 하고, 스스로 초래한 문제를 남 탓으로 돌려 비난하게 만든다. 바로 이 '남 탓하기'와 정보 왜곡이 결합해서 거짓 서사가 나타난다. 지금은 이 상호작용을 제어해 갈등이 고조되는 것을 막기가 점점 더 어려워지고 있다.

현재 이런 어두운 힘들이 중국과 미국의 충돌 속에서 점점 더 걱정스럽게 작동하고 있다. 중국은 '무적의 당'을 방어하기 위해 검열과 담론 권력을 구사하는데, 중국의 이런 정책은 미국의 거짓 서사들, 즉 갑작스럽게 흔들리는 미국의 민주주의를 훼손하는 거짓 서사들과 충돌하는 길로 나아간다. 무역 갈등과 기술 갈등만으로도 충분히 심각한 상황에서 허위 정보 전쟁은 두 나라의 관계를 더욱 나쁘게 만든다. 두 나라 사이의 고조된 갈등, 정보 왜곡은 책임에 관한 질문을 다시금 상기시킨다. 시진핑은 중국공산당 창당 100주년을 기념하는 연설에서 "역사를 창조하는 것은 인민이므로 인민이야말로 진정한 영웅이다"라고 결론을 내렸는데, 그가 인민에게 도움의 손길을 내밀지 않고 있다는 것만큼은 분명하다.

9장

소비주의와 야성적 충동

원자바오는 중국 현대 경제사에서 중추적인 역할을 했다. 2007년 그가 중국의 경제성장 모델이 안고 있던 중요한 역설을 제기하며 사람들의 관심을 끌었던 것에 대해서는 앞서 살펴본 바 있다. 그는 이 경제성장 모델이 전능한 것처럼 보였지만 수면 아래서 온갖 문제가 들끓고 있다고 경고했다. 중국 경제는 점점 더 불안정해지고, 불균형해지고, 조정되지 않고 있고, 지속 불가능해지고 있었다. '4불'(이에 대해서는 45쪽을 참조하라—옮긴이)의 역설은 변화를 요구하는 것이었다. 그러나 그 후 15년 동안 중국은 무척 힘들게 노력했지만 그 요구에 제대로 부응하지 못했다.

어떤 의미에서 보면 원자바오는 당연한 이야기를 한 셈이었다. 1980년부터 2006년까지, 즉 덩샤오핑이 경제성장을 이끌기 시작해서 원자바오가 경고하기까지 국내총생산의 연평균 성장률은 10퍼센트였다. 이는 어떤 기준에 비춰 봐도 놀라운 성과였다. 이 기간 누적 성장률의 84퍼센트는 수출 급증과 고정자본에 대한 대규모 투자 증가가 복합적으로 작용한 덕분이다.[1] 그러나 그 바람에 경제가 비정상 상태가 되어버렸다. 막대한 규모로 발생한 국제수지 및 무역수지의 흑자, 에너지 및 기타 천연자원에 대한 과잉 수요, 심각한 환경오염, 우려할 수준으로 늘어난 소득 및 부의 불평등 등의 현상이 나타난 것이다. 원자바오는 중국 경제가 급성장하고 있지만 편향된 한계에 도달했으므로 이제는 성장 공식을 바꿔야 한다는 당연한 말을 했을 뿐이다. 하지만 그는 그 방식에 대해 어떤 구체적인 언급도, 방향 제시도 하지 않았다.

격렬한 내부 논쟁이 이뤄진 끝에 새로운 해결책 하나가 주목을 받았다. 이 해결책은 구조적 재균형이라고 부를 만한 것이 지금 당장 필요하다는 데 초점을 맞추고 있었다. 여기서 말하는 구조적 재균형은 경제성장의 원천을 생산에서 소비로 바꾸자는 것이었다. 이는 한 가지 측면에서 보면 일리 있는 해결책이었다. 중국 중산층이 소비주의를 지지하는 사회적인 분위기를 자연스럽게 형성할 것이기 때문이었다. 하지만 이는 전등 스위치를 누르는 것처럼 간단한 게 아니었다.

강력한 성장 효과를 꾸준하게 발휘해왔던 생산 중심의 사고방식은 이미 현대 중국 경제의 문화와 제도에 깊이 아로새겨져 있었다. 성장은 중독성이 있었고 국가는 더 많은 성장을 요구하고 있다. 그러니 지금까지의 방식을 바꾼다는 것은 일반적인 정서가 아니었다. 중국을 수십 년 동안 10퍼센트라는 놀라운 성장률 궤도에 올려놓았으며, 현대의 어떤 개발도상국보다 더 오래, 더 빠르게 중국을 성장시켰던 접근법을 포기하고 싶은 사람이 과연 누가 있겠는가?

그러나 상황이 묘하게 돌아가기 시작했다. 원자바오가 4불을 역설했던 시점인 2007년 3월에 미국의 서브프라임 모기지 거품이 꺼지기 시작했고, 글로벌 금융위기 및 세계적인 경기침체 등 정점을 찍을 사건들이 일어나기 시작했다. 이 사건들을 통해 중국은 글로벌 수요에 의존하는 성장 전략이 쓸모가 없어졌다고 느꼈다. 설령 이런 일들이 별로 일어나지 않았다고 해도, 비세계화를 지향하는 보호주의 움직임이 일어나 글로벌 수요에 의존하는 성장 전략이 쓸모가 없어졌다고 판단했다. 이렇게 해서 중국 경제에서는 구조적인 변화라는 과제가 높은 순위로 갑작스럽게 올라섰다.

중국 경제가 소비주의를 수용한 것은 점점 더 불안정해지는 세계 수요에 과도하게 의존하는 구조에서 벗어나겠다는 방어적인 차원의 전환만은 아니었다. 이 전환을 똑같이 설득력 있게 설명하는 동기는 그것 말고도 또 있었다. 중국의 방대한 인구가 한층 높은 수준의 생활을 하면서 국가 경제의 성장에 따른 혜택을 더 많이 누려야 하지 않겠느냐는 열망도 그런 전환의 동기로 작용했다.

바로 이 문제가 중국이 지금까지 해결하지 못한 채 곤경에 처한 지점이다. 지도부는 구조적인 재조정 전략을 개발하는 일이 비교적 간단할 것이라고 잘못 생각했다. 세 가지 핵심적인 노력만 하면 모든 문제가 다 풀릴 것이라고 봤던 것이다. 그 세 가지는 일자리 창출의 새로운 원천을 발견하는 것, 노동자 임금을 올리는 것, 잉여저축을 투입해 재량소비(기본적인 생활을 유지하는 데 필요하지 않은 품목을 소비하는 것- 옮긴이)를 지원하는 것이었다. 미국도 그렇게 하는데 중국이라고 못할 이유가 없다는 게 중국 지도부의 생각이었다.

이 접근법은 나름대로 단단한 논리를 가지고 있었다. 서비스 주도 성장과 도시화는 고용과 노동자 임금을 촉진해서 노동소득을 높이고, 이렇게 늘어난 소득 덕분에 소비자의 구매력이 확대될 수 있다는 논리였다. 여기서 초과저축은 중추적인 변수였다. 저축이 과도한 바람에 개인의 소비를 촉진할 수 있는 가처분 가계소득이 사용되지 않은 채 그냥 묻혀 있었기 때문이다. 이 저축이 경제에 투자된다면 마법처럼 모든 게 해결될 것이었다. 경제성장의 원천을 수출 및 투자에의 과도한 의존에서 벗어나 점점 더 소비자가 주도하는 성장 모델로 전환하기만 하면 된다고 봤다. 미국이 하는 것처럼 말이다.

그런데 소비주의를 경제학 차원에서 이해한다는 것과 이를 실제 현실에서 실현한다는 것은 전혀 다른 문제다. 오랜 세월 경제 이론을 혼란스럽게 만들어왔던 가계의 의사결정에는 매우 중요한 행동 근거가 있다. 사람이 저축하는 데는 어떤 이유든 이유가 있다. 아무런 이유도 없이 그저 변덕이 발동해서 갑자기 저축을 중단하고 지출을 늘리는 식으로 자기 소득을 재배치하지는 않는다는 말이다. 이런 의사결정은 중국의 소비자 주도 전환에서 가장 헤아리기 어려운 것들 중 하나다. 역사적으로 저축을 매우 중시해온 사회에서, 사람들이 예전보다 소비를 더 많이 하도록 유도하려면 무엇이 필요할까? 중국 정책 입안자들은 이 문제를 붙잡고 씨름을 해왔다.

그 결과 중국의 성장 전략에서 약한 고리가 무엇인지 드러났다. 중국의 기술 관료들은 중앙집중적 계획의 공학적인 문제들(예를 들면 인프라, 도시화, 물류, 생산 중심 모델의 여러 다른 측면들)을 해결하는 데는 휜할지 몰라도 역동적인 시장경제의 행동적인 복잡성에 대처하는 역량은 부족하다. 이런 역량 부족과 잘못된 판단이 불완전한 소비주의를 지지하고 나서자 모습을 드러냈다. 그리고 위험을 감수하는 기업가들이 내리는 사업 관련 의사결정을 중국의 지도자들이 오랜 기간 지지해왔던 경향이 최근 들어 놀라울 정도로 달라졌다는 사실에서도 이런 모습을 볼 수 있다.

새로운 기술이나 제품 및 서비스, 새로운 시장 전망 같은 아이디어를 놓고 행운을 기대하며 과감하게 시도하는 기업 운영자는 여러 가지 이유로 그렇게 한다. 지난 15년 동안 중국 정책 입안자들은 이런 기업가적 활동을 열렬히 지지해왔다. 그런데 이제 그들은 이념적 순수성을 가장해서, 역동성의 이 새로운 원천에서 빚어지는 결과 가운데서 바람직하지 않다고 판단되는 것들을 갑자기 규제하고 나섰다. 이런 우려 때문에 정부는 인터넷 플랫폼 기업에 규제를 가하고 그런 활동에 뒤따르는 재정적 보상을 제약하기 시작했다. 그래서 일부 사람들은 '새로운 경제'를 지지하는 중국 당국의 기업가적인 차원의 지원이 갑자기 위험해졌다고 생각한다.

그런데 이 모든 것과 관련된 행동이 말만큼 쉬웠을까? 중국의 정책 입안자들은 재균형과 구조 전환이라는 '약속의 땅'에 감질날 정도로 가까이 다가가 있었다. 그러나 그들은 소비자와 사업가 모두에게 요구되는 경제적 역동성을 위한 행동을 끌어내는 최종 단계를 어떻게 밟아나가야 할지 알지 못했다. 이 투쟁을 경제적인 차원의 전환으로 보이지 않게 가린 거짓 서사들은 미국과의 갈등에서 예상 밖으로 중요한 의미를 가질 수 있다.

사라진 중국 소비자들

1980년에 개혁·개방이 시작된 뒤로 중국 경제는 생산 측면에서 놀라운 성공을 거두었지만 이 성공에는 그에 상응하는 소비자 수요의 성장이 동반되지 않았다. 이는 어떤 의미에서 보면 놀라운 일이었다. 가계소득은 생산 증가에 따른 고용 및 임금의 증가로 탄탄하게 뒷받침되었다. 2010년이 되자 중국의 1인당 국내총생산은 1980년의 수준에 비해 30배로 늘어났다.[2] 그 덕분에 중국은 한 세대 만에 소득이 낮고 가난한 나라에서 중진국 수준으로 올라설 수 있었다.[3]

그러나 이런 활력은 정부 차원에서 수출 역량을 높일 목적으로 추진되었던 공격적인 투자 프로그램에 주로 의존했다. 이와 대조적으로 국내의 민간 소비 부문은 이렇다 할 정도로 성장하지 않았다. 소비자들은 외국 지향적인 경제성장책이 가져온 일자리 창출로부터 확실히 이득을 얻었지만 이들은 미국과 다르게 중국에서는 경제성장의 원동력이 아니었다. 중국에서 소비는 뒷전이었다. 소비는 그저 생산 모델의 부수적인 결과일 뿐이었다.

이런 양상은 경제 도약기와 성장 초기에 국내총생산에서 가계 소비가 차지하는 비중이 급격히 줄어든 것으로도 나타났다. 경제에서 소비가 차지하는 비중은 1985년에 53.5퍼센트로 최고점을 찍은 뒤 25년 동안 꾸준하게 줄어들어 2010년에는 34.3퍼센트로 최저치를 기록했다. 그 뒤로는 소폭 상승해서 2020년에 38.1퍼센트를 기록했다.[4] 이 급격한 하락은 중국에서 소비자 수요가 얼마나 취약한지 생생하게 보여준다. 수출이나 투자 같은 경제의 다른 요소들이 활발하게 상승할 때 이 활력은 개인 소비와 같은 뒤처진 부문들의 몫을 더욱 빼앗는데, 그래서 이런 부문들에서는 성장이 상대적으로 침체된다.

중국 소비자의 저조한 소비 실적은 명백한 사실이다. 미국 소비자와 비교하면 특히 그렇다. 중국 경제에서 소비 비중이 급격히 감소하던 1980~2010년에 미국 소비자는 정반대의 길을 걸었다. 미국의 국내총생산에서 소비가 차지하는 비중은 1980년 61퍼센트에서 2011년 68.5퍼센트로 7퍼센트포인트 넘게 늘어났다.[5] 2019년 미국 소비자의 총지출은 중국 소비자 총지출의 2.7배였다. 1인당 기준으로 하면 이 비교는 더욱 벌어지는데, 평균적인 미국인의 소비는 평균적인 중국인 소비의 12배나 된다.[6] 다시 말해 중국은 현재 구매력 평가 기준으로는 세계에서 가장 큰 경제국이지만 가계 지출로 따지면 미국에 한참 뒤진다.

이 비교는 소비자 문화의 두 극단을 요약해서 보여준다. 미국 소비자의 소비 과잉과 중국 소비자의 소비 절제는 둘 다 자국의 경제 펀더멘털, 인구통계학, 문화, 자신감의 독특한 상호작용을 반영한다. 미국 소비자는 미국 경제의 엔진으로서 그 모든 요인과 관련된 강력한 지원으로부터 이득을 얻는다. 반면에 성장 마차의 맨 앞자리에 앉은 중국 소비자는 모든 면에서 강력한 맞바람을 온몸으로 맞는다.

경제 분야의 연구 저작들은 가계 구매력의 가장 큰 원천인 노동소득을 소비자 수요의 주요 동력으로 오래전부터 지목해왔다.[7] 고용과 급여를 반영하는 총 노동 보상은 전체 경제활동의 성장과 밀접하게 연관되어 있다. 지난 10년 동안 중국의 노동소득은 일반적으로 고도성장 경제의 뒷받침을 받았다. 그런데 이 이득은 대부분 그 기간의 초기에 발생했다. 전체적인 노동분배율(생산된 소득 중에서 노동에 대해 분배되는 부분-옮긴이)은 2011년 국내총생산의 46퍼센트에서 2015년까지 52퍼센트로 증가했지만 그 후로는 제자리걸음을 하고 있다.[8]

중요한 사실이 하나 있는데, 2011년 이후 개선된 중국의 (국내총생산 대비) 노동소득 비율이라고 해봐야 1992년 이후의 평균 이전으로 되돌아간 것에 불과하다는 점이다. 2019년 중국의 국내총생산에서 차지하는 노동소득 비율(노동분배율)은 기본적으로 다른 큰 개발도상국 비율과 일치하며 선진국 비율보다 약간 낮다.[9] 중국이 소비자 문화에 활력을 불어넣으려면 훨씬 잘했어야 했다.

그러나 노동소득이 중국에서 소비자 주도의 성장을 촉발하는 데 필요하긴 하지만 이것만으로는 충분하지 않다. 미국에서처럼 구매력의 다른 원천들이 필요하다. 미국에서는 노동소득이 자산 가치 상승, 특히 주택가격 상승에서 비롯된 구매력 상승으로 강화되었다. 그러나 중국에서는 대체로 이런 일들이 없었다. 비록 중국에서도 소수가 매우 불안정한 주택 시장에서 떼돈을 벌기도 했지만 이런 일은 일반적인 모습이 아니었다. 미국과 같은 선진국에서 주택 자산의 가치를 높이는 데 매우 중요한 역할을 했던 주택담보대출이나 2차 모기지 등의 제도가 중국에서는 당국의 엄격한 규제 및 감독 때문에 제대로 성장할 수 없었기 때문이다.[10]

그러나 두 나라의 가장 중요한 차이점은 중국은 소비보다 저축을 선호한다는 점이었고 이것이 소비 성장에서 큰 장애물이었다. 가처분소득 또는 세후 소득은 지출되거나 저축되거나 둘 중 하나로 나가야 한다. 그런데 가계가 소득의 많은 부분을 저축으로 돌리고 나면 소비지출로 돌릴 소득이 상대적으로 적을 수밖에 없다. 중국에서는 2005년 이후 가처분소득에서 가계저축이 차지하는 비율이 36~43퍼센트 사이에서 움직인다.[11] 가장 최근의 수치인 2019년의 35퍼센트는 최근 15년 동안 가장 낮은 수치이며, 2010년의 최고 수치인 43퍼센트에 비하면 훨씬 낮다.

그러나 이런 하락 추세도 중국의 가계저축이 과도하다는 생각을 지우는 데는 별로 도움이 되지 않는다. 2019년에 35퍼센트라는 개인저축률 수치는 1992~2004년까지 대체로 일정하게 유지되던 평균 31퍼센트보다는 여전히 높기 때문이다.

물론 저축한다고 해서 나쁠 건 없다. 앞서 1부에서도 강조했듯이 저축은 투자와 경제성장의 씨앗이다. 그러나 과유불급(過猶不及), 즉 지나치면 모자란 것만 못하다. 원자바오가 2007년에 진단했듯이 중국 경제에서 소비와 저축의 불균형이 지속되는 바람에(그가 말했던 4불의 첫 번째 요소다) 초과저축의 어두운 측면이 도드라져 보일 수밖에 없었다. 소비지출에 지나치게 인색한 중국 가계와 국제수지의 과도한 흑자 문제가 해결되지 않은 채 방치된다면, 궁극적으로 경제성장의 지속 가능성은 위험해진다.

중국 가계의 초과저축은 현시점에서 축복이라기보다는 저주에 가깝다. 이는 중국 경제가 소비자가 주도하는 경제로의 재균형을 달성하는 데 커다란 장애물이다. 만약 이 현상이 계속된다면 노동소득이 아무리 증가하더라도 증가분의 상당 부분이 자동차, 가구, 가전제품, 여행, 오락 등의 재량소비로 이어지지 않을 것이다. 재량소비 수요라는 적극적인 문화가 없다면 중국 경제의 재균형에 필요한 구조적 변화는 불완전할 수밖에 없다. 이 변화는 중국이 저축 문제를 해결하기 전에는 절대로 해결될 수 없는 과제다.

재균형 전략

2011~2015년까지 이어진 중국의 제12차 5개년계획은 원자바오가 2007년에 제시했던 4불과 폭넓게 일치하는 전략을 중심으로 구성되었다. 이 계획은 일자리 창출을 촉진하기 위한 서비스업 부문의 확대, 실질임금을 인상하기 위한 지속적인 도시화, 미래 불안을 줄이기 위한 사회안전망 개혁이라는 세 가지 핵심 요소를 기반으로 중국 경제의 구조적 재균형을 위한 토대를 마련하고자 하는 소비 촉진 계획이었다.

이 계획 모델은 나중에 이어진 2016~2020년과 2021~2025년의 제13차 및 제14차 5개년계획에서 수정되었다. 중국의 지도부는 이 전략에 전념했고 필요한 자금을 충분히 확보하고 있었다. 따라서 이런 노력에 따른 효과가 당연히 나타날 것이라고 기대했다.

하지만 그것만으로는 충분하지 않았다. 서비스업 부문이 주도한 고용 증가 자극은 인상적이었는데, 이는 몇 가지 이유로 중요하다. 첫째, 초기에 성장의 불씨를 지피는 데 제조업에 대한 관심이 큰 역할을 했지만 이후 중국의 서비스업 부문은 참혹할 정도로 낙후되었기 때문이다. 원자바오가 2007년 4불을 이야기했을 때 3차 부문(주로 서비스업)의 규모는 중국 국내총생산의 43퍼센트밖에 되지 않았는데, 이는 세계 주요 국가들 중에서 가장 낮은 수준이었다.

둘째, 서비스업 부문은 원래 가난한 나라가 성장 초기에는 감당할 여유가 없는 사치스러운 부문이기 때문이다. 경제성장이 진행되면서 서비스업 부문은 초기의 소비자 생활 방식, 즉 도소매 거래 및 이들의 유통망, 연결성을 보장해주는 통신 플랫폼, 현대적인 도시 생활에 필요한 공공시설 등을 지원한다. 부유한 나라들에서 서비스업 부문은 의사와 변호사가 제공하는 서비스에서 여행, 오락, 여가에 이르기까지 개인적이고 전문적인 지원 활동까지도 광범위하게 아우른다. 대부분의 부유한 나라들에서는 서비스업 부문에서 온갖 가능성이 무궁무진하다.

그러나 2007년의 중국에서는 서비스업 부문이 일자리 창출의 엔진으로서 특별한 역할을 했다. 전통적인 제조업 부문에서는 노동자를 기계로 대체해야 한다는 요구가 제기되지만 서비스업 부문은 본질적으로 노동집약적이다. 서비스를 제공하는 데는 여전히 사람이 필요하다. 이는 제조업 부문의 생산 활동과 비교할 때 대부분의 서비스업이 일반적으로 생산 단위당 상대적으로 더 많은 일자리를 창출한다는 뜻이다. 원자바오가 2007년에 4불을 말할 때 중국의 3차 산업 부문은 제조업이 지배하는 2차 산업 부문보다 생산 단위당 일자리를 30퍼센트 더 많이 창출했다.[12]

3차 산업 부문은 중국의 재균형 전략에 결정적으로 중요한 지렛대를 제공했다. 중국은 전체 생산량의 구성을 서비스업 부문 중심으로 전환하면서 경제에서 가장 노동집약적이고 일자리를 많이 창출하는 부문의 증가를 촉진했다.

2007년 이후 중국의 고용 동향이 이런 사실을 뒷받침한다. 3차 산업 부문이 국내총생산에서 차지하는 비율이 2007년 42.9퍼센트에서 2020년 54.5퍼센트로 증가하면서, 실질 국내총생산 성장률은 2007년에 끝나는 5개년계획 동안 약 12퍼센트였던 것이 2016~2020년에는 6퍼센트 미만으로 급격히 둔화되었다. 그러나 동시에 2007~2020년에 도시 고용 증가는 연평균 1,190만 명으로 2000~2006년에 기록된 연평균 1,030만 명보다 크게 늘어났다.[13]

이 증가분은 놀라운 결과를 낳았다. 노동절약적인 제조업 부문 중심에서 노동집약적인 서비스업 부문 중심으로 경제 구조가 재조정되자 오히려 일자리는 전체적으로 늘어났다. 심지어 경제성장 속도가 느린 상황에서도 이런 일이 일어났다. 서비스업 부문으로의 전환은 소비자가 주도하는 재균형 전략에 강력한 도움이 되었다.

게다가 금상첨화로 도시화가 진행되었다. 중국의 도시화 이야기는 전 세계의 경제성장 역사에서 유례가 없을 정도다. 중국의 전체 인구에서 도시가 차지하는 비율은 1980년에 20퍼센트 미만이었지만 2021년에는 65퍼센트에 육박할 정도로 늘어났다.[14] 2007년 원자바오의 4불 선언 이후만 따져도 증가분이 20퍼센트포인트에 육박하는 이런 변화는 노동소득 증가의 주요 원인이 되고 있다.

가장 중요한 이유는 2000년 이후 중국의 도시 노동자가 농촌 노동자보다 2.5~3배 더 벌었기 때문이다. 그리고 이는 노동자가 농촌에서 도시로 이동하면서 중국 노동력의 평균임금과 가처분소득이 지속적으로 증가했다는 뜻이다.[15] 노동집약적인 서비스업 주도의 성장으로 전환했을 때와 마찬가지로 도시화에 따른 취업자 임금 및 소득의 격차는 가계소득 창출을 강력하게 지원했다.

또한 도시화는 중국 서비스업 부문 전략에 중요한 지원을 한다. 새롭게 도시화된 지역은(이 지역은 기존 도시가 확장된 것과 새로운 도시가 나타난 것을 모두 포함한다) 다양한 인프라 서비스의 자연스러운 수요 원천이다. 도시에는 공익 기업체가 제공하는 전기·통신 업체가 제공하는 연결성, 지역 경찰서 및 소방서가 제공하는 치안 및 예방 조치들, 교육을 제공하는 학교와 교사, 개인적인 구매에 필요한 도소매 거래망 등이 필요하다. 중국의 고위 정책 입안자들은 중국에서 도시화가 진행되면 될수록 핵심적인 여러 서비스 수요가 늘어난다는 것을 이미 오래전부터 잘 알고 있었다.[16]

중국의 재균형 전략은 노동집약적 서비스 부문으로의 전환과 고임금 도시 노동력으로의 전환이라는 두 가지 추세의 융합과 밀접하게 연결되어 있다. 이 둘의 조합은 경기가 둔화되는 상황에서도 노동소득 창출의 든든한 버팀목으로 기능했다. 그런데 유일하게 누락된 부분이 가계소득 증가를 재량소비로 돌려놓는 일이었다. 바로 이 점이 중국으로서는 부족한 부분이다.

바로 그 문제: 너무 많은 저축이 의미하는 것

문제는 가계의 과도한 저축, 즉 초과저축이다. 1992년 이후 중국의 가계저축은 가처분소득의 약 35퍼센트를 차지해서 같은 기간 미국의 평균 개인저축률인 6.3퍼센트의 다섯 배가 넘는다.[17] 개인저축률이 미국만큼 평균 이하로까지 떨어지는 것은 중국도 원치 않는다. 그러나 이 비교는 저축을 너무 적게 하는 미국과 저축을 너무 많이 하는 중국의 관계를 위태롭게 만드는 어떤 핵심을 보여준다.

　중국의 초과저축은 일부 사람들이 주장하는 것처럼 여러 세대에 걸쳐 이어온 절약의 전통이라기보다는 두려움이나 불안함에 따른 행동이다.[18] 여기에는 몇 가지 요인이 작용하는 것 같은데, 특히 중국에서 인구 고령화가 급속하게 진행된다는 사실 그리고 은퇴 이후 보장받는 소득이 부족하다는 사실이 중요하게 작용한다. IMF 연구원들이 최근에 내놓은 평가에 따르면 중국에서 비정상적으로 높은 개인 저축의 약 3분의 2가 바로 이 두 가지 요소 때문이다.[19]

　중국의 과도한 저축이 불안정하고 불확실한 미래를 반영하는 현상임은 의심의 여지가 없다. 대부분의 중국 가정은 은퇴 계획이 튼튼하지도 않고 적절한 건강보험 혜택을 받지 못하는 상황에서 고령화를 맞이하고 있다. 그들은 새롭게 획득한 노동소득을 재량소비로 지출하지 않고 나중에 노동소득을 얻지 못할 때 생계를 유지할 비상금으로 따로 챙겨둔다. 요컨대 그들은 경제학자들이 '예비적 저축'이라고 부르는 것 때문에 고통을 받는다.[20]

　중국 정부가 안전하고 예측 가능한 사회안전망을 약속할 때까지는 미래에 대한 불안 때문에 예비적 저축을 선호하는 추세는 계속 이어질 것이라고 예상할 수 있다. 그런데 이런 대응은 비이성적인 것도 아니며 아시아 문화에서 당연하게 규정된 것도 아니다. 이는 중국의 고령화 문제에 따른 경제적 불안정성에 대비하는, 완벽히 이성적인 대응이다. 다만 미래에 대한 뿌리 깊은 불안에서 비롯되었을 뿐이다.[21]

　중국 인구의 고령화는 감당할 수 없을 것 같던 인구 폭발을 막기 위해 1980년에 시행된 '한 자녀 정책'의 결과물이다.[22] 이 정책에 따라 인구 증가는 획기적으로 둔화되었고 그 바람에 노인은 늘어나고 젊은 사람은 줄어드는, 인구통계학적으로 불길한 왜곡 현상이 나타났다. 이 추세 때문에 생산 가능 인구인 청장년층 인구 대비 노년층 인구의 비율인 노년부양비(老年扶養比)가 늘어났다. 노인을 부양해야 하는 젊은 사람의 수가 점점 줄어든다는 뜻이다.

중국의 노년부양비, 즉 20~64세 인구 대비 65세 이상 인구 비율은 한 자녀 정책이 시작된 1980년에 9퍼센트였던 것이 2020년에는 18퍼센트로 두 배가 되었다. 그러나 이 증가는 그동안 UN의 인구학자들이 중국에 일어날 수 있다고 생각했던 수치와 비교하면 오히려 적은 편이다. 그들의 예상으로는 2060년이 되면 이 비율이 60퍼센트까지 치솟기 때문이다.

그러나 이 끔찍한 미래는 사람들이 예상하는 것보다 더 빨리 찾아올 수 있다. 최근 자료에 따르면 중국의 인구 증가는 사실상 2021년에 멈췄다. 이는 1960~1961년에 있었던 대기근 이후 가장 느린 성장률을 기록한 것이다.[23] 나는 중국의 인구 통계를 25년에 걸쳐서 지켜봤는데, 2022년 1월에 발표된 인구 자료는 내가 중국 관찰자로서 보고 들었던 모든 현상 중에서도 가장 충격적이었다.

고령화 사회에서는 은퇴 이후 안정적으로 살 수 있느냐가 핵심 문제다. 그런데 고령화가 예상보다 훨씬 빠르게 진행되면서 불안의 그림자가 급속히 드리워지고 있다. 이런 상황에서는 사람들이 지나칠 정도로 조심하면서 만일의 사태를 대비해 자금을 따로 챙겨둔다. 이런 행동은 완벽하게 정상적이다. 급속한 고령화에 대비하는 사회안전망이 충분하게 마련되지 않은 중국에서는 더 그렇다. 즉 고령화가 급속하게 진행되는 것이 중국인이 예비적 저축에 매달리는 본질적인 이유라고 할 수 있다.

그렇지만 항상 그랬던 것은 아니었다. 마오쩌둥 치하의 중앙계획 경제 초기에는 노동자들을 국가가 고용했고 이들이 받는 임금 수준은 매우 낮았다. 그러나 이들은 주거, 식품, 의료, 교육, 은퇴 등 모두 요람에서 무덤까지 지원받는 '철밥통'의 혜택을 누렸다.[24] 이들이 받는 혜택은 미미했지만 중국 정부는 저임금의 중국 노동자와 그들의 가족이 적어도 소박하게 살아갈 수 있을 만큼은 안전하게 보장했다.

그런데 1990년대 후반에 대규모 개혁이 일어나면서 이런 체계가 갑작스럽게 바뀌었다. 이 개혁에는 국영기업 부문의 대규모 축소와 일자리 감소, 철밥통의 사실상 해체 등이 포함되어 있었다.[25]

재정적 안정성이 확보되지 않은 상태에서 진행되는 고령화는 어느 나라에서든 경제적 악몽이 될 수밖에 없다. 중국에서는 이런 양상이 매우 빠르게 전개되어 가계에 깊은 공포를 안겨주었다. 국가가 지원하는 안전망이 없는 상태에서 나이 든 노동자들은 자신과 가족의 생계를 어떻게 유지해야 할까? 그래서 중국인은 예전에 국가가 제공하던 것을 대체할 수단으로 개인 저축을 선택했다. 개인 저축을 대폭 늘리는 것으로 위 질문에 답한 것이다.

미국인이라면 극빈자의 생활 방식이라고 여길 가난한 삶에 익숙했던 중국 노동자는 새로운 소비를 기꺼이 포기하고 늘어난 소득을 사라져버린 안전망을 대체하는 것으로 사용했다. 예비적 저축은 창출되는 노동소득과 지출되는 개인 소비 사이의 격차를 점점 늘리는 일종의 세금과 같은 기능을 하게 되었다.

2007년에 원자바오를 비롯한 중국의 지도자들이 미래를 장기적으로 내다보고 실행할 경제 전략의 틀을 짜려고 모색했는데, 이들에게 중국 노동자의 예비적 저축 양상은 전혀 비밀이 아니었다. 소비를 촉진하겠다는 계획은 가장 단순한 의미에서 노동소득 창출을 촉진하기 위한 서비스 개발 및 도시화를 목표로 삼는 동시에, 초과저축 문제에 대처하기 위한 인구통계학적 문제 및 사회안전망 문제를 해결하는 것을 목표로 삼았다. 앞에서 언급했듯이 노동소득 창출은 주요 문제가 아니었고 초과저축이 훨씬 큰 문제였다. 저축 문제 해결이 무척이나 어려워 보이긴 했지만 얼마든지 가능할 것 같았다. 적어도 서류상으로는 그랬다.

그런데 여기서 먼저 설명해둘 사항이 몇 가지 있다. 한 자녀 정책을 완화할 목적으로 몇 가지 노력을 이미 기울인 뒤였던 2021년에 중국 정부는 마침내 고령화로 치닫는 인구구성 문제를 해결하겠다며 한 부부가 아이를 세 명까지 가질 수 있도록 허용하는 쪽으로 가족계획 제한을 완화하겠다는 신호를 보낸 것이다.[26] 게다가 2021년부터 시작되는 제14차 5개년계획의 목표에는 건강보험제도와 퇴직보험제도를 확대하는 것이 중요하게 명시되었다. 이런 접근법은 타당하지만 관련 조치들이 너무 사소하며 또 너무 늦었을 수도 있다.

아닌 게 아니라 더 나쁜 상황이 이어질 수도 있다. 중국의 한 자녀 정책 폐기는 중국이 안고 있는 고령화 문제의 즉각적인 해결책이 되기 어렵다. 설령 많은 여성이 두 명 이상의 자녀를 낳는다고 해도, 이렇게 해서 태어난 아이가 성장해서 임금 노동자가 되어 인구 고령화 문제를 해결하기까지는 한 세대가 걸린다.[27] 또 설령 출산율 상승이라는 투지 넘치는 가정을 전제하더라도, 최근과 미래의 인구통계학적 추세를 근거로 예측하면 2040년까지는 고령화 문제의 첫 번째 가시적인 개선 징후인 노년부양비 증가율 둔화가 나타나지 않을 것이다.[28] 그러면 그사이에 고령화에 따른 경제적 부담은 계속 커질 것이며 가계는 여전히 예비적 저축에만 매달리면서 새로운 재량소비에는 나서지 않을 것이다.

그러나 공포에 사로잡혀서 하는 예비적 저축이 줄어들지 않는 이유는 가족계획 정책 변화가 먼 미래에 결과를 가져오기 때문만은 아니다. 중국의 안전망 개혁은 매우 느리게 진행되어왔다. 원자바오 때부터 제시된 계획 하나하나가 모두 더 나은 안전망을 약속했지만 구체적인 실행은 계속 늦춰지기만 했다.[29] 그 안전망이 보장하는 범위의 문제가 아니다. 지금도 중국에는 건강보험제도가 전국적으로 보편화되어 있다. 2016년에 도시 계획과 농촌 계획이 통합된 이후로는 특히 그렇다.[30]

그러나 이런 제도들이 보장하는 혜택 수준은 매우 낮다. 예를 들어 주요 도시의 노동자에게 돌아가는 지급액은 연간 385달러를 넘지 않으며, 농촌에서는 이 지급액이 그보다 훨씬 더 적어서 건강보험의 보장성 약속 자체가 의미 없을 정도다.[31] 중국의 노동자들은 회사로부터 비공식적으로 현금을 지급 받는 '빨간 봉투(红包, 홍빠오, 중국에서는 생일, 결혼, 설 등의 기념일에 빨간 봉투에 돈을 넣어 당사자에게 주는 관습이 있다. 회사에서 노동자에게 현금 보너스를 지급하는 방식으로 빨간 봉투를 사용하기도 한다-옮긴이)'로 부족한 보장분을 보충해야 하는데, 이런 상황 때문에 가계의 노동소득은 더욱 제약을 받는다.[32]

중국의 퇴직연금제도에도 이와 비슷한 문제가 있다. 건강보험제도와 마찬가지로 중국의 도시 노동자 약 70퍼센트가 현재 도시연금제도나 농촌연금제도의 보장을 받고 있다.[33] 그러나 건강보험과 마찬가지로 이 제도는 자금이 심각하게 부족해서 보험 가입자에게 미미한 혜택밖에 제공하지 못한다.

중국에서 지금까지 규모가 가장 큰 연금기금인 전국사회보장기금(全国社会保障基金)이 관리하는 자산은 2020년 기준으로 약 4,450억 달러밖에 되지 않는다.[34] 이는 노동자 1인당 자산이 600달러도 되지 않는다는 뜻인데, 빠르게 고령화되는 노동 인구를 대상으로 평생 혜택을 지원하기에는 충분하지 않다. 그렇기에 노인 부양의 대부분은 자녀나 가까운 친척이 책임지며, 그 결과 재량소비로 돌아갈 가계소득은 노인을 부양하는 비용으로 들어간다.

중국의 안전망 문제는 경제 전략의 다른 곳에서 나타나는 단점 때문에 어려움을 겪고 있다. 그 단점은 품질보다 양을 중시하는 태도다. 이런 태도에 대한 반성으로 원자바오는 덩샤오핑 개혁의 초고성장이 초래한 영향을 비판하고 나섰다. 그러나 중국의 안전망 결함을 해결하려는 최근의 노력도 역시 품질보다 양을 중시하고 있어 문제다. 건강보험제도든, 퇴직연금제도든 간에 정부가 시행하는 정책은 해당 제도가 개인에게 지급되는 혜택을 확대하는 것보다 해당 제도에 등록된 사람들의 수를 늘리는 데 초점을 맞추고 있다. 가족계획 정책의 개혁이 고령화 문제를 의미 있는 수준으로 해결하기까지는 적어도 수십 년이 걸릴 것으로 예상되며 재정적인 불안감은 앞으로 수년 동안 중국의 가계 지출에 심각한 제약 요소로 남을 것이다.

이 모든 것은 중국이 꾀하는 재균형이 썩 바람직한 결과를 낳지 못할 것임을 시사한다. 소득이 늘어나는 상황에서도 미래의 불확실성에 따른 두려움 때문에 예비적 저축이 재량소비를 계속 억제할 것이라는 전망은 충분한 근거가 있다. 또한 이는 중국이 미국이라는 모델을 본떠 소비자가 주도하는 구조로 경제를 전환하겠다는 목표를 세우고 있지만 실현되기까지는 아득하게 멀다는 뜻이기도 하다.

이런 어려움들 때문이겠지만 현재 중국 정부는 원자바오 시절보다 소비자가 주도하는 경제로의 재조정에 무게중심을 덜 두는 것 같다. 소비는 여전히 총리가 관심을 기울이는 연간업무보고서에서 우선적인 사업으로 제시되며 국가 5개년계획의 전략 계획에서 중요한 목표로 제시되지만, 우선순위 목록에서 순위가 뒤로 밀려나 있다. 예를 들어 리커창 총리가 2022년 전국인민대표대회에서 보고했던 업무보고서의 총 아홉 가지 주요 과제에서 국내소비는 거시경제 안정, 기업 및 기타 시장 주체 지원, 정부의 효율성 제고, 혁신 기반 성장 등에 이어서 다섯 번째 순위에 놓였다. 건강보험이나 사회적 안정성 같은 안전망들은 리커창 총리의 2022년 정책 초점 목록에서 최하위인 9위로 밀려났다.[35]

그렇다면 중국의 전략은 돌고 돌아서 다시 제자리로 돌아왔을까? 몇 가지 점에서 보면 현재의 중국 경제 전략은 원자바오의 소비자 주도 재균형 계획인 4불보다는 1990년대의 생산자 중심적인 계획에 더 가까워 보인다. 내수에 초점을 맞춘다는 정책 방향이 완전히 관심 밖으로 밀려난 것은 아니지만, 점점 더 힘들어지는 해외 수요 추세에 필요한 공급망 차원의 효율성과 국내 수요 사이의 상호작용을 강조하는 '이중 순환'이라는 새로운 접근법에 비해 비중이 점점 줄어들고 있다.[36] 이 모든 조건은 다음과 같은 질문을 제기한다. 소비주의는 중국이 해결하기에 너무 어려운 문제일까?

야성적 충동이 부족하다

원자바오가 처음으로 중국의 성장 모델을 재고할 것을 공개적으로 촉구하고 나섰던 2007년 초부터 중국의 지도부는 자국의 방대한 인구를 지렛대 삼아 소비자가 주도하는 경제성장으로의 전환이라는 시대적 과업을 추진해야 한다는 사실을 이미 알고 있었다. 이 접근법은 논리적이며 분석적으로도 건전하다. 또한 미국과 같은 다른 소비자 주도 경제가 이룩했던 오랜 성공 기록을 토대로 한다. 이런 맥락 속에서 중국의 지도부는 중국도 얼마든지 미국의 그런 선례를 따를 수 있다고 봤다.

그런데 결론은 소비자가 소비에 나서도록 설득하는 것이 말처럼 쉽지 않다는 것이다. 가계소득의 구매력인 돈을 가지고 있다는 것과 이 돈을 실제로 지출하는 것은 완전히 별개다. 앞서도 언급했듯이 중국은 노동집약적인 서비스업 부문으로 전환하고 농촌 인구의 도시 이주를 장려함으로써 가계 구매력의 지속적인 성장을 위한 기반을 마련해왔다. 그리고 거대한 여러 신도시의 성장은 서비스 수요를 강력하게 촉진했다. 중국 경제 전략의 이런 광범위한 추진은 역사적 선례로도 충분히 근거가 있었다. 미국을 포함한 다른 소비 사회들이 걸었던 길을 뒤따라 걷는 것이었기 때문이다.

그러나 바로 지금 시점에서 중국의 바쁜 발걸음이 방해를 받고 있다. 노동소득 증가는 소비자 주도의 경제성장으로 이어지지 않고 있는데, 그 이유는 기본적으로 불확실한 미래에 대한 공포에 떠밀린 예비적 저축이 꾸준하게 이어지기 때문이다. 중국 지도자들은 이 사실을 알고 있다. 지난 15년 동안 과도한 예비적 저축을 초래한 불안감을 누그러뜨릴 필요가 있음을 말이다. 소비자 주도의 경제 재조정이 성공하려면 그런 불안과 공포의 근원을 해결해야 한다는 사실, 즉 강력한 사회안전망을 마련해야 한다는 사실을 그들은 알고 있다.[37] 그러나 잘 알고 있다는 것만으로는 충분하지 않다.

개선의 징후가 몇 가지 있긴 하지만 이것만으로 가계에 신뢰감을 주기에는 충분하지 않다. 국영기업을 대상으로 하는 더 많은 세수가 전국사회보장기금에 배정되고 있다. 이 기금의 운용자산은 2010년 이후로 해마다 13퍼센트씩 늘어났는데, 이 증가율은 같은 기간의 국내총생산 성장률보다 30퍼센트가량 높다.[38] 그러나 건강보험 혜택은 2010~2018년에 평균 2.6퍼센트 늘어나는 데 그쳐 같은 기간의 국내총생산 성장률인 9.3퍼센트에 크게 못 미쳤다.[39]

결국 중국 가계의 미래에 대한 두려움은 해결되고 있다고 보기 어렵다. 그렇기에 가계저축은 여전히 높은 수준을 유지하고 있다. 중국이 인구의 급속한 고령화를 상대하는 힘든 경주에서 경제 구조조정이 뒤처지고 있다는 말이다. 선도적인 중국 인구통계학자가 경고했듯이 "중국은 부유해지기 전에 늙어버릴 것이다. 여기에는 의심의 여지가 없다."[40]

대중의 신뢰를 높이는 일은 중국의 경제 정책 입안자들에게 자연스럽지 않다. 그들은 소련식 중앙계획의 공학적 접근법에 익숙했기에 생산 구조를 가다듬고 조정하는 작업(즉 농업 중심 경제를 제조업 중심 경제로 전환하고, 다시 서비스업 중심 경제로 전환하는 작업)에 능숙했다. 거시경제를 다루는 공학자로서 그들은 거대한 신도시들을 건설하고 이 도시들을 최첨단 인프라로 서로 연결하는 데는 분명 뛰어났다. 중국 지도자들은 탁월한 기술 관료일 수는 있어도 자신감과 같은 비정형적인 심리나 행동을 다루는 영역에서는 서툴다. 그러나 가계와 기업에는 자신감이야말로 재균형의 가장 중요한 다음 단계로 넘어가는 열쇠일 수 있다.

자신감은 모든 역동적인 경제의 결정적인 버팀목이다. 노벨 경제학상을 수상한 조지 애커로프(George Akerlof)와 로버트 쉴러는 이 개념이야말로 그들이 정립한 '야성적 충동(animal spirits)' 이론의 초석이라고 생각한다.[41] 1930년대에 존 메이너드 케인스(John Maynard Keynes)가 널리 대중화한 이 개념은 합리적인 의사결정의 기본적인 분석을 초월하는 것으로, '무엇인가를 행동으로 옮기려는 즉흥적인 욕구'라고 보면 된다.[42] 애커로프와 쉴러는 전통적인 경제 이론 및 이를 토대로 한 모델들은 본질적으로 부족할 수밖에 없다면서, 그 이유는 경제활동에서 가장 중요하게 작용하는 인간의 동물적인(즉 야성적인) 충동을 간과하기 때문이라고 주장한다.

궁극적으로 중국은 다른 나라들과 마찬가지로 자신감이 넘치고 성공한 사회의 야성적 충동이 필요하다. 야성적 충동이야말로 기업의 역동성이나 강력한 소비주의의 비밀 요소로 중국이 직면한 문제의 핵심이다. 이는 민간 부문에 속한 시장 참가자들이 위험을 감수하는 행동에 나서고, 그 행동을 끝까지 밀고 나가는 의사결정을 내릴 때 자신감을 가질 수 있게 해준다. 중국의 기록을 보면 야성적 충동의 발산에 관한 주장이 엇갈리는데, 지금까지는 기업가들이 소비자들보다 야성적 충동으로 이득을 더 많이 얻었다.[43]

야성적 충동에 불을 붙이는 정확한 공식은 없다. '무엇인가를 행동으로 옮기려는 즉흥적인 욕구'라는 케인스의 개념은 모호할 뿐이다. 케인스는 야성적 충동을 자본주의의 본질로 바라봤다. 시장 기반 사회주의라는 혼합 모델을 가진 중국은 그들만의 독특한 야성적 충동이 있다고 주장한다. 그러면서 자본주의 체제보다 자국의 체제가 시장, 기업, 소비자를 안내하는 데 훨씬 더 적극적인 역할을 한다고 주장한다. 적어도 이론적으로만 보면 국가가 주도하는 지침이라는 틀 안에서도 민간 부문의 의사결정자(즉 기업가와 소비자 양쪽 모두)의 즉각적인 행동적 충동을 허용하는 자유는 얼마든지 많다.

그러나 중국 경제가 야성적 충동을 획득하려면 다른 나라들과 마찬가지로 신뢰라는 토대를 마련해야 하고 기회를 약속해야 한다. 신뢰가 형성되려면 다음 조건이 전제된다. 지도부가 설정하는 우선순위가 일관되게 유지될 것, 지배구조(거버넌스)가 투명할 것, 규제와 감독이 현명하게 이뤄질 것, 열심히 일하면 보상이 뒤따를 것이라는 약속이다. 궁극적으로 자신감이 자리하는 인간의 성정은 산출과 소득 증가로 뒷받침될 때 비로소 힘을 발휘한다.

최근까지 중국의 민간 부문에서는 자신감 부족이라는 문제는 없었다. 이 부문에서는 야성적 충동이 새로운 역동성을 촉발했기 때문이다. 인공지능 기반 플랫폼들인 알리바바(그리고 핀테크 자회사인 앤트),

텐센트, 음식 배달업체인 메이투안, 승차 공유업체인 디디추싱 등이 거둔 눈부신 성장은 야성적 충동이 없었다면 불가능했을 것이다. 이런 역동성을 뒷받침하는 생태계는 창의적이고 열심히 일하는 인재, 연구 기반의 혁신, 창업을 지원하는 문화, 금융 위험을 감수하는 자본의 풍부한 공급 등이 복합적으로 반영된 것이다.

새로운 세대의 중국 기업가들은 야성적 충동이 일으키는 불꽃에 의지해 경제성장의 새롭고도 강력한 원천에 온 힘을 쏟았다. 이는 중국이 경제 기적을 이룬 과정에서도 가장 최근의 모습인데, 이것이 중국에 중요한 플러스 효과를 안겨주었다. 즉 중국이 오랫동안 기다려왔던 자주혁신으로의 전환이라는 과제에 중요하고도 의미 있는 희망을 안겨주었다.[44]

그때는 그랬다. 그러나 안타깝게도 중국의 기업 부문에서 넘쳐나던 야성적 충동이 점점 쪼그라들고 있다. 이렇게 판단하는 근거가 있다.[45] 2021년 여름에 중국 정부는 두 가지 주요 정책 구상을 내놓았다. 하나는 주로 인터넷 플랫폼 기업을 대상으로 하는 규제 제약이었고, 다른 하나는 소득 및 부의 과잉 창출을 바로잡기 위한 공동부유 캠페인이었다. 이 두 정책은 중국 '신경제'의 눈부신 성장을 촉발했던 과거의 정책 개혁에 역행하는 것이다.

국가 성장 전략에서 그토록 높은 자리를 차지했던 자주혁신을 야성적 충동이 가속화하려는 것처럼 보이던 바로 그 시점에 왜 중국 정부는 자국의 경제가 나아갈 방향을 정반대로 바꾸려 할까? 가장 중요한 이유는 데이터 보안에 대한 우려 때문이다. 5장에서 살펴봤듯이 중국의 대표적인 인공지능 전문가 리카이푸 박사는 빅데이터가 중국이 인공지능 관련 사업에서 경쟁 우위를 차지하는 데 매우 중요한 요소라고 주장해왔다(이에 대해서는 182쪽을 참조하라-옮긴이).[46] 그는 빅데이터 수집 분야에서 중국이 차지하는 선도적인 지위가 중요한 경쟁 우위 요소라고 강조한다. 그런데 만일 중국이 이 경쟁우위를 잃어버리면 어떻게 될까?

중국 정부가 지금 바로 이 질문을 하는 것 같다. 5장에서도 봤듯이 중국의 고위 지도자들은 대규모 독점 데이터베이스에 대한 엄격한 통제가 국가의 광범위한 전략에 중요하다고 점점 더 많이 생각한다.[47] 어떤 의미에서 보면 이런 태도를 이해할 수 있다. 중국의 지도부는 빅데이터를 중시하는 것이야말로 인공지능 분야의 발전에 매우 강력한 추진력이 된다고 판단한다. 많은 데이터가 감시 국가의 은밀한 시선을 통해서 수집된다는 사실에 대해서는 신경을 쓰지 않는다.[48]

중국에서는 2021년 8월에 "개인정보의 남용과 잘못된 취급으로 인한 피해로부터 개인과 사회와 국가 안보"를 보호할 목적으로 개인정보보호법이 제정되었다. 중국 정부는 이 법률에 보조를 맞춰, 데이터 보안에 대한 우려에 대응할 때가 되었다고 느꼈던 게 분명하다.

이와 함께 중국 정부는 2021년 6월에 승차 공유업체인 디디추싱이 미국의 뉴욕 증시에 상장되자, 미국 자본시장에 상장된 중국 기업을 대상으로 하는 추가 규제를 마련했다. 이렇게 한 이유는 단지 디디추싱이 확보한 방대한 이동성 및 교통 데이터의 보안에 대한 우려 때문만은 아니었다. 트럼프 대통령이 시작한 무역 전쟁에 대한 맞대응의 일환으로서 미국의 규제 당국이 취한 유사한 조치에 대한 보복이기도 했다(디디추싱은 결국 중국 정부의 압력을 이기지 못하고 2022년 6월 뉴욕 증시에서 스스로 상장폐지했다—옮긴이). 게다가 중국 정부는 그 규제 조치가 반독점을 우려하는 차원에서 이뤄진 것이라고 이유를 댔다. 그러면서 그 우려는 2020년 말에 동결되었던 중국 최대 핀테크 기업인 앤트가 세간의 이목을 끌면서 추진했던 주식 공모와 관련 있다고 했다.

전반적으로 보면 중국은 모든 힘을 동원해서 지금까지 중국에서 가장 역동적이었던 경제 부문의 사업 모델 및 역외 자금 조달 능력을 표적으로 삼는 것 같다. 이런 조치들이 불러일으킬 파장을 두고 논쟁이 벌어지고 있지만 정책적인 차원에서 중요한 변화가 일어나고 있음은 분명하다.[49]

이런 조치들은 상당히 강경했다. 그러나 2021년 여름에 중국 정부는 한 걸음 더 나아갔다. 시진핑 국가주석은 소득 및 부의 불평등 확대 문제를 해결하기 위한 공동부유 캠페인에 그가 가진 권한을 총동원했다.[50] 정부는 금융 안정성을 도모한다는 취지를 내세워 암호화폐를 추방했으며, 사회 안정성을 도모한다는 취지를 내세워 시진핑이 초기에 초점을 맞췄던 '나쁜 습관'을 표적으로 삼았다. 나쁜 습관은 비디오게임, 온라인 음악, 유명인 팬클럽 문화, 개인 과외 등이 일상화된 생활 방식을 가리킨다. 그리고 이런 것들뿐만 아니라 전자담배 및 사업상의 술자리 등을 금지하기도 한다. 공동부유 캠페인은 중국의 재균형 전략에서 중요한 변화가 일어났음을 뜻하며 동시에 그 변화를 반영한다.[51]

규제와 재분배라는 중국의 이 새로운 쌍끌이 정책은 1980년대 이후 중국의 눈부신 경제성장을 뒷받침했던 시장 기반의 '개혁·개방' 정책의 핵심을 뒤흔드는 것이다.[52] 공동부유 캠페인은 중국의 발전

순서를 상대적으로 발전된 지역에서 상대적으로 낙후된 지역으로 바꾸는 덩샤오핑의 초기 정책 방향과 일치하지만, 기업가들 및 위험을 감수하는 사람들이 신제품 및 신시장 개발 노력을 기울이며 기대하는 부의 축적이라는 보상을 인정하지 않겠다는 것이기도 하다.

중국에서 가능한 새로운 사업과 기업의 범위와 보상을 이런 식으로 제약하는 것은 기업가들이 치열한 경쟁 환경에서 살아남고 번창하는 데 꼭 필요하며 역동적인 민간 부문에 힘을 실어주는 창의성과 열정과 노력을 무력하게 만드는 것이다. 이런 제약은 중국 경제성장의 다음 단계인 혁신 주도 국면에 계속해서 영향을 미칠 수 있다. 야성적 충동을 배제한 상태에서는 자주혁신을 지지하는 설득력 있는 논리가 나오기 어렵다. 그리고 자주혁신이 없을 때 중국의 성장은 필연적으로 한계에 부닥칠 수밖에 없다.

중국 가계는 야성적 충동의 결핍이라는 만성적인 현상으로 고통을 받아왔다. 불확실한 미래에 대한 공포로 예비적 저축이 과도하게 이뤄진다는 것은 중국 가계가 그만큼 오랫동안 자신감 부족에 시달리고 있다는 뜻이다. 재정적인 불안에 대한 뿌리 깊은 두려움에 짓눌린 중국인은 생활필수품만 소비하는 데 그칠 뿐, 이를 넘어 주택 개선, 현대적인 가구, 오락 및 레저 활동 등에 재량소비를 하면서 소비자로서의 시야를 넓히기를 꺼려왔다. 이렇게 중국인이 소비지출보다는 예비적 저축을 선호하면서 소비자가 주도하는 경제성장의 틀을 만들기 위한 중국의 재조정 노력은 계속해서 좌절되고 있다.

어떤 나라에서든 자신감과 신뢰는 나란히 간다. 가계는 지도자의 약속을 신뢰할 필요가 있다. 이럴 때 비로소 소비주의를 뒷받침하는 사회적 계약의 기초가 형성되기 때문이다. 가계는 일자리와 임금이 안정적으로 보장될 것이라는 자신감을 가져야 할 뿐만 아니라 중국 사회안전망을 위해 정부가 마련하는 건강보험제도와 퇴직연금제도를 신뢰해야 한다. 가계뿐만 아니라 기업도 마찬가지다. 기업도 정부가 규제 및 감독의 규정이나 열심히 일한 데 따른 보상이 일관성을 유지할 것이라고 신뢰할 필요가 있다.

그런데 오늘날의 중국은 이런 신뢰 기반이 부족하다. 8장에서도 언급했지만 정치적 불신의 수학은 매력적이다. 중국 전체 인구에서 중국공산당 당원 인구는 7퍼센트다. 이 7퍼센트가 당 바깥에 존재하는 93퍼센트에게 신뢰를 심어주지 않았다. 게다가 지금은 경제적 불신도 추가되었다. 이 경제적 불신은 중국의 야성적 충동이 점점 더 결핍 상태로 나아가는 현상이 반영된 결과다. 중국에서 강력한 소비주의가 뿌리내리는 것을 지속적으로 방해하는 장애물이 드러난 것일 수도 있고, 기업 부문의 역동성을 억누르는 새로운 장애물이 드러난 것일 수도 있다. 야성적 충동이 더욱 활기차게, 즉각적으로 발산되지 않으면 중국의 경제적 역동성은 쇠퇴할 것이다. 어쨌거나 중국이 미국이 걸어갔던 길을 그대로 따라 걸어가기란 쉽지 않다.

경제적 갈등에서 이념적 갈등으로: 사회주의 이념의 재등장

만약 야성적 충동의 결핍 때문에 자주혁신이 가로막히고 소비자가 주도하는 성장으로의 전환이 방해를 받는다면 중국 경제는 과거의 생산자 중심적인 구조로 되돌아갈 수 있다. 아닌 게 아니라 지금 중국의 지도부는 이런 가능성에 대비하는 것 같다. 앞에서도 언급했듯이 중국 지도부는 최근에 정부의 연간업무보고서와 5개년 계획에서 소비주의의 우선순위를 낮게 설정했으며 '이중 순환(쌍순환)' 전략에 새롭게 초점을 맞춘다고 발표했다.[53]

이중 순환 전략은 국내 수요와 해외 수요를 동시에 강화하는 일종의 혼종(hybrid) 전략이다. 2020년 5월에 시진핑이 '시진핑 구상'이라는 이념적 강화를 코로나19 충격 및 미국과의 무역 전쟁에서 비롯되는 세계적 차원의 압력과 결합하기 위해 처음 제안했다. 중국이 내놓은 여러 정책 선언과 마찬가지로 이중 순환이라는 전략 개념은 여러 가지 점에서 모호하다. 시진핑은 이중 순환이 국내 수요와 소비주의라는 전략적인 기둥을 포기한다는 뜻이 아니라고 강조하면서도, 중국의 성장 전략에 국제 무역을 통한 효율적인 국외 순환이라는 또 하나의 차원을 추가할 필요가 있다고 강조한다.[54]

그러나 이는 과장일 수도 있다. 만일 중국 정부의 공식적인 설명을 액면 그대로 받아들인다면, 현재 중국 경제는 소비자가 주도하는 경제로의 재균형을 좌절시킨 바로 그 문제들에 여전히 직면해 있다. 특히 노동소득 창출과 재량소비 사이의 격차라는 문제가 그런데, 이 문제는 초과저축과 부실한 사회안전망 때문에 발생한 것이다. 따라서 이중 순환 전략은 일종의 위험 회피(헤지)처럼 보인다. 즉 국내 수요 자극이 중단될 경우 해외 수요에 의존하는 것으로 되돌아가겠다는 말이다.

그런데 이는 미중 갈등에서 문제가 될 수 있다. 거시경제 전략으로서 재균형은 갈등하는 동반의존성의 압력을 줄이고 양측의 긴장을 완화하는 데 도움이 될 것이다. 소비자가 주도하는 경제로의 재조정으로 해외 수요에 대한 의존이 줄어들면 중국의 전체 무역수지 흑자 규모가 줄어들 것이고(물론 대미 무역에서 터무니없이 큰 흑자 규모도 당연히 줄어들 것이다), 따라서 미국을 비롯한 다른 여러 나라와의 무역 마찰 강도도 줄어들 것이다. 반면에 미국으로서는 중국과 정반대 전략을 추구하는 것이 좋을 것이다. 국내저축을 활성화함으로써 경제 구조의 재균형을 달성할 때 대중 무역에서의 적자를 포함해서 전체 무역수지 적자가 줄어들 테니 말이다.

그동안 중국은 재균형의 가능성을 미국보다 더 많이 보여주었다. 중국으로서는 재균형을 통해서 많은 이득을 누릴 수 있기 때문이다. 반면에 미국은 재균형의 변화를 꾀하기보다는 오랜 세월의 검증을 거치긴 했지만 궁극적으로는 지속 불가능한 기존의 접근법을 유지하면서 여기에 만족하고 있다.

앞서 1부에서 암시했듯이, 가능성은 언제나 비대칭적인 재균형 쪽으로 열려 있었다. 즉 중국 경제는 소비자가 주도하는 구조로 전환하고 미국 경제는 저축이 부족한 상태에서 성장을 추구하는 것을 고집하는 비대칭적인 재균형 쪽으로 열려 있었다.[55] 중국 경제는 이런 경제 구조상의 차이에서 상당한 이득을 얻었을 것이다. 세계 경제성장의 엔진으로서, 세계적 차원의 불균형과 무역 긴장을 조절하는 영향력을 행사하는 국가로서 우뚝 섰을 것이다. 한편 미국 경제는 외국의 잉여저축에 의존해 경제를 성장시키려 애쓰면서 점점 허약해졌을 것이다.

그러나 현재 미국에서는 코로나19 충격으로 연방정부의 예산 적자가 폭발적으로 늘어나고 있고 중국의 소비자들은 소비에서 활력을 보이지 못하고 있기에 재균형의 가능성은 미국과 중국 모두에서 점점 줄어들고 있다. 결과적으로 동반의존성의 거시경제적 압력이 강화되어 두 나라 사이의 저축 격차가 다시 커질 수 있다. 중국의 잉여저축은 거대한 규모를 계속 유지하거나 심지어 늘어나고 미국의 적자저축은 지속되거나 오히려 심화될 수 있어서, 미국의 다자간 경상수지 및 무역수지의 불균형은 한층 나빠질 수 있다.

중국에서 소비주의가 힘을 얻고 번성했다면 이런 결과의 어느 한 가지 측면을 막을 수 있었다. 지속 가능한 경제성장이라는 관점에서 보면 중국으로서는 소비자가 주도하는 경제로의 재균형을 밀어붙이는 것이 가장 이익이었다. 한때는 이 길이 중국이 선택할 가능성이 가장 커 보였다. 그러나 지금은 그렇지 않다. 중국의 초점은 경제적 차원의 재균형에서 이념적 차원의 재균형으로 이동했다. 중국 지도부는 구조적 변화가 절실하다는 사실을 잘 알지만 시진핑 구상의 이념적 순수성을 강화하는 것과 중국공산당이 통제력을 확실하게 장악하는 것을 가장 높은 우선순위로 설정하고 있다. 새로운 규제 조치를 내놓는다거나 공동부유 캠페인을 벌이는 것도 모두 우선순위에서의 이런 변화가 반영된 것이다.

이념 논쟁의 재등장과 강조는 중국에 매우 중요하다. 한때 마오쩌둥에서 덩샤오핑으로 기울었던 추가 이제는 반대 방향으로 기울고 있다. 시진핑이 사회주의 원칙에 집착하는 모습 그리고 중국공산당 중앙서기처 서기직을 맡고서 당 이념을 책임지는 왕후닝(王滬寧)이 목소리를 높이는 모습은, 장쩌민과 후진타오 때 자유화를 반대하던 보수주의의 역풍이 거세게 불고 있음을 말해준다.[56] 물론 이념 스펙트럼의 양극단 사이에서 벌어지는 이런 줄다리기가 중국에만 있는 건 아니다. 서구 사회에서는 이런 줄다리기의 결과가 선거를 통해 집권 여당이 바뀌는 모습으로 나타나지만, 중국에서는 당 내부의 파벌들 사이에서 일어나는 권력 다툼이라는 모습으로 나타난다.

현재는 시진핑 주석이 이념을 강조하고 있어서 전혀 의도하지 않았던 중요한 결과가 빚어질 가능성이 크다. 취약한 사회안전망에 뿌리내리고 있는 야성적 충동 결핍이 공동부유라는 가면을 쓰고 지금 중국의 역동적인 신경제로 확산되고 있다. 동시에 공동부유에 내포된 사회공학적 함의가 왕후닝이 뱉어내는 미국 사회에 대한 신랄한 비판과 점점 결이 같아지고 있다.

시진핑의 이념적 분신이라고 할 수 있는 왕후닝은 특히 미국을 황량하게 묘사한다. 예를 들면 "자본가가 노동자를 착취하도록 보장하는" 억압적인 체제로 "속이 텅 비어 있는" 시민들을 돈의 노예로 만들고 있는 나라라고 말이다.[57] 미국에 대한 중국의 거짓 서사는 경제에서와 마찬가지로 이념에 기반을 두고 있다.

이 모든 것이 미중 갈등을 불안하기 짝이 없는 궤도에 올려놓는다. 갈등은 두 나라 경제의 저축 격차 및 무역수지 격차에서 시작되었다. 경제에서의 재균형이 이뤄지지 않는다면 이런 문제들은 앞으로도 계속 이어질 것이고, 두 나라는 알게 모르게 회복력을 강화하는 쪽보다는 취약성을 강화하는 쪽을 선택할 것이다. 그리고 이제는 시진핑 구상이 강화되면서 제2차 냉전의 북소리는 계속 커지고 이념 갈등이 더욱 심화될 것이다.

이렇게 되면 치명적이다. 국가가 주도하는 중국에서 진행되는 검열과 양극화된 미국에서 진행되는 정보 왜곡은 경제적 취약성과 이념이 결합되어 온갖 거짓 서사를 한껏 증폭시킨다. 두 나라는 갈등이 고조되는 위험한 상황에 놓여 있다. 점점 더 적대적으로 변해가는 동반의존성의 암울한 종말을 회피하려면 무엇이 필요할까?

10장

미국적인 특성을 가진 중국

중국의 지도자들은 서로 다른 체제를 다루는 논쟁을 오랫동안 능숙하게 처리해왔다. 1990년대 초 장쩌민 시절부터 이들은 사회주의 시장경제(socialist market economy)라는 개념을 중심으로 똘똘 뭉쳤다.[1] 이것은 말 그대로 국가의 기업 소유와 정부의 경제 통제라는 사회주의 원칙을 지키면서 미국식 시장 자본주의를 실행하겠다는 혼합형 접근법이다. 그리고 지금까지 오랫동안 두 접근법 사이에서 이쪽저쪽으로 오가며 균형을 잡아왔다. 시진핑 시대에 들어와 당과 사회주의 국가가 통제권을 다시 장악하기 전인 1980~2010년 동안에는 시장이 주도하는 개혁을 중국 지도부가 선호했다.

이 혼합형 접근법은 이론적으로는 그럴듯하게 들린다. 전혀 다른 두 체제의 가장 좋은 점들만 선택해서 국가의 경제활동과 외교 활동에 적용하자는 것이다. 그러나 서로 다른 복수의 체제를 하나로 묶는 작업은 중국 경제의 원칙을 설정하는 데 몇 가지 근본적인 문제를 제기한다. 이렇게 해서 이뤄질 상호작용의 본질은 무엇일까? 양립할 수 없는 두 체제 사이에서 필연적으로 나타날 수밖에 없는 갈등이나 충돌을 어떻게 피할 수 있을까? 이 모든 시도가 과연 매끄럽게 맞아떨어질까?

정책을 실행할 때 나타날 수 있는 이런 현실적인 질문들에 대해서는 이념적 주장의 순수성이나 경제 분석의 엄정함만으로는 대답할 수 없다. 그 대답은 각각의 체제가 지닌 최고의 특성들을 최적으로 혼합해서 선택할 능력을 과연 중국의 고위 지도자들이 가지고 있느냐에 달려 있다.

혼합형 경제 모델은 애초부터 여러 가지 모순을 안고 있다. 시진핑 시대의 가장 큰 역설은 국가가 장악한 자산 통제력과 시장이 수행하는 결정적 역할을 동시에 강조하는 혼합소유제 모델인데, 이 역설은 지금도 여전히 해결되지 않고 있다. 중국은 미국식 시장 구조를 원하면서도 시장 기반 체제에서 필연적으로 나타나는 변동성과 위험이라는 문제들은 원하지 않는다. 그러나 변동성과 위험이 없는 자본주의 시장이라는 발상은 그 자체로 모순이다.

사회주의 시장경제라는 개념은 그보다 훨씬 깊은 문제를 제기한다. 사회주의 체제의 나라에 시장 기반 자본주의를 주입해서 중국이 달성하려고 하는 것은 무엇일까? 과연 중국의 사회주의 기술 관료들은 미국식 모델이 작동하는 방식을 명확하게 알고나 있을까?

이 질문들에 대한 대답이 어떤 것일지는 중국이 미국과 맺고 있는 동반의존 관계에서 유추할 수 있다. 개인과 개인 사이의 인간관계에서 그렇듯이 나라와 나라 사이의 경제적 동반의존 관계의 초기에는 종종 상대국이 지닌 특성 일부를 자국에 이식하겠다는 열망이 강하게 작동한다. 예컨대 미국은 1980년대 후반에 일본의 품질관리 시스템에 열광했다. 중국도 이와 비슷하게 미국을 향한 열광과 흠모를 지금까지 줄곧 보여왔다. 중국은 미국처럼 성장하고 싶고 도시화되고 싶어 하며, 혁신하고 싶고 군사력을 갖추고 싶어 한다. 비록 명시적으로 표현되지는 않았지만 중국몽의 내용에는 미국적인 특성이 포함되어 있다.

또한 중국은 경제 규모와 관련된 부러움을 마치 고통처럼 느끼고 있는 것 같다. 나는 수십 년 동안 중국을 들락거렸는데, 중국인들로부터 가장 자주 받는 질문은 "언제쯤이면 중국의 국내총생산이 미국의 국내총생산을 추월할 것이라고 생각하는가?"였다. 대부분 중국인이 미국 따라잡기가 상대적으로 먼 미래일 수밖에 없는 1인당 국내총생산보다는 상대적으로 가까운 미래에 따라잡을 수 있는 명목 국내총생산을 따진다. 옳든 그르든 간에 중국의 대중과 지도자는 규모를 번영 및 권력(패권)과 직접적으로 연결해서 생각한다. 이런 양상은 중국에서 반복적으로 나타나는 태도, 즉 경제적 성공을 질보다는 양으로 판단하는 태도가 반영된 것이다.

그렇다고 해서 중국이 미국을 완벽한 롤모델로 여기는 것도 아니며 지금은 더 그렇다. 그럼에도 여전히 중국은 미국이 걸어온 길을 마치 영웅의 여정처럼 바라보면서 깊은 매력을 느낀다. 미국이 지금까지 걸어오면서 드러내곤 했던 불완전함을, 영웅적인 모험을 이어가는 데 필요한 용기와 결단을 내리게 해주는 기회와 길잡이로 받아들이는 것이다.

중국의 혼합 전략은 미국이 경험했던 위기들에서 가장 중요한 측면인 '실수를 통한 학습'을 간과한다. 그래서 엄격한 검열과 담론 권력에 대한 잘못된 자부심으로 무장하고 실수를 통한 학습이라는 피드백 고리를 원천적으로 차단한다. 그 결과 현실이 아닌 국가 주도의 자기평가에 의존하게 되면서 미국적 특성을 지닌 중국의 이미지는 애초에 바라던 모습에서 크게 빗나가는 경우가 많다. 이런 왜곡된 인식 때문에 미국과의 갈등을 심화시키는 거짓 서사들이 만들어진다.

혼합소유제의 역설

중국의 국영기업은 혼합형 사회주의 시장경제를 보여주는 가장 중요한 요소다. 국영기업은 1970년대 후반과 1980년대 초반에 덩샤오핑이 주도한 일련의 조치로 처음 나타났으며, 그때부터 지금까지 국영기업화 작업은 계속 이어지고 있다. 덩샤오핑은 중앙계획경제의 관료주의에 역사적으로 내재된 역량을 동원해서 세계적인 수준의 기업들을 만들겠다는 것을 목표로 내세웠다.

국영기업 개혁의 첫 번째 파도는 경영 자율성에 초점을 맞추는 것이었다. 그 뒤로 조달 관행의 개혁과 주식 보유 구조의 도입, 국가 차원이 아닌 은행 차원의 투자금 조성 등 개혁의 파도가 계속 이어졌다. 이렇게 해서 생산 할당량이 더는 정부의 일방적인 지시로 결정되지 않고 초기 자본주의적 시장 경쟁의 압력으로 결정되게 되었다.[2]

그러다 1993년에 전환점을 맞이했다. 이때 중국공산당은 '사회주의 시장경제 체제의 설립과 관련된 문제들에 관한 결정'을 발표했는데 이 문건은 중국의 혼합형 경제 체제를 최초로 공식적으로 지지한 것이다.[3] 이때의 개혁 목표는 경영진을 정부로부터 분리하고 몇몇 특정 국영기업에 재산권과 운영자율권을 부여함으로써 국영기업을 중국판 시장경제와 연계시키는 것이었다. 이 '시장화 개혁'은 초기에 중국 경제 전체에서 국영기업이 차지하는 비중을 줄이는 데는 성공했지만 효율성을 개선하는 과정에서 일자리가 줄어들었고 그 결과로 보수적인 정치 세력이 반발하는 등 상당한 논란이 있었다.[4]

하지만 정부는 꿋꿋하게 결정을 밀고 나갔다. 1997년에는 한층 포괄적인 국영기업 개혁 프로그램을 마련했는데, 장쩌민 주석과 주룽지(朱鎔基) 총리가 대중화한 "큰 것(대기업)은 장악하고 작은 것(중소기업)은 방임한다(抓大放小)"는 구조조정 원칙에 따라 진행되었다.[5] 규모를 기준으로 삼았던 국영기업 대상의 선택적인 자율성 부여는 새로운 기업들이 나아갈 길을 마련하기 위해 비효율적인 기업들을 시장 주도적으로 퇴출하는 일종의 '창조적인 파괴'였던 셈이다.[6]

국가는 크고 강력한 국영기업에 대한 통제권을 여전히 가지고 있었지만, 상대적으로 규모가 작고 허약한 국영기업은 문을 닫거나 합병하는 방식을 통해 '방임'될 수 있었다. 현대 중국의 고전적인 태도라고 할 수 있는 규모에 대한 이런 강조는 기업도 규모가 클수록 강력하다는 인식으로 이어졌다. 그렇기에 규모가 작은 국영기업들은 허약하며 필요에 따라 얼마든지 소모품으로 버려질 수 있다는 인식도 당연한 것이었다.

그런데 국영기업 개혁을 추진한 첫 번째 노력이 비록 합병을 통한 규모 키우기나 효율성 개선 측면에서는 인상적이었지만, 기업 운영에 주주가 적극적으로 참여할 수 있도록 해주는 기업 지배구조라는 결정적으로 중요한 측면에서는 부족했다. 국가가 최대주주로서 여전히 경영진 선임이나 경영진의 의사결정에 최종적인 결정권을 가지고 있었기 때문이다.[7]

이 문제는 이론적으로는 후진타오 시절인 2008년에 해결되었다. 국영기업에 운영 자율성을 주는 것을 목표로 하는 개혁적인 새로운 법률이 제정되었고, 그로써 공식적으로는 당과 정부의 직접적인 개입 관행이 종식되었으며 민간기업에 인센티브를 제공해서 국영기업과 경쟁할 수 있도록 했기 때문이다.[8] 그러나 현실은 달랐다. 국가의 지도와 통제라는 엄중한 힘이 중요한 고비 때마다 작동했다. 글로벌 위기에 따른 국내적인 압력 때문에 중국 경제가 위협을 받을 때는 특히 더 그랬다.

시진핑 집권 시기에 중국공산당은 2008년에 등장한 후진타오의 '자율적인 개혁'이 지나치게 멀리 나갔다고 판단했다. 시진핑은 그의 대표적인 구상이라고 할 수 있는 2013년 말의 '제3차 전원회의 개혁' 구상에서 중국의 개혁을 포괄적으로 심화한다는 명분을 내세워(이 명분은 나중에 제시될 '시진핑 구상'의 핵심적인 전제다) 기존과는 전혀 다른 국영기업 구조조정을 추진했다. 이렇게 해서 제3차 전원회의의 매우 중요한 역설과 보조를 맞추는(이 역설은 말로는 시장이 수행하는 역할을 장려한다지만 실제로는 국가가 자산에 대한 소유권과 통제권을 여전히 장악하는 것을 '변함없이 지지한다'는 역설이다) 개혁 모델인 '혼합소유제 개혁 모델'이 나타났다. "혼합소유제 경제를 적극적으로 발전시키고자 하는" 노력은 본질적으로 국가 통제라는 중국식 모델을 미국식의 시장 기반 체

제에 겹침으로써 두 가지 방식을 모두 가져가겠다는 뜻이었다.[9]

리커창 총리가 2014년 전국인민대표대회 업무보고에서 이 구상을
설명한 내용에 따르면 '혼합소유제 국영기업 개혁'은 중국의 국가 통
제와 시장 기반 메커니즘 사이에 오래 지속되던 균형을 계속 유지시
켰다.[10] 따라서 이 개혁은 새삼스러운 것이 아니라 기업의 효율성을
높이고 국제 경쟁력을 개선하는 것을 목표로 했던 예전의 구상이 계
속해서 이어지는 것으로 봐야 한다고 리커창은 주장했다. 그러나 예
전과는 확실히 다른 무언가가 있었다. 수십 년 동안 서구식 시장화 및
민영화가 진행되었던 만큼, 혼합소유제 국영기업 개혁에 대한 언급
자체가 정책의 방향이 국가적 차원의 통제가 강화되는 쪽으로 되돌
아가고 있음을 시사했다.

중국을 지켜보던 사람들은 실망했다. 피터슨 연구소의 경제 전문
가인 니컬러스 라디가 대표적이었다. 2014년에 라디는 중국의 민간
부문에서 역동적으로 솟구치는 활력을 축하하면서 《사회주의를 넘어
자본주의로(Markets over Mao)》라는 책을 출간했다. 그러나 그로부터
겨우 5년밖에 지나지 않은 2019년에 그 책에서 밝혔던 것과 전혀 다
른 견해를 담은 《국가의 역습(The State Strikes Back)》을 출간했다.[11]

라디와 같은 서구의 관찰자들은 중국 정부의 이런 뒷걸음질이 국
영기업 개혁뿐만 아니라 전체 중국 체제의 효율성과 활력을 실패로
돌아가게 한다는 사실을 잘 알았다. 장쩌민과 주룽지는 "큰 것(대기업)
은 장악하고 작은 것(중소기업)은 방임한다"라고 말했지만 진행된 상
황을 놓고 보면 "큰 것을 장악하는 것"이 "작은 것을 방임하는 것"을
압도한 게 분명했다.

차이나 유니콤(중국연합통신)은 혼합소유제 국영기업 개혁이라는 파도의 상징적인 기업이었다고 할 수 있다. 1994년 국영기업으로 설립된 이 회사는 차이나 모바일과 차이나 텔레콤에 이어 중국에서 세 번째로 큰 통신업체이며, 세계적으로 따져도 여섯 번째로 규모가 큰 모바일 구독 기반을 보유하고 있다.[12] 차이나 유니콤은 2017년 8월에 새로운 자본 및 기술 전문 지식을 추구하기 위해 117억 달러를 투입해 4G 및 5G 플랫폼을 업그레이드하겠다고 발표했다.[13]

이 회사가 발행한 전체 주식의 35퍼센트에 해당되는 이 금액은 국영기업에서 민간 투자가 늘어나는 사례로 홍보되었다. 그리고 중국의 4대 인터넷 그룹(텐센트, 바이두, 제이디닷컴, 알리바바)이 이 자본 투자의 37퍼센트를 책임짐으로써, 이 개혁은 중국에서 가장 주목받는 역동적인 기술기업들의 자본과 전문성에 기댈 수 있다는 추가적인 이점까지도 확보했다.

그러나 차이나 유니콤의 개혁은 중요한 한 가지 분야에서 신기원을 거의 열지 못했다. 2017년 8월에 자본이 투입되었는데 그때까지 중국 정부가 보유한 이 회사의 주식 지분은 63퍼센트였다. 그런데 언론에서는 새로운 자본 투자가 이뤄지면 이 회사의 주식에서 국가가 소유하는 비율이 37퍼센트로 줄어들 것이라고 했지만[14] 이 계산에는 오해의 소지가 다분히 녹아 있었다. 그것은 차이나 유니콤이라는 모회사가 가진 지분에 한정된 것이었기 때문이다. 새로운 자본의 상당 부분은 차이나 생명보험과 같은 다른 국영기업들이나 차이나 구조개혁기금, 화이하이 팡저우 펀드(Huaihai Fangzhou Fund), 신취안 펀드(Xinquan Fund) 등 정부 출연 기금에서 나왔다.[15] 그렇기에 엄밀하게 따지면 차이나 유니콤의 국가 소유 지분은 37퍼센트가 아니라 58퍼센트로 줄어드는 데 그쳤다. 차이나 유니콤에 투입되는 새로운 자금을 사실상 정부가 조달했기 때문이다.

소유권의 이런 배분은 실질적인 게 아니라 그저 서류상으로만 이뤄졌다. 이는 일본의 저 유명한 '재벌 계열사들' 간의 주식 지분 교차 소유를 떠올리게 하는데, 이런 관행이 일본의 잃어버린 수십 년 동안 매우 문제가 많았음은 이미 입증된 사실이다.[16] 1980년대 후반 주식시장 거품의 마지막 단계에서 일본의 대기업들은 서로 다른 대기업의 상승하는 주식에 투자하는 방식으로 수익을 부풀렸다. 그러다 1990년대 초에 거품이 꺼지고 주가가 추락하자 서로 물고 물리는 방식으로 교차 소유된 주식에서 급격한 손실이 발생해서 좀비 기업들이 양산되었다.[17]

일본의 경우와 마찬가지로 혼합소유제 방식으로 차이나 유니콤을 '개혁'하겠다는 것은 효율성을 높이는 것이라기보다는 금융공학에 가깝다. 구조조정 전략의 경제적 이익과 금융공학의 금전적 수익을 결합하는 것은 전 세계의 다른 나라들에서도 흔하게 나타나는 관행이다. 그러나 미국, 일본, 독일 등을 비롯해 여러 나라를 대상으로 한 연구 결과를 보면 대차대조표상의 이런 성과와 지속적인 생산성 향상 사이에는 거의 아무런 연관성이 없다.[18]

이런 결론에서 중국도 예외가 될 것 같지는 않다. 일반적인 통념은 그랬지만 중국의 국영기업과 정책 입안자는 다른 나라들에서 실패로 판명된 금융공학 관행을 받아들였다. 한편 리커창 총리 같은 고위 관료들이 중국 경제에 좀비 기업들이 나타날 것이라는 문제를 공개적으로 인정하고 있었으니만큼 일본과의 이런 비교는 나태한 추정이 아니었다(각종 경기부양 정책에도 불구하고 경제 주체들이 거의 반응하지 않는 불안한 경제를 '좀비 경제'라고 부르는데, 특히 1990년대의 일본 경제를 그렇게 불렀다-옮긴이).[19]

좀비 문제와 부채 문제는 동시에 진행된다. 2020년 중반까지 중국의 비금융 기업부채는 국내총생산의 163퍼센트로 2008년 말의 94퍼센트와 비교하면 크게 늘어났다(기업부채는 금융부채와 비금융부채로 나눌 수 있는데 전자는 채무, 미지급금, 미지급비용, 사채, 차입금 등이고 후자는 선수금, 선수수익, 제품보증충당부채 등이다-옮긴이). 2020년 말과 2021년 초 중국의 기업 부채율이 다소 낮아졌지만 그래도 이 수준은 일본이 좀비 문제가 최악이던 1993년 말 기록했던 국내총생산 대비 145퍼센트를 훌쩍 웃도는 수준이다.[20] 중국의 기업들은 부채집약적 성장에서 최고 기록을 세웠다.

중국 정부는 2008~2009년 글로벌 금융위기의 유례 없는 충격으로부터 자국 기업을 보호하려면 어쩔 수 없다면서 부채 폭증을 합리화했다. 이런 모습은 1990년대 초 일본이 내세웠던 논리를 연상시킨다. 당시 일본은 바젤협약(바젤은행감독위원회가 제안한 은행의 규제와 관련된 권고안-옮긴이)이 정한 국제 위험 기준에 따라 은행을 안전한 상태로 유지하고, 이미 허약해진 금융 시스템이 더 위험해지지 않도록 좀비 기업을 대상으로 한 '상록대출[에버그린 론(evergreen loan). 대출 기간 또는 특정 기간에 원금 상환을 요구하지 않는 대출-옮긴이]'이 필요하다고 주장했다.[21]

그러나 이런 주장들은 모두 만족스럽지 못했다. 일본의 변명은 좀비 기업들에 생명유지 장치를 달아 생명을 연장시키자는 터무니없는 오산이었고, 결과적으로는 '잃어버린 10년 증후군'을 영구화하는 데 도움이 되었을 뿐이다. 최근 중국은 국영기업 부문에서 기업부채를 계속 높여나가고 있어서 국영기업들이 일본처럼 좀비 기업으로 바뀌지 않을까 하는 우려가 나타났다.[22] 일본의 경험에서 형성된 교훈은 중국의 고위 정책 집단 내부에서 뜨거운 논쟁거리가 되었다.

2016년 5월에 중국공산당 기관지 〈인민일보(人民日報)〉에 시진핑과 매우 가까운 고위 관료라는 소문까지 돌았던 어떤 '권위 있는 당국자'의 인터뷰가 실렸다. 그는 중국도 까딱하다간 일본 꼴이 날 수 있다고 경고했는데, 바로 이 내용 때문에 인터뷰 기사가 유명해졌다. 침체된 일본 경제가 그때까지 잃어버린 10년을 세 번 이상 경험하고 있는 와중에 이런 논평은 중국의 시장 및 정책 집단에 커다란 파장을 일으켰다.[23]

이 권위 있는 당국자는 늘어나는 차입금, 자산 거품, 언제 터질지 모르는 위기, 과잉 설비의 무거운 부담, 좀비 기업 등과 관련된 위험들이 점점 커지고 있다고 딱 부러지게 말했다. 그러면서 중국도 일본의 전철을 밟을 수 있다고 경고했는데, 이는 사실상 당국의 공식적인 경고나 마찬가지였다. 실제로 이 인터뷰를 계기로 공급 부문의 구조 개혁, 디레버리징(부채 줄이기), 중국 부동산 부문에 대한 엄중한 단속 등 많은 정책적 후속 조치들이 마련되었다.

2017년 이후로 혼합소유제 국영기업에 대한 개혁이 중점적으로 진행되었지만 그 정책들은 중국 경제가 일본의 전철을 밟을지 모른다는 우려를 가라앉히는 데는 거의 도움이 되지 않는다. 만일 이런 개혁이 지속적인 생산성 향상이나 의미 있는 기업 구조조정에 힘쓰지 않고 금융공학을 장려하는 방향으로 계속 이어진다면 부채집약적인 일본 경제를 따라갈 위험이 더욱 커질 것이다. 사회주의 시장경제라는 현재의 혼합 체제에서는 그 어떤 것도 커져만 가는 위험으로부터 중국을 보호할 수 없다.

불완전한 자본시장 개혁

금융시장이 경제에서 수행하는 역할을 인체에 비유하면 순환계라고 할 수 있다.[24] 금융시장은 대출자와 대출자 사이, 예금자와 투자자 사이, 소비자와 기업 사이, 중국의 경우 국가와 민간 부문 사이에서 이뤄지는 금융 흐름을 중개한다. 그리고 정부가 실행하는 정책적 조치가 실물 경제에 영향을 미치는 통로를 제공한다. 중개 과정에 대한 정부의 규제감독은 위험 비용을 잘못 매긴다거나 금융 안정성의 허용한계를 초과하려는 시장의 경향을 정부가 어떻게 인식하고 있는지를 반영한다.

신용 중개는 은행이나 자본시장을 통해 이뤄진다. 그런데 은행이나 자본시장에서는 사고가 일어나기 쉬우며, 채권시장이나 주식시장에서는 부채 미상환이나 평가액 절하와 같은 일들이 주기적으로 일어난다. 그래서 규제감독은 은행 대출 위기로 빚어지는 영향을 예방하거나 적어도 억제하는 것을 목표로 한다. 금융 당국이 정책적으로 개입하는 것도 자본시장의 고통을 완화하기 위해 그와 같은 역할을 하고자 한다. 이는 자유시장 자본주의 체제뿐만 아니라 중국과 같은 혼합 체제도 마찬가지다. 금융위기가 너무 자주 일어나는 데에서 알 수 있듯이 이런 규제감독은 늘 제대로 작동하지는 않는다. 특히 미국과 같은 자유시장 체제에서는 더욱 그렇다.[25]

사회주의 시장경제의 실질적인 측면을 관리하는 데서 통제 쪽으로 무게중심이 살짝 기울어진 중국의 편향성은 금융 시스템의 모든 측면에서 엄격한 규제감독이 이뤄진다는 사실로도 알 수 있다. 점점 더 시장 개혁 쪽으로 나아가던 과정에서 중국 정부는 국가가 지배하는 금융 시스템에 대한 규제감독을 완화해왔다. 그러나 금융 불안정성이라는 시스템 자체의 위험을 고려해 금융시장화는 경제 자유화보다 한층 느리고 조심스럽게 진행했다.

그렇기 때문에 중국의 금융화 수준은 경제 규모가 큰 나라들 가운데서도 하위권이다. IMF의 금융발달지수(FDI)에서 중국은 10위로 미국, 영국, 일본에 한참 뒤처져 있다.[26] 게다가 중국의 금융 부문은 시장화를 경계하면서도 시스템 차원의 여러 위험으로부터 잘 격리되어 있지 않다. 이는 금융 안정성 비교 지표로도 입증된다. IMF의 2021년 〈글로벌 금융 안정성 보고서(Global Financial Stability Report)〉에 따르면 중국의 금융 취약성은 가계, 비금융회사, 은행 부문, 자산관리업체들에서 특히 우려스럽고 보험사, 그림자금융(shadow banking, 비은행 금융기관 중에서 은행처럼 자금을 중개하고 조달하는 역할을 하지만 은행만큼 규제감독의 영향을 받지 않는 곳-옮긴이), 정부 같은 대출자들에서는 그런 우려가 상대적으로 덜하다.[27]

중국의 금융 시스템 구조는 은행 중심으로 이뤄져 있으며, 전체 신용 중개에서 은행 대출이 차지하는 비율이 63퍼센트로 미국의 35퍼센트보다 훨씬 높다.[28] 그런데 이 비율이 이렇게나 높다는 사실은 우려스럽다. 일본의 선례가 있기 때문이다. 잃어버린 10년의 전야라고 할 수 있는 1989년에 일본은 세계 8대 은행이 모두 자국의 은행이라고 자랑했다. 그런데 지금 중국은 세계 4대 은행을 보유하고 있다.[29] 일본이 관리가 부실한 대형 은행에 과도하게 의존했던 일은 거품 경제의 잘 알려진 특징이었다. 〈인민일보〉의 2016년 인터뷰에서 권위 있는 당국자가 암시했듯이, 은행에 과도하게 의지하는 중국으로서는 일본을 닮아가는 모습을 가볍게 여기면 안 된다.

반면 중국의 지분금융(equity financing, 기업에서 주식과 같은 소유 지분을 매각해 자금을 조달하는 금융 방식-옮긴이)이 전체 신용 흐름에서 차지하는 비중은 20퍼센트 미만이며 회사채 시장이 차지하는 비중도 10퍼센트 미만이다. 국채 시장과 일반적으로 그림자은행으로 일컬어지는 비은행 금융기관은 크게 활성화되어 있지 않다.[30] 중국의 신용 흐름이 미국식 신용 중개 구조로 전환된다는 것은 이 흐름이 은행 대출에서 벗어나서 자본시장 쪽으로 크게 이동한다는 뜻이다. 이 전환은 이제 막 시작되었다.

선진국에서 자본시장의 비중이 큰 것은 새로운 성장과 혁신의 원천을 촉진하는 데 '위험 자본(risk capital, 기업의 자본 중에서 경영 위험을 부담하는 자본-옮긴이)'이 적극적인 역할을 하기 때문이다. 이 부분은 특히 중국이 새겨들어야 할 대목이다. 왜냐하면 중국에서는 은행 대출 관행이 중앙계획경제라는 과거의 유산에 젖어 있기 때문이다. 중앙계획경제에서는 나중에 국가가 소유하는 기업으로 전환되는 국가 기관으로 재정이 이전된다. 따라서 은행들이 중국 경제의 훨씬 더 큰 부문에 자금을 제공하기 위해 역할을 확장했다고 해도, 국가가 여전히 대출 확대와 대출자 선택뿐만 아니라 신용한도 규모까지 영향력을 행사하고 있어 은행 대출의 수도꼭지를 예전과 다름없이 틀어쥐고 있다고 볼 수 있다.

최근 중국에서는 자본시장의 활성화가 더욱 중요하게 부각되고 있다. 그러나 이런 변화에 개혁이 기여한 몫은 기껏해야 일부일 뿐이다. 아울러 글로벌 금융위기 이후 10년 동안 계속 증가하는 부채를 줄이기 위해 정부가 주도하는 디레버리징 캠페인도 영향을 미치고 있다. 은행이 중심이 되는 금융 시스템이 안고 있는 리스크와 마찬가지로, 디레버리징 역시 2016년에 권위 있는 당국자가 경고했던 부채집약적 일본화에 대한 우려를 불러일으킨다. 전통적인 은행과 그림자은행 금융기관을 겨냥한 중국의 디레버리징 캠페인으로 중국의 자본시장은 자본 수요의 공백을 메우도록 압박을 받았다.

디레버리징으로 중국의 그림자금융 활동은 특별한 관심을 끌었는데, 개인과 기업은 이 그림자은행을 무대로 더 나은 수익률을 찾아 규제를 전혀 받지 않는 고수익 자산관리 상품 및 위탁대출(여유 자금이 있는 기업이 다른 기업에 해주는 대출. A 기업이 B 은행에 돈을 맡기면서 C 기업에 대출해주라고 지정하는 형태로 이뤄지며, 이 과정에서 은행은 수수료를 챙기고 A 기업은 C 기업으로부터 이자를 받는다-옮긴이)에 투자한다.[31] 그림자금융은 최근에 중국 신용 중개 부문에서 가장 빠르게 성장하고 있다. 2018년 말 기준으로 중국의 비은행 신용 중개는 전 세계 그림자금융 활동의 10퍼센트를 차지하는데, 이는 2012년 수치의 다섯 배나 된다.[32]

최근의 디레버리징 캠페인은 중국의 다른 금융시장 부문으로 파급

될 수 있는 시스템 위험을 억제하기 위해 진행되었는데, 그 덕분에 그림자금융 활동이 상당한 수준으로 제한을 받았다.[33] 앞서 언급한 IMF의 〈글로벌 금융 안정성 보고서〉 최신판은 그림자금융이 지배하는 중국의 '기타 금융기관들' 부문을 회복력 항목에서 상위 20퍼센트 수준으로 평가했다. 이 높은 순위는 중국의 은행과 기업, 가계에 매겨진 낮은 순위와 뚜렷하게 대조된다.

중국에서 부채 규모가 급격하게 늘어났다는 걸 생각한다면 디레버리징 캠페인이 의미 있는 결과를 내놓지 않으리라는 판단은 어리석다. 이 사실은 2021년 여름에 중국에서 규모가 두 번째로 큰 부동산 그룹인 헝다(Evergrande)가 파산 위기를 맞으면서 진실로 판명되었다. 헝다의 부채는 약 3,000억 달러나 되었기에 이 위기는 중국 금융 시스템에 광범위한 위험을 제기하면서 글로벌 시장에도 연쇄적으로 파장을 미칠 수 있다.[34] 그러나 실제로는 헝다가 중국판 리먼 브러더스라고 주장하는 사람들이 예상하는 것보다는 파급효과가 적을 것 같다(리먼 브러더스는 미국에서 부동산 거품이 꺼지면서 파산한 투자은행이다. 이것이 2008~2009년 금융위기의 도화선이 되었다-옮긴이).[35]

다음 세 가지 사실을 생각해보면 현실에서는 오히려 정반대의 결과가 빚어질 것이라고 추론할 수 있다. 첫째, 중국 정부는 헝다의 대출 채무불이행이 미칠 파장을 막고 시장에 자금을 투입할 정도로 자원을 충분하게 가지고 있다. 약 7조 5,000억 달러나 되는 국내저축과 3조 달러가 넘는 외환보유고를 확보한 중국으로서는 최악의 경우 헝다가 파산한다고 해도 그 충격을 흡수할 재정 능력이 있다. 실제로 2021년 가을에 중국인민은행은 헝다에 140억 달러를 투입했다.[36]

둘째, 헝다의 충격은 도저히 일어나지 않을 것 같은 일이 실제로 일어나는 현상을 가리키는 '블랙스완'의 고전적인 사례가 아니라 부채를 줄이고 위험을 줄이며 금융 안정성을 유지하겠다는 중국 정책 때문에 빚어진 의도된 결과다.[37] 그림자금융 활동을 줄이겠다는 중국 당국의 성과는 금융시장들의 다른 부문을 감염시킬 수도 있는 디레버리징의 잠재력을 제한했다. 미국과 글로벌 금융시장을 충격에 빠뜨리며 파괴적인 피해를 입힌 리먼 브러더스 사태와 다르게 중국의 정책 입안자들은 헝다 문제를 정확하게 바라보고 충분히 예상했다.

셋째, 금융위기에서 가장 큰 위험인 중국 실물 경제의 위험은 제한적이다. 중국 부동산 시장에서 수요는 튼튼하게 이어지고 있다. 농촌 노동자가 도시로 계속해서 이주하고 있기 때문이다. 공급 과잉이 수요의 지원을 받지 못했던 일본이나 투기적인 주택 거품이 갑자기 꺼졌던 미국과 현재 중국의 모습은 매우 다르다. 중국 인구에서 도시 인구가 차지하는 비율은 현재 60퍼센트 이상으로 올랐지만 선진국의 전형적인 비율이 80~85퍼센트임을 고려한다면 그 문턱에 도달하기까지는 아직 멀었다.[38]

최근 도시 축소 현상을 말하는 사람들이 있긴 하다. 아닌 게 아니라 예전에도 유령 도시가 우후죽순으로 생겨날 것이라는 잘못된 경보가 있었다. 하지만 중국은 근본적으로 도시 유입 수요가 탄탄하기 때문에 헝다의 문제가 전체 중국 경제에 미칠 영향은 제한적일 수밖에 없다.[39]

그러나 헝다 공포를 가볍게 여겨서는 안 된다. 금융 안정성은 현대의 모든 경제에 매우 중요하며, 이 점에 관한 한 중국도 예외가 아니다. 소비자 주도의 재균형 전략이 성공하려면 잘 개발되고 안정적인 자본시장이 필요하다. 이 시장은 낮은 수익률밖에 보장하지 않는 은행 예금보다 더 나은 수익을 안겨주는데, 이런 은행 예금은 한편으로는 중국 예금자를 압박하고 다른 한편으로는 가계 구매력을 높이는 데 꼭 필요한 투자 수익에 압력을 가한다.

2019년 기준 중국 전체 가처분소득에서 비노동소득이 차지하는 비중은 약 13.5퍼센트밖에 되지 않는데, 이 수치는 최고점을 찍었던 2011년 22퍼센트보다 크게 낮아서 미국의 29퍼센트와 비교하면 절반도 되지 않는다. 이런 상황에서 자본시장 활동이 확대되고 자산구성(포트폴리오)이 다각화될 때 노동소득이 증가하고 가계의 구매력이 커지고 재량소비가 늘어날 가능성은 상당히 커진다.[40] 더 나은 수익률이 두려움에서 비롯된 예비적 저축의 함정을 완전히 막아주지는 못하지만, 소득에 제약을 받는 중국 소비자가 환영할 만한 다각화와 더 높은 수익률 옵션을 제공하는 것만큼은 분명하다.

최근 중국은 자본시장 개혁을 위해 '더 높은 수준의' 개방이라는 것에 초점을 두고 있다.[41] 오랫동안 중소기업을 위한 별도의 거래소와 함께 주거래소(main board)가 지배해온 중국의 다층 주식시장은 선전에 있는 과학 및 기술 기업을 위한 차이넥스트(ChiNext, 과창판) 거래소와, 연구개발 회사들에 초점을 맞춘 상하이 기반의 스타(STAR, 커촹판) 거래소가 생기면서 한층 강화되었다. 중국이 설정한 개혁 의제는 혁신적인 기술이 검증된 중소기업을 위한 장외시장인 신삼판(NEEQ) 그리고 다양한 지역 플랫폼들(여기에는 혁신적인 중소기업에 초점을 맞춰 또 하나의 NEEQ로 2001년 말에 문을 연 베이징 증권거래소도 포함된다)과 함께,

다양한 주식시장들을 과학 발전 및 자주개혁 추진과 맞물리도록 배치했다.[42] 지금은 강력한 시장 인프라가 마련되어 있으므로, 이제 중국이 해결해야 하는 과제는 신용 중개 중에서 주식 지분 흐름이 차지하는 비율의 규모를 키우는 일이 될 것이다.

이 모든 것은 중국의 자본시장 개혁에서 가장 어려운 질문으로 이어진다. 중국 정부는 경제의 가장 역동적인 부문들에서 통제력의 강도를 과연 어느 정도까지 완화해 공격적인 자본 조달이 이뤄지도록 해야 할까? 통제를 풀고 방임을 선택하기란 어려워 보인다. 게다가 9장에서도 언급했듯이 중국 최대 핀테크 기업인 앤트가 세간의 이목 속에서 주식 공모를 할 때 정부가 규제하려 했던 점, 승차 공유업체인 디디추싱이 뉴욕 증시에 상장하려 할 때 반대하고 결국은 상장되자 제재 조치를 내린 점 등은 중국뿐 아니라 전 세계 금융시장에 냉기를 불어넣었다. 이런 조치들은 자본시장 자유화와 국가의 통제 사이에 적절한 조화가 이뤄져야 함을 보여줄 뿐만 아니라, 자주혁신의 필수적인 과정인 자본 조달을 수행해야 하는 중국의 역량에 부정적인 영향을 미친다.

중국은 자신의 성장 전략에 담긴 미국적 특성 때문에 정말로 힘들게 씨름하고 있다. 어떤 측면에서 보면 중국 지도부는 자본시장과 기업 개혁 측면에서 미국식 접근법이 요구하는 것을 중요하게 평가한다. 자국 기업을 국제 자본시장에 상장시키고 외국의 회계 및 지배구조 기준에 부합하는 조치를 취함으로써 자국의 기업 구조에 서구적인 규율이 녹아드는 것을 반기는 것 같다. 실제로, 중국과 서방 세계 모두가 중국이 WTO에 가입하려고 노력하던 때부터 자본시장의 무결성을 지지해왔다.[43] 그러나 당이 시장을 통제해야 한다는 관점에서 보면 위기에 취약한 미국 자본시장을 느슨하게 감독한다는 것은 금융 불안정성을 자초하는 것처럼 보인다. 규제를 받는 금융시장들과 전혀 규제를 받지 않는 헤지펀드 및 그림자금융 활동이 위험을 감수하는 공격적인 투자에 중점을 둘 때는 특히 더 그렇다.

자본시장 활동에 내재된 변동성 위험에 훨씬 너그러웠던 시장 자유화의 초기 시대에는 이런 일이 그다지 당황스럽지 않았을 것이다. 그러나 시진핑 구상이 강제하는 이념적인 제약 아래에서는 이야기가 완전히 달라진다. 아직 끝나지 않은 중국의 자본시장 개혁 의제는 앞으로 어떻게 될지 알 수 없는 미해결 상태다.

중국 금융 시스템의 겉모습과 실체

중국의 혼합형 체제인 사회주의 시장경제는 국가의 명령과 통제 그리고 시장의 제도적인 틀이라는 두 가지 시스템 사이에 갇혀 있다. 그러나 경제 및 금융 시스템이 규모와 복잡성 모두 성장할 때는 이 혼종 체제의 관리가 특히 어렵다. 중앙계획경제였던 과거에 중국은 경제 목표를 달성하기 위해 산업 간 할당량과 보조금을 규정하는 정교한 시스템에 의존했다. 그러나 덩샤오핑이 개혁·개방을 제안하자 새로운 접근법이 필요해졌고, 이 접근법은 혼종 체제의 시장 기반 요소들과 연계되어 있었다. 그래서 중앙계획 방식의 접근법은 폐기되고 시장경제 방식의 미국식 체제를 수용하는 쪽으로 방향이 전환되었다. 그러나 미국적 특성을 띤 중국의 체제를 만들기 위한 노력은 경제 운영 자체를 위태롭게 만드는 몇 가지 모순에 맞닥뜨렸다.

중국인민은행이 대표적인 사례다. 1978년까지 이 은행은 중국의 유일한 은행으로 있으면서 상업은행 역할과 중앙은행 역할을 동시에 수행했다.[44] 중국인민은행은 통화 및 신용의 창출에서부터 국채 발행에 이르기까지 국가 금융 시스템의 모든 측면을 통제하는 중요한 집행 기관이었다. 그러나 중앙계획경제의 재정 부분을 관리하도록 설계되었기에 사회주의 시장경제가 요구하는 조건과 양립할 수 없었다. 1978년 이후로 개혁·개방 정책이 펼쳐지면서 중국인민은행은 완전히 바뀔 수밖에 없었다.

1979~1984년까지 중국인민은행은 상업적 기능들을 점진적으로 하나씩 분리해서 중국공상은행(ICBC), 중국건설은행(CCB), 중국은행(BOC), 중국농업은행(ABC)까지 중국의 4대 은행을 설립했다. 이 '빅 4(Big Four)'는 서류상으로는 자율적이고 독립적인 기관이었지만 실제로는 국가가 동원하는 무기로 남아 있었다. 그리고 각각 고유한 역할을 맡았는데, 중국공상은행은 예금을 모아 중국 기업에 빌려주는 중개 활동을 했고, 중국건설은행은 중국에서 대규모로 전개되는 투자 사업에 자금을 조달했으며, 중국은행은 국제 금융을 담당했고, 중국농업은행은 농민에게 금융 서비스를 제공했다.[45] 그런데 중요한 사실은 은행별로 제각각인 이런 기능의 분리가 시장의 힘으로 결정된 게 아니라 국가의 명령에 따라 이뤄졌다는 점이다.

현대적인 개혁 시대가 시작되었지만 이 네 은행은 출발 시점부터 대출 정책을 자체적으로 세울 자율성을 거의 가지고 있지 않았다. 중앙계획경제에서 사회주의 시장경제로 전환하는 초기 단계에는 국가의 엄격한 통제가 충분히 있을 수 있었다. 당시 은행의 신용 관리를 담당하던 사람들은 주로 중앙의 자금 조달을 담당하고 운영하던 관료들이었다. 건전한 대출 문화가 제대로 발달하지 않아서 부패에 취약했던 그들은 신용 위험과 관련된 내용을 거의 알지 못했다. 심지어 좋은 대출과 나쁜 대출을 구분하지 못하는 사람도 많았다.[46] 중국의 투자 주도 경제 초기에는 나쁜 대출이 많았다. 그래서 1980년대와 1990년대에 부실채권이 꾸준하게 늘어났고, 결국 상당한 규모의 자본 투입과 금융계의 대대적인 구조조정이 필요해졌다.[47]

2000년대 초에 구조조정이 진행되면서 정부는 금융 시스템 관리에 잘못된 접근법이 사용되고 있음을 깨달았다. 그러나 금융 인프라를 만드는 데 필요한 독립적인 권한을 중국의 혼합형 경제, 즉 전문 관리자와 정책 입안자, 규제 담당자에게 부여하는 일은 여전히 내키지 않는 일이었다. 이는 오늘날에도 중국을 괴롭히고 있는 국가 통제라는 문제를 보여준다. 중국공산당과 눈에 보이지 않지만 종종 냉혹한 힘을 발휘하는 민주주의 시장 세력 사이에서 벌어지는 줄다리기는 그렇게 진행되었던 것이다.

대신 정부는 차선책을 택했다. 일단 외관상으로는 미국 금융 시스템의 특징을 빼닮은 금융 시스템을 설계하는 일부터 시작했다. 그러나 사실 중국은 서구식 정책 및 규제 구조를 국가가 통제하는 금융 시스템에 접목시켰었다. 미국의 경우와 마찬가지로 중국의 중앙은행인 중국인민은행은 금융 흐름을 추적하고 분석함으로써 감시라는 중요한 기능을 수행했다. 게다가 중국인민은행은 외관상 미국 연방준비제도의 복제품으로 재구성되었다.

미국의 연방준비제도는 각 주에서 운영하는 12개의 지역 연방준비 은행을 거느리고 있는데, 1997년에 중국은 이 시스템을 본떠 아홉 개 지역에 중앙은행을 각각 설립했다. 그리고 뉴욕 지구가 미국 금융 시스템의 역사적 중심지이며 월스트리트와 지리적으로 가깝다는 점 때문에 특별한 역할을 맡게 된 뉴욕 연방준비은행을 그대로 베껴서, 상하이의 중앙은행이 뉴욕 연방준비은행과 마찬가지 역할을 수행하도록 했다.[48]

그러나 한 가지 중요한 문제점이 있었다. 1997년에 새로 개편된 중앙은행인 중국인민은행의 초대 총재로 주룽지 총리가 임명되었는데, 그의 지위는 당시 미국의 FRB 의장인 앨런 그린스펀의 지위와 같았다.[49] 주룽지는 분석적이고, 강인하고, 규율 있고, 부패하지 않아서 독립적인 중앙은행의 총재로서는 이상적이었다. 그러나 당시 그는 중국 정부의 부총리이자 중국공산당의 고위 간부이기도 했다. 그랬기에 그는 정치적으로 독립적인 중국인민은행 총재가 아닌 정부의 총리이자(주룽지는 1997년 당시에는 부총리였지만 1998년에 총리가 되었다-옮긴이) 중국공산당의 고위급 인사 자격으로 통화 및 규제 정책의 중요한 결정을 내렸다. 이 때문에 중국인민은행은 명목상으로만 정책 당국일 뿐이었다.

중국의 금융 시스템을 규제하고 감독하는 일에서도 똑같은 일이 일어났다. 통화 정책과 규제 정책을 이중으로 책임지는 미국의 연방준비제도와는 다르게 중국은 이 두 가지 기능을 분리했다. 통화 정책을 '결정하는' 것과는 매우 다른 업무인 통화 정책을 '분석하는' 업무를 중국인민은행에 맡기고, 감시하는 권한은 새로 설립된 은행들[중국은행감독위원회(CBRC)], 보험회사들[중국보험감독위원회(CIRC)], 증권시장들[중국증권감독위원회(CSRC)]에 부여했다.[50] 서류나 조직표로만 보면 중국은 미국과 매우 비슷하거나 훨씬 좋아 보였다. 그러나 실제로는 통화 정책과 마찬가지로 규제와 관련된 문제에 대한 최종적인 의사결정 권한은 국가와 중국공산당에 있었다.

중앙계획 체제를 정부가 완전히 통제하는 방식에서 시장이 주도하는 방식으로 전환되는 과정의 과도기적 접근법이라서 그럴 수도 있다. 사회주의 시장경제가 발전하면서 사회주의라는 이념적 제약의 중요성이 엷어지고 시장 체제로 무게중심이 점점 이동할 것이라는 기대가 그 시스템에 담겨 있었다. 사실 이렇게 나아가는 방향성은 덩샤오핑에서 장쩌민으로 그리고 다시 후진타오로 이어지는 중국 지도부가 일관되게 취했던 행동에서 유추할 수 있다. 시장의 중요성이 커지면서 독립적인 정책 권한 및 규제 감독이 동시에 이뤄질 가능성이 점점 커졌다. 아닌 게 아니라 중국의 모델이 미국의 모델을 그대로 닮아가는 것처럼 보였다.

그러나 나중에 드러난 사실이지만 이런 기대는 지나친 낙관이었다. 현실적인 측면에서 볼 때 국가와 중국공산당이 최종적인 의사결정권을 포기하지는 않을 것이기 때문이다. 그러나 개혁·개방 시대에는 그 방향으로 작은 발걸음들을 연속적으로 떼어놓는 것이 바람직할 뿐만 아니라 가능하다고까지 생각했던 이유가 있었다. 특히 독립적인 통화 기관을 설립해야 한다는 주장은 꾸준하게 있었다. 학계에서는 이미 오래전부터 정치적으로 독립적인 중앙은행이 물가 안정을 목표로 삼아야 한다는 주장을 지지했다.[51] 당이나 국무원의 정치적

이해관계에 맞춰 인플레이션을 조절한다는 것은 말이 안 된다는 것이었다.

그러나 중국에서는 이런 일이 실제로 일어나고 있다. 중국인민은행은 단 한 번도 독립적인 정책 기능을 수행하지 않았다. 중국인민은행 총재로 가장 오래 재직했고 이름이 많이 알려진 저우샤오촨(周小川)이 특히 이 점을 솔직하게 인정했다.[52] 은행의 준비금 변경에서부터 기준금리의 조정에 이르는 통화 정책 관련 의사결정을 국무원과 중국공산당 지도부가 맡아서 수행했다. 결국 중국의 금융 시스템은 서구 시스템의 껍데기만 들여온 셈이다.

시진핑 구상의 새로운 시대에 들어선 이후에는 정책 결정의 자율성에 대한 모든 희망이 물거품이 되어 사라졌다. 혼합경제가 재혼합 과정을 거쳤다. 당과 국가의 장악력은 강화되었고 시장이 암시하는 민주화는 약화되었다. 중국인민은행에서 대규모 금융 규제 기관에 이르기까지 중국의 거대한 관료 조직은 겉으로만 보면 미국적인 특성을 고스란히 담고 있는 것처럼 보인다. 그러나 실제로 이 조직이 작동하는 시스템은 자본주의의 보이지 않는 손이 아니라 당의 통제 아래 돌아간다.

규모에 대한 집착

중국은 지난 40년 동안 규모에 집착하면서 성장을 이룩했다. 중국은 한 나라가 인구 규모와 경제 규모 사이에 균형을 이룰 때 경제성장을 이룩했다고 여긴다. 인구가 많은 나라는 경제 규모가 당연히 커야 한다는 말이다. 이 논리에 따르면 중국은 인구가 가장 많은 나라이므로 세계에서 가장 큰 경제 규모를 가져야 한다.

그렇게 될 날이 빠른 속도로 다가오고 있다. 중국 경제가 미국 경제를 제치고 세계 1위를 차지할 시점이 가시권에 들어왔다. 한 주가 지나갈 때마다 그 시점은 점점 가까워진다. 이런 논리와 믿음을 뒷받침하는 수학은 간단하다. 중국의 14억 인구는 미국 인구의 네 배가 넘고, 중국 경제는 상당히 빠르게 성장하고 있다. 두 나라의 최근 추세를 근거로 합리적으로 추정하면 그 마법의 순간은 2029~2031년 사이에 일어날 것이다. 중국의 통화 절상 속도가 빨라지면 그 시기도 앞당겨질 것이다.[53]

그 일이 실현되면 대단한 뉴스거리가 되긴 하지만 그렇다고 해서 지구를 뒤흔들지는 않을 것이다. 정말 놀라운 사실은 중국 경제가 현재의 규모에 도달하기까지 너무 오랜 시간이 걸렸다는 점이다. 그런데 더 흥미로운 질문들은 규모가 중국에 미치는 영향뿐만 아니라 미국과 전 세계에 미치는 영향과 관련된 것이다.

자국이 1위를 차지해서 자부심이 생기는 건 어떤 나라 사람이든 똑같다. 그러나 국가의 국내총생산 수치보다 개인의 번영이 더 중요하다. 국가 차원의 절대적인 규모는 일반 시민에게는 그다지 중요하지 않으며 1인당 경제적 복지 규모가 훨씬 더 중요하다. 총량으로서의 국내총생산과 1인당 국내총생산이라는 개념은 나라와 나라 사이에 벌어지는 성장 경쟁의 또 다른 측면을 보여준다.

중국은 국내총생산 총량 기준으로는 머지않아 미국을 따라잡겠지만(구매력평가지수로 따지면 이미 따라잡았다), 1인당 국내총생산 기준으로 미국을 따라잡으려면 수십 년을 기다려야 한다.[54] 2021년을 기준으로 할 때 미국 달러화로 표시한 1인당 국내총생산은 중국이 미국의 17퍼센트밖에 되지 않는다. 1981~2020년에 두 나라의 1인당 국내총생산 평균 성장률(중국 9.7퍼센트이고 미국 4.2퍼센트다)을 적용해서 추정하면 두 나라의 1인당 국내총생산이 같아지는 시점은 대략 2055년이다.[55] 물론 이 추산은 대략적인 것이다. 통화나 인플레이션이나 경기순환, 지금은 알 수 없지만 언제든 일어날 수 있는 경제 충격 등을 변수로 삼은 것도 아니다. 그러나 1인당 국내총생산 따라잡기 경주의 매개변수를 구성하는 데는 이것이 유용하다.

중국은 여전히 전체 국내총생산 규모에서 미국을 따라잡는 데 집착하고 있다. 자동차, 석유, 철강, 목재, 시멘트 그 외 다양한 사치품 등에서 자국의 물건이 전 세계에서 가장 많이 팔린다는 사실, 탄소거래시장(온실가스를 배출할 수 있는 권한, 즉 탄소배출권을 상품화해 거래하는 시장-옮긴이)을 포함해 천연자원 수요에서도 전 세계 선두라는 사실로 주목받는 것을 즐기고 있다. 전 세계에서 가장 규모가 큰 인터넷 커뮤니티를 가지고 있다는 자부심은 말할 것도 없다. 지구상에서 가장 많은 인구를 보유한 중국이 마치 커다란 덩치를 으스대면서 주먹을 마구 휘두르는 것처럼 보일 정도다.

그러나 이런 과시는 자국민의 삶의 질이 현실적으로 개선되었다기보다 양적인 규모가 커졌다는 데서 나온 것이다. 그만큼 중국 지도부는 양적인 규모를 매우 중요하게 여기는 듯 보인다. 실제로 시진핑은 2021년 7월 1일 중국공산당 100주년 기념사에서 규모에 따른 힘을 "14억 명이 넘는 중국인이 만든 강철 만리장성"이라고 표현했다. 그런데 이 표현은 그가 전에 중국몽을 말하면서 "인민에게 끊임없이 편익을 제공해야 하는" 위대한 부흥이라고 묘사한 것과 어떻게 일치할까(이에 대해서는 103쪽을 참조하라-옮긴이)? '강철 만리장성'이 주는 이미지는 질적으로 더 나은 삶을 추구하는 사람 중심의 세상에 대한 열망보다는 갈등을 유발하는 민족주의에 가깝다.

이런 모습은 현대 중국의 성장 경험을 비판적으로 평가하는 데서도 나타난다. 앞에서도 살펴봤듯이 덩샤오핑 시대부터 지금까지 중국공산당은 성장의 질보다는 양을 강조해왔다. 1980년부터 30년 동안 연평균 10퍼센트라는 초고속 성장을 이룩했지만 원자바오는 이 성장이 궁극적으로 불안정하고 불균형하며 조정되지 않았고 지속 불가능하다고 비판했다. "큰 것(대기업)을 장악하는 것"을 목표로 삼은 국영기업 개혁에서도 마찬가지였다. 또 세계에서 가장 큰 네 개의 은행이 지배하는 금융 부문도 마찬가지다.

중국은 확실히 덩치가 크다. 중국이 자랑하는 이 큰 규모는 초고속 성장에 집착해서 만들어낸 것이다. 그러나 규모라는 양적인 측면은 1위 자리를 차지하기 위한 독선적인 경쟁을 촉진한다. 미국도 규모에 집착했던 때가 있었다. 예를 들면 일본으로부터 위협을 받는다고 느끼고 대응할 때가 그랬다. 동아시아 전문가였던 에즈라 보걸(Ezra Vogel)은 1979년에 출간해서 베스트셀러가 된 《일등 국가 일본(Japan as Number One)》에서 미국이 경쟁해야 하는 적으로서 일본과 관련해 설득력 있는 경고를 했다.[56] 일본의 위협은 일본적인 모델, 즉 새롭고 강력한 번영의 산업 엔진으로서 경제 모델이 갖는 천재성 측면에서 제기되었다. 그런데 중국의 위협은 과거 일본의 위협과 대조된다. 그 위협은 새로운 모델의 우수성보다는 무자비한 경제 대국에 초점이 맞춰져 있기 때문이다.

당시 일본이 제기했던 위협과 오늘날 중국이 제기하는 위협의 중요한 차이점은 두 나라가 경주를 시작한 출발점에 있다. 보걸의 《일등 국가 일본》이 출간된 다음 해인 1980년에 일본의 1인당 국내총생산은 미국의 77퍼센트였다. 그런데 지금 중국의 1인당 국내총생산은 미국의 17퍼센트밖에 되지 않는다.[57] 40년 전 1인당 국내총생산 기준으로 일본이 미국을 따라잡을 가능성은 분명 있었다. 미국의 세계 순위가 떨어질 것이라고는 미국 시민 단 한 명도 느끼지 못했겠지만 보걸을 비롯한 많은 사람이 미국이 벽에 부딪혔다고 경고했다.[58]

그러나 일본이 잃어버린 10년의 블랙홀에 빠지면서 현실은 전혀 다른 방향으로 전개되었고, 2016년 중국의 권위 있는 당국자가 이 뜻밖의 전개를 언급하면서 중국도 까딱하다간 일본 꼴이 날 것이라고 경고했다. 중국과 일본을 비교하는 것은 단지 중국이 일본의 전철을 밟을 위험성을 평가하는 데 그치지 않는다. 이는 강대국 간의 1등 경쟁에서 빚어질 갈등을 정확하게 살피는 데 필요한 중요한 통찰을 제시한다.

과거 일본의 위협에 비해 현재 중국의 위협은 1인당 기준으로는 훨씬 먼 미래의 일이지만 절대적인 규모로 보면 매우 가까이 다가와 있다. 그러나 여기서도 양과 질을 구분하는 것이 중요하다. 중국이 가진 힘과 이 힘을 이용한 권력 투사가 어느 정도일지 가늠하는 예측은 점점 더 많이 규모를 판단 기준으로 삼고 있다. 중국이 국내총생산에서 미국을 가깝게 따라잡으면서, 세계 속의 부흥이라는 원대한 꿈을 거대한 근육질의 덩치로 밀어붙이고 있다. 그리고 미국은 실제로 그런 일이 일어날지도 모른다는 생각에 사로잡혀서, 즉 규모와 관련된 두려움을 곧이곧대로 믿고서 중국이야말로 새롭게 등장한 거대한 위협이라면서 경종을 마구 울려댄다.[59] 이렇게 승자 독식의 1등 경쟁으로 틀이 짜인 이 경쟁은 미국과 중국이 각자 마구 만들어낸 거짓 서사들로 가득 채워졌다.

자기기만의 위험

자기기만(self-delusion)과 부인(denial)은 손을 잡고 나란히 진행된다. 중국은 '사회주의 시장경제'라는 표현이 약속하는 혼합 체제를 갖추려고 고군분투하면서 미국적 특성을 수용하고자 하는 열망과 필요성에 따라 움직였다. 그 필요성은 중앙계획이라는 경제 전략이 실패했으므로 어떤 형태든 간에 시장화가 해결책이라는 인식에서 비롯되었다. 그리고 처음에는 빈곤을 줄이겠다는 것을 목표로 했다가 나중에는 중국몽이라는 전망으로 세계 속에 우뚝 서는 중국으로 목표가 조정되었다. 현대의 중국 지도자들은 미국적인 특성을 중국에 이식한 혼합 체제를 운영해서 조화와 지속적인 번영, 국가적 자부심을 만들어낼 수 있다고 믿었다.

그러나 이 믿음은 왜곡된 과장이었고, 때로는 망상에 가깝기도 했다. 덩샤오핑 시대의 자유화에서 시진핑 구상이 말하는 사상적 규율로 전환한 것은 혼합 체제라는 발상을 완전히 뒤집었다. 시장과 사회주의 사이의 균형이 예전에는 시장 쪽에 무게중심이 쏠려 있었지만 지금은 점점 더 정통 사회주의 쪽으로 무게중심이 옮겨 가고 있다. 중국은 이 방식으로 그들이 안고 있는 온갖 도전 과제와 문제를 해결하려고 한다. 부인이라는 태도에 젖어 있는 중국 지도자들은 구호와 이념에 의존하려고만 할 뿐, 사회주의와 시장의 혼합 체제에 본질적으로 내재된 모순 혹은 불일치를 직시하려고 들지 않는다.

이것이 중국이 해결해야 하는 문제다. 혼합소유제 국영기업 개혁과 불완전한 자본시장 자유화라는 금융공학에서부터 미국식 금융시장이라는 껍데기 및 규모에 집착하는 태도에 이르기까지, 중국이 자국 경제에 이식한 미국적 특성은 온갖 모순과 충돌로 가득하다.

이는 어느 정도까지는 앞에서도 언급했던 동반의존성 전환에서 충분히 예측할 수 있는 결과다. 관계병리학에서 나타나는 이런 고전적인 측면이 인간의 자아의식을 약화시키는 것처럼, 체제상의 전환은 경제 관계에서 국가의 목적의식을 약화시킨다. 미국적인 특성을 수용함으로써 중국이 안을 수밖에 없는 모순은 중국몽을 향한 열망과 심각하게 상충한다.

그런데 미국은 이 상황을 중국과 전혀 다르게 바라본다. 미국은 중국이 이념으로 후퇴하는 것을 불편하게 여기는데, 이는 충분히 이해할 수 있는 모습이다. 미국으로서는 중국이 조금이라도 더 미국을 닮을 것이라고 믿고 싶었는지 모른다. 40년 전 일본이 산업의 기적을 이룰 때 미국은 일본만의 고유한 특성을[특히 적시생산방식(JIT)의 재고 관리, 품질 경영, 심지어 산업 정책의 몇몇 측면까지도] 동경하고 채택했던 것과 다르게, 지금의 미국은 중국의 특성을 동경하지도 않고 받아들일 생각도 없다.[60] 중국의 특성은 일본의 특성과 다르게 미국이 원하는 특성 목록에 들어가 있지 않다. 중국의 이념적·경제적 혼합이 미국이 편안하게 받아들일 수 있는 영역에서 점점 벗어나는 지금으로서는 더욱더 그렇다.

이 모든 것이 미중 갈등을 더욱 복잡하게 만든다. 시진핑과 왕후닝이 밀어붙이는 중국의 새로운 이념적 규율은 사회주의 요소와 자본주의 요소가 더 많이 혼합된 체제에서라면 가능했을 수도 있는 유연성이라는 중요한 요소가 사라졌다는 뜻이다. 그리고 민주당과 공화당이 한목소리로 중국 때리기에 나서는 미국에 대해서도 똑같은 말을 할 수 있다. 도널드 트럼프에서 조 바이든으로 이어지는 반중 정책 기조는 미국에도 유연성이 심각하게 부족하다는 사실을 보여준다.

이 동반의존성 문제를 해결하려면 두 나라 모두 유연성을 지녀야 한다. 적어도 두 나라가 신뢰를 재건하겠다는 진지한 마음을 가지고 있다면 말이다. 자기기만과 부인은 유연성과 반대되는 방향으로 작용해서 위협을 과장하고 갈등을 확대하며 신뢰를 훼손한다. 미중 무역 전쟁이 이미 기술 전쟁의 불씨를 지폈고 두 나라 사이에 냉전 초기의 교전이 벌어지고 있다. 두 나라에서는 자기기만과 부인이 엄청난 거짓 서사들을 쏟아내고 있다. 이런 해로운 결과는 갈등을 해결하는 것과 어긋나는 방향으로 나아가 걷잡을 수 없는 갈등으로 진행되는데, 이를 저지하기는 훨씬 더 어렵다.

11장

주요 국가와 맺는 관계의 새로운 모델

중국 문화에서는 뱀을 행운과 번영을 상징하는 상서로운 동물로 여긴다.[1] 음력으로 뱀띠 해인 2013년에 중국의 5세대 지도자로 임기를 시작한 시진핑에게는 그 사실 자체가 분명 상서로운 일이었다. 그해에는 시진핑이 국가주석으로 선출되었을 뿐만 아니라 중국공산당의 제3차 전원회의(3중전회)의 전면적인 개혁 조치 시행, 일대일로 구상의 출범, 전면적인 반부패 운동의 시작, 버락 오바마 미국 대통령과의 서니랜즈 정상회담 등이 있었다.

이 뱀의 해는 2012년 말 장차 새로운 지도자가 될 시진핑이 처음으로 강조했던 중국몽의 부흥에도 상서로웠다. 중국인이 자랑스럽게 여길 민족주의적 전망으로서의 중국몽은 '굴욕의 세기' 이후 중국이 세계를 무대로 새롭게 수행할 역할을 규정했다. 그러나 중국몽이 실현될 날은 요원했고 목표 달성 방법도 명확하지 않았다. 중국몽은 2013년 6월 7일부터 8일까지 캘리포니아의 휴양지 란초 미라지에서 열린 서니랜즈 정상회담에서 주목받기 시작했다. 시진핑에게 이 정상회담은 오바마 대통령을 중국의 글로벌 리더십 야망의 틀 안으로 끌어들일 기회였다. 그래서 그는 이 정상회담을 "주요 국가와 맺는 관계의 새로운 모델"이라고 불렀다.[2]

다른 주요 국가들, 특히 미국과 맺는 동반자 관계라는 발상은 중국몽의 열망과 잘 들어맞았다. 서니랜즈 정상회담 이후 몇 년간 중국의 고위 외교정책팀, 특히 양제츠 국무위원과 왕이 외교부장은 고위급 연설과 기고문들을 통해 이 새로운 모델을 상세히 설명했다.[3] 이렇게 해서 중국몽은 중국공산당의 고위급 회의나 정책 발표문, 총회 자리에서 표준적인 담론의 일부가 되었다.

어떤 점에서 보면 시진핑의 제안은 과거와 단절하겠다는 중요한 선언이었다. 새롭게 등장한 중국 지도부가 제시한 이 발상은 그동안 당연한 것으로 인정받았던 덩샤오핑의 노선과는 뚜렷하게 달랐다. 덩샤오핑은 칼의 빛을 감추고 어둠 속에서 실력을 기른다는 뜻의 '도광양회'를 기본적인 외교 정책으로 삼았는데, 시진핑이 이것을 뒤집은 것이다. 기다림의 시기가 이제는 끝났다고 본 것이다. 전 세계를 향해 패권적인 권력을 휘두르겠다는 열망을 이제는 당 간부들끼리 모인 자리에서만 귓속말로 속삭일 필요가 없어졌으며 공개적인 자리에서 큰 소리로 말하겠다는 뜻이었다.

중국은 이제 자기의 힘을 숨기려 하지도 않았다. 시진핑이 설정한 경제 전략과 이념적 강조로 사회주의 시장경제의 무게중심이 시장의 자유에서 멀어진 것과 함께, 글로벌 리더십에 대한 새로운 접근법은 덩샤오핑의 핵심 규범인 국력의 국제사회 투영에도 적극적으로 전개되었다. 시진핑은 덩샤오핑의 접근법을 거부했을 뿐만 아니라 "강할 때는 약하게 보이도록 하고, 약할 때는 강하게 보이도록 하라"는《손자병법》의 전통적인 지혜와도 결별했다.[4] 시진핑은 중국의 전통적인 지혜와 현대의 지혜를 모두 뿌리치면서 자기만의 애국심을 근육질을 자랑하듯 분명하고도 단호하게 드러냈다.

그런데 중국몽과 관련된 그런 수사(修辭)는 현실로 뒷받침되지 않았다. 중국과 미국의 새로운 관계 모델이라는 개념은 세계의 다른 강대국들의 역할을 무시한다는 것 외에도 세 가지 핵심적인 문제에 맞닥뜨렸다.

첫째, 중국은 국내적인 역량이 세계적인 지도국으로서의 역할을 수행할 준비가 되어 있지 않은 상태에서 그 역할을 자임하고 나섰다. 소련 몰락이라는 사례가 말해주듯이 역사는 섣부른 권력 투사에는 보상을 제공하지 않는다. 둘째, 중국 지도부는 미국이 글로벌 리더십을 중국과 공유할 것이라고 잘못 판단했다. 그들은 미국 정치권의 초당적인 반중 정서를 무시하거나 과소평가했다. 셋째, 중국은 시진핑이 서니랜즈에서 국제 관계와 관련해 약속했던 많은 일을 실천하지 않았다. 특히 남중국해에서 벌이는 군사 행위와 사이버 보안에 대한 약속을 지키지 않았다. 시진핑이 말로만 했던 약속보다 중국 정부가 나중에 애초의 말과 다르게 했던 행동들이 더 큰 목소리를 냈다.

어떤 관계에서든 간에 약속이 깨지면 불신이 싹튼다. 미국과 중국의 관계에서는 시진핑이 '주요 국가와 맺는 관계의 새로운 모델'이라며 대담하게 천명한 것이 거대한 거짓 서사가 되었다. 이 거짓 서사는 그러잖아도 갈등하는 동반의존성을 더럽혔던 비난과 의혹을 심화하고 갈등을 고조시켜 해결을 더욱 어렵게 만든다.

이후 미국과 중국의 갈등은 시진핑이 주요 국가 관계에 대해 제시한 새로운 모델을 미국이 명백하게 거부하고 부인하는 것으로 전개되었다. 갈등이 고조되었지만 중국은 또 다른 주요 국가를 상대로 비슷한 접근법을 시도하고 나섰다. 2022년 2월에 러시아연방과 무제한 협력을 약속하는 협정을 맺은 것이다. 정확히 말하면 이 협정이 새로운 모델은 아니었다. 두 나라는 이미 1950년대에 긴밀하게 제휴했었기 때문이다. 그러나 이 협정은 이념과 지배구조, 민주주의와 독재, 전쟁과 평화 등의 대립으로 위태롭고 분열된 세계에서 맺어졌다. 중러 관계의 이 새로운 모델은 분쟁에 휩싸인 세상의 새로운 모델로 발전할 수도 있다.

새로운 모델?: 중국의 드러난 야망

시진핑이 천명한 '주요 국가와 맺는 관계의 새로운 모델'은 무엇이었을까? 두 강대국이 패권을 공유하자며 참여와 협력 관계를 제안하는 야단스럽고 자신만만한 시도였을까? 오바마 정부가 채택했던 '아시아로의 회귀' 전략에 내포된 얄팍한 중국 봉쇄 전략에 대응하려는 노력이었을까? 혹은 투키디데스 함정 이론(신흥 강국이 기존의 강대국을 위협할 때 전쟁을 유발한다는 이론-옮긴이)에 근거한 어떤 구상이었을까? 신흥 강국으로서 중국이 글로벌 리더십에서 미국과 대등한 지위에 오르려는 책략이었을까?

중국의 관점에서 보면 이 모델은 전 세계 국가들의 글로벌 전략이 충돌하는 지점에서 중국의 존재감을 확실하게 드러내고자 하는 시도였다. 시진핑이 서니랜즈 정상회담에서 '주요 국가와 맺는 관계의 새로운 모델'과 관련된 견해를 내놓자 당시 국무위원이었던 양제츠는 시진핑이 밝힌 원칙들이 "정치적·경제적·안보적·문화적 측면에서의 협력"을 포괄하는 것이라고 했다. 또한 그는 그 원칙들이 "대립을 협력으로 대체하며 제로섬 게임을 윈윈의 결과로 대체하기 위한 것"이라고 말했다.[5]

나중에 그는 이 새로운 관계의 틀이 "상호 존중과 평등을 유지하기, 상호 이익과 공동 개발을 추구하기, 좋을 때나 나쁠 때나 변함없이 서로 돕기, 개방적이고 포괄적인 정신으로 거래와 상호학습을 강화하기"라는 네 가지 전략적 구성요소를 토대로 삼는다고 추가했다. 그러면서 '주요 국가와 맺는 관계의 새로운 모델'은 "기존의 국제 관계 이론들을 깨는 중요한 돌파구"라고 자랑했다.[6]

이것은 조정과 협력의 기회를 포착하려고 노력하는 가운데 상호 이해니, 전략적 신뢰니, 상대국의 핵심적인 이익에 대한 상호 존중이니 하는 것들처럼 논쟁의 여지가 없는 개념들이 동원된 포괄적이고 원칙적인, 그야말로 고전적인 외교적 수사다. 외교에서 늘 일어나는 일이지만 이런 일반화에는 해석의 여지가 많다. 미중 관계에서도 마찬가지다. 이런 외교적 수사는 미국과 중국이 지난 50년 동안 대만의 주권을 둘러싼 공개적인 갈등을 회피하기 위해 의지해왔던 '전략적 모호성'이라는 유서 깊은 원칙과도 맞아떨어진다.[7] 그러나 바로 이 전략적 모호성 때문에 중국이 제안한 새로운 관계는 명확성이 부족했으며 실행 가능한 구체적인 경로가 없었다.

오바마 대통령도 당시 서니랜즈에서 했던 기자회견에서 자기와 시진핑 두 사람 모두 "미중 관계를 새로운 수준으로 끌어올릴 독특한 기회"를 인식하고 있다고 강조함으로써 합의의 모호성을 더욱 높였다.[8] 사실 오바마 대통령의 이런 언급은 시진핑이 '주요 국가와 맺는 관계의 새로운 모델'이라는 표현에 담아 포괄적으로 지지하고 주장하던 내용과는 거리가 멀었다. 그러나 '새로운 수준'이라는 미국 대통령의 언급만으로도, 중국 언론과 노련한 미국과 중국 안보 전문가들로서는 두 지도자가 역사적으로 매우 중요한 양자 외교에 대해 과거처럼 독특하지는 않더라도 확실히 색다른 접근법을 지지한다는 결론을 내릴 수 있었다.[9]

시진핑은 여기서 한 걸음 더 나아가, 미국 대통령이 기꺼이 말할 수 있는 것보다 더 많은 암묵적인 동의를 오바마가 자기 입으로 하게 만들려고 애썼다. 비록 두 지도자 사이에 미묘한 차이가 있긴 했지만 서로를 지지한다는 인상은 글로벌 정책 집단들 사이에서 사라지지 않았다.

외교적인 수사를 실행 가능한 결과물로 전환하는 일은 아무리 조건이 좋은 상황에서도 쉽지 않은 일이다. 그러니 갈등하는 동반의존성 관계에 있던 미국과 중국 두 나라로서는 더 말할 것도 없이 불가능한 일이었다. 시진핑 주석과 오바마 대통령 사이에, 양국의 고위급 인사들 사이에 이뤄진 교류는 그저 장황하기만 했을 뿐이고 새로운 모델을 실행할 구체적인 제안은 부족했다. 새로운 강대국 관계를 더욱 강력하게 만들려면 과연 무엇이 필요할까 하는 질문을 놓고 고상한 진술들이 많이 나왔다. 또한 더욱 구체적인 의제와 실행 가능한 것들의 시간표를 놓고도 실무진 사이에서 많은 아이디어가 나왔다.[10] 그러나 새로운 관계를 실질적으로 출발시킬 수 있는 성과는 거의 없었다.

여러 가지 점에서 볼 때 미중 관계에서 이런 미적지근한 진척은 두 나라의 오랜 외교 역사에서 가장 최근의 모습일 뿐이다. 1970년대 초에 닉슨과 키신저가 마오쩌둥과 저우언라이를 만나 양국 관계의 획기적인 발전을 이룬 뒤로 두 나라 사이의 특별한 관계에 대한 공동의 인식은 늘 있었다. 그 예로 관계에 대한 논의의 초점을 바꾼다거나 때로는 초점의 범위를 좁히기 위한 노력으로 양국 관계의 명칭을 바꾸기도 했다. 닉슨-키신저는 '전략적 동반자 관계'라고 했고 조지 W. 부시는 '전략적 경쟁 관계'라고 했으며, 중국의 푸잉은 협력(cooperation)과 경쟁(competition)을 합쳐 '코피티션(co-opetition)'이라고 했다.[11]

최근 들어 미국은 중국을 다양한 표현으로 묘사해왔는데, 골드만삭스의 의장인 로버트 졸릭(Robert Zoellick)은 '책임 있는 이해당사자'라고 했고 트럼프 대통령은 '수정주의 국가'라고 했으며 마이크 폼페이오 국무부 장관은 '실존적인 위협'이라고 했다. 뭐가 되었든 이렇게 이름을 붙이는 데는 비용이 들지 않지만 구체적인 세부 사항으로 들어가면 비용이 많이 든다.[12]

안타깝게도 이렇게 이름을 붙이는 데만 너무 많은 노력이 허비되었고 구체적인 관계를 형성하는 힘든 일들은 방치되었다. 대체로 이름을 붙이는 것은 어떤 계획을 구체적으로 세우는 것이 아니기 때문이다. 그런데 서니랜즈에서 시진핑은 새로운 관계 구조를 제안하면서 '모델'이라는 단어를 추가함으로써 그 문제를 더욱 복잡하고 어렵게 만들었다.

경제학자들에게 모델이라는 용어는 보통 수학을 뜻한다.[13] 모델은 이론적일 수도 있고 경험적일 수도 있으며, 추상적일 수도 있고 단순할 수도 있다. 또한 포괄적일 수도 있고 구체적일 수도 있다. 그리고 모델이라는 개념은 특정한 질문들의 틀을 구성하는 논리정연함을 갖추고 있으며 내부적으로도 일관된 구조를 갖춘 것을 뜻한다. 모델이 이 조건을 만족하려면 그 구조를 뒷받침하는 가정들을 투명하게 전달할 수 있어야 한다. 그런데 '주요 국가와 맺는 관계의 새로운 모델'은 그 모든 조건을 충족하지 못했다. 그저 기껏해야 소망이었고, 최악의 경우 공허한 구호일 뿐이었다.

그러나 궁극적으로 보면 이 새로운 모델이 실패한 더 중요한 이유는 따로 있었다. 바로 이 모델이 가장 기초적인 현실성 테스트를 통과하지 못했다는 점이다. 정책 입안자들과 정치 지도자들에게 가장 중요한 것은 책임감이다. 해당 모델을 기반으로 하는 틀을 사용해서 어떤 특정한 합의를 지켜나갈 수 있을지 확인하는 책임을 다해야 한다는 말이다.[14]

어떤 모델이 현실에 맞지 않는다면 무슨 소용이 있겠는가? 바로 이것이 시진핑이 제시했던 '주요 국가와 맺는 관계의 새로운 모델'이 안고 있던 핵심적인 문제였다. 그의 접근법의 핵심은 대립을 협력으로 대체하겠다는, 즉 제로섬 결과를 원원의 결과로 바꿔놓겠다는 바람직한 열망이었다. 그러나 서니랜즈 정상회담 이후 몇 년 동안 미중 갈등이 심화되어 협력이 부족해지자, 어떤 사람들은 또 다른 이름을 제안하면서 새로운 글로벌 리더십 공백이 사실상 'G0(G2나 G7을 비튼 표현이다-옮긴이)' 세상이라는 냉담한 균형 상황으로 이어진다고 주장하기도 했다.[15]

너무 이른 지도국으로서의 중국

중국은 분명 중요한 국가다. 그러나 과연 '주요 국가와 맺는 관계의 새로운 모델'이 가정하는 것처럼 글로벌 리더십을 발휘할 준비가 되어 있을까?

이 질문에 대한 대답은 앞서 10장에서 강조했던, 규모에 집착하는 중국의 기본적인 태도로 거슬러 올라간다. 중국의 고위 지도자들은 새로운 관계를 구축하면서 경제의 절대적인 규모와 리더십의 영향력을 동일한 것으로 바라보는 것 같다. 이런 태도는 어떤 점에서는 일리가 있다. 경제 규모가 클수록 군사 지출, 외국인 직접 투자, 대외 원조, 수입 수요, 소비자 지출, 그 밖에 글로벌 투사의 다른 형태들을 감당할 역량도 커지니 말이다. 그러나 규모 말고도 다른 것이 또 있다.

글로벌 리더십과 관련된 권력 투사의 한 대용물로서 국방 예산은 분명 특별한 의미가 있다. 2020년 중국의 국방 예산은 국내총생산의 1.7퍼센트로 미국의 3.7퍼센트에 비하면 크게 낮다.[16] 그러나 대략 2030년 무렵이 되면 국내총생산에서 중국이 미국을 따라잡을 텐데, 이렇게 되면 국내총생산 대비 국방 예산 비율의 격차가 여전히 커도 실제로 지출되는 국방 예산의 격차는 줄어들 것이다. 바로 이런 격차 줄이기가 지난 15년 동안 진행되었다. 중국의 국방 예산은 국내총생산에서 차지하는 비율이 미국보다 훨씬 낮음에도 불구하고, 미국 달러화 기준으로 미국에 비해 2005년에는 가까스로 8퍼센트였던 것이 2020년에는 33퍼센트로 늘어났다.[17]

여러 가지 측면에서 더욱 의미 있는 구매력평가를 기준으로 하면 중국의 미국 따라잡기는 훨씬 극적으로 진행되어왔다. 앞에서도 살펴봤듯이 이런 결과는 대체로 구매력평가를 기준으로 할 때 중국의 국내총생산이 2016년에 이미 미국의 국내총생산을 추월했기 때문이다. 그 결과 2020년에는 미국과 중국의 명목 국내총생산에서 방위비 지출이 상당히 차이 나지만 구매력평가를 기준으로 하면 중국의 국방 예산 규모는 미국에 비해 54퍼센트로 따라붙는다. 이는 현재의 달러화 기준 33퍼센트에 비하면 1.7배나 늘어난 수치다.[18]

중국의 방위비 지출액은 미국 다음으로 많으며 미국 달러화 기준으로는 인도, 러시아, 일본, 한국, 대만의 방위비 지출액을 모두 합친 것보다 더 많다. 이런 점에서 보면 중국이 글로벌 군사 강국으로 이미 우뚝 서 있음은 의심의 여지가 없다.[19] 이 분야에 관한 한 중국의 지도자들은 중국이 세계적으로 부상하는 부문 대부분에서 양적인 측면을 강조하는 것과 달리 품질에 초점을 맞추고 있다.

시진핑은 이미 오래전부터 정보 기반의 인민해방군 현대화를 강조하면서 인공지능 분야의 역량 강화에 힘을 써왔다. 스텔스 항공기와 레이저 조준에서부터 우주 탐사의 획기적인 성과, 최근의 보고에 따르면 극초음속 무기에 이르는 현대전의 신기술까지 중국의 인민해방군은 놀라운 발전을 자랑하고 있다. 이런 발전은 방위 능력의 질을 개선하는 데 초점을 맞춘 시진핑의 정책과 맞아떨어진다.[20]

게다가 중국의 방위비 지출에 대한 공식적인 통계는 실제보다 크게 과소평가되어 있다는 데 많은 전문가가 동의한다. 무엇보다도 그 통계에는 국내 보안과 해안 경비 그리고 점점 더 인상적인 성과를 내고 있는 중국의 우주 프로그램을 담당하는 준군사부대에 지출되는 예산이 빠져 있다.[21] 이런 것들을 모두 산입하지 않는다고 해도 중국의 국방 예산은 미국 달러화를 기준으로 할 때 빠르면 2032년이나 2033년에 미국의 국방 예산을 초과할 것이다. 실제보다 과소평가된 부분을 고려한다면 중국의 미국 따라잡기는 그보다 훨씬 전에 이뤄질 수도 있다.[22]

중국의 이런 군사력 강화 때문에 지정학적인 차원에서 몇 가지 중요한 질문이 제기되어왔다. 군사비 지출에서 중국이 미국을 따라잡으면, 또 추월하면 어떤 일이 일어날까? 중국은 넘쳐나는 국방 예산을 어디에 어떻게 배치할까? 대만해협과 남중국해에서 긴장이 고조되면서 이런 질문들은 점점 더 긴급해졌다.

사람들은 현재 진행되는 냉전을 과거의 냉전과 비교하면서 불안한 눈으로 지켜본다. 과거 소련의 위협은 군사적이고 이념적인 것이었으며 경제적 위협은 아니었다. 그러나 제1차 냉전과 다르게 제2차 냉전은 군사적인 위협과 경제적 위협은 아니었다. 그렇다면 이 비교는 중국이 새롭게 설정하고자 하는 관계 모델에서 추구하는 중요한 국가의 지위를 중국이 이미 확보했다고 볼 수 있을 정도로 위협적인 비교가 아닐까? 혹은 이런 중국도 마치 강대국인 척 으스대다가 결국 패배하고 말았던, 불운한 군비경쟁의 희생국인 소련의 또 다른 버전일까?

중국의 경제력을 절대적인 총생산 측면에서 바라보는 것과 1인당 기준으로 바라보는 것 사이의 차이가 이런 질문들의 답을 구하는 데 중요한 실마리를 제공한다. 중국은 명목 국내총생산과 군사적 영향력에서 모두 절대적인 점수를 높게 받는다. 그러나 10장에서 언급했듯이, 경제 번영과 훨씬 큰 관련성이 있는 척도인 1인당 기준으로는 그보다 더 나쁜 점수를 받는다.[23] 중국은 달러화 기준 국내총생산에서는 미국을 가깝게 따라잡았을 수 있지만, 2021년 1인당 국내총생산을 토대로 한 구매력평가 기준으로는 전체 225개국 가운데 100위밖에 되지 않는다.[24]

이런 격차는 중국이 미국과 새로운 관계를 맺기 위한 수단으로 삼을 군사력 투사에 대해 중요한 사실을 일러준다. 역사학자 폴 케네디는 강대국의 흥망성쇠를 다룬 중요한 저서에서 "전 세계 **군사력** 균형에서 모든 중요한 변동은 **생산력** 균형의 변동에 따라 일어났다"라고 결론을 내렸다.[25]

중국의 권력 및 리더십 투사가 1인당 국내총생산이 아니라 명목 국내총생산을 기반으로 해서 이뤄진다면 이는 케네디가 '제국의 과잉 팽창(imperial overstretch)'이라고 불렀던 현상의 징후일 수 있다. 국내 경제가 감당할 수 있는 한계를 넘어서까지 자국의 군사적 영역을 확장하고자 하는 강대국의 이 유서 깊은 경향은 그런 '전략적 과잉 확장(strategical overextension)'이 궁극적으로 강대국들을 쇠퇴시키는 원인이라는 케네디의 유명한 결론을 뒷받침한다.[26]

중국은 경제 대국으로 확고하게 자리를 잡기 전에 지정학적인 패권을 추구하는 성급한 행동을 할까? 중국보다 훨씬 허약한 경제 기반으로 우크라이나에서 장기적인 분쟁을 감당해야 할지도 모를 러시아에도 이 질문을 똑같이 해볼 수 있다.

중국이 안고 있는 불완전한 재균형 및 구조조정이라는 문제는 과잉 확장을 논하는 이 주장이 온당하다는 데 힘을 실어준다. 심지어 1980년대 후반 국내총생산에서 소비가 차지하는 비율이 60퍼센트 미만이었던 소련 경제도 그 비율이 40퍼센트 미만인 오늘날의 중국 경제에 비하면 균형이 잘 잡혀 있었다.[27]

규모가 아무리 커진다고 해도 지속적인 거시경제 불균형에서 비롯되는 문제를 상쇄하지 못하면 금융위기나 부채 폭발 그리고 훨씬 큰 충격들로부터 중국 경제를 보호할 수 없다. 중국은 국가의 전체적인 성장과 1인당 성장 사이의 지속적인 격차가 구조적 재균형이 개선되지 않는 상황과 맞물려 있기 때문에 자국의 규모와 군사력을 (시진핑이 제안한 새로운 모델을 통해 구상하는) 글로벌 리더십과 동일시하는 것은 시기상조라고 볼 수 있다.

미국은 잘 공유하지 않는다

서니랜즈 정상회담에서 중국의 제안에 대한 미국의 대응은 2013년 6월 8일 오바마와 시진핑의 공동 기자회견 직후 곧바로 나왔다. 이 기자회견을 두고 새로운 글로벌 동맹의 돌파구가 열릴 가능성이 있다고 여러 전문가가 높이 평가했지만, 미국 정부의 공식적인 견해는 그보다 훨씬 미지근했다. 수전 라이스(Susan Rice) 국가안보보좌관만이 예외적으로 "주요 국가와 맺는 관계의 새로운 모델을 운영할" 필요성을 강조했다.[28] 그러나 그녀의 전임자인 토머스 도닐런(Thomas Donilon)은 이 발상을 "기존 강대국과 신흥 강대국 사이의 새로운 관계 모델"로 규정했다.[29] 이는 부유한 나라와 상대적으로 덜 부유한 나라는 명백하게 다르다는 것을 강조하는 발언이었는데, 미국과 중국이 동등하게 협력 관계를 맺을 수 없음을 에둘러 표현한 셈이었다.

미국의 이런 반발에 담긴 전략적 정당성은 '아시아로의 회귀'로 거슬러 올라간다. 이것은 중국에 대해 확고한 입장을 오랫동안 견지해 왔던 인물인 힐러리 클린턴 전 국무부 장관이 처음 주장했던 전략이다.[30] 7장에서도 주장했지만 아시아로의 회귀는 중국을 억제하기 위한 전략이었다(이에 대해서는 260쪽을 참조하라-옮긴이).

힐러리 클린턴과 그녀의 휘하에서 동아시아태평양담당 차관보를 지냈던 커트 캠벨은 이런 의도 자체를 부인했지만, 환태평양경제동반자협정(TPP)을 제안하는 미국의 입장은 달랐다. 미국에 이 협정의 의미는 중국을 배제한 채 이뤄지는 높은 수준의 기념비적인 지역국가 간의 무역협정이라는 점에 있었다. 그렇다면 버락 오바마로서는 어떻게 해야 글로벌 주요 국가로서의 패권을 중국과 공유하면서도 자신의 대표적인 외교 정책 구상으로서 TPP가 주도하는 아시아로의 회귀에 무게를 실을 수 있을까?

이 두 가지 해석에 내재된 본질적인 모순은 오바마 대통령의 두 번째 임기 동안에 계속 유발되었던 긴장의 원천이었다. 미국 전략의 핵심인 중국 봉쇄는 일종의 제로섬 전략이었다.[31] 그러나 중국의 외교적인 언사에 따르면 '주요 국가와 맺는 관계의 새로운 모델'은 패권을 공유해서 원원의 긍정적인 성과를 누리자는 것이었다. 미국과 중국의 관점이 이렇게 다르기 때문에 긴장은 쉽게 누그러지지 않았다. 혹은 어떤 전문가가 주장했듯이 남중국해의 긴장을 해소하는 일괄 타결[그랜드바겐(grand bargain)]에 별로 도움이 되지 않았다.[32] 전쟁이 잦았던 20세기의 역사가 경고하듯이, 이런 것들은 모두 비극적인 실패로 끝날 그럴듯한 언어의 향연일 뿐이다.[33]

시진핑과 오바마가 서니랜즈를 떠나자마자 새로운 관계에 대한 희망의 불빛은 꺼지기 시작했다. '주요 국가와 맺는 관계의 새로운 모델'을 만들어나가겠다는 라이스의 열망은 실현되지 않았다. 이후 미국과 중국 사이에는 후속 교류들이 이어졌다. 2013년 7월에 있었던 연례 전략경제대화(Strategic and Economic Dialogue, S&ED)와 2014년과 2015년, 2016년에 있었던 후속 S&ED 노력 등이 그런 교류였다.

또 2015년 9월에 시진핑이 국빈 자격으로 미국을 방문한 것을 포함해서 오바마와 시진핑의 직접 회담도 세 차례나 있었다. 시진핑이 국빈 자격으로 미국을 방문했을 때 오바마는 중국이 사이버 해킹을 했다는 극비 증거를 시진핑에게 내놓으면서 당시 뜨거운 이슈로 떠오르던 사이버 안보 문제를 정상회담의 의제에 올려놓았다. 이 회담을 통해서 사이버안보협약(Cyber Security Agreement)이 체결되긴 했지만, 이는 새로운 협력 정신이 마련된 것이라기보다는 주로 대립과 위협을 통해 만들어진 일회성 돌파구일 뿐이었다.[34]

그럼에도 불구하고 '주요 국가와 맺는 관계의 새로운 모델'에는 약속 준수와 행동을 규정하는 포괄적인 틀이 마련되어 있지 않았다. 서니랜즈 정상회담은 새롭고 지속적인 관계를 위한 의미 있는 돌파구라기보다는 성공적인 이벤트의 아득한 추억으로 바뀌고 있었다.

한편 미국과 중국이 맞이한 만만찮은 경제 상황도 양국 관계가 희망적으로 전환되는 것을 막았다. 미국 경제는 금융위기 이후 침체 상황에서 헤어나지 못하고 있었다. 2013~2016년까지 오바마의 두 번째 임기 동안에 평균 성장률은 2.3퍼센트에 머물렀는데, 이는 과거의 경제 회복 사례에 비춰 보면 표준적인 수준에도 한참 못 미치는 것이었다.[35] 중국의 경제성장도 둔화되면서 같은 기간에 7.3퍼센트 성장하는 데 그쳐, 이전 30년 동안 기록했던 연평균 성장률 10퍼센트를 훨씬 밑돌았다.[36] 두 나라 모두 활발한 경제성장의 순풍이 불지 않는 상태였기에 미중 관계의 대담한 개선을 지지하는 정치적인 분위기도 시들해졌다.

미국이 안고 있던 골칫거리들은 특히 문제가 많았다. 미국의 상품 무역 적자는 2013년에 7,000억 달러에서 2016년에 7,500억 달러로 늘어났다. 이 증가분의 절반 이상은 2013년에 3,180억 달러 적자에서 2016년에 3,470억 달러 적자를 기록한 대중 무역 적자 때문이었다.[37] 이 무역 불균형이 같은 기간에 평균 국내총생산의 2.1퍼센트나 되는 미국 경상수지 적자를 초래한 평균 국내저축 수준을 밑돌기 때문에 나타난 결과라는 사실을 미국인들은 중요하게 받아들이지 않았다.[38] 결코 자기반성을 한다거나 거시경제적으로 이해하려고 하지 않는 미국 대중은 문제의 원인으로 다른 것을 지목하고 싶어 했다. 그들이 원하는 원인은 중국이었다. 이렇게 해서 미국의 정치 정서는 중국 때리기 쪽으로 점점 이동했다.

한편 실질임금이 제자리걸음을 하고 불평등이 심화되는 이중고에 시달리던 미국 중산층이 계속해서 느끼던 불안감은 새로운 국수주의

(nationalism)가 자라날 비옥한 토대가 되었다.[39] 중국인이 굴욕의 한 세기를 보낸 뒤에 부흥의 열망에 들떠 있던 것과 마찬가지로, 미국인은 자기들이 중국 때문에 피해를 보는 희생자라는 인식을 받아들였다. 미국의 제조업 부문이 쪼그라들자 미국의 생산직 노동자들은 절망감을 느꼈다. 그들이 사는 지역과 그들의 가족은 경제적·사회적 어려움으로 휘청거렸다.

　미국 사회에서 절망감이 이처럼 점점 커지는 가운데 정치 경험이 없는 미숙한 정치인 한 명이 나타나 곤경에 처한 유권자들이 느끼는 두려움을 정치적인 수단으로 이용했다. 그는 미국을 다시 위대하게 만들겠다는 떠들썩한 약속으로 유권자들을 사로잡았다. 그리고 공격적인 보호주의로 중국을 사정없이 때렸다. 이 비난 게임은 복수심에서 시작된 것이었다. 그러자 그동안 논의되어온 새로운 모델이고 뭐고 다 날아가 버렸다.

깨진 약속들

그러나 '주요 국가와 맺는 관계의 새로운 모델'이 실현될 가능성을 훼손한 것은 미국 사회의 정치적 반발이나 중국의 불완전한 재균형만이 아니었다. 서니랜즈 정상회담에서 시진핑이 숭고하게 약속했음에도 불구하고, 중국은 미국과 협상하면서 제안했던 자기의 역할을 충실하게 수행하지 않았다. 예컨대 분쟁 중이던 남중국해에서 군사적인 도발을 한 것은 중국이 깨뜨린 수많은 약속 가운데서도 가장 노골적인 사례였다.

2013년 6월 서니랜즈에서 오바마와 시진핑은 남중국해에 대해서는 어떤 명시적인 언급도 하지 않았지만, 분쟁이 오래 지속돼온 이 지역에 대해 미국이 점점 더 불안해한다는 사실을 중국이 몰랐을 리가 없다. 이 문제는 2015년 9월에 시진핑이 미국을 국빈 방문했을 때 불거졌다. 남중국해와 관련해 기자의 질문을 받은 시진핑은 난사군도(난사군도는 필리핀 서쪽에 있는 스프래틀리 군도의 중국식 명칭이다)에 대해 "군사적으로 어떻게 할 의도는 전혀 없다"라고 말했다. 그러면서 그는 중국은 "영토 주권을 지키기 위해서" 건설 활동을 할 권리가 있다고 주장했다.[40]

그러나 시진핑의 발언은 진실과 어긋났다. 남중국해의 여러 분쟁 지역에서 중국이 군사적인 활동을 하고 있음을 명확하게 보여주는 위성사진이 공개되었기 때문이다. 시진핑이 말했던 건설 활동에는 일상적인 사무실이나 주택만이 아니라 군사 요충지의 방어 요새, 대공포, 활주로, 레이더, 지휘통제 시설까지도 포함되어 있었다.[41]

군사 기지는 하나의 섬이나 해안 또는 암초 간척지에 국한되지 않았다. 중국은 논란의 여지가 있는 영토 대부분의 전초기지에 이런 시설을 건설했는데, 여기에는 피어리크로스 암초(융수 암초)와 미스치프 암초(메이지 암초)와 수비 암초(주비 암초)가 포함되어 있었다. 이런 활동은 가벤 암초(난순 암초), 휴스 암초(동먼 암초), 존슨 암초(치구아 암초), 쿠아르테른 암초(화양 암초)에 설치했던 소규모 군사 시설을 그대로 복제한 것 같았다.[42] 반박할 수 없는 증거가 제시되자 중국 국방부의 수석대변인은 어깨를 한번 으쓱하고는 "꼭 필요한 군사 시설"이라면서 사실을 인정했다.[43]

중국 지도부는 자국의 주권을 지키고자 하는 것일 뿐이라는 입장에서 조금도 물러서지 않았다. 그러나 중국이 말하는 주권 개념은 상당한 확장된 것이었다. 중국은 이미 오래전부터 1940년대에 발간된 지도에 표시된 구단선(九段線, Nine Dash Line)을 근거로 남중국해에 대한 역사적 권리를 주장해왔다. 구단선은 1947년에 중화민국(대만) 지도자들이 아시아 지도에 처음 그렸으며 1950년대 초 저우언라이 중국 총리가 다시 그렸다고 중국은 주장한다.[44]

이곳은 남북으로는 중국 하이난섬에서 말레이시아까지 이어지고 동서로는 필리핀에서 베트남까지 이어지며 넓이는 140만 평방마일이다. 중국이 이 광대한 영토에서 주권을 보호할 권리가 국제법에 보장되어 있다고 시진핑은 주장했다.

문제는 시진핑이 군사적 활동을 부인한 것이 거짓말이었을 뿐만 아니라 중국의 주권을 과장했다는 데 있다. 중국은 영토 주장을 과장되게 했고, 그 바람에 이웃 국가들과 미국이 계속 문제를 제기하기에 이르렀다. 앞서 2013년에 중국은 동중국해에서 센카쿠 열도(댜오위다오)를 놓고 일본과 비슷한 영토 분쟁에 휘말린 적이 있었다.[45] 그러나 이 동중국해 분쟁은 남중국해 분쟁과 비교하면 미미한 것이었다. 남쪽의 이 광대한 지역은 천연자원, 어업권, 항로 등의 측면에서 전략적으로 매우 중요하다. 그리고 이 분쟁은 미국의 아시아로의 회귀 전략에 필수적인 지원을 하는 동남아시아국가연합[아세안(ASEAN)] 동맹국들과 관련이 있었다.

2016년 헤이그 중재재판소는 중국이 주장하는 구단선이 국제법상 근거가 없다는 내용으로, 구단선 내에 있는 암초와 바위의 삼각형 지형으로 형성된 스카버러 암초(황옌다오 암초)를 둘러싼 어업권 분쟁에서 필리핀에 유리한 판결을 내렸다.[46] 그런데 어업권보다 더 중요한 점은 이 재판소가 중국이 주장하는 구단선이 역사적으로나 법률적으로 전혀 근거가 없다고 판결했다는 점이다.[47]

그러나 중국은 그보다 앞서 헤이그 중재재판소의 판결을 좋든 싫든 수용하겠다는 약속을 담은 UN해양법협약(UNCLOS)을 비준했었음에도 불구하고 그 판결을 전면적으로 거부했다. 결국 국제법을 위반함으로써 중국은 이웃 국가들을 괴롭히는 나라가 되었을 뿐만 아니라 해양법협약이 보장하는 항해의 자유를 위협하는 나라로 낙인찍혔다. 또한 주요 국가들이 오랫동안 사용해왔던 국제 항로의 안전성에 도전함으로써 '주요 국가와 맺는 관계의 새로운 모델'의 신뢰성을 스스로 갉아먹었다. 중국의 이런 모습은 남중국해에서 안하무인처럼 행동하는 중국이 구단선 바깥에서도 얼마든지 영토 침탈의 야심을 드러낼 수 있다는 우려를 키웠다.[48]

또한 중국은 사이버 보안과 인권에서부터 한반도의 비핵화, 중동 평화에 이르는 여러 핵심 사안에 대해 미국과의 책임 있는 동반자 역할도 성실하게 수행하지 않았다. 그런데 중국의 관점에서는 이런 것들이 약속을 깨는 것이 아니라 그저 다른 시스템을 따르는 조금 다른 접근법일 뿐이었다.[49] 놀랄 것도 없는 사실이지만 중국의 관점은 미국의 관점과 완전히 달랐다. 미국의 정치권은 이 모든 중요한 사안에 대해 중국의 입장을 단호하게 반대하는 쪽으로 똘똘 뭉쳤다.[50]

중요한 점은 개별적인 분쟁 사안들에서 누가 옳고 누가 그른가가 아니라, 과연 미국과 중국이 '주요 국가와 맺는 관계의 새로운 모델'

의 구조 안에서 이견을 기꺼이 해소하려고 나설 것인가. 애초에 이모델이 설정했던 목표도 제로섬 게임을 추구하는 게 아니라 원원의 성과를 얻자는 것이었으니 말이다. 남중국해에서 진행되는 분쟁은 불신의 결과를 보여주는 명백한 사례다. 이런 불신은 신뢰를 기반으로 하는 동반자 관계에서 일어날 수 있는 것과 정반대 결과다.

그러나 미국도 '주요 국가와 맺는 관계의 새로운 모델'의 희망적인 전망을 훼손하는 약속 불이행의 전적이 있다. 트럼프가 2018년에 중국과의 무역 전쟁을 선언한 것이 가장 확실한 사례다. 취약한 증거와 주먹구구식 분석을 토대로 중국의 무역 관행이 불공정하다고 하는 주장은 국제 무역 및 금융 사회에 마련된 규정이나 규범이 아닌 트럼프의 개인적인 정치적 의제에 따라 제시된 것이다. 오바마의 아시아로의 회귀나 환태평양경제동반자협정을 통한 중국 봉쇄, 바이든의 오커스 안보협약도 미중 양국의 관계를 강화하는 우호적이고 건설적인 접근법이라고는 볼 수 없다.

미국이 보편적 가치의 아메리칸드림을 가장한 민주주의를 내세우며 이런 행동들을 옹호하는 것처럼, 중국은 부흥에 초점을 맞춘 중국몽을 통해 자기의 입장을 정당화한다. 지정학의 역사에서는 수많은 약속이 깨지고 버려졌다. '주요 국가와 맺는 관계의 새로운 모델'은 역사의 가장 기본적인 검증을 통과하지 못했다.

부인이라는 새로운 모델

'주요 국가와 맺는 관계의 새로운 모델'은 미국이 애초부터 용납했던 중국의 거짓 서사였다. 중국의 입장에서 이 모델은 점점 커지는 중국의 권력 투사에 맞게 조정된 글로벌 리더십을 확보하기 위한 것이었다. 또 이런 리더십은 시진핑이 최우선순위에 두었던 정치적인 목적과 정확하게 맞아떨어지는 것이었다. 하지만 오바마 정부는 이 모델에 소극적으로 대응함으로써 중국이 주장하고자 하는 리더십에 걸맞은 책임을 물을 기회를 낭비하고 말았다.

그러나 이 새로운 관계 모델의 가능성은 한층 큰 문제들에 직면했다. 지속 불가능한 성장 모델에서는 갈등이 빚어질 수밖에 없는 동반의존성과 새로운 관계 모델의 가능성이 상충하기 때문이다. 중국의 경제 재균형은 여전히 불완전한 상태로 남아 있었으므로 미국에서 발생하는 외부 수요에 의존할 수밖에 없었다. 한편 미국은 저축이 워낙 부족하다 보니 투자와 경제성장에 필요한 자금을 조달하려면 중국의 잉여저축에 의존해야만 했다. 무역 불균형을 둘러싼 갈등은 저축이 부족한 나라(미국)와 저축이 남아도는 나라(중국) 모두가 직면한 압력의 필연적인 결과다. 이렇게 해서 갈등은 크게 고조되었다. '주요 국가와 맺는 관계의 새로운 모델'은 이런 경제적 맥락을 완전히 무시한 것이었다.

이 단절은 정치적 편법의 결과이며 벗어나기 힘든 부인(denial)의 늪이다. 지금까지도 미국과 중국의 지도자들은 서로 갈등하는 동반의존성에서 비롯되는 압력을 부인하고 외면한다. 동반의존성은 그들이 무시하기로 선택한 구조다. 정치인은 동반의존성을 나약함의 표시로 본다. 자립 수단이 부족해서 외부로부터 경제적 지원을 받아야만 하는 가난한 나라의 낙인으로 생각한다는 말이다.

미중 양국의 국민은 동반의존성이 대중이 공감하는 권력(힘)의 애국적인 표현과 양립할 수 없다고 여긴다. 자기 홍보와 민족주의적인 (혹은 국수주의적인) 자부심이라는 거짓 허세는 경제적 도전 과제나 위험이나 함정 등에 대한 정직한 담론보다 대중에게 더 잘 먹힌다. 미국과 같은 다당제 국가에서뿐만 아니라 중국과 같은 일당 독재국가에서도 정치인이 권력을 유지하려면 대중의 지지와 승인을 받아야 한다. 덩샤오핑은 외교 정책에서 낮고 겸손한 자세를 취해야 한다고 경고했지만, 고압적이고 거만한 권력 투사는 정치적인 매력이 엄청나게 크다. 자기 의심으로 고통받는 나라라면 특히 더 그렇다. 여기에는 중국도 포함된다.

나는 지난 25년 동안 미국과 중국의 다양한 분야 지도자들을 대상으로 관계 개선의 도전 과제에 담긴 경제적인 의미를 강의하거나, 이런 내용으로 개인적인 대화를 나누면서 그런 사실을 잘 알고 있다. 이 지도자들 대부분은 동반의존성을 언급하기만 해도 몸을 사리며 움츠러든다. 미국인은 미국이 중국에 의존하는 것보다 훨씬 많이 중국이 미국에 의존한다고 본다.[51] 이런 사고방식은 미국과 중국 사이에 무역 전쟁이 벌어지면 중국만 피해를 입을 것이라고 여기는 트럼프의 무역 전쟁을 합리화하는 여러 논리 가운데 하나다.

중국도 마찬가지다. 동반의존성이라는 말을 언급하는 것조차도 자부심 덩어리인 중국몽을 훼손하는 것이다. 자랑스럽고 강한 국가인 중국이 어떤 나라든 간에 다른 나라에 신세를 질 수 있다는 발상 자체가 혐오스러운 것이 된다. 일부 중국인에게는 의존과 관련된 아주 작은 암시조차도 과거에 겪은 고통스러운 굴욕의 기억을 자극한다.

그래서 중국인은 대부분 의존이라는 개념을 아예 무시한다. 그래서 2014년의 출간한 내 책《G2 불균형》의 중국어 번역판 표지는 부제에 들어가 있던 동반의존성이라는 용어의 개념은 말할 것도 없고 미중 관계 자체를 아예 언급도 하지 않았다.[52]

미국의 정신의학자들과 심리학자들의 전문적인 진단 관례에 따르면 부인은 동반의존성의 전형적인 증상이다.[53] 자아의식이 부족하거나 동반의존적인 사람들은 비판이나 부정적인 피드백에 과민하게 반응하는 경향이 있으며 모든 잘못된 현상이나 결과를 상대방 탓으로 돌린다. 이렇게 해서 나타나는 부인은 동반의존 관계에 있는 상대방을 밀어내는 비난과 갈등의 악순환을 반복한다.

불행하게도, 점점 더 문제가 심해지는 이런 심리적인 질병은 미중 갈등에 딱 들어맞는다. 미국은 자국의 무역 적자가 저축이 부족해서 발생한 문제임에도 중국이 잘못했기 때문에 발생했다고 여긴다. 한편 중국은 자국의 초과저축을 비롯해 그와 관련된 경상수지 및 무역에서의 흑자가 자본이 부족한 미국에 자본 투자라는 지원을 아끼지 않은 결과라고 여긴다. 그런 현상이 실제로는 사회안전망에 충분한 자금을 투입하지 않은 바람에 사람들이 개인적인 소비를 줄였기 때문이라는 사실에는 아예 눈을 감아버린다. 두 나라 모두 자국에서 발생한 저축 불균형의 영향을 부인한다. 그러고는 그 부인을 상대방을 향한 비난으로 바꾼다.

'주요 국가와 맺는 관계의 새로운 모델'을 위한 거대한 계획은 정치적 편의성을 좇는 구호 차원으로 쪼그라들었다. 여기에는 경제적 맥락이 빠져 있었다. 각 국가의 개별적인 맥락뿐만 아니라 두 나라 관계에서의 맥락도 말이다. 그렇다고 해서 경제가 양국 관계의 유일한 기반이라는 말은 아니다. 그러나 경제적 연결성이 제공하는 안정성이 없다면 번영의 길로 함께 나아가자는 쉽지 않은 목표에 두 나라가 구속되지 않기 때문에 두 나라가 말하는 동맹이라는 약속은 희미해진다. 정치적 연결성은 유럽통화동맹(EMU)의 경우처럼 어느 정도 보상을 안겨줄 수는 있지만, 이것도 사고방식이 서로 비슷한 체제들 사이에서만 가능하다. 그러나 미국과 중국은 경제 관계를 바라보는 관점 자체가 다르다.[54]

'주요 국가와 맺는 관계의 새로운 모델'이라는 이 불운한 관계에는 한층 깊은 뜻이 담겨 있을 수 있다. 중국으로서는 이 새로운 관계 모델에서 그 어떤 것보다 지정학적 힘이 우선이었다. 중국은 지난 40년 동안의 초고속 성장 전략과 매우 유사한 파워 플레이(power play, 스포츠에서 파워 플레이는 상대 팀의 반칙으로 경기장에서 뛰는 선수가 상대 팀보다 잠시 수적으로 많을 때 운용하는 경기 방식이다-옮긴이)를 실행하려고 노력했다. 자국의 경제 규모 및 성장 속도를 이용해서 경제적으로 더 성장한 국가들을 뛰어넘고자 한 것이다.

2022년 10월에 열린 중국공산당 제20차 전국대표대회에서 시진핑은 중화인민공화국 건국 100주년이 되는 2049년에는 미국을 뛰어넘는 패권국이 되겠다고 약속했지만 아무래도 그가 공언한 시간표에 머물 인내심이 부족했던 것 같다. 아닌 게 아니라 그는 2021년 더 긴 전보에서(이에 대해서는 217쪽을 참조하라-옮긴이) "성미가 급한 남자"로 묘사되어 있다.[55] 그에게 '주요 국가와 맺는 관계의 새로운 모델'은 기회주의적인 차원에서 하나의 지름길일 뿐이었다.

애초부터 회의적이었던 미국은 결국 이 패권을 공유하는 협정의 전제를 거부하고 나섰다. 중국과 손을 잡기보다는 대결하는 쪽을 택한 것이다. 새로운 냉전 위험이 고조되는 가운데 무역 전쟁이 일어나고 곧 기술 갈등이 시작된 것은 그런 대립의 명백한 증거다. 이런 모습은 강대국들 사이에서 일어나는 패권 다툼의 오랜 역사와도 일치한다. 패권을 가진 국가는 그 패권을 결코 쉽게 포기하지 않는다.

결국 '주요 국가와 맺는 관계의 새로운 모델'은 이전 모델을 개선하는 데 실패했다. 갈등하는 동반의존성에서 비롯되는 압력을 누그러뜨리지 못한 것이다. 또한 신뢰와 헌신의 정신으로 나아가지도 못했다. 미중 갈등이 고조되면서 새로운 모델은 순식간에 중국의 가장 대담한 거짓 서사가 되고 말았다.

러시아의 등장

실패로 끝난 시진핑의 미국과의 관계 시도는 이제 먼 기억이 되었다. 국가주석으로 취임한 첫해인 2013년에 야심 찬 아이디어를 제시했을 때만 해도 그는 '초보'였다. 이후 그는 미국이 중국을 봉쇄하는 데 필사적이라고 믿게 되었다. 오바마의 아시아로의 회귀 그리고 트럼프의 무역 전쟁과 기술 전쟁으로 이어지며 적대적인 태도를 보이는 미국과 새로운 협력 관계를 맺는다는 것은 중국에 아무런 의미가 없었다.

미국을 바라보는 왕후닝의 비관적인 견해가 중국 지도층에서 주목받으면서 이런 사실은 더욱 분명해졌다.[56] 미국은 반복되는 금융위기에서 고전을 면치 못했고 사회적·인종적·정치적으로 온갖 골칫거리를 안고 있었기에 중국의 눈에는 쇠퇴하는 강대국으로만 보였다.[57] 그리고 지금이야말로 중국이 새로운 강대국으로 떠오르면서 유리한 고지를 차지할 기회라고 믿었다.[58]

시진핑은 중국의 오랜 외교적 협력 관계의 위계질서에 비춰 볼 때 관계 구축이야말로 중국몽이라는 강대국의 열망을 실현하는 데 필수적인 요소라고 여겼다.[59] 바로 이 지점에서 중국이 그리는 커다란 전략 속에 러시아가 필요했다. 러시아가 같은 생각을 품은 동반자가 될 수 있다고 본 것이다. 이 두 독재국가는 인권, 불평등, 검열 같은 민감한 문제에 대해 서로를 지적하거나 문제 삼을 일이 없을 게 분명했다. 시진핑은 2022년 2월에 블라디미르 푸틴을 무제한의 협력자(unlimited partner)로 받아들임으로써 미국과는 할 수 없던 일들을 러시아와는 훨씬 잘할 수 있으리라고 확신했다.

시진핑과 푸틴이 서로에게 느낀 매력은 이념적인 게 아니었다. 러시아에서 사회주의적 이념은 이미 오래전에 사라졌다. 그리고 중국은 러시아가 자국의 부족한 자원(예컨대 에너지를 포함한 산업 원료)을 보완해준다는 점이 이념보다 더 중요했다. 또 시진핑의 대표적인 외교 정책인 일대일로 구상과 일치하는 지리적 근접성도 중요했다. 중국은 러시아의 가장 중요한 동맹이 될 수 있었다. IMF에 따르면 경제 규모에서 중국이 러시아의 여섯 배이며 2024년까지 일곱 배가 될 것이기 때문이었고,[60] 중국의 상품 생산자들이 러시아에서 발생하는 시장 수요의 혜택을 누릴 것이기 때문이었다.

중러 동맹은 미국 중심의 글로벌 리더십을 두 나라가 똑같이 혐오

한다는 사실과 약화된 주도권을 보완할 수 있는 균형추로서의 공동 대응력이 갖는 이점을 두 나라가 모두 중요하게 인식한다는 사실을 반영했다. 두 나라는 미국의 봉쇄 전략으로 똑같이 실존적인 공포를 느꼈고, 그랬기에 함께 손잡고 그 전략에 저항할 수 있었다. NATO로의 확장을 열망하는 푸틴의 집착만 봐도 중러 동맹은 러시아로서는 생존의 문제나 다름없었다.

그런데 만약 중러 동맹이 푸틴의 군사적 야망을 동맹 관계의 대가로 생각하고 참아야 한다는 뜻이라고 하더라도 시진핑은 기꺼이 받아들이고자 했다.[61] 시진핑에게 중러 동맹은 중국적 특성을 지닌 웅장한 전략, 즉 부흥으로 나아가는 발판이었기 때문이다.

그런데 우크라이나에서 전쟁이 일어났다. 분명 푸틴은 2022년 2월에 중국과 러시아의 무제한 협력 협정을 발표할 때 그로부터 20일 뒤에 시작될 대학살에 대해 시진핑에게 얘기했을 것이다.[62] 즉 푸틴은 우크라이나 침공 계획을 밝혔을 가능성이 크고, 우크라이나 지도부가 금방 항복해서 전쟁이 곧 끝날 것이고 우크라이나에는 친러시아 정부가 들어설 것이라고 시진핑에게 말했으리라 추정할 수 있다. 푸틴과 시진핑은 아마도 그전에 러시아가 치렀던 짧은 전쟁들(그루지야와 체첸과 크림반도를 침공했던 일)의 기억을 함께 나누면서, 우크라이나에서 펼칠 '특수 작전'의 충격도 금방 사라질 것이며, 그런 다음에는 두 나라가 공유하는 지정학적 패권과 리더십 의제를 놓고 자유롭게 다음 행보를 구상할 수 있으리라 생각했을 것이다.

그러나 두 사람의 예상은 빗나갔다. 두 나라 모두 우크라이나 군대의 역량과 우크라이나 국민의 힘을 과소평가했다. 그뿐만이 아니다.

어쩌면 그들이 예상하지 못했던 가장 중요한 점은 그 전쟁으로 서방 세계가 러시아의 침략에 맞서 똘똘 뭉칠 것이라는 사실이었다. 푸틴은 그 전쟁으로 서방의 동맹이 분열할 것이라고 확신했지만 그 예상은 완전히 빗나갔다. 전 세계적으로 인도주의적 지원과 공동의 군사적 대응 약속 및 제재가 제2차 세계대전 이후 유례없는 수준으로 진행되었기 때문이다. 유럽에서 가장 강력한 경제국이자 어렵고 힘들었던 갈등의 역사를 지닌 독일이 앞장서서 우크라이나를 지원하고 나섰다.[63] 러시아의 우크라이나 침공으로 서방의 가치관과 자산과 정책이 분열하기는커녕 더 단단해지고 통일되었다.

이후 우크라이나에서 자행된 끔찍한 학살을 보면 푸틴이 시진핑에게 악마의 덫을 놓았을 가능성이 크다. 푸틴은 그가 세운 단기적인 군사 작전 계획에 담긴 결점들을 온전히 파악하지 못했을 수도 있지만, 만일 전쟁이 계획대로 풀리지 않고 장기전으로 돌입할 경우 어떻게 해야 할지는 알고 있었을 것이다. 잘못된 계획과 정직하지 않은 지휘구조 그리고 우크라이나군의 예상치 못한 저항 때문에 신속하게 끝내려고 했던 전쟁은 교착상태에 빠졌다. 그러자 러시아군은 무방비 상태의 우크라이나 민간인이 사는 도시에서 무자비한 학살을 자행했다. 이렇게 되자 중러 동맹은 시진핑이 예상했던 것과는 전혀 다른 것이 되고 말았다.

중국으로서는 까딱하다간 발목이 잡힐 수도 있는 상황이 전개된 것이다. 중국과 러시아가 2022년 2월에 맺은 협정의 명칭에는 '무제한'이라는 말이 있다. 중국이 무제한으로 러시아를 지원해야 한다는 뜻이다. 그러나 중국이 러시아에 직접적인 군사 지원을 한다거나 서방의 제재에 러시아의 숨통이 트이도록 금융상의 어떤 조치를 취한다면 서방은 중국에 유죄 판결을 내리고 2차 제재를 가할 게 분명했다. 앞서 5장에서도 언급했지만 공급망을 무기화한 '프렌드쇼어링'과 달리 기반의 국가 간 금융 흐름으로 강화된 중국과 러시아는 빠른 속도로 고립된 동반자 관계로 묶일 것이다. 그런데 전 세계의 경제 주체와 긴밀하게 통합되어 있는 세계 2위의 경제 대국 중국이 이런 제재를 받는다면 헤어나기 어려운 수렁에 빠질 수밖에 없다.

따라서 러시아를 군사적 혹은 경제적으로 지원하는 문제를 놓고 내리는 의사결정은 마오쩌둥 이후 중국의 가장 야심 찬 지도자이자 패왕의 자리에 오르기 위해 고군분투하는 시진핑으로서는 절체절명의 결정이 될 수도 있다.

그러나 수렁에 빠져서 좋은 일은 하나도 없다. 푸틴에게 유일하게 진지한 파트너인 시진핑은 러시아를 평화협상의 테이블로 억지로 끌어내야만 그 함정에서 벗어날 수 있다.[64] 또한 원칙적인 이념에 철저하다고 자처하는 지도자로서 그는 자기 행동의 도덕적 정당성을 멀리 갈 것도 없이 1950년대에 중국이 제시했던 '평화공존 5원칙(1954년에 중국이 인도와의 관계 수립을 계기로 발표한 외교 노선 원칙. 영토 보전과 주권의 상호 존중, 상호 불가침, 상호 내정 불간섭, 호혜 평등, 평화 공존이 골자다-옮긴이)'에서 찾을 수 있다.

지금까지 러시아의 무제한 협력국인 중국은 역효과의 위험이 계속 커지기만 하는 당혹스러운 관계 속에 갇힌 채 강경한 노선을 취해왔다. 중국과 러시아 모두 직접적인 군사 지원이 얼마나 심각한 결과를 초래할지 잘 알기에 그럴 가능성을 점치는 추측을 '허위 정보'라고 일축했다.[65] 중국은 철저하게 중립을 지킨다고 주장하는 고위 관리들의 미적지근한 태도가 있었지만(예를 들면 UN 안전보장이사회에서 러시아의 우크라이나 침공을 비난하는 안건을 놓고 벌어진 투표에서 중국 대표는 기권했다),[66] 새로운 중러 협력 관계의 핵심적인 사안에서 뒷걸음질 치지도 않았고 NATO의 무분별한 확대 때문에 분쟁이 일어났다는 기존의 주장에서 조금도 물러서지 않았다(우크라이나의 NATO 가입 시도가 러시아-우크라이나 전쟁의 직접적인 도화선으로 작용했다—옮긴이).[67]

전쟁이 계속 이어지고 러시아가 잔혹 행위를 한다는 증거가 점점 늘어나자, 2021년 미국 알래스카 앵커리지에서 있었던 미중 고위급 회담(이에 대해서는 258쪽을 참조하라—옮긴이)[68]에서 늑대 전사의 면모를 확실하게 보였던 왕이 외교부장은 그 면모를 다시 한번 드러냈다. 그는 중러 동맹의 특별한 관계는 평범한 동맹 관계를 훨씬 뛰어넘는 것이며 우크라이나에서 전쟁이 끝난 뒤에도 계속 이어질 것이라고 단호하게 말했다.

어떤 나라든 간에 참신한 형태의 무제한 협력 관계를 뒤집기란 어려운 일이다. 그러나 어떤 의미에서 보면 시진핑에게는 이 일이 매우 쉬운 선택이다.[69] 물론 그가 이런 선택을 하면 푸틴은 무척 불쾌할 것이다. 시진핑도 자존심이 뭉개지는 경험을 해야 할 텐데, 이는 독재국가의 지도자로서 결코 쉬운 일이 아니다. 그러나 이렇게 하는 것만이 중국을 강대국 지위에 올려놓겠다는 구상을 이루고 세계적인 지도자로서 우뚝 설 기회일지도 모른다. 그렇게만 된다면 미국과의 갈등도 저절로 해결될 것임은 의심의 여지가 없다. 이보다 더 좋은 일이 어디에 있겠는가.

그러나 이런 전망을 반박하는 설득력 있는 반론이 있다. 이 반론에 대해서는 앞서 6장에서 언급했다. 만일 시진핑이 미국의 봉쇄 전략에 맞서는 데 꼭 필요하다고 믿는 동맹을 찾겠다는 목적을 가지고 장기적인 관점으로 러시아-우크라이나 전쟁 이후를 내다보는 쪽을 선택한다면 모든 모험적인 시도가 중단될 수 있다. 시진핑에게 이는 세계적으로 고립되는 비용을 무릅쓰면서까지 러시아와의 무제한 협력을 지지할 때 얻을 편익이 무엇인지 따져보는 위험평가 과정이라고 할 수 있다.

재닛 옐런(Janet Yellen) 재무부 장관이 경고한 것처럼 중국이 "중립적으로 양다리를 걸치는" 선택을 할 때조차도, 경제적인 수요 차원에서 전 세계 모든 나라에 너무도 많이 의존하는 중국 경제로서는 끔찍한 결과를 맞을 수 있다.[70] 시진핑이 러시아 편을 든다면 그와 그의 나라는 엄청난 역풍에 휩싸일 게 분명하다. 그 선택은 '주요 국가와 맺는 관계의 새로운 모델'을 지난번보다 훨씬 큰 실패의 구렁텅이에 빠뜨릴 것이고, 중국의 가장 비극적인 거짓 서사가 될 것이다.

미끄러운 비탈길

왜 국가들은 거짓 서사를 만들어내고 또 키울까? 때로는 무지 때문에 그렇다. 어렵고 복잡한 문제를 이해하지 못해서 그렇게 된다는 말이다. 그러나 때로는 의도적으로 선택해서 그렇게 되기도 한다. 미국과 중국 두 나라는 모두 스스로 초래한 문제의 본질을 바라보지 않으려 하기에 거짓 서사에 집착하는 불행에 빠져 있다.

미국은 자국의 대규모 무역 불균형 및 기술 우위의 자리를 추월당할지도 모르는 지금의 사태가 국내저축이 부족하기 때문이라는 사실을 받아들이려 하지 않고 모든 것을 중국 탓으로 돌리고 싶어 한다. 중국도 세계 속에서 위상과 패권이 줄어드는 이유가 적어도 부분적으로는 자신에게 책임이 있음에도 불구하고 그 모든 것을 미국 탓으로 돌린다.

두 나라 모두 경제 번영을 장기적으로 이어가려면 경제 구조를 바꿔야 하지만 이런 작업 과정의 무거운 짐을 짊어지기보다는 거짓 서사를 받아들이는 편이 한결 쉬운 길이라고 생각한다. 거짓 서사는 정치적으로 편리할 뿐만 아니라, 복잡하고 어려운 문제에 간단한 해결책을 제시하기에 쉽게 뿌리치기 어려울 정도로 유혹적이다. 트럼프는 미국이 중국을 '응징'하기만 하면 미국이 다시 위대해질 수 있다고 주장했다. 또한 중국은 거대한 '규모'야말로 중국의 부흥과 번영을 보장하는 확실한 방법이라고 믿고 있다.

거짓 서사는 말 그대로 거짓이다. 이는 국가에 중요한 영향을 미치는 쟁점이나 문제의 본질을 그릇되게 전달한다. 그러나 어떻게, 어떤 근거로 거짓인지 알지 못하는 사람들이 쉽게 속을 정도로 설득력 있는 주장을 펼친다. 거짓 서사는 잘못된 정책을 유도하고, 그 바람에 해결해야 할 쟁점이나 문제는 악화된다. 예를 들면 트럼프가 중국 수입품에 매긴 관세가 그렇다. 트럼프는 미국의 무역 적자가 오로지 대중 무역의 불균형 때문에 빚어졌다는 거짓 서사에 사로잡혀 그런 조치를 내렸지만, 정작 미국의 기업과 소비자는 상대적으로 더 비싼 제품을 소비하게 되어 결과적으로는 더 많은 세금을 내게 되었다.

또한 중국은 혼합소유제 방식으로 국영기업 개혁을 했지만 결국은 국가가 나서서 경제를 통제하는 방식이 여전히 이어지면서 중국의 생산성 성장을 억제하고 '부채집약적인 일본화'로 이어질 가능성을 높였다. 그리고 이는 일본이 경험한 무서운 경제 질병에 중국이 취약해지도록 만들었다.

거짓 서사는 특히 갈등 상황에 놓인 나라들에 위험하다. 이는 번지수가 틀린 비난을 조장할 뿐만 아니라 애초부터 취약할 수밖에 없는 가정을 보완하기 위해 불안정한 행동을 정당한 것으로 호도한다. 냉전과 비슷한 무력 과시를 동반한 미중 사이의 무역 전쟁과 기술 전쟁은 거짓 서사의 이런 특성이 가시적으로 드러난 현상이다. 민간 부문의 기업가정신을 훼손하는 중국의 야성적 충동 부족과 근거 없는 남중국해 영유권 주장도 마찬가지다.

거짓 서사는 어려운 문제를 해결하려는 진지한 시도의 방향을 다른 곳으로 돌린다. 그러나 정보 왜곡이라는 음흉한 관행을 통해 거짓 서사가 만들어지면, 이 거짓 서사는 국가적 담론으로 채택되기도 한다. 중국의 철저한 검열이든, 미국의 양극화된 새빨간 거짓말이든 간에 거짓 서사의 의미는 한 가지 중요한 측면에서 동일하다. 바로 거짓 서사는 올바른 쪽으로 교정되지 않는다는 점이다. 거짓 서사는 거짓을 유지하기 위해 계속해서 새로운 거짓 서사를 만들어낸다. 그리고 소셜미디어를 통해 맹렬하게 확산된다. 결국 갈등 관계에 놓인 당사국은 점점 더 우발적인 충돌을 일으키면서 위험한 길을 무모하게 걸어가게 된다.

ACCIDENTAL CONFLICT

4부

맞대결의 서사들

수많은 거짓 서사가 우발적인 충돌의 발생과 확대로 이어졌다. 그러나 이런 충돌은 애초에 일어날 필요가 없었음에도 지금은 제거하거나 누그러뜨리기가 매우 어려워졌다. 두 강대국의 충돌은 이들의 동반의존성이 점점 더 악화되지 않았다면 애초에 일어나지도 않았을 것이다. 날이 갈수록 심각해지는 거짓 서사를 무력화하고 그동안 발생한 피해를 복구하며 건설적이고 지속 가능한 관계를 재건하려면 새로운 믿음이 필요하다.

이 책에서 설명하는 거짓 서사는 미국과 중국이 서로에게 투사하는 두려움과 불안을 말해준다. 그러나 두 나라를 동시에 놓고 보면 더 깊은 메시지를 찾을 수 있다. 두 나라는 구조적인 경제 불균형, 시장에 대한 국가의 개입, 혁신, 정보 왜곡 같은 문제들을 공통으로 안고 있다. 그러나 두 나라는 각자 다른 접근법으로 이런 문제들에 접근한다. 즉 중국은 시장을 기반으로 하는 사회주의(사회주의 시장경제)로, 미국은 무제한의 자본주의로 각각 접근한다. 두 나라가 품은 거짓 서사의 이런 이중성(같은 도전 과제에 대한 상이한 접근법)은 갈등을 고조시키는 핵심 원인인데, 갈등을 누그러뜨릴 열쇠도 어쩌면 바로 여기에 있을지 모른다.

개인과 개인 사이와 마찬가지로 국가와 국가 사이에서도 갈등을 해소하는 길은 신뢰 회복에서 출발한다. 이 길은 최상의 상황에서 진행되는 길고 힘든 과정이다. 신뢰 문제는 미국이나 중국 어느 쪽에서도 개인 대 개인의 차원으로 존재하지 않는다. 미국 여론조사 결과에 따르면 미국인은 과거 그 어느 때보다도 중국을 부정적으로 바라본다. 그 대부분이 중국 정부에 대한 부정적인 인식으로, 특히 인권, 지적재산권 보호, 무역 정책, 코로나19 기원 등에 대한 중국공산당의 입장에 집중돼 있다. 마찬가지로 미국에 대한 중국인의 불신도 중국이 세계 속에 우뚝 서지 못하도록 억제하고 봉쇄하는 미국 정부의 조치에 집중돼 있다.

불신의 대상을 양국의 최고지도자에게 초점을 맞춤으로써 불신을 개인화하는 것은 쉬운 방식이다. 선거가 있어서 여당과 야당이 주기적으로 바뀌는 미국은 중국에서 보면 움직이는 표적이나 마찬가지다. 중국인은 트럼프가 대통령 선거에서 패배하자 안도의 한숨을 쉬었다가 후임자인 바이든 대통령이 트럼프 때의 반중 정책을 계속 이어가자 실망감을 감추지 못하고 있다.

한편 일당 독재국가인 중국은 시진핑이 영구 집권을 노리면서 계속 1인자의 자리를 지키고 있어(2022년 10월에 열린 중국공산당 제20차 당대회에서 시진핑의 국가주석 3연임이 확정되었다. 시진핑은 후진타오 시대까지 유지되었던 2연임 초과 금지 원칙을 깨고 사실상 영구 집권의 길을 걷게 되었다–옮긴이) 미국이 보기에는 고정된 표적인 셈이다. 시진핑에 대한 미국의 불신은 기본적으로 자기의 권력을 강화하는 행보(예를 들면 국가주석의 임기 제한을 철폐하려 한다거나 반부패 운동을 빙자해서 정치적인 반대자를 숙청하는 조치)에서 비롯된다. 이것 말고도 미국이 우려하는 점은 시진핑 구상으로 드러났듯이 중국이 이념을 새롭게 강조하고 나섰으며 외교정책에서도 전과 다르게 강경한 노선을 채택하고 있다는 사실이다.

갈등이 해결되는 쪽으로 나아가려면 그 경로가 목표 지향적이어야 한다. 그리고 신뢰를 재건할 것과 공정하고 지속 가능하며 집행 가능한 규칙을 합의해서 만들 것, 건강한 상호의존성을 새로운 관계 패러다임으로 수용할 것이라는 목표가 설정되어야 한다. 이렇게 할 때 미국과 중국 모두 피해자 코스프레를 하면서 상대방을 비난하기보다는 양국의 관계를 강화하는 데 집중할 수 있을 것이다. 동반의존성에서 상호의존성으로의 전환이야말로 두 나라가 공동으로 이득을 얻을 기회를 위해 협력하고 신뢰하는 태도를 끌어낼 수 있다.

자신감이 넘치고 안정적인 지도자만이 정치적 의지와 용기를 하나로 모아서 신뢰를 구축할 수 있다. 이런 전환은 쉽지 않을 것이다. 양측 모두 정보 왜곡에 따른 불신이 팽배한 상황에서는 특히 그렇다. 이 전환은 우선 대화로 시작하고 그 뒤에 기후변화, 세계 보건, 사이버 보안 등 중요한 관심사를 함께 다루겠다는 약속이 뒤따른다. 이렇게 협력하는 과정에서 한층 광범위하고 건설적인 관계가 만들어질 기회가 나타난다.

양국이 무역 분쟁의 초점을 '미중 무역'이라는 양자간 문제에서 올바른 해결 경로인 '다자간 무역'으로 이동시키지 않는 한 갈등은 해결될 수 없다. 이 말은 기술과 무역을 둘러싼 구조적인 갈등을 해결할 새로운 집행 장치를 마련하는 동시에 두 나라가 협의하고 참여하며 책임을 지는 강력한 틀을 새로 마련해야 한다는 뜻이다. 이 책에서는 이런 점들을 고려한 어떤 계획 하나를 제시하는 것으로써 결론을 내리고자 한다.

미중 갈등이 해소되려면 궁극적으로 양측 모두가 동반의존성에 내포된 함정을 인식해야 한다. 여러 가지 점에서 양국의 관계는 처음 출발할 때부터 장차 문제를 맞닥뜨릴 수밖에 없는 운명이었다. 그리고 양국 간의 마찰이 일어나자 거짓 서사들이 일으키는 불협화음 속에 양국은 비난과 경멸을 서로를 향해 쏟아냈다. 현재 두 나라의 상황은 매우 나쁘다. 그러나 다음 차례에 올 사건과 충돌은 상황을 더욱 나쁜 쪽으로 몰아갈 것이다. 중국과 러시아가 러시아-우크라이나 전쟁 직전에 맺은 무제한 협력 관계는 그런 불행한 일이 얼마든지 일어날 수 있음을 보여준다. 따라서 미중 양국의 관계 패러다임을 동반의존에서 상호의존으로 전환하는 것이 유일한 길이다. 미국이든 중국이든 이 기회를 헛되이 날려버릴 여유가 없다.

12장

우발적 충돌

미중 갈등은 굳이 일어나지 않아도 될 일이었다. 갈등의 심화는 두 나라의 동반의존성에 애초부터 내재된 위험이지만 충돌을 미연에 방지하거나 회피할 기회도 있었다. 그 충돌은 다양한 이유로 발생하지 않았다. 특히 경제적인 안전성에 대한 양국의 인식을 훼손하는 거짓 서사들의 파괴적인 융합 때문에 발생하지는 않았다.

　우리의 이야기는 취약성이라는 놀라운 사실에서부터 시작했다. 미국의 국내저축 부족과 중국의 불완전한 구조적 재균형은 두 나라의 장기적인 경제 전망을 어둡게 만들었다. 그렇게 맺어진 두 나라의 동반의존 관계는 서로에 대한 깊은 두려움으로 각각의 나라가 지닌 불안을 더욱 증가시켰다. 중국은 미국이 새롭게 떠오르는 강대국을 억제하려고 노력하지만 이미 쇠락의 궤도에 접어들었다면서 미국의 미래를 어둡게 바라본다. 반면에 미국은 새롭게 떠오르는 강대국인 중국이 미국의 미래를 결정할 신흥 산업 부문을 위협할 것이라고 두려

위한다. 두 나라의 이런 인식 때문에 아메리칸드림이나 중국몽에 담긴 드높은 열망은 취약할 수밖에 없다.

두 나라의 정책 집단은 이런 가능성을 부인하는 태도로 일관한다.[1] 이런 모습은 동반의존성의 전형적인 징후로서, 자신의 취약성에 대해 마땅히 져야 하는 책임을 인정하지 않고 부인하는 모습이다. 중국의 고대 전략가 손자가 충고한 대로 자기를 돌아봐야 함에도 그렇게 하지 않고 다른 곳을 바라보며 남 탓을 하는 것이다. 결국 두 나라는 경제적 편집증을 앓게 되었고 상대국이 자국에 위협을 가한다고 믿으면서 두려움에 떨게 되었다.[2]

갈등이 진행되는 양상은 과거의 불길한 역사를 상기시킨다. 역사는 기존 강대국과 신흥 강대국 사이의 전쟁 사례로 가득 차 있지만 오늘날에만 뚜렷하게 나타나는 특수한 취약성도 있다. 앞서 나는 미국이 기존의 강대국으로서 제1차 냉전을 승리로 이끌었던 1947~1991년에 비하면 지금은 그때보다 경제적으로 훨씬 취약하다는 사실을 강조해서 지적했다. 반면에 중국이라는 국가와 그 경제는 엄청나게 비효율적이었고 쇠퇴하는 경제를 부여잡고 있었던 소련보다 훨씬 강력한 도전장을 미국에 내밀었다. 중국을 상대로 하는 새로운 냉전에서 미국이 질 수도 있다는 뜻이다. 따라서 미국이 이런 결과를 막으려고 선제적으로 행동할 위험도 그만큼 더 크다.

무역 및 기술을 둘러싼 갈등이 점점 고조되는 상황에서 냉전으로 휩쓸리지 않으려면 점점 거칠어지는 갈등을 완화할 장치, 즉 당사국들이 경제적·정치적으로 함께 참여할 새로운 틀이 필요하다. 오랜 세월 성장과 번영의 열쇠였던 기술과 혁신에 대한 합의를 끌어내는 일이 그런 해결책에서 중심이 되어야 한다.

새로운 접근법을 마련하지도 않은 채 문제가 저절로 해결되길 기대하는 것은 환상에 매달리는 것일 뿐이다. 그렇게 했다가는 갈등이 더욱 강화될 뿐이다. 갈등이 고조되면 상상하지도 않은 지점에서 전쟁의 불똥이 튈 수 있다. 역사는 이런 가능성의 교훈을 우리에게 혹독하게 가르쳤다. 오스트리아–헝가리 제국의 황태자 프란츠 페르디난트(Franz Ferdinand)가 민족주의 혁명가에게 암살당한 사라예보 사건에서 제1차 세계대전의 비극이 시작되지 않았던가.[3] 이런 불씨 하나만으로 나쁜 일이 일어날 수 있는데 여기저기 불씨가 많다면 나쁜 일이 일어날 가능성은 급격히 커진다. 아시아, 특히 대만해협, 남중국해, 홍콩 등에서 고조되는 긴장은 하나같이 걱정거리다. 그리고 우크라이나에서의 충돌은 더욱 긴박한 문제다.

재화와 서비스, 금융 자본이 국경을 넘나들면서 이뤄지는 무역은 갈등과 충돌이 고조되지 않도록 막아주는 경제적인 차원의 밸러스트(ballast, 선박이 적절한 복원성을 유지하도록 배의 하부에 싣는 바닥짐–옮긴이)나 마찬가지다. 그런데 미중 관계가 나빠지면서 두 나라는 그 밸러스트를 배출하고 있다. 밸러스트가 없는 배가 복원력이 약해지듯이 미중 관계는 더욱 불안하게 바뀌었다. 갈등 해소가 지연될수록 갈등 폭발의 충격은 커지고 비극적인 파국의 위험도 그만큼 커진다.

거짓 서사의 이중성

중국과 미국은 경제 체제뿐 아니라 사회적 가치관과 통치 구조 모두에서 뚜렷하게 대비된다는 말을 이 책의 처음부터 계속 강조해왔다. 그러나 하나의 파이에서 잘라낸 두 개의 조각과 마찬가지로, 이 둘의 대조를 총체적인 관점에서 바라보는 게 중요하다. 두 나라를 비교하면 놀라운 이중성이 드러난다. 이 이중성은 사실상 "서로 관련이 있는 두 개념 사이의 뚜렷한 대조"다.[4] 경제학에서 이중성의 고전적인 사례는 개발도상국의 상대적으로 가난한 농업 부문과 상대적으로 부유한 제조업 부문을 나란히 놓고 바라보는 것인데, 이 두 부문은 동일한 퍼즐 조각들로 연결되어 있다.[5]

중국과 미국을 나란히 놓고 봐도 마찬가지다. 상대국에 대한 각각의 평가를 뒷받침하는 거짓 서사를 보면 두 나라가 공통으로 안고 있는 문제를 바라보는 서로 다른 관점을 파악할 수 있다. 이 이중성을 올바로 이해할 때 미국과 중국이 의존하는 거짓 서사들을 총체적으로 평가할 수 있다. 그리고 비로소 갈등 해결의 경로가 드러난다. 거짓 서사들끼리 충돌하는 것은 그 이중성의 필연적인 결과다.

미국과 중국 각 나라의 경제 모델은 중요한 분석 대상이다. 많은 점에서 두 나라의 경제는 서로가 서로에게 거울상이다. 미국은 과도하게 소비하는 반면 중국의 소비 비중은 세계의 주요 경제국들 가운데 가장 낮다. 중국은 과잉 생산을 하고 국내총생산에서 투자가 차지하는 비중이 미국의 두 배가 넘으며 막대한 규모로 무역수지 흑자를 기록한다. 이에 비해 미국은 만성적인 무역수지 적자에 시달린다. 두 나라 사이의 무역을 보면 두 나라의 거울상이 생생하게 드러난다. 즉 궁극적인 저비용 생산국인 중국이 궁극적인 고지출 소비국인 미국을 지원하고 있다. 그러나 미국의 수요가 없으면 중국도 망한다.

이 대칭되는 거울상에 담긴 의미가 두 나라의 경제적 서사의 이중성에 반영된다. 중국은 그들의 소비 전망을 미국적인 관점으로 바라보면서, 일자리 창출과 실질임금 인상이 가계 구매력의 가장 중요한 원천인 노동소득을 뒷받침한다는 것을 이해한다. 그러나 두 나라의 경제는 자기의 노동소득 문제를 전혀 다른 관점에서 바라본다. 중국의 고용은 서비스업 부문으로의 구조적 전환이 주도하며, 실질임금 인상은 중국의 농촌 노동자가 도시로 이동한 결과다. 두 경우에서 모두 '융합 서사(convergence narrative)'가 작동해서 중국은 규모가 훨씬 큰 서비스 부문과 실질임금이 더 높고 성숙하며 발전한 미국 경제의 특성을 모방하기를 열망한다. 이런 소비주의의 이중성에는 상당한 아이러니가 있다. 즉 중국은 미국이 지나쳐서 문제인 바로 그것을 열망한다.

미국과 중국의 소비를 비교하는 데서 나타나는 저축의 이중성은 특히 양국 간 경제 갈등에 중요한 영향을 미친다. 나는 앞에서 중국인의 예비적 저축이 중국 사회에서 매우 부족한 사회안전망 수준과 급속한 고령화에 대한 두려움의 결과라고 주장했다. 그런데 미국의 경험을 살펴보면 중국이 안고 있는 이 문제의 해결책을 알 수 있다. 바로 더욱 튼튼한 안전망 기금을 마련하는 것, 가계 투자 선택의 폭넓은 포트폴리오(자산구성)를 통한 비노동소득의 창출 원천을 늘리는 것이다. 중국 정부가 미국의 저축 경험에서 명백한 이중성의 교훈을 끌어내기만 한다면 중국에서 소비주의가 강화될 것임은 분명하다.

물론 이런 이중성은 저축 격차가 양국 간의 무역 불균형으로 전환될 때 한층 심각한 문제가 된다. 지금은 확인된 사실인데, 미국처럼 저축이 만성적으로 부족한 나라는 투자와 경제성장에 필요한 자금을 외국의 잉여저축을 끌어들이는 방식으로 확보하기 위해 무역수지 적자를 추구하는 경향이 있다. 반대로 중국처럼 저축이 만성적으로 넘쳐나는 나라는 초과저축으로 형성된 자본을 고수익 해외 자산에 투자하는 한편 통화가치가 상승하고 경제성장을 방해하는 것을 막기 위해 무역수지 흑자 기조를 이어가고자 하는 경향이 있다. 저축의 이 중성 서사가 동반의존성에 함정에 빠지는 지점이 바로 여기다.

저축이 부족한 미국은 2021년 기준으로 106개국을 상대로 무역 적자를 기록한다는 사실을 돌아보지도 않은 채, 거대한 규모의 무역 수지 적자가 오로지 중국 때문인 것처럼 중국을 비난한다. 미국의 다자간 무역에서 발생한 적자의 큰 부분을 중국이 차지한다는 것은 미국의 국내저축이 부족하고 공급망의 구성과 관리가 왜곡되어 있으며, 중국이 초과저축국이고 저비용 생산국이라는 비교우위를 가진다는 뜻이다.

이 모든 것은 미국이 주장하는 중국의 불공정한 무역 관행 논리보다 훨씬 설득력이 있고 중요하다. 다자간에 발생한 문제를 양자 간에 발생한 문제로 파악하는 것은 무엇보다도 말이 되지 않는다. 중국을 겨냥한 트럼프의 관세 조치는 이미 역풍을 맞고 있다. 비용을 더 많이 들여야 하는 다른 외국 공급업체로 수입선을 바꾸면서 미국의 부는 더 많이 외국으로 빠져나가고 있다.[6] 결국 미국 소비자들은 거짓 서사 때문에 비싼 물건을 사게 되었다. 바이든 정부가 이런 사실을 간과하고 바로잡지 않는다는 점이 걱정스럽다.

한편 중국에서 넘쳐나는 저축도 똑같이 해로운 거짓 서사들을 낳았다. 우선 중국은 수출 주도 경제성장의 동력을 뒷받침하기 위해 미국의 소비자 수요 과잉에 기꺼이 의존했다. 하지만 이는 중국 지도자들의 심각한 오해였다. 그들이 지난 25년 동안 자국의 수출을 안정적으로 지원했다고 바라본 외부(해외)의 지원은 계속된 자산 거품 및 이 거품들과 관련된 글로벌 위기 때문에 근본적이고도 예리한 질문에 휘말렸다.[7]

또한 중국의 접근법은 소비자 요구를 억압하면서 세계 여러 나라를 상대로 무역수지 적자를 달성했던(2019년 기준으로 157개국을 상대로 흑자를 기록했다)[8] 중상주의 경제성장 모델 없이도 잘해나갈 수 있다는 잘못된 믿음을 반영했다. 2007년 원자바오가 중국에서 처음으로 강조했던 이 불균형은 중국의 거시경제 구조를 크게 왜곡했고 이는 지금까지도 교정되지 않은 채 이어지고 있다. 중국도 미국과 마찬가지로 저축과 관련된 거짓 서사 때문에 엄청나게 큰 대가를 치렀다.

미국 경제와 중국 경제의 거짓 서사는 동전의 양면이다. 내부(국내) 균형을 반영하면서 동시에 외부(국외)로 연결되도록 부추기는 저축의 이중성은 구조가 불균형한 두 나라의 경제를 하나로 묶어준다. 이는 하나의 거짓 서사를 다른 거짓 서사로 이어주는데, 예컨대 미국은 자국의 저축 문제가 무역에 미치는 영향에 대해 중국을 비난하고, 중국은 미국의 이런 반응을 자국을 봉쇄하겠다는 위협으로 해석한다. 그러나 관계라는 관점에서 바라보면 저축이 넘쳐나는 중국은 저축이 부족한 미국을 지원한다. 이것은 동반의존성을 유발하는 병리학과 정확하게 일치한다.[9]

이런 거짓 서사의 이중성을 해결하지 않은 채 방치하면 충돌의 가능성이 큰 동반의존성이 한계점까지 치달을 수 있다. 바로 이런 상태가 지금의 현실이다. 하지만 불행 속에서도 한 가지 희망이 있다. 저축의 거짓 서사는 갈등을 유발하지만 갈등 해결의 중요한 단서도 제공한다. 이에 대한 자세한 내용은 마지막 장인 14장에서 다루기로 하고 여기서는 저축이 중요한 단서라는 점만 알고 넘어가자.

국가 통제의 이중성

국가 통제의 이중성은 미국과 중국, 두 경제 체제 사이의 대조와 긴장을 면밀하게 살펴볼 또 다른 관점이다. 중국에서 혼합소유제 모델은 국영기업과 (사회주의 시장경제 아래에서의) 민간에 준하는 부문 사이의 균형 행위를 강조한다. 그러나 앞서도 언급했듯이 최근 혼합소유제 국영기업 개혁이 이뤄지긴 했지만 그 실제 내용은 국가 자산의 교차 보유를 강화하는 것일 뿐이었고, 결국 중국 정부의 통제가 강화되어 균형은 더욱 복잡해지기만 했다.

　미국과 미국의 민간기업 체제에서 그 균형은 한층 미묘하다. 국가의 역할이 주로 규제 감독과 위기 국면에서의 개입에 국한되고, 또 이런 일들은 금융통화 당국의 정책 위임 조치들을 통해 이뤄지기 때문이다. 미국과 중국 모두 핵심적인 산업들을 집중적으로 지원하는 것을 목표로 하는 적극적인 정책을 펼친다. 중요한 차이점은 중국은 이런 사실을 인정하고 미국은 인정하지 않는다는 점이다. '중국제조 2025(中國製造 2025, Made in China 2025, 중국 국무원이 2015년 5월에 제조업 활성화를 목표로 발표한 산업고도화 전략으로, 과거 중국의 경제성장이 양적인 면에 집중되었지만 앞으로는 혁신 역량을 키워서 질적인 면에서 제조업 강대국이 되겠다는 전략이다-옮긴이)' 같은 중국의 구상에서 국가가 수행하는 역할은 명확하다.

그러나 미국은 정부가 나서서 이런 일을 하지 않는다. 철학적인 차원에서 설명하자면 그렇게 하는 것은 자유시장에 불법적으로 개입하는 행위이기 때문이다.[10] 그러나 4장에서 살펴봤듯이 미국에도 정부가 시장에 개입하는 사례는 얼마든지 있다. 국방부 산하 국방고등연구계획국(DARPA) 지원 연구개발 프로그램도 있고, 미국 정부의 자국 물자 우선 구매 프로그램인 바이 아메리칸(Buy American) 캠페인도 심심찮게 진행되고 있다. 농장에 보조금을 지원하는 제도는 이미 역사가 오래되었고, 중국의 위협으로부터 미국 산업을 보호하자는 취지로 진행되는 지원책의 일환으로 미국 반도체 산업을 보호하고 지원하기 위한 노력들이 이뤄지고 있다.[11]

두 나라에서 모두 국가의 역할은 분명하고 뚜렷해졌다. 중국에서는 지난 30년 동안 시장이 주도하는 자유화에 무게중심이 놓여 있었지만 이 무게중심이 지금은 국가의 역할을 강조하는 쪽으로 점점 더 이동하고 있다. 시진핑 시대에 들어와 국가의 역할이 더 적극적으로 바뀌었다는 사실은 주목할 만하다.[12] 미국 정부도 수차례 위기를 겪은 뒤로는 규제가 느슨해져서 불안정해진 경제 체제를 관리하는 데 한층 적극적으로 나설 수밖에 없었다.[13]

중국과 미국에서 모두 국가의 역할이 강화되는 과정이 이런저런 사정 때문에 쉽지만은 않았다. 미국에서는 반복해서 일어난 경제 위기로 기업의 재무 상태와 유동성이 문제가 되었고, 나중에는 채무불

이행의 위기까지 몰리는 등 온갖 위험이 복합적으로 나타났다. 처음에는 2000년대의 닷컴주식 거품 때 그랬고 2008~2009년 금융위기때 그랬으며, 마지막으로는 2020년에 일어난 코로나19 충격 때 그랬다. 그때마다 미국 정부는 파괴된 시스템을 되살리기 위해서 최종대부자의 역할을 해야 했다(경제 위기 등으로 예금자들이 예금을 일시에 찾아가려는 사태가 발생해서 은행이 파산할 위험에 놓일 때 중앙은행은 일반 은행에 최종대부자로서 돈을 빌려준다-옮긴이).[14]

미국의 중앙은행인 연방준비제도는 미국의 새로운 행동주의 정책 속에서 특별한 역할을 하면서, 금융위기와 관련된 대출 프로그램으로 죽어가는 기업을 살렸을 뿐만 아니라 위기가 끝나고 한참이 지난 뒤까지도 지나칠 정도로 완화적인 통화 정책을 펼쳤다. 이 정책은 금리를 극도로 낮은 수준으로 유지해서 수요를 지원하고 연방정부의 예산 적자를 메웠다. 또한 연방준비제도는 통화량을 마구 늘려서 금융시장에 과잉유동성(금융시장에서 통화량 공급이 수요를 상회하는 상태-옮긴이)을 투입했다.[15] 즉 미국의 중앙은행은 투자 결정을 왜곡하면서까지 자본비용을 지원하면서 산업 정책을 이끌었다. 미국적인 방식으로 말이다.

미국의 이런 어려운 상황을 중국 지도부는 놓치지 않고 지켜봤다. 중국공산당의 브레인으로 불리는 왕후닝은 미국을 어두운 이미지로 바라보는데, 그의 이런 인식과 다르지 않게 미국은 이미 쇠퇴하기 시작했다는 인식이 중국의 지도부에는 널리 퍼져 있다. 툭하면 터지는 경제 위기와 사회적 혼란, 정치적 양극화가 마침내 기존의 패권국인 미국에 타격을 주고 있다고 보는 것이다. 중국이 마침내 미국을 따라

잡고 세계 최강대국으로 우뚝 설 순간이 가까이 다가왔다고 그들은 생각했다.[16]

그렇다고 중국이 이 기간에 손을 놓고 있었다는 말은 아니다. 경직되고 부패한 공산당이 온갖 위기를 불러올 수 있다는 두려움에서 시작된 시진핑의 반부패 운동과 이념적 강화는 새로운 의미를 띠고 있었다. 중국은 글로벌 금융위기로부터 특히 중요한 교훈을 얻었다. 서구의 시장 기반 경제 체제가 안고 있는 높은 변동성은 중국처럼 안정을 중시하는 나라로서는 도저히 받아들일 수 없는 선택지였다.[17] 그래서 중국 정부는 위기(危機)라는 말에 담긴 '위험'과 '기회' 중 기회에 중점을 두고, 21세기 초에 서구를 강타한 혼란을 자신의 통제력을 강화하는 기회로 삼았다. 그리고 사회주의 원칙의 수호자를 자처하며 이념과 지배구조를 통해 자신의 위상을 분명히 했다.

미국과 중국 모두 정부가 앞장서서 행동하는 정책으로 전환했는데, 여기에는 한 가지 중요한 의미가 있었다. 바로 국가의 개입이 강력해지면 유기적인 시장 기반 결과가 왜곡된다는 사실이다. 미국은 연이어 발생한 위기를 계기로 유례없는 금융통화 부양책들이 나타났다. 그리고 중국에서는 중국공산당의 전략과 지도부가 의식적으로 수행하는 정책으로 시장 왜곡이 나타났다. 이는 이른바 '시장의 지혜'가 국가의 사회주의 이념에 부합하는 엄격한 지침보다 신뢰성이 떨어진다는 중국 정부의 기본적인 인식이 반영된 것이었다. 이런 인식은 지난 25년 동안 빈번하게 나타났던 경제 위기 때 서구의 금융시장이 극심한 혼란에 빠지는 걸 지켜보면서 반복적으로 강화되었다. 이런 중국으로서는 미국의 소비주의를 모방하기는커녕 미국을 모델로 삼고 싶은 마음이 조금도 없었다. 그들이 보기에 미국은 쇠퇴하는 나라이기 때문이다.

중국의 입장에서 보면 위기와 혼란의 시기에는 침체된 시장에 국가가 주도적으로 개입하는 것이야말로 국가 권력이 중국 부흥의 강력한 도구임을 보여주는 기회이기도 했다. 그러나 미국은 국가의 시장 개입을 전혀 다르게 봤다. 즉 국가가 위기에 빠진 아메리칸드림을 지키기 위해 어려운 상황에 대처하려고 떨쳐 일어난다는 뜻에 더 가까운 것으로 바라봤다. 시장이 침체되었을 때는 온갖 무모한 행동이 용납되며 '도덕적 해이(moral hazard)'의 가능성이 무시되고 정부가 얼마든지 시장에 개입할 수 있다는 말이다.[18] 한편 중국은 사회주의 이념이 중국공산당의 통제 강화가 도덕적·정치적 정당성을 가지고 있음을 뒷받침한다고 생각한다.

9장에서 언급했던 '공동부유'라는 중국의 새로운 정책은 국가 통제를 둘러싼 해묵은 논쟁을 전혀 다른 관점으로 바라본다.[19] 2021년 여름에 처음 등장할 때만 하더라도 이 구상은 중국 사회에서 점점 심화되는 불평등, 특히 부의 불평등을 줄이자는 목표에 주로 초점을 두었다. 공동부유 캠페인을 통해 알리바바, 디디추싱, 텐센트, 핀듀오듀오, 메이투안 등 중국에서 내로라하는 인터넷 플랫폼 기업을 설립한 기업가들의 막대한 재산이 조명되었다. 그리고 중국 경제에서 가장 역동적인 부문을 성장시켰던 기업가적 '야성적 충동'을 향한 전면적인 공격이 나타났다.[20] 곧 글로벌 주식시장이 격렬하게 반응했고 불과 몇 달 만에 중국의 인터넷 플랫폼 기업의 주식시장 가치가 약 1조 5,000억 달러나 증발했다.[21]

그러나 공동부유 캠페인은 새로운 플랫폼 기업뿐만 아니라 그보다 더 많은 기업을 향했다. 이 캠페인에는 플랫폼 기업들이 초래한 것으로 알려진 부정적인 사회적 영향을 중국의 경제 체제에서 제거하기 위한 정부의 노력도 포함되었다. 비디오게임, 부적절하고 애국적이지 않은 음악, 극단적인 성적 태도 등 젊은 세대를 마케팅 표적으로 삼는 중독적인 활동 그리고 학습 부담으로 스트레스가 쌓인 어린 학생들과 그들의 가족에게 부담을 주는 개인 과외를 퇴출시키는 것이 정부가 기울이는 노력의 목적이었다. 이런 흐름은 느닷없이 나온 것이 아니라 시진핑이 2013년에 "네 가지 악습(형식주의, 관료주의, 쾌락주의, 사치)"을 해결하겠다면서 '대중노선'의 일환으로 제시했던 교육 캠페인으로 이미 예고된 것이었다.

중국이 공동부유의 길을 걸어서 어디로 나아갈지는 알기 어렵다. 어떤 점에서 보면 공동부유는 자본주의 경제성장의 필연적인 결과인 부패 과잉을 표적으로 삼는 고전적인 마르크스주의 서사다.[22]

물론 가난한 나라에서 성장이 이뤄진다고 해서 그 나라의 이념적인 성향과 상관없이 모든 계층의 생활 수준이 동시에 개선되리라는 보장은 없다. 앞서 9장에서도 확인했듯이 중국에서는 경제성장 초기 단계에서 특정 집단에 집중된 혜택이 결국 사회의 모든 집단으로 확산될 것이라는 기대가 오래전부터 있었다. 사실 경제성장에서 비롯된 이득이 돌아가는 순서는 1986년에 덩샤오핑이 제안한 방식으로 이뤄질 것이라는 기대가 있었다. 그 방식은 "일부 사람들과 일부 지역들이 먼저 부유해지고" 그다음에 그 사람들과 지역들이 "나머지 사람들 및 지역들에 도움을 주는" 방식이었다.[23]

이 관점에서 보면 공동부유는 덩샤오핑이 제시한 방식의 두 번째 단계를 이행하기 위한 노력이라고 볼 수 있다. 이 발상은 중화인민공화국이 걸어온 현대사에서 오래 뿌리를 내리고 있었던 것이지만, 2021년에 이런 점을 새삼스럽게 강조한다는 사실에 담긴 신호는 명확하다.[24]

흥미롭게도 2021년 8월 공동부유 캠페인이 발표된 이후 중국공산당은 이 캠페인이 미치는 영향을 축소하려고 노력해왔다. 이때 나타난 모든 논란을 고려하면 아마도 항의가 너무 많았던 것 같다. 캠페인이 발표된 뒤에 담론이 전환되었음은 분명하다. 중국 관리들이 어린 학생들이 받는 학업 스트레스를 해결할 설득력 있는 주장을 제시하고, 불평등에 대해 전혀 다른 주장을 내놓는 걸 보면 그렇다. 관리들은 또한 자산 데이터(기업이나 조직이 자산으로서 가지고 있는 데이터-옮긴이)를 보호할 필요성을 경고하며 반독점 주장을 하는데, 그동안 정부가 오랫동안 대규모 국영기업의 독점을 지지했다는 사실을 보면 매우 아이러니한 주장이다.

이 모든 사실은 훨씬 큰 퍼즐의 작은 조각에 근시안적으로 집중하는 세분화 편향(segmentation bias)과 관련된 질문을 제기한다. 결국 중국 경제에 가장 중요한 것은 이 퍼즐 조각들을 어떻게 맞출 것인가다. 정책상 조치를 개별적인 사례에 따라 정당화한다면 그 조치들의 종합적인 결과가 빚어내는 효과를 보지 못할 것이다.

공동부유를 강조하는 것이 중국의 역동적인 인터넷 플랫폼 기업을 제약하는 방향으로 나아간다면 중국의 성장 전략에서 중대한 변화가 일어날 수 있다. 여러 가지 점에서 공동부유라는 이 새로운 캠페인은 2013~2015년에 있었던 반부패 운동의 당연한 귀결이라고 할 수 있는[즉 나쁜(또는 부패한) 행위자들을 제거했으니까 지금은 나쁜 습관들을 몰아낸다는] 사회공학이다.[25] 공동부유에 대해 어떤 평가를 내리기는 아직 이르지만 공동부유가 전달하고자 하는 핵심적인 메시지는 분명하다. 공동부유라는 커다란 우산이 국가와 경제, 중국 사회 사이에 놓여 있는 참여의 규칙을 바꿀 수도 있다는 것이다.

사회적·경제적 불평등은 미국에서도 오래전부터 중요한 쟁점이었다. 바로 이 불평등이라는 쟁점 덕분에 도널드 트럼프가 대통령이 될 수 있었다고 많은 사람이 믿는다.[26] 그러나 중요한 차이가 하나 있다. 불평등 문제와 인터넷 때문에 빚어진 사회적·정치적 양극화 문제를 놓고 미국에서 벌어진 논쟁은 지금까지 급격히 심화되었지만, 이 문제를 해결할 방식에 대해서는 일반 시민에서부터 정책 입안자에 이르기까지 전체적으로 양면적인 입장을 취하고 있다. 물론 이 논쟁은 최근 의회에서 소셜미디어가 사회를 불안정하게 만든다는(소셜미디어의 이런 특성에 대해서는 조금 뒤에서 다시 설명하겠다) 것으로 논의의 초점이 옮겨 가는 가운데 유동적으로 남아 있다.

그러나 평등주의는 오랫동안 정책 전략이나 정책 설계를 위한 전술적인 차원의 초점이라기보다는 미국이 열망하는, 그러나 좀처럼 달성하기 어려운 목표에 가까웠다. 바이든 대통령이 새로운 누진소득세를 제안하면서 이것을 바꾸려고 시도하지만, 이 글을 쓰고 있는 지금 시점으로는 그 제안이 장차 어떤 운명 속에서 어떻게 흘러갈지는 확실하지 않다.

여기서 미중의 이중성이 특히 두드러진다. 중국은 미국이 잘 알고 있으며 또 **궁극적으로는** 해결해야 한다고 생각하는 바로 그 문제들을 해결하기 위한 전략의 **시급성**에 초점을 맞추고 있다. 이는 놀라운 일이 아니다. 전혀 다른 두 정치 체제는, 개인의 소유권 서사와 개인에 대한 보상 서사라는 사회의 본질적인 모순을 해결하는 데서 국가가 수행할 역할과 관련해 매우 다른 결론에 도달했다.

중국은 공동부유에 초점을 맞춤으로써, 급속한 경제성장기에 중요한 사회 문제로 떠올랐지만 외면당하고 방치되었던 성장의 질적 개선이라는 문제를 국가가 개입해서 해결하려고 한다. 반면에 미국은 경제성장의 질에 집중할 수는 있지만 정부가 직접 나서서 경제성장을 촉진하는 조치를 취하는 것을 중국보다는 훨씬 많이 꺼린다. 근본적으로 미국의 정치권은 이 문제를 자유시장에 그리고 개방적이고 자유주의적인 사회가 오랫동안 소중히 여겨온 선택의 자유에 맡겼다. 바이든 정부가 내세운 경제 정책인 '더 나은 재건(Build Back Better)'은 그런 측면에서 예외적인 것이었고 결국 의회의 승인을 얻지 못했다.

미국과 중국이 동시에 갖는 이 의제는 두 나라의 갈등 관계에서 중요한 의미를 지닌다. 자국 경제성장의 질을 높이길 바란다는 점에서는 두 나라가 동일하지만 이 목표를 달성하기 위한 두 나라의 접근법은 전혀 다르다. 그리고 기후변화와 불평등 심화에 따른 사회적 긴장, 파괴적인 전염병이라는 시급한 문제들을 특징으로 하는 지금 시대에 과연 미국과 중국이 각자 바람직한 해결책을 가지고 있는지는 분명하지 않다.

혁신과 정보 왜곡의 이중성

자주혁신과 생산성 향상 사이의 상호작용은 지속적인 경제성장과 발전을 가능하게 해주는 기적의 성배(聖杯)다.[27] 이런 사실은 선진국과 개발도상국 모두에 오랫동안 진리로 통했다. 그러나 오늘날에는 이 상호작용에 또 하나의 요소가 추가되었다. 성장을 위한 혁신의 잠재력은 하드웨어에서 소프트웨어로, 제품에서 애플리케이션(앱)으로 이미 이동했다.

데이터 기반의 인공지능이 미중 관계 갈등의 중요성을 높이는 데 핵심적인 역할을 해왔다는 사실은 앞에서도 살펴봤다. 운송, 제조, 생명과학, 핀테크에서부터 무기 개발에 이르는 다양한 분야에서 인공지능을 기반으로 하는 앱이 획기적으로 발전했는데, 이로써 혁신의 방정식과 글로벌 기술 선두주자로 나아가는 경로가 바뀌었다. 동시에 이런 진전은 양날의 칼이라는 이중성, 즉 개별 국가가 누릴 수 있는 엄청난 규모의 보상 그리고 동반의존성 갈등이 안고 있는 이런저런 문제들을 반영한다.

미국과 중국 사이에 격화되는 기술 전쟁은 거짓 서사들끼리의 대결을 보여주는 교과서적인 사례. 미국은 만성적인 국내저축 부족으로 혁신에서 중요한 요소인 자금이 부족하다. 특히 중국이 최근에 강조하는 핵심적인 분야들인 연구개발 분야와 STEM(과학·기술·공학·수학 융합) 기반의 고등교육 분야에서 그렇다.[28] 이 저축 부족 문제를 해결하려면 저축을 늘려야 한다. 그러나 미국의 정치인들은 엉뚱하게도, 중국을 기술 약탈자로 묘사하고 신기술과 선진 산업 분야에서 미국에 도전하는 나쁜 경쟁자로 비난하는 거짓 서사를 맨 앞에 내세우고 있다.

미국이 화웨이를 때리면서 미중 갈등에 집착하는 것도 바로 이 거짓 서사를 강화하고자 하는 행동이다. 이 거짓 서사에 따르면 중국의 선도적인 기술 회사인 화웨이는 새로운 5G 글로벌 통신 플랫폼을 이용해 신화 속 트로이 목마가 그랬듯이 미국을 위협한다. 마치 중국이 갖은 속임수를 동원해서 미국이 차지하고 있는 기술 분야 선두 자리를 빼앗기라도 할 것 같은 내용으로 미국인에게 두려움과 공포를 안겨주는 것이다.

2018년 3월에 제기된 미국무역대표부의 301조 불만 사항에 따르면 기술 갈등에서 미국이 제기하는 문제는 중국이 미국 기업의 기술을 강제로 자국에 이전시키고 사이버 해킹을 일삼으며 불공정한 산업 정책을 펼친다는 것이다. 그리고 이 모든 것이 미국의 미래 산업의 토대를 훼손한다고 주장한다. 미국의 정치인이 보기에 글로벌 혁신 분야에서 중국의 빠른 진전은 끔찍한 경쟁의 위협이자 안보와 관련된 중요한 문제다. 주로 이런 이유로 민주당과 공화당은 중국을 미국의 번영을 위협하는 국가로 한목소리로 지탄한다.[29]

앞서 5장에서도 주장했지만 혁신 및 기술 분야에서 중국이 위협적인 존재라는 주장의 대부분은 미국이 안고 있는 결점을 드러낼 뿐만 아니라 방향이 잘못되었고 과장되었으며 낡은 인식이다. 그러나 중국 역시 이 거짓 서사의 싸움에서 무고하지 않다. 초기에 산업 강국으로 성장했던 선진국 대부분과 마찬가지로, 말도 많고 탈도 많으며 거칠기 짝이 없는 글로벌 신기술의 전장에서 중국도 잘못을 저질렀다.[30]

무엇보다도 중국의 성장 규모와 속도가 워낙 크고 빨라서 미국을 비롯한 선진국들이 느끼는 압박감이 커졌다.

그러나 기술 경쟁에서 중국이 안고 있는 가장 큰 문제는 중국의 행동과 의도가 불투명하다는 점이다. 중국 정부가 무언가를 숨기고 있다는 인상을 주는 비공개와 모호함의 문화가 특히 그렇다. 이런 의심이 제기되는 곳은 지배구조의 투명성과 오만함이 오랜 논란거리였던 화웨이 같은 기업계만이 아니다.[31] 코로나19의 기원과 남중국해에서 진행한 군사 활동, 의도, 뿌리 깊은 검열 체제 등에 대한 중국의 대응도 마찬가지다. 현대 중국이 안고 있는 가장 큰 모순 하나는 개방 경제와 폐쇄적인 담론 문화가 하나로 묶여 있다는 점이다.

불투명성은 관계에 매우 중요한 영향을 미친다. 미국은 혁신과 관련해 자신의 단점을 부인하는데, 이때 자신(미국)의 취약성은 쉽게 남(중국)을 향한 의심으로 전환된다. 중국의 불투명성은 이 의심을 더욱 증폭하고, 그래서 2018년에 트럼프 정부가 중국과의 무역 전쟁이 정당하다는 근거로 제시한 301조 관련 주장은 많은 지지를 받았다.

이 주장을 뒷받침하는 증거가 아무리 허약해도 이런 사실은 중요하지 않았다. 미국이 제기하는 혐의의 실체에 대해 중국이 직접 밝히고 나서서 투명성과 공개성을 높여 의혹을 잠재울 수도 있지만 중국은 그러길 꺼린다. 그렇다 보니 미국의 편집증은 더욱 심해지고 중국의 위협을 이야기하는 거짓 서사들은 더 힘을 얻어서 활발하게 유통된다. 중국이 보이는 불투명성은 거짓 서사의 온상이다. 중국의 검열 체계는 국내 정보를 왜곡할 뿐만 아니라 외부인들도 중국을 냉소적으로 바라보게 만든다.[32]

정보 왜곡은 미국과 중국, 두 나라의 상황을 모두 악화시켰다. 중국에서 검열은 중국공산당과 중국 국민 사이에 불신을 조장할 뿐만 아니라 국제 관계에서의 신뢰도 갉아먹는다. 중국과 미국 모두에서 인공지능에 기반한 빅데이터 조작으로 정보 왜곡이 증폭되었으며, 분열과 불안감을 조성하는 거짓 서사들이 엄청나게 많이 쏟아졌다. 미국에서 일고 있는 유례없이 높은 반중 정서는 이 정보 왜곡 메커니즘의 힘이 얼마나 큰지 생생하게 보여준다. 미국인은 인구통계학적 구성이나 정치적 성향과 상관없이 모두 중국의 위협에 대한 두려움으로 똘똘 뭉쳐 있다.[33]

이와 비슷한 결과는 중국인에게 미국의 위협을 묻는 여론조사에서도 똑같이 나타난다. 아닌 게 아니라 중국인들은 미국을 전 세계의 다른 어떤 나라보다 부정적으로 인식한다. 최근 미국이 주도하는 중국 봉쇄라는 심각한 위협에 직면해 중국인들이 점점 더 국수주의적으로 바뀌고 부흥에 집착한다는 점을 고려하면 이런 여론조사 결과는 전혀 놀라운 일이 아니다.[34]

정보 왜곡(중국에서는 검열, 미국에서는 양극화된 담론)의 이중성이 점점 더 강력해지고 있음은 명백한 사실이다. 정보 왜곡은 두 나라 사이의 관계 갈등을 악화시켰을 뿐만 아니라 갈등 해결을 더욱 어렵게 만들었다.

소셜네트워크와 관련된 문제들은 두 나라의 접근법을 조화롭게 조정하는 것이 얼마나 어려운지를 보여준다. 중국은 공동부유 정책을 밀어붙이기 위해 소셜네트워크가 양산하는 '나쁜 습관들'을 바로잡으려고 노력한다. 한편 자유롭고 개방적인 사회의 전형이라고 할 수 있는 미국에서는 양극화와 사생활에 대한 우려가 다른 소셜네트워크 문제들로 이어지는데, 미국은 이런 문제들을 파악하려 하지 않거나 파악할 능력조차 없다. 미국과 중국 모두에 해당되는 사실이지만, 앞서 3장에서 제시했던 주장들은 맞대결을 펼치는 거짓 서사들의 확산이 소셜네트워크에 힘입어 갈등을 한층 고조시킨다는 결론으로 이어진다.

이 모든 것은 지배구조(거버넌스)와 관련해 이런 질문을 제기한다. 겉으로 보면 매우 혁신적인 소셜네트워크를, 더 이상 회복할 수 없는 피해를 입기 전에 통제해야 할까? 아니면 그런 일이 일어난 뒤에 통제해야 할까? 이 질문을 좀 더 현실적으로 바꾸면 다음과 같이 된다. 이미 발생한 피해를 놓고 보자면, 자유롭고 개방적인 사회들은 이런 논쟁적인 문제를 해결할 선택지로 과연 어떤 것들을 가지고 있을까? 사실 이것은 페이스북의 내부고발자인 프랜시스 하우건이 2021년 10월 미국 의회에서 출석해서 제기했던 바로 그 질문이다(하우건은 페이스북의 데이터 전문가로 일했으며, 그녀의 마지막 임무는 중국인의 페이스북 사용을 추적하고 위구르인의 동태를 감시하는 것이었다고 청문회 자리에서 말했다─옮긴이). 이 질문은 버락 오바마가 2022년 4월에 스탠퍼드대학교에서 했던 감동적인 연설에서 한 번 더 제기되었다.[35]

사라진 퍼즐 조각

이중성은 미중 갈등을 부추기는 거짓 서사들을 하나로 연결하며, 특히 경제를 지탱하는 세 개의 다리인 저축, 국가의 역할, 혁신과 관련된 미국과 중국의 서사를 짝짓는다. 그리고 각 국가가 상대국과 비교해서 어떤 위치에 있으며 그 위치 때문에 두 국가의 갈등이 어떻게 심화되는지를 보여준다. 또한 이중성은 두 나라 간 긴장의 본질을 드러내는데, 이는 서로를 지속 가능한 성장과 번영을 위협하는 존재로 바라보는 불균형하고 취약한 두 경제 체제 사이에서 빚어지는 긴장이다. 이런 위협들을 무력화하려는 두 나라의 움직임(온갖 조치들)에서 갈등이 생긴다.

그런데 긴장과 갈등을 평가하는 이 과정에서 중요한 조각 하나가 사라지고 없다. 바로 양국 관계 그 자체의 성격이다. 나는 그 갈등이 경제적 동반의존성에 내재된 긴장들로 미루어 짐작할 수 있는 당연한 결과라고 줄곧 주장해왔다. 그러나 동반의존성의 긴장은 그 자체로 어떤 이중성을 가지고 있다.[36]

미국과 중국이 지금까지 그래왔듯이, 관련된 당사국들이 양국 관계의 조건을 바꿀 때 마찰이 발생할 수밖에 없다. 그러나 이보다 훨씬 더 큰 위험은 그 관계가 궁극적으로 해체될 때 찾아온다. 양국 관계에 마지막 종지부를 찍는 그 사건은 두 당사국 모두에 치명적인 결과와 함께 깊은 상실감을 심어줄 것이다. 두 나라의 관계가 전면적으로 해체되지 않도록 갈등의 균형을 잡는 것은 강대국들 사이에 존재하는 과잉 반응적 동반의존성을 유지해야 하는, 더할 나위 없이 어려운 운영상의 과제다.

그러나 균형을 잡는 일은 점점 더 힘들어지고 있다. 미국과 중국 사이의 무역 및 기술의 분리가 착착 잘 진행되고 있는데, 이것 자체가 양국 관계를 불안정하게 만든다. 아닌 게 아니라 두 나라 모두 피해의 초기 징후를 경험하고 있다. 즉 미국은 수입국을 바꿈으로써 늘어난 비용을 부담해야 하고, 수출의존국인 중국은 해외 수요 감소라는 충격을 받고 있다. 그런데 여러 전문가의 의견에 따르면 이는 그저 시작일 뿐이다.[37]

이렇게 시작된 것이 어디까지 이어질지는 아무도 알 수 없다. 이 책의 마지막 장인 14장에서 서로를 파괴하는 동반의존성을 서로에게 도움이 되는 관계로 바꿔서 최악의 결과를 미리 방지할 실행 계획을 제안할 것이다. 미국과 중국의 갈등은 저축과 국가 통제와 혁신에서의 이중성 때문에 깊어졌지만, 이 갈등은 미중 관계 역학에서 가장 위험한 측면, 즉 지배적인 두 강대국 사이의 패권 다툼 때문에 더 나빠지는 길을 걸어왔다. 그런데 강대국들이 겪는 관계 갈등의 오랜 역사를 보면 패권은 늘 진짜 실력이 검증되는 시험장에 있었다.

놀랍지도 않은 사실이지만 미중 양국은 이 갈등의 최종 결정적인 측면이 전개될 방식을 각자 다르게 생각한다. 기존의 강대국인 미국은 두 강대국 사이에 충돌이 일어나면 결국 격렬한 전쟁으로 이어진다는 '투키디데스 함정'을 염두에 두고 있다.[38] 한편 중국은 그들의 권력 투사를 중국몽의 전향적인 표현으로 바라본다. 시진핑이 '주요 국가와 맺는 관계의 새로운 모델'에 그토록 집착하는 것은 중화인민공화국 건국 100주년이 되는 해인 2049년까지 중국이 강대국 지위에 오르려면 동반자의 지원이 필요하다는 믿음이 있기 때문이다. 이처럼 중국은 강대국의 권좌에 오르는 데는 굳이 전쟁이 필요하지 않다고 본다.

하지만 이는 어디까지나 희망 사항이다. 투키디데스의 함정과 같은 역사적 선례는 미국과 중국의 권력 투사에 담긴 이중성을 평가할 때 진지하게 고려할 필요가 있다. 대량살상무기가 존재하기에 전면적인 군사적 충돌은 일어나지 않겠지만 미국과 중국 모두 이 가능성을 완전히 무시하지 못한다. 특히 푸틴 러시아 대통령이 최근에 핵 공격을 언급했던 일은 말할 것도 없고, 대만해협과 남중국해에서 계속 이어지는 긴장을 고려하면 더욱더 그렇다.[39]

이런 마찰들은 우발적인 충돌의 도화선이 되어 광범위하고 대규모인 군사적 충돌로 이어질 수 있다. 중국이 최근에 첨단 무기를 개발하면서 군사력을 과시하는 것도 미국을 투키디데스의 함정에 빠뜨릴 수 있다.[40] 최근에, 구체적으로 말하면 러시아가 우크라이나를 침공하면서 전쟁을 일으키기 직전에 시진핑은 러시아와 무제한 협력 관계를 맺는 도박을 했는데 이 무제한 협력 관계에는 한 가지 아이러니가 있다. 투키디데스 함정이 재현될 불길한 암시 혹은 가능성은 과거와는 전혀 다르지만 더 골치 아프게 설정되었다는 점이 그것이다.

군사적 충돌은 피했다고 하더라도 냉전이 지속된다면 미국도 마냥 편할 수는 없다. 미국은 1947~1991년까지 소련을 상대로 제1차 냉전을 성공적으로 치렀지만 현재 경제는 그때보다 훨씬 취약하다는 점을 눈여겨봐야 한다. 폴 케네디가 세계적인 패권을 두고 벌어지는 갈등에 관해 썼듯이 만약 어떤 나라의 권력 투사가 튼튼한 경제를 토대로 한 것이라면 이 시도가 성공할 가능성은 한층 커진다.[41] 미국에서 생산성 성장이 둔화되고 저축이 줄어들고 경상수지와 무역수지가 만성적으로 적자를 기록한다면, 미국이 중국의 부상을 바라보며 두려워하는 것도 당연하다. 중국도 마찬가지다. 중국이 신흥 강대국으로서 존재감을 과시하는 것은 이런저런 이유로 미국이 겪는 취약성과 무관하지 않다.

역사는 또한 강대국 사이의 패권 다툼이 개인적인 경향에 따라 좌우되는 경향이 있음을 말해준다. 시진핑은 개인적으로 성급한 지도자인데, 이런 지도자가 신중하고 장기적인 전략적 사고로 유명한 중국이라는 나라를 통치한다는 사실은 역설적이다. 미국을 향해 패권을 공유하자며 그가 대담하게 제시한 '주요 국가와 맺는 관계의 새로운 모델'은 2013년 서니랜즈 정상회담에서 나왔다. 그 제안을 '시기상조'라고 부르는 것은 절제된 표현이다. 시진핑이 이 제안을 논의 테이블에 올릴 당시 중국 경제는 세계 최고의 자리에 서기 직전이었지만, 중국이 미국과 동등한 지위를 차지하려면 아직 갈 길이 멀기 때문이다.

먼저 개혁을 완수해야 하고 경제 구조의 균형화를 이뤄야 하며 국민의 전반적인 생활 수준이 개선되어야 한다. 또한 반중 정서가 당파를 초월해 확산되고 있는 미국이 시진핑을 패권 공유의 파트너로 기꺼이 받아들이지 않을 것임은 당연하다. 오바마 정부와 트럼프 정부 모두 중국의 성장과 확산을 봉쇄하는 전략이 국가 안보 전략으로는 더 구미에 맞았다. 그런데 트럼프의 뒤를 이은 바이든이 선택한 국가 안보 전략도 마찬가지다. 그러니 시진핑이 제안한 새로운 미중 관계 모델은 잘못된 시기에 제시된 잘못된 모델인 셈이었다.

강대국들 사이의 패권 다툼에 개입하는 지도자의 개인적 측면은 패권을 다투는 당사국들 사이의 관계를 더욱 복잡하게 만든다. 정치 지도자들은 여론 동향에 크게 영향을 미친다. 그러나 이들은 자국의 기풍을 형성하는 사회적 정체성 및 열망이 무엇인지 잘 안다. 미국과 중국 모두 그와 관련된 전망을 국민에게 표현하고 전달하기 위해 꿈이라는 비유를 동원했는데 바로 아메리칸드림과 중국몽이다.

국가의 부흥을 꿈꾸는 중국몽과 국내의 안정과 번영을 꿈꾸는 아메리칸드림이 충돌하는 것은 두 나라가 각자 자기의 역사 속에서 명확하게 다른 지점에 있기 때문이다. 아메리칸드림은 1930년대의 대공황 때 미국인의 위안과 희망의 원천이었고, 중국몽은 비록 국가적인 굴욕이라는 고통스러운 유산에 바탕을 두고 있지만 중국이 세계적인 강대국으로 나아가는 것을 축하하던 2012년의 어떤 자리에서 시진핑이 제안한 것이다.

그렇다면 이 갈등의 얼마나 많은 부분이 서로 다른 두 체제의 고유한 특성보다는 지도자의 개인적인 견해에서 비롯될까? 중국몽은 불과 10년 전에 국가적인 차원의 강력한 주문으로 맨 처음 제시되었다. 아메리칸드림은 중국몽보다 훨씬 오랜 숙성 과정을 거쳤는데, 프랭클린 루스벨트에서 조 바이든에 이르기까지 90년 동안 15명의 미국 대통령이 아메리칸드림을 내세우며 지지해왔다. 대서양이사회가 발표한 더 긴 전보(이에 대해서는 217쪽을 참조하라-옮긴이)가 암시하듯이, 미국이 충돌하는 대상은 사실 중국이라기보다는 시진핑일 수 있다.

미국과 중국의 통치 체제가 매우 다르다는 점이 미중 갈등을 더욱 복잡하게 만든다. 일당 독재국가에서는 선거를 통해 지도부가 교체될 일이 없는데, 이는 선거가 정기적으로 치러지고 그에 따라 국가 지도부가 바뀌는 민주주의 국가에서보다 권력과 갈등의 개인화가 훨씬 큰 위험으로 작동한다는 뜻이다. 그렇다고 해서 미국에서 갈등이 개인화되지 않는다는 뜻은 아니다. 이런 사실은 도널드 트럼프가 남긴 슬픈 유산으로도 잘 알 수 있다. 트럼프가 보여준 사례는 위대한 미국적인 실험에서 어쩌다 나타난 일시적인 일탈이다. 적어도 사람들은 그렇기를 기대한다. 이와 다르게 시진핑이 무제한 임기를 누린다는 사실은 중국의 갈등 유발이 더욱 개인적인 차원에서 이뤄질 수 있음을 보여준다.

우발적 충돌의 심각성

돌이켜보면 미국과 중국 사이에 우발적인 충돌은 일어날 수밖에 없었다. 이는 양국이 서로에 대해 가졌던 거짓 서사들이 낳은 필연적인 결과다. 신뢰할 수 있는 사실을 토대로 하지 않는 거짓 서사는 보통 정치적이거나 이념적인 캠페인에서 발생한다. 미국과 중국의 동반의 존성에 대한 많은 서사가 거짓임에도 대중에게 받아들여졌고 그래서 갈등이 촉발되었다. 이 거짓 서사들은 진실이든 아니든 관계없이 갈등을 표면화하는 논쟁적인 정책 행동의 근거가 되었다. 2018년과 2019년에 중국을 대상으로 했던 무역 관세 및 제재가 그랬고, 과거에 냉전을 불러일으켰던 호전적인 언사 교환이 그랬다.

거짓 서사는 상대국을 향한 불쾌감을 무작위로 표현한 게 아니다. 인간관계에서 동반의존성은 자아의식을 떨어뜨리기 때문에 상대방이 하는 행동에 대한 반응은 자존감을 지키기 위한 것이고, 이때 이 반응에 자존감을 지키려는 의도가 과도하게 집중된다.[42]

동반의존적인 경제 관계에서도 이런 원리는 비슷하게 작동한다.

미국과 중국 모두 경제적 자아가 심각하게 훼손당하기라도 한 것처럼 행동하는 것이다. 각자가 내세우는 국가적 차원의 꿈이 상처받지 않고 부서지지 않도록 온 힘을 다해서 방어하고 상대국을 비난한다. 스스로 안고 있는 문제를 바로잡고 개선하는 것이 필요한 상황에서 상대방을 탓하는 것도 동반의존성의 전형적인 증상이다.[43]

이런 사실이 우리를 수수께끼의 본질로 이끈다. 미국이나 중국 어느 나라도 지속적인 경제성장과 번영이라는 상대국의 목표에 이의를 제기하지 않는다. 그러나 모두 자기의 목표를 실현하는 데 필요한 것을 확보하지는 못한 채 자신의 잘못된 부분을 상대국 탓으로 돌린다.

미국은 저축이 부족해서 혁신에 투자하지 않았으면서도 중국이 자기의 혁신을 훼손한다고 비난한다. 점점 더 국가 주도적인 체제로 바뀌어가는 중국은 지속적인 경제성장에 꼭 필요한 소비주의와 자유를 스스로 늘릴 수 없으면서도 미국이 이를 억제한다고 비난한다. 세계 최대의 두 경제 대국은 규모와 힘이라는 겉모습 아래 말썽 많고 골이 깊은 불안에 사로잡혀 있다.

거짓 서사는 이 불안을 눈에 띄지 않게 가리는 방어 기제다. 이는 부인하고 비난하려는 정치적 성향에서 발생하기 때문에 자기의 잘못으로 발생한 문제들을 외면한다. 자기의 실수와 실패를 인정하는 지도자는 유약하게 비쳐서 다른 인물로 대체되기 때문이다. 1979년 에너지 위기 때 지미 카터 대통령은 "신뢰의 위기가 (…) 우리의 국가적인 의지의 심장과 영혼을 마구 때리고 있다"라고 경고했는데,[44] 이런 솔직함 때문에 그는 재선에 실패하고 로널드 레이건에게 대통령 자리를 물려주고 말았다.

자기의 잘못을 인정하는 정치보다 남을 비난하는 정치가 훨씬 편리하다. 그 예로 일본은 30년 전에 비난의 대상이었고 지금은 중국이 그 대상이다. 무역수지 적자에 대한 미국의 거짓 서사는 일본을 상대로 한 것이든, 중국을 상대로 한 것이든 모두 동일했다.[45]

중국도 미국과 다르지 않다. 다른 나라가 강요하는 굴욕을 비난하기만 하면 국내 정치를 편리하게 풀어갈 수 있으니 말이다. 중국이 중국몽을 내세워 민족주의적인 호소를 하거나 미국의 봉쇄 전략을 공포스럽게 만드는 것은 미국이 펼치는 비난 게임 못지않게 정치적이다. 중국의 일당독재 통치 구조는 통상적인 선거제도와는 매우 다른 지도 체제를 고수하는데, 시진핑에게 권력 장악은 우선순위 목록의 가장 높은 자리에 놓여 있다.[46]

정치적인 의도가 개입된 거짓 서사의 역사는 길고도 풍부하다. 앞에서 언급했듯이 거짓 서사가 일단 국가적 담론으로 자리를 잡고 나면 제거하기가 매우 어렵다. 신기술이 개발되면서 나타난 소셜네트워크 덕분에 거짓 서사가 대량으로 확산되어 손쉽게 대규모 파괴의 도구가 되는 오늘날에는 더욱 그렇다. 현재 미중 관계의 양쪽에 영향을 미치는 극단적인 반미·반중 정서를 바로잡는 것은 애초에 악의를 빚어낸 거짓 서사를 바로잡는 것보다 훨씬 어렵다.

미국과 중국 사이에 고조되는 갈등은 서로를 끌어당긴다는 만유인력 개념으로 보면 거의 뉴턴적이다. 이 갈등은 어느 한 나라가 실행한 개별적인 행동의 결과라기보다는 두 나라 사이에서 상황을 불안정하게 만드는 쪽으로 작용하는 상호작용에 따른 결과다.

두 나라는 동반의존성의 편향과 왜곡에 의존하면서 살아왔다. 이 편향과 왜곡 때문에 잘못된 정책 조치가 내려졌고 우발적인 결과가 초래되었다. 정상적인 관계 마찰이 위험한 갈등으로 증폭되었다. 갈등이 고조되는 가속도와 힘은 훨씬 빨라지고 강력해졌다. 그래서 하나의 전쟁이 다음 전쟁을 낳고, 또 다음 전쟁으로 이어졌다. 무역 전쟁과 기술 전쟁 그리고 새로운 냉전의 초기 교전까지…. 여기서 한 가지 질문이 뚜렷하게 떠오른다. 미국과 중국이 우발적인 충돌의 심각성을 극복하려면 어떻게 해야 할까?

13장

불신에서 신뢰로

미국과 중국이 우발적인 충돌의 심각성을 극복하려면 어떻게 해야 할까? 이 질문에 선뜻 답하기는 어렵다. 그런데 모두가 알다시피 시간이 촉박하다. 심각한 일들이 금방이라도 터질 수 있는 상황이니만큼 갈등을 해결할 전략이 시급하다. 이 긴급성은 단지 시간상의 문제만이 아니라 오류가 발생할 여지가 많지 않다는 뜻이기도 하다. 갈등 해결 전략은 위협의 심각성과 범위, 두 가지 측면에서 모두 적절할 때 비로소 통한다. 이 책의 나머지 부분은 이런 것을 전제한다는 것을 미리 밝혀둔다.

미중 갈등의 해결은 두 나라 사이의 신뢰 수준과 미중 관계의 성격이라는 두 가지 핵심 사항을 고려해야 한다. 지금은 두 나라 사이에는 불신이 팽배하고, 미중 관계는 부정적인 방향으로만 작동한다. 따라서 효과적인 갈등 해결 전략은 불신에서 신뢰로의 전환과 기존과는 다른 관계 틀이 동시에 필요하다.

그런데 일의 순서가 중요하다. 신뢰를 회복하는 일은 두 나라가 관계 패러다임을 전환하는 힘든 일에 매달리기 **전에** 시작되어야 한다. 바로 이것이 오랜 역사의 흐름에서 배울 수 있는 교훈이다. 예를 들어 제1차 냉전이 종식되는 발판이 되었던 1985년의 글라스노스트 (Glasnost, 1985년 3월 소련 공산당의 서기장 미하일 고르바초프가 실시한 개방 정책-옮긴이)가 남긴 교훈도 그렇다.[1] 이런 역사의 교훈은 중국이 WTO에 가입하려고 했을 때 빚어진 분쟁에도 적용된다. 2021년 3월 미국 알래스카의 앵커리지에서 열린 미중 고위급 회담에서 양국이 신랄한 언사를 주고받은 일에서도 그 교훈을 확인할 수 있다.

우리가 지금까지 살펴본 온갖 거짓 서사의 확산도 모두 불안정과 불신에서 발생한 것이다. 갈등을 겪는 두 나라 사이에 신뢰가 어느 정도 회복되기 전에는 갈등 해결을 위해 어떤 포괄적인 전략을 실행하겠다고 해도 아무런 의미가 없다.

미국과 중국은 지금까지 수십 년 동안 불신이 부글부글 끓었다. 중국 지도자들은 시진핑이 집권하기 몇 달 전인 2012년 11월에 이미 미중 관계에 문제가 발생했음을 알고 있었던 것 같다. 2012년 2월 시진핑은 국가부주석이자 확실한 차기 지도자 자격으로 닷새 동안 미국을 방문했다. 당시 외교부 부부장이었던 추이톈카이(崔天凱)는 방미 직전에 "미국과 중국 사이에는 확실히 신뢰가 부족하다"라고 말했다.[2] 나중에 중국의 최장수 주미대사가 된 그는(2013년에 주미대사가 되었고 지금까지 그 직을 수행하고 있다) 미국을 깊이 이해하고 있었지만 그조차도 장차 제기될 신뢰 문제가 얼마나, 어디까지 확장될지는 파악하지 못했던 것 같다.[3]

불신은 인간적이고 역사적인 뿌리를 가지고 있다. 예전의 미일 관계나 지금의 미중 관계가 그렇고, 한국전쟁과 베트남전쟁이 그렇다. 미국은 아시아 문제를 가지고 있을까? 만일 그렇다면 신뢰 퍼즐을 구성하는 미국이라는 조각이 훼손될 때 정체성 정치(identity politics, 인종, 성, 종교, 계급 등 여러 기준으로 분화된 집단이 자기 권리를 주장하는 데 주력하는 정치-옮긴이)가 특히 해로운 역할을 했을까? 미국이 보기에 중국은 지적재산권을 훔치는 도둑이었고 무역에서는 사기를 일삼는 사기꾼이었다. 중국이 보기에 미국은 중국의 성장과 발전을 억압하려고 공격적으로 나서는 깡패이자 적국임이 확실했다. 그렇다면 불신의 정체성 정치가 미국과 중국에서 모두 작동했던 것은 아닐까?

그 문제는 단순히 개별적인 단어들을 어떻게 동원했느냐 하는 문제가 아니라 그렇게 동원된 단어들이 종합적으로 뜻하는 것, 즉 두 나라의 핵심적인 가치관이 전환되었다는 문제였다. 이런 점에서 보면 2017년은 결정적인 전환의 해였다. 그해 1월, 미국의 45대 대통령으로 취임한 도널드 트럼프는 선거 공약으로 내걸었던 "미국을 다시 위대하게"라는 약속을 실천하겠다고 했다. 그는 미국이 쇠퇴의 길로 접어들었다면서 다시 번영의 길을 걸어가도록 하겠다고 맹세했다. 그런데 2017년이 끝나기 전에 시진핑은 중국의 주요 모순을 재규정하면서 중국이 후진국에서 상대적으로 잘사는 나라로 올라섰다고 평가했다. 이 인식이 시진핑 구상의 핵심이 되었고 강화된 민족주의의 이념적 토대가 되었다.

이런 전환의 서사들은 갈등하는 미중 관계의 운명을 결정지었다. 미국과 중국은 수사학적, 철학적으로 대립했으며 두 나라의 뿌리 깊은 국가적 열망을 서로 위협하는 방식으로 대립했다. 신흥 강대국인 중국은 취약한 미국이 느끼는 두려움을 상대로 단호하게 맞섰다. 신뢰 부족은 단순히 말로만 그치는 게 아니라 두 강대국 지도자의 맞대결 서사들로 입증되었다. 두 나라 사이의 충돌이 정체성 정치를 연료 삼아 고조된 것이다.

미국과 중국으로서는 이 지독한 불신을 극복하고 서로를 포용한다는 것이 쉽지 않은 과제다. 그러나 이 과제를 해결하지 않고서는 미중 관계의 갈등도 해결할 수 없다. 어떻게 하면 그 돌파구를 마련할 수 있을까?

쉽게 해결할 수 있는 문제부터 해결하는 것이 가장 좋은 방법이다. 이런 접근법이 가능하도록 분위기가 무르익은 분야는 세 가지라고 생각한다. 기후변화와 세계 보건과 사이버 보안이 바로 그것이다. 이 분야들은 두 나라가 공동의 이해관계를 가지고서 공동의 리더십을 발휘할 수 있는 세계적인 쟁점이다. 함께 문제를 해결하며 성취감을 경험하면 불신에서 신뢰로 나아가는 중요한 첫걸음이 될 것이다.

역사 속의 편견들

국가 간 신뢰는 개인 간 신뢰와 다르다. 국가 간 신뢰라는 개념에는 국가들 및 그 지도자들 사이에 지독한 오해의 역사가 있다. 이런 오해 대부분은 다른 나라가 하는 행동에서 느끼는 낯섦과 불편함을 자기를 향한 위협으로 받아들이는, 어쩔 수 없는 인간적 성향에서 비롯된다. 이런 편견들은 정치화되는 순간 사실상 정체성 정치와 구분할 수 없는데, 역사적으로 중국에 대한 서구의 인식은 지속적으로 형성된 수많은 거짓 서사를 통해서 형성되었다.

예일대학교의 역사학자 조너선 스펜스(Jonathan Spence)는 마르코 폴로(Marco Polo)가 13세기에 썼던 여행기에서 리처드 닉슨이 20세기에 기록했던 마오쩌둥과의 대화록에 이르기까지, 800년이 넘는 세월 동안 축적된 서구의 중국 인식에서 드러나는 편향의 패턴을 상세하게 설명했다.[4] 스펜스가 분석한 50개 가까운 사례를 보면 서양인은 중국의 생활양식, 전통, 가치관 등을 오랫동안 오해해왔다. 중국을 있는 그대로 바라보지 않고 자기의 경험에 비춰 보며 왜곡된 거울상으로만 인식했다는 말이다.[5]

예를 들어 마르코 폴로는 17년 동안 중국에 거주한 경험을 바탕으로 외국인으로서는 처음으로 중국을 진지하게 설명했는데, 그의 저작에 담긴 중국과 중국 체제에 대한 인식은 이후 수백 년 동안 서구인의 관점이 되었다. 폴로는 중국의 거대한 규모와 무역 성향을 제대로 이해했지만 중국 여성의 전족(纏足) 풍습, 즉 여성의 발을 작게 만들 목적으로 헝겊으로 묶어서 보행을 거의 불가능하게 만들었던 문화는 언급하지 않았으며 중국의 붓글씨를 예술의 형태나 서면 소통의 수단으로 언급하지 않았다.

또한 톈진에서 항저우에 이르는 2,000킬로미터의 대운하는 주요 강 다섯 개 유역을 연결하며 도시와 도시를 잇는 거대한 수로였음에도 그는 자기 고향 베네치아의 시내에 있는 복잡하기 짝이 없는 수로와 비슷하게 묘사했다. 폴로가 묘사한 글에서 중국은 당시 중국의 실제 모습과는 동떨어졌고 오히려 그의 조국인 이탈리아와 매우 비슷해 보였다. 이 묘사를 두고 스펜스는 "이게 정말 중국이란 말인가? 이것은 베네치아의 거울상이 아닐까?"라고 논평했다.[6]

또한 스펜스는 1970년대 초 역사적인 사건이었던 닉슨의 중국 방문과 키신저의 연설에서도 마르코 폴로가 가졌던 것과 비슷한 편견들이 보인다고 지적한다. 닉슨은 자신과 마오쩌둥이 비슷한 가치관을 가지고 있다면서, 자기는 캘리포니아의 요바린다라는 작은 도시에서 가난하게 성장했고 마오쩌둥도 후난성의 샤오산 마을에서 가난하게 자란 것이 그 이유라고 했다.

키신저는 서구와 중국이 권력을 비슷한 방식으로 사용한다고 봤다. 그는 마오쩌둥의 권력 투사가 샤를 드골이 의지력을 투사하는 방식이나 제1차 세계대전 이전에 영국과 독일의 권력 투사 방식과 비슷하다고 생각했다.[7] 그러나 닉슨과 키신저의 인식은 당시 중국에 대한 객관적인 판단이 아니라 미국의 문화 및 정치에 더 가까운 것이었다.

스펜스는 유명한 미국 작가인 마크 트웨인과 존 스타인벡이 표현한 중국에 대한 인상에 대해서도 같은 주장을 한다. 트웨인은 미국에 있는 차이나타운의 풍습을 중국 본토의 통상적인 풍습인 양 묘사했으며, 스타인벡은 1930년대에 사악한 동양인을 뜻하는 '황화(黃禍, Yellow Peril, '황색의 위험'이란 뜻-옮긴이)' 같은 인종차별적 암시를 작품에 담았다. 중국계 미국인의 열악한 생활환경과 중국 이민자들이 미국 경제를 붕괴로 몰아갈 수 있다는 두 작가의 메시지는 미국 사회에 깊은 우려를 불러일으켰다.

그러나 미국인의 이런 경험과 중국의 실제 상황 사이에는 아무런 공통점이 없었다. 더욱 문제가 되는 사실은 트웨인과 스타인벡이 만들어낸 이런 이미지가 지금까지도 미국의 정체성 정치를 괴롭히고 있는 편견과 인종차별의 밑바닥에 깔려 있다는 점이다. 트럼프 정부의 '차이나 이니셔티브(China Initiative, 2018년 11월 도널드 트럼프 대통령의 지시에 따라 중국발 국가 안보 위협에 대응하기 위해 만들어진 범정부 차원의 프로젝트-옮긴이)'라는 인종차별적 조치는 특히 우려할 만한 것이었는데, 다행히도 바이든 대통령이 2022년 초에 이 프로젝트를 종식시켰다.[8] 또한 앞서 소개한 중국계 미국인 빈센트 친이 미국 노동자 두 명에게 살해당한 사건도 그런 편견과 인종차별이 초래한 결과다(이에 대해서는 137쪽을 참조하라).

중국의 경험을 자국 역사의 거울에 비춰 바라보는 서구의 경향이 현재 미중 관계 논란을 형성하고 있다. 예를 들면 오늘날 중국에서 넘쳐나는 저축과 투자에 뒤따르는 거시경제적 위험을 평가할 때도 이런 거울상이 영향을 미친다. 미국은 2006~2007년 부동산 거품이 꺼진 이후 경제 위기를 맞았는데, 그래서 현재 부동산 시장이 과잉된 중국에서도 똑같은 일이 일어날 것이라는 견해가 자주 나온다. 또 중국에서 두 번째로 큰 부동산 개발회사인 헝다를 괴롭히는 문제들이 서구식 주택 위기 또는 '리먼 브러더스의 순간'을 불러 결국 중국 경제가 무너질 수 있다는 주장도 많이 나온다.[9]

그러나 10장에서 주장했듯이 이런 평가와 전망은 중국의 주택 문제와 전혀 다른 차원에서 발생한 미국의 주택 문제를 가져와 평가한 것이다. 중국의 부채 문제를 바라보는 시각도 마찬가지다. 서구의 많은 사람, 심지어 중국 내부의 권위 있는 당국자조차도 중국의 부채를 일본에서 일어났던 것과 같은 부채 디플레이션(debt deflation, 부채 상환 부담이 많은 경제 주체가 부채 상환을 위해 자산을 매각하는 과정에서 물가가 하락하는 현상-옮긴이) 시나리오의 전조로 본다.[10]

중국에서도 물론 서구에서 일어나는 문제들이 일어날 수 있다. 그러나 스펜스가 지적한 편협한 관점은 사람들, 특히 서구인들이 거시적인 위험을 평가할 때 중국의 고유한 특성을 어떻게 놓치는지 알려준다. 예를 들면 농촌 노동자가 도시로 꾸준하게 이주함으로써 주택 수요가 이어지는 것이나 중국 정부가 지원하는 국영기업에 부채가 집중되는 것 같은 중국적 특성은 미처 고려하지 못한다는 말이다.[11]

서구의 분석가들은 중국 경제가 자국의 경제와 동일한 방식으로, 즉 더 부유하고 발전된 시장 기반 시스템에서 필연적으로 나타날 수밖에 없는 위험과 취약성에 휘둘리는 방식으로 전개될 것이라는 데 폭넓게 동의한다. 그러나 지난 50년 동안 중국 경제가 보여준 회복력은 이런 분석가들의 전망과는 전혀 다른 현실이 가능함을 말해준다. 즉 중국이 안고 있는 문제는 중국의 체제 속에서 평가해야지, 미국의 사례나 그리스의 사례를 근거로 판단할 수 없다는 말이다.

이런 서구적인 편견은 양국의 불신에 영향을 미친다. 앞서 나는 미국 정치계의 분석가들이 중국이 WTO에 가입하면 서구의 규범을 따라 규칙을 준수할 것이라고 잘못 믿었던 점을 지적했다. 그들은 중국 경제가 미국의 경제적 틀에 수렴하지 못하자 중국이 약속을 깬 것으로 해석했다. 그리고 중국이 성장하면서 서구와 점점 더 비슷해질 것이라는 근대화 이론(전근대적인 사회에서 산업화가 진행되면 도시화가 일어나고 높은 교육 수준과 경제력을 갖춘 중산층이 생기면서 민주화 요구도 커져서 결국 민주화가 일어난다는 이론-옮긴이)이 빗나갔다고 해석했다.[12]

그러나 실제로 이런 불일치는 중국의 WTO 가입과 중국이 서구의 규범과 기준을 따르는 것을 동일선상에 놓고 본 거짓 서사의 결과였다. 사실 중국은 미국 정치인들이 중국의 WTO 가입 추진을 합리화하기 위해 동원했던 논리를 수용하겠다고 한 적이 없다. 즉 미국의 체계를 중국에 이식하겠다고 한 적이 없었다. 따라서 중국의 부상은 신성불가침의 논리로 여겨지던 근대화 이론에 정면으로 도전하는 것이었다.

역사적 편견은 거짓 서사와 같다. 관계 당사국들이 기존의 생각과 다르게 진행될 때 사람들에게 일종의 기대 충격(expectations shock)을 안겨줌으로써 신뢰를 영구적으로 훼손하기 때문이다. 이런 편견은 사건이 진행되는 과정에 대한 비현실적인 믿음을 사람들에게 심어준다. 예를 들어 중국이 시장의 가치를 알고 나면 자국 경제 체계나 법률 체계를 미국의 기준에 따라 새롭게 조정할 것이라고 믿는 미국의 확신이 그렇고, 남중국해의 영토 주권에 대한 과장된 주장을 미국이 존중할 것이라고 믿는 중국의 확신이 그렇다.

한 나라가 다른 나라의 깊은 기대감을 거부하는 행위는 신뢰를 훼손하는 것으로, 상대국을 존중하지 않는 것으로 비친다. 2021년 3월 앵커리지에서 왕이의 신랄한 비난이 보여주듯이, 미국이 기대를 저버리는 행위를 할 때는 중국에서 정체성 정치가 곧바로 작동해 미국을 비난하는 것이다.

미국과 중국의 불신 관계는 지난 10년 동안 심각해지긴 했지만 사실은 상당히 오래전부터 진행된 일이다. 중국이 1980~1990년대에 미국을 전략적 동반자로 받아들였을 때만 해도 새로운 역사가 전개된다는 낙관적인 분위기가 형성되어 있었다. 그러나 동반의존성이 갈등으로 바뀌자 편견과 거짓 서사의 오랜 역사가 다시 빠르게 작동했다. 머지않아 두 나라는 상호 불신의 늪에 빠졌고, 양국 관계를 나쁘게 만드는 담론을 제거하기는 점점 더 어려워졌다.

제도화된 신뢰: 신뢰를 쌓기 위한 관계 구축 시나리오

신뢰 구축은 미국과 중국에 비교적 새로운 경험이다. 1972년 닉슨 대통령의 중국 방문이 있기 전까지 중국은 서구에 불가사의한 존재, 도저히 가까이할 수 없는 수수께끼와 음모의 나라였다. 대통령 전용기가 베이징 공항의 활주로에 착륙한다거나 닉슨이 마오쩌둥과 악수를 나누고 만리장성을 방문하는 텔레비전 영상은 중국과 관련된 토막 정보들을 미국 사람들의 집 안 거실로 전달했다.[13]

이는 미국의 외교 정책에 중대한 변화가 있음을 알려주는 사건이기도 했지만 미국인에게는 거대한 문화적 충격이었다. 그 매혹적인 영상들은 두 나라가 직면한 도전 과제들이 눈에 보이지 않도록 덮어주었다. 중국은 여전히 폭력적인 문화혁명을 진행하고 있었고 미국은 소련과 냉전을 벌이고 있었다. 닉슨 대통령이 중국을 방문했음에도 불구하고, 두 나라는 여전히 상대국에 대한 긍정적인 평가를 유보하며 머뭇거렸다. 개방적이고 신뢰하는 관계를 받아들일 준비가 아직 되어 있지 않았던 것이다.

신뢰를 구축하는 데는 시간이 걸린다. 특히 당시 미국과 중국처럼 서로 낯선 나라들 사이에서는 더욱 그렇다. 이럴 때 참조할 수 있는 표준적인 각본이 마련되어 있긴 하다. 닉슨과 마오쩌둥의 1972년 정상회담과 같은 사건은 양국 관계 발전의 돌파구가 되는데, 그런 다음에는 연결망이 조금씩 갖춰진다. 처음에는 외교관들끼리 만나서 협의한다. 그러다 규제감독 담당자들, 정책 입안자들, 고위급 군인들, 기업 임원들 및 실무진들, 교육자들이 만나고 마지막으로 관광객들과 학생들이 오간다. 그러면서 동시에 개인과 정치 지도자의 역할을 훌쩍 뛰어넘어 안정적인 구조와 연속성을 보장하는 제도적인 틀이 만들어진다.

처음부터 미중 관계 구축에는 많은 시간과 노력이 투입되었다. 닉슨의 중국 방문 마지막 날에 닉슨 대통령과 저우언라이 총리가 상하이코뮈니케(Shanghai Communiqué, 미중 두 정상의 공동성명-옮긴이)에 서명함으로써 두 나라 사이에 공식적인 외교 관계가 맺어졌다.[14] 이 결과는 '하나의 중국 정책'으로 일컬어지는 외교적 모호성의 창조적인 실천을 통해서 두 나라 사이의 까다로운 문제였던 대만 문제를 말끔하게 해결했다.[15] 비록 그 협정이 중국-대만의 공식적인 통일 일정표까지 세부적으로 규정하지는 않았지만 대만을 '분리할 수 없는 중국의 일부'로 확실하게 규정했다.[16]

이후 중국에서는 1976년에 마오쩌둥이 사망했고, 미국에서는 제럴드 포드와 지미 카터라는 두 대통령이 백악관의 주인이 되었으며, 두 나라에는 대사관과 다를 바 없는 연락사무소가 마련되어 양국 관계를 쌓아나가는 노력이 차근차근 이어졌다. 그리고 닉슨의 중국 방문 뒤로 7년이 지난 1979년 초 덩샤오핑이 미국을 공식 방문하면서 두 나라 사이에는 온전한 외교 관계가 수립되었다.[17]

덩샤오핑의 개혁·개방 정책은 중국 경제에 날개를 달아줬는데, 마찬가지로 그의 외교 정책 또한 관계 개선과 신뢰 구축을 위한 제도적 노력에 활력을 불어넣었다. 특히 눈여겨봐야 할 것은 양국의 무역 및 경제 협력을 강화하는 데 꼭 필요한 양국 간 메커니즘이 마련되었다는 점이다. 이런 노력들은 덩샤오핑이 구상했던 폭넓은 경제 전략의 핵심 요건인 중국의 WTO에 가입에 초점이 맞춰졌다. WTO 가입은 중국 경제의 수출 주도 성장을 핵심적으로 뒷받침할 기둥이었기 때문이다.

2001년 말 중국이 WTO에 가입하기로 합의하기까지 미국과 중국은 10년 넘게 힘든 협상을 했다. 중국으로서는 그 긴 시간을 기다리는 것이 그만한 가치가 있었다. 세계 무역은 1990년대에 접어들면서 상승세를 탔는데, 중국이 WTO에 가입한 직후부터는 비약적으로 활기를 띠었다. 전 세계 국내총생산에서 차지하는 전 세계 수출액 비율은 2001년 23퍼센트에서 2008년 31퍼센트로 급격히 늘어났다. 빠르게 늘어난 중국의 수출액이 이런 가파른 증가세에 크게 기여했다. 중국이 WTO에 가입했던 2001년에는 중국의 수출액이 전 세계 수출액에서 차지하는 비중이 3.5퍼센트밖에 되지 않았지만 2008년까지 세 배 가까운 10퍼센트로 올랐다.[18]

운이 좋았던 건지, 선견지명이 있었던 건지 모르겠지만 중국의 WTO 가입 시기는 절묘하게 완벽했다. 중국은 세계 무역 주기의 기록적인 상승기를 그들의 수출 주도 성장에 활용하면서 시기적인 효과를 톡톡히 봤다. 이 모든 것이 덩샤오핑의 초고성장 전략과 완벽하게 들어맞았다. 하지만 그 놀라운 성과가 쉽게 나온 것은 아니었다.

이를 위해서는 미중 관계를 제도적으로 구축하는 데 많은 노력을 들여야 했다.

관계 구축의 이 단계는 또한 정치적인 무대를 위한 연습이기도 했다. 중국이 WTO에 가입하려면 미국에 대한 최혜국 지위를 중국에 부여하는 '항구적 정상 무역 관계(permanent normal trade relations, PNTR)'를 미국 의회가 승인해야 했다.[19] WTO의 공정한 경쟁 조건에 따라 중국은 미국의 다른 무역 상대국들과 동등한 지위를 얻었다.[20]

개발도상국이라는 이유로 중국이 받은 특별한(궁극적으로는 논쟁의 여지가 많은) 예외 조치들을(이 조치들은 주로 관세 인하와 서비스 부문 자유화, 기술 이전 등에 대한 단계적인 기간 유예였다) 논외로 한다고 해도, 미국이 중국과의 항구적 정상 무역 관계를 인정한 것은 중국이 WTO에 가입하면 결국 규칙을 기반으로 하는 무역의 틀 안에 중국을 묶어둘 수 있다는 가정을 전제로 했다. 중국의 WTO 가입으로 차별 없는 상호주의라는 WTO의 핵심 원칙이 마련되고, 이에 따라 미국이 중국을 세계 무역 구조 안에서 책임 있는 참가국으로 신뢰하는 제도적인 장치가 마련될 것이라고 믿었던 것이다.

신뢰 구축은 중국이 WTO에 가입하도록 미국이 기울였던 정치적인 노력에 숨겨져 있던 이유였다. 첫째, 그 노력은 미국의 이익과 밀접하게 연결된 것으로 보였다. 아닌 게 아니라 당시 빌 클린턴 대통령은 "WTO 협정은 중국을 올바른 방향으로 이동시킬 것"이라고 주장했는데, 여기서 '올바른 방향'은 미국이 나아가고자 하는 방향이었다.[21] 자유롭고 개방된 중국 시장이 미국의 수출업자들에게 수지맞는 시장이 될 것이라고 바라본 것이다. 또한 클린턴은 미국 정부의 이런 제안을 만약 미국 의회가 거부한다면 위험이 뒤따를 것이라면서 "만약 우리가 중국 시장에 상품을 팔지 않으면 다른 나라가 틈새를 비집고 들어와서 중국 시장에 상품을 팔 것이다"라고 경고했다.[22]

이는 중국이 자국의 체제를 고수할 것임을 충분히 고려하지 못했던 거짓 서사만은 아니었으며, 불신은 미국에 나쁜 결과를 안겨줄 것이라는 직접적인 위협이기도 했다. 이렇게 해서 미국 의회는(그리고 추정컨대 미국 국민은) 중국이 WTO에 가입하는 것을 지지하는 것이야말로 미국의 기업과 노동자의 이익에 가장 부합하는 것이라고 믿게 되었다. 신뢰는 정치적인 약속이기도 했지만 "무역협정을 체결하기 위해 기울인 역대 최대의 노력"이라고 클린턴이 주장했던 것을 토대로 중국의 WTO 가입을 법률적으로 구속하는 일종의 보증이었다.[23] 그리고 이는 의회의 승인을 받는 데 가장 효과적이고 설득력 있는 주장이었다.

그러나 얼마 지나지 않아 중국이 WTO 가입 약속을 어겼다는 주장이 제기되었다. 중국이 WTO에 가입하고 겨우 3년이 지난 시점에 처음으로 이런 주장이 WTO 분쟁 해결 기관에 제기되었고, 그로부터 이 원고를 쓰고 있는 지금까지 총 49건이 제기되었다. 이 수치는 그동안 미국(178건)과 유럽(101건)에 제기되었던 불만보다 훨씬 적지만, '선량한 회원국'이라는 중국의 이미지에는 때가 묻고 말았다.[24]

중국의 평판을 깎아내리는 공격은 미국무역대표부가 해마다 준비하는 중국의 WTO 이행 평가보고서로 강화되었으며, 이 보고서의 비난 기조는 점점 더 거세졌다. 미국무역대표부의 2020년 보고서는 중국이 "WTO가 승인한 개방적이고 시장지향적인 정책"을 이행하지 않는다는 항목에 특히 나쁜 점수를 매겼다.[25] 이 모호한 규정은 원래의 가입의정서에 명확하게 제시되지 않았지만 그 보고서는 이런 사실에 개의치 않았다. 미국무역대표부는 산업 정책과 같이 시장 바깥에서 이뤄지는 특정한 위반 사항을 지적했는데, 이런 정책이 중국이 정부 차원에서 주도하는 중상주의적 접근법과 폭넓게 일치한다고 주장했다.[26]

미국무역대표부의 2020년 보고서 내용이 미국이 2018년 3월에 중국을 상대로 제기한 301조 관련 불만과 똑같다는 사실은 전혀 놀라운 일이 아니었다. 두 문건을 쓴 사람이 바로 로버트 라이트하이저 한 사람이었기 때문이다(이에 대해서는 140쪽을 참조하라-옮긴이). 이 두 문서는 모두 WTO가 정한 이행 책임을 정치적인 문제로 쟁점화했다. 이 이행 책임은 중국을 바라보는 미국의 불신을 입증하는 '일응(一應)의 증거(prima facie evidence, 한눈에 봐도 자명해서 확실한 반증이 없으면 받아들여지는 사실-옮긴이)'였다.

미중 경제 관계를 붙잡아주는 닻으로서의 무역은 신뢰 구축이라는 측면에서 다른 여러 제도적 노력의 중심이 되었는데, 이런 노력들 일부는 중국의 WTO 가입 이전 시점으로 거슬러 올라간다. 1983년에 미국과 중국은 미중 무역 정상화를 관리할 목적으로 상업무역공동위원회(Joint Commission on Commerce and Trade, JCCT)를 만들었고, 미국의 상무부 장관(2004년부터는 미국무역대표부 대표)과 중국 부총리가 이 기관의 공동의장직을 맡았다.[27] JCCT는 1983년부터 2016년 11월까지 해마다 한 번씩 27차례 회의를 했다. 이 기관은 농업과 의약품에서 지적재산과 환경에 이르는 온갖 문제를 다루는 활동적인 실무

집단 15개를 거느리고 있었다. 그랬기에 이 기관은 미중 양국의 참여 및 제도화된 신뢰 구축의 강력하고도 효과적인 장치였다. 그런데 2017년에 트럼프 정부가 이 기관을 없애버렸다.

시간이 지나면서 미국과 중국은 양국의 관계가 무역이라는 범위를 넘어 그 이상으로 확대될 필요를 느꼈다. 2006년 조지 W. 부시 미국 대통령과 후진타오 중국 국가주석은 무역, 통화, 미중 무역 불균형 등 주요 경제 문제에 대해 더 폭넓은 관점이 필요하다는 인식 아래 2년마다 열리는 전략경제대화(Strategic Economic Dialogue, SED)를 시작했다. SED는 사실상 JCCT에서 기울였던 노력의 일환이었고, 서로의 불만을 털어놓고 향후의 협력 기회를 모색하기 위한 주목받는 장치로 더 중요한 의미를 띠었다. 미국의 재무부 장관과 중국의 무역 담당 부총리가 함께 이끄는 이 대화는 양국 관계에 대한 관심을 한껏 끌어올렸다.

그런데 전략경제대화의 틀이 오바마 정부의 입장에서는 너무나 협소했다. 2009년 오바마 정부는 여기에 '그리고(&)'를 추가해서 범위를 넓혔다. 미국 국무부와 중국 외교부를 포함시킨 것이다. 이렇게 해서 SED 대신 S&ED로 불리게 된 이 '대화'는 미국의 재무부 장관과 국무부 장관 및 동급의 중국 지도자들이 참여하는 대화의 장이 되었다.[28]

회의 횟수는 1년에 두 번에서 한 번으로 줄었고, 이 회의에 두 나라가 들이는 노력은 본격적이고 철저하게 계획되어 마치 G2 정상회담처럼 진행되었다. 외교적인 진부함과 모호함이 가득한 이 대화 창구의 공식적인 발표문은 적어도 겉으로만 보면 두 나라의 관계와 관련된 대화를 새로운 차원으로 끌어올렸다. 그랬기에 시진핑이 2013년에 서니랜즈 정상회담에서 '주요 국가와 맺는 관계의 새로운 모델'을 제안할 수 있었던 것이다.

하지만 안타깝게도 SED나 S&ED 모두 미국과 중국 사이에서 고조되는 마찰을 누그러뜨릴 수는 없었다. 양국은 적극적인 참여를 위한 공동의 기회를 포착하려 하기보다는 점점 더 자기주장만 했다. 트럼프 정부는 이 대화에 소극적이었고 2017년 6월에는 '포괄적인 경제 대화'라고 이름을 붙인 회의를 딱 한 차례 소집했을 뿐이었다. 나중에는 이 대화 창구 자체를 아예 없애버렸다.[29]

관계 구축을 추구하는 또 다른 제도화된 노력이 여러 해에 걸쳐 진행되었지만 그중 많은 것이 동상이몽 속에서 이뤄졌다. 미국 의회 산하의 독립기구인 미중경제안보검토위원회(US-China Economic and Security Review Commission, USCESRC)는 중국의 WTO 가입과 중국 경제의 부상이 미국에 미칠 영향을 둘러싼 논쟁이 격화되던 2000년에 설립되었다.[30] 대통령에게 직접 보고를 하기도 했던 USCESRC는 경제 및 안보와 관련된 주요 문제들에 대해 객관적이고 초당적인 조언을 마련할 목적으로 설립되었지만 20년이라는 세월이 흐르면서 점차 반중 정서 편향을 띠었다. 이 위원회를 구성하는 12명의 위원을 선임할 때도 그랬고, 해마다 여러 차례 열리는 청문회에 출석해서 증언하는 전문가들을 선정할 때도 그랬다.[31]

예를 들면 2020년의 USCESRC 연례보고서는 중국에서 이뤄지는 검열 및 인권 침해 혐의에 대한 보복에서부터 중국 공급망과의 단절 및 사실상 대만에서 미국 대사관 역할을 수행하는 미국재대만협회(American Institute in Taiwan, AIT) 책임자의 위상 격상에 이르기까지 다양하고 폭넓은 반중 조치를 고려해야 한다고 의회에 권고했다. 동반의존적 관계에 있는 국가들 사이라면 마땅히 있어야 할, 갈등 해결의 공동 책임에 대한 평가가 이 보고서에는 아예 없었다. 모든 내용이 오로지 중국이 잘못한 것들만 다루고 있었다.[32]

이 2020년 보고서만 그런 게 아니었다. 나는 이 위원회에 세 차례 출석해서 전문가 증언을 했는데(내가 마지막으로 증언한 것이 2015년이었다), 그때마다 반중 편향으로 치우친 공격적인 질문만 받았다.[33] 미중 갈등이 격화되자 객관적인 기관을 자처하는 이 위원회의 편향성은 더욱 극명하게 드러났다. 오늘날 USCESRC는 중국을 향한 적대감과 불신을 부채질하기에 여념이 없는 반중 포럼이 되고 말아서, 미중 관계의 신뢰를 구축하기 위한 의미 있는 선택지를 다룰 여지는 거의 없어졌다.

신뢰의 개인화: 개인적 차원에서 이뤄지는 이해의 장

신뢰의 한도를 설정하는 데는 정부가 취하는 조치가 중요하다. WTO 가입과 같은 몇몇 경우 당사국들은 가입국이 신뢰를 확립하기 위해 그리고 가입국이 신뢰를 깼을 때 이를 알려주는 불신 경보가 저절로 작동하도록 일정한 규정을 정한다. 그러나 신뢰 구축에는 정부 간 교류나 협상뿐 아니라 해야 할 일이 매우 많다. 콘퍼런스, 학술적 교류, 연설, 사업 목적의 만남 및 그 밖의 경로를 통한 개인적인 차원의 교류도 마찬가지로 중요하다. 신뢰 구축의 개인적 차원은 관계를 지속하는 데 필수적이다. 물론 이런 개인적인 교류가 갈등을 촉발할 수도 있긴 하지만 말이다.

중국보다 콘퍼런스를 많이 여는 나라는 없을 것이다. 그 횟수를 일일이 세고 있는 사람은 없겠지만, 내 이메일의 받은편지함만 봐도 중국이 단연 압도적이다. 중국에서 열리는 주요 콘퍼런스에 참석해서 (대면 참석을 부탁받을 때도 있고, 비대면 참석을 부탁받을 때도 있다) 연설이나 강연을 해달라는 초대장이 한 주에 한 번꼴로 날아온다. 그렇지만 모든 회의에 참석할 수는 없어서 90퍼센트 이상 거절한다.

그러나 내가 꼭 참석하는 회의가 있는데 바로 중국개발포럼(China Development Forum, CDF)이다. CDF는 주룽지 총리가 2000년에 시작한 것으로 중국의 정부 지도자들과 많지 않은 수의 외국 전문가들이 함께하는 상대적으로 편안한 사적인 모임이다. 해마다 3월에 전국인민대표대회가 모두 끝난 뒤에 열린다.[34] 주룽지는 중국의 고위 관료들이 새로 도입하기로 승인된 정책이나 개혁을 놓고 될 수 있으면 '외부자들'과 반드시 토론해야 한다고 믿었다. 그러니까 그는 CDF를 고위 관료들을 대상으로 한 일종의 검증 과정으로 여겼다. 그는 자유로운 발상을 추구했고 중국인과 외국의 전문가들 사이에 활발한 교류가 일어나길 바랐다.[35]

코로나19 때문에 비대면으로 진행되기 전까지만 하더라도 CDF는 다보스포럼과 어깨를 나란히 할 정도로 규모가 커지고 있었다. 회의 규모가 커지면서 각 개인의 적극적인 참여가 돋보이던 초기의 친밀함은 줄어들었지만, 중국 및 해외의 언론을 통해 참여 수준이 매우 높아졌으며 그만큼 악명도 많이 얻었다. 솔직하고 개방적인 방식의 토론과 활발한 의견 교환이 이뤄진다는 점은 지금까지도 CDF의 강점이다. 중국에서 열리는 유명한 회의치고는 매우 독특하다고 할 수 있다. 이 회의는 중국과 미국 그리고 나머지 세계 사이의 관계를 형성하는 연습이 꼭 필요하다는 확신을 심어주며, 그 관계 형성 과정이 어떻게 진행되어야 할지 보여준다.

그 밖에도 중국에는 미국 및 다른 나라들과 관계를 맺을 기회를 제공하는 플랫폼이 많이 마련되어 있다. 아시아의 다보스포럼으로 불리는 보아오포럼(Boao Forum for Asia, 아시아 국가 간 협력을 통한 경제성장을 도모할 목적으로 2001년 중국과 한국, 일본, 호주 등 26개국이 회원국으로 참여해 창설한 비정부·비영리 포럼이다-옮긴이), 차이나 서머 다보스(China Summer Davos), 글로벌 싱크탱크 콘퍼런스(Global Think Tank Conference), 중국 이해 콘퍼런스(Understanding China Conference), 중국 금융 40인 포럼(China Finance 40 Forum) 등이 그렇다.[36]

물론 미국에서도 회의가 많이 열리는데, 미중관계국가위원회(National Committee on US-China Relations), 100인위원회(Committee of 100), 미중 관계 태스크포스 아시아학회(Asia Society's Task Force on US-China Policy), 미중기업협회(US-China Business Council, 중국에 근거지를 둔 미국의 주요 기업을 대표하는 집단-옮긴이) 등이 개최하는 회의들이 그렇다. 미국과 중국에서 이런 활동들은(나는 오래전부터 이런 활동에 참여해왔다) 동반자 의식과 능동적인 참여 그리고 열정적인 견해 표명을 촉진해왔으며 양국 정부 사이에 빚어지는 마찰이나 갈등을 넘어 개인적인 차원의 상호 이해를 증진시켰다.

이른바 트랙 II(Track II, 민간인이나 비공식 차원에서 이뤄지는 접촉이나 활동을 일컫는 관용적인 표현-옮긴이) 대화도 미국과 중국 사이의 제도화된 의견 교환의 일부로 오랫동안 진행되어왔다. 이런 대화를 나누는 주체는 일반적으로 전직 고위 관료나 학자 또는 해당 분야의 전문가다. 트랙-II 대화에서 다루는 내용은 무역, 건강, 기후변화에서 사이버 보안, 국방, 해양 분야까지 다양하다. 대개는 며칠 동안 격렬한 토론을 진행하고 그다음에는 일치하는 견해를 정리해서 정책적인 권고 내용을 합의된 문서로 작성한 다음, 이 문서를 현직 정부 관리들의 대화 채널인 트랙-I에 보고하는 순서로 진행된다.

트랙-II 대화는 미중 관계 구축을 위한 커다란 기회를 제공했을 뿐 아니라 논쟁적인 주제를 놓고 충분히 토론하도록 자리를 마련했지만, 안타깝게도 미국이나 중국의 공식적인 정책에는 거의 아무런 영향도 미치지 못했다.[37]

미중 신뢰 구축을 위한 이런 개인적인 차원의 노력들은 40년이 넘도록 이어졌지만, 미국의 정치권은 중국에 대해 점점 더 적대적으로 바뀌고 있다. 역사적으로 보면 친중국적인 공화당원들은(이들은 전통적으로 친기업적이고 친무역적이다) 반중국적인 민주당원들과(이들은 전통적으로 친노동자적이고 인권을 중시하며 무역 적자에 반대한다) 대립해왔다. 그러나 반중 정서가 초당적으로 일어나면서 공화당과 민주당은 이 주제에서만큼은 의견이 일치한다. 앞서 살펴본 온갖 거짓 서사들이 미국 사회에서 폭넓게 받아들여지기 때문이다. 오늘날 미국에서 초당적으로 정치적인 지지를 받는 쟁점은 반중 관련 쟁점 말고는 거의 없을 정도다. 안타깝게도 중국 때리기에서만 보수와 진보 두 진영이 한목소리를 내고 있다.

중국에서는 미국식 정치 양극화가 없지만, 당 상층부에서는 미국과의 관계를 둘러싸고 정치적인 투쟁이 많이 일어난다. 이런 사실을 입증하는 좋은 사례가 하나 있다. 이 사례는 2012년 예일대학교에서 출간된 헨리 키신저의 저서 《헨리 키신저의 중국 이야기》를 조명한 어떤 심포지엄을 통해서 사실로 확인되었다.[38] 키신저는 1972년에 닉슨이 중국을 방문했을 때 이 방문 일정의 대미로 상하이코뮈니케(미중 두 정상의 공동성명)가 발표되었지만, 이런 획기적인 돌파구가 마련된 뒤에 미중 간 공식적인 외교 관계 수립이 왜 더 진전되지 않는지 도무지 알 수 없었다. 그런데 그 심포지엄의 마지막에 가서 그 이유를 깨달았다.

코넬대학교의 역사학자인 첸젠(陳兼)은 미국과 중국 간 후속 협상이 진전되지 않았던 이유를 추적한 끝에 마침내 그 이유를 찾았다. 바로 핵전쟁을 방지하기 위해 베이징과 워싱턴 사이에 핫라인을 설치하자는 1973년의 제안을 놓고 마오쩌둥과 저우언라이 사이에 불거진 불화 때문이었다. 미중 사이의 핫라인 설치와 비슷한 제안이 소련에서도 있었음을 중국 지도부는 알고 있었고, 중국 지도부는 소련이 했던 조치와 비슷한 조치를 취하기만 하면 되었다. 핫라인 설치 제안이 우선순위가 낮은 요청이라고 판단했던 키신저는 곧바로 그 제안에 동의했지만 놀랍게도 마오쩌둥은 그 제안을 거부했다.[39]

그런데 키신저는 중국이 이렇게 대응한 이유를 당시에도 몰랐고 그 뒤로도 몰랐으며, 이 일에 담긴 중요한 의미를 전혀 알지 못했다. 그런데 첸젠 교수가 당시 상황을 설명해주는 새로운 중국 기록물 정보를 내놓았다. 그 내용은 이랬다. 편집증적인 분노에 사로잡혀 있었던 마오쩌둥이 그 핫라인 설치 제안을, 저우언라이와 키신저가 손을 잡고 자기에게 대항할 목적으로 사적인 통신 채널을 마련한다고 봤다. 그래서 화가 나 저우언라이에게 등을 돌렸고 두 사람 사이의 불화로 미중 관계에 엄청난 결과가 빚어졌던 것이다. 마오쩌둥은 키신저와 저우언라이가 신중하게 마련한 후속 협정을 파기했고, 마오쩌둥과 저우언라이의 관계는 파국으로 치달았다.

키신저로서는 중국 지도부 내에서 이런 일이 있었으리라고는 상상도 하지 못했다. 1973년에 그가 저우언라이와 함께 공들였던 협상이 갑자기 중단되었던 이유가 거의 40년이 지난 뒤에 밝혀진 것이다.[40] 2012년 예일대학교에서 열린 심포지엄 자리에서 키신저는 중국 지도부의 내부 사정을 듣고 깜짝 놀라서 "나는 그런 일이 있었던 줄은 전혀 몰랐다!"라고 말했다. 이 반응이야말로 모든 것을 말해준다.[41]

키신저의 반응은 신뢰 구축에서 가장 중요한 측면 하나를 보여준다. 바로 제도적 장치는 국가 간 신뢰를 안전하게 보호하기 위해 필요하지만 이것만으로는 충분하지 않다는 점이다. 결국 신뢰라는 것은 제안될 때만큼이나 빠르게 철회될 수 있는 매우 개인적인 차원의 약속이다. 마오쩌둥과 저우언라이 사이에 있었던 사건이 보여주듯이 신뢰가 의혹으로 바뀌는 것은 거의 무작위적이라고 할 정도로 변덕스러울 수 있다. 아닌 게 아니라, 이런 일이 있고 45년이 지난 후 도널드 트럼프가 아무런 원칙에도 입각하지 않은 채 미중 관계를 신뢰를 약속한 사이에서 불신의 갈등이 들끓는 사이로 주저 없이 바꿔버리지 않았던가. 트럼프의 이런 선택은 모두 단기적인 정치적 이익을 얻기 위해서였다.

낮은 가지에 매달린 과일

한번 깨진 신뢰를 회복하기는 매우 어렵다. 게다가 미국과 중국은 지난 4년 동안 고조된 갈등 때문에 더욱 신뢰를 회복하기 어렵다. 미국은 중국이 세 가지 측면에서 신뢰를 깼다고 느낀다. 기술과 지적재산권을 도용하는 것 등의 불공정 거래 관행, 남중국해와 대만해협에서의 군사적 공격 행위, 신장과 홍콩, 티베트 등에서의 인권 침해가 그것이다.

반면에 중국은 미국이 처음에는 아시아로의 회귀와 환태평양경제동반자협정으로 시작했다가 최근에는 트럼프의 무역 전쟁 및 기술 전쟁으로 중국을 봉쇄하는 전략을 강화함으로써 신뢰를 깼다고 느낀다. 알래스카 앵커리지에서 중국을 향해 드러냈던 적대감, 트럼프 정부가 매기기 시작한 대중 무역품에 대한 관세를 바이든 정부가 철회하지 않는 것, 최근의 오커스 안보 합의 등은 중국 봉쇄 전략이 세 명의 미국 대통령이 일관되게 추진하는 공식적인 정책임이 분명해진 것이다.

이런 것들은 두 나라에 결코 사소한 위협이 아니다. 미국이나 중국 모두 상대국이 자기를 공격한다고 느낀다. 지금까지는 적대 행위가 주로 경제 분야에 국한되었지만 앞으로는 갈등이 더 많은 영역에, 더 심각한 수준으로 이어질 수 있다는 우려가 커지고 있다. 전면적인 전쟁의 위험에 대한 투키디데스의 함정에 대해서는 양국 지도자들이 공개적으로 논의하기도 했다.[42] 러시아-우크라이나 전쟁을 놓고 블라디미르 푸틴이 핵무기 사용을 언급하며 위협한 것은 오랫동안 감히 생각할 수도 없었던 강대국 사이의 전쟁 우려를 고조시키기만 했을 뿐이다. 이렇게 불안하고도 격렬하게 긴장이 고조되는 가운데 두 나라의 신뢰를 회복할 가망은 거의 없어 보인다.

그러나 희망은 있다. 과거에 있었던 군사적 충돌들이 남긴 교훈은 두 나라 사이의 경제적 긴장을 해결하려면 무엇이 필요한지 일러준다. 과제 해결의 시간적인 순서는 비교적 간단하다. 정전이나 휴전이 가장 우선이다. 그다음에는 군대가 전선에서 철수하는 것이고, 그다음은 군비축소다. 또한 지속 가능한 휴전을 성문화한 합의가 이뤄져야 하고 예방책을 마련해야 하며, 약속했던 규칙이 잘 지켜지는지 주의 깊게 감시하는 일이 이어져야 한다. 이렇게 해서 시간이 지나면 상처가 치유되고, 마침내 모두가 바라는 대로 항구적인 평화를 약속하는 안전과 신뢰가 찾아온다.

군사적인 모델을 동원해 갈등이 고조되는 경제적 동반의존성을 해결하는 것도 어렵긴 하지만 얼마든지 가능하다. 심각하게 손상된 미중 관계에 동반자 의식을 회복시킬 잠재력은 두 나라 모두에 있다. 여기에 대해서는 14장에서 집중적으로 다루겠지만 가장 필요한 것은 신뢰다. 검증 가능한 신뢰 기반이 마련되지 않으면 그 어떤 군사 모델도 소용없다. 신뢰 기반이 마련되지 않으면 새롭게 제기되는 긴장(이런 긴장은 필연적으로 일어난다)의 첫 신호는 대변동을 몰고 올 것이라는 과장된 의미를 띨 것이고, 이어서 두 나라는 곧바로 음흉한 불신의 시대로 되돌아갈 것이다. 금방이라도 깨질 수 있는 아슬아슬한 휴전은 빠르게 사라져버릴 것이다. 평온한 번영을 향한 기대와 희망은 말할 것도 없다.

바로 이것이 신뢰 구축에서 개인적인 차원의 노력이 작동하는 영역이다. 개인 간 관계와 마찬가지로 국가 간 관계에서도 신뢰는 공통의 관심사를 토대로 한다. 공동의 이해관계를 파악하고, 이 문제를 자국민과 상대국 국민 모두에게 호소하기 위해 협상 안건으로 올리려면 진정한 리더십이 필요하다. 협상 테이블에 올린 쟁점들이 두 나라에 모두 설득력 있는 기회를 제공해야 하며, 아무런 편견 없이 긴급하게 대처하지 않으면 안 될 만큼 충분히 중요한 것이어야 한다.

미국과 중국 사이에는 공동의 관심사이면서도 '낮은 가지에 매달린 과일(쉽게 해결할 수 있는 과제라는 뜻이다-옮긴이)'이 많다. 그중에서도 특히 기후변화와 세계 보건과 사이버 보안이라는 세 가지 문제가 두드러진다. 첫 번째와 두 번째 문제는 인류의 생존에 심각한 위협을 제기하는 것이고, 세 번째 문제는 글로벌 상업 플랫폼뿐만 아니라 각국의 사회적·정치적·군사적 안정의 미묘한 균형에도 심각한 위험을 제기한다. 이 세 가지 문제는 미국과 중국 모두가 직면한 시급한 과제다. 미국과 중국은 이 세 가지 문제가 가져올 기후 재앙과 전염병, 사이버 전쟁을 강조하고 해결책을 모색함으로써 두 번째 검증 과정을 통과할 수 있다.

현재의 기준으로만 판단하면 이 세 가지 문제는 모두 실패 쪽으로 기울고 있다. 가장 먼저 기후변화의 위협이 임박했다. 기후변화에 관한 정부 간 협의체(Intergovernmental Panel on Climate Change, IPCC)에서 발표한 2021년 8월 보고서는 온실가스 배출의 가속화에는 인간의 행동이 가장 파괴적인 영향을 미친다는 사실을 명확하게 보여준다.[43] 전 세계의 과학자 234명은 지구 온도가 이미 1850~1900년에 일반적인 평균 온도보다 1도 상승했으며, 현재와 같은 상황이 계속 이어지면 2060년까지 1.5~2도 더 상승할 것이라고 결론을 내렸다.

IPCC는 이런 온난화가 극지방의 얼음과 해수면 상승에 미치는 파괴적인 영향을 이미 입증했다. 하지만 2021년과 2022년 초에 전 세계에서 일어난 극단적인 기상 사건들, 즉 유례없이 빈번하고도 강력했던 폭풍우와 화재, 홍수는 기후변화가 이미 지금 당장의 문제이며 긴급한 글로벌 조치가 지금 당장 필요하다는 사실을 일러준다. 리더십이 강력하게 발휘되어야 할 순간이 이처럼 명확했던 적은 미국에서나 중국 모두에서 매우 드문 일이다.

두 번째는 코로나19 팬데믹의 지속적인 위험이다. 과학적인 돌파구가 마련되어 기적적으로 신속한 백신 개발 및 보급으로 이어졌던 미국에서도 새로운 변종 돌연변이는 널리 받아들여지는 공중보건 관련 규약에 대한 정치적 반발과 충돌해왔다. 그리고 백신 민족주의(백신이 전 세계에 공평하게 분배되지 않고 일부 국가가 과도하게 또 먼저 분배되는 현상 또는 이를 지지하는 태도-옮긴이)가 전 세계에 만연해 있다. 고소득 국가는 인구의 약 75퍼센트가 코로나 백신 접종을 받았지만 저소득 국가에서는 이 비율이 14퍼센트밖에 되지 않는다.[44]

지금처럼 전 세계가 하나로 긴밀하게 연결된 상황에서는 모든 사람이 함께 치료하지 않는 한 어떤 전염병이든 물리친다는 것은 사실상 불가능하다. 이 문제를 국가적인 차원의 위협으로만 바라보고 접근하는 것은 실패로 가는 지름길이다. 특히 변종이 발생할 가능성이 크기 때문에 가까운 미래의 어느 시점에선가 또다시 팬데믹이 나타날 것이다.[45] 다시 말하지만 지금이야말로 역사적·세계적으로 중요한 문제에 대해 미국과 중국이 손을 잡고 리더십을 발휘해야 할 확실한 기회다.

세 번째로, 사이버 공간에서 개인이나 조직의 데이터를 인질로 붙잡고 돈을 요구하는 악성 프로그램인 랜섬웨어가 전 세계적으로 유례없을 정도로 늘어나고 있다. 이런 사실로 미뤄보면 사이버 보안에 대한 위협이 위험한 수준에 도달했음은 확실하다.[46] 에너지, 식품 공급, 여행 서비스, 고등교육, 인터넷 서비스, 물 등을 포함한 미국 경제의 주요 부문에서 랜섬웨어 때문에 기업 활동이 중단된 적이 있으며 영국과 유럽 대륙, 아시아 전역에서도 그와 비슷한 사건이 발생했다. 심지어 인터넷을 엄격하게 통제한다고 여겨지는 중국에서조차도 상품 배송 및 온라인 서비스 플랫폼 분야에서 랜섬웨어가 여러 차례 보고되었다.[47] 중국은 이런 범죄적인 랜섬웨어 활동과 관련해 가해자로 기소되기도 했고 피해자로 확인되기도 했다.

랜섬웨어는 전 세계의 사이버 연결성을 위태롭게 만드는 여러 쟁점 중 하나일 뿐이다. 그런 쟁점에는 도난당한 영업 비밀, 지적재산권, 사이버 해적 행위 소셜네트워크로 증폭되는 사회적·정치적 혼란 등이 포함된다. 이런 여러 가지 위협에 대처하려면 전 세계적인 차원의 해결책이 시급하다. 바로 이 해결책을 마련하는 활동을 주도하는 데서 미국과 중국의 리더십이 결정적으로 중요할 수 있다.

길고도 힘든 과정

그런 점에서 좋은 소식이 하나 있다. 미국과 중국이 지금 기후변화라는 첫 번째 문제를 놓고 대화를 나누고 있다는 것이다. 두 나라는 세계 최대 온실가스 배출국으로서 기후변화 문제에 긴급하게 대응해야 한다는 사실을 잘 안다. 바이든 대통령은 취임 첫날 기후변화에 관한 파리협약에서 미국의 회원 자격을 회복하는 행정명령에 서명했다 (파리협약은 지구의 평균 온도를 산업화 이전보다 2도 이상 올라가지 않도록 한다는 목표를 공유하는 국제협약으로 2015년에 체결됐다. 미국은 오바마 시절인 2016년에 이 협약을 비준했다. 그러나 트럼프가 2017년 취임 직후에 탈퇴를 선언했다-옮긴이).**48** 또한 바이든은 2021년 4월 '지구의 날'을 맞아 전 세계의 지도자 40명을 초대해서 비대면 정상회담을 주최했는데, 이때 바이든과 시진핑 두 사람은 모두 환경 위험을 해결하기 위해 노력하겠다는 공동의 약속을 강조했다.

두 사람은 2021년 11월 글래스고에서 열린 제26차 UN기후변화협약 당사국총회(COP26)에서 이 약속을 한 번 더 했다.**49** 그해 7월에 중국의 전국적인 탄소배출권 거래 시스템이 마련되었는데(이것은 세계 최대 규모의 탄소 가격 책정 네트워크다), 이로써 중국은 기후변화에 대담하게 대응할 의지가 있음을 세상에 밝혔다.**50** 그리고 오바마 정부에서 국무부 장관으로 재직하면서 2015년에 파리협약을 끌어내는 데 핵심적인 역할을 했던 존 케리(John Kerry)는 2021년 초에 바이든 대통령의 기후 특사 자격으로 중국의 당국자와 환경 관련 쟁점들을 다루기 위해서 상하이로 날아갔다.**51**

전면적인 협력이 가능하지 않은 상황이지만 미국과 중국은 적어도 기후변화 문제에 관한 한 같은 방향으로 나아가려고 노력한다. 물론 미국으로서는 중국도 자기만큼이나 긴급함을 느끼면 좋겠다는 기대가 있다. 2022년에 발발한 러시아-우크라이나 전쟁 때문에 에너지 가격이 치솟은 것은 안타까운 결과인데, 이로써 에너지 수요가 석유와 천연가스에서 탄소 집약적인 석탄으로 일시적으로(정말 일시적인 현상으로 끝나면 좋겠다!) 이동했다.[52]

기후변화 문제에 비하면 세계 보건 문제와 사이버 보안 문제의 전망은 그래도 상대적으로 밝다. 미국과 중국의 코로나19 기원 논쟁은 발병 초기 단계에서 우한 바이러스학 연구소의 논란 많은 환경을 두고 갑론을박의 수렁에 빠지고 말았다. 새로 선출된 대통령인 조 바이든은 이 논쟁의 초점을 바꿀 좋은 기회를 맞았다. 그러나 그는 그렇게 하지 않는 쪽을 선택했다. 대신 미국의 5대 정보기관에 코로나19 바이러스의 기원을 확정할 수 있도록 정보를 수집하고 분석해서 90일 뒤에 보고하라고 지시했다.[53]

이 접근법의 문제는 코로나19 기원 논쟁이 문제를 해결하기 위한 것이라기보다는 중국을 비난하고자 하는 것에 더 가까웠다는 점이다. 그리고 또 다른 문제가 있었다. 2022년 초에 과학자 47명이 발표한 주목할 만한 두 건의 공동 연구논문과 미국의 정보기관 검토 결과로는 우한 바이러스학 연구소의 한 실험실에서 발생한 사고가 코로나19의 기원이라고 말할 수 있는 설득력 있는 증거가 거의 없었기 때문이다.[54] 그러나 바이든 정부는 그 결과를 곧이곧대로 받아들이고 문제 해결의 전향적인 방향으로 나아가기를 꺼렸다.[55] 결국 이 문제는 고도로 정치적인 문제로 비화했고 중국을 향한 미국의 적대적인 언사는 더욱 거세졌다.[56]

한편 중국은 2019년 말 우한에서 일어난 사건을 언급하기만 해도 펄쩍 뛰며 민감하게 반응했다. 중국은 코로나19의 초기 발생을 둘러 싼 상황에 대한 정보 요청을 철저하게 외면했고, 그 바람에 그렇지 않 았더라면 쉽게 풀 수도 있었을 문제를 어렵게 만들어버렸다.[57] 중국 의 검열 기관은 코로나19와 관련된 인터넷의 논평 및 발생 초기의 모 든 데이터를 신속하게 차단했다. 중국의 담당 관리들은 코로나19의 기원과 관련된 모든 자료와 정보를 공개했다고 주장하지만, 이런 태 도는 우한에 있는 수산물도매시장에서 감염된 동물 샘플에서 채취한 일체의 증거를 제공하지 않겠다는 방침과 상충한다.[58]

미국 관리들이나 WHO가 이 일을 언급하는 것만으로도 중국은 늑 대 전사의 공격성을 보이며 으르렁댄다. 중국이 이럴수록 중국을 향 한 의심과 악감정은 커지기만 할 것이다. 심지어 바이든 대통령이 정 보기관에 코로나19의 기원을 밝히라고 지시해서 나온 결과가 코로나 19의 우한 기원설이 틀렸음을 입증한 뒤에도, 중국의 고위 관료들은 그 조사가 트럼프식의 '마녀사냥'이라고 비난했다. 심지어 우한 바이 러스학 연구소가 아니라 메릴랜드의 포트 데트릭에 있는 한 군사연 구소가 코로나19의 발생지일 수 있다는 황당한 가능성을 제시하기도 했다.[59] 미국 정부와 마찬가지로 중국 관리들 역시 세계적인 보건 문 제를 해결할 전향적인 방향으로 나아가지 않으려 했다.

문제 해결의 초점이 엉뚱하게도 코로나19 기원 논쟁에 놓이다 보 니, 팬데믹 이후 공중보건 정책과 관련해 두 나라는 그들 앞에 놓인 미해결 과제에 더는 관심을 두지 않게 되었다. 미국은 마스크 착용과 백신 내성을 둘러싼 고도로 정치화된 논쟁에 휘말리면서 사회적·정 치적 양극화만 심화되었다.

중국은 코로나19의 전염성 높은 오미크론 변종의 광범위한 확산에 대처하려고 '무관용' 정책을 들고나왔다. 그런데 이 정책에 따른 도시 봉쇄 조치가 선전(2022년 3월)이나 상하이(2022년 4월) 같은 중국의 대도시들로 확대되면서 2022년 초에 중국 경제는 점점 더 강력한 압박을 받았다. 서로를 비난하는 일에서 벗어나 공중보건 관련 계획을 세우는 일에 협력했다면 두 나라 모두 이득을 봤겠지만, 둘 다 그렇게 하지 않았다.

한편 사이버 보안 문제에 대해서는 미국과 중국의 협력이 가장 두드러지게 나타났다. 바이든 정부는 최근 랜섬웨어 공격이 급증한 것(특히 2021년 초에 발견된 마이크로소프트의 익스체인지 이메일 플랫폼의 대규모 해킹 사건)을 두고 중국이 핵심 범인이라고 공격적으로 지목했다.[60] 미국과 중국의 사이버 보안 문제를 두고 함께 논의할 창구가 워낙 부족하다 보니 이 문제에 대한 중재 노력은 허약할 수밖에 없다. 사이버 보안 문제를 협의하는 군사적인 협의체는 한때 데이터를 공유하면서 매우 건설적으로 문제 해결을 위해 노력했다. 그러나 2014년에 미국이 사이버 스파이 활동을 했다는 혐의로 중국군 다섯 명을 기소한 뒤로는 그런 공동 노력이 중단되었다. 당시 미국의 이런 기소는 실질적인 법률적 대응이라기보다는 대외 홍보 목적이 더 컸다.[61]

이런 작용-반작용의 흐름에는 중요한 교훈이 하나 들어 있다. 기후변화라는 문제에 대한 미국과 중국의 공동 약속은 비록 잠정적일지라도 전염병이나 사이버 보안이라는 문제에 대해서도 유사한 협력의 노력이 가능함을 보여준다. 기후변화 문제에 대한 조치는 2021년에 기상 관련 자연재해가 많이 발생한 뒤에 이뤄졌다. 한 세기 만에 최악의 전염병이 발병했는데도 기후변화에 대응하는 것과 비슷한 조치가 나오지 않은 것은 실망스럽지만, 변종이 많은 코로나19가 앞으로도 계속 인류를 학살할 것이기 때문에 미국과 중국은 어떤 식으로든 협력할 수밖에 없을 것이다.

사이버 보안 문제를 미중 양국이 공동으로 해결하려는 노력은 이 문제의 위험성이 무척이나 심각함에도 아직은 다른 사안들보다 훨씬 요원해 보인다. 어쩌면 국경을 초월하는 대규모 사이버 보안 문제가 터진 다음에야 비로소 디지털화된 세계의 불안정한 인프라에 대한 위험을 공동으로 해결하기 위해 두 나라가 협상 테이블에 마주 앉을지 모른다.

경험에 따르면 어떤 국가 정부든 간에 개별적인 국가 차원을 넘어서는 문제를 다룰 때는 심각한 사건이 일어난 뒤에야 마지못해 행동에 나서는 경향이 있다. 하지만 기후변화와 세계 보건과 사이버 보안 같은 문제에서는 그런 일이 일어날 때까지 기다리는 것이 더 이상 선택지가 될 수 없다. 중국과 미국은 지금 전 세계적 리더십을 보여줄 드문 기회를 눈앞에 두고 있다. 전 세계의 운명은 말할 것도 없고 두 나라 사이의 관계가 앞으로 어떤 방향으로 전개될지는 아직 결정되지 않았다.

용기를 드러내는 행위로서의 신뢰 구축

이 모든 것에는 중요한 함정이 있다. 이 함정은 국가 간 관계 갈등의 인간적 측면으로 귀결된다. 국가 시스템이 갖추고 있는 제도적·규칙적 기반이 지닌 강점을 우리가 아무리 칭송한다고 해도, 어떤 의사결정도 결코 완벽하게 비(非)개인적일 수는 없다.

시진핑은 여러 전선에서 미국과의 갈등이 고조되고 있다는 사실에 화가 난 게 분명하고, 그래서 조 바이든이 주최한 '2021 지구의 날' 기후정상회의 행사를 불과 이틀 앞두고서야 비대면으로 진행되는 이 회의에 마지못해서 참석하겠다고 했다.[62] 매우 중요한 쟁점을 다루는 세계적인 행사의 참석 의사를 중국이 마지막 순간에 가서야 밝혔다는 사실은, 아무리 낮은 가지에 달린 과일이라고 해도 쉽게 딸 수 있는 게 아님을 보여준다.

중요한 문제를 해결하기 위해 협력함으로써 신뢰를 구축하는 경우 구획화(compartmentalization)라는 어떤 성가시고 불편한 요소가 필요하다. 구획화는 특정한 문제에 대한 과도한 감정적 대응이 상호 관심사의 다른 영역으로 스며드는 것을 제어하는 지도자의 능력이다. 미국에 민감한 문제는 인권이다. 과연 미국은 인권에 대한 핵심적인 가치관을 훼손하지 않은 채 기후변화나 팬데믹, 사이버 보안에 대해 중국과 협력할 수 있을까? 적어도 20년 동안 환경 악화와 관련해 반박할 수 없는 증거가 널려 있는 중국도 마찬가지다.[63]

환경 악화 문제를 매우 시급히 해결해야 할 이유는 명백하다. 개별적으로도 그렇고 글로벌 연합의 지도자로서도 그렇다. 시진핑의 이미지가 민족주의적인 부흥과 연결된 상황에서 과연 이 중국 지도자는 기후변화 문제를 놓고 미국과 협력하겠다는 목적 하나만을 위해 무역, 기술, 사이버 보안, 인권 등을 놓고 미국이 퍼부어대는 온갖 공격을 자존심을 구기면서까지 아무렇지도 않게 넘길 수 있을까?

이는 조 바이든도 마찬가지다.[64] 미국에서 코로나19 사망자 수가 2022년 5월 기준으로 100만 명을 넘어섰고, 새로운 변종이 등장하지 않더라도 앞으로 더 늘어날 게 확실한 상황에서 미중 협력의 필요성은 그 어느 때보다도 강렬하다. 그러나 바이든은 파괴적인 전염병을 해결하기 위한 세계적인 협력을 이끌기보다는 코로나19 기원 논쟁이라는 불에 기름을 끼얹으면서 미국 중심의 백신 민족주의 기조를 유지하는 쪽을 선택했다.[65]

바이든이 이런 선택을 한 이유는 쉽게 추측할 수 있다. 그는 매우 까다로운 정치적 갈등을 조정해야 하는 문제에 직면해 있다. 민주당이 의회에서 아슬아슬하게 우위를 차지하고 있는 상황에서 인프라 및 사회복지 프로그램과 관련된 주요 입법을 처리해야 했기 때문에, 중간선거를 코앞에 앞둔 그로서는 중국과 관련된 중대한 위험을 기꺼이 감수하겠다는 마음이 없었다. 여론조사 결과 중국에 대한 미국의 지지도가 역대 최저치를 기록하는 상황에서 그는 시진핑만큼이나 협력 기회를 구획화해서 포착하길 꺼린다. 대신 그는 인권에 대한 논쟁적이고 정치적인 우려 그리고 불공정한 무역 관행이라는 거짓 서사들을 염두에 두고서 트럼프가 닦아놓은 강경 일변도의 대(對)중국 노선을 강화하는 쪽을 선택했다.

신뢰와 관련된 중요한 경고는 중국에서도 울리고 있다. 이 경고는 검열에 대해 앞에서 살펴봤던 내용과 관련이 있다. 또한 중국 인민의 신뢰를 받는 것과 반대로 그들에 대한 통제를 유지하는 것 사이에서 중국공산당이 잡고자 하는 균형이 의미하는 것과도 관련이 있다. 지금까지 나는 각 국가 내부에서의 신뢰가 아니라 국가와 국가 사이의 신뢰에 초점을 맞춰왔다. 하지만 이 둘은 동전의 양면이다. 중국공산당의 권력을 유지하려는 중국의 정보 통제 체제에서는 공개 토론 및 사실에 기반한 진실 추구에 대한 믿음이 부족할 수밖에 없다. 불신의 문화에 젖어 있는 나라가 진정으로 다른 나라를 신뢰할 것이라고 기대할 수 있을까?

중국의 지도자들에게는 신뢰가 자연스러운 게 아닐 수도 있다. 그러나 어쨌거나 미국과 중국 사이의 핫라인을 둘러싼 마오쩌둥과 저우언라이의 불화가 말해주듯이, 신뢰를 구축하는 작업을 재개하지 않고서는 미중 갈등을 해결할 수 없다. 1972년 닉슨의 중국 방문이 성공할 수 있었던 것은 헨리 키신저와 저우언라이가 이 방문을 준비하는 과정에서 신뢰를 구축했기 때문이다. 이런 관점에서 보면 그저 한자리에 마주 앉는 것만으로도 미국과 중국 모두에 중요한 기회가 될 수 있다.

그렇게 해서 양측이 나누는 대화는 갈등 고조의 악순환에 갇힌 두 경제 체제가 협력의 새로운 기회를 모색한다는 신호로 서로에게 인식될 것이다. 이렇게 되면 미국의 보호무역주의자들과 중국의 늑대 전사들이 서로를 향해 으르렁거리며 금방이라도 저지를 수 있는 극단적인 행동이 조금은 누그러질 수 있다. 그러나 대화는 과민하게 반응하는 방어적 태도를 가라앉힐 때만 효과적이다. 방어적 태도를 벗어나는 것은 갈등 관계에서 신뢰를 회복하기 위해 반드시 거쳐야 할 단계다.

이런 대화를 나눈다고 해서 문제가 금방 해결되는 경우는 거의 없다. 그러나 미국과 중국이 심호흡을 한 차례 하고 나서 양국의 관계를 재건하기 위해 각자 노력할 기회가 만들어질 것이다. 또한 대화를 통해 두 나라는 자기들이 맞닥뜨린 도전 과제에 대한 우려를 공유할 것이고, 두 나라의 공통점에 대한 이해를 높여줄 어떤 플랫폼이 만들어질 것이다. 아무리 작고 제한적인 진전이라고 해도 두 나라 모두에 집단적 성취감을 안겨줄 것이다. 그리고 이 집단적 성취감은 오랜 기간 고조된 적대감을 깨는 돌파구로 작용할 것이다.

이 시점에서 신뢰 구축이 실제로 어떻게 작동할지, 즉 미중 관계에 중요한 첫 단계가 어떤 모습일지 곰곰이 생각해볼 필요가 있다. 100년에 한 번씩 나타난다는 팬데믹에서 그런 협력이 어떻게 형성될 수 있는지 명백하게 보여주는 사례가 있다. 예를 들면 바이든 정부가 WHO에 재가입하기 위해 신속하게 움직였으며 미국의 대표적인 전염병 전문가인 앤서니 파우치(Anthony Fauci)가 그 조치를 주도했다는 사실은 고무적이다(바이든이 대통령에 취임한 뒤에 첫 번째로 내린 조치가 트럼프가 탈퇴했던 파리협약과 WHO에 재가입하는 것이었다-옮긴이).[66] 그러나 이런 조치에 거는 기대들은 코로나19의 기원을 따지는 논쟁이나 백신 민족주의 같은 쟁점들 때문에 계속 외면당하고 있다.

코로나와 세계 보건이라는 문제에 대한 미국과 중국의 공동 참여가 어떤 모습일지 상상할 때, 이 협력 과정에서 리더십이 가장 중요해질 수밖에 없는 이유가 바로 여기에 있다. 두 나라가 협력하는 세계 보건 관행에 대한 새로운 의제로는 어떤 것이 있을지 생각해보라. 코로나 백신 개발 및 치료에 대처하기 위해 공동으로 과학적 노력을 기울일 수도 있고, 인구통계학적 집단별 코로나 발병률 관련 데이터와 밀접접촉자 추적의 모범 사례를 교환할 수도 있다.[67] 강단의 학자와 과학자들, 실험실의 연구자들이 협력하는 현장과 실무적 기회들이 보장될 것이며, 미국의 질병통제예방센터(Centers for Disease Control and Prevention, CDC)와 국립보건원(National Institutes of Health, NIH) 그리고 여기에 해당하는 중국의 기관들이 수행할 바이러스 연구의 시너지 효과가 제도적으로 보장될 수 있다.[68]

또한 중앙 정부와 지방 정부의 노력이 체계적으로 조직되면 코로나19 관련 보건 문제에 대한 협력의 그물망 효과는 기하급수적으로 늘어난다. 중국이 2022년 봄에 또 한 차례의 대규모 코로나19 발생을 억제하기 위해, 제1차 파동에서는 효과가 있었지만 전염성이 높은 오미크론 변종에는 속수무책인 무관용 접근법을 고수하며 고군분투했던 상황을 보면 협력은 또 다른 접근법의 가능성을 열어준다.

이는 한 가지 사례에 그치지 않는다. 그러나 어쩌면 가장 쉬운 사례일지도 모른다. 기후변화와 사이버 보안 문제를 제외한다면 손쉽게 동원할 수 있는 행동 항목은 매우 많다. 그리고 이런 것들이 어쩌면 미국과 중국의 재결합을 촉진할 수도 있다.[69] 이 항목들의 목록에는 두 나라에(중국에서는 청두에, 미국에서는 휴스턴에) 외국 영사관을 다시 개설하는 것이 포함된다. 이렇게 해서 학생과 언론인에게 발급하는 비자 제한을 완화할 수 있고, 미국 풀브라이트 장학금 지급과 같은 교육적인 차원의 교류를 재개할 수 있다.

다른 가능성으로는 양국의 비정부기구(NGO) 활동에 대한 규제를 완화하는 것, 미국에서 중국 기업의 신규 상장에 심각한 영향을 미치는 금융자본 흐름 제약 조치를 완화하는 것, 중국의 미국 직접 투자를 대상으로 하는 강화된 재무부 감독을 완화하는 것, 중국과의 기술 전

쟁에 대응하기 위해 최근 미국이 작성한 거래제한 업체 명단을 없애는 것 등을 생각할 수 있다.[70]

이 목록은 얼마든지 계속 이어질 수 있다. 그러나 여기서는 일단 선의를 행사할 기회는 충분하다고만 말해두자. 신뢰를 구축하는 일을(미국과 중국의 경우는 '재구축'이다) 어딘가에서부터는 시작해야 한다. 그런데 이 모든 방안이 얼마든지 가능했을 것 같지만 미국이나 중국 모두 이런 협력 기회를 잡을 의지가 없었거나, 잡고 싶어도 잡을 수가 없었다. 그 이유를 짐작하기란 어렵지 않다. 바로 이 책의 앞부분에서 살펴봤던 정치적 편의성 때문이다. 미국과 중국의 지도자들은 스스로 만들었거나 전임자들로부터 물려받은 정치적 계약에 갇혀 있다.

관계라는 관점에서 보면 신뢰 구축의 목표는 단순하다. 사전 예방을 위한 논의를 재개하는 것과 공통의 문제를 해결하는 것 그리고 협력에서 비롯되는 친선의 기술을 다시 배우는 것이다. 그런데 신뢰를 구축하는 것이 이론적으로는 단순하지만 현실에서 실천하기란 복잡하다. 그럼에도 신뢰는 구축되어야 한다. 신뢰가 없으면 지도자들은 갈등 해결에 나설 때 따르는 위험을 감수하길 꺼리지만 신뢰가 있으면 행동할 용기가 생긴다. 세월이 흐르고 불신이 깊어질수록 저절로 해소될 수 있다는 희망은 사라진다는 점을 기억해야 한다. 기후와 보건, 사이버 보안과 같은 거대한 세계적인 쟁점에 초점을 맞추는 것이야말로 지금으로서는 중요한 첫걸음이다.

14장

상호의존성으로 나아가는 길

지금까지 갈등이라는 주제로 많은 요소를 다뤄왔는데, 이 책이 출판되는 시점을 기준으로 보면 사실 그 모든 요소가 작동하고 있다. 이는 당연한 일이다. 고조되는 갈등에 가속도가 붙으면서 충돌 그리고 충돌의 해결 가능성은 그야말로 움직이는 표적이 되어버렸고 그만큼 해결은 더 어려워졌다.

국가 간 갈등이라는 역사적 사례에서는 결코 행복한 결말이 보장되지 않았다. 이 책은 중국의 강경파들이나 인터넷의 싸움꾼들, 온갖 상상력을 동원해서 소설을 쓰는 사람들의 암울한 이야기와 그들이 묘사하는 냉전과 열전에 휩쓸리지 않고 오로지 갈등 해결에만 초점을 맞추고자 했다. 그러자 우리 앞에 다가선 것은 행복한 결말이 아니라 힘들게 꼬여 있는 어떤 관계였다.

넘쳐나는 뉴스들은 너무도 복잡하다. 그래서 사안이 특정한 방향으로 흘러갈 것이라는 추론의 가능성은 차단되고, 일어나는 일들에 따라 그때그때 국면을 다르게 파악하며 여기저기 온갖 가능성을 마구 들쑤실 수밖에 없다. 온갖 뉴스가 파놓은 이 엉뚱한 가능성의 토끼굴에 빠지지 않기 위해 나는 진단 중심의 개념 틀, 즉 프레임워크 접근법을 통해 해결책을 모색하고자 한다. 목표는 두 가지다. 하나는 갈등의 근원으로 초점을 좁히는 것이고, 다른 하나는 더 건설적이고 지속적인 관계를 만들어가기 위해 실행 가능한 선택지들을 찾아내는 것이다.

13장에서 나는 의미 있는 해결책은 신뢰를 기반으로 하는 실천적인 연습이라고 주장했다. 미국과 중국 사이에 신뢰가 조금도 없다면 어떤 해결책이 제안되더라도 그 가치는 제안을 인쇄한 종이의 값어치만도 못할 것이다. 목표했던 일은 완수되지 않을 것이고 무언가를 이행하겠다는 약속은 공염불로 끝날 것이다. 불신이 지속된다면 아무리 휴전한다고 해봐야 끊임없이 고조되는 갈등 속에서 잠깐 쉬어간다는 뜻일 뿐이다.

프레임워크 접근법의 기본적인 발상은 두 나라 사이에 존재하는 관계(현재 함께 진행하는 어떤 일)의 규칙이나 여기에 동원되는 수단을 새롭게 다시 살펴본다는 것이다. 즉 경제적 측면에서뿐만 아니라 정치적·지정학적 측면에서도 살펴본다는 것이다. 이 새로운 프레임워크는 두 나라의 정부 사이에서 그리고 두 나라의 국민과 기업들 사이에서 구속력 있는 약속을 반영할 수 있도록 제도적 근거를 가지는 것이어야 한다. 하지만 유연하고 탄력적이기도 해서 언제 어떤 일이 일어날지 모르는 종잡을 수 없는 세상의 온갖 검증을 허용하는 것이어야 한다. 무엇보다도 이 프레임워크는 백지상태에서 시작할 필요가 있다. 어쨌거나 지금 미중 갈등이 급속히 고조된다는 사실은 현재의 접근법이 틀렸다는 **일응의 증거**이기 때문이다.

갈등 해결은 휴전에서부터 시작해야 한다. 갈등 고조를 저지하고 공동 참여의 공통된 기반을 재정립하는 것에서부터 시작해야 한다는 뜻이다. 13장에서 나는 기후변화와 세계 보건과 사이버 안보라는 세 가지 분야를 미중 관계가 새로운 신뢰로 나아가는 손쉬운 공동 행동의 장으로 제시했다. 휴전은 이 공동 행동의 장에서 '낮은 가지에 달린 과일'을 딸 기회를 제공할 것이다.

하지만 이는 간단하지 않다. 사실 낮은 가지에 달린 과일이라는 비유는 이 쟁점들에 담긴 적대성과 호전성을 정당하게 평가하지 못한다. 미국과 중국 모두 자기가 잃을 것과 얻을 것이 무엇인지 알고는 있지만 각자 염두에 두는 해결책은 크게 다르다. 그 문제들을 효과적으로 해결하는 데 어떤 전술이 가능할지 또는 필요할지를 두고 의견이 갈린다. 미중 관계처럼 갈등이 깊은 관계에서는 방법론에 대한 솔직한 의견 불일치는 서로의 동기에 의혹을 제기하는 것으로 쉽게 비화될 수 있다.

신뢰 구축이라는 매우 어려운 도전 과제의 해결은 국가 지도자의 강력하고 단호하며 용기 있는 리더십에서 시작된다. 만일 여기에 성공한다면 이는 위험 평가 메커니즘 속에서 잘 훈련된 양국 지도자의 타고난 능력에 따른 결과라기보다는 미래 전망과 정직성, 의사소통 기술이라는 두 지도자의 지혜가 결합되어 나타난 결과라 할 수 있다. 어떤 전직 미국 대통령이 선호했던(혹은 천명했던) 강경한 전술보다는 자기성찰적인 타협의 지혜가 갈등 해결에 훨씬 적합하다. 어느 한 사람이 다음 행보에 대한 어떤 약속도 보장받지 않은 상태에서 혼자 문제 해결의 첫걸음을 떼는 도박을 해야 할 경우도 흔하다. 그러나 이런 용기 있는 행보는 미적거리는 회의론자들을 설득해서 상대국의 신뢰를 얻어낼 수 있다. 이런 결정적인 첫걸음을 언제 떼야 할지 아는 것이 바로 지혜다.

중국의 꿈(중국몽)과 미국의 꿈(아메리칸드림)의 행로를 잡아주는 북극성인 민족주의(혹은 국수주의) 때문에 그 첫걸음은 매우 어려운 '아주 커다란 한 걸음'이 될 수도 있다. 지도자들로서는 갈등을 해결하는 것보다 민족주의에 호소하는 것이 훨씬 편하고 쉽다. 그러나 '어느 정도까지만' 그렇다. 바로 여기서 리더십의 지혜가 작동한다. 갈등이 한계점을 넘어서기 전에 뒷걸음질 쳐야 할 시점을 아는 것이 리더십의 지혜다. 그 한계점에 도달하기 전까지는 갈등이 고조되다가 그 직전에 정치적 셈법이 바뀐다. 여기에 대해서는 12장 마지막 부분에서 우발적 충돌의 위협이 점점 심각해지고 있다고 언급했다.

신뢰 구축은 갈등 해결의 필요조건이긴 하지만 충분조건은 아니다. 신뢰 구축은 더 어려운 다음 단계로 들어가는 문을 열어줄 뿐이다. 그다음 단계는 두 나라가 함께 수행하는 참여의 틀을 근본적으로 다시 생각하는 과정을 요구한다. 다시 말해서 신뢰 구축은 양국 관계의 성격 재정의라는 어려운 과제로 이어지는 문을 열어준다.

이 책 전체에서 강조한 관계 차원의 관점(relationship perspective)은 갈등을 해결하기 위해 실행 가능한 틀에 관해 몇 가지 힌트를 제시한다. 두 나라가 함께 수행하는 어떤 행동은 정보 왜곡이나 검열로 흐려지지 않고 개방적이며 투명해야 한다. 이렇게 되면 결국 두 나라는 서로를 비난하는 난해하고 적대적인 메시지에 의존하기보다는 스스로 초래한 문제에 대해서는 책임을 솔직하게 인정할 수밖에 없다. 그러면 두 나라는 그들을 갈라놓은 거짓 서사들을 보다 정확하게 바라보고 처리할 수 있을 것이고, 공동번영을 향한 열망은 오로지 서로 협력하겠다는 노력으로만 가능하다는 사실을 비로소 받아들일 수 있을 것이다.

세계에서 가장 강력한 두 나라의 지도자들이 관계심리학 전문가에게 상담을 받아야 한다고 주장하는 게 아니다(사실은 이것도 도움이 되긴 할 것이다). 하지만 그래도 미국과 중국의 충돌이 동반의존적인 관계에서 필연적으로 나타날 수밖에 없는 결과인 만큼, 관계 차원의 관점은 커다란 강점이 있다. 이 관점은 특히 갈등 해결에 필요한 매개 변수들과 갈등 해결의 구조 및 책임성을 설정하는 데 도움이 된다. 또한 갈등 해결의 과제를 안고 있는 두 나라가 문제 해결에 필요한 특성을 재정의하는 데도 도움이 된다. 그리고 그 관점은 그동안 실패했던 접근법보다 확실히 낫다.

1단계 합의의 사고를 버려라

이 책의 주요 주제는 미중 간 무역 불균형과 양국의 극단적인 저축 양상이 두 나라에 미치는 영향이 서로 별개인 것처럼 바라보는 관점이다. 이는 복잡한 이론적 주장이 아니며, 두 나라 국민소득회계의 특징 때문에 빚어진 결과를 설명하는 것일 뿐이다.

다시 한번 반복해보자. 국내저축이 적은 나라는 경제성장과 투자를 위해 해외의 잉여저축을 빌릴 필요가 있다. 이 나라는 외국 자본을 유치하기 위해 경상수지와 다자간 무역수지에서 적자 기조를 이어간다. 미국의 다자간 무역 적자는 2021년 기준으로 106개국과의 양자 간 무역 적자로 형성되었다.[1] 미국은 국내저축을 증가시키지 않는 한 다자간 무역 문제를 풀 수 없다. 특정 국가를 대상으로 한 양자 간 문제를 해결하는 것으로는 그 문제를 풀 수 없다는 말이다.

그러나 바로 이런 식으로 문제를 해결하고자 했던 것이 미국과 중국이 2020년 1월에 서명했던 1단계 합의에서 설정한 가정이었다(이에 대해서는 253쪽을 참조하라-옮긴이). 그렇게만 하면 미국의 무역 문제를 해결하는 커다란 한 걸음이 완성된다고 봤던 것이다. 트럼프 정부는 비타협적인 중국을 협상 테이블로 불러내 이 합의에 서명하도록 강요할 필요가 있다고 느꼈다. 그래서 관세의 대폭적인 인상을 꾀했다. 이 접근법에 붙은 이름표가 말해주듯이, 나중에 여러 단계가 2020년 초에 채택된 양국의 노력을 토대로 추가될 것이었다.[2]

그러나 7장에서 살펴봤듯이 이 1단계는 효과가 없었다. 사실 이는 충분히 예상했던 결과였다. 미국의 전반적인 무역 적자는 오히려 악화되었을 뿐만 아니라 미국으로 들어오는 수입품은 저비용의 중국 상품에서 고비용의 다른 나라 상품으로 바뀌었다. 중국 수입품에 대한 급격한 관세 인상은 미국 소비자와 기업을 대상으로 세금을 올리는 것이나 마찬가지였다. 게다가 1단계 협상은 미중 갈등의 구조적인 문제를 해결하는 데 아무런 도움이 되지 않았다. 그런데 만약 이 1단계가 2단계로 이어진다면 미국의 소비자와 기업은 더 무거운 부담을 질 것이었다.

결함이 있는 이 논리는 다자간 문제를 양자 간 문제로 바라보고 해결하려는 사고방식을 버려야만 바로잡을 수 있다. 다행히 그 협상은 2021년 말에 만료됐다. 그러나 협상의 배경이 된 양자적 사고는 여전히 이어지고 있어, 미국 무역 정책은 다음과 같은 중대한 조정이 긴급히 시행되어야 한다.

첫째, 2021년 말까지 중국이 이행하기로 했던 미국 제품 수입액의 2,000억 달러 증가는 중국의 비협조 속에서 이행되지 않았으므로 폐기되어야 한다. 미국무역대표부의 신임 대표인 캐서린 타이가 미래적인 이행의 지표로 고집하는 것처럼 보이는 미국 수출품에 대한 중국의 이 구매 약속은 애초부터 비현실적이었다. 7장에서 했던 1단계 협상 평가 내용을 다시 들자면, 중국의 미국 제품 구매액은 약정했던 금액의 57퍼센트밖에 되지 않아 그 금액을 2,000억 달러 규모까지 점진적으로 늘려나간다는 애초의 목표는 달성되지 않았다.[3]

둘째, 2018년과 2019년에 미국과 중국 양국이 모두 시행한 상대국 수입품에 대한 관세 인상은 2018년 1월에 시작된 무역 전쟁 이전 수준으로 돌아가야 한다. 즉 중국 제품에 대한 미국의 관세를 현재 19.3퍼센트에서 3.1퍼센트로 줄이고, 미국 제품에 대한 중국의 관세를 현재 20.7퍼센트에서 8퍼센트로 줄여야 한다.[4] 초기에 관세 인상 대상이었던 품목 및 나중에 보복 조치로 추가로 범위를 확대했던 품목에서 관세를 원래대로 돌리면 미국인은 연간 약 650억 달러를 되돌려받는 효과를 누린다. 이는 트럼프의 관세 인상으로 미국인이 추가로 부담한 세금을 원래대로 되돌린다는 말이다.[5]

1단계 합의와 관세를 포기하자는 것은 미국이 무역 적자를 줄이려는 노력을 아예 하지 말아야 한다는 뜻이 아니다. 무역 적자 축소를 위한 더욱 효과적인 전략은 별도로 필요하다. 내가 이 책을 통해서 일관되게 강조했듯이, 무역 불균형은 저축 불균형의 거울상이다. 만일 어떤 나라가 만성적인 적자든 만성적인 흑자든 간에 거시경제 차원의 무역 문제를 해결하고자 한다면 저축 문제를 해결하는 것이 최선의 방법이다.

따라서 미국과 중국은 결코 승자가 나올 수 없는 무역 전쟁에서 서로를 이기려고 할 게 아니라 저축 격차의 균형을 재조정하는 것을 목표로 삼아야 한다. 미국은 국내저축을 늘려야 하고, 중국은 반대로 줄여야 한다. 이렇게 할 때 미국의 다자간 무역 적자가 줄어들고 중국의 다자간 무역 흑자가 줄어들 것이다. 이는 현재의 양자 간 무역 전쟁을 지속하는 것보다 미국과 중국 두 경제 모두에 훨씬 건설적이고 비용 효율적인 결과를 가져온다. 무역 전쟁은 양국이 고통받는 불균형 문제를 해결하는 게 아니라 다른 곳으로 떠넘기는 것일 뿐이기 때문이다. 침몰하는 타이타닉호의 갑판 의자를 재배치해봐야 승객이나 승무원의 안전에는 전혀 도움이 되지 않는다.

물론 이 문제를 제대로 해결하기란 말은 쉬워도 실천이 어렵다. 오랜 기간 막대한 금액의 연방정부 재정 적자에 시달렸고 그 때문에 국내저축이 더욱 위축될 수밖에 없었던 미국으로서는 특히 그렇다. 정치 지도자들은 투자와 생산성과 경제성장을 위한 장기적인 요소로 저축을 바라보고 이에 맞춰 정책을 세우기보다는, 악당과 피해자를 명확하게 설정하고 모든 게 무역 문제에서 비롯된다고 주장하는 편이 훨씬 쉽다. 저금리가 지속되면 가계든, 기업이든, 정부든 간에 적자 지출자들은 저축 부족을 만성적으로 무시하게 된다. 낮은 금리 덕분에 돈을 빌리고 갚는 데 드는 비용이 매우 적다면, 돈이 없으면 돈을 빌리면 된다는 심리가 작동하기 때문이다.[6]

제로금리 상태가 영원히 이어지지 않을 것이라는 이유 말고도, 미국과 중국이 자국의 저축 문제를 해결해야 할 이유는 많다.[7] 국내저축을 활성화하지 않으면 미국은 시간이 흐르면서 제조 능력, 인프라, 연구개발, 인적 자본 등에 점점 더 투자할 수 없을 것이다.

지금까지 미국은 외국의 잉여저축에 기대어 국내 투자 수요에 자금을 댔다. 그러나 궁극적으로 중국처럼 돈을 빌려주는 나라들도 자국에 저축이 넘쳐나는 문제를 해결할 방법을 찾아낼 것이다. 예를 들면 중국은 청정에너지, 일대일로 구상, 건강보험이나 연금보험 같은 사회안전망 사업에 자금을 대는 데 잉여저축을 사용할 수 있다. 이렇게 되면 저축이 부족한 미국으로서는 경제의 지속적인 성장에 꼭 필요한 사업 자금을 조성하기가 어려워진다. 그러면 결국 생산성과 경쟁력이 타격을 입을 것이고, 미국이 그토록 소중하게 여기는 아메리칸드림은 그야말로 개꿈이 될 수밖에 없다.

마찬가지로 중국이 자국의 잉여저축을 흡수하지 못한다면, 아마도 그 이유는 중국의 가계가 미래의 상황을 너무 두려워하는 나머지 현재의 소비를 줄이면서 예비적 저축을 과도하게 하기 때문일 것이다. 중국에서 인구 고령화가 급속하게 진행되고 야성적 충동이 갈수록 무뎌진다는 점을 고려하면, 예비적 저축이 과도하게 늘어날 가능성은 중국이 거시경제 목표로 삼고 있는 소비자 주도의 재균형이라는 점에서 거의 진전을 이루지 못했다는 뜻이다.

중국과 미국의 1단계 합의는 미국과 중국 모두가 양자 간 무역에 집착하면서 두 나라가 궁극적으로 직면할 수밖에 없는 저축 불균형이라는 문제를 가려주는 무화과 나뭇잎이었던 셈이다(무화과 나뭇잎은 성서에서 아담과 이브가 알몸을 가린 소재로 묘사되었는데, 전통적으로 서구의 회화나 조각에서 알몸의 국부를 가리는 데 사용되었다-옮긴이). 그처럼 방향도 잘못되었고 분석적으로 올바르지 못한 틀에 매달린다는 것은 터무니없는 짓이다. 이 접근법을 떠받치는 전제가 되는 발상을 빨리 포기할수록 두 나라는 각자가 맞닥뜨린 진짜 문제에 정면으로 맞서야 한다는 압박을 강하게 받을 수밖에 없다. 그러면 서로에 대한 불만의 틀(프레임)을 짜는 데서 벗어나 한층 개방적이고 정직하며 자기반성적인 태도를 취하게 될 것이다.

구조적 초점: 다시 만드는 관계의 새로운 규칙

만일 그렇게 되면 어떤 일이 일어날까? 지금껏 온몸을 부들부들 떨어가면서 그토록 선동적인 언사를 쏟아냈던 미국이나 중국 모두, 사람들의 이목이 온통 집중된 가운데 떠들썩하게 진행되었던 그 논쟁에서 아무 일도 없었다는 듯 그냥 슬그머니 물러서지는 않을 것이다. 두 나라의 정치권에서는 지금까지 기울인 노력에 걸맞은 무언가를 보여달라고 요구할 것이다. 따라서 갈등 해결이라는 단계로 나아가려면 1단계 합의 및 최근의 관세 인상 조치를 뒷받침했던 발상(혹은 가정)을 단순히 쓰레기통에 던져버리는 것만이 아닌 그 이상의 어떤 것이 있어야 한다.

저축이라는 의제가 하나의 가능성이 될 수 있다. 이 의제는 미중 무역 분쟁의 초점을 양자적 관점에서 다자적 관점으로 올바르게 이동시킨다. 그리고 각 국가가 상대국의 무역 관행에 대해 표현해왔던 불만을 일축하는 것이 아니라 상호의존적이고 세계화된 세계를 배경으로 자기의 국가 경제 전략에서 저축이 의미하는 것의 결과로 프레임(틀)을 짠다.

일반적으로 정치인은 저축과 관련된 주장을 학문적인 차원의 변명이나 도저히 용납할 수 없는 체면 손상쯤으로 여기며 귓등으로 흘려듣는다.[8] 저축의 단점은 장기적인 차원의 문제이며 단기적으로는 경기에 거의 영향을 주지 않는다는 점이다.[9] 기껏해야 근시안적이다. 그러나 미국과 중국 간 갈등이 점점 더 불길하게 고조되고 있음을 고려하면, 거시경제적 차원의 저축 장려 의제가 1단계 합의처럼 잘못된 무역 합의를 대체해야 한다는 쪽으로 미국의 대중이 설득당할 가능성은 적다.

그러나 더 나은 대안이 있다. 다시 시작하는 것, 즉 백지상태에서 시작하는 접근법이다. 미중 경제 논쟁의 본질은 미국과 중국의 무역 불균형이 아니라 두 나라를 갈라놓는 구조적 갈등이다. 바로 이 점에서 미국무역대표부의 전 대표인 로버트 라이트하이저의 메시지가 가장 일리가 있었다. 트럼프 정부는 논란의 여지가 있는 정책을 정당화하는 데서 진실성을 전혀 보이지 않았다.[10] 이 점은 라이트하이저가 2018년 3월에 제기했던 불만이(이에 대해서는 140쪽을 참조하라—옮긴이) 무엇이 잘못되었는지 보여주는 중요한 측면이다. 그러나 그때 301조 관련 보고서는 미국과 중국의 뿌리 깊은 구조적 긴장에 대한 비판적인 우려를 제기했다. 따지고 보면 그 내용 하나하나가 미국무역대표부가 제기했던 주장의 타당성보다 더 중요할 수도 있다.

4장에서 살펴봤듯이 그 불만의 목록은 혁신 정책, 지적재산권, 강제적인 기술 이전 등에서부터 사이버 보안이나 국영기업에 지급하는 보조금에 이르기까지 매우 길다. 이 모든 점을 고려해서 나는 미국이 중국에 씌우는 혐의가 수많은 거짓 서사를 근거로 한다고 지금까지 주장해왔다. 그러나 한 가지 중요한 측면은 말하지 않았다. 바로 그 쟁점들은 그 자체로 중요하며, 뿌리 깊은 미중 갈등이 해소되려면 어떻게든 해결되어야 할 문제들이란 것이다.

앞서 4장에서 강조한 강제적인 기술 이전을 예를 들어보자. 이는 미중 갈등에서 주된 구실로 동원되고 있다.[11] 기술 이전에 관한 쟁점은 모든 국가가 자체적으로 생성한 지식 기반을 다루는데, 이 지식 기반은 우리의 미래를 새롭게 규정할 혁신적인 돌파구를 열어나가는 인적 및 지적 자본의 총합이다. 혁신적인 돌파구로 꼽을 수 있는 것들을 열거하면 자율주행 자동차, 대체에너지 기술, 5G 통신장비, 로봇공학, 항공우주 산업, 금융 기술, 생명과학 및 제약 산업, 전자상거래 등 새로운 서비스업 분야의 여러 서비스에 인공지능을 적용하는 것 등이 있다.

만약 이런 새로운 제품이나 서비스가 한 나라 내에서 독자적으로 끈질긴 노력의 결과로 탄생한 것이라면 아무 문제가 없다. 그런데 두 나라 사이에 맺어진 상업적인 연결성이 그런 획기적인 제품이나 서비스를 가능하게 해주는 기술을 한 나라에서 다른 나라로 이전하도록 강요한다면 이는 전혀 다른 문제다. 어떤 나라 안에서 개발된 혁신은 그 나라 국가 경쟁력의 핵심이며 궁극적으로 그 나라가 미래에 번영을 누리도록 해주는 열쇠다.

4장에서 나는 기술 이전을 **강제하는** 후자의 접근법은 한 나라가 전적으로 소유하는 지식 기반 인적 자본의 신성성을 명백하게 침해하는 행위라고 강조했다.[12] 미국 대중은 이 강제성에 결코 동의하지 않을 것이다.

따라서 미국이나 중국 같은 선도적인 국가들이 맞닥뜨린 도전 과제는 지적재산권에 대한 구속력 있는 합의에 도달하는 것이다. 즉 그런 권리가 기존의 기술 및 신기술에 포함되는 방식에 대해 구속력 있는 합의에 도달하는 것이며, 한 기업과 자회사 사이 그리고 정부들, 대학교들, 연구자들, 군사 및 국방 관련 기관들 사이에서 넘나드는 방식에 대해 구속력 있는 합의에 도달하는 것이다. 공정한 지식 공유 시스템이 작동하려면 두 나라가 기꺼이 시행할 성문화된 합의안이 마련되어야 한다.

그러나 일이 집행되려면 해당 권한을 가진 기관이 있어야 한다. 미국과 중국 모두 이 기관을 마련했다. 미국은 기술 이전과 국가 안보 사이의 상호작용에 대한 감독을 주로 대미외국인투자위원회(Committee on Foreign Investment in the United States, CFIUS)에 위임했는데 이 기관의 권한은 최근 몇 년 사이에 크게 확대되었다.[13] 중국은 2020년 외상투자법(Foreign Investment Law)을 제정해서 외국으로의 기술 이전을 금지하고 다른 나라의 지적재산권을 보호하겠다고 명시적으로 약속했다. 그리고 상무부와 국가시장감독관리총국에 새로운 규칙을 감독하고 시행할 권한을 부여했다.[14] 그러나 중국이 이 새로운 약속을 지킬지는 두고 볼 일이다.

그런데 바로 이게 문제다. 서로 다른 체제를 가진 두 나라가 매우 논쟁적인 공동의 문제를 매우 다른 방식으로 해결하려고 노력한다. 설령 어느 한 나라가 불순한 동기나 의도가 있을지 모른다는 의심 따위는 애초부터 없었다고 해도, 이런 설정 자체가 갈등이 빚어질 수밖에 없다. 각 국가는 기술 이전이라는 대단히 중요한 문제를 다루기 위해 자기가 공들여 만든 접근법이 가장 유효하다고 믿는다. 그러면서 다른 나라가 만든 접근법이 진실하지 않을 수 있다고 의심한다. 서로 다른 체제들 사이에서 발생하는 기술 이전 및 지적재산권 보호 관련 분쟁을 맡아서 처리할 기관이 과연 무엇이 되어야 할지는 아직 확정되지 않은 채로 느슨하게 남아 있다.

똑같은 질문을 미국무역대표부가 제기했던 301조 관련 길고 긴 불만(예를 들면 산업 정책과 중국 국영기업이 받는 보조금에서부터 사이버 보안, 중국의 일대일로 구상과 같은 프로그램에서 발생하는 해외 기업 인수합병에 이르는 온갖 불만) 사항에도 적용할 수 있다.[15] 미국이나 중국 모두 각각의 영역에 대한 자체적인 접근법을 가지고 있다. 따라서 기존에 합의한 약속을 지키는지 여부를 감시하는 한편 미중 관계의 구조적 측면에서 불가피하게 발생하는 분쟁을 해결할 효과적인 장치가 지금은 마련되어 있지 않다. 중국의 WTO 가입을 성사시킨 2001년의 합의 내용에 대해서도 비슷한 비판이 제기되어왔다.[16]

미중 관계가 공동의 노력과 관련된 업무를 수행할 수 있는 관계가 되려면 유연하고도 실행 가능한 규칙이 필요하며, 이 규칙은 새로운 산업이나 제품이나 기술이 나타날 때마다 주기적으로 업데이트되어야 한다. 디지털화에 발맞춰 WTO 협정을 강화하는 것은 미국과 중국이 해결해야 할 중요한 도전 과제다. 구조적 차원의 불만은 그에 맞는 조정 및 해결의 프레임워크가 필요하다.

양자 간 투자조약

구조와 관련된 의제는 미국과 중국의 훨씬 큰 열망을 담고 있다. 두 나라 모두 장기적인 경제성장과 번영을 촉진할 발판을 마련하기 위해 상대국이 보유한 거대한 시장에 공정하게 그리고 더 많이 접근할 수 있길 바란다. 양자 간 투자조약(BIT)은 많은 나라가 사용하면서 이미 오래전에 검증이 끝난 접근법이다.[17] 미국은 지금까지 오랜 세월에 걸쳐 47건의 BIT에 서명했으며 현재 39개가 살아 있다.[18] 중국은 다른 어떤 국가보다 BIT를 많이 체결했는데, 그중 106건의 BIT가 현재 시행되고 있다는 사실은 갈등 해결 장치를 마련하려면 프레임워크 접근법이 필요함을 암시한다. 즉 미국과 중국은 기존의 1단계 합의 및 관련 관세 조항들 대신 한층 높은 수준의 BIT를 체결해야 한다.

미국과 중국은 2008년에 BIT 협상을 시작했지만 이 협상은 기존의 많은 무역협정과 마찬가지로 2017년에 트럼프 대통령이 취임하면서 폐기되었다. 이 폐기는 중요한 기회를 낭비하는 것이었다. 2013~2017년에 오바마 정부의 미국무역대표부 대표이자 BIT 협상 대표였던 마이클 프로먼(Michael Froman)에 따르면 미중 BIT 협상은 합의가 "90퍼센트 이상" 완료된 시점에서 논의가 중단되었다.[19] 트럼프는 선거 유세 때부터 전임 대통령들이 협상한 무역 및 투자 관련 모든 투자 거래, 특히 중국과 했던 모든 거래가 잘못되었다고 주장했는데, 대통령이 된 뒤에 그 주장을 현실화한 것이다.

BIT는 무엇이며, 왜 그렇게 중요할까? 미국의 BIT 프로그램은 미국 기업이 개발도상국에 투자하도록 장려하기 위해 1981년에 로널드 레이건 대통령이 처음 시작한 것이다. 미국무역대표부는 BIT를 "민간 투자를 보호하고, 상대국이 시장을 지향하도록 관련 정책을 개발하며, 미국의 수출 촉진에 도움이 되는 프로그램"으로 바라본다.[20] BIT에 대한 미국무역대표부와 국무부의 설명은 모두 국제적인 직접투자 흐름의 "공정하고 공평하며 차별에 반대하는 것"을 요구하는 "표준적인 BIT(model BIT)"라는, 겉으로 보기에 엄격한 틀(template)을 제시한다.[21]

이런 규정은 BIT가 중국을 배제하고 오로지 시장을 기반으로 하는 경제 체제끼리만 가능한 것처럼 들린다. 그러나 현재 미국이 체결해서 유효하게 작동하는 39개의 BIT 중 17개가 알바니아, 아제르바이잔, 슬로바키아, 우크라이나 등 비시장경제 체제나 혼합경제 체제를 갖춘 나라와 체결한 것이다.[22]

중국은 BIT를 미국과 다소 다르게 "두 개의 나라나 지역이 상대방에 민간 투자를 할 때 이 투자의 조건과 규제 사항을 정하기 위해서 체결한 협정"으로 규정한다.[23] 미국무역대표부가 규정하는 BIT 내용과 다르게 '시장 지향'이라는 내용은 없다. 현재 중국이 체결하고 있는 106개 BIT를 살펴보면 유럽(36개), 아시아(34개), 아프리카(20개) 지역의 국가와 맺은 BIT가 85퍼센트를 차지한다. 또 중국은 북한과 쿠바를 포함한 여러 사회주의 국가와도 BIT를 체결했지만 일본, 독일,

호주, 한국 같은 선진적인 자본주의 국가와도 BTT를 체결했다.[24]

간단히 말해서 BIT는 파트너 국가들이 경제 구조적인 차이가 있든 없든 상관하지 않고 상호 간 역외투자를 위해 광범위하게 규칙을 정해놓는 틀이다. 미중 사이의 구조적 의제를 해결하기 위한 메커니즘으로서 이런 유연성이 가지는 잠재성은 특히 중요하다.

BIT는 파트너들끼리 합의 사항에 포함하지 않기로 한 산업들, 즉 '부정적인 목록(negative list)'을 지정할 유연성을 보장할 뿐만 아니라 쟁점별로 수없이 많은 부수적인 고려를 명시할 수 있게 해준다. 국가 대 국가의 협상에서 특별히 질질 끌면서 관심의 대상이 되는 이런 부수적인 고려를 미국의 표준적인 BIT 모델에서는 '불합치 조치(non-conforming measures, 두 나라가 자유무역협정을 체결할 때 그 내용이 당사국의 중앙 정부나 지방 정부 등 국내 정부 차원에서 정한 특정한 규정과 다르게 규정한 조치를 뜻한다. 나라마다 시장, 특히 금융시장은 역사적 배경과 수준이 다르기 때문에 자유무역협정을 통해서 두 나라가 완전한 경제적 통합을 이루는 것은 사실상 불가능하다. 따라서 자국의 고유한 시장 환경을 보호하기 위해 협정문 부속서에 불합치 조치들을 포함시킨다-옮긴이)'라고 부른다.

미국이 체결한 수많은 BIT에서 이런 부수적인 쟁점들은 파트너 국가마다 다르다. 예를 들면 외환보유액(이집트), 출자전환 면제(아르헨티나), 지적재산권 투자의 새로운 발전(폴란드), 지역 콘텐츠 요구 사항(튀르키예), 정부 조달 관행(우루과이), 소수자 문제 및 사회복지사업(르완다) 등이 있다.[25] 특정 사안별로 이런 조정이 가능하기 때문에 미국은 파트너 국가의 경제가 지닌 구조적 특성에 맞춰 BIT를 제시할 수 있다. 바로 이것이 미국과 중국의 구조적 차익거래(structural arbitrage)

를 가능하게 하는 기반으로서 BIT가 갖는 특별한 매력이다('차익거래'
는 동일한 상품이 지역에 따라 가격이 다를 때 이 상품을 매매하여 차익을 추구하
는 거래를 뜻한다. '구조적 차익거래'는 두 나라의 경제 구조 차이에 따른 가격 차이
를 이용해서 차익을 추구하는 거래다-옮긴이).

　이런 구조적 차익거래가 작동하는 방식에 대해 미중 BIT가 체결될
때 이 조약이 규정할 수 있는 한 가지 중요한 가능성을 살펴보자. 바
로 각각의 시장에서 다국적기업의 직접투자 제한을 없애도록 명령하
는 규정이다. 이렇게만 말하면 이것이 기술적 차원의 단순한 쟁점인
것처럼 보이지만, 구조적 의제와 관련된 핵심 문제를 해결하는 데서
는 매우 커다란 쟁점이 된다. 다국적기업의 직접투자 제한을 없애면
외국의 다국적기업이 전액 출자하는 사업 및 운영을 장려하는 셈이
되어, 역외투자 과정에서 굳이 두 나라가 함께 참여하는 합작법인을
따로 만들 필요가 없어진다. 그래서 바로 이 조항 하나만으로도 강제
적인 기술 이전이라는 말도 많고 탈도 많은 쟁점을 아예 지워버릴 수
있다.

　합작법인(JV)이 없다면 자본이든, 기술이든 한 나라에서 다른 나라
로 옮길 필요도 없다. 즉 미중 BIT가 체결되어 그런 규정이 합의된다
면 미국의 정치권을 그토록 뜨겁게 달궜던 지적재산권 도용 논쟁과
관련된 온갖 갑론을박은 거의 사라질 것이다.

　미중 BIT로 깔끔하게 해결할 수 있는 구조적 차익거래의 다른 예
도 많다. 예를 들면 국영기업이 특별 대우를 받지 않는 것, 정부 보조
금의 상호호혜적인 기능(이것은 중국이 WTO에 가입할 때 찬반이 격렬하게
갈렸던 쟁점이다)을 강조하는 내용이 새로이 체결될 미중 BIT에서 성문

화될 수 있다. 이렇게 하면 이 BIT는 불공정하거나 호혜적이지 않은 산업 정책과 관련된 온갖 협의를 곧바로 해결해줄 것이다.

유럽과 중국의 경험은 BIT가 구조적 충돌을 해결할 수 있는 틀이 될 수 있음을 알려준다. 2021년 초, 7년 동안 이어진 협상 끝에 EU는 중국과 BIT의 일종이라고 할 수 있는 포괄적투자협정(Comprehensive Agreement on Investment, CAI)을 맺었다.[26] 위에서 설명한 가상의 미중 BIT와 마찬가지로 이 포괄적투자협정은 과거에 중국이 유럽의 다국 적기업에 요구했던 엄격한 합작투자 요건을 줄이라고 요구했다. 또한 이 협정은 EU와 중국이 지급하는 국영기업 보조금의 균등화를 목표로 하며 그 밖의 다른 구조적인 쟁점들(예를 들면 지적재산권, 환경 기준, 노동권, 규제 투명성 등)을 해결해준다.

그런데 이 조항들은 모두 미국이 중국을 향해 오랫동안 강조해왔던 구조적 목표와 일치한다. 그럼에도 미중 포괄적투자협정이 미국에서 공식적으로 비준되는 절차가 계속 미뤄지고 있는데, 그 이유는 현재 신장 위구르 자치구에서 중국 정부가 인권을 탄압한다는 기록물을 둘러싸고 정치적 마찰이 가중되고 있기 때문이다.[27]

이런 사실은 미중 BIT가 명백하게 정치적임을 알려준다. 미국 의회에서 어떤 조약이든 비준하려면 상원의원의 3분의 2가 필요하다. 그런데 지금 미국의 정치판은 과열되어 있어 BIT 인준이 쉽지 않다. 특히 중국과의 BIT라면 더욱더 그렇다. 그래서 미국 정치권의 일부에서는 정치적으로 도저히 해결할 수 없는 조약 제정을 추진하기보다는 중국과의 협상 내용을 '조약(treaty)'이 아닌 '협정(agreement)'으로 명칭을 바꾸자고 제안하기도 했다.[28]

북미자유무역협정(NAFTA) 및 그 후신인 미국·멕시코·캐나다협정 (USMCA)의 틀을 짰던 것과 같은 의회-정부 사이의 합의만 있으면 이름만 다를 뿐 실질적인 BIT를 얼마든지 체결할 수 있다. 상원의원의 3분의 2 찬성이라는 비현실적인 장애물을 피해서 의회에서의 다수당 조건과 대통령 의결**만 있으면** 되기 때문이다.[29] 정치적 양극화가 역사적으로 유례가 없을 정도로 심각하며 의회가 무기력한 모습으로 일관하는 지금 시대에는 이런 타협적인 방안을 진지하게 고려해야 한다.

정치를 논외로 하더라도 미국과 중국의 구조적 차익거래에 대한 BIT 접근법은 1단계라는 방식의 양자 간 무역틀(이 틀은 방향도 잘못되었으며 제대로 작동도 하지 않는다)에 매달리는 것보다 훨씬 바람직하다. 양자 간 무역이라는 틀에서 벗어나 미중 갈등의 구조적 측면에 집중하는 BIT 같은 틀로 초점을 전환하는 것이야말로 미국과 중국이 똑같이 맞닥뜨린 경제성장 문제를 해결하는 열쇠다. 따라서 두 나라가 다시 협상 테이블로 돌아가 거의 마지막 단계까지 접근한 BIT를 마무리 지을 필요가 있다.

하지만 그것만으로는 충분하지 않을 것이다. 지속적인 갈등 해결을 위해서는 지난 20년 동안 중국의 WTO 가입 조건 이행을 둘러싸고 나타났던 것 같은 지속적이고 분열된 싸움을 막을 어떤 이행 메커니즘이 필요하다. 즉 감독, 이행, 분쟁 해결 같은 중요한 문제를 구조적 차원의 문제들에 대한 합의 이행에 초점을 맞춰 처리할 제도적인 프레임워크(틀)가 필요하다. 그래야만 미국과 중국이 양국의 관계 속에서 각자 실천하는 행동이 불신에서 신뢰로 전환될 수 있다.

미중사무국이라는 새로운 국제조직의 틀

현재 미중 관계의 국제적인 틀은 여러 가지 측면에서 제 기능을 하지 못하고 있다. 2006년으로 거슬러 올라가 1년이나 2년에 한 번씩 열렸던 경제 및 전략적 정상회담이나 최근에 있었던 양국 정상회담은 겉으로는 대단해 보이지만 실속은 없다. 이런 회담들은 양국 관계가 악화되면서 거의 아무런 성과도 내지 못했다. 따라서 두 나라로서는 의견 교환 방식을 재고할 이유가 충분하다. 즉 이들에게는 새로운 대화 구조가 필요하다.

예를 들어 미중사무국(US-China Secretariat)과 같은 틀이 그 구조가 될 수 있다. UN, OECD, WTO 같은 국제조직의 사무국과 마찬가지로 이 조직은 미국과 중국 사이에서 행정과 조정 측면의 결속력을 마련해줄 것이다. 이것이 마련된다면 미국과 중국 두 나라만 참여하는 이런 종류의 노력으로서는 최초가 될 것이다.[30]

그러나 세계에서 가장 중요한 이 양자 간 관계의 틀은 단순히 새로운 관료 체계 하나를 만드는 것이 되어서는 안 된다. 미중사무국은 미중 관계를 그때그때 상황에 따라 불규칙적으로 조율하는 게 아니라 상시적으로 관리하는 것이어야 한다. SED(전략경제대화)나 이것의 나중 버전인 S&ED(이에 대해서는 469쪽을 참조하라-옮긴이) 같은 이전의 주기적인 대화는 결국 트럼프 정부 때 취소되었지만, 이 틀 자체도 여러 정부 부처 및 기관에서 임시로 파견된 직원들이 정상회담이라는 행사를 지원하는 성격에서 벗어나지 못했다.[31]

내가 제안하는 사무국은 중립적인 곳에 상설 사무소를 두어야 하며, 여기서 일하는 직원은 미국과 중국의 해당 분야 전문가들로 구성되어야 한다. 또 이 조직은 새로운 BIT의 가능성을 포함해 양국 간의 신규 및 기존 협정에 대해 구속력을 가지는 집행 메커니즘이어야 할 뿐만 아니라 미중 관계의 모든 측면에 초점을 맞춘 협력적인 플랫폼 역할을 해야 한다. 이 새로운 사무국은 독립적이고 고립된 두 국가의 노력이 물리적으로 합쳐진 것이 아니라 그 노력이 기능적으로 융합된 것이어야 한다. 이 새로운 사무국은 다음 네 가지 핵심적인 역할을 맡을 것이다.

미중 관계의 틀 짜기

사무국은 미중 관계의 전체적인 틀을 짜는 데 중요한 역할을 할 것이며, 양측이 모두 인정하는 공식적인 증거·연구 기반의 플랫폼 역할을 할 것이다. 관계의 틀을 짜는 이 기능의 가장 중요한 부분은 공동 연구 프로그램인데, 갈등 해결뿐만 아니라 상호 성장 기회에 초점을 맞춰 두 나라가 공동으로 작성한 정책 배경 또는 '백서'를 발행하며, 공동의 정책 권고안을 양국에서 지정한 의회의 해당 위원회에 직접 전달해서 심의할 수 있도록 한다.

중요한 점은 연구 영역에서 공동의 데이터베이스를 개발하고 관리 감독 업무를 수행한다는 점이다. 여기에는 무역 흐름 및 자본 흐름, 관세 징수, 역외투자, 특허 및 저작권과 기술 이전에 대한 사용료, 교육 교류 그리고 이 책에서 언급한 다른 많은 관계 지표들에 대한 양자 간의 상세한 통계치가 포함된다. 데이터 영역에서는 데이터 보안을 위한 의정서뿐만 아니라 양국이 개별적으로 유지하는 이중 플랫폼 통계의 품질 개선도 이뤄져야 한다. 이런 활동들은 모두 양국의 정상들이나 고위 관료들 사이에서 정기적으로 이뤄지는 회의를 지원하는 것이어야 할 뿐 아니라 군사 관련 논의를 위한 배경 자료를 생산하는 것이기도 해야 한다. 이 미중사무국 데이터베이스의 공개 버전은 정기적으로 업데이트되어야 하며, 등록된 사용자라면 누구나 열람할 수 있어야 한다.

소집

미중사무국은 학계, 연구단체, 무역기업협회 그리고 '2단계' 대화에 참여하는 집단 등을 포함해 두 나라에 이미 존재하는 관계 분야의 전문가 네트워크를 소집해서 통합하는 중심축 역할을 해야 한다. 그 목적은 모든 활동에 직접 개입하는 것이 아니라 미중 양국의 공통된 이해관계를 해결하는 데 활용될 전문 인력의 정보처리 기관이 되는 것이다.

코로나19 팬데믹 초기 단계에서 협력적인 노력이 부족했다는 사실은 미중사무국 소집 기능이 효율적이기만 하면 국제적 차원의 위기관리 수준이 한층 높아질 수 있음을 보여준다. 미국과 중국 양쪽의 전문가들이 코로나19 팬데믹의 본질과 그 잠재적인 파장, 질병의 억제 및 완화에 필요한 공중보건 및 과학 프로토콜 등을 밝혀내고 이해하는 노력을 공동으로 기울이기만 했어도 두 나라뿐 아니라 전 세계 공중보건을 위험에 빠뜨리고 말았던 그 수많은 갈등을 사전에 막았을 것이다.[32]

감독 및 준수

미중사무국은 미국과 중국이 합의 사항을 두 나라가 잘 이행하는지 감시할 것이다. 두 나라가 합의한 사항에 대한 세부적인 이행 및 준수 요건을 평가하는 장치인 '계기판'을 개발하고 사용한다면 큰 도움이 될 것이다. 구조적인 쟁점들 때문에 두 나라 사이에서는 갈등이 생길 수밖에 없으므로(지적재산권, 기술 이전, 국가가 기업에 지원하는 보조금, 사이버 보안 등의 분야에서는 특히 더 그렇다) 미중사무국은 갈등을 투명하게 해결할 권한과 기능이 있어야 한다.

이 사무국은 미국과 중국이 각각 자기가 느끼는 불만을 어떤 곳에서보다 가장 먼저 표출할 논의의 장 역할을 할 수 있다. 예를 들어 BIT 유형의 분쟁은 불만을 제기하는 당사국이 WTO에 공식적으로 문제를 제기하거나 세계은행의 국제투자분쟁해결센터(International Centre for Settlement of Investment Disputes, ICSID) 같은 중재재판소에 제소하기 전에 먼저 이 미중사무국에 해당 안건을 올려서 관련된 문제를 걸러내고 평가할 수 있으며 가능하다면 해결할 수도 있다.[33]

아웃리치

미중사무국은 중요한 아웃리치(outreach, 선제적인 접촉 활동. 사전적으로는 도움을 청하는 사람을 마냥 기다리는 게 아니라 그런 사람을 직접 찾아 나서는 행위를 뜻한다-옮긴이) 활동을 수행해야 한다. 그러려면 투명하고 개방적이며 검열을 받지 않는 웹 기반 통신 플랫폼이 필요하다. 이 플랫폼에는 앞서도 언급했지만 미국과 중국 각각이 보유한 데이터베이스의 공개적인 버전과 사무국 직원 연구원의 연구보고서, 미국의 전문가와 중국의 전문가가 미중 관계의 쟁점들을 분석해서 분기별로 두 나라에 제시하는 보고서가 꼭 필요하다. 그리고 미중사무국의 홍보 부서는 미중 관계의 발전에 대해 아무리 짧은 브리핑이라고 해도 기자들을 상대로 자주 브리핑해야 한다.

미중 관계라는 국제사회에 존재할 이 새로운 사무국은 양국 정부를 각각 대표하되 정치적인 편견이 없는 전문가 두 명이 고위 정책 자문위원 권한을 가지고 공동으로 이끌어야 한다. 이 공동 운영자의 정치적 독립성은 매우 중요하다. 비록 오늘날과 같은 국제 정서 속에서는 독립성을 확보하기가 무척 어렵긴 하겠지만 말이다.

두 공동 운영자는 각자 자기 직원을 감독하되, 각자 고립된 국가별 팀이 아니라 장차 단일한 팀으로 통합될 것임을 전제해야 한다. 미중사무국 지도부는 미국과 중국을 각각 대표해서 적극적으로 참여하는 조직 외부의 자문위원회와 정기적으로 협의해야 하며, 다른 주요 국가나 지역의 인재도 적극적으로 조직 안으로 끌어안아야 한다.

미중사무국의 목적은 미중 관계를 양국의 통치에서 마땅히 중요시되는 바로 그 높은 수준으로 끌어올리는 것이다. 물론 이는 이 조직이 감당해야 할 가장 큰 도전 과제가 될 것이다. 미중 관계에서 두 나라가 자기만의 관점 그리고 자기만의 통찰, 편견, 목표, 포부를 가지고서 상대국에 접근하는 것은 당연하다. 불신이 깊어지는 분위기에서는 두 나라가 노력을 공유하려 하지 않고, 공동의 문제를 해결할 능력도 없으며, 양국 관계를 관리하고자 하는 협력적인 차원의 접근법이 있을 수도 없다. 그러나 이런 것들이 바뀌어야 한다.

미중사무국이 만들어진다고 해도 상호 건설적인 새로운 참여 정신이 곧바로 마련되지는 않을 것이다. 하지만 이 조직을 설립한다는 것 자체가 그 방향으로 나아가는 중요한 단계다. 양국 관계에는 지속적인 관심이 필요하다. 갈등이 고조되는 지금뿐만 아니라 관계가 정상화된 시기에도 나중에 나타날 수 있는 갈등을 피해야 하기에 그렇다. 이 새로운 사무국은 구조적 차이의 핵심 영역을 다루는 높은 수준의 BIT와 결합해서, 지금보다는 더 나은 갈등 해결 기회를 만들 것이다. 그리고 이 사무국은 미국과 중국이 한 사무실에서 함께 일함으로써 두 나라 간 친밀감이 강화되는 효과도 덤으로 만들어낼 것이다. 신뢰 구축은 흔히 작은 발걸음에서부터 시작된다.

관계의 성격

요컨대 갈등 해결을 위해서는 미중 관계의 성격이 건강하지 못한 동반의존성에서 건강한 상호의존성으로 바뀌어야 한다. 동반의존성의 이면에는 문제가 있는 두 나라, 두 경제 체제가 놓여 있다. 이 둘은 자기가 안고 있는 문제를 고쳐야 한다는 당연한 의무를 너무도 자주 무시한 채 상대국이 자기를 위협한다고 생각하며 가상의 위협에 집착한다. 이런 반응은 통상적으로 무역, 금융자본, 혁신, 정보 흐름 등의 접점에 초점이 맞춰져 있기 때문에 언제나 이런 것들에서 갈등 위험이 가장 예리하고 두드러지게 나타난다. 미국과 중국의 무역 전쟁과 기술 전쟁 그리고 새로운 냉전의 조짐은 상호의존성의 갈등 국면에서 전형적으로 나타나는 현상이다.

이 갈등은 외부의 도움 없이 스스로 몸집을 불린다. 미국은 자국의 무역 적자가 중국 탓이라고 보고, 중국은 미국이 취하는 봉쇄 정책을 중국의 주변 국가들을 끌어들이려는 권력 투사를 합리화하는 것이라고 본다. 여기서 거짓 서사들이 생겨나는데, 그 본질은 자기가 고쳐야 할 문제를 상대국 탓으로 돌리는 식으로 초점을 흐리는 것이다. 미국이 자국 경제의 만성적인 저축 부족 문제를 회피하듯이 중국은 경제의 구조적인 재균형화를 추진하지 않은 채 딴청만 부린다. 비난, 부인, 불균형, 마찰 등에서 비롯되는 상호작용은 갈등을 점진적으로 고조시킨다. 양국 관계의 분리 혹은 결별이 매우 현실적이고 파괴적인 가능성으로 나아간다.

그러나 동반의존적인 관계가 아닌 상호의존적인 관계에서는 두 나라가 보다 튼튼한 자신감을 갖고 자신에게 부족하거나 잘못된 부분을 바로잡으려고 한다. 만일 미국과 중국이 상호의존적인 관계를 맺고 있다면 미국은 지금보다 저축을 더 많이 할 것이고 중국은 저축을 더 적게 할 것이다. 두 나라 모두 자국에 필요한 것에 신경을 더 많이 써서 상대국의 요구에 더 잘 대응할 것이다. 그래서 협력 관계를 통해 서로가 얻을 수 있는 이익의 가치를 지금보다 높게 평가할 것이다. 이처럼 상호의존적인 국가들 사이에서 이뤄지는 공동 참여는 건설적이고 지속 가능하다.

내가 여기서 제시한 접근법, 즉 맞춤형 BIT나 미중사무국이라는 '낮은 가지에 달린' 열매를 어렵지 않게 따면서 신뢰를 구축하는 접근법은 그런 고려 사항을 염두에 둔 것이다. 이런 구조적 차원의 참여 전략은 미국과 중국이 세계에서 가장 중요한 양자 관계를 회복할 기회를 만들어준다. 이 접근법은 갈등하는 동반의존성을 건설적인 상호의존성으로 전환하기 위한 하나의 처방이다.

무역 분쟁을 해결할 다른 프레임워크(틀)도 분명 있다. 그러나 지난 4년을 돌이켜보면 1단계 접근법의 근시안적인 양자 관계적 사고방식은 실패할 수밖에 없는 프레임워크를 만들었다. 이는 갈등 고조의 불길한 궤적을 돌리지 못했고, 지금도 상황을 더욱 악화시킬 수 있다. 손실을 줄이고 다른 전략을 선택해 행동할 시점이 다가오고 있다.

그 다른 전략은 갈등의 근원들과 정교하게 일치하는 것이어야 한다. 그러려면 최소한 주요 쟁점에 대한 구속력이 있는 강력한 합의가 필요하다. 그 모든 것, 그 이상의 것은 높은 수준의 양국 간 투자조약(BIT)에서 나올 수 있다. 미중사무국이라는 새로운 조직은 이 조약을 역동적이고 생산적이며 상호의존성에 영양을 공급하는 살아 있는 문서로 만들 수 있다. 무엇보다도 공식적인 합의와 제도적 지원이 결합될 때 중국과 미국은 그들을 갈라놓고 양국 관계를 긴장으로 몰고 가는 구조적인 쟁점들을 직접 다룰 수 있다.

과연 미국과 중국은 동반의존 관계에서 상호의존 관계로 전환할 수 있을까? 이렇게 전환되려면 무엇이 필요할까? 두려움이 하나의 동기가 될 수 있다. 두 나라는 갈등이 고조되는 불길한 궤적을 따라 위험 지역 안에 이미 들어와 있다. 유럽에서 충격적인 전쟁이 터졌으며 지정학적 긴장 때문에 경고의 수위는 더욱 올라갔다.

또 다른 동기로 정치적 책임이 있다. 편의성을 추구하는 정치경제는 이 우발적 충돌을 유발하는 가장 은밀하고도 끈질긴 측면이 될 수 있다. 두 나라는 노동자들과 그들의 가족을 힘들게 만든 양극화와 상호 연결이 특징인 세계화 때문에 위태로워졌다. 사람들은 유권자이자 시민으로서 여러 가지 선택권을 앞에 두고는 중국과 미국이 서로 대결하게 만드는 민족주의적 비난 게임을 '손쉬운' 해결책으로 받아들인다. 불신에서 새로운 신뢰로 전환하는 것은 경제 전략이기도 하지만 정치적인 노림수이기도 하다. 해로운 정치적 편의성 뒤에 숨어 있는 거짓 서사의 본모습을 드러내는 것은 갈등 해결에 필요한 정직하고 투명한 책임성의 핵심이다.

동반의존성의 어두운 힘들은 쉽게 제압할 수 있는 대상이 아니다. 갈등 해결은 자동으로 진행되지 않는다. 내가 제시한 접근법도 마찬가지다. 그러나 우리에게 주어진 선택지가 무엇이든 한 가지는 확실하다. 두 나라가 서로 상대 탓을 하며 비난할 게 아니라 협력할 기회를 찾아 나서야 한다는 것이다. 두 나라의 지도자가 용기와 지혜를 가지고 있지 않다면 이 중요한 걸음을 떼지 못할 것이다.

미국의 경우 현재의 상황과 정책과 전략을 재고할 힘은 적대적인 중국 봉쇄 전략이라는 외부적인 시선이 아니라 미국 내부를 향한 시선에서 나올 수밖에 없다. 중국도 마찬가지로 긴급한 상황에 놓여 있다. 국내 경제의 불균형 문제를 정면으로 붙잡고 해결해야 하며, 세계 전략을 수행하는 데 따르는 두려움, 점점 더 거세지는 권력(무력) 투사로 더욱 불길하게 느껴지는 그 두려움을 떨쳐내야 한다. 두 나라의 거짓 서사들이 부딪치면서 관계는 이미 불안정해졌다. 훗날 인류의 역사는 이들의 우발적인 충돌이 불길하게 고조되는 것을 제대로 막지 못해서 벌어지는 일들을 용서하지 않을 것이다.

후기

나는 이 책 집필을 처음 시작할 때부터 내가 움직이는 과녁을 쫓고 있음을 알고 있었다. 그러나 세상이 워낙 전에 없이 유동적으로 돌아가는 바람에 나로서는 이 변화의 흐름을 좇느라 가끔은 숨이 차기도 했다. 무역 전쟁과 기술 분쟁, 심지어 새로운 냉전 양상에도 초점을 맞추고 살펴야 했다. 그런데 우크라이나에서 전쟁이 시작되고 팬데믹의 또 한 차례 파도가 몰아치면서 불확실성은 또다시 커졌다.

어떤 의미에서 보면 현대의 세상은 늘 이렇게 진행되어왔다. 실리콘밸리의 신성한 신조인 무어의 법칙(Moore's Law, 인터넷 경제의 3원칙 중 하나로 마이크로칩의 성능이 2년마다 두 배 좋아진다는 경험적 예측에 따른 법칙이다-옮긴이)이 현대 세상의 변화에도 적용되는 것 같다. 변화의 속도는 한층 짧아진 기간에 계속해서 두 배로 빨라진다. 이 책이 출판되는 시점에 미국과 중국 또는 두 나라 사이의 관계에 과연 어떤 일이 일어날지, 이미 일어나버렸을지 누가 알겠는가? 이 책이 근거로 삼는 여러 가지 사실과 전제들 일부가 역사적인 사건의 소용돌이에 휩쓸려서 사라져버렸다면 독자들에게 이 책이 과연 유용할까?

물론 미래를 알 수는 없다. 미래에 닥칠 피할 수 없는 충격도 알 수 없다. 그러나 나는 지금은 알 수 없는 그 사건들이 미중 관계의 미래에 얼마나 심각한 영향을 미칠지에 대해서는 확신한다. 이 책은 갈등 고조에서 갈등 해결로의 전환이 얼마나 중요한지, 그렇게 하려면 무엇이 필요한지 살펴보는 것으로 끝을 맺었다. 그러나 이 처방은 조건부 처방이다. 지금 우리가 사는 세상만큼이나 위태로울 미래가 어떻게 전개되느냐에 따라 얼마든지 달라질 수 있다는 말이다.

이 원고를 쓰는 2022년 5월이라는 시점을 기준으로 하면 상상도 하지 못했던 전쟁이 유럽에서 벌어지는 가운데, 코로나19의 또 다른 변종이 중국을 불안정하게 뒤흔들고 있다. 우리가 고려해야 할 온갖 충격의 가능성은 세상에 널려 있다. 또 이 책에서 살펴본 가능성과 완전히 다른 온갖 좋은 미래와 나쁜 미래의 가능성을 떠올리는 일도 어렵지 않다.

이런 맥락에서 과연 우리는 미중 갈등의 미래를 어떻게 생각해야 할까? 미중 관계는 현실과 분리된 실험실에서 실험하듯 진행하며 조사할 수 있는 과학 실험이 아니다. 이 책은 나의 전작인 《G2 불균형》과 마찬가지로, 서로 갈등하는 경제적 동반의존성이라는 개념 틀을 토대로 한다. 이 개념 틀이 지난 15년 동안 미국과 중국 사이에 발생했던 압력을 밝히는 데 효과적이었던 만큼, 미래에 발생할 압력을 밝히는 데도 도움이 될 것이라고 확신한다.

많은 책이 '오늘날의 충격', 겉으로 볼 때 재앙적이라고까지 할 수 있는 현재의 추세를 선형적으로 추론하고 있다. 회복 과정에 있는 월스트리트의 예측 전문가로서 나는 추론이 빠질 수 있는 이런저런 함정에 대해 경고만 할 수 있을 뿐이다. 언제나 그렇지만 다음 차례의 충격은 지난번 충격과 다르다. 그러니 지금 당장은 도저히 이해할 수 없을 것 같은 여러 가능성에도 대비해야 한다.

이 책에서 나는 불가피하게 닥쳐올 충격들이 우리에게 어떤 영향을 줄지 파악하고, 예상치 못한 미래의 사건들에 대해(우리는 이 사건들이 도무지 예측할 수 없다는 것 말고는 거의 아무것도 확신할 수 없다) 독자 여러분이 생각하는 데 도움이 될 원리를 제공하려고 노력했다. 우리가 알고 있는 몇 가지 되지 않는 사실 중 하나는 이 세상은 빠르게 변화하며 언제 어떤 충격적인 사건이 일어날지 알 수 없지만, 그럼에도 불구하고 미국과 중국은 앞으로도 계속해서 핵심적인 주요 국가로 남을 것이라는 점이다. 그렇다면 두 나라는 앞으로도 계속 거짓 서사들에 매달릴까, 아니면 그것들을 극복할까? 그리고 그렇게 함으로써 두 나라 사이의 갈등을 영구화할까, 아니면 그 갈등을 해결하기 위해 노력할까? 이는 21세기 국제사회에서 가장 중요한 양국 관계의 전망을 묻는 결정적인 질문이다.

이 책은 13년 동안 진행된 프로젝트로, 2010년부터 내가 예일대학교에서 강의했던 강좌인 '넥스트 차이나'의 결과물이다. 13년이라는 세월 동안 약 1,400명의 학생이 이 강좌를 수강했는데, 대부분 강의실에서 진행되었지만 2020년부터 2022년까지는 코로나19 때문에 세미나 형식으로 축소되어 진행되었다. 그동안 나는 강의실을 실험실 삼아 미중 관계의 깊은 골을 들여다봤는데, 강의를 듣는 학생들이 보내준 피드백 하나하나가 매우 소중했다. 이 책을 그 모든 학생에게 바친다.

2022년 봄에 했던 세미나는 특별히 더 그랬다. 학생 22명이 나도 모르는 사이에 실험 대상으로 등록했고, 그들은 이 책에 담겨 있는 대부분의 발상에 대해 완벽한 스트레스 테스트(stress test)를 제공했다. 그 무렵에는 초고와 재고에 이은 세 번째 원고가 편집의 마지막 단계를 거치고 있었다. 그러나 강의가 끝난 뒤에 저녁 시간에 학생들과 토론을 하고 나면 서둘러 다시 원고를 붙잡고 개념을 수정하거나 인용

문을 추가했으며, 심지어 장 구성을 새로 짜기도 했다. 토론과 세미나 과정에서 이 놀라운 학생들은 철저하게 비판적인 사고를 발휘했으며, 모두 매력적이고 호기심이 넘치며 열심히 공부했다. 또한 교수의 권위에 도전하는 데 거리낌이 없었다. 나는 강의 때도 그들에게 고맙다고 말했지만 지금 이 지면을 빌려서도 고맙다고 말하고 싶다.

예일대학교 공동체도 내가 하는 강의뿐 아니라 이 책에도 전폭적인 지지를 보내주었다. 잭슨 글로벌 문제 연구소(Jackson Institute for Global Affairs)가 2010년에 시작되었는데, 이때 여기에 내가 합류하도록 설득한 리처드 레빈(Richard Levin) 전 총장에게 특히 감사의 말을 전한다. 그는 내 중국 연구를 오랜 세월 지지해주었고 넥스트 차이나 강좌에서 초청 강연을 해주었으며, 이 책의 여러 가지 점에 대해 소중한 논평과 조언을 해주었다.

또한 잭슨 연구소는 지금 예일대학교의 어엿한 학과가 되어 있는데, 전망과 관대함을 가지고 이 연구소의 실질적인 산파 역할을 한 존 잭슨(John Jackson)과 수전 잭슨(Susan Jackson), 잭슨 연구소의 이사이자 학장이기도 한 짐 레빈슨(Jim Levinsohn)에게도 고마운 마음을 전하고 싶다. 예일대학교는 국제문제의 매우 다양한 측면에서 탁월한 전통을 가지고 있는데, 잭슨 연구소라는 우산 아래 국제문제들을 하나로 묶어낸 것은 리처드 레빈 총장이 남긴 위대한 유산이다.

이 책의 출판은 내게 중요한 이정표다. 이제 나는 13년 가까운 세월 동안 몸담았던 잭슨 연구소를 떠나 예일대학교 로스쿨의 폴 차이 차이나 센터(Paul Tsai China Center)에 합류하기 때문이다. 이곳 학생들과 교수들의 열정적인 참여를 그리워하겠지만, 한편으로는 나의 좋은 친구이자 동료인 폴 게위츠(Paul Gewirtz)의 지도를 받으면서 차이나 센터에서 진행할 신나는 프로그램을 생각하면 마음이 설렌다.

처음부터 나의 예일대학교 경력은 중국학계의 거장인 조너선 스펜스의 영향을 많이 받았다. 스펜스는 2021년 크리스마스에 세상을 떠났는데, 내가 2010년 예일대학교에 왔을 때는 이미 몇 년 전 교수직에서 은퇴한 시점임에도 불구하고 나를 따뜻하게 맞아주었다. 나는 내가 개설한 강좌에 초대해 좋은 강의를 해달라고 했지만 그는 정중하게 거절했다. 그러면서 나 혼자 강의를 처음부터 끝까지 책임지는 것이 가장 좋지 않겠느냐고 의미심장하게 말했다.

이후 오랜 세월 동안 그는 내가 중국 관련 주제로 강의하거나 발표할 때마다 청중석에 앉아서 나를 지켜봤다. 그리고 영광스럽게도 나는 몇 개의 연설 플랫폼을 그와 공유했다. 그는 내게 피드백을 제공하는 것을 조금도 부끄러워하지 않았고, 그런 피드백을 받을 때마다 나는 어쩐 일인지 내가 가지고 있던 견해를 다시 곰곰이 되짚어보게 되었다. 그의 호기심은 결코 채워지는 법이 없었고, 그의 학문은 흠잡을 데 없었으며, 그의 창조적인 천재성은 비범했다. 그런 그의 영감을 기념하고 고마운 마음을 전하고 싶었는데, 이 책의 13장을 보면 나의 그런 마음을 잘 알 수 있을 것이다.

연구조사를 하고 이 책의 원고를 쓰던 기간에 나를 지지하고 조언과 통찰을 아낌없이 주었던 예일대학교의 여러 동료에게 특별히 고맙다는 인사를 하고 싶다. 폴 게위츠, 로버트 셜러(그는 서사와 꿈과 야성적 충동의 행동적 측면에 대한 중요한 저작과 구글 엔그램에 대한 팁으로 내게 도움을 주었다), 오드 안 웨스터드(Odd Arne Westad), 엠마 스카이(Emma Sky),

캐럴 리 래퍼티(Carol Li Rafferty), 제프리 소넨펠드(Jeffrey Sonnenfeld), 알레 치빈스키(Aleh Tsyvinski), 징 츠(Jing Tsu), 테드 위튼스타인(Ted Wittenstein)이 바로 그들이다.

또한 이 책에서 다루는 여러 주제에 대해 매우 높은 학식으로 내게 영감을 베풀고 지적인 자극을 준 이들에게도 고맙다는 인사를 하고 싶다. 냉전에 대해서는 존 루이스 개디스(John Lewis Gaddis), 패권국 경쟁에 대해서는 폴 케네디(Paul Kennedy), 취약한 민주주의에 대해서는 티머시 스나이더(Timothy Snyder)의 도움을 받았다.

긴 세월 동안 예일대학교의 많은 펠로우 교수들이 이 책을 만들기까지 꼭 필요했던 연구 작업에 아낌없는 지원을 해주었다. 특히 2016~2022년에 펠로우 신분으로 고생했던 사람들에게 고마운 마음을 전한다. 드루 달렐리오(Drew D'Alelio), 더글러스 글레드힐(Douglas Gledhill), 은선 조(Eunsun Cho), 캐럴라인 애그스튼(Caroline Agsten), 벤 디치필드(Ben Ditchfield), 리사 크리스카(Lissa Kryska), 이왕(Yi Wang), 위에 (한스) 주[Yue (Hans) Zhu], 크리스티안 마린(Christian Marin), 그레고르 노박(Gregor Novak), 안드레아 첸(Andrea Chen), 타마라 그르부시치(Tamara Grbusic), 시쉐 후(Shixue Hu), 아그니베시 미시라(Agnivesh Mishra), 종종 탕(Zongzhong Tang), 밍하오 리(Minghao Li), 캐스린 데블린(Kathleen Devlin), 제임스 고비(James Gorby), 첸 왕(Chen Wang), 양장(Yang Zhang)이다.

또한 이 책에서 다루는 주제별 쟁점에 관한 연구로 도움을 준 분들에게도 고맙다는 인사를 드린다. 미국의 신용중개에서 리처드 버너(Richard Berner)와 데이비드 그린로(David Greenlaw), 기술 이전에서

닉 라디(Nick Lardy), 전략경제대화(SED)에서 데이비드 로에빙거(David Loevinger), 역동성과 자주혁신에서 에드먼드 펠프스(Edmund Phelps), 인공지능에서 카이푸 리(Kai-Fu Lee), 중국의 국영기업 개혁에서 위에 주, 중국의 검열과 합작기업 그리고 미국의 거래제한 업체 명단에서 휴고 청(Hugo Chung), 중국의 WTO 가입에서 칼라 힐스(Carla Hills), 중국의 감시 체계에서 리자 린(Liza Lin)이 그들이다. 그리고 이 책이 나오기까지 여러 단계를 거쳤지만 오랜 세월 동안 동료애와 지지와 피드백을 아낌없이 해준 친구들에게도 고맙다. 특히 짐 프랠릭(Jim Fralick), 딕 버너(Dick Berner), 로버트 룬(Robert Lunn), 루스 포랏(Ruth Porat), 라케시 모한(Rakesh Mohan), CH 텅(CH Tung), KS-리(KS-Li), 루 마이(Lu Mai), 산 웨이지안(Shan Weijian), 팡 싱하이(Fang Xinghai), 가오 시칭(Gao Xiqing), 주 민(Zhu Min), 마커스 로들라우어(Markus Rodlauer)가 그들이다. 마커스는 2021년에 고인이 되었는데 넥스트 차이나 강좌에서 9년 동안 초대 강사로 IMF의 중국 관점에 대해 강의를 해주었다.

2011년에 나를 연구 프로젝트에 초대해서 함께할 수 있도록 해준 켄 머피(Ken Murphy)와 프로젝트 신디케이트(Project Syndicate) 팀에도 고마운 마음을 전하고 싶다. 나는 이 책에 포함된 여러 가지 발상과 견해를 그들의 멋진 글로벌 플랫폼에 칼럼 형식으로 게재했다. 그 플랫폼이 확보하고 있던 광범위한 글로벌 독자 커뮤니티의 활발한 피드백과 토론 덕분에 이 책에서 다룬 주제들을 바라보는 내 관점이 한결 정교해지고 단단해졌다는 사실을 얘기해주고 싶다.

또한 미중관계국가위원회와 베이징대학교의 국립개발학교의 후원을 받아 진행되었던 경제 문제에 대한 '트랙-II 대화'에서 함께했던 동료들도 특별히 고맙다. 지난 12년 동안 이 회의가 진행되는 과정에서 이들은 미중 갈등에 대한 내 생각을 검증할 수 있도록 공명판 역할을 해주었다.

미국 쪽 동료들부터 먼저 소개하면 스티븐 올린스(Stephen Orlins), 칼라 힐스(Carla Hills), 로버트 도너(Robert Dohner), 하이니 구오(Haini Guo), 콘스탄스 헌터(Constance Hunter), 디노 코스(Dino Kos), 니컬러스 라디, 제이컵 루(Jacob Lew), 캐서린 만(Catherine Mann), 배리 노튼(Barry Naughton), 대니얼 로젠(Daniel Rosen), 로버트 루빈(Robert Rubin), 킴 쇼한홀츠(Kim Schoenholtz), 어니 스래셔(Ernie Thrasher), 얀 반 에크(Jan van Eck), 마크 잰디(Mark Zandi)다.

중국 쪽 동료들은 친 샤오(Qin Xiao), 딩 안후아(Ding Anhua), 가오 샨웬(Gao Shanwen), 허 우이판(Hu Yifan), 후앙 하이쯔(Huang Haizhou), 후앙 이핑(Huang Yiping), 량 홍(Liang Hong), 린 이푸(Lin Yifu), 루 펑(Lu Feng), 쉬 가오(Xu Gao), 야오 양(Yao Yang), 자 다오정(Zha Daojiong)이다. 우리의 의견이 늘 하나로 모이지는 않았지만 우리가 나누었던 의견과 그 사실 자체에 엄청난 가치가 있었다.

이 책에 담은 나의 견해가 상당한 논란과 반박이 불러일으킬 수 있음을 잘 알고 또 인정한다. 이 경우에 표준적인 대응 방침은 이렇다. 위에 언급한 사람 그 누구도 이 책에서 내리는 결론과 직접적인 관련이 없다. 이 책에 대한 책임과 비난은 오롯이 나의 몫이라는 말이다.

편집자들은 책에 생기를 불어넣는다. 이런 점에서 예일대학교 출판부는 타의 추종을 불허할 정도다. 이 책은 빌 프루트(Bill Frucht)와 함께 작업한 두 번째 책인데, 그는 내용 구상에서부터 원고, 세련된 최종 제품에 이르기까지 이 책의 구조와 내용에 크게 기여했다. 그는 내게 수 많은 핵심 논쟁을 생각하고 또 생각하도록 밀어붙였고 주제 해결, 특 히 이 책에서 미중 갈등 해결을 놓고 깊이 생각하도록 반복해서 밀어 붙였다. 이 책은 여러 면에서 복잡한 책이지만 빌은 내가 집중력과 단 순함과 표현의 효율성이 필요할 때 끄집어내도록 해주었다.

에리카 핸슨(Erica Hanson)도 대단한 능력자다. 이 책의 저자 주가 750개가 넘지만 이 작업에 필요한 엄격한 문체와 명료한 표현 그리 고 레이저와 같은 주의력을 갖추고 있어서 그녀는 이 원고를 능숙하 게 마무리했다. '마지막'이라면서 내가 끝도 없이 반복해서 '최종' 원 고를 들이밀었지만 그녀는 너그럽게 받아주었다. 그녀의 이런 너그 러움 때문에 일반적인 인내심이 오히려 충동적인 것으로 보일 정도 였다. 이 책의 진정한 동반자인 두 사람에게 내가 깊이 고마워한다는 사실을 알아주면 좋겠다. 아울러 색인 작업을 능숙하게 맡아 해준 에 니드 자프란(Enid Zafran)에게도 고마운 마음을 전한다.

마지막으로, 내가 또 한 차례의 '깊은 잠수' 프로젝트로 잠수할 때 우리 가족은 이런 나를 기꺼이 봐주었다. 팬데믹 기간이었기에 누릴 수 있었던 한 가지 좋은 점이라면, 그 깊은 잠수의 와중에도 2년 동안 은 집 바깥으로 나돌아다니지 않고 집 서재에만 콕 박혀 있도록 '봉 쇄 조치'되었다는 것이다. 이 책의 원고를 쓰는 동안 나를 이해해주고 격려를 아끼지 않았던 내 인생의 동반자 케이티(Katie)에게는 늘 고마 운 마음을 가지고 있다. 넘치는 에너지와 호기심을 지닌 우리 대가족 은 다음 차례에 벌어질 수 있는 온갖 일들로 가득한 인생을 든든하게 뒷받침해주는 궁극적인 지원 체계다.

주

―

1장

1. 다음을 참조하라. Stephen R. Platt, *Imperial Twilight: The Opium War and the End of China's Last Golden Age* (New York: Alfred A. Knopf, 2018).

2. 다음을 참조하라. Amanda Foreman, *A World on Fire: Britain's Crucial Role in the American Civil War* (New York: Random House, 2010).

3. Platt, *Imperial Twilight*.

4. 다음을 참조하라. "Invasion of Manchuria," Harry S. Truman Library, available at https://www.trumanlibrary.gov/education/presidential-inquiries/invasion-manchuria.

5. 그 예로 다음을 참조하라. Chen Jian, *China's Road to the Korean War: The Making of Sino-American Confrontation* (New York: Columbia University Press, 1994); David Halberstam, *The Coldest Winter: America and the Korean War* (New York: Hyperion, 2007); and Russell Spur, *Enter the Dragon: China's Undeclared War Against the U.S. in Korea, 1950-51* (New York: Newmarket Press, 1988).

6. 다음을 참조하라. Odd Arne Westad, *The Cold War: A World History* (New York: Basic Books, 2017).

7. 다음을 참조하라. Jonathan D. Spence, *The Search for Modern China*, 3rd ed. (New York: W. W. Norton and Co., 2012).

8. 다음을 참조하라. Frank Dikötter, *The Cultural Revolution: A People's History, 1962-1976* (London: Bloomsbury Press, 2016).

9. 자료 출처: National Bureau of Statistics (China).

10. 다음을 참조하라. Lawrence H. Summers, "U.S. Economic Prospects: Secular Stagnation, Hysteresis, and the Zero Lower Bound," *Business Economics* (National Association for Business Economics) 49, no. 2 (2014).

11. 다음을 참조하라. Shujie Yao, "Economic Development and Poverty Reduction in China over 20 Years of Reforms," *Economic Development*

and Cultural Change 48, no. 3 (April 2000).

12. 다음을 참조하라. Spence, *The Search for Modern China*.

13. 다음을 참조하라. Deng Xiaoping, "Emancipate the Mind, Seek Truth from Facts, Unite and Look Forward," speech before the Central Party Work Conference, December 13, 1978; 자료 출처: Ezra F. Vogel, *Deng Xiaoping and the Transformation of China* (Cambridge, MA: Harvard University Press, 2011), based on Deng Xiaoping, *Selected Works of Deng Xiaoping, 1975–1982* (Beijing: Foreign Language Press, 1984).

14. 다음을 참조하라. Vogel, *Deng Xiaoping*.

15. 다음을 참조하라. Spence, *The Search for Modern China*.

16. 다음을 참조하라. Isabella W. Weber, *How China Escaped Shock Therapy: The Market Reform Debate* (New York: Routledge, 2021).

17. 자료 출처: 다음의 데이터를 토대로 한 저자의 계산이다. National Bureau of Statistics (China).

18. 다음을 참조하라. Spence, *The Search for Modern China*.

19. 자료 출처: International Monetary Fund, *World Economic Output* database.

20. 다음을 참조하라. Stephen S. Roach, *The Next Asia: Opportunities and Challenges for a New Globalization* (Hoboken: John Wiley & Sons, Inc., 2009), 229–33.

21. 자료 출처: National Bureau of Statistics (China).

22. 자료 출처: National Bureau of Statistics (China).

23. 자료 출처: International Monetary Fund, *World Economic Outlook* database.

24. 덩샤오핑이 중화인민공화국의 지도자 분류법을 확립했다. 마오쩌둥이 1세대 지도자였고 덩샤오핑은 2세대 지도자였으며 장쩌민과 후진타오와 지금의 시진핑이 각각 3세대, 4세대, 5세대 지도자다. 다음을 참조하라. Zhengxu Wang and Anastas Vangeli, "The Rules and Norms of Leadership Succession in China: From Deng Xiaoping to Xi Jinping and Beyond," *China Journal* 76 (July 2016).

25. 2012년 11월 15일 중국공산당 총서기에 취임하면서 시진핑이 했던 연설 전문을 참조하라. 이 연설문은 다음에서 볼 수 있다. https://www.bbc.com/news/world-asia-china-20338586.

26. 다음을 참조하라. Daniel H. Rosen, *Avoiding the Blind Alley: China's Economic Overhaul and Its Global Implications*, An Asia Society Policy

Institute Report (New York: Asia Society, October 2014).

27. 다음을 참조하라. Daniel H. Rosen, "The China Dashboard: Tracking China's Economic Reform Program," Asia Society Policy Institute and the Rhodium Group, Winter 2021.

28. 시진핑의 2017년 연설은 한자로 약 3만 2,662자였는데, 이는 덩샤오핑이 1978년에 했던 연설의 네 배 가까이 된다. 자료 출처: *People's Daily* (China). 덩샤오핑 연설문 초안의 한자 숫자는 1,600자밖에 되지 않았다고 한다. 다음을 참조하라. Vogel, *Deng Xiaoping*, 242‒43.

29. 제19차 당대회에서 했던 2017년 10월 18일자 시진핑의 연설 전문을 참조하라. 이 연설문은 다음에서 볼 수 있다. http://www.xinhuanet.com/english/special/2017-11/03/c_136725942.htm.

30. 이중 순환 개념은 2020년 5월에 시진핑이 처음 제안했고 그 뒤에 중국의 제14차 5개년계획에 통합되었다. 다음을 참조하라. Bert Hofman, "China's Economic Policy of Dual Circulation," Hinrich Foundation: Sustainable Trade, June 8, 2021.

31. 다음을 참조하라. Yuen Yuen Ang, *China's Gilded Age: The Paradox of Economic Boom and Vast Corruption* (London: Cambridge University Press, 2020). 그리고 시진핑의 제19차 당대회 연설문도 참조하라.

32. 다음을 참조하라. Karl Polanyi, *The Great Transformation: The Political and Economic Origins of Our Time* (Boston: Beacon Press, 1944).

33. 시진핑의 제19차 당대회 연설문을 참조하라. '도광양회'에서 벗어나겠다는 변증법적 관계에 대한 중국의 이런 해석 변화를 마르크스주의적으로 해석한 내용에 대해서는 다음을 참조하라. Rush Doshi, *The Long Game: China's Grand Strategy to Displace American Order* (New York: Oxford University Press, 2021), 176‒8.

34. 다음을 참조하라. Aaron L. Friedberg, "The Authoritarian Challenge: China, Russia and the Threat to the Liberal International Order," Japan-US Program, Sasakawa Peace Foundation, August 2017; Jude Blanchette, "Xi's Gamble: The Race to Consolidate Power and Stave Off Disaster," *Foreign Affairs*, July/August 2021; and Rana Mitter and Elsbeth Johnson, "What the West Gets Wrong about China," *Harvard Business Review*, May‒June 2021.

35. 다음을 참조하라. "Xi Jinping's Thinking Is Ranked Alongside Mao's," A Second Thought, *The Economist*, October 24, 2017; and Bill Chappell, "China's Xi Is Elevated to New Level, with Echoes of Mao," *The Two-*

Way (blog), NPR, October 24, 2017.

36. 다음을 참조하라. Chris Buckley, "China's Communist Party Declares Xi Jinping 'Core' Leader," *New York Times*, October 27, 2016.

37. 중국 지도부의 학자들은 서방이 중국 헌법에서의 이런 변화를 과대 포장해서 선전한다고 불평하며 중국 헌법의 이런 변화는 국가 지도자들의 후계 체제를 당 지도자들에게 비슷하게 적용되는 (무제한) 임기와 일치시키는 것일 뿐이라고 지적한다. 다음을 참조하라. Jeffrey A. Bader, "7 Things You Need to Know about Lifting Term Limits for Xi Jinping," *Order from Chaos* (blog), Brookings Institution, February 2018.

38. 도광양회는 1989년의 천안문사태 여파로 1990년에 처음으로 언급된 덩샤오핑의 유명한 중국 외교 정책인 다음 '24자 전략'을 압축한 것이다. "침착하게 관찰하고(冷靜觀察), 우리의 위치를 확보하며(站穩脚筋), 침착하게 대처하고(沈着應付), 우리가 가진 역량과 능력과 시간을 숨기며(韜光養晦), 낮은 자세를 능숙하게 유지하고(善于守拙), 절대로 지도력을 주장하지 않는다(絶不當頭)." 다음을 참조하라. Vogel, *Deng Xiaoping*. 중국의 해석에 대해서는 다음을 참조하라. Huang Youyi, "Context, Not History, Matters for Deng's Famous Phrase," *Global Times* (China), June 15, 2011.

39. 최근에 전 세계적으로 권위주의 정권이 많이 나타나면서 이런 흐름의 역풍과 반전 가능성에 대한 격렬한 논쟁이 일어났다. 다음을 참조하라. Andrea Kendall-Taylor and Eric Frantz, "How Autocracies Fall," *Washington Quarterly* 37, no. 1 (Spring 2014); Thorsten Benner, "An Era of Authoritarian Influence? How Democracies Should Respond," *Foreign Affairs*, September 2017; and Martin Wolf, "The Rise of Populist Authoritarians," *Financial Times*, January 22, 2019.

40. 역설적이지만 1970년대에 내렸던 일시적인 인플레이션이라는 잘못된 진단은 2021년 코로나19 사태 이후에 나타난 미국 인플레이션과 섬뜩할 정도로 비슷하다. 다음을 참조하라. Stephen S. Roach, "The Ghost of Arthur Burns," *Project Syndicate*, May 25, 2021.

41. 다음을 참조하라. Robert J. Gordon, "Can the Inflation of the 1970s Be Explained?" *Brookings Papers on Economic Activity* 1977, no. 1 (1977); George L. Perry, "Inflation in Theory and Practice," *Brookings Papers on Economic Activity* 1980, no. 1 (1980); and J. Bradford De Long, "America's Peacetime Inflation: The 1970s," in C. D. Romer and D. Romer, *Reducing Inflation: Motivation and Strategy* (Chicago: University of Chicago Press, 1997).

42. 자료 출처: US Bureau of Labor Statistics.

43. 프린스턴대학교 교수이자 전 FRB 부의장인 앨런 블라인더(Alan Blinder)는 논쟁의 상당 부분을 현대 경제 쟁점을 다루는 미국의 대표적인 저널인 〈브루킹스 페이퍼스 온 이코노믹 액티비티(Brookings Papers on Economic Activity, BPEA)〉에 여러 해 동안 발표되었던 통화 정책과 인플레이션에 할애했다. 다음을 참조하라. Alan S. Blinder, "*BPEA* and Monetary Policy over 50 Years," *Brookings Papers on Economic Activity* 2021, no. 1 (2021).

44. 스태그플레이션이라는 용어는 1965년 영국 재무부 장관이었던 이언 매클라우드(Iain Macleod)가 의회에서 연설하면서 생산 정체와 높은 실업률 그리고 인플레이션이 하나로 결합해서 영국 경제를 괴롭힌다고 한탄했던 데서 기인한다. 다음을 참조하라. British House of Commons, *Hansard*, November 17, 1965, 1, 165. 스태그플레이션의 원천을 다룬 저작들은 많이 있다. 그 예로 다음을 참조하라. Milton Friedman, "Nobel Lecture: Inflation and Unemployment," *Journal of Political Economy* 85, no. 3 (June 1977); Michael Bruno and Jeffrey D. Sachs, *Economics of Worldwide Stagflation* (Cambridge, MA: Harvard University Press, 1985); and Alan S. Blinder and Jeremy B. Rudd, "The Supply-Shock Explanation of the Great Stagflation Revisited," paper presented at the National Bureau of Economic Research conference on the Great Inflation, Woodstock, VT, September 2008.

45. 다음을 참조하라. Jeffrey Frankel, "The Plaza Accord, 30 Years Later," National Bureau of Economic Research (NBER) Working Paper No. 21813, December 2015; and Takatoshi Ito, "The Plaza Agreement and Japan; Reflection on the 30th Year Anniversary," James A. Baker III Institute of Public Policy, Rice University, October 2015.

46. 자료 출처: US Department of Commerce (Bureau of Economic Analysis).

47. 이 추정치는 중국이 보유한 미국 총 장기 채권을 대상으로 한 것이다. 이 채권의 대부분은 중국이 보유한 미국 국채인데, 그 규모는 2021년 10월 기준으로 1조 1,000억 달러다. 다음을 참조하라. US Treasury International Capital (TIC) System. available at https://home.treasury.gov/data/treasury-international-capital-tic-system.

48. 이 표현은 1984년에 로널드 레이건이 재선에 출마했을 때 가장 인기 있는 정치 광고들 가운데 하나였다. 다음을 참조하라. https://www.reaganfoundation.org/programs-events/webcasts-and-podcasts/podcasts/words-to-live-by/morning-again-in-america/.

49. 나는 자산 의존적이고 거품이 일어나기 쉬운 미국 경제가 위험하다는 경고

를 다른 사람보다 더 큰 목소리로 외쳤다고 할 수 있다. 그 예로 다음을 참조하라. Stephen Roach, "America's Inflated Asset Prices Must Fall," *Financial Times*, January 7, 2008; Stephen S. Roach, "Double Bubble Trouble," *New York Times*, March 5, 2008; and *Unbalanced: The Codependency of America and China* (New Haven, CT: Yale University Press, 2014). 특히 3장을 참조하라.

50. 자료 출처: International Monetary Fund, *World Economic Outlook* database.

51. 중국의 순국내저축률이 20~30퍼센트라는 '추정'은 중국의 감가상각률이 5~10퍼센트라고 바라보는 연구에 근거한다. 실질적인 가치 하락이 그렇게나 낮은 범위에서 일어날 수 있다고 믿을 만한 이유가 있다. 중국의 투자 붐은 과거의 경제와 다르게 상대적으로 '젊은' 자본금이 조만간에 고령화될 것임을 암시한다. 다음을 참조하라. Richard Herd, "Estimating Capital Formation and Capital Stock by Economic Sector in China: The Implications for Productivity Growth," World Bank Policy Research Paper No. 9317, July 2020.

52. 공황에 빠진 미국인이 파괴적인 전염병에 직면해 검소해지면서 미국의 저축이 급격히 회복되었다고 많은 사람이 믿는다. 실제로 개인 저축률이 2020년 2분기에 26.1퍼센트로 최고치로 치솟았지만, 이는 순전히 연방 적자의 폭을 더욱 크게 만든 정부 차원의 대규모 소득 지원이 반영된 것으로 사실상 국내저축의 원천이 이동한 것이다. 감가상각 조정을 거친 개인, 기업, 정부 저축을 합친 순국내저축률은 실제로 2020년 2분기와 3분기에 '제로'로 다시 하락했다가 2021년 1~3분기 동안 '회복'해 2.9퍼센트에 그쳤다. 자료 출처: US Department of Commerce (Bureau of Economic Analysis).

53. 자료 출처: Congressional Budget Office, Historical Budget Data, available at https://www.cbo.gov/data/budget-economic-data#2.

54. 다음을 참조하라. Laura Silver, Kat Devlin, and Christine Huang, "Unfavorable Views of China Reach Historic Highs in Many Countries," Pew Research Center, October 2020.

55. 다음을 참조하라. Dikötter, *The Cultural Revolution*.

56. 자료 출처: International Monetary Fund, *World Economic Outlook* database.

57. 자료 출처: International Monetary Fund, *World Economic Outlook* database.

58. 자료 출처: National Bureau of Statistics (China).

59. 다음을 참조하라. Ben S. Bernanke, "The Global Saving Glut and the U.S.

Current Account Deficit," Sandridge Lecture, Virginia Association of Economists, Richmond, VA, March 10, 2005; Brad W. Setser, "The Return of the East Asian Saving Glut," Council on Foreign Relations, October 19, 2016.

60. 4장에서 강조하겠지만 2021년에 106개국을 상대로 상품무역 적자를 기록한 미국은 2012~2021년의 10년간 평균 100개국과 적자를 기록했다. 자료 출처: US Department of Commerce (Bureau of Economic Analysis). 중국은 2019년에 157개국을 상대로 상품무역 흑자를 기록했다. 자료 출처: World Bank, World Integrated Trade Solutions (WITS) database.

61. 자료 출처: Congressional Budget Office, Historical Budget Data.

62. 자료 출처: International Monetary Fund, *World Economic Outlook* database.

63. 자료 출처: 다음의 자료를 토대로 한 저자의 계산이다. International Monetary Fund, *World Economic Outlook* database.

2장

1. David Ricardo, *On the Principles of Political Economy and Taxation* (London: John Murray, 1817). 다음을 참조하라. Deborah K. Elms and Patrick Low, eds., *Global Value Chains in a Changing World* (Geneva: World Trade Organization, 2013); and World Bank and World Trade Organization, *Global Value Chain Development Report 2019: Technological Innovation, Supply Chain Trade, and Workers in a Globalized World* (Washington DC: World Bank Group, 2019). 아울러 다음을 참조하라. OECD's Global Value Chain research platform, available at https://www.oecd.org/sti/ind/global-value-chains.htm.

2. 경제적 관계에서 상호 이익을 얻는 '윈윈'의 틀은 아리스토텔레스(기원전 4세기)와 키케로(기원전 1세기)까지 거슬러 올라간다. 다음을 참조하라. Richard P. Nielsen, "Varieties of Win-Win Solutions to Problems with Ethical Dimensions," *Journal of Business Ethics* 88, no. 2 (August 2009).

3. 다음을 참조하라. Richard Baldwin, *The Great Convergence: Information Technology and the New Globalization* (Cambridge, MA: Harvard University Press, 2016).

4. 리처드 볼드윈의 분화 이야기는 미래 전망은 밝은 것이라는 희망적인 암시로 끝이 난다. 그는 작업과 아이디어 생성의 대면적 제약을 제거함으로써 추진되는 세 번째 분화라는 공상과학 같은 가능성을 제기했다. 그는 동영상의 연결성 및 원격

로봇공학 분야가 획기적으로 발전하면서 노동 서비스 제공과 실제 작업 노력 사이의 궁극적인 분화가 가능할 것이라고 제안했다. 이런 내용은 2016년에 나왔을 때만 하더라도 터무니없는 말로 들릴 수 있었지만, 코로나19 시대에 줌(Zoom)을 통한 원격 작업이 가능해지면서 그가 꿈꾼 현실에 조금은 가까워졌다. 그리고 이는 앞으로 몇 년 동안 미국과 중국이 직면할 가장 논쟁적인 문제 중 하나로 이미 부상하고 있는 문제, 즉 5장에서 논의할 인공지능을 둘러싼 갈등과도 관련이 있다. 다음 책의 10장을 참조하라. Baldwin, *Great Convergence*.

5. 다음을 참조하라. Jason Dedrick, Greg Linden, and Kenneth L. Kraemer, "We Estimate China Only Makes $8.46 from an iPhone—and That's Why Trump's Trade War Is Futile," *The Conversation*, July 2018, available at https://theconversation.com/we-estimate-china-only-makes-8-46-from-an-iphone-and-thats-why-trumps-trade-war-is-futile-99258.

6. 다음을 참조하라. Matt Binder, "Trump to China: Make the iPhone in the U.S., Not China," *Mashable*, January 2019. available at https://mashable.com/article/trump-to-apple-iphone-us-china/.

7. 2021년 미국의 대중 수입은 '관세' 기준으로 총 5,064억 달러이고 비용, 보험, 운임 등을 포함하는 CIF(수출업자가 화물을 선적하고 운임료와 보험료도 부담하는 무역 거래 조건-옮긴이) 기준으로 총 5,415억 달러다. 자료 출처: US Department of Commerce (Bureau of Economic Analysis).

8. 게다가 실제로 전체 중국 수출의 절반 가까이가 서구 다국적기업의 중국 자회사들이 수출하는 것으로 나타났다. 이 자회사들은 중국인 근로자를 고용하고 있지만 외국인이 그 회사들을 소유하고 중국이 고비용의 서방 다국적기업에 경제적 효율성을 제공한다는 점에서 보면 중국에 모든 비난의 덤터기를 씌우는 것은 잘못된 것이다. 다음을 참조하라. Robert Koopman, Zhi Wang, and Shang-jin Wei, "How Much of Chinese Exports Is Really Made in China?" NBER Working Paper No. 14109, June 2008.

9. 미국의 대중 상품무역 적자는 국제수지 기준으로 2021년에 총 3,545억 9,800만 달러로, 국제수지 기준으로 측정한 미국 상품무역 적자 9,220억 2,600만 달러의 32퍼센트, 센서스(미국경제분석국) 기준으로 측정한 미국 상품무역 적자의 33퍼센트였다. 자료 출처: US Department of Commerce (Bureau of Economic Analysis).

10. MIT 교수 데이비드 오토(David Autor)와 동료들이 일련의 논문을 통해서 수행한 연구는 미국이 '중국 충격'에 희생되었다는 발상을 대중화했다. 이들이 설정하는 기본적인 전제는 "중국을 세계의 공장으로 바꿔놓는 것으로 인식되는" 중국의 수출 붐 때문에 미국에서도 무역에 가장 많이 노출된 지역의 제조업 고용과

1인당 소득에 상당한 타격을 입었다는 것이다. 가장 최근 자료로는 다음을 참조하라. David Autor, David Dorn, and Gordon Hanson, "On the Persistence of the China Shock," *Brookings Papers on Economic Activity* 2021, no. 2 (2021). 앞선 다른 논문들에서도 마찬가지지만 이 논문에서 오토와 그의 동료들은 중국 공장이 글로벌 가치사슬이 가능한 조립라인으로 전환될 수 있음을 인정하지 않는다. 중국 수입품의 침투에 따른 영향을 평가하기 위해 사용하는 상세한 제품별 무역 데이터는 표준국제무역분류(SITC) 제품 코드를 기반으로 하는 UN의 세관통계 자료인 UN컴트레이드(UN Comtrade)에서 가져온 것으로, 미국으로 들어오는 상품의 중국 부가가치 부분과 비중국 부가가치 부분의 구분을 따로 하지 않는다. 이처럼 중국이 글로벌 가치사슬에서 차지하는 역할이 커진 점과 중국이 아닌 다른 나라의 부품 사용이 중국 완제품에 사용되는 것이 늘어난 점을 고려하면 완제품만을 기준으로 추정하는 무역 데이터는 실제와 매우 다를 수밖에 없다. 오토와 동료들이 발표한 2021년 논문은 '중국 충격' 관련 통계 사례를 만들기 위한 그들의 아홉 번째 노력이다. 그러나 그들이 발표한 모든 논문은 가치사슬을 고려한 보정이 이뤄지지 않은 채 중국이 수출하고 미국이 수입한 완제품은 모두 중국에서 만든 것이라는 회계 지표를 전제로 한다. 이 연구논문들 가운데 첫 논문을 알고 싶으면 다음을 참조하라. David Autor, David Dorn, and Gordon Hanson, "The China Syndrome: Local Labor Effects of Import Competition in the United States," *American Economic Review* 103, no. 6 (October 2013).

11. 다음을 참조하라. OECD, "Trade in Value Added," available at https://www.oecd.org/sti/ind/measuring-trade-in-value-added.htm.

12. 다음을 참조하라. Adam Taylor, "How a 10-Gallon Hat Helped Heal Relations between China and America," *Washington Post*, September 25, 2015.

13. 다음을 참조하라. Samo Burja, "How Deng Xiaoping Solved China's Trade Problem—And What America Can Learn from Him," *National Interest*, October 19, 2020.

14. 다음을 참조하라. Wang Kaihao, "Deng's 1979 US Visit Captured in Film," *China Daily*, September 4, 2014.

15. 다음을 참조하라. Phil Dougherty, "Chinese Vice Premier Deng Xiaoping (or Teng Hsiao-ping) Arrives in Seattle for a Two-Day Visit on February 3, 1979," HistoryLing.org Essay 8588, posted April 15, 2008.

16. 다음을 참조하라. US Census, "Trade in Goods with China: 1985 to 2021," available at https://www.census.gov/foreign-trade/balance/c5700.

html#1989.

17. 다음을 참조하라. Ezra F. Vogel, *Deng Xiaoping and the Transformation of China* (Cambridge, MA: Harvard University Press, 2011).

18. 다음을 참조하라. Marc Humphries, "Rare Earth Elements: The Global Supply Chain," Congressional Research Service, June 8, 2012.

19. 자료 출처: National Bureau of Statistics (China).

20. 자료 출처: US Department of Commerce (Bureau of Economic Analysis) and US Bureau of Labor Statistics.

21. 1980년대와 1990년대의 세계화와 디플레이션 세계 추세 사이의 관계에 대해 많은 논쟁이 있었다. 이 연구는 특히 중국발 영향이 컸다고 결론을 짓는다. 다음을 참조하라. International Monetary Fund, "How Has Globalization Affected Inflation?" *World Economic Outlook: April 2006*, chapter 3; Raphael Auer, Claudio Borio, and Andrew Filardo, "The Globalization of Inflation: The Growing Importance of Global Value Chains," Bank for International Settlements, BIS Working Paper No. 602, January 2017; and Kristin Forbes, "Inflation Dynamics: Dead, Dormant, or Determined Abroad?" *Brookings Papers on Economic Activity* 2019, no. 2 (2019).

22. 자료 출처: US Department of Commerce (Bureau of Economic Analysis).

23. 다음을 참조하라. Nicholas R. Lardy, "China and the Asian Contagion," *Foreign Affairs*, July/ August 1998; James Kynge, "China Was the Real Victor of Asia's Financial Crisis," *Financial Times*, July 3, 2017; and Peter G. Peterson, Morris Goldstein, and Carla A. Hills, *Safeguarding Prosperity in a Global Financial System: The Future International Financial Architecture*, Report of a Council on Foreign Relations Taskforce, October 1999. 참고로 저자는 1998~1999년에 아시아 금융위기를 매우 상세하게 조사했던 CFR(미국의 비영리 연구기관-옮긴이) 태스크포스의 일원이었다.

24. 다음을 참조하라. Eswar S. Prasad, *Gaining Currency: The Rise of the Renminbi* (New York: Oxford University Press, 2017).

25. 자료 출처: State Administration of Foreign Exchange (China), https://www.safe.gov.cn/en/.

26. 2022년 1월 기준으로 일본은 1조 3,030억 달러의 미국 국채를 보유한 반면 중국은 총 1조 6,000억 달러의 미국 국채를 보유하고 있었다. 자료 출처: US Department of the Treasury, "Treasury International Capital (TIC) System," available at https://home.treasury.gov/data/treasury-international-capital-tic-system.

27. 다음을 참조하라. Hiro Ito and Robert N. McCauley, "The Currency Composition of Foreign Exchange Reserves," Bank for International Settlements, BIS Working Paper No. 828, December 2019.

28. 자료 출처: US Department of Commerce (Bureau of Economic Analysis); data on International Transactions, International Services, and International Investment Position. available at https://apps.bea.gov/iTable/iTable.cfm?ReqID=62&step=1#reqid=62&step=9&isuri=1&6210=4.

29. 다음을 참조하라. Marco Rubio, "To Fight China on Trade, We Need More Than Tariffs," *New York Times*, March 13, 2018; Kamran Rahman, "Lindsey Graham: 'Accept the Pain' of the U.S.-China Trade War," *Politico*, August 25, 2019.

30. 다음을 참조하라. Stephen Roach, *Unbalanced: The Codependency of America and China* (New Haven, CT: Yale University Press, 2014).

31. 다음을 참조하라. Anne Case and Angus Deaton, *Deaths of Despair and the Future of Capitalism* (Princeton, NJ: Princeton University Press, 2020).

32. 다음을 참조하라. John Lewis Gaddis, *The Cold War: A New History* (New York: Penguin Books, 2005).

33. 자료 출처: International Monetary Fund, *World Economic Outlook* database and A. Cheremukhin, et al., "The Economy of the People's Republic of China since 1953," NBER Working Paper No. 21397, July 2015.

34. 자료 출처: US Department of Commerce (Bureau of Economic Analysis).

35. 2019년 12월 92세의 나이로 사망한 폴 볼커는 미국에서 가장 용감한 중앙은행가로 널리 칭송받았다. 그 예로 다음을 참조하라. Martin Wolf, "The Legacy and Lessons of Paul Volcker," *Financial Times*, December 19, 2019. 아울러 다음을 참조하라. Paul A. Volcker with Christine Harper, *Keeping at It: The Quest for Sound Money and Good Government* (New York: Public Affairs, 2018).

36. James P. Morgan Jr., "What Is Codependency?" *Journal of Clinical Psychology* 47, no. 5 (September 1991); Greg E. Dear, Clare M. Roberts, and Lois Lange, "Defining Codependency: A Thematic Analysis of Published Definitions," in S. Shohov, ed., *Advances in Psychology*, vol. 34 (New York: Nova Science Publishers, 2005); and Timmen L. Cermak, *Diagnosing and Treating Co-Dependence* (Minneapolis: Johnson Institute Books, 1986).

37. 다음을 참조하라. Robert J. Shiller, *Narrative Economics: How Stories Go Viral & Drive Major Economic Events* (Princeton, NJ: Princeton University Press, 2019).

38. 다음을 참조하라. Paul M. Romer, "Mathiness in the Theory of Economic Growth," *American Economic Review: Papers and Proceedings* 105, no. 5 (May 2015).

39. 다음을 참조하라. Jonathan Schlefer, *The Assumptions Economists Make* (Cambridge, MA: Harvard University Press, 2012); Jean Tirole, *Economics for the Common Good* (Princeton, NJ: Princeton University Press, 2019); and Jean Tirole, "Assumptions in Economics," working paper prepared for the Society for Progress 2019 conference on Philosophy Reflections on Core Assumptions in Business Research & Education, October 2019.

40. 1986년 이래로 경제학 분야에서 86개의 노벨상[구체적으로는 알프레드 노벨 (Alfred Nobel)을 추모하는 스웨덴중앙은행 경제학상] 가운데 행동경제학에 기여한 공로로 수여된 상은 다섯 개뿐이다. 대니얼 카너먼(2002년)과 로버트 쉴러(2013년) 그리고 리처드 탈러(2017년)가 그 수상자이고, 나머지 두 사람인 허버트 사이먼(1978)과 게리 베커(1992)는 행동경제학과 관련된 업적을 인정받아 수상자가 되었다. 다음을 참조하라. https://www.nobelprize.org/prizes/economic-sciences/.

41. 이는 '무기력적 인격 장애(DSM 진단 코드: 301.6)' 진단과 일치한다. 다음을 참조하라. American Psychiatric Association, *Diagnostic and Statistical Manual of Mental Disorders*, 4th and 5th eds. (Washington DC: American Psychiatric Publishing, 2003 and 2013). 아울러 다음을 참조하라. Ingrid Bacon, Elizabeth McKay, Frances Reynolds, and Anne McIntyre, "The Lived Experience of Codependency: an Interpretative Phenomenological Analysis," *International Journal of Mental Health and Addiction* 18 (June 2020): 754-771.

42. 다음을 참조하라. John H. Porcerelli, Rosemary Cogan, Tsveti Markova, et al., "The Diagnostic and Statistical Manual of Mental Health Disorders, Fourth Edition Defensive Functioning Scale: A Validity Study," *Comprehensive Psychiatry* 52, no. 2 (March-April 2011); and Anthony D. G. Marks, Rebecca L. Blore, Donald W. Hine, and Greg E. Dear, "Development and Validation of a Revised Measure of Codependency," *Australian Journal of Psychology* 64, no. 3 (2012).

43. 그 예로 다음을 참조하라. Steven Levitsky and Daniel Ziblatt, *How*

Democracies Die (New York: Crown, 2018); and Elizabeth C. Economy, *The Third Revolution: Xi Jinping and the New Chinese State* (New York: Oxford University Press, 2018).

44. 다음을 참조하라. Greg Dear, "Blaming the Victim: Domestic Violence and the Codependency Model," 1996; Janice Haaken, "A Critical Analysis of the Co-dependence Construct," *Psychiatry: Interpersonal and Biological Processes* 53, no. 4 (1990).

3장

1. 다음을 참조하라. James Truslow Adams, *The Epic of America* (Boston: Little, Brown & Co., 1931).

2. 다음을 참조하라. Wu Gang and Yan Shuang, "Xi Jinping Pledges 'Great Renewal of Chinese Nation,'" Xinhua News Service and *Global Times* (China), November 30, 2012.

3. 애덤스의 기록(1931년)과 시진핑의 기록(2012년)은 특별하고 지속적인 중요성을 지니지만, 역사적인 기록물에는 과거 아메리칸드림과 중국몽을 언급한 내용이 포함되어 있다. 그 예로 다음을 참조하라. Benjamin Franklin, "Information for Those Who Would Remove to Europe," republished in *Boston Magazine*, October 1784. 그리고 중국 남송 왕조의 정사초(鄭思肖, 1241~1318년)가 쓴 시에서 "중국의 꿈(中国梦)으로 가득 찬 마음"이라는 문구가 있다. 이런 과거의 언급들을 일러준 로버트 쉴러에게 고마운 마음을 전한다. 중국몽과 관련된 선행 사건들을 더 알고 싶으면 다음을 참조하라. Zheng Wang, "The Chinese Dream: Concept and Context," *Journal of Chinese Political Science* 19, no. 1 (March 2014).

4. 예일대학교의 경제학자 로버트 쉴러는 더욱 과학적인 용어로 다음과 같이 표현했다. "꿈을 꾸는 동안 일어나는 뇌의 활동은 손상된 특정 뇌 부위에서 일어나는 활동과 비슷해서 변연계 앞부분과 변연계 하부피질 연결 부위의 병변이 자발적인 대혼란으로 이어진다." 다음을 참조하라. Robert J. Shiller, *Narrative Economics: How Stories Go Viral & Drive Major Economic Events* (Princeton, NJ: Princeton University Press, 2019). 아울러 다음을 참조하라. Edward F. Pace-Schott, "Dreaming as a Story-Telling Instinct," *Frontiers in Psychology* (2013); G. William Domhoff, *Finding Meaning in Dreams: A Quantitative Approach* (New York: Plenum Press, 1996); and Calvin S. Hall, *The Meaning of Dreams* (Berkeley: University of California Press, 1953).

5. 이는 중국의 공영 보도 기관이 보도한 영어 번역 문장이다. 다음을 참조하라. Wu and Yan, Wu and Yan, "Xi Jinping Pledges 'Great Renewal.'"

6. 다음을 참조하라. "General Secretary Xi Jinping Explicates the 'Chinese Dream,'" *Chinese Law & Government* 48, no. 6 (2016): 477-79.

7. 그 예로 다음을 참조하라. James C. Hsiung, *The Xi Jinping Era: His Comprehensive Strategy Toward the China Dream* (New York and Beijing: CN Times Books, Inc., 2015); Winberg Chai and May-lee Chai, "The Meaning of Xi Jinping's Chinese Dream," *American Journal of Chinese Studies* 20, no. 2 (October 2013); Manoranjan Mohanty, "Xi Jinping and the 'Chinese Dream,'" *Economic and Political Weekly* (Mumbai), September 21, 2013; and Zhao Tingyang, "The China Dream in Question," Harvard-Yenching Institute Working Paper Series, Cambridge, MA, 2013.

8. 최근 중국발전연구재단(China Development Research Foundation)이 수행한 인터뷰 기반 프로젝트는 중국 시민의 폭넓은 계층을 대상으로 해서 중국몽의 영향을 연구한 100개 이상의 사례 연구를 수집했다. 다음을 참조하라. Mai Lu, ed., *The Chinese Dream and Ordinary Chinese People* (Singapore: Springer, 2021). 이 장에 포함된 '번영을 다시 생각한다'는 저자가 이 책에 쓴 서문을 토대로 함을 밝혀둔다.

9. 미 국방부의 최근 평가에 따르면 중국은 2049년까지 '세계적 수준의 군사력'을 구축하겠다는 목표를 크게 앞지르고 있다. 미 국방부는 조선, 육상에서 발사하는 재래식 탄도미사일 및 순항미사일 그리고 통합 방공 시스템 등 3대 핵심 분야에서 중국이 이미 미국을 앞섰으며, 새로운 작전 개념을 수용하고 해외 군사 진출을 확대함으로써 인민해방군의 전반적인 전투 준비 태세를 크게 개선했다고 결론을 내린다. 다음을 참조하라. Office of the Secretary of Defense, *Military and Security Developments Involving the People's Republic of China: 2021*, Annual Report to Congress, Washington DC, November 2021.

10. 다음을 참조하라. Asian Development Bank, *Meeting Asia's Infrastructure Needs*, Manila, 2017; World Bank, *Belt and Road Economics: Opportunities and Risks of Transport Corridors*, Washington DC, June 2019; and Jack Nolan and Wendy Leutert, "Signing Up or Standing Aside: Disaggregating Participation in China's Belt and Road Initiative," Global China, Brookings Institution, October 2020.

11. 다음을 참조하라. International Monetary Fund, *World Economic Outlook* database; and Angus Maddison, *Chinese Economic Performance in the*

Long Run: 960–2030 AD, OECD Development Centre Study, 2nd ed. (Paris: OECD Publishing, 2007).

12. 다음을 참조하라. Jonathan D. Spence, *The Search for Modern China*, 3rd ed. (New York: W. W. Norton and Co., 2012), chapters 10 and 11.

13. 중국이 17세기 이후로 기술 리더십을 잃어버린 이유에 대해서는 상당히 많은 논쟁이 있었다. 다음을 참조하라. Justin Yifu Lin, "The Needham Puzzle: Why the Industrial Revolution Did Not Originate in China," *Economic Development and Cultural Change* 43, no. 2 (January 1995).

14. 다음을 참조하라. James Truslow Adams, *The Epic of America* (Boston: Little, Brown & Co., 1931년). 애덤스 역시 《뉴잉글랜드의 건설(The Founding of New England)》(1921년)로 퓰리처상을 받은 저술가인데, 그는 1916~1945년 동안 21권의 책을 썼다. 다음을 참조하라. James Truslow Adams papers, 1918–1948, Columbia University Libraries Archival Collections. available at http://www.columbia.edu/cu/lweb/archival/collections/ldpd_4078384/.

15. 국내총생산 자료 출처: US Department of Commerce (Bureau of Economic Analysis). 실업에 관해서는 다음을 참조하라. Stanley Lebergott, "Labor Force, Employment, and Unemployment, 1929–39: Estimating Methods," *Monthly Labor Review*, US Bureau of Labor Statistics, July 1984.

16. 다음을 참조하라. US Government Accountability Office (GAO), "Military Readiness," Report to Congressional Committees, GAO-21–79, April 2021.

17. 다음을 참조하라. Maddison Project, "Maddison Historical Statistics," Groningen Growth and Development Centre, University of Groningen, Netherlands. available at https://www.rug.nl/ggdc/historicaldevelopment/maddison/.

18. 다음을 참조하라. International Monetary Fund, *World Economic Outlook* database, available at https://www.imf.org/en/Publications/SPROLLs/world-economic-outlook-data bases#sort=%40imfdate%20descending.

19. 다음을 참조하라. Amartya Sen, Jean Paul Fitoussi, and Joseph Stiglitz, *Mismeasuring Our Lives: Why GDP Doesn't Add Up* (New York: The New Press, 2010).

20. 다음을 참조하라. Lu Ya'nan, "China Builds Moderately Prosperous Society, Achieves Centenary Goal," *People's Daily* (China) online, July 5, 2021, available at http://en.people.cn/n3/2021/0705/c90000–9868223.html.

21. 이 계산은 미국 상무부 자료를 토대로 한 것으로 다음에서 볼 수 있다. https://www.bea.gov/data/gdp/gross-domestic-product.

22. 이와 비슷한 패턴은 한층 광범위한 척도인 총요소생산성 증가에서 분명하게 나타난다. 이는 노동뿐만 아니라 물적 자본 및 인적 자본의 더 포괄적인 요소의 투입에 따른 증가분을 측정하는 방식이다. 이것을 바탕으로 하면 미국의 총요소생산성 증가율은 1955~2010년까지 0.7퍼센트였던 증가 추세가 2011~2019년까지 0.4퍼센트 증가 추세로 둔화되었다. 자료 출처: Penn World Tables Version 10.0 (February 2021), available at https://www.rug.nl/ggdc/productivity/pwt/.

23. 자료 출처: World Inequality Database, available at https://wid.world/.

24. 세계불평등데이터베이스(World Inequality Database, WID)의 소득과 부의 분포에 대한 가장 최신 데이터는 중국의 경우 2015년까지 그리고 미국의 경우는 2019년까지 이어진다. 미국에서 상위 10퍼센트의 부자가 소유한 부가 전체 사회의 부에 갖는 비율은 2015년 73퍼센트에서 2019년 71퍼센트로 부분적으로 감소한 것으로 추정된다.

25. 12장에서 자세하게 살펴보겠지만 2021년 공동부유 캠페인의 선례는 1986년에 덩샤오핑이 해안개발전략을 출범하던 때로 거슬러 올라간다. 이때 덩샤오핑은 중국의 경제성장은 먼저 선진 지역에서 이뤄지고 그다음에 후진 지역의 순서로 이뤄져야 한다고 했다. 다음을 참조하라. Bert Hofman, "China's Common Prosperity Drive," *EAI Commentary*, National University of Singapore, September 3, 2021. 아울러 다음을 참조하라. Fuh-Wen Tzeng, "The Political Economy of China's Coastal Development Strategy: A Preliminary Analysis," *Asian Survey* 31, no. 3 (March 1991); Dali L. Yang, "China Adjusts to the World Economy: The Political Economy of China's Coastal Development Strategy," *Pacific Affairs* 64, no. 1 (Spring 1991); and C. Cindy Fan, "Uneven Development and Beyond: Regional Development Theory in Post-Mao China," *International Journal of Urban and Regional Research* 21, no. 4 (1997).

26. 시진핑은 2021년 8월 17일에 자기가 위원장직을 맡고 있던 중앙재정경제위원회 회의에서 이 점을 강조했다. 다음을 참조하라. "Xi Stresses Promoting Common Prosperity amid High-Quality Development, Forestalling Major Financial Risks," Xinhua News Service (China), August 18, 2021.

27. 다음을 참조하라. Albert Keidel, "Chinese Regional Inequalities in Income and Well-Being," *Review of Income and Wealth* 55, special issue 1 (July 2009).

28. 그 예로 다음을 참조하라. "Xi Jinping's Talk of 'Common Prosperity' Spooks the Prosperous," Free Exchange, *The Economist*, August 28, 2021; Kevin Rudd, "Xi Jinping's Pivot to the State," an address to the Asia Society, New York, September 8, 2021; and Ryan Hass, "Assessing China's 'Common Prosperity' Campaign," *Order from Chaos* (blog), Brookings Institution, September 9, 2021.

29. 자료 출처: World Inequality Database, https://wid.world/.

30. 그 예로 다음을 참조하라. Edward Glaeser, Wei Huang, Yueran Ma, and Andrei Shleifer, "A Real Estate Boom with Chinese Characteristics," *Journal of Economic Perspectives* 31, no. 1 (Winter 2017); Kenneth S. Rogoff and Yuanchen Yang, "Peak China Housing," NBER Working Paper No. 27697, August 2020; and Stella Yifan Xie and Mike Bird, "The $52 Trillion Bubble: China Grapples with Epic Property Boom," *Wall Street Journal*, July 16, 2020.

31. 최근 몇 년 동안에 아메리칸드림이 무너졌다고 묘사하는 비판적인 논평이 쏟아지고 있다. 그 예로 다음을 참조하라. J. D. Vance, *Hillbilly Elegy* (New York: Harper, 2019); Gene Ludwig, ed., *The Vanishing American Dream* (New York: Disruption Books, 2020); Noam Chomsky, *Requiem for the American Dream* (New York: Seven Stories Press, 2017); Nicholas Lemann, *Transaction Man: The Rise of the Deal and the Decline of the American Dream* (New York: Farrar, Straus and Giroux, 2019); and Robert D. Putman, *Our Kids: The American Dream in Crisis* (New York: Simon & Schuster, 2015).

32. 다음을 참조하라. Dan P. McAdams and Kate C. McLean, "Narrative Identity," *Current Directions in Psychological Science* 22, no. 3 (June 2013); and Kate C. McLean, Monisha Pasupathi, William L. Dunlop, et al., "The Empirical Structure of Narrative Identity: The Initial Big Three," *Journal of Personality and Social Psychology* 119, no. 4 (2020). 아울러 다음을 참조하라. Julie Beck, "Life's Stories: How Narrative Creates Personality, *The Atlantic*, August 10, 2015.

33. 그 예로 다음을 참조하라. John Kenneth Galbraith, *The Great Crash: 1929* (Boston: Houghton Mifflin, 1961); Studs Terkel, *Hard Times: An Oral History of the Great Depression* (New York: Pantheon Books, 1970); and F. Scott Fitzgerald, *The Great Gatsby* (New York: Charles Scribner's Sons, 1925).

34. 다음을 참조하라. Shiller, *Narrative Economics*.

35. 이것은 이른바 SIR 모델로 공식화되었다. 이 모델은 인구의 민감하고 취약한 부분(S), 인구의 감염된 부분(I), 인구 중 회복해서(또는 사망해서) 더는 질병에 감염되지 않는 부분(R)이라는 세 가지 요인의 상호작용으로 작동한다. 다음을 참조하라. William O. Kermack and Anderson G. McKendrick, "A Contribution to the Mathematical Theory of Epidemics," *Proceedings of the Royal Society* 115, no. 772 (1927).

36. 구글 앤그램 필터는 1500~2019년에 구글 북스(Google Books)의 스캔 소스에서 확인한 단어 사용 빈도를 차트화하는 온라인 검색 엔진의 결과를 기반으로 한다. 자세한 사항은 다음을 참조하라. https://books.google.com/ngrams/info. 아울러 다음을 참조하라. Robert J. Shiller, "The Digital Tool that Helps Robert Shiller Understand the Past," Faculty Viewpoints, *Yale Insights*, February 8, 2022.

37. 예일대학교의 티머시 스나이더 교수는 2021년 초에 쓴 주목할 만한 에세이에서 2020년 미국 대통령 선거에서 결과를 도둑맞았다는 '새빨간 거짓말'을 나치 독일의 히틀러 반유대주의, 스탈린이 소련 우크라이나의 기아를 왜곡했던 설명에서 볼 수 있는 새빨간 거짓말과 동일하다고 지적했는데, 이렇게 지적한 사람은 그가 처음이다. 다음을 참조하라. Timothy Snyder, "The American Abyss," *New York Times Magazine*, January 9, 2021. MIT 연구는 다음에서 볼 수 있다. Soroush Vosoughi, Deb Roy, and Sinan Aral, "The Spread of True and False News Online," *Science* 359, no. 6380 (March 9, 2018).

38. 다음을 참조하라. Chengcheng Shao, Giovanni Luca Ciampaglia, Onur Varol, Kai-Cheng Yang, Alessandro Flammini, and Fillipo Menczer, "The Spread of Low-Credibility Content by Social Bots," *Nature Communications* 9, article no. 4787 (November 20, 2018).

39. 바로 이것이 실러가 '서사 경제학의 명제-5'라고 명명한 것이다. 이 명제는 다음과 같다. "진리는 거짓 서사를 막기에 충분하지 않다." 다음을 참조하라. Shiller, *Narrative Economics*.

40. 다음을 참조하라. Glenn Kessler, "Trump's False or Misleading Claims Total 30,573 over 4 Years," *Washington Post*, January 24, 2021.

41. 다음을 참조하라. Geoffrey Skelley, "Most Republicans Still Won't Accept that Biden Won," *FiveThirtyEight*, May 7, 2021.

42. 이는 당시 '블룸버그 미국 인터넷 지수'에 들어 있던 280개 종목을 기준으로 한 것이다. 다음을 참조하라. David Kleinbard, "The $1.7 Trillion Dot.com Lesson," CNN Money, November 9, 2000.

43. 2000년 3월에 닷컴 거품이 꺼지기 시작했는데, 그런 일이 일어나기 불과 두 달 전에 그린스펀은 공개적인 포럼에서 연설하면서 주식시장이 혁신에 기반한 번영의 새롭고 지속적인 패러다임을 예고하고 있다고 미래를 낙관했다. 다음을 참조하라. Alan Greenspan, "Technology and the Economy," Remarks Before the Economic Club of New York, New York, January 13, 2000.

44. 다음을 참조하라. Robert J. Shiller, *Irrational Exuberance*, 1st ed. (Princeton, NJ: Princeton University Press, 2000).

45. 다음을 참조하라. Ernst Fehr and Simon Gächter, "Fairness and Retaliation: The Economics of Reciprocity," *Journal of Economic Perspectives* 14, no. 3 (Summer 2000).

46. 다음을 참조하라. Laura Silver, Kat Devlin, and Christine Huang, "Large Majorities Say China Does Not Respect the Personal Freedoms of Its People," Pew Research Center Report, June 30, 2021.

4장

1. 1974년 미국 무역법 제301조는 미국의 상업을 제한하는 부당한 차별적 행위로 기소된 외국 정부에 대해 제재 조치를 취할 권한을 대통령에게 부여한다. 레이건 정부 시절인 1981~1988년에 49건의 301조 관련 조사가 실시되었으며 2018년에 중국을 대상으로 조사를 하기 전에는 2001년 이후 단 한 건의 조사만 있었다. 다음을 참조하라. Chad P. Bown, "Rogue 301: Trump to Dust Off Another Outdated US Trade Law?" *Trade and Investment Policy Watch* (blog), Peterson Institute for International Economics, August 3, 2017.

2. 다음을 참조하라. Office of the US Trade Representative, Executive Office of the President, "Findings of the Investigation into China's Acts, Policies, and Practices Related to Technology Transfer, Intellectual Property, and Innovation Under Section 301 of the Trade Act of 1974," March 22, 2018 (hereafter USTR Section 301 report).

3. 미국 경제 고위 관료들이었던 조지 슐츠(George Schultz)와 마틴 펠드스타인(Martin Feldstein)은 이런 점을 다음과 같이 가장 잘 설명했다. "어떤 나라가 자기가 생산하는 것보다 더 많이 소비한다면 필연적으로 수출보다 수입이 많아야 한다. 이것은 바가지가 아니라 매우 간단한 산수다." 다음을 참조하라. George P. Schultz and Martin Feldstein, "Everything You Need to Know about Trade Economics, in 70 Words," *Washington Post*, May 5, 2017. 놀랍게도 무역 정책에 대한 현재의 논쟁에서는 저축-투자 불균형에 대한 언급이 거의 없다. 중요한 예외에 대해서는 다음을 참조하라. Matthew C. Klein

and Michael Pettis, *Trade Wars Are Class Wars* (New Haven, CT: Yale University Press, 2020), especially chapter 3.

4. 자료 출처: US Department of Commerce (Bureau of Economic Analysis).

5. 무역 전환에 대해서는 다음을 참조하라. Pablo Fajgelbaum, Pinelopi K. Goldberg, Patrick J. Kennedy, Amit Khandelwal, and Daria Taglioni, "The US-China Trade War and Global Reallocations," NBER Working Paper No. 29562, December 2021. 아울러 다음 사실을 참조하라. 홍콩과의 미국 무역은 주로 중국에서 생산되고 조립된 제품이 재수출된 부분이 크다. 결과적으로 보면 홍콩과 중국이 겹치는 경우가 흔하다.

6. 2020년 노동자 보상은 중국보다 캐나다, 대만, 한국, 이탈리아, 프랑스 등 여러 무역 전환 수혜국에서 훨씬 더 비쌌다. 이 비용을 부분적으로 상쇄하는 것은 베트남과 멕시코의 매우 낮은 노동 보상률이었다. 이런 비교는 세계은행, IMF, OECD의 1차 데이터에 기초한 근로자 1인당 평균 소득에 대한 WorldData.info의 국가 간 비교표에서 도출되며, 이 내용은 https://www.worlddata.info/average-income.php에서 볼 수 있다. 제조업 시간당 보상 비용의 국제 비교를 다루는 미국 노동통계국의 프로그램은 2011년에 중단되었다. 과거에 나는 이런 통계를 사용해서 2010년 기준 중국의 제조업 보상이 미국의 9대 무역 상대국의 미국 수입 점유율에 따라 가중된 제조업 보상치 평균의 10퍼센트밖에 되지 않는다고 추정했다. 다음을 참조하라. Stephen Roach, *Unbalanced: The Codependency of America and China* (New Haven, CT: Yale University Press, 2014), 143n31. 그 뒤로 12년 동안 이 격차가 좁혀졌지만 기본적인 결론은 무역 전환이 미국 수입품을 저가의 중국에서 고가의 다른 나라로 전환하고 있다는 사실이다. 이는 미국 기업과 소비자에게 그만큼 세금을 더 걷는 것이나 마찬가지다.

7. 다음을 참조하라. Congressional Budget Office, "The 2021 Long-Term Budget Outlook," Washington DC, March 4, 2021.

8. 트럼프 정부의 경제팀은 중국 관세 전략을 짜는 데 제한적으로밖에 영향을 미치지 못한 것으로 보인다. 그 예로 다음을 참조하라. Josh Boak, Jonathan Lemire, and Jill Colvin, "Is Trump's Economic Team Up For a Trade War?" AP News, Associated Press, August 24, 2019; Damian Paletta, "Trump Is Increasingly Relying on Himself—Not His Aides—in Trade War with China," *Washington Post*, August 6, 2019. 트럼프의 경제자문위원회 위원장인 케빈 해셋(Kevin Hassett)은 예외였던 것 같다. 다음을 참조하라. Lizzie O'Leary, "Kevin Hassett Says Trump's Trade War Is Worth the Cost," *The Atlantic*, September 4, 2019.

9. 다음을 참조하라. Henry W. Nichols, "Joint Ventures," *Virginia Law Review* 36, no. 4 (May 1950).

10. 자료 출처: National Bureau of Statistics, *China Statistical Yearbook: 2020*. 글로벌 합작법인에 대해서는 다음을 참조하라. Refinitiv at https://www. refinitiv.com/en/financial-data/deals-data/joint-venture-deals.

11. 미국 기업이 무고한 피해자라는 인식은 모건 스탠리가 1995년 중국국제자본공사(CICC)를 설립하기 위해 중국건설은행(및 소수의 소수 투자자)과 합작하는 데 적극적으로 참여했던 경험과도 상충된다. 중국 최초의 투자은행을 만드는 데서 모건 스탠리는 합작 파트너들과 함께 사업 관행과 독점 제품 그리고 유통 시스템을 공유했다. 그러나 미국무역대표부의 매우 포괄적인 주장과 달리 모건 스탠리는 이런 합의 과정에서 거의 강요를 받지 않았다. 모건 스탠리로서는 중국에 세계적인 금융 서비스 회사를 만들고 싶다는 자기만의 상업적 목적이 있었다. 2010년에 모건 스탠리가 지분을 매각할 때까지 CICC는 그 목표 달성을 향해 순항했다.

12. 다음을 참조하라. USTR Section 301 report, March 2018, 19.

13. 다음을 참조하라. US-China Business Council, "USCBC 2016 Membership Survey: The Business Environment in China," released December 2019.

14. 다음을 참조하라. US-China Business Council, "USCBC 2017 Membership Survey: The Business Environment in China," released December 2018.

15. 다음을 참조하라. Deloitte, "Sino-Foreign Joint Ventures after COVID: What to Expect?" September 2020.

16. 다음을 참조하라. National Bureau of Statistics, *China Statistical Yearbook: 2009 to 2020*, table 11-15.

17. 중국의 새로운 외국인투자법에도 외국 기술의 강제 이전이나 영업 비밀 공개를 명시적으로 금지하는 핵심 조항이 포함됐다. 다음을 참조하라. Nicolas F. Runnels, "Securing Liberalization: China's New Foreign Investment Law," *Journal of International Law and Politics*, December 6, 2020.

18. 다음을 참조하라. Nicholas R. Lardy, "China: Forced Technology Transfer and Theft?" *China Economic Watch* (blog), Peterson Institute for International Economics, April 29, 2018, based on balance-of-payments data from State Administration of Foreign Exchange (China). 2020년 지적재산 사용료에 대한 글로벌 데이터는 세계은행이 제공하는데 다음에서 볼 수 있다. https://data.worldbank.org/indicator/BM.GSR.ROYL.CD.

19. 다음을 참조하라. Laura Silver, Kat Devlin, and Christine Huang, "Most Americans Support Tough Stance toward China on Human Rights,

Economic Issues," Pew Research Center, March 2021.

20. 다음을 참조하라. Sydney J. Freeberg Jr., "Esper Exhorts Allies to Ban Chinese 5G: Britain's Huawei Dilemma," *Breaking Defense*, September 19, 2019.

21. 다음을 참조하라. IP Commission, "The IP Commission Report: The Report of the Commission on the Theft of American Intellectual Property" and "Update to the IP Commission Report," National Bureau of Asian Research, March 2013 and February 2017.

22. 다음을 참조하라. PricewaterhouseCoopers LLP (PwC) and Center for Responsible Enterprise and Trade (CREATE.org), "Economic Impact of Trade Secret Theft: A Framework for Companies to Safeguard Trade Secrets and Mitigate Potential Threats," February 2014.

23. 다음을 참조하라. OECD/EUIPO, *Trade in Counterfeit and Pirated Goods: Mapping the Economic Impact* (Paris: OECD Publishing, 2016).

24. 다음을 참조하라. Business Software Alliance, "Seizing Opportunity through License Compliance: BSA Global Software Survey," May 2016.

25. 자료 출처: 피터 나바로의 CNBC 인터뷰, 2018년 6월 19일. 아울러 다음을 참조하라. White House Office of Trade and Manufacturing Policy, "How China's Economic Aggression Threatens the Technologies and Intellectual Property of the United States and the World," June 2018. 나바로가 드러내는 것과 같은, 중국에 대한 미국의 양자 간 관점의 집착을 비판하는 내용에 대해서는 다음을 참조하라. Klein and Pettis, *Trade Wars Are Class Wars*.

26. 다음을 참조하라. USTR Section 301 report, 152.

27. 다음을 참조하라. Dwight D. Eisenhower's Farewell Address to the Nation, "The Military-Industrial Complex," Dwight D. Eisenhower Presidential Library, January 17, 1961. 1970년대 미국의 후속 산업 정책들에 대한 종합적인 평가에 대해서는 다음을 참조하라. Michael L. Wachter and Susan M. Wachter, eds., *Toward a New US Industrial Policy?* (Philadelphia: University of Pennsylvania Press: 1981).

28. 다음을 참조하라. Aaron Mehta and Joe Gould, "Biden Requests $715B for Pentagon, Hinting at Administration's Future Priorities," *Defense News*, April 9, 2021; and Daniel Cebul, "U.S. Remains Top Military Spender," *Defense News*, May 2, 2018. 국방고등연구계획국(DARPA)의 자금 수준은 2021년까지 실질적으로 40억 달러 미만으로 비교적 안정적으로 유지되는데, 국

방부 전체 과학기술 예산의 20퍼센트를 약간 웃돈다. 다음을 참조하라. Marcy E. Gallo, "Defense Advanced Research Projects Agency: Overview and Issues for Congress," Congressional Research Service, August 19, 2021.

29. 다음을 참조하라. Department of Defense, "DOD Awards $69.3 Million Contract to CONTINUS Pharmaceuticals to Develop US-Based Continuous Manufacturing Capability for Critical Medicines," press release, January 15, 2021.

30. 2021년 6월 8일에 상원은 2,500억 달러 규모의 '미국 혁신 및 경쟁법(S.1260)'을 의결했고, 2022년 2월 4일에 하원은 3,350억 달러 규모의 '2022년 미국 경쟁법(H.R. 4521)'을 의결했다. 이 책이 출간되는 시점을 기준으로 의회의 조정이 임박한 상태다. 두 법안의 예산 비용 추정치는 의회 예산국의 평가를 토대로 하며 이 내용은 다음에서 볼 수 있다. https://www.cbo.gov/. 두 법안 모두 미국 반도체 산업을 콕 찍어서 520억 달러를 지원하는 것을 특징으로 한다. 다음을 참조하라. Catie Edmondson, "Democrats Renew Push to Pass Industrial Policy Bill to Counter China," *New York Times*, January 26, 2022. CFIUS의 감독 및 관할 범위를 강화하기 위한 2018년 외국인투자위험검토현대화법(FIRRMA)을 시행하는 새로운 규정이 2020년 2월부터 시행되었다. 최근 다자간 미국-유럽 산업 정책 협력에 대한 논의에 대해서는 다음을 참조하라. Frances Burwell, "The US-EU Trade and Technology Council: Seven Steps toward Success," Atlantic Council, September 24, 2021.

31. 다음을 참조하라. Chalmers Johnson, *MITI and the Japanese Miracle: The Growth of Industrial Policy, 1925-1975* (Stanford, CA: Stanford University Press, 1982).

32. 다음을 참조하라. Takeshi Yamaguchi and Hiromu Uezato, "Era of New Industrial Policy?" Morgan Stanley MUFG Research Report, June 11, 2021.

33. 다음을 참조하라. Federation of German Industries (BDI), "The Mittelstand: The Heart of the German Economy," available at https://english.bdi.eu/topics/germany/the-mittelstand/; and Asha-Maria Sharma and Claudia Grüne, "Industrie 4.0: From Concept to New Reality," Germany Trade and Investment: Market Report and Outlook, March 2018.

34. 다음을 참조하라. Niles M. Hansen," French Indicative Planning and the New Industrial State," *Journal of Economic Issues* 3, no. 4 (December 1969).

35. 다음을 참조하라. USTR Section 301 report, 65.

36. 다음을 참조하라. American Enterprise Institute and the Heritage Foundation, "Chinese Investment in the US Dataset," available at http://

www.aei.org/china-global-investment-tracker/.

37. 다음을 참조하라. Barry Eichengreen, Doughyun Park, and Kwanho Shin, "When Fast Growing Economies Slow Down: International Evidence and Implications for China," NBER Working Paper No. 16919, March 2011. 아울러 다음을 참조하라. Barry Eichengreen, Doughyun Park, and Kwanho Shin, "Growth Slowdowns Redux: New Evidence on the Middle-Income Trap," NBER Working Paper No. 18673, January 2013.

38. 경제성장과 자주혁신 사이의 중요한 연관성에 대해서는 9장에서 자세하게 살펴볼 것이다. 중진국 함정의 경험적 타당성에 대해서는 다음을 참조하라. Lant Pritchett and Lawrence H. Summers, "Asiaphoria Meets Regression to the Mean," NBER Working Paper No. 20573, October 2014.

39. 다음을 참조하라. Fabrizio Zilibotti, "Growing and Slowing Down Like China," *Journal of the European Economic Association* 15, no. 5 (October 2017).

40. 미국의 민간 사이버 보안업체인 맨디언트의 보고서가 오바마-시진핑 대화에서 조명되었던 게 분명해 보인다. 다음을 참조하라. Mandiant, "APT 1: Exposing One of China's Cyber Espionage Units," February 2013. 아울러 다음 책의 내용을 참조하라. Roach, *Unbalanced*, 157-60.

41. 다음을 참조하라. US Department of Justice, "U.S. Charges Five Chinese Military Hackers for Cyber Espionage against U.S. Corporations and a Labor Organization for Commercial Advantage," press release, May 19, 2014. 다음을 참조하라. Office of the White House Press Secretary, "Remarks by President Obama and President Xi in Joint Press Conference," Washington DC, September 25, 2015.

42. 미국무역대표부의 301조 관련 보고서는 2015년에 체결된 미중 사이버 협정 이후로 중국의 사이버 공격이 명백하게 감소했다고 인정했다(이 보고서의 170쪽을 참조하라). 게다가 그 협정이 체결되고 2년 뒤에 중국은 2017년 말까지 사이버 공격 세계 순위에서 6위로 떨어진 반면 미국은 1위로 올랐다. 다음을 참조하라. Akamai, "[State of the Internet]/Security: Q2 2017 Report," August 22, 2017. 〈이코노미스트〉가 인용한 최근의 연구는 2000년부터 2020년까지 중국 사이버 스파이 사건 160건을 공개적으로 보고한 미국의 국제전략문제연구소(CSIS)가 작성한 표를 기반으로 했는데, 그런 활동의 발생률이 최근 20년 동안에 상대적으로 높았음을 시사한다. 그러나 이 기간에 인터넷의 규모가 급격하게 늘어났음을 고려한다면 그 증가폭이 충격적이라고 할 수는 없다. 다음을 참조하라. "After Failing to Dissuade Cyber-Attacks, America Looks to Its

Friends for Help," *The Economist*, July 24, 2021; and Center for Strategic and International Studies (CSIS), "Survey of Chinese Espionage in the United States since 2000," available at https://www.csis.org/programs/technology-policy-program/survey -chinese-linked-espionage-united-states-2000.

43. 다음을 참조하라. Mandiant, "APT1," 24.

44. 예를 들면 맨디언트 보고서는 미국 운송 산업에 대한 중국 사이버 해킹을 중국에서 전략적으로 중요한 분야로 꼽는다. 중국 계획 문서에서 실제로 SEI가 가리키는 것은 전기자동차다. 이처럼 중복이 광범위하게 나타나기 때문에 위협의 유효성을 평가하기란 매우 어렵다. 다음을 참조하라. Roach, *Unbalanced*, 294n43.

45. 2022년 1월에 중국 국무원은 국가 전체를 위한 제14차 5개년계획의 일환으로 '디지털 계획'을 발표했다. 이 계획은 '핵심 디지털 산업'을 2020년 국내총생산의 7.8퍼센트에서 2025년까지 국내총생산의 10퍼센트로 늘릴 것을 목표로 설정했다. 이 목표는 통신, 인터넷, 정보통신 서비스, 하드웨어 및 소프트웨어 산업만을 포함하는 디지털 정보통신기술 활동에 대한 좁은 추정치다. 본문에서 인용된 상대적으로 넓은 추정치는 좁은 개념과 '디지털 기술과 통합된 전통적인 부문의 일부' 대한 추정치를 포괄한다. 다음을 참조하라. Longmei Zhang and Sally Chen, "China's Digital Economy: Opportunities and Risks," IMF Working Paper, WP/19/16, January 2019. 아울러 다음을 참조하라. "The State Council Issued the 14th Five-Year Plan for the Development of Digital Economy," Xinhuanet, January 12, 2022; and "China's Cabinet Says It Will Promote Transformation of Digital Economy," Reuters, January 12, 2022.

46. 다음을 참조하라. William Cline, Kyoji Fukao, Tokuo Iwaisako, Kenneth N. Kuttner, Adam S. Posen, and Jeffrey J. Schott, "Lessons from Decades Lost: Economic Challenges and Opportunities Facing Japan and the United States," Peterson Institute for International Economics, PIIE Briefing 14-4, December 2014.

47. 다음을 참조하라. Stephen Roach, "Is China the Next Japan?" *Project Syndicate*, June 27, 2016.

48. 자료 출처: US Department of Commerce (Bureau of Economic Analysis).

49. 자료 출처: US Department of Commerce (Bureau of Economic Analysis).

50. 트럼프 대통령이 1974년의 무역법 취지에 입각해 301조와 관련해서 제출하라고 요구했던 중국 보고서와 달리 1980년대의 301조의 관련 대일 행동은 주로 공격적인 미국무역대표부 및 이 기관의 로버트 라이트하이저 부대표가 주도했다.

다음을 참조하라. Douglas A. Irwin, "The U.S.-Japan Semiconductor Trade Conflict," chapter 1 in Anne O. Krueger, ed., *The Political Economy of Trade Protection* (Chicago: University of Chicago Press, January 1996).

51. 2장에서 언급했듯이 1980년대에는 기본적으로 글로벌 공급망이 존재하지 않았기 때문에 이런 비교는 왜곡될 수밖에 없다. 예전에는 글로벌 공급망이 존재하지 않았다는 것은 오늘날 미국 무역 적자에서 중국산이 차지하는 비중이 1980년대의 일본산과 비교할 수 있는 수치보다 훨씬 적다는 뜻이다. 다음을 참조하라. OECD, "Trade in Value Added," https://www.oecd.org/sti/ind/measuring-trade-in-value-added.htm.

52. 다음을 참조하라. Jacob M. Schlesinger, "Trump Forged His Ideas on Trade in the 1980s and Never Deviated," *Wall Street Journal*, November 15, 2018.

53. 그 예로 다음을 참조하라. Paul A. Samuelson, "Evaluating Reaganomics," *Challenge* 30, no. 6 (1987); Paul Krugman, "Debunking the Reagan Myth," *New York Times*, January 21, 2008; and James Surowiecki, "Tax Evasion: The Great Lie of Supply-Side Economics," *New Yorker*, October 22, 2007. 예전 주요 공급업체의 고백에 대해서는 다음을 참조하라. Bruce Bartlett, *The New American Economy: The Failure of Reaganomics and a New Way Forward* (New York: St. Martin's Press, 2009). 아울러 다음을 참조하라. Martin Feldstein, "Supply Side Economics: Old Truths and New Claims," NBER Working Paper No. 1792, January 1986.

54. 1980년 미국 대통령 예비 선거 때 조지 H. W. 부시 후보는 로널드 레이건의 적극적인 감세 제안을 '부두 경제학(voodoo economics)'이라고 깎아내렸다. 그러나 레이건 대통령의 부통령이 된 뒤에는 그런 비판을 철회했다. 다음을 참조하라. Helen Thomas, "Vice President George Bush Was Only 'Kidding' Reporters When ..." UPI Archives, February 19, 1982. 현대통화이론의 최근 주장과 관련해서도 그와 비슷한 비판이 제기되었다. 다음을 참조하라. Kenneth Rogoff, "Modern Monetary Nonsense," *Project Syndicate*, March 4, 2019.

55. 2021년의 미국 연방정부 세수는 국내총생산의 16퍼센트로 이전 50년(1971~2020년) 평균의 17.3퍼센트보다 훨씬 낮았다. 다음을 참조하라. Congressional Budget Office, "The 2021 Long-Term Budget Outlook," March 4, 2021; and CBO Historical Budget Data, February 2021, available at https://www.cbo.gov/data/budget-economic-data#2.

56. 다음을 참조하라. Stephen Roach, "Japan Then, China Now," *Project Syndicate*, May 27, 2019.

5장

1. 다음을 참조하라. Ondrej Burkacky, Stephanie Lingemann, Markus Simon, and Alexander Hoffmann, "The 5G Era: New Horizons for Advanced Electronics and Industrial Companies," McKinsey & Company, January 2020.

2. 다음을 참조하라. Sherisse Pham, "Who Is Huawei Founder Ren Zhengfei?" CNN Business, March 14, 2019.

3. 소련과 중국의 공산주의 군사과학자들이 '잠자는 요원'을 세뇌하고 재프로그래밍한다는 발상은 1962년에 개봉한 냉전 시대 스릴러 영화 〈맨츄리안 캔디데이트(The Manchurian Candidate)〉로 대중화되었는데, 이 영화는 2004년에 리메이크되었다.

4. 그 예로 다음을 참조하라. Sun Tzu, *The Art of War*, trans. Gary Gagliardi (Seattle, WA: Science of Strategy Institute/Clearbridge Publishing, 1999); Carl von Clausewitz, *On War*, rev. ed. (1832; Princeton, NJ: Princeton University Press, 1989); and Niall Ferguson, *The Pity of War: Explaining World War I* (New York: Basic Books, 2008).

5. 글로벌혁신지수는 세계지적재산권기구(WIPO)가 코넬대학교와 인시아드대학교(INSEAD)의 연구원들과 함께 산정한다. 최근의 관련 보도 자료에 대해서는 다음을 참조하라. Cornell University, INSEAD, and WIPO, *The Global Innovation Index 2021: Tracking Innovation through the COVID-19 Crisis* (Ithaca, Fontainebleau, and Geneva, 2021).

6. 글로벌혁신지수는 2007년부터 전 세계 국가의 혁신 기량에 순위를 매기고 있다. 2021년 지수는 전 세계 인구의 93.5퍼센트와 전 세계 국내총생산(구매력평가 기준)의 97퍼센트를 차지하는 132개국의 순위를 매긴다. 글로벌혁신지수는 81개 혁신 역량을 따져서 국가별 세부 순위를 도출한다.

7. 다음을 참조하라. Cornell, INSEAD, and WIPO, *The Global Innovation Index 2021*, appendix 1.

8. 다음을 참조하라. Brian Christian, *The Alignment Problem: Machine Learning and Human Values* (New York: W. W. Norton & Company, 2020).

9. 다음을 참조하라. Kai-Fu Lee, *AI Super-Powers: China, Silicon Valley, and the New World Order* (Boston: Houghton Mifflin Harcourt, 2018).

10. 다음을 참조하라. Daitian Li, Tony W. Tong, and Yangao Xiao, "Is China Emerging as the Global Leader in AI?" *Harvard Business Review*, February 2021.

11. 다음을 참조하라. Josh Chin and Liza Lin, *Surveillance State: Inside China's Quest to Launch a New Era of Social Control* (New York: St. Martin's Press, September 2022). 2021년 초를 기준으로 할 때 중국의 인터넷 사용자 수는 약 9억 8,900만 명으로 추정되는데, 이는 14억 중국 인구의 68퍼센트에 해당하며 유럽(7억 3,700만 명)과 미국(2억 9,700만 명)의 인터넷 사용자 수를 합친 것과 거의 같다. 자료 출처: Internet World Stats, available at https://www.internetworldstats.com/stats.htm.

12. 다음을 참조하라. Stephen S. Roach, "In Search of Productivity," *Harvard Business Review*, September – October 1998.

13. 다음을 참조하라. Stephen S. Roach, "China's Animal Spirits Deficit," *Project Syndicate*, July 27, 2021.

14. 다음을 참조하라. Lindsay Gorman, "China's Data Ambitions: Strategy, Emerging Technologies, and Implications for Democracies," National Bureau of Asian Research, August 14, 2021.

15. 다음을 참조하라. Matt Pottinger and David Feith, "The Most Powerful Data Broker in the World is Winning the War against the U.S.," *New York Times*, November 30, 2021.

16. 다음을 참조하라. "Full Text of Xi Jinping's Report at the 19th CCP Congress," Xinhua News Service (China), October 2017.

17. 다음을 참조하라. "Xi Jinping Chairs Collective Study Session of Politburo on National Big Data Strategy," Xinhua News Service (China), December 9, 2017; and "Xi Stresses Sound Development of Digital Economy," Xinhua News Service (China), October 19, 2021.

18. 다음을 참조하라. China Institute for Science and Technology Policy, *China AI Development Report: 2018*, Tsinghua University, Beijing, July 2018.

19. 다음을 참조하라. Derek Grossman, Christian Curriden, Logan Ma, Lindsey Polley, J. D. Williams, and Cortez Cooper III, "Chinese Views of Big Data Analytics," RAND Corporation, Santa Monica, CA, 2020.

20. 다음을 참조하라. Louise Lucas and Richard Waters, "China and US Compete to Dominate Big Data," The Big Read, *Financial Times*, May 1, 2018; US Senate, "The New Big Brother: China and Digital Authoritarianism," A Democratic Staff Report Prepared for the Use of the Committee on Foreign Relations, July 21, 2020; and Joe Devanesan, "China and the US Are Now in a Battle over Big Data," TECHWIRE Asia, September 11, 2020.

21. 다음을 참조하라. Graham Allison and Eric Schmidt, "Is China Beating the U.S. to AI Supremacy?" *National Interest*, December 2019.

22. Shoshana Zuboff, *The Age of Surveillance Capitalism: The Fight for a Human Future at the New Frontier of Power* (New York: Public Affairs, 2019).

23. 다음을 참조하라. Ryan C. LaBrie, Gerhard H. Steinke, Xiangmin Li, and Joseph A. Cazier, "Big Data Analytics Sentiment: US-China Reaction to Data Collection by Business and Government," *Technological Forecasting and Social Change* 130 (May 2018).

24. 인공지능국가안보위원회는 2018년에 미국 의회가 설립한 독립위원회로, 전체 위원 15명 가운데 12명은 의회, 2명은 국방부가, 1명은 상무부가 각각 임명했다. 이 위원회의 목적은 인공지능과 관련된 안보 및 국방 필요성에 대한 종합적인 평가를 제공하며 대통령과 의회에 제출할 정책적 결론을 마련하는 것이었다. 이 위원회는 2021년 3월에 756쪽 분량의 보고서를 발표했고 같은 해 10월에 해체되었다. 다음을 참조하라. National Security Commission on Artificial Intelligence, *Final Report*, March 2021, available at https://www.nscai.gov/. 아울러 다음을 참조하라. Allison and Schmidt, "Is China Beating the U.S. to AI Supremacy?"

25. 다음을 참조하라. Christian, *The Alignment Problem*. 아울러 다음을 참조하라. Henry A. Kissinger, Eric Schmidt, and Daniel Huttenlocher, *The Age of AI and Our Human Future* (New York: Little, Brown and Company, 2021).

26. 경제학자 로버트 고든(Robert Gordon)은 혁신의 큰 물결은 미래에 다시 똑같이 해내기 매우 어려운 엄청난 사건이라는 유명한 발언을 했다. 오늘날에 이룩한 과학적 돌파라고 해봐야 1870~1970년의 기간을 지칭하는 혁신의 '특별한 100년' 동안 이뤄진 변화(예를 들면 여행 수단이 말에서 제트기로 바뀌면서 훨씬 빨라진 여행 속도, 늘 따뜻하게 유지되는 실내 온도, 도시화, 육체노동의 소멸, 여성의 노동 참여 증가 등)와 비교도 되지 않는다는 게 고든의 견해다. 다음을 참조하라. Robert J. Gordon, *The Rise and Fall of American Growth: The U.S. Living Standard Since the Civil War* (Princeton, NJ: Princeton University Press, 2016).

27. 자료 출처: National Science Board, *Science & Engineering Indicators 2020: The State of U.S. Science and Engineering* (Alexandria, VA: National Science Foundation, January 2020).

28. National Science Board, *Science & Engineering Indicators 2020*.

29. 미국과 중국의 연구개발 경쟁에서 가장 우려되는 측면은 실험개발에 필요한 자

금, 즉 신제품 생산 또는 기존 제품의 개선을 목적으로 하는 연구 및 실무 경험의 적용을 위한 사업에 필요한 자금을 조성하는 문제에서 찾을 수 있을 것이다. 2014년에 중국은 실험연구개발비 지출에서 미국을 추월했고, 2017년에는 이 핵심 범주에서 연구개발비 지출을 미국보다 23퍼센트 더 많이 했다. 자료 출처: National Science Board, *Science & Engineering Indicators 2020*.

30. 2010~2017년에 중국의 연구개발비 지출은 연평균 9.2퍼센트 증가해서 같은 기간 미국의 3.8퍼센트 증가보다 두 배 이상 빠르게 늘어났다. 이런 증가율 격차를 중국이 계속 유지한다면 국내총생산 대비 연구개발비 비중에서 중국의 점유율은 빠르면 2023년에 미국을 따라잡을 수 있다. 이는 다음을 토대로 한 저자의 계산이다. National Science Board, *Science & Engineering Indicators 2020*.

31. 다음을 참조하라. National Development and Reform Commission, *Report on the Implementation of the 2020 Plan for National Economic and Social Development and on the 2021 Draft Plan for National Economic and Social Development*, delivered at the Fourth Session of the Thirteenth National People's Congress, March 5, 2021.

32. 다음을 참조하라. "China's Basic Research Spending Rises to 6.09% of Entire R&D Expenditure in 2021, a Step Closer to 2025 Goal of 8%," *Global Times* (China), February 25, 2022.

33. 자료 출처: National Science Board, *Science & Engineering Indicators 2020*.

34. 다음을 참조하라. Chad P. Bown, "The US-China Trade War and Phase One Agreement," Peterson Institute for International Economics, Working Paper 21-2, February 2021.

35. 다음을 참조하라. Jeremy Ney, "United States Entity List: Limits on American Exports," Belfer Center, Harvard Kennedy School, February 2021.

36. 다음을 참조하라. William A. Carter, "Understanding the Entities Listing in the Context of U.S.-China AI Competition," Center for Strategy and International Studies (CSIS), October 2019.

37. 다음을 참조하라. Ian F. Ferguson and Karen M. Sutter, "U.S. Export Control Reforms and China: Issues for Congress," Congressional Research Service, January 2021.

38. 다음을 참조하라. Faezeh Raei, Anna Ignatenko, and Borislava Mircheva, "Global Value Chains: What Are the Benefits and Why Do Countries Participate?" IMF Working Paper 19/18, January 2019.

39. 자료 출처: World Bank Development Indicators and International

Monetary Fund *World Economic Outlook* database.

40. 다음을 참조하라. Henry Farrell and Abraham L. Newman, "Weaponized Interdependence: How Global Economic Networks Shape State Coercion," *International Security* 44, no. 1 (Summer 2019); and Henry Farrell and Abraham L. Newman, "Will the Coronavirus End Globalization as We Know It?" *Foreign Affairs*, March 16, 2020.

41. 다음을 참조하라. Raphael Auer, Claudio Borio, and Andrew Filardo, "The Globalization of Inflation: The Growing Importance of Global Value Chains," Bank for International Settlements, BIS Working Paper No. 602, January 2017.

42. 패럴과 뉴먼 두 교수가 제시한 글로벌 네트워크의 무기화는 최근 몇 년간 실시간으로 중요한 역할을 했다. 공급망 자유화 및 리쇼어링에 대해서는 다음을 참조하라. Michael Greenwald, "Achieving Supply Chain Independence in a Post-COVID Economy," *New Atlanticist* (blog), Atlantic Council, May 7, 2020. 러시아-우크라이나 전쟁에서 드러나는 프렌드쇼어링의 동맹 구축 노력에 대해서는 다음을 참조하라. "Remarks by Secretary of the Treasury Janet L. Yellen on Way Forward for the Global Economy," speech before the Atlantic Council, April 13, 2022.

43. Tamim Bayoumi, Jelle Barkema, and Diego A. Cedeiro, "The Inflexible Structure of Global Supply Chains," IMF Working Paper 119/193, September 2019.

44. 다음을 참조하라. Elizabeth Lopatto, "Tim Cook's Trick for Making iPhones Is Now at Risk from the Pandemic: The Perils of Just-In-Time Manufacturing," *The Verge*, March 13, 2020.

45. 다음을 참조하라. Stephen Roach, "A Return to 1970s Stagflation Is Only a Broken Supply Chain Away," *Financial Times*, May 6, 2020; and Stephen Roach, "The Sequencing Trap that Risks Stagflation 2.0," *Financial Times*, October 13, 2021.

46. 다음을 참조하라. Ha-Joon Chang, *Bad Samaritans: Rich Nations, Poor Policies, and the Threat to the Developing World* (London: Random House, 2007).

47. 베르길리우스가 기원전 29~19년에 쓴 서사시 《아이네이스(The Aeneid)》는 트로이 목마 이야기를 가장 자세하게 설명한다. 다음을 참조하라. Virgil, *The Aeneid*, trans. Robert Fagles (New York: Viking Penguin, 2006).

48. 다음을 참조하라. Homer, *The Odyssey*, trans. Robert Fagles (New York:

Viking Penguin, 1996).

49. 이 이야기는 에우리피데스의 고대 그리스 비극인《트로이의 여인(The Trojan Woman)》에서 찾을 수 있다. 참고로 다음 영역본이 있다. James Morwood, Oxford World Classics (Oxford: Oxford University Press, 2000).

50. 다음을 참조하라. Jeffrey D. Sachs, "The War on Huawei," *Project Syndicate*, December 11, 2018.

51. 다음을 참조하라. US Department of Justice, "Huawei CFO Wanzhou Meng Admits to Misleading Global Financial Institution: Meng Enters into Deferred Prosecution Agreement to Resolve Fraud Charges," press release, September 24, 2021.

52. 숨어 있는 텔넷(Telnet, 원격지의 컴퓨터를 인터넷을 통해 접속하여 자신의 컴퓨터처럼 사용할 수 있는 원격 접속 서비스-옮긴이) 데몬 프로그램에 대해서는 다음을 참조하라. Daniele Lepido, "Vodafone Found Hidden Backdoors in Huawei Equipment," *Bloomberg*, April 30, 2019. 소문도 무성했던 2012년의 두 번째 백도어 관련 논의에 대해서는 다음을 참조하라. Jordan Robertson and Jamie Tarabay, "Chinese Spies Accused of Using Huawei in Secret Australian Telecom Hack," *Bloomberg*, December 16, 2021.

53. 다음을 참조하라. William Lazonick and Edward March, "The Rise and Demise of Lucent Technologies," paper originally presented to the Conference on Innovation and Competition in the Global Communications Technology Industry, INSEAD, Fontainebleau, France, August 23–24, 2007.

54. 다음을 참조하라. Thomas Donahue, "The Worst Possible Day: U.S. Telecommunications and Huawei," *Prism* (National Defense University Press) 8, no. 3 (January 2020).

55. 다음을 참조하라. Chuin-Wei Yap, "State Support Helped Fuel Huawei's Global Rise," *Wall Street Journal*, December 25, 2019.

56. 화웨이의 2021년 연간보고서에 따르면 전체 직원 19만 5,000명 가운데 54.8퍼센트에 해당되는 10만 7,000명이 연구개발 업무에 종사했으며, 2021년의 연구개발비 총액은 1,427억 위안(224억 달러)이었다. 다음을 참조하라. Huawei Investment & Holding Co., Ltd., *2021 Annual Report*, March 28, 2022. 화웨이 경쟁 업체의 R&D 지출에 대한 비교 지표는 다음을 참조하라. "Respecting and Protecting Intellectual Property: The Foundation of Innovation," Huawei White Paper on Innovation and Intellectual Property (2020); and Justin Fox, "Amazon Spends Billions on R&D. Just Don't Call It That,"

Bloomberg, February 11, 2021.

57. 다음을 참조하라. Lindsay Maizland and Andrew Chatzky, "Huawei: China's Controversial Tech Giant," Council of Foreign Relations Backgrounder, New York, August 2020.

58. 다음을 참조하라. Chuin-Wei Yap and Dan Strumpf, "Huawei's Yearslong Rise Is Littered with Accusations of Theft and Dubious Ethics," *Wall Street Journal*, May 25, 2019.

59. 다음을 참조하라. Zhou Hanhua, "Law Expert: Chinese Government Can't Force Huawei to Make Backdoors," *Wired*, March 4, 2019. 영국의 국가안보보좌관도 화웨이 사이버 보안에 중국이 국가적인 차원에서 개입했다는 증거를 발견하지 못했다. 다음을 참조하라. Huawei Cyber Security Evaluation Centre Oversight Board, *Annual Report 2020*.

60. 다음을 참조하라. Christopher Blading and Donald Clarke, "Who Owns Huawei?" *ChinaFile*, April 2019.

61. Market Intelligence & Consulting Institute (Taiwan), "Huawei's Supply Chain and Its Future Prospects Amid the US-China Trade War," June 2020.

62. 화웨이의 2021년 매출 6,368억 700만 위안은 2020년에 세웠던 기록적인 매출인 8,913억 6,800만 위안보다 28.6퍼센트 줄어들었다. 다음을 참조하라. Huawei, *2021 Annual Report*.

6장

1. 다음을 참조하라. Robert Hunt Sprinkle, "Two Cold Wars and Why They Ended Differently," *Review of International Studies* 25, no. 4 (October 1999); Walter LaFeber, "An End to Which Cold War?" *Diplomatic History* 16, no. 1 (January 1992); and Volker R. Berghahn, *America and the Intellectual Cold Wars in Europe* (Princeton, NJ: Princeton University Press, 2002).

2. 이것은 앵거스 매디슨(Angus Maddison)이 했던 구매력평가 비교다. 자료 출처: Maddison Project, "Maddison Historical Statistics," Groningen Growth and Development Centre, University of Groningen, Netherlands, https://www.rug.nl/ggdc/historicaldevelopment/maddison/. 이런 추정치들과 미국 중앙정보국 추정치들이 소련 경제의 규모를 심각하게 과장했다고 많은 사람이 주장했다. 그 예로 다음을 참조하라. Daniel Patrick Moynihan, "The Soviet Economy: Boy, Were We Wrong!" *Washington Post*, July 11, 1990;

and Marc Trachtenberg, "Assessing Soviet Economic Performance During the Cold War: A Failure of Intelligence?" *Texas National Security Review* 1, no. 2 (February 2018). 더 자세한 자료를 찾는다면 다음을 참조하라. Luis R. Martinez, "How Much Should We Trust the Dictator's GDP Growth Estimates?" Becker Friedman Institute, University of Chicago, Working Paper No. 2021-78, July 2021.

3. IMF는 구매력평가(PPP)를 기준으로 할 때 2016년에 중국의 국내총생산이 미국의 국내총생산을 추월했다고 추정한다. 자료 출처: International Monetary Fund, *World Economic Outlook* database.

4. 두 차례의 냉전을 이런 식으로 비교하는 관점은 다음에서 찾아볼 수 있다. Melvyn P. Leffler, "China Isn't the Soviet Union. Confusing the Two Is Dangerous," *The Atlantic*, December 2, 2019.

5. 다음을 참조하라. Graham Allison, *Destined for War: Can America and China Escape Thucydides's Trap?* (New York: Mariner Books, 2017).

6. 헨리 키신저는 2019년 11월 베이징에서 열린 블룸버그의 신경제포럼(New Economy Forum)에서 이같이 말했다. 다음을 참조하라. "Kissinger Says U.S. and China in 'Foothills of a Cold War,'" *Bloomberg News*, November 21, 2019.

7. 다음을 참조하라. Herman Kahn, *Thinking About the Unthinkable* (New York: Horizon Press, 1962).

8. 다음을 참조하라. George F. Kennan, "The Long Telegram," Truman Library Institute, February 22, 1946.

9. 케넌이 회고록에서 긴 전보의 분량이 8,000단어라고 언급했지만 역사학자 존 루이스 개디스는 실제로는 "5,000단어가 조금 넘었다"라고 지적한다. 다음을 참조하라. John Lewis Gaddis, *George F. Kennan: An American Life* (New York: Penguin Press, 2011).

10. 다음을 참조하라. Kennan, "The Long Telegram."

11. 다음을 참조하라. Kennan, "The Long Telegram."

12. 다음을 참조하라. Gaddis, *George F. Kennan*.

13. 다음을 참조하라. "X" (aka George F. Kennan), "The Sources of Soviet Conduct," *Foreign Affairs*, July 1947; and Anonymous, "The Longer Telegram: Toward a New American China Strategy," Atlantic Center, Scowcroft Center for Strategy and Security, January 2021.

14. 더 긴 전보의 단어 수는 3만 824개(각주 제외)로 개디스에 따르면 케넌의 긴 전보보다 약 여섯 배다.

15. 다음을 참조하라. Minxin Pei, *China's Trapped Transition: The Limits of Developmental Autocracy* (Cambridge, MA: Harvard University Press, 2006).

16. 2021년 여름 큰 관심을 받은 공동부유 캠페인은 2021년 1월의 더 긴 전보보다 나중에 일어난 일이다. 3장에서 언급했고 12장에서도 자세하게 살펴보겠지만 이 캠페인은 사실상 새로운 게 아니다. 1980년대 중반에 덩샤오핑이 내놓았던 경제 발전의 순서에서도 이것과 비슷한 관점을 볼 수 있다.

17. 다음을 참조하라. Damon Wilson, "President George H.W. Bush Had 'The Vision Thing' in Spades," Atlantic Council, December 3, 2018.

18. 다음을 참조하라. Anonymous, "The Longer Telegram."

19. 그 예로 다음을 참조하라. Odd Arne Westad, *The Global Cold War: Third World Interventions and the Making of Our Times* (London: Cambridge University Press, 2005); John Lewis Gaddis, *The Cold War: A New History* (New York: Penguin Books, 2005); and Odd Arne Westad, *The Cold War: A World History* (New York: Basic Books, 2017).

20. 다음 책의 1장을 참조하라. Gaddis, *The Cold War*.

21. 자료 출처: Maddison Project, "Maddison Historical Statistics."

22. 자료 출처: US Department of Commerce (Bureau of Economic Analysis).

23. 다음을 참조하라. Paul Kennedy, *The Rise and Fall of the Great Powers: Economic Change and Military Conflict from 1500 to 2000* (New York: Random House, 1987).

24. 다음을 참조하라. Robert M. Solow, "A Contribution to the Theory of Economic Growth," *Quarterly Journal of Economics* 70, no. 1 (February 1956); and Edward C. Prescott, "Robert M. Solow's Neoclassical Growth Model: An Influential Contribution to Economics," *Scandinavian Journal of Economics* 90, no. 1 (March 1988).

25. 자료 출처: US Bureau of Labor Statistics.

26. 다음을 참조하라. "Kissinger Says U.S. and China in 'Foothills of a Cold War.'"

27. 그 예로 다음을 참조하라. Thomas J. Christensen, "There Will Not Be a New Cold War: The Limits of U.S.-Chinese Competition," *Foreign Affairs*, March 21, 2021; Ian Bremmer, "No, the U.S. and China are Not Heading towards a New Cold War," *Time*, December 28, 2020; Hunter Marston, "The US-China Cold War Is a Myth," *Foreign Policy*, September 6, 2017; and Paul Gewirtz, "Can the US-China Crisis Be Stabilized?" *Order from Chaos*

(blog), Brookings Institution, June 26, 2019.

28. 노동생산성의 10년 증가율은 2019~2021년의 3년 동안 겨우 평균 1.17퍼센트 밖에 되지 않았는데, 이는 스태그플레이션이 일어났던 10년인 1973~1982년의 1.14퍼센트 이후로 최악의 기록이다. 자료 출처: US Bureau of Labor Statistics.

29. 다음을 참조하라. "Foreign News: We Will Bury You!" *Time*, November 25, 1956.

30. 다음을 참조하라. Clyde Haberman, "'This Is Not a Drill': The Threat of Nuclear Annihilation," *New York Times*, May 13, 2018.

31. 다음을 참조하라. "Text of Mao's Statement Urging World Revolution against U.S.," *New York Times*, May 21, 1970.

32. 다음을 참조하라. Robert O'Brien, "The Chinese Communist Party's Ideology and Global Ambitions." 2020년 6월 24일 애리조나 피닉스에서 한 연설이며, 다음 웹페이지에서 볼 수 있다. https://china.usc.edu/robert-o%E2%80%99brien-chinese-communist-party%E2%80%99s-ideology-and-global-ambitions-june-24-2020; Christopher Wray, "The Threat Posed by the Chinese Government and the Chinese Communist Party to the Economic and National Security of the United States." 2020년 7월 7일 워싱턴 D.C.의 허드슨연구소에서 한 연설이며, 다음 웹페이지에서 볼 수 있다. https://www.fbi.gov/news/speeches/the-threat-posed-by-the-chinese-government-and-the-chinese-communist-party-to-the-economic-and-national-security-of-the-united-states; William P. Barr, "Remarks on China Policy." 2020년 7월 16일에 미시간의 포드박물관에서 한 연설이며, 다음 웹페이지에서 볼 수 있다. https://www.justice.gov/opa/speech/attorney-general-william-p-barr-delivers-remarks-china-policy-gerald-r-ford-presidential; and Mike Pompeo, "Communist China and the Free World's Future." 2020년 7월 24일에 캘리포니아 닉슨도서관에서 한 연설이며, 다음 웹페이지에서 볼 수 있다. https://www.rev.com/blog/transcripts/mike-pompeo-china-speech-transcript-july-23-at-nixon-library.

33. 다음을 참조하라. Stephen Roach, "America's Gang of Four Has Spoken, But It Doesn't Understand US-China Reality," CNN Opinion, August 4, 2020.

34. 다음을 참조하라. G. J. Meyer, *A World Undone: The Story of the Great War, 1914 to 1918* (New York: Random House, 2006); and Christopher Clark, *The Sleepwalkers: How Europe Went to War in 1914* (New York:

HarperCollins, 2012).

35. 다음을 참조하라. Allison, *Destined for War*.

36. 그 예로 가장 최근의 다음 베스트셀러를 참조하라. Elliot Ackerman and Admiral James Stavridis, *2034: A Novel of the Next World War* (New York: Penguin Press, 2021).

37. 다음을 참조하라. Joel Wuthnow and Phillip C. Saunders, *Chinese Military Reforms in the Age of Xi Jinping: Drivers, Challenges, and Implications*, Center for the Study of Chinese Military Affairs, National Defense University (Washington DC: National Defense University Press, March 2017).

38. 다음을 참조하라. Office of the Secretary of Defense, *Military and Security Developments Involving the People's Republic of China: 2020*, Annual Report to Congress, Washington DC, September 2020.

39. 다음을 참조하라. Shannon Bugos and Julia Masterson, "New Chinese Missile Silo Fields Discovered," *Arms Control Today*, Arms Control Association, September 2021.

40. 다음을 참조하라. Demetri Sevastopulo and Kathrin Hille, "China Tests New Space Capability with Hypersonic Missile," *Financial Times*, October 16, 2021.

41. 다음을 참조하라. Peter Martin, "U.S. General Likens China's Hypersonic Test to a 'Sputnik Moment,'" *Bloomberg*, October 27, 2021. 그러나 이것이 정말 밀리 장군이 주장했던 규모의 위협인지 여부는 따져봐야 할 문제다. 다음을 참조하라. Fareed Zakaria, "It's Not a 'Sputnik Moment' and We Should Not Feed Cold War Paranoia," *Washington Post*, October 38, 2021. 한편 중국은 새로운 미사일 기술을 시험하고 있다는 보도를 줄곧 부인해왔다. 다음을 참조하라. Yew Lun Tian, "China Denies Report of Hypersonic Missile Test, Says Tested Space Vehicle," Reuters, October 18, 2021.

42. 그 예로 다음을 참조하라. Geir Lundestad, "'Imperial Overstretch,' Mikhail Gorbachev, and the End of the Cold War," *Cold War History* 1, no. 1 (2000); Joseph S. Nye, "The Dialectics of Rise and Decline: Russia in Global Affairs Since the End of the Cold War," *Russia in Global Affairs*, October/November 2011; and Fred Weir, "Specter of New Arms Race Has Russia Recalling Soviets' Fate," *Christian Science Monitor*, February 27, 2019.

43. 다음을 참조하라. Paul Kennedy, "Whether China's Rise Means America's Fall," *The Economist*, September 1, 2021.

44. 오랜 외교 관례와 맞지 않게도, 중국 정부는 이 협정의 영어 번역본을 지금까지도 발표하지 않고 있다. 유일하게 확인할 수 있는 버전은 러시아 정부가 발행한 것뿐이다. 다음을 참조하라. President of Russia, "Joint Statement of the Russian Federation and the People's Republic of China on the International Relations Entering a New Era and the Global Sustainable Development," February 4, 2022, available at http://en.kremlin.ru/supplement/5770.

45. 다음을 참조하라. Ken Moritsugu, "China Calls Russia Its Chief 'Strategic Partner' Despite War," AP News, March 7, 2022.

46. 다음을 참조하라. Henry Kissinger, *On China* (New York: Penguin Books, 2011).

47. 푸틴의 발언들은 2005년 4월 25일 러시아 연방의회 연설에서 나왔다. 다음을 참조하라. Andrew Kuchins, "Europe's Last Geopolitician?" *Profil*, Carnegie Endowment for International Peace, May 9, 2005.

48. 다음을 참조하라. Sergey Radchenko, "Sergey Radchenko, an Expert on Russia's Foreign Relations, Writes on Its Evolving Friendship with China," *The Economist*, February 15, 2022.

49. 다음을 참조하라. Ministry of Foreign Affairs of the People's Republic of China, "Treaty of Good-Neighborliness and Friendly Cooperation between the People's Republic of China and the Russian Federation," July 24, 2001, available at https://www.fmprc.gov.cn/mfa_eng/wjdt_665385/2649_665393/200107/t20010724_679026.html.

50. 다음을 참조하라. Alison Smale and Michael D. Shear, "Russia Is Ousted from Group of 8 by U.S. and Allies," *New York Times*, March 24, 2014.

51. 다음을 참조하라. Wen Jiabao, "Carrying Forward the Five Principles of Peaceful Coexistence in the Promotion of Peace and Development," Speech by the Premier of China at Rally Commemorating the Fiftieth Anniversary of the Five Principles of Peaceful Coexistence, June 28, 2004, available at https://www.mfa.gov.cn/ce/cetur/eng/xwdt/t140777.htm.

52. 다음을 참조하라. Stephen Roach, "Only China Can Stop Russia," *Project Syndicate*, March 7, 2022.

53. 다음을 참조하라. A. A. Smith, *Revolution and the People in Russia and China* (Cambridge: Cambridge University Press, 2021); Andrew Radin et al., *China-Russia Cooperation: Determining Factors, Future Trajectories, Implications for the United States* (Santa Monica, CA: RAND Corporation,

2021); and Michael M. Walker, *The 1929 Sino-Soviet War: The War Nobody Knew* (Lawrence, KS: University Press of Kansas, 2017).

54. 다음을 참조하라. Sun Tzu, *The Art of War*, trans. Gary Gagliardi (Seattle, WA: Science of Strategy Institute/Clearbridge Publishing, 1999).

55. 다음을 참조하라. Stephanie Segal, Matthew Reynolds, and Brooke Roberts, "Degrees of Separation: A Targeted Approach to U.S.-China Decoupling," A Report of the CSIS Economics Program, October 2021.

56. 자료 출처: US Department of Commerce (Bureau of Economic Analysis).

57. 중국과 일본은 지난 수십 년 동안 미국 국채 보유국 1위와 2위 자리를 번갈아 차지해왔다. 자료 출처: US Department of the Treasury (Treasury International Capital [TIC] System).

58. 자료 출처: US Department of State (Bureau of Consular Affairs), "Report of the Visa Office 2020," available at https://travel.state.gov/content/travel/en/legal/visa-law0/visa-statistics/annual-reports/report-of-the-visa-office-2020.html.

59. 자료 출처: International Student Enrollment Statistics, https://educationdata.org/international-student-enrollment-statistics.

60. 다음을 참조하라. Eleanor Albert, "Will Easing of Student Visa Restrictions Rekindle China-US Exchanges?" *The Diplomat*, May 5, 2021.

61. 다음을 참조하라. Daniel H. Rosen and Lauren Gloudeman, "Understanding US-China Decoupling: Macro Trends and Industry Impacts," Report of the Rhodium Group and US Chamber of Commerce China Center, February 2021.

62. 자료 출처: World Bank Development Indicators.

63. 다음을 참조하라. Richard Baldwin, *The Great Convergence: Information Technology and the New Globalization* (Cambridge, MA: Harvard University Press, 2016).

64. 다음을 참조하라. Stephen S. Roach, "The Myth of Global Decoupling," *Project Syndicate*, January 3, 2020.

65. 다음을 참조하라. World Bank and World Trade Organization, *Global Value Chain Development Report 2019: Innovation, Supply Chain Trade, and Workers in a Globalized World* (Washington DC: World Bank, 2019).

66. 다음을 참조하라. David Autor, David Dorn, and Gordon Hanson, "On the Persistence of the China Shock," *Brookings Papers on Economic Activity* 2021, no. 2 (2021).

67. 다음을 참조하라. Roach, "The Myth of Global Decoupling."

68. 자료 출처: International Monetary Fund, *World Economic Outlook* database.

69. 다음을 참조하라. M. Ayhan Kose and Marco E. Terrones, *Collapse and Revival: Understanding Global Recessions and Recoveries*, International Monetary Fund, Washington DC, December 2015.

70. 2020년의 코로나19 충격은 글로벌 경기침체가 일어나더라도 일반적으로 상당한 수의 국가들은 그 충격에서 자유롭다는 통상적인 규칙에서 벗어나는 예외를 만들어냈다. 세계은행에 따르면 2020년 1인당 생산량 수축률은 세계 경제의 93퍼센트였는데, 이는 대공황 때인 1931년의 84퍼센트보다 높은 수치이며, 관련 기록이 시작된 1870년 이후로 가장 높다. 참고로 과거에 있었던 다섯 번(1958년, 1975년, 1982년, 1991년, 2009년)의 글로벌 경기침체 때의 평균은 46퍼센트였다. 다음을 참조하라. World Bank, *Global Economic Prospects*, June 2020.

7장

1. 다음을 참조하라. Glenn Kessler, "Trump's False or Misleading Claims Total 30,573 over 4 Years," *Washington Post*, January 24, 2021.

2. 자료 출처: FiveThirtyEight, https://projects.fivethirtyeight.com/trump-approval-ratings/; Laura Silver, Kat Devlin, and Christine Huang, "Most Americans Support Tough Stance toward China on Human Rights, Economic Issues," Pew Research Center, March 2021.

3. 다음을 참조하라. Nancy Bernkopf Tucker, "Strategic Ambiguity or Strategic Clarity?" in *Dangerous Strait*, ed. Nancy Bernkopf Tucker (New York: Columbia University Press, 2005), especially 186–212.

4. 2017년 1월 도널드 트럼프가 대통령 취임사에서 '미국 우선주의'를 강조했지만 이 용어는 그보다 오래전인 1940년대 초에 미국이 제2차 세계대전에 참전할 때 이미 나왔다. 그때 이 발상은 가장 불행한 반(反)유대주의 선례와 함께 등장했다. 다음을 참조하라. Donald Trump, "The Inauguration Speech," full text as published in *Politico*, January 20, 2017; and Krishnadev Calamur, "A Short History of 'America First,'" *The Atlantic*, January 21, 2017. 아울러 다음을 참조하라. Richard Haass, "The Age of America First: Washington's Flawed New Foreign Policy Consensus," *Foreign Affairs*, November/December 2021.

5. 중국에 대한 미국의 전략적 순진함에 대해서는 다음을 참조하라. Kurt M.

Campbell and Ely Ratner, "The China Reckoning: How Beijing Defied American Expectations," *Foreign Affairs*, March/April 2018. 러시아에 대한 미국과 유럽의 순진한 접근법을 다룬다는 점에서, 미국의 중국 전략과 비교할 수 있는 논쟁에 대해서는 다음을 참조하라. Michael R. Gordon, Bojan Pancevski, Noemie Bisserbe, and Marcus Walker, "Vladimir Putin's 20-Year March to War in Ukraine—and How the West Mishandled It," *Wall Street Journal*, April 1, 2022.

6. 다음을 참조하라. Donald J. Trump with Tony Schwartz, *Trump: The Art of the Deal* (New York: Ballantine Books, 1987).

7. Office of the US Trade Representative, Executive Office of the President, "Economic and Trade Agreement between the Government of the United States and the Government of the People's Republic of China," January 15, 2020, available at https://ustr.gov/about-us/policy-offices/press-office/press-releases/2020/january/economic-and-trade-agreement-between-government-united-states-and-government-peoples-republic-china.

8. 자료 출처: US Department of Commerce (Bureau of Economic Analysis).

9. 다음을 참조하라. Robert E. Lighthizer, "The President's 2020 Trade Policy Agenda," Testimony Before the House Committee on Ways and Means, June 17, 2020.

10. 다음을 참조하라. Chad P. Bown, "Anatomy of a Flop: Why Trump's US-China Phase One Trade Deal Fell Short," Peterson Institute for International Economics, *Trade and Investment Policy Watch* (blog), February 8, 2021.

11. 다음을 참조하라. Chad P. Bown, "US-China Phase One Tracker: China's Purchases of US Goods," Peterson Institute for International Economics, November 24, 2021.

12. 다음을 참조하라. Jim Tankersley and Mark Landler, "Trump's Love for Tariffs Began in Japan's '80s Boom," *New York Times*, May 15, 2019.

13. 자료 출처: US Department of Commerce (Bureau of Economic Analysis).

14. 트럼프는 중국이 2018~2020년까지 미국에 "수십억 달러의 관세"를 지불하고 있다는 잘못된 주장을 반복해서 했다. 그 예로 2020년 10월 22일에 조 바이든을 상대로 했던 대통령 후보 토론을 참조하라. 이 주장은 날카로운 질문에 구멍이 뚫렸고 학술적인 연구에 근거해 잘못된 것임이 입증되었다. 그 예로 다음을 참조하라. Mary Amiti, Stephen J. Redding, and David Weinstein,

"The Impact of the 2018 Trade War on US Prices and Welfare," NBER Working Paper No. 25672, March 2019; Pablo D. Fajgelbaum, Pinelopi K. Goldberg, Patrick J. Kennedy, and Amit K. Khandelwal, "The Return to Protectionism," NBER Working Paper No. 25638, March 2019; Alberto Cavallo, Gita Gopinath, Brent Neiman, and Jenny Tang, "Tariff Passthrough at the Border and at the Store: Evidence from US Trade Policy," University of Chicago BFI Working Paper, October 2019; and Aaron Flaaen and Justin Pierce, "Disentangling the Effects of the 2018 – 2019 Tariffs on a Globally Connected U.S. Manufacturing Sector," Federal Reserve Board, Finance and Discussion Series, December 2019.

15. 다음을 참조하라. Katherine Tai, "New Approach to the U.S. China Trade Relationship," Remarks delivered to Center for Strategic and International Studies (CSIS), Washington DC, October 4, 2021. 타이의 재평가에서 유일하게 새로운 결점은 미국 생산자나 노동자에게 해롭다고 생각되지 않는 제품에 대한 관세 면제를 허용한 '표적 관세 제외 프로세스'에 있었다. 현재 약 549개의 제외 품목이 유지되고 있으며(처음에는 2,200개 품목이었다) 새로운 미국무역대표부는 사례별로 판단해서 추가로 확장할 수 있다는 태도는 보인다. 다음을 참조하라. Office of the US Trade Representative, Executive Office of the President, "USTR Requests Comments on Reinstatement of Targeted Potential Exclusions of Products of China Subject to Section 301 Tariffs," October 5, 2021.

16. 다음을 참조하라. US Department of State, "Secretary Antony J. Blinken, National Security Advisor Jake Sullivan, Director Yang and State Councilor Wang at the Top of Their Meeting," Anchorage, Alaska, March 18, 2001, available at https://www.state.gov/secretary-antony-j-blinken-national-security-advisor-jake-sullivan-chinese-director-of-the-office-of-the-central-commission-for-foreign-affairs-yang-jiechi-and-chinese-state-councilor-wang-yi-at-th/.

17. '늑대 전사'라는 개념은 중국의 액션 영화에서 외국인 용병들을 쳐부수는 중국 인민해방군 특수부대에서 유래되었다. 이 영화 속 늑대 전사들은 외국의 외교 담당자들을 공격적으로 상대하는 중국의 외교 담당자들의 모습에 그대로 투영된다. 다음을 참조하라. Peter Martin, *China's Civilian Army: The Making of Wolf Warrior Diplomacy* (London: Oxford University Press, 2021).

18. 다음을 참조하라. Thomas Wright, "The US and China Finally Get Real with Each Other," *Order from Chaos* (blog), Brookings Institution, March 22,

2021.

19. 다음을 참조하라. Zhang Hui, "Chinese Diplomats Deal Vigorous Counterblows to Condescending US Representatives; Common Ground Hard to Reach on Contrasting Logistics," *Global Times* (China), March 19, 2021. 중국은 미국이 인권을 주장하는 것은 극단적인 위선이라고 믿으며 이에 대해 커다란 분노를 품어왔다. 다음을 참조하라. the State Council Information Office of the People's Republic of China, "The Report on Human Rights Violations in the United States in 2021," February 2022. available at http://english.scio.gov.cn/m/scionews/2022-02/28/content_78076572.htm. 중화인민공화국의 2021년 보고서에는 2018년에 트럼프가 시작했으며 2022년에 바이든 정부가 철폐한 '차이나 이니셔티브(China Initiative, 2018년 11월에 도널드 트럼프 대통령의 지시에 따라 중국발 국가 안보 위협에 대응하기 위해 만들어진 범정부 차원의 프로젝트-옮긴이)'가 명백하게 인종차별적이라는 특별한 언급이 담겨 있다. 여기에 대해서는 13장에서 자세하게 언급했다.

20. 미국은 2021년 12월에 위구르 강제노동방지법을 초당적인 의지를 모아서 제정하면서, 앵커리지에서의 날카로운 대치가 외교적인 제스처에 불과하다는 생각을 불식시킨다. 다음을 참조하라. Felicia Sonmez, "Biden Signs Uyghur Forced Labor Prevention Act into Law," *Washington Post*, December 23, 2021.

21. 다음을 참조하라. Stephen Roach, "Boxed In On China," *Project Syndicate*, March 23, 2021.

22. 다음을 참조하라. Barack Obama, "The TPP Would Let America, Not China, Lead the Way on Global Trade," *Washington Post*, May 2, 2016; and Mireya Solis, "The Containment Fallacy: China and the TPP," *Brookings Up Front*, May 24, 2013.

23. 중국의 화평굴기 개념은 현재 중국혁신개발전략연구소(CIIDS) 회장이자 세계화 논쟁의 주역인 정비지엔(郑必坚)과 폭넓게 연관돼 있다. 그 예로 다음을 참조하라. Zheng Bijian, *China's Peaceful Rise: Speeches of Zheng Bijian, 1997-2005* (Washington DC: Brookings Institution, 2005); and Zheng Bijian, "China's 'Peaceful Rise' to Great-Power Status," *Foreign Affairs*, September/October 2005. 화평굴기의 역사적 언급에 대한 폭넓은 관점을 알고 싶으면 다음을 참조하라. C. Raja Mohan, "Debating China's 'Peaceful Rise': The Rhyme of the Ancient Mariner," *Economic and Political Weekly* (Mumbai), August 2004.

24. 다음을 참조하라. Hillary Clinton, "America's Pacific Century," *Foreign*

Policy, October 2011.

25. 다음을 참조하라. Kurt M. Campbell, "Principles of US Engagement in the Asia-Pacific," testimony before the Subcommittee on East Asian and Pacific Affairs, Senate Foreign Relations Committee, US Congress, January 21, 2010.

26. 다음을 참조하라. "China Formally Applies to Join Asia Trade Deal Trump Abandoned," *Bloomberg News*, September 16, 2021.

27. 다음을 참조하라. Shannon Tiezzi, "Will China Actually Join the CPTPP?" *The Diplomat*, September 17, 2021.

28. 다음을 참조하라. "China Must Win Over Canada and Australia before Trade Pact Talks Can Start," *Financial Times*, September 19, 2021.

29. 2007년에 캠벨을 비롯해 클린턴 행정부와 오바마 행정부에서 국방부 고위 관료였던 미셸 플로노이(Michelle Flournoy)는 미국의 국가 안보 문제에 초점을 맞춘 싱크탱크인 신미국안보센터(Center for a New American Security)를 워싱턴 D.C.에서 공동으로 설립했다. 다음을 참조하라. Kurt M. Campbell, *The Pivot: The Future of American Statecraft in Asia* (New York: Hachette Book Group, 2016).

30. 다음을 참조하라. Kurt M. Campbell and Jake Sullivan, "Competition without Catastrophe: How America Can Both Challenge and Coexist with China," *Foreign Affairs*, September/October 2019.

31. 2021년에 일어난 중국의 정책 전환인 내부 규제 강화 및 공동부유는 미국을 직접 겨냥하지는 않았지만 '중국의 피벗'으로 해석되기도 했다. 다음을 참조하라. Kevin Rudd, "Xi Jinping's Pivot to the State," an address to the Asia Society, New York, September 8, 2021.

32. 다음을 참조하라. White House Briefing Room, "Joint Leaders Statement on AUKUS," September 15, 2021.

33. 그 예로 다음을 참조하라. David E. Sanger and Zolan Kanno-Youngs, "Biden Announces Defense Deal with Australia in a Bid to Counter China," *New York Times*, September 21, 2021; Walter Russell Mead, "Aukus Is the Indo-Pacific Pact of the Future," *Wall Street Journal*, September 27, 2021; and "AUKUS Reshapes the Strategic Landscape of the Indo-Pacific," Special Briefing, *The Economist*, September 25, 2021.

34. 다음을 참조하라. Ryan Hass, Ryan McElveen, and Robert D. Williams, eds., "The Future of US Policy towards China: Recommendations for the Biden Administration," Brookings John L. Thornton China Center and Yale Law

School's Paul Tsai China Center, November 2020.

35. 그 예로 다음을 참조하라. Stephen Ezell, "False Promises II: The Continuing Gap between China's WTO Commitments and Its Practices," International Technology & Innovation Foundation (ITIF), July 2021; Gregory Shaffer and Henry Gao, "China's Rise: How It Took on the U.S. at the WTO," *University of Illinois Law Review* 2018, no. 1 (January 2018); and Chad P. Bown, "China's WTO Entry: Antidumping, Safeguards, and Dispute Settlement," NBER Working Paper No. 13349, August 2007.

36. 다음을 참조하라. US Department of State, "Secretary Antony J. Blinken, National Security Advisor Jake Sullivan, Director Yang and State Councilor Wang at the Top of Their Meeting."

37. 오랫동안 미국은 중국 정책에 이름을 만들어서 붙이는 방식을 선호해왔다. 리처드 닉슨 시절부터 미국 정부는 중국을 '전략적 파트너(키신저)', '전략적 경쟁자(조지 W. 부시)', '책임 있는 이해관계자(로버트 졸릭)' 등이라고 불렀다. 다음을 참조하라. Richard Baum, "From 'Strategic Partners' to 'Strategic Competitors': George W. Bush and the Politics of U.S. China Policy," *Journal of East Asian Studies* 1, no. 2 (August 2001); and Robert B. Zoellick, "Whither China: From Membership to Responsibility?" Remarks to National Committee on U.S.-China Relations, New York, September 21, 2005. 그런데 오바마 정부 시절에는 전략적 확신이라는 필요성에 초점을 맞춰 이름 붙이기를 더욱 신중하게 했다. 돌이켜 생각해보면 이것은 트럼프 정부가 중국을 가리켜 노골적인 실존적 위협을 제기하는 수정주의 세력(마이크 폼페이오)이라고 전보다 훨씬 공격적으로 규정하게 된다는 암시였던 셈이다. 다음을 참조하라. James Steinberg, "The Obama Administration's Vision of the U.S.-China Relationship," speech before the Center for New American Security, Washington DC, September 24, 2009; and "National Security Strategy of the United States of America," White House, December 2017. 아울러 다음 연설을 참조하라. Pompeo, "Communist China."

38. 글로벌 금융위기로 촉발된 대규모 적자가 발생하기 이전 시점인 1962~2008년에 연방정부의 예산 적자 규모는 평균적으로 국내총생산의 2.7퍼센트였다. 다음을 참조하라. Congressional Budget Office, "The 2021 Long-Term Budget Outlook," March 2021.

39. 다음을 참조하라. Congressional Budget Office, "An Evaluation of CBO's Past Revenue Projections," Congress of the United States, August 2020.

40. 자료 출처: US Department of Commerce (Bureau of Economic Analysis).

41. 자료 출처: Bank for International Settlements, Broad Real Effective Exchange Rates, available at https://www.bis.org/statistics/eer.htm?m=6%7C381%7C676.

42. 다음을 참조하라. Stephen Roach, "A Crash in the Dollar Is Coming," *Bloomberg*, June 8, 2020.

43. 자료 출처: Bank for International Settlements, Broad Real Effective Exchange Rates.

44. 다음을 참조하라. Stephen Roach, "The End of the Dollar's Exorbitant Privilege," *Financial Times*, October 4, 2020; Matthew C. Klein and Michael Pettis, *Trade Wars Are Class Wars* (New Haven, CT: Yale University Press, 2020), chapter 6; and Barry Eichengreen, *Exorbitant Privilege: The Rise and Fall of the Dollar and the Future of the International Monetary System* (New York: Oxford University Press, 2012). 최근의 한 연구는 세계 외환보유액이 중국 위안화로 이동하는 초기 징후를 지적했다. 다음을 참조하라. Serkan Arslanalp, Barry Eichengreen, and Chima Simpson-Bell, "The Stealth Erosion of Dollar Dominance: Active Diversifiers and the Rise of Nontraditional Reserve Currencies," IMF Working Paper No. WP/22/58, March 2022.

45. 그 예로 다음을 참조하라. Robert Kagan, "Our Constitutional Crisis Is Already Here," *Washington Post*, September 23, 2021; Steven Levitsky and Daniel Ziblatt, *How Democracies Die* (New York: Crown, 2018); Martin Wolf, "The Strange Death of American Democracy," *Financial Times*, September 28, 2021; and Peter Grier, "'If You Can Keep It': Where Next for a Strained Democracy," *Christian Science Monitor*, March 29, 2021.

46. 다음을 참조하라. Dan Zak, "Whataboutism: The Cold War Tactic, Thawed by Putin, Is Brandished by Donald Trump," *Washington Post*, August 18, 2017; Melissa Mehr, "When Politicians Resort to 'Whataboutism,'" *Christian Science Monitor*, February 4, 2021.

47. 다음을 참조하라. Alexa Lardieri, "Just 16 Percent Says U.S. Democracy Is Working, Poll Finds," *U.S. News and World Report*, February 8, 2021.

48. 다음을 참조하라. Elizabeth D. Samet, *Looking for the Good War: American Amnesia and the Violent Pursuit of Happiness* (New York: Farrar, Straus and Giroux, 2021).

49. 다음을 참조하라. Steven Pinker, *The Blank Slate: The Modern Denial of Human Nature* (New York: Penguin Books, 2003); Otto Rank, "Love,

Guilt, and the Denial of Feelings (1927)," chapter 11 in *A Psychology of Difference: The American Lectures*, ed. Robert Kramer (Princeton, NJ: Princeton University Press, 1996); and Andrew E. Monroe and E. Ashley Plant, "The Dark Side of Morality: Prioritizing Sanctity over Care Motivates Denial of Mind and Prejudice toward Sexual Outgroups," *Journal of Experimental Psychology* (American Psychological Association) 148, no. 2 (February 2019).

50. 자료 출처: US Department of Commerce (Bureau of Economic Analysis). 미국 경제에서 노동분배율이 줄어드는 현상을 설명하는 자료로는 다음을 참조하라. Gene M. Grossman and Ezra Oberfeld, "The Elusive Explanation for the Declining Labor Share," NBER Working Paper No. 29165, August 2021.

51. 그 예로 다음을 참조하라. Aditya Aladangady and Kelsey O'Flaherty, "How Much Does Home Equity Extraction Matter for Spending?" *FEDS Notes*, Board of Governors of the Federal Reserve System, May 2020; John V. Duca and Anil Kumar, "Financial Literacy and Mortgage Equity Withdrawals," Federal Reserve Bank of Dallas, Working Paper No. 1110, August 2011; and Alan Greenspan and James Kennedy, "Sources and Uses of Equity Extracted from Homes," Finance and Economics Discussion Series, Board of Governors of the Federal Reserve System, March 2007.

52. 자료 출처: US Department of Commerce (Bureau of Economic Analysis).

53. 다음을 참조하라. Richard C. Koo, *Balance Sheet Recession: Japan's Struggle with Uncharted Economics and Its Global Implications* (New York: John Wiley & Sons, 2003).

54. 다음을 참조하라. Congressional Budget Office, "The 2021 Long-Term Budget Outlook," March 2021.

55. 2007년 글로벌 금융위기 직전에 당시 시티그룹(Citigroup)의 CEO였던 척 프린스(Chuck Prince)가 〈파이낸셜 타임스〉 인터뷰에서 "음악이 흐르는 한 일어나서 춤을 춰야 한다"라고 말한 일화는 유명하다. 다음을 참조하라. Michiyo Nakamoto and David Wighton, "Citigroup Chief Stays Bullish on Buy-Outs," *Financial Times*, July 9, 2007. 다음을 참조하라. Ronald W. Reagan, "Remarks at the Presentation Ceremony for the Presidential Medal of Freedom," White House, January 19, 1989.

56. 그 예로 다음을 참조하라. Robert Shapiro, "What the U.S. Loses When

Americans Save Too Much," *The Atlantic*, June 26, 2021; Paul Krugman, "The Paradox of Thrift— For Real," *New York Times*, July 7, 2009; and E. Katarina Vermann, "Wait, Is Saving Good or Bad? The Paradox of Thrift," Federal Reserve Bank of St. Louis, *Page One Economics*, May 2012.

8장

1. 다음을 참조하라. Anne Marie-Brady, "Guiding Hand: The Role of the CCP Central Propaganda Department in the Current Era," *Westminster Papers in Communication and Culture* 3, no. 1 (2006). 아울러 다음을 참조하라. David Shambaugh, "China's Propaganda System: Institutions, Processes and Efficacy," *China Journal*, January 2007.

2. 다음을 참조하라. Katie Hunt and CY Xu, "China 'Employs 2 Million to Police the Internet,'" CNN, October 7, 2013.

3. 최근의 한 연구는 중국에서 23개나 되는 개별 조직이(이들은 각각 당이나 국무원이나 인민해방군에 소속되어 있다) 국가 선전 활동에 참여하는 것으로 추정한다. 다음을 참조하라. Atlantic Council Digital Forensic Research Lab (DFRLab) and Scowcroft Center for Strategy and Security, "Chinese Discourse Power: China's Use of Information Manipulation in Regional and Global Competition," December 2020.

4. 그 예로 다음을 참조하라. Geremie R. Barme and Sang Ye, "The Great Firewall of China," *Wired*, June 1, 1997; James Griffiths, *The Great Firewall of China: How to Build and Control an Alternative Version of the Internet* (London: Zed Books, 2019).

5. Express News Service, "China Blocks Indian Media Websites, INS Seeks Govt Action," *Indian Express*, July 2, 2020.

6. 다음을 참조하라. Freedom House, "China's Information Isolation, New Censorship Rules, Transnational Repression," China Media Bulletin 151, February 2021.

7. 세계자유지수는 프리덤 하우스 표본에 있는 각 국가의 개인적 자유와 시민적 자유와 경제적 자유를 포착하기 위한 대략 25개의 시민적 자유와 정치적 권리 지표로 구성된다. 다음을 참조하라. Sarah Repucci and Amy Slipowitz, "Democracy under Siege," *Freedom in the World 2021* (New York: Freedom House, 2021).

8. 중국의 소셜미디어 플랫폼은 시진핑 이전의 초기에 민감한 정치적 문제(폭동, 거리 폭력, 노동자 파업, 반일 시위)나 지역에 있는 당 간부들의 부패 혐의 같

은 여러 중대한 문제에 대해 활발한 토론이 진행되는 것을 허용했다. 이는 중국에서 위챗에 이어 두 번째로 큰 소셜미디어 플랫폼에 전체 게시물의 약 95퍼센트를 차지하는, 2009년부터 2013년까지 약 132억 개의 시나웨이보 게시물에 대한 철저한 경험적 연구에 따른 결론이었다. 다음을 참조하라. Bei Qin, David Stromberg, and Yanhui Wu, "Why Does China Allow Freer Social Media? Protests versus Surveillance and Propaganda," *Journal of Economic Perspectives* 31, no. 1 (Winter 2017). 2013년까지 이뤄진 이 연구는 "더 엄격한 정권(시진핑 정부)이 우리가 연구하는 민감한 주제를 다루는 게시물을 검열한다고 해봐야 이런 시도가 정권에 이익이 되지 않는다는 사실을 발견했다"라는 선견지명을 내놓았다. 물론 이런 결론은 머지않아서 바뀌었다.

9. 다음을 참조하라. Brendan Forde, "China's 'Mass Line' Campaign," *The Diplomat*, September 9, 2013.

10. 자료 출처: James Mulvenon, "'Comrade, Where's My Military Car?' Xi Jinping's Throwback Mass-Line Campaign to Curb PLA Corruption," *China Leadership Monitor*, no. 42 (Fall 2013); Noel Irwin Hentschel, "Good Guy Xi Jinping, President of China, Confronts Bad Habits and Ugly Vices: Calls for Virtues and Caring Hospitality, East and West," *Huffpost*, January 23, 2014; and Hou Wei, "The Mass Line and the Reconstruction of Legitimacy of the Communist Party of China in the New Era," *Advances in Social Science, Education, and Humanities Research* (Atlantis Press), vol. 345 (2019).

11. 미국은 생활 방식이 지나치게 물질주의적이라는 이유로 오랫동안 비난을 받아왔다. 그 예로 다음을 참조하라. John Kenneth Galbraith, *The Affluent Society* (New York: Houghton Mifflin, 1958); Juliet B. Schor, *The Overspent American: Why We Want What We Don't Need* (New York: Harper Perennial, 1998); and Rebecca Mead, "What Rampant Materialism Looks Like, and What It Costs," *New Yorker*, August 9, 2017.

12. 다음을 참조하라. Dan Levin, "China Revives Mao-Era Self-Criticism, but This Kind Bruises Few Egos," *New York Times*, December 20, 2013; Shannon Tiezzi, "The Mass Line Campaign in the 21st Century," *The Diplomat*, December 27, 2013; Paul Gewirtz, "Xi, Mao, and China's Search for a Usable Past," *ChinaFile*, January 14, 2014.

13. 다음을 참조하라. Elsa Kania, "The Right to Speak: Discourse and Chinese Power," Center for Advanced China Research, Washington DC, November 27, 2018.

14. 다음을 참조하라. Atlantic Council Digital Forensic Research, "Chinese Discourse Power."

15. 그전의 중국의 담론 권력 사용에 대한 논의로는 다음을 참조하라. Wang Hung-jen, "Contextualizing China's Call for Discourse Power in International Politics," *China: An International Journal* 13, no. 3 (December 2015). 아울러 다음을 참조하라. Kejin Zhao, "China's Rise and Its Discursive Power Strategy," *Chinese Political Science Review* (2016).

16. 다음을 참조하라. Marshall McLuhan, *Understanding Media: The Extensions of Man* (New York: McGraw Hill, 1964).

17. 일대일로는 또 하나의 마셜 플랜이 아니다. 게다가 이것은 중국에서 독창적으로 창안하거나 구상한 것도 아니다. 사실 아시아 지역의 인프라 격차는 아시아개발은행과 세계은행이 이미 여러 해 전부터 강조하던 것이었다. 시진핑은 2013년 초에 이 아이디어를 떠올렸고 일대일로를 아시아 성장 잠재력을 높이기 위한 그의 전망과 헌신에 대한 개인적인 성명으로 바꾸었다. 브랜드화된 이 담론은 실크로드 펀드와 아시아 인프라 투자은행(AIIB)이라는 양 날개를 각각 2014년과 2016년에 출범시키면서(이 둘은 모두 베이징에 본부를 두고 있다) 금융 인프라가 강화됐다. AIIB는 현재 100개 이상의 회원국이 참여하는 다자간 기관으로 미국과 일본이 가입하길 거부했지만 일대일로에 대한 세계적인 지지에 버금가는 지지를 제공한다. 주기적으로 세간의 이목을 끄는 글로벌 일대일로 회의는 시진핑의 글로벌 브랜드 이미지 구축에 힘을 보탰다. 다음을 참조하라. "Will China's Belt and Road Initiative Outdo the Marshall Plan?" *The Economist*, March 10, 2018; Simon Chen and Wilson Chan, "A Comparative Study of the Belt and Road Initiative and the Marshall Plan," *Palgrave Communications* 4 (2018); Asian Development Bank, *Annual Report 2010: Volume 1*, Manila, 2011; Asian Development Bank, *Meeting Asia's Infrastructure Needs*, Manila, 2017; Luis Andres, Dan Biller, and Matias Herrera Dappe, "Reducing Poverty by Closing South Asia's Infrastructure Gap," World Bank, Washington DC, December 2013; and Jonathan E. Hillman, "A 'China Model?' Beijing's Promotion of Alternative Global Norms and Standards," testimony before the US-China Economic and Security Review Commission, Center for Strategic and International Studies (CSIS), March 13, 2020.

18. 다음을 참조하라. Richard Turcsanyi and Eva Kachlikova, "The BRI and China's Soft Power in Europe: Why Chinese Narratives (Initially) Won," *Journal of Current Chinese Affairs* 49, no. 1 (2020).

19. 다음을 참조하라. Julie T. Miao, "Understanding the Soft Power of China's Belt and Road Initiative through a Discourse Analysis in Europe," *Regional Studies, Regional Science* 8, no. 2 (2021).

20. 다음을 참조하라. Madi Sarsenbayev and Nicolas Veron, "European versus American Perspectives on the Belt and Road Initiative," *China & World Economy* 28, no. 2 (2020).

21. 그 예로 다음을 참조하라. Policy Planning Staff, Office of the Secretary of State, "The Elements of the China Challenge," Washington DC, November 2020; Jacob J. Lew and Gary Roughead (Chairs), "China's Belt and Road: Implications for the United States," Council on Foreign Relations Independent Task Force Report No. 79, 2021; Parag Khanna, "Washington Is Dismissing China's Belt and Road. That's a Huge Mistake," *Politico Magazine*, April 30, 2019; and Syed Munir Khasru, "China Tries to Win Over Critics of the New Silk Road," World Economic Forum Global Agenda, May 29, 2019.

22. 그 예로 다음을 참조하라. Daniel R. Russel and Blake H. Berger, "Weaponizing the Belt and Road Initiative," Asia Society Policy Institute, September 2020; Christopher Mott, "China's Belt and Road Initiative: Is It Really a Threat?" *National Interest*, February 18, 2020; Sara Hsu, "Is China's Belt and Road Initiative a Threat to the US?" *The Diplomat*, May 22, 2021.

23. 일대일로에 대한 미국의 반응은 바이든 정부 초기부터 달라지기 시작했다. 2021년 초에 영국에서 열린 G7 회의에서 미국은 '더 나은 재건(Build Back Better World, B3W)'을 제시하며 일대일로에 대항하는 데 앞장섰다. 이것은 비록 세부적인 사항은 모호하지만 저소득국가 및 중진국에 약 40조 달러 규모의 인프라를 지원하는 것을 목표로 했다. 그런데 이것은 애초에 중국 없이 범지역적인 아시아 무역 자유화를 특징으로 했던 이전의 환태평양경제동반자협정(TPP)과 마찬가지로 개발도상국의 인프라 격차를 해결하는 데 TPP의 공식을 적용하는 것을 목표로 삼았던 것 같다. 다음을 참조하라. White House Briefing Room, "FACT SHEET: President Biden and G7 Leaders Launch Build Back Better World (B3W) Partnership," June 12, 2021, available at https://www.whitehouse.gov/briefing-room/statements-releases/2021/06/12/fact-sheet-president-biden-and-g7-leaders-launch-build-back-better-world-b3w-partnership/.

24. 다음을 참조하라. Robert Greene and Paul Triolo, "Will China Control

the Global Internet via Its Digital Silk Road?" Carnegie Endowment for International Peace, SUPCHINA, May 8, 2020.

25. 다음을 참조하라. E. John Gregory, "Control Issues Are Feeding China's 'Discourse Power' Project," *National Interest*, August 2018.

26. 다음을 참조하라. Eamon Barrett, "Broadcasting Rights, Ticket Sales, Sponsorships: NBA's Hong Kong Crisis Risks Its Massive China Business," *Fortune*, October 10, 2019.

27. 그와 동시에 르브론 제임스는 트위터를 지나치게 많이 한다는 비난을 받았다. 다음을 참조하라. Candace Buckner, "LeBron James's Tweet on Glenn Consor: An Eagerness to Judge and a Reluctance to Think," *Washington Post*, January 7, 2022.

28. 다음을 참조하라. Ben Cohen, "China Standoff Cost the NBA 'Hundreds of Millions,'" *Wall Street Journal*, February 16, 2020.

29. 다음을 참조하라. William D. O'Connell, "Silencing the Crowd: China, the NBA, and Leveraging Market Size to Export Censorship," *Review of International Political Economy*, March 29, 2021. 이 이야기의 흥미로운 반전은 2021년 10월에 일어났다. 보스턴 셀틱스의 센터인 에네스 캔터(Enes Kanter)가 시진핑을 비하하는 발언을 한 뒤에 중국이 보스턴 셀틱스의 농구 경기의 생중계를 중단한 것이다. 다음을 참조하라. Jacob Knutson, "China Pulls Celtic Games after Enes Kanter Criticizes Xi Jinping," *Axios*, October 21, 2021. 중국은 셀틱스의 경기를 중계하지 않았지만 캔터에 대한 반응은 대릴 모리의 경우보다 훨씬 덜 극단적이었다. 그러다 11월에는 자기 이름에 'Freedom(자유)'을 추가한 캔터가 팀에서 방출되어 휴스턴 로키츠로 이적했으며 2022년 2월에는 셀틱스의 경기가 중국 시청자들에게 생중계되었다. 다음을 참조하라. Dan McLaughlin, "Chinese Media Gloat about PRC Influence on the NBA as Enes Kanter Freedom Is Cut," *National Review*, February 13, 2022.

30. 다음을 참조하라. "Cambridge University Press Battles Censorship in China," *The Economist*, August 26, 2017.

31. 다음을 참조하라. Simon Denyer, "Gap Apologizes to China over Map on T-shirt that Omits Taiwan, South China Sea," *Washington Post*, May 15, 2018.

32. 다음을 참조하라. Bailey Vogt, "ESPN Memo Bans Discussion of Hong Kong Conflict in Wake of China, Houston Rockets Tensions," *Washington Post*, October 9, 2019.

33. 다음을 참조하라. Tufayel Ahmed, "Batman Poster Accused of Supporting Hong Kong Protests, Chinese Fans Threaten DC Comics Boycott," *Newsweek*, November 28, 2019.

34. 다음을 참조하라. Matt Apuzzo, "Pressured by China, E.U. Softens Report on Covid-19 Disinformation," *New York Times*, April 24, 2020.

35. 다음을 참조하라. "H&M, Nike Face Boycotts in China as Xinjiang Dilemma Deepens," *Bloomberg News*, March 25, 2021.

36. 다음을 참조하라. Liza Lin and Stu Woo, "It's China vs. Walmart, Latest Western Brand Entangled in Human Rights Dispute," *Wall Street Journal*, January 2, 2022.

37. 다음을 참조하라. Tom Uren, Elise Thomas, and Dr. Jacob Wallis, "Tweeting through the Great Firewall: Preliminary Analysis of PRC-Linked Information Operations on the Hong Kong Protests," Australian Strategic Policy Institute, September 2019; and Atlantic Council Digital Forensic Research, "Chinese Discourse Power."

38. 다음을 참조하라. Tom Cotton, "Coronavirus and the Laboratories in Wuhan," *Wall Street Journal*, April 21, 2020. 코튼 상원의원이 그 사건 전후에 했던 주장은 그가 애초에 했던 실험실 유출 주장의 진실성을 의심스럽게 만들었다. 그 예로 다음을 참조하라. Paulina Firozi, "Tom Cotton Keeps Repeating a Coronavirus Fringe Theory that Scientists Have Disputed," *Washington Post*, February 17, 2020; Glenn Kessler, "Timeline: How the Wuhan Lab-Leak Theory Suddenly Became Credible," *Washington Post*, May 25, 2021; and Olafimihan Oshin, "Washington Post Issues Correction on 2020 Report on Tom Cotton, Lab-Leak Theory," *The Hill*, June 1, 2021.

39. 다음을 참조하라. Jeff Kao and Mia Shuang, "How China Built a Twitter Propaganda Machine Then Let It Loose on Coronavirus," ProPublica, March 26, 2020.

40. 다음을 참조하라. Atlantic Council Digital Forensic Research, "Chinese Discourse Power."

41. 다음을 참조하라. Marcel Schliebs, Hannah Bailey, Jonathan Bright, and Philip N. Howard, "China's Public Diplomacy Operations: Understanding Engagement and Inauthentic Amplification of PRC Diplomats on Facebook and Twitter," DemTech Working Paper, Oxford Internet Institute, University of Oxford Programme on Democracy and Technology, May 2021.

42. 다음을 참조하라. Jessica Batke and Mareike Ohlberg, "Message Control: How a New For-Profit Industry Helps China's Leaders 'Manage Public Opinion,'" *ChinaFile*, December 20, 2020.

43. 다음을 참조하라. Gary King, Jennifer Pan, and Margaret E. Roberts, "How the Chinese Government Fabricates Social Media Posts for Strategic Distraction, Not Engaged Argument," *American Political Science Review* 111, no. 3 (2017).

44. 다음 연설을 참조하라. Xi Jinping, "Speech at a Ceremony Marking the Centenary of the Communist Party of China," July 1, 2021.

45. 다음을 참조하라. Deng Xiaoping, "Emancipate the Mind, Seek Truth from Facts, Unite and Look Forward," speech before the Central Party Work Conference, December 13, 1978.

46. 다음을 참조하라. Ann Florini, Hairong Lai, and Yeling Tan, *China Experiments: From Local Innovation to National Reform* (Washington DC: Brookings Institution, 2012).

47. 다음을 참조하라. David Volodzko, "China's Biggest Taboos: The Three Ts," *The Diplomat*, June 23, 2015.

48. 또 한 가지 분명한 사실은 중국의 검열은 시진핑이 개인적으로 민감하게 여기는 것도 보호하려고 나서는데, 예를 들면 곰돌이 푸 캐릭터가 시진핑과 닮았다는 이야기가 온라인에 등장하지 않도록 철저하게 막는다. 다음을 참조하라. Benjamin Haas, "China Bans Winnie the Pooh Film after Comparisons to President Xi," *The Guardian*, August 6, 2018.

49. 다음을 참조하라. Josh Ye, "China Tightens Great Firewall by Declaring Unauthorized VPN Services Illegal," *South China Morning Post,* January 23, 2017.

50. 그 예로 다음을 참조하라. Kerry Brown, "China and Self-Censorship," in Michael Natzler, ed., *UK Universities and China*, HEPI Report 132, July 2020; Simon K. Zhen, "An Explanation of Self-Censorship in China: The Enforcement of Social Control through a Panoptic Infrastructure," *Inquiries Journal/Student Pulse* 7, no. 9 (September 2015); and Jingrong Tong, "Press Self-Censorship in China: A Case Study of the Transformation of Discourse," *Discourse & Society* 20, no. 5 (September 2009).

51. 다음을 참조하라. Richard McGregor, *The Party: The Secret World of China's Communist Rulers* (New York: HarperCollins, 2010).

52. 중국공산당 100주년이었던 2021년 7월에 서방에서 상당한 논쟁이 있었다. 이 논쟁은 100년 역사에 대한 시진핑 중심의 평가로 귀결된다. 그 예로 다음을 참조하라. Orville Schell, "Life of the Party: How Secure Is the CCP," *Foreign Affairs*, July/August 2021; Ian Johnson, "A Most Adaptable Party," *New York Review*, July 2021; and Isaac Chotiner, "Reconsidering the History of the Chinese Communist Party," *New Yorker*, July 22, 2021.

53. 그 예로 다음을 참조하라. Timothy Snyder, "The American Abyss," *New York Times Magazine*, January 9, 2021; John W. Dean and Bob Altemeyer, *Authoritarian Nightmare: Trump and His Followers* (New York: Melville House, 2020); and Karen Stenner and Jessica Stern, "How to Live with Authoritarians," *Foreign Policy*, February 11, 2021.

54. 그 예로 다음을 참조하라. Adrian Shahbaz, "Freedom on the Net 2018: The Rise of Digital Authoritarianism: Fake News, Data Collection, and the Challenge to Democracy," Freedom House, October 2018; Alina Polyakova and Chris Meserole, "Exporting Digital Authoritarianism: The Russian and Chinese Models," Brookings Institution, August 2019; Tiberiu Dragu and Yonatan Lupu, "Digital Authoritarianism and the Future of Human Rights," *International Organization* 75, no. 4 (February 2021).

55. 다음을 참조하라. George Orwell, *Nineteen Eighty-Four* (London: Secker & Warburg, 1949).

56. 그 예로 다음을 참조하라. Quinn P. Dauer, "The Digital Polarization Initiative: Teaching History and Information Literacy," *Perspectives on History*, American Historical Association, October 2019; and Constella, "Polarization as an Emerging Source of Digital Risk: Case Study: Spain."

57. 그 예로 다음을 참조하라. Keith Hagey and Jeff Horwitz, "The Facebook Files: Facebook Tried to Make Its Platform a Healthier Place. It Got Angrier Instead," *Wall Street Journal*, September 15, 2021; Paul M. Barrett, Justin Hendrix, and J. Grant Sims, "Fueling the Fire: How Social Media Intensifies U.S. Political Polarization—And What Can Be Done About It," NYU Stern Center for Business and Human Rights, September 2021; and Steve Rathje, Jay Van Bavel, and Sander van der Linden, "Why Facebook Really, Really Doesn't Want to Discourage Extremism," *Washington Post*, July 13, 2021.

58. 다음을 참조하라. Aldous Huxley, *Brave New World* (London: Chatto & Windus, 1932).

9장

1. 자료 출처: 다음의 자료를 토대로 한 저자의 계산이다. National Bureau of Statistics (China).

2. 자료 출처: International Monetary Fund, *World Economic Outlook* database.

3. 자료 출처: International Monetary Fund, *Fiscal Monitor*, October 2021, Methodological and Statistical Appendix.

4. 자료 출처: National Bureau of Statistics (China).

5. 자료 출처: US Department of Commerce (Bureau of Economic Analysis).

6. 자료 출처: World Bank Development Indicators.

7. 다음을 참조하라. James S. Duesenberry, *Income, Saving, and the Theory of Consumer Behavior* (Cambridge, MA: Harvard University Press, 1949); and Milton Friedman, "The Permanent Income Hypothesis," in Milton Friedman, ed., *A Theory of the Consumption Function* (Princeton, NJ: Princeton University Press, 1957), 20–37.

8. 자료 출처: National Bureau of Statistics (China).

9. 2019년 중국의 노동분배율은 브릭스(BRICS, 브라질, 러시아, 인도, 중국, 남아프리카공화국)에 속하는 다른 나라들보다 약 6퍼센트 높았지만 미국, 일본, 독일, 영국을 합친 것보다 약 2퍼센트 낮았다. 자료 출처: Penn World Tables Version 10.0, available at www.ggdc.net/pwt.

10. 다음을 참조하라. Alan Greenspan and James Kennedy, "Sources and Uses of Equity Extracted from Homes," Finance and Economics Discussion Series, Federal Reserve Board, March 2007.

11. 자료 출처: 다음 자금 순환 자료를 토대로 한 저자의 계산이다. National Bureau of Statistics (China).

12. 자료 출처: 다음 자료를 토대로 한 저자의 계산이다. National Bureau of Statistics (China).

13. 자료 출처: National Bureau of Statistics (China) and World Bank Development Indicators.

14. 자료 출처: National Bureau of Statistics (China).

15. 중국의 도시화 과제에 대한 비판적인 평가에 대해서는 다음을 참조하라. Scott Rozelle and Natalie Hell, *Invisible China: How the Urban-Rural Divide Threatens China's Rise* (Chicago: University of Chicago Press, 2020).

16. 리커창은 2013년에 총리가 되는데 2012년 가을에 그는 "도시화의 쟁점과 서비스 산업의 쟁점은 밀접하게 연결되어 있다"라고 강조했다. 다음을 참조하라. Li

Keqiang, "Promoting Coordinated Urbanization—An Important Strategic Choice for Achieving Modernization," speech delivered at a seminar sponsored by the National Development and Reform Commission, September 7, 2012.

17. 자료 출처: Flow-of-funds accounts, National Bureau of Statistics (China); and US Department of Commerce (Bureau of Economic Analysis).

18. 다음을 참조하라. Longmei Zhang, Ray Brooks, Ding Ding, Hayan Ding, Hui He, Jing Lu, and Rui C. Mano, "China's High Saving: Drivers, Prospects, and Policies," IMF Working Paper No. 18/277, December 2018.

19. 자료 출처: International Monetary Fund, "People's Republic of China: Selected Issues," August 2017.

20. 다음을 참조하라. Arthur Kennickell and Anamaria Lusardi, "Disentangling the Importance of the Precautionary Saving Motive," Federal Reserve Board Discussion Paper, November 2005; and Ricardo J. Caballero, "Consumption Puzzles and Precautionary Saving," *Journal of Monetary Economics* 58, no. 2 (1990).

21. 다음을 참조하라. Dezhu Ye, Shuang Pan, Yujun Lian, and Yew-Kwang Ng, "Culture and Saving: Why Do Asians Save More?" *Singapore Economic Review* 66, no. 3 (February 2020).

22. 그 예로 다음을 참조하라. Junsen Zhang, "The Evolution of China's One-Child Policy and Its Effects on Family Outcomes," *Journal of Economic Perspectives* 31, no. 1 (Winter 2017); Gu Baochang, Wang Feng, Guo Zhigang, and Zhang Erli, "China's Local and National Fertility Policies at the End of the Twentieth Century," *Population and Development Review* 33, no. 1 (March 2007); and Barbara H. Settles and Xuewen Sheng, "The One-Child Policy and Its Impact on Chinese Families," based on a paper prepared for the XV World Congress of Sociology, Brisbane, Australia, July 7 – 13, 2002.

23. 노년부양비를 60퍼센트로 추정한 것은 UN 인구통계학자들의 중위 추계 (medium variant) 추정을 토대로 한 것이다. 다음을 참조하라. United Nations, *World Population Prospects 2019*, UN Department of Economic and Social Affairs, Population Division, 2019. 중국의 2021년 인구 자료 발표는 2022년 1월 17일 국가 경제 통계 발표에 묻혔다. 총인구 1,412만 600명은 2020년보다 겨우 448만 명(0.034퍼센트) 높은 수치이며 인구 증가는 5년 연속 급격하게 감소하고 있다. 연간 증가율은 1961년의 마이너스 0.6퍼센트를 기록

한 이후로 가장 낮았다. 1960년에는 마이너스 1.5퍼센트를 기록했는데 1960년
과 1961년의 인구 감소는 모두 대기근 상황에서 발생했다. 자료 출처: National
Bureau of Statistics (China).

24. 그 예로 다음을 참조하라. Pat Howard, "Rice Bowls and Job Security: The
Urban Contract Labour System," *Australian Journal of Chinese Affairs*
25 (January 1991); Larry Liu, "Capitalist Reform, the Dismantling of the
Iron Rice Bowl and Land Expropriation in China: A Theory of Primitive
Accumulation and State Power," *Sociology Mind* 5, no. 1 (January 2015);
and Lein-Lein Chen and John Devereux, "The Iron Rice Bowl: Chinese
Living Standards 1952–1978," *Comparative Economic Studies* 59, no. 3
(September 2017).

25. 그 예로 다음을 참조하라. Hui He, Feng Huang, Zheng Liu, and Dongming
Zhu, "Breaking the 'Iron Rice Bowl': Evidence of Precautionary Savings
from the Chinese State-Owned Enterprises Reform," Federal Reserve
Bank of San Francisco Working Paper Series, No. 2014-04, November
2017; Daniel Berkowitz, Hong Ma, and Shuichiro Nishioka, "Recasting
the Iron Rice Bowl: The Reform of China's State-Owned Enterprises,"
Review of Economics and Statistics 99, no. 4 (October 2017); and Chang-
Tai Hsieh and Zheng Song, "Grasp the Large, Let Go of the Small: The
Transformation of the State Sector in China," *Brookings Papers on
Economic Activity* 2015, no. 1 (2015).

26. 중국은 2021년 7월 20일에 1가구 2자녀 정책을 공식적으로 해제하고 자녀를
세 명까지 낳을 수 있게 했다. 다음을 참조하라. Xinhua News Agency, "About
Optimizing the Maternity Policy: The Decision to Promote the Long-
term Balanced Development of the Population," June 26, 2021, decision
of the Central Committee of the Communist Party of China and the State
Council, available at http://www.xinhuanet.com/politics/zywj/2021-
07/20/c_1127675462.htm.

27. 다음을 참조하라. Waiyee Yip, "China: The Men Who Are Single and the
Women Who Don't Want Kids," BBC News, May 25, 2021. 그동안 양육비가
가족 규모 확대에 큰 제약이었다는 우려에 민감하게 반응한 중국 정부는 최근에
자녀를 세 명까지 출산하도록 장려하고 3세 미만 자녀의 양육비에 대해서는 세
액을 공제하는 정책을 시행하고 있다. 다음을 참조하라. Yew Lun Tian, "China
to Allow Tax Deduction for Care of Small Children to Help Boost Births,"
Reuters, July 20, 2021.

28. '고변이 대안(high-variant alternative, 이것은 UN의 중간 변이 기준선보다 0.5명 높은 합계 출산율을 모델링한 것이다)' 아래서 중국의 노년부양비는 기준선 궤적에 미치지 못하고 2055년에 정점을 찍을 것이다. 이것은 다음을 토대로 한 저자의 계산이다. United Nations, *World Population Prospects* 2019.

29. 다음을 참조하라. Rozelle and Hell, *Invisible China*.

30. 2016년에 중국 국무원은 도시 근로자 기본의료보험, 농촌 주민을 위한 새로운 협동의료제도, (어린이, 노인, 자영업자 등을 대상으로 하는) 도시 거주자 기본의료보험이라는 세 가지 공공 의료보험 프로그램을 통합한다고 발표했다. 인구의 95퍼센트 이상이 세 가지 보험 가운데 하나의 보장을 받는다. 다음을 참조하라. Julie Shi and Gordon Liu, "Health Insurance and Payment System Reform in China," chapter 9 in Thomas G. McGuire and Richard C. van Kleef, eds., *Risk Adjustment, Risk Sharing and Premium Regulation in Health Insurance Markets: Theory and Practice* (Elsevier, 2018). 아울러 다음을 참조하라. Xiong-Fei Pan and Jin Xu, "Integrating Social Health Insurance Systems in China," *The Lancet* 387, no. 10025 (March 2016).

31. 385달러는 도시 기본의료보험의 2014년 평균 지급액으로 이 프로그램에 포함되지 않은 농촌 근로자와 도시 근로자에 대한 중국의 다른 의료보험 평균 혜택의 4~5배에 해당한다. 다음을 참조하라. Shi and Liu, "Health Insurance and Payment System Reform."

32. 중국의 건강 및 은퇴 관련 종단 조사(ongitudinal study, 특정 대상인 패널을 이용해 일정한 시간 간격을 두고 반복적으로 측정하는 조사 방법-옮긴이)의 데이터를 기반으로 한 연구 결과 중국의 빨간 봉투 지급률은 전체 의료비의 54~76퍼센트 사이에 걸쳐 있다. 다음을 참조하라. Ning Liu, Guoxian Bao, and Alex Jingwei He, "Does Health Insurance Coverage Reduce Informal Payments? Evidence from the 'Red Envelopes' of China," BMC Health Services Research, 2020.

33. 중국에서 정부가 지원하는 은퇴자 지원 제도를 개괄하려면 다음을 참조하라. "China's Social Security System," *China Labour Bulletin*, June 30, 2021. 오랫동안 중국에서 은퇴 안전망의 주요 약점이었던 민간 연기금의 부족이라는 상황은 이제 비록 매우 느리긴 하지만 바뀌고 있다. 다음을 참조하라. Thomas Hale and Josephine Cumbo, "China to Launch Private Pensions in Bid to Unlock Vast Savings Stockpile," *Financial Times*, April 21, 2022.

34. 2020년 말에 중국의 전국사회보장기금은 2조 9,000억 위안의 자산이 관리되고 있다고 보고했다. 이 금액은 중국 근로자 1인당 596달러인 총 4,475억 달러다. 다음을 참조하라. Twinkle Zhou, "Equities Lift China's Social Security Fund

Return to 11-Year High," *Asia Investor*, August 19, 2021; and "National Council for Social Security of the People's Republic of China (NSSF)," Sovereign Wealth Fund Institute (SWFI), available at https://www.swfinstitute.org/profile/598cdaa60124e9fd2d05b8ce.

35. 다음을 참조하라. Premier Li Keqiang, "Report on the Work of the Government," 2020년 3월 5일 전국인민대표자회의 5차 회의에서 한 연설.

36. 이중 순환 전략은 2020년 5월 14일 중국 정치국 상무위원회 회의에서 처음 발표되었다. 다음에서 볼 수 있다. http://www.gov.cn/xinwen/2020-05/14/content_5511638.htm. 다음을 참조하라. Zhong Jingwen, "Deeply Grasp the Essence of Accelerating the Formation of a New Development Pattern," *Economic Daily* (China), August 19, 2020, http://www.ce.cn/xwzx/gnsz/gdxw/202008/19/t20200819_35552027.shtml; Jude Blanchette and Andrew Polk, "Dual Circulation and China's New Hedged Integration Strategy," Center for Strategic and International Studies, August 24, 2020; and Bert Hoffman, "China Has a Plan for That," East Asian Institute, National University of Singapore, 2020.

37. 다음을 참조하라. Nicholas R. Lardy and Tianlei Huang, "China's Weak Social Safety Net Will Dampen Its Economic Recovery," *China Economic Watch* (blog), Peterson Institute for International Economics, May 4, 2020; and Brad Hebert, "Is Reform on the Horizon for China's Weak Social Safety Net?" Center for International Strategic and International Studies (CSIS), September 9, 2020.

38. 자료 출처: National Council for Social Security Fund (China) and National Bureau of Statistics (China).

39. 자료 출처: China Social Health Insurance Fund Annual Spending, Boston Healthcare Associates.

40. 중국이 부유해지기 전에 이미 늙어버릴 것이라는 추정은 중국사회과학원(CASS) 인구노동경제연구소의 소장인 차이팡 교수가 한 말이다. 이 주장 및 반론에 대해서는 다음을 참조하라. Baozhen Luo, "China Will Get Rich Before It Grows Old," *Foreign Affairs*, May/June 2015.

41. 다음을 참조하라. George A. Akerlof and Robert J. Shiller, *Animal Sprits: How Human Psychology Drives the Economy, and Why It Matters for Global Capitalism* (Princeton, NJ: Princeton University Press, 2009).

42. 다음을 참조하라. John Maynard Keynes, *The General Theory of Employment, Interest, and Money* (London: Macmillan, 1936).

43. 애커로프와 실러는 경제적 의사결정의 행동적 측면을 강조한다. 자신감과 마찬가지로 이야기나 서사는 두 사람의 야성적 충동 이론의 틀을 짜는 데 중요한 역할을 한다. 이것은 앞서 3장에서 살펴봤으며 실러가 나중에 작업했던 서사 경제학 작업의 단초가 되었다. 다음을 참조하라. Robert J. Shiller, *Narrative Economics: How Stories Go Viral & Drive Major Economic Events* (Princeton, NJ: Princeton University Press, 2019).

44. 컬럼비아대학교 경제학 교수이자 노벨상 수상자인 에드먼드 펠프스(Edmund Phelps)는 오랫동안 중국 경제 발전의 응용에 특별한 중점을 두고 자주혁신의 실천 이론에 초점을 맞추고 연구 작업을 했다. 그는 여러 해 동안 창의적 인재 풀(pool)이 마련되고 관련 세대가 창의적인 돌파를 수행하기만 한다면 중국에서 자주혁신이 이뤄질 가능성이 크다고 점쳤다. 다음을 참조하라. Edmund S. Phelps, "Achieving Economic Dynamism in China," in Huiyao Wang and Alistair Michie, eds., *Consensus or Conflict? China and Globalization in the 21st Century* (Singapore: Springer, September 2021); Edmund S. Phelps, "Will China Out-Innovate the West?" *Project Syndicate*, March 5, 2018; and Edmund S. Phelps, "The Dynamism of Nations: Toward a Theory of Indigenous Innovation," *Capitalism and Society* 12, no. 1 (May 2017). 그러나 펠프스는 2022년 3월에 저자와의 전화 통화에서, 위에서 살펴본 것과 같이 2021년에 공동부유 캠페인 및 규제 강화라는 정책 변화에 비춰 볼 때 중국 미래의 역동성 전망이 밝지 않다고 크게 우려했다.

45. 다음을 참조하라. Stephen S. Roach, "China's Animal Spirits Deficit," *Project Syndicate*, July 27, 2021.

46. 다음을 참조하라. Kai-Fu Lee, *AI Super-Powers: China, Silicon Valley, and the New World Order* (Boston: Houghton Mifflin Harcourt, 2018).

47. 다음을 참조하라. "Xi Jinping Chairs Collective Study Session of Politburo on National Big Data Strategy," Xinhua News Service (China), December 9, 2017.

48. 중국의 감시 체계 및 이것이 개인의 사생활과 국가 차원의 사회 통제에 미치는 영향에 대한 포괄적인 평가에 대해서는 다음을 참조하라. Josh Chin and Liza Lin, *Surveillance State: Inside China's Quest to Launch a New Era of Social Control* (New York: St. Martin's Press, September 2022). 2021년에 중국이 새로운 개인정보보호법을 제정한 것에 대해서는 다음을 참조하라. Alexa Lee, Mingli Shi, Qiheng Chen, et al., "Seven Major Changes in China's Finalized Personal Information Protection Law," Brookings and DigiChina, August 23, 2021.

49. 다음을 참조하라. Diego A. Cerdeiro and Cian Ruane, "China's Declining Business Dynamism," IMF Working Paper, WP/22/32, January 2022. 정책 분위기가 이렇게 바뀌었음에도 불구하고 몇몇 사람들은 중국의 민간 부문 역동성이 그대로 남아 있다고 주장한다. 다음을 참조하라. Tianlei Huang and Nicolas Véron, "The Private Sector Advances in China: The Evolving Ownership Structures of the Largest Companies in the Xi Jinping Era," Peterson Institute for International Economics, Working Paper 22-3, March 2022.

50. 다음을 참조하라. "Xi Stresses Promoting Common Prosperity amid High-Quality Development, Forestalling Major Financial Risks," Xinhua News Service (China), August 18, 2021.

51. 이것은 1966~1976년에 격동적으로 진행되었던 문화혁명 때 나타났던 수많은 문제를 상기시키며 격렬한 논쟁을 불러일으켰다. 그런데 이 비교를 놓고 서방의 관찰자 대부분은 이 새로운 조치가 문화혁명의 그 어두운 날들이 끝난 뒤 45년 동안 이뤄졌던 놀라운 발전과는 도저히 맞지 않는다고 고개를 젓는다. 그 예로 다음을 참조하라. "Xi Jinping's Campaign: China's New Reality Is Rife with Danger," Leaders, The Economist, October 2, 2021; Lingling Wei, "Xi Jinping Aims to Rein In Chinese Capitalism, Hew to Mao's Socialist Vision," Wall Street Journal, September 20, 2021; and Yuen Yuen Ang, "Can Xi End China's Gilded Age?" Project Syndicate, September 21, 2021.

52. 다음을 참조하라. Stephen S. Roach, "Connecting the Dots in China," Project Syndicate, September 27, 2021.

53. 다음을 참조하라. Saad Ahmed Javed, Yu Bo, Liangyan Tao, et al., "The 'Dual Circulation' Development Model of China: Background and Insights," Rajagiri Management Journal, published ahead of print, April 2021. 아울러 다음을 참조하라. Bert Hofman, "China's Economic Policy of Dual Circulation," Hinrich Foundation, June 8, 2021; and Blanchette and Polk, "Dual Circulation and China's New Hedged Integration Strategy."

54. 이중 순환은 '효율적인 국외 순환'을 통해서 글로벌 공급망 효율성을 꾀하는 한편 중국이 기존에 발표한 '공급측 구조 개혁'이라는 생산성 향상에도 초점을 맞춘다는 점을 강조한다. 다음을 참조하라. Xi Jinping, "Understanding the New Development Stage, Applying the New Development Philosophy, and Creating a New Development Dynamic," July 8, 2021.

55. 다음 책의 12장을 참조하라. Stephen Roach, Unbalanced: The Codependency of America and China (New Haven, CT: Yale University

Press, 2014).

56. 2017년에 왕후닝은 정치국 상무위원에 임명되어 중국공산당 최고지도부 7 명 중 한 명이 되었다. 이 일은 시진핑의 이념적인 기울어짐이 오랫동안 끓어 올랐던 보수주의적 반발의 결과라는 해석에 무게를 실어준다. 장쩌민의 '세 가지 대표(Three Representatives)', 후진타오의 '과학적 발전(Scientific Development)', 시진핑의 중국몽 그리고 시진핑 구상에 대한 기여와 최근의 공동부유 캠페인에서 수행했던 역할을 통해 당의 고위 이념 이론가로서 자질과 계보는 의심의 여지가 없다. 시진핑 구상이 제19차 당대회에서 공식적으로 채택 되었던 해인 2017년에 왕후닝이 정치국 상무위원으로 승진한 것은 중국의 5세 대 지도부에서 이념성이 우위에 있음을 보여준다. 왕후닝의 사상적 영향력과 추 진력에 대해서는 다음을 참조하라. N. S. Lyons, "The Triumph and Terror of Wang Huning," *Palladium: Governance Futurism*, October 11, 2021. 아울 러 다음을 참조하라. Matthew D. Johnson, "Introduction to Wang Huning's 1988 essay "The Structure of China's Changing Political Culture," 王沪 宁, "转变中的中国政治文化结构," 复旦学报(社会科学版), 1988.3: 55 – 64. 중국 지도부가 최근에 보수적인 이념으로 강력하게 회귀한 사실은 2013년 말에 있 었던 유명한 문건 유출 사건으로도 확인할 수 있다. 언론의 자유와 사상의 자 유 등을 엄중히 통제해야 한다는 내용을 담은 이 기밀 문건이 언론인 가오유에 게 흘러 들어갔고, 나중에 가오유는 국가기밀 유출 혐의로 7년 형을 선고받았 다. 다음을 참조하라. *ChinaFile*, "Document 9: A China-File Translation," November 8, 2013; Stanley Lubman, "Document No. 9: The Party Attacks Western Democratic Ideals," *Wall Street Journal*, August 27, 2013; and John Lanchester, "Document Number Nine," *London Review of Books* 41, no. 19 (October 10, 2019).

57. 다음을 참조하라. Wang Huning, *America against America* (1991; independently republished, February 2022); and Yi Wang, "Meet the Mastermind behind Xi Jinping's Power," *Washington Post*, November 6, 2017.

10장

1. 다음을 참조하라. Jinglian Wu, "Improving the Socialist Market Economy, Building Inclusive Economic Systems," in *Facing the Era of Great Transformation* (Singapore: Palgrave Macmillan, 2021); and Kjeld Erik Brødsgaard and Koen Rutten, *From Accelerated Accumulation to Socialist Market Economy in China: Economic Discourse and Development from*

1953 to the Present (Netherlands: Brill, 2017).

2. 다음을 참조하라. Yiping Huang & K. P. Kalirajan, "Enterprise Reform and Technical Efficiency of China's State-Owned Enterprises," *Applied Economics* 30, no. 5 (1998).

3. 이 결정은 1993년 제14기 중앙위원회 제3차 전원회의에서 공포되었다. 다음을 참조하라. http://www.bjreview.com.cn/special/2013-10/23/content_574000_2.htm.

4. 그 예로 다음을 참조하라. Yongshun Cai, "The Resistance of Chinese Laid-Off Workers in the Reform Period," *China Quarterly* 170 (2002); Louis Putterman and Xiao-Yuan Dong, "China's State-Owned Enterprises: Their Role, Job Creation and Efficiency in Long-Term Perspective," *Modern China* 26, no. 4 (October 2000); and Mary E. Gallagher, "Reform and Openness: Why China's Economic Reforms Have Delayed Democracy," *World Politics* 54, no. 3 (2002).

5. 다음 책의 3장을 참조하라. Stephen Roach, *Unbalanced: The Codependency of America and China* (New Haven, CT: Yale University Press, 2014). 제15차 당대회의 중국 원본 자료에 대해서는 다음을 참조하라. http://cpc.people.com.cn/GB/64162/64168/64568/index.html.

6. 다음을 참조하라. Joseph Schumpeter, *Capitalism, Socialism, and Democracy* (New York: Harper & Brothers, 1942).

7. 다음을 참조하라. Shahid Yusuf, Kaoru Nabeshima, and Dwight H. Perkins, *Under New Ownership: Privatizing China's State-Owned Enterprises* (Washington DC: World Bank and Stanford University Press, 2006).

8. 다음을 참조하라. "Law of the People's Republic of China on State-Owned Assets in Enterprises," adopted at the Fifth Meeting of the Standing Committee of the Eleventh National People's Congress on October 28, 2008, available at http://www.npc.gov.cn/zgrdw/englishnpc/Law/2011-02/15/content_1620615.htm.

9. 다음을 참조하라. "Communiqué of the Third Plenary Session of the 18th Central Committee of the Communist Party of China," November 12, 2013, available at http://www.china.org.cn/china/third_plenary_session/2014-01/15/content_31203056.htm.

10. 다음을 참조하라. Premier Li Keqiang, "Report on the Work of the Government," presented to the National People's Congress," March 13, 2014, available at http://english.www.gov.cn/archive/

publications/2014/08/23/content_281474982987826.htm. 중국의 혼합소유 국영기업 개혁 전략의 실효성에 대한 활발한 논쟁이 지금까지 이어지고 있는데, 여기에 대해서는 비판적인 쪽으로 공감대가 더 많이 형성되고 있다. 그 예로 다음을 참조하라. Curtis J. Milhaupt and Wentong Zheng, "Why Mixed-Ownership Reforms Cannot Fix China's State Sector," Paulson Institute, Paulson Policy Memorandum, January 2016; Nicholas R. Lardy, "China's SOE Reform—The Wrong Path," Peterson Institute for International Economics, *China Economic Watch*, July 28, 2016; Henny Sender, "China's State-Owned Business Reform a Step in the Wrong Direction," *Financial Times*, September 25, 2017; Jiang Yu Wang and Cheng Han Tan, "Mixed Ownership Reform and Corporate Governance in China's State-Owned Enterprises," *Vanderbilt Journal of Transnational Law* 53, no. 3 (October 2019); and Ann Listerud, "MOR Money MOR Problems: China's Mixed Ownership Reforms in Practice," Center for Strategic International Studies (CSIS), October 2019.

11. 다음을 참조하라. Nicholas R. Lardy, *Markets over Mao: The Rise of Private Business in China* (Washington DC: Peterson Institute for International Economics, 2014) and Nicholas R. Lardy, *The State Strikes Back: The End of Economic Reform in China?* (Washington DC: Peterson Institute for International Economics, 2019). 흥미롭게도 공동부유 및 중국이 최근에 규제를 강화하는 쪽으로 선회한 사실을 놓고 격렬한 논쟁이 벌어지는 가운데, 2021년 10월에 라디는 2019년에 출간한 자기 책에서 의심하기 시작했던 중국의 민간 부문에 대한 선동적인 방어를 찬동하는 쪽으로 다시 기울어지고 있음을 암시했다. 다음을 참조하라. Tianlei Huang and Nicholas R. Lardy, "Is the Sky Really Falling for Private Firms in China?" Peterson Institute for International Economics, *China Economic Watch* (blog), October 14, 2021.

12. 다음을 참조하라. Deborah Petrara, "Ranked Network Operator Leaders Providing Enterprise 5G Connectivity," ABI Research, July 8, 2021; and https://en.wikipedia.org/wiki/List_of_mobile_network_operators.

13. 다음을 참조하라. China Unicom, "China Unicom's Mixed-Ownership Reform Leaps Forward in Business Cooperation with Tencent," press release, October 23, 2017.

14. 다음을 참조하라. Dan Strumpf, "Tencent, Alibaba in Group Buying $11.7 Billion Stake in State-Owned Telecom," *Wall Street Journal*, August 16,

2017.

15. 다음을 참조하라. Eric Ng, "China Unicom Gets Funding and Stake Boost from Patent in 'Mixed Ownership Reform,'" *South China Morning Post*, August 23, 2017; and Huang Kaixi, Qin Min, Jiang Bowen, and Han Wei, "China Unicom Dials Up Private Capital in Ownership Reform," *Caixin*, August 27, 2017.

16. 다음을 참조하라. R. Ashie Baxter, "Japan's Cross-Shareholding Legacy: The Financial Impact on Banks," *Asia Focus*, Federal Reserve Bank of San Francisco, August 2009.

17. 다음을 참조하라. Alan G. Ahearne and Naoki Shinada, "Zombie Firms and Economic Stagnation in Japan," *International Economics and Economic Policy* 2, no. 4 (December 2005).

18. 다음을 참조하라. Stephen S. Roach, "Technology and the Services Sector: The Hidden Competitive Challenge," *Technological Forecasting and Social Change* 34, no. 4 (December 1988); Stijn Claessens, Daniela Klingebiel, and Luc Laeven, "Financial Restructuring in Banking and Corporate Sector Crises: What Policies to Pursue?" NBER Working Paper No. 8386, July 2001; and Dani Rodrik and Arvind Subramanian, "Why Did Financial Globalization Disappoint?" *IMF Staff Papers* 56, no. 1 (January 2009).

19. 다음을 참조하라. "Premier Li Keqiang Vows to Kill Off China's 'Zombie Firms,'" *South China Morning Post*, December 3, 2015.

20. 2021년에 중국의 기업부채 문제는 다소 개선되었다. 3분기까지 비금융 기업부채는 155.5퍼센트까지 떨어졌는데, 이는 2020년 2분기 최고치인 163.3퍼센트에는 약간 못 미치지만 2008년 말에 기록한 최저치인 93.9퍼센트에는 여전히 크게 못 미치는 수치다. 자료 출처: Bank for International Settlements, Credit to the Nonfinancial Sector. available at https://www.bis.org/statistics/totcredit.htm?m=6%7C380%7C669.

21. 다음을 참조하라. Ricardo J. Caballero, Takeo Hoshi, and Anil K. Kashyap, "Zombie Lending and Depressed Restructuring in Japan," *American Economic Review* 98, no. 5 (December 2008).

22. 다음을 참조하라. W. Raphael Lam and Alfred Schipke, "State-Owned Enterprise Reform," chapter 11 in W. R. Lam, M. Rodlauer, and A. Schipke, *Modernizing China: Investing in Soft Infrastructure* (Washington DC: International Monetary Fund, January 2017).

23. 다음을 참조하라. "China Cannot Accelerate Economic Growth by Increasing Leverage, Says 'Authoritative Insider,'" *People's Daily Online*, May 10, 2016. 아울러 다음을 참조하라. "China's 'Authoritative' Warning on Debt: People's Daily Excerpts," *Bloomberg News*, May 9, 2016.

24. 이 비유는 전 세계 금융 시스템을 붕괴 직전까지 몰고 갔던 2008~2009년의 글로벌 금융위기에는 특히 딱 들어맞는다. 그 예로 다음을 참조하라. Alan S. Blinder, *After the Music Stopped: The Financial Crisis, the Response, and the Work Ahead* (New York: Penguin Press, 2013).

25. 다음을 참조하라. Lawrence H. Summers, "International Financial Crises: Causes, Prevention, and Cures," Richard T. Ely Lecture, *American Economic Review* 90, no. 2 (May 2000).

26. 자료 출처: International Monetary Fund. "Financia Development Index Database," available at https://data.imf.org/?sk=F8032E80-B36C-43B1-AC26-493C5B1CD33B.

27. 다음을 참조하라. International Monetary Fund, *Global Financial Stability Report: COVID-19, Crypto, and Climate: Navigating Challenging Transitions* (Washington DC: IMF, October 2021).

28. 모건 스탠리 경제팀의 전 동료들인 리처드 버너(Richard Berner)와 데이비드 그린로(David Greenlaw)가 FRB의 자금 흐름 데이터를 기반으로 신용 중개에 대한 미국 은행 지분 계산을 업데이트해준 것에 대해 감사의 말을 전한다. 구체적인 수치 계산은 다음의 자료를 토대로 했다. Bank for International Settlements, Credit to the Nonfinancial Sector. available at https://www.bis.org/statistics/totcredit.htm?m=6%7C380%7C669.

29. 다음을 참조하라. David Feliba and Rehn Ahmad, "The World's 100 Largest Banks, 2021," *S&P Global Market Intelligence*, April 12, 2021; R. Taggart Murphy, "Power without Purpose: The Crisis of Japan's Global Financial Dominance," *Harvard Business Review*, March–April 1989; and Douglas Frantz, "Top 8 Banking Firms in Japan, Magazine Says," *Los Angeles Times*, June 15, 1989.

30. 자료 출처: Flow-of-funds accounts, National Bureau of Statistics (China).

31. 다음을 참조하라. Torsten Ehlers, Steven Kong, and Feng Zhu, "Mapping Shadow Banking in China: Structure and Dynamics," Bank for International Settlements, BIS Working Paper No. 701, February 2018.

32. 다음을 참조하라. Financial Stability Board, "Global Monitoring Report on Non-Bank Financial Intermediation: 2020," December 16, 2020.

33. 다음을 참조하라. Fitch Ratings, "China's Shadow Financing Under Pressure," *Special Report*, April 28, 2020.

34. 다음을 참조하라. Sofia Horta e Costa and Rebecca Choong Wilkins, "Evergrande 76% Haircut Is Now a Base Case for Bond Analysts," *Bloomberg*, September 12, 2021.

35. 다음을 참조하라. Harriet Agnew, "Evergrande Fallout Could Be Worse than Lehman for China, Warns Jim Chanos," *Financial Times*, September 22, 2021; and John Authers, "China's Evergrande Moment Is Looking More LTCM than Minsky," *Bloomberg Opinion*, September 20, 2021.

36. 다음을 참조하라. Tian Chen and Tania Chen, "China Injects $18.6 Billion into Banking System during Evergrande Crisis," *Bloomberg*, September 21, 2021.

37. 다음을 참조하라. Nassim Nicholas Taleb, *The Black Swan: The Impact of the Highly Improbable* (New York: Random House, 2007).

38. 자료 출처: United Nations, World Urbanization Prospects 2018. available at https://population.un.org/wup/.

39. 다음을 참조하라. Ying Long and Shuqi Gao, "Shrinking Cities in China: The Overall Profile and Paradox in Planning," in Ying Long and Shuqi Gao, eds., *Shrinking Cities in China: The Other Facet of Urbanization* (New York: Springer, 2019); and Iori Kawate, "China's Largest 'Ghost City' Booms Again Thanks to Education Fever," *Nikkei Asia*, April 19, 2021.

40. 중국 가처분소득의 비노동소득 부분은 국가통계국의 자금흐름 계정에서 도출되고, 미국의 경우에는 상무부(경제분석국)의 국민소득과 제품 계정에서 도출된다.

41. '더 높은 수준의 개방'은 가장 최근인 제14차 5개년계획(2021~2025년)의 핵심적인 주제다. 다음을 참조하라. "China's New Development Blueprint Heralds Opening-Up at Higher Level," Xinhua News (China), March 14, 2021.

42. 다음을 참조하라. China Securities Regulatory Commission, *China Capital Markets Development Report* (Beijing: China Financial Publishing House, 2008); National Equities Exchange and Quotations (NEEQ), available at http://www.neeq.com.cn/en/about_neeq/introduction.html. 그리고 스타(STAR, 커창판) 거래소의 발전은 다음에서 볼 수 있다. http://star.sse.com.cn/en/. 시진핑은 2021년 9월에 "혁신 중심의 중소기업"을 목표로 하는 베이징 증권거래소 설립 제안을 발표했다. 다음을 참조하라. "Xi Says China

to Set Up Beijing Stock Exchange for SMEs," Reuters, September 2, 2021.

43. 중국증권감독위원회(CSRC) 위원장인 이후이만은 2022년 4월에 했던 연설에서 중국은 미국 감독 당국의 상장 요건에 더 근접할 용의가 있음을 시사하며 중국 기업의 역외 자본 조달에 방해가 되는 교착상태를 타개하고자 했다. 다음을 참조하라. Zhang Hongpei, "China to Keep Offshore Listing Channels Open, Accelerate Launch of New Rules: Official," *Global Times* (China), April 10, 2022. 아울러 다음을 참조하라. "China's CSRC Calls for New Overseas Listing Rule to Take Effect," *Bloomberg News*, April 9, 2022. WTO 이전의 중국 금융 개혁에 대해서는 다음을 참조하라. Nicholas R. Lardy, "Issues in China's WTO Accession," testimony before the US-China Security Review Commission, May 9, 2001.

44. 다음을 참조하라. Franklin Allen, Xian Gu, and Jun Qian, "People's Bank of China: History, Current Operations and Future Outlook," Riksbank Summer Institute of Finance Conference 2017, October 2017.

45. 다음을 참조하라. James Stent, *China's Banking Transformation: The Untold Story* (London: Oxford University Press, 2017).

46. 다음을 참조하라. Jun Zhu, "Closure of Financial Institutions in China," in Bank for International Settlements, *Strengthening the Banking System in China: Issues and Experience*, proceedings of a joint BIS/PBC Conference, Beijing, March 1–2, 1999; and Douglas J. Elliott and Kai Yan, "The Chinese Financial System: An Introduction and Overview," Brookings Institution, John L. Thornton China Center Monograph Series No. 6, July 2013.

47. 다음을 참조하라. Weitseng Chen, "WTO: Time's Up for Chinese Banks— China's Banking Reform and Non-Performing Loan Disposal," *Chicago Journal of International Law* 7, no. 1 (2006).

48. 다음을 참조하라. Allen et al., "People's Bank of China."

49. 다음 책의 3장을 참조하라. Stephen Roach, "The Boss and the Maestro," in *Unbalanced*.

50. 2018년에 CBRC와 CIRC의 합병이 이뤄져서 초규제 감독 권한을 가진 중국은행보험규제위원회(CBIRC)가 탄생했고 궈슈칭이 이 기관을 이끌었다. 경제학자이자 변호사로 훈련받은 궈슈칭은 인상적인 포트폴리오 운영 및 당 경험을 통해서 그 자리까지 올라간 인물이다. 그는 중국건설은행(CCB)의 회장 자격으로 은행 업계의 고위 인사였으며 중국증권감독위원회(CSRC) 위원장 자격으로 규제감독을 관장했고, 외환관리국 책임자이자 중국인민은행의 부총재 자격으로 정책을

관장했다. 또한 그는 2013년에 산둥성 성장으로 임명되었으며 2017년부터는 중국공산당 중앙위원회 상무위원직을 맡고 있다.

51. 다음을 참조하라. Alberto Alesina and Lawrence H. Summers, "Central Bank Independence and Macroeconomic Performance: Some Comparative Evidence," *Journal of Money, Credit and Banking* 25, no. 2 (May 1993); Christopher A. Sims, "Fiscal Policy, Monetary Policy and Central Bank Independence," Jackson Hole Symposium, Federal Reserve Bank of Kansas City, August 2016; Athanasios Orphanides, "The Boundaries of Central Bank Independence: Lessons from Unconventional Times," Bank of Japan IMES Discussion Paper, August 2018.

52. 다음을 참조하라. Zhou Xiaochuan, "Managing Multi-Objective Monetary Policy from the Perspective of the Transitioning Chinese Economy," Michel Camdessus Central Banking Lecture, International Monetary Fund, Washington DC, June 24, 2016.

53. 2021년 IMF의 중국 명목 국내총생산 추정치는 미국의 73퍼센트였다. IMF의 2021년 10월 전망으로는 중국의 명목 국내총생산 성장률은 2022년 8.2퍼센트에서 2026년 7.3퍼센트로 꾸준히 줄어든다. 국내총생산에서 중국이 미국을 따라잡는 시점을 예측하기 위해 중국의 국내총생산은 2032년까지 명목 국내총생산 성장률이 6.1퍼센트까지 추가로 완만하게 줄어들 것으로 추정했다. 한편 미국의 성장 궤적은 2026년이 마지막 시점인 IMF의 기준 전망치에서 명목 국내총생산 성장률이 3.5퍼센트 증가하는 것으로 추정했다. 이런 궤적들을 토대로 하면 중국과 미국의 명목 국내총생산은 2030년에 같아진다. 그런데 이 계산에 대해서는 한 가지 중요한 경고를 해둘 필요가 있다. 미국 달러화와 중국 위안화의 환율 변동은 그 궤적들에 중대한 영향을 미칠 수 있다. 위안화 절상이 가속화되면 여기에 상응해서 미국과 중국의 국내총생산이 같아지는 속도도 빨라질 수 있다. 자료 출처: 다음 자료를 토대로 한 저자의 계산이다. International Monetary Fund, *World Economic Outlook* database.

54. 구매력평가는 국가 간 가격 수준 차이를 조정하기 위해서 널리 통용되는 비교 지표다. IMF에 따르면 2016년 미국과 중국의 세계 국내총생산 점유율은 구매력 평가 기준으로 대등했으며, 2021년이 되면 중국의 점유율 18.6퍼센트로 미국의 점유율 15.7퍼센트보다 약 3퍼센트포인트 높을 것으로 추정되었다. 자료 출처: IMF *World Economic Outlook* database.

55. 1981~2020년에 중국과 미국의 1인당 국내총생산 성장률은 각각 평균 9.7퍼센트와 4.2퍼센트였다. 2021년의 1인당 국내총생산이 중국이 1만 1,819달러와 미국이 6만 8,309달러임을 놓고 본다면 두 나라의 1인당 국내총생산은 2055년에

같아진다. 자료 출처: 다음의 자료를 토대로 한 저자의 계산이다. International Monetary Fund, *World Economic Outlook* database.

56. Ezra F. Vogel, *Japan as Number One: Lessons for America* (Cambridge, MA: Harvard University Press, 1979).

57. 자료 출처: International Monetary Fund, *World Economic Outlook* database.

58. 다음을 참조하라. James Fallows, "Containing Japan," *The Atlantic*, May 1989; Clyde V. Prestowitz, *Trading Places: How We Are Giving Our Future to Japan & How to Reclaim It* (New York: Basic Books, 1990); Paul Kennedy, *The Rise and Fall of the Great Powers: Economic Change and Military Conflict from 1500 to 2000* (New York: Random House, 1987); and Stephen Roach, "Japan Then, China Now," *Project Syndicate*, May 2019.

59. 그 예로 다음을 참조하라. Donald J. Trump, "National Security Strategy of the United States of America," White House, December 2017; Anthony H. Cordesman, "President Trump's New National Security Strategy," Center for Strategic & International Studies (CSIS), December 18, 2017; and James Fallows, "China's Great Leap Backwards," *The Atlantic*, December 2016.

60. 다음을 참조하라. M. Nakamura, S. Sakakibara, and R. Schroeder, "Adoption of Just-in-Time Manufacturing Methods at US- and Japanese-Owned Plants: Some Empirical Evidence," *IEEE Transactions on Engineering Management* 45, no. 3 (August 1998); and John F. Krafcik, "Triumph of the Lean Production System," *Sloan Management Review* 30 (Fall 1988).

11장

1. 다음을 참조하라. Denise Chao, "The Snake in Chinese Belief," *Folklore* 90, no. 2 (1979).

2. 다음을 참조하라. Xi Jinping, "Build a New Model of Major-Country Relationship between China and the United States." 시진핑이 2013년 6월 8일에 언론에 발표했던 말의 중국어 버전은 다음의 1권에서 볼 수 있다. Xi Jinping, *The Governance of China*, updated edition (Shanghai: Foreign Language Press, January 20, 2021).

3. 다음을 참조하라. Vice Premier Wang Yang and State Councilor Yang Jiechi, "Joint Comments to U.S.-China Strategic and Economic Dialogue

Opening Session," Washington DC, July 19, 2013. 아울러 다음을 참조하라. Wang Yi, "Toward a New Model of Major-Country Relations between China and the United States," speech delivered to the Brookings Institution, Washington DC, September 30, 2013.

4. 다음을 참조하라. Sun Tzu, *The Art of War*, trans. Gary Gagliardi (Seattle, WA: Science of Strategy Institute/Clearbridge Publishing, 1999).

5. 다음을 참조하라. Office of the White House Press Secretary, "Remarks by President Obama and President Xi Jinping of the People's Republic of China after Bilateral Meeting," Sunnylands Retreat, Rancho Mirage, California, June 8, 2013.

6. 다음을 참조하라. Yang Jiechi, "A New Type of International Relations: Writing a New Chapter of Win-Win Cooperation," *Horizons*, Summer 2015.

7. 다음을 참조하라. Dean P. Chen, *U.S. Taiwan Strait Policy: The Origins of Strategic Ambiguity* (Boulder, CO: First Forum Press, 2012). 최근에 중국이 강경한 자세를 보이는 가운데 전략적 모호성에 대한 불만이 커지고 있는데, 이 불만은 미국과 대만이 전략적 선명성을 더 단호하게 견지해야 한다는 주장을 근거로 한다. 다음을 참조하라. Richard Haass and David Sacks, "American Support for Taiwan Must Be Unambiguous," *Foreign Affairs*, September 2020.

8. 다음을 참조하라. Office of the White House Press Secretary, "Remarks by President Obama and President Xi Jinping." 이는 힐러리 클린턴 당시 국무부 장관과 톰 도닐런 전 국가안보좌관 등 오바마의 고위 참모들이 서니랜즈 정상회담 이전에 밝혔던 견해와도 일치한다. 다음을 참조하라. Emily Rauhala, "Hillary Clinton's Long—and Complicated—relationship with China," *Washington Post*, October 12, 2015, and Tom Donilon, "The United States and the Asia-Pacific in 2013," remarks to the Asia Society, March 11, 2013.

9. 특히 2005~2009년까지 조지 W. 부시 대통령의 국가안보좌관을 지낸 노련한 중국 전문가 스티븐 해들리(Stephen Hadley)가 그랬다. 다음을 참조하라. Stephen Hadley, "America, China and the 'New Model of Great-Power Relations,'" speech before the Lowy Institute, Sydney, Australia, November 5, 2014. 아울러 다음을 참조하라. Caitlin Campbell and Craig Murray, "China Seeks a 'New Type of Major-Country Relationship' with the United States," US-China Economic and Security Review Commission

Staff Research Backgrounder, June 25, 2013. 중국의 관점에 대한 유명한 평가에 대해서는 다음을 참조하라. Dai Bingguo, "On Building a New Model of Major-Country Relations between China and the United States," dialogue with Henry Kissinger before the China Development Forum, Beijing, March 2016. 아울러 다음을 참조하라. Cheng-yi Lin, "Xi Jinping, the U.S., and the New Model of Major Country Relations," *Prospect Journal* (Taiwan), 2015.

10. 데이비드 램튼(David Lampton) 존스홉킨스대학교 교수는 외국인 합작 직접투자자와 새로운 양자 간 대화 메커니즘, 군사적 협력 강화 등에 대한 구체적인 제안을 강조하면서 새로운 모델을 만들기 위한 가장 구체적인 실행 계획을 제시했다. 다음을 참조하라. David M. Lampton, "A New Type of Major-Power Relationship: Seeking a Durable Foundation for US-China Ties," *Asia Policy*, July 2013. 중국의 관점은 다이빙궈와 헨리 키신저의 대화에 잘 정리되어 있다. Dai Bingguo, "On Building a New Model of Major-Country Relations."

11. '코피티션'이라는 용어는 중국의 외교담당 부차관보였던 푸잉이 미국과 중국의 경제외교 정책 관계에서 서로의 우려를 확실히 해소하겠다는 의도로 사용한 것이다. 다음을 참조하라. Fu Ying, "China and the US Should Prepare for an Era of 'Co-opetition,'" *Financial Times*, November 6, 2019.

12. 그 분야의 전문가들은 끊임없이 창의성을 발휘하면서 미중 관계를 특징지으려고 시도했다. 프레드 버그스텐(Fred Bergsten)은 'G2'가 공유하는 글로벌 리더십 구조를 처음으로 강조했다. 다음을 참조하라. C. Fred Bergsten, *The United States and the World Economy: Foreign Economic Policy for the Next Decade* (New York: Columbia University Press, 2005). 아울러 다음을 참조하라. Zbigniew Brzezinski, "The Group of Two that Could Change the World," *Financial Times*, January 13, 2009. 그리고 두 체제의 기능적 합병을 염두에 두고 중국과 미국을 합친 용어 '치메리카(Chimerica)'를 만든 사람들도 나타났다. 다음을 참조하라. Niall Ferguson and Moritz Schularick, "Chimerica and Global Asset Markets," *International Finance* 10, vol. 3 (2007). 그런데 흥미롭게도 2008~2009년의 글로벌 금융 위기 여파 속에서 니얼 퍼거슨(Niall Ferguson)과 모리츠 슐라릭(Moritz Schularick)은 미국과 중국의 공생을 주장하던 자기 견해를 재빨리 뒤집었다. 다음을 참조하라. Niall Ferguson and Moritz Schularick, "The End of Chimerica," Harvard Business School Working Paper No. 10-037, October 2009. 물론 미국과 중국의 동반의존성을 놓고 빈정거리는 사람들도 있다.

13. 경제학자들은 오랫동안 공학과 물리학의 수학적 정밀도만을 기준으로 삼아서 행동사회과학의 여러 관계를 모델링하는 잘못된 경향을 오랫동안 가지고 있었다. 그러나 노벨상 수상자인 폴 로머(Paul Romer)를 포함한 몇몇 주요 경제학자들은 이런 경향이 너무 지나쳤다고 믿는다. 다음을 참조하라. Paul M. Romer, "Mathiness in the Theory of Economic Growth," *American Economic Review: Papers and Proceedings* 105, no. 5 (May 2015).

14. 금융시장의 거래자들은 이것을 가리키는 용어를 가지고 있다. 바로 '마킹 투 마켓(marking to market)'이다. 이것은 현재의 시장 상황에 따라 결정되는 시가를 반영해 매입가 대신에 시가로 자산의 가치를 조정하는 회계 관행이다. 그 예로 다음을 참조하라. Committee on the Global Financial System, "Market-Making and Proprietary Trading: Industry Trends, Drivers, and Policy Implications," Bank for International Settlements, CGFS Papers No. 52, November 2014.

15. 다음을 참조하라. Ian Bremmer and Nouriel Roubini, "A G-Zero World: The New Economic Club Will Produce Conflict, Not Cooperation," *Foreign Affairs*, March/April 2011.

16. 자료 출처: World Bank Development Indicators.

17. 자료 출처: 다음을 토대로 한 저자의 계산이다. World Bank Development Indicators.

18. 자료 출처: 다음을 토대로 한 저자의 계산이다. World Bank Development Indicators.

19. 다음을 참조하라. Matthew P. Funaiole and Brian Hart, "Understanding China's 2021 Defense Budget," Center for Strategic and International Studies (CSIS), March 5, 2021.

20. 그 예로 다음을 참조하라. the State Council Information Office of the People's Republic of China, "China's National Defense in the New Era," white paper (Beijing: Foreign Language Press Co. Ltd., July 2019); Edmund J. Burke, Kristen Gunness, et al., "People's Liberation Army Operational Concepts," RAND Corporation Research Report, 2020; and Demetri Sevastopulo, "China Conducted Two Hypersonic Weapons Tests This Summer," *Financial Times*, October 20, 2021.

21. 다음을 참조하라. Office of the Secretary of Defense, *Military and Security Developments Involving the People's Republic of China: 2020*, Annual Report to Congress, Washington DC, September 2020.

22. 이 계산은 IMF의 예측을 토대로 중국이 2026년까지 명목 국내총생산 성장 궤적

을 현재처럼 유지한 다음에 2035년까지는 연평균 7.4퍼센트의 속도로 성장한다
는 가정을 전제로 한 것이다. 2026년까지의 미국의 명목 국내총생산 궤적도 IMF
의 예측에서 가져온 다음에 연간 3.8퍼센트씩 성장할 것을 추정한다. 두 나라의
군사비 지출 비중은 세계은행개발지표에 따르면 2020년 기준으로 일정하게 유
지되는데, 중국은 1.7퍼센트이고 미국은 3.7퍼센트다. 이런 가정 아래 중국의 군
사비 지출은 2032년 말이나 2033년 초에 미국의 군사비 지출을 따라잡을 것이
다. 자료 출처: 다음을 토대로 한 저자의 계산이다. World Bank Development
Indicators and IMF *World Economic Outlook* database.

23. 1980~2021년에 중국의 명목 국내총생산은 55배 증가했는데, 이는 같은 기
간 1인당 국내총생산의 35배 증가를 크게 웃도는 수치다. 자료 출처: 다음을 토
대로 한 저자의 계산이다. International Monetary Fund, *World Economic
Outlook* database.

24. 구매력평가를 기준으로 하는 이 1인당 국내총생산 순위는 IMF, 세계은행, 미
국 중앙정보국의 평균 추정치를 반영한 것이다. 다음을 참조하라. https://
en.wikipedia.org/wiki/List_of_countries_by_GDP_(PPP)_per_capita.

25. 다음을 참조하라. Paul Kennedy, *The Rise and Fall of Great Powers:
Economic Change and Military Conflict from 1500 to 2000* (New York:
Random House, 1987). 강조 표시는 케네디가 한 것이다.

26. 케네디는 1987년 저서 《강대국들의 흥망(The Rise and Fall of Great
Powers)》에서 이와 동일한 결론을 동원해 당시 성장 속도가 둔화되고 약해진
미국 경제가 국내 역량을 훨씬 능가하는 거대한 규모의 군사비를 지출할 때 그
런 과잉 확장이 나타날 수 있다고 주장했다. 2001년 미국을 대상으로 한 테러 공
격의 여파 속에서 그는 이 견해를 뒤집었다. 다음을 참조하라. Paul Kennedy,
"The Eagle Has Landed," *Financial Times*, February 2–3, 2002.

27. 다음을 참조하라. Anton Cheremukhin, Mikhail Golosov, Sergei Guriev,
and Aleh Tsyvinski, "Was Stalin Necessary for Russia's Economic
Development?" NBER Working Paper No. 19425, September 2013.

28. 다음을 참조하라. Susan E. Rice, "America's Future in Asia," remarks at
Georgetown University, Washington DC, November 30, 2013.

29. 다음을 참조하라. Donilon, "United States and the Asia-Pacific."

30. 다음을 참조하라. Hillary Clinton, "America's Pacific Century," *Foreign
Policy*, October 11, 2011. 아울러 다음을 참조하라. Geoff Dyer and Tim
Mitchell, "Hillary Clinton: The China Hawk," *Financial Times*, September 5,
2016.

31. 7장에서도 지적했듯이 중국 봉쇄 전략을 과연 미국이 단호하게 견지하는가 하

는 점에 대한 의심이 있었지만, 이 의심은 호주와 영국과 미국이 2021년에 체결한 오커스(AUKUS) 3국 안보협정으로 말끔하게 씻겨나갔다. 다음을 참조하라. David E. Sanger and Zolan Kanno-Youngs, "Biden Announces Defense Deal with Australia in a Bid to Counter China," *New York Times*, September 21, 2021; and "AUKUS Reshapes the Strategic Landscape of the Indo-Pacific," *The Economist*, September 25, 2021.

32. 다음을 참조하라. Charles L. Glaser, "A U.S.-China Grand Bargain? The Hard Choice between Military Competition and Accommodation," *International Security* 39, no. 4 (Spring 2015).

33. 다음을 참조하라. James B. Steinberg, "U.S.-China Relations at a Crossroad: Can History Guide the Path Forward?" Ernest May Memorial Lecture in Leah Bitounis and Jonathon Price, eds., *The Struggle for Power: U.S.-China Relations in the 21st Century* (Washington DC: Aspen Institute, 2020).

34. 다음을 참조하라. Office of the White House Press Secretary, "FACT SHEET: President Xi Jinping's State Visit to the United States," September 25, 2015.

35. 자료 출처: 다음의 자료를 토대로 한 저자의 계산이다. US Department of Commerce (Bureau of Economic Analysis).

36. 자료 출처: 다음의 자료를 토대로 한 저자의 계산이다. National Bureau of Statistics (China).

37. 자료 출처: 다음의 자료를 토대로 한 저자의 계산이다. US Department of Commerce (Bureau of Economic Analysis).

38. 자료 출처: 다음의 자료를 토대로 한 저자의 계산이다. US Department of Commerce (Bureau of Economic Analysis).

39. 다음을 참조하라. Congressional Budget Office, "The Distribution of Household Income, 2017," October 2020. 아울러 다음을 참조하라. Board of Governors of the Federal Reserve System, "Distribution of Household Wealth in the U.S. since 1989," Distributional Financial Accounts, June 2021.

40. 다음을 참조하라. Office of the White House Press Secretary, "Remarks by President Obama and President Xi of the People's Republic of China in Joint Press Conference," Washington DC, September 25, 2015.

41. 다음을 참조하라. Asia Maritime Transparency Initiative, "China's New Spratly Island Defenses," December 13, 2016, available at https://amti.csis.org/chinas-new-spratly-island-defenses/.

42. 다음을 참조하라. Asia Maritime Transparency Initiative, "China's New Spratly Island Defenses."

43. 다음을 참조하라. Ankit Panda, "It's Official: Xi Jinping Breaks His Non-Militarization Pledge in the Spratlys," *The Diplomat*, December 16, 2016.

44. 다음을 참조하라. Jeffrey A. Bader, "The U.S. and China's Nine-Dash Line: Ending the Ambiguity," op-ed, Brookings Institution, February 6, 2014.

45. 다음을 참조하라. Sheila A. Smith, "A Sino-Japanese Clash in the East China Sea," Council on Foreign Relations Contingency Planning Memorandum No. 18, April 2013.

46. 다음을 참조하라. Robert D. Williams, "Tribunal Issues Landmark Ruling in South China Sea Arbitration," *Lawfare*, July 12, 2016.

47. 다음을 참조하라. "China's Claims in the South China Sea Rejected," A *ChinaFile* Conversation, July 12, 2016. 중국의 남중국해 영유권 주장이 대만의 주장과 별반 다르지 않다는 반대 의견에 대해서는 다음을 참조하라. Weijian Shan, "Beijing and Taipei Are United—in Their South China Sea Claims," *South China Morning Post*, January 9, 2022.

48. 다음을 참조하라. Murray Hiebert, Phuong Nguyen, and Gregory B. Poling, eds., *Perspectives on the South China Sea: Diplomatic, Legal, and Security Dimensions of the Dispute, A Report of the CSIS Sumitro Chair for Southeast Asia Studies*, Center for Strategic & International Studies (Lanham, MD: Rowman & Littlefield: September 2014). 2022년 초 파푸아뉴기니 동쪽의 남태평양에 위치한 솔로몬 제도(중국의 구단선 근처에도 없는)에 대한 중국군의 잠재적인 존재에 대해 미국이 전략적으로 점점 더 우려한다는 몇 가지 징후가 있었다. 2022년 4월에 중국-솔로몬제도 안보협정이 체결되자 바이든 정부의 국가안보위원회 인도태평양 조정관인 커트 캠벨이 이 문제를 해결하기 위한 고위급 임무를 띠고 솔로몬제도로 신속하게 파견되었다. 다음을 참조하라. Damien Cave, "Why China's Security Pact with the Solomon Islands Is a Threat," *New York Times*, April 21, 2022.

49. 다음을 참조하라. National Institute for Defense Studies, *NIDS China Security Report 2021: China's Military Strategy in the New Era* (Tokyo: National Institute for Defense Studies, 2021).

50. 그 예로 다음을 참조하라. Jeffrey B. Jones, "Confronting China's Efforts to Steal Defense Information," Belfer Center, Harvard Kennedy School, May 2020; James Millward and Dahlia Peterson, "China's System of Oppression in Xinjiang: How It Developed and How to Cure It," Global

China, Brookings Institution, September 2020; Oriana Skylar Mastro, "China's Dangerous Double Game in North Korea," *Foreign Affairs*, April 2, 2021; and Will Green, "China-Iran Relations: A Limited but Enduring Strategic Partnership," US-China Economic and Security Review Commission Staff Research Report, June 28, 2021.

51. 미국과 중국의 고위 관리들이 가끔 내가 예일대학교에서 강의하던 '넥스트 차이나(The Next China)' 강좌를 듣곤 했다. 한번은 미국의 고위 정책 고문직을 역임했던 사람이 우연히 미중 상호의존성과 남중국해에서 고조되는 긴장의 의미를 살피는 강의에 참석했다. 강의가 끝난 뒤에 그 사람은 내게 정중하게 이렇게 말했다. "나는 지금까지 단 한 번도 이런 식으로 생각해본 적이 없다. 우리는 이 관계 갈등의 양면성을 중요하게 여긴 적이 한 번도 없었다."

52. 2015년에 중국의 CITIC 출판사가 2014년에 발간한 내 책《G2 불균형》을 중국어로 번역해서 출판했다. 이때 중국어판 제목은 '失衡─全球经济危机下的再平衡'이었는데 거칠게 번역하자면 '균형의 상실: 글로벌 경제 위기에서의 재균형'이다. 제목 번역이 틀렸을 뿐만 아니라 중국어판은 원본에서 438개나 되는 저자 주를 단 하나도 번역해서 싣지 않았다. 나는 충격을 받았고 그래서 그 이유를 물었을 때 CITIC 출판사는 이렇게 대답했다. "우리는 당신 책처럼 인기 있는 책에는 그렇게 하지 않는다."

53. 다음을 참조하라. American Psychiatric Association, *Diagnostic and Statistical Manual of Mental Disorders*, 4th and 5th eds. (Washington DC: American Psychiatric Publishing, 2003 and 2013).

54. EU의 정치경제는 여러 해 동안 격렬한 논쟁의 주제였다. 범지역적 차원의 재정 정책이 없어서 오랫동안 어려움을 겪었던 차선의 통화연합으로서는 특히 더 어려움이 컸다. 정치경제 논의에 대해서는 다음을 참조하라. Albert Alesina, Guido Tabellini, and Francesco Trebbi, "Is Europe an Optimal Political Area?" *Brookings Papers on Economic Activity* 2017, no. 1 (March 2017). 변화하는 재정 정책 논쟁 중에서도 특히 최근 범유럽 재정 구상, 즉 차세대 EU(Next Generation EU)라는 지금 구상의 여파 속에서 진행되는 이 논의에 대해서는 다음을 참조하라. Lorenzo Codogno and Paul van den Noord, "Assessing Next Generation EU," London School of Economics, "Europe in Question" Discussion Paper Series No. 166/2020, February 2021.

55. 다음을 참조하라. Anonymous, "The Longer Telegram: Toward a New American China Strategy," Atlantic Center, Scowcroft Center for Strategy and Security, January 2021.

56. 다음을 참조하라. Wang Huning, *America against America* (1991;

republished independently, February 2022).

57. 다음을 참조하라. Zhang Jian, "Behind the Political Chaos: The Decline of American Values," *Guangming Daily* (China), January 12, 2021; Li Yunlong, "'American Democracy'—The End of the Myth," *People's Daily* (China), January 13, 2021; Zhang Shuhua, "The Deterioration of Western Politics Further Harms the World," *Global Times* (China), May 19, 2021; and Jude Blanchette and Seth G. Jones, "Beijing's New Narrative of U.S. Decline," A CSIS Open Source Project, Center for Strategic and International Studies (CSIS), July 2021.

58. 다음을 참조하라. Rush Doshi, *The Long Game: China's Grand Strategy to Displace American Power* (New York: Oxford University Press, 2021). 아울러 다음을 참조하라. "Elites in Beijing See America in Decline, Hastened by Trump," *The Economist*, June 13, 2020.

59. 그 예로 다음을 참조하라. Feng Zhongping and Huang Jing, "China's Strategic Partnership Diplomacy: Engaging with a Changing World," European Strategic Partnership Observatory, Working Paper 8, June 2014; Shengsong Yue, "Towards a Global Partnership Network: Implications, Evolution and Prospects of China's Partnership Diplomacy," *Copenhagen Journal of Asian Studies* 36, no. 2 (2018); and Helena Legarda, "From Marriage of Convenience to Strategic Partnership: China–Russia Relations and the Fight for Global Influence," *Merics*, August 24, 2021.

60. 자료 출처: International Monetary Fund, *World Economic Outlook* database.

61. 실제로 2022년 2월 4일에 체결된 중러 협정은 "북대서양조약기구(NATO)의 추가 확대에 양측이 반대한다"라는 내용을 명시적으로 담고 있다. 다음을 참조하라. President of Russia, "Joint Statement of the Russian Federation and the People's Republic of China on the International Relation Entering a New Era and the Global Sustainable Development," February 4, 2022. available at http://en.kremlin.ru/supplement/5770. 게다가 중국 내부에서는 존경받는 학자들이 우크라이나를 침공한 러시아의 논리를 지지한다는 강력한 주장을 하고 있었다. 다음을 참조하라. Zheng Yongnian, "Will the War in Ukraine Lead to the Reconstruction of the World Order?" *Beijing Cultural Review*, February 25, 2022.

62. 다음을 참조하라. Edward Wong and Julian E. Barnes, "China Asked Russia to Delay Ukraine War Until After Olympics, US Officials Say," *New York*

Times, March 2, 2022; and Mark Magnier, "China, Told of Ukraine Move in Advance, Asked Russia to Wait Until Olympics Ended: source," *South China Morning Post*, March 3, 2022.

63. 다음을 참조하라. Christopher F. Schuetze, "Russia's Invasion Prompts Germany to Beef Up Military Funding," *New York Times*, February 27, 2022.

64. 다음을 참조하라. Stephen Roach, "Only China Can Stop Russia," *Project Syndicate*, March 7, 2022.

65. 다음을 참조하라. "China Says It Wants to Avoid US Sanctions over Russia's War," *Bloomberg News*, March 14, 2022.

66. 다음을 참조하라. Michelle Nichols and Humeyra Pamuk, "Russia Vetoes UN Security Action on Ukraine as China Abstains," *Reuters News*, February 25, 2022.

67. 다음을 참조하라. Phoebe Zhang, "Ukraine War: China Is on the Right Side of History, Foreign Minister Says," *South China Morning Post*, March 20, 2022; and Christian Shepherd, "China and Russia's Military Relationship Likely to Deepen with Ukraine War," *Washington Post*, March 21, 2022. 게다가 중국공산당이 새로운 친러시아 선전 활동을 공격적으로 시작했다는 보고들도 있다. 다음을 참조하라. Chris Buckley, "Bristling Against the West, China Rallies Domestic Sympathy for Russia," *New York Times*, April 4, 2022.

68. 다음을 참조하라. Ministry of Foreign Affairs of the People's Republic of China, "State Councilor and Foreign Minister Wang Yi Meets the Press," March 7, 2022. available at https://www.fmprc.gov.cn/eng/zxxx_662805/202203/t20220308_10649559.html; Ken Moritsugu, "China Calls Russia Its Chief 'Strategic Partner' Despite War," AP News, March 7, 2022; and Wang Qi and Xu Yelu, "Wang Meets Lavrov in China, Hails Ties as Withstanding Test of Changing Intl Situation," *Global Times* (China), March 30, 2022.

69. 다음을 참조하라. Stephen Roach, Paul De Grauwe, Sergei Guriev, and Odd Arne Westad, "China's Time for Global Leadership," *Project Syndicate*, March 17, 2022.

70. 재닛 옐런 미국 재무부 장관은 미국이 주도하는 러시아에 대한 글로벌 제재의 설계자인데, 그녀는 우크라이나에서 전쟁이 일어날 경우 "중립적인 태도를 지킬 것"을 드러내놓고 경고해왔다. 그녀는 2022년 4월 중순에 했던 한 연설에서 "중

국을 향한 전 세계의 태도와 추가적인 경제 통합을 수용하려는 전 세계의 의지는 러시아에 대해 단호하게 행동할 것을 요구하는 우리의 주장에 대해서 중국이 어떻게 반응하느냐에 따라서 달라질 수 있다"라고 말했다. 다음 발언을 참조하라. "Remarks by Secretary of the Treasury Janet L. Yellen on Way Forward for the Global Economy," speech before the Atlantic Council, April 13, 2022.

12장

1. 2018년 이후 미중 관계가 급격히 악화됐음에도 불구하고 양국 정책 집단 사이의 폭넓은 공감대는 갈등을 사전에 차단하기 위한 선제적 조치에 초점이 맞춰져 있었다. 미국의 관점에 대해서는 다음을 참조하라. Robert D. Blackwill and Ashley J. Tellis, "Revising U.S. Grand Strategy toward China," Council on Foreign Relations, Council Special Report No. 72, March 2015; The Policy Planning Staff, Office of the Secretary of State, "The Elements of the China Challenge," US State Department, November 2020; Michael D. Swaine, "China Doesn't Pose an Existential Threat for America," *Foreign Policy*, April 2021; and Minxin Pei, "The China Threat Is Being Overhyped," *Bloomberg Opinion*, May 2021. 중국의 관점에 대해서는 다음을 참조하라. Wang Yi, "Interview on International Situation and China's Diplomacy in 2020," Xinhua News Agency and China Media Group, January 2, 2021; Yang Jiechi, "Dialogue with National Committee on U.S.-China Relations," Ministry of Foreign Affairs of the People's Republic of China, February 2, 2021.

2. 경제 정책 논의에서 '편집증'이라는 용어는 토론자들이 펼치는 주장의 본질보다는 그들의 동기에 초점을 맞추는 것을 가리키는 데 사용되어왔다. 다음을 참조하라. Raghuram G. Rajan, "Why Paranoia Reigns in Economics," *World Economic Forum Global Agenda*, August 12, 2013. 아울러 다음을 참조하라. Rafael Di Tella and Julio T. Rotemberg, "Populism and the Return of the 'Paranoid Style': Some Evidence and a Simple Model of Demand for Incompetence as Insurance against Elite Betrayal," Harvard Business School, Working Paper 17-056, December 2016.

3. 그 예로 다음을 참조하라. Barbara W. Tuchman, *The Guns of August* (New York: Ballantine Books, 1962); David Stevenson, *1914–1918: The History of the First World War* (London: Gardners Books, 2004); and Greg King and Sue Woolmans, *The Assassination of the Archduke: Sarajevo 1914*

and the Romance that Changed the World (New York: St. Martin's Press, 2013).

4. 그 예로 다음을 참조하라. Lawrence E. Blume, "Duality," for *The New Palgrave Dictionary of Economics*, 2nd ed. (New York: Palgrave MacMillan, 2008); William A. Jackson, "Dualism, Duality and the Complexity of Economic Institutions," *International Journal of Social Economics* 26, no. 4 (April 1999); and Stephen R. Lewis Jr., "Some Problems in the Analysis of the Dual Economy," *Pakistan Development Review* 3, no. 4 (Winter 1963).

5. 경제학에서 이중성의 잘 알려진 또 다른 예는 고전적인 선형 프로그래밍 문제에 포함된 '그림자 가격'이다. 사실상 그림자 가격은 선형 프로그래밍 문제에 대한 해결책에서 파생된 비시장 품목의 암묵적인 가격이다. 다음을 참조하라. Robert Dorfman, Paul A. Samuelson, and Robert M. Solow, *Linear Programming and Economic Analysis* (New York: McGraw-Hill, 1958). 그림자 가격의 이중성은 사실 암묵적 가격 구조가 소련식 중앙계획의 입출력 모델과 비슷하게 만드는 데 사용되었다. 다음을 참조하라. John M. Montias, *Central Planning in Poland* (New Haven, CT: Yale University Press, 1962). 아울러 다음을 참조하라. Alec Nove, *The Economics of Feasible Socialism Revisited* (London: HarperCollins Academic, 1991).

6. 저축이 부족한 미국 경제가 무역 전환을 해야 한다는 주장은 앞서 4장에서도 했는데, 멕시코, 베트남, 홍콩, 싱가포르, 한국, 인도 등과의 양자 간 무역 적자 확대 폭이 미중 양자 간 무역 적자 축소 폭을 상회한다고 강조했다. 다음을 참조하라. Stephen S. Roach, "The Myth of Global Decoupling," *Project Syndicate*, January 3, 2020.

7. 미국은 특히 1990년대 후반부터 지속적인 자산 거품 발생이 두드러지게 나타났는데, 이는 거품 발생 이후에 완화적 통화 정책이 차후의 자산 거품과 신용 거품을 반복적으로 부채질했기 때문이다. 다음을 참조하라. Stephen S. Roach, "Double Bubble Trouble," *New York Times*, March 5, 2008.

8. 다음의 자료를 토대로 했다. World Integrated Trade Solution (WITS), World Bank.

9. 이는 2장에서 살펴본 동반의존성의 인간관계 특성에 관한 논의 결과다. 다음을 참조하라. Timmen L. Cermak, *Diagnosing and Treating Co-Dependence* (Minneapolis: Johnson Institute Books, 1986).

10. 그 예로 다음을 참조하라. Karen M. Sutter, "'Made in China 2025' Industrial Policies: Issues for Congress," Congressional Research Service, August

11, 2020; Marco Rubio, "Made in China 2025 and the Future of American Industry," US Senate Committee on Small Business and Entrepreneurship Project for Strong Labor Markets and National Development, February 2019. 그리고 미국무역대표부 301조 관련 보고서도 참조하라.

11. 다음을 참조하라. Marcy E. Gallo, "Defense Advanced Research Projects Agency: Overview and Issues for Congress," Congressional Research Service, August 19, 2021; US Chamber of Commerce, "Q&A on 'Buy American' Policies," January 25, 2021; Executive Office of the President, "Buy American and Hire American," Executive Order 13788, April 18, 2017 (Trump), and "Ensuring the Future Is Made in All of America by All of America's Workers," Executive Order 14005, January 25, 2021 (Biden); and Julian M. Alston, "Benefits and Beneficiaries from U.S. Farm Subsidies," paper prepared for the American Enterprise Institute Project on Agricultural Policy, May 5, 2007. '미국 혁신 및 경쟁법'은 2021년 6월에 상원을 통과했지만 이 원고를 쓰는 지금 시점으로는 하원에 계류되어 있는데, 여기에는 국내에서 고급 마이크로칩을 생산하는 업체에게 상당한 인센티브를 제공하는 520억 달러 규모의 '미국반도체산업법(CHIPS for America Act)'이 포함돼 있다. 다음을 참조하라. Steven Overly, "Frustration Builds over Stalled China Competition Bill," *Politico Weekly Trade*, October 25, 2021.

12. 다음을 참조하라. Nicholas Lardy, *The State Strikes Back: The End of Economic Reform in China?* (Washington DC: Peterson Institute for International Economics, 2019).

13. 다음을 참조하라. Anshu Siripurapu, "Is Industrial Policy Making a Comeback?" Council on Foreign Relations Backgrounder, March 2021. 아울러 다음을 참조하라. Jared Bernstein, "The Time for America to Embrace Industrial Policy Has Arrived," *Foreign Policy*, July 22, 2020.

14. 다음을 참조하라. Serena Ng and Nick Timiraos, "Covid Supercharges Federal Reserve as Backup Lender to the World," *Wall Street Journal*, August 3, 2020; and Paul Tucker, "The Lender of Last Resort and Modern Central Banking: Principles and Reconstruction," Bank for International Settlements, BIS Working Paper No. 79, September 2014. 최종대부자가 수행하는 글로벌 역할 관련 논의에 대해서는 다음을 참조하라. Maurice Obstfeld, "Lenders of Last Resort in a Globalized World," keynote address for 2009 International Conference, Institute for Monetary and Economic Studies, Bank of Japan, Tokyo, May 27–28, 2009. 아울러 다음을 참조하라. Charles

Calomiris, Marc Flandreau, and Luc Laeven, "Political Foundations of the Lender of Last Resort," VoxEU, Centre for Economic and Policy Research (CEPR), September 19, 2016.

15. 그 예로 다음을 참조하라. Stephen S. Roach, "The Perils of Fed Gradualism," *Project Syndicate*, December 23, 2015; James Grant, "The High Cost of Low Interest Rates," *Wall Street Journal*, April 1, 2020; and Lorie Logan and Ulrich Bindseil, "Large Central Bank Balance Sheets and Market Functioning," report prepared by a BIS Study Group, October 2019.

16. 21세기에 들어서 쇠퇴하는 미국을 바라보는 중국의 견해에 대해서는 상당한 논박이 이어지고 있다. 그 예로 다음을 참조하라. Li Yunlong, "American Democracy—The End of the Myth," *People's Daily* (China), January 13, 2021; Rush Doshi, *The Long Game: China's Grand Strategy to Displace American Power* (New York: Oxford University Press, 2021); "Elites in Beijing See America in Decline, Hastened by Trump," *The Economist*, June 13, 2020; and Julian Gewirtz, "China Thinks America Is Losing," *Foreign Affairs* (November/December 2020).

17. 다음을 참조하라. Matthew P. Goodman and David A. Parker, "Navigating Choppy Waters: China's Economic Decision-Making at a Time of Transition," Center for Strategic & International Studies (CSIS), March 2015; Alice Miller, "How Strong Is Xi Jinping?" *China Leadership Monitor*, no. 43 (March 2014); and Daniel H. Rosen, *Avoiding the Blind Alley: China's Economic Overhaul and Its Global Implications*, An Asia Society Policy Institute Report (New York: Asia Society, October 2014).

18. 2008~2009년의 글로벌 금융 위기 때 이뤄졌던 구제금융은 도덕적 해이의 위험성을 두고 격렬한 논쟁을 촉발했다. 그 논쟁의 초점은 사실상 기업 대출자들과 투자자들이 저지른 나쁜 행동을 정부가 지원하는 문화에 대한 철학적인 차원의 비판이다. 그 예로 다음을 참조하라. Peter L. Bernstein, "The Moral Hazard Economy," *Harvard Business Review*, July‒August 2009; Emmanuel Farhi and Jean Tirole, "Collective Moral Hazard, Maturity Mismatch and Systemic Bailouts, NBER Working Paper No. 15138, July 2009; and Javier Bianchi, "Efficient Bailouts?" *American Economic Review* 106, no. 12 (December 2016).

19. 시진핑은 처음 당 지도부에 오른 2012년 11월부터 공동부유를 강조해왔는데, 2021년 여름 들어 관심이 갑자기 늘어났다. 시진핑은 2021년 7월에 당 기관지인 〈치우시(Qiushi)〉에 기고한 데 이어 8월에는 중앙재정경제위원회 연설에

서 또다시 강조했는데, 이로써 중국공산당의 새로운 이념 캠페인에 대한 의심은 완전히 사라졌다. 다음을 참조하라. Xi Jinping, "Understanding the New Development Stage, Applying the New Development Philosophy, and Creating a New Development Dynamic," *Qiushi Journal* (China), July 8, 2021. 아울러 다음을 참조하라. "Xi Stresses Promoting Common Prosperity amid High-Quality Development, Forestalling Major Financial Risks," Xinhua News Service (China), August 18, 2021; Ryan Hass, "Assessing China's 'Common Prosperity' Campaign," *Order from Chaos* (blog), Brookings Institution, September 9, 2021; and Dexter Tiff Roberts, "What Is 'Common Prosperity' and How Will It Change China and Its Relationship with the World?" Atlantic Council Issue Brief, December 2021.

20. 다음을 참조하라. Stephen S. Roach, "China's Animal Spirits Deficit," *Project Syndicate*, July 27, 2021.

21. 다음을 참조하라. Jeanny Yu and Ishika Mookerjee, "Even after $1.5 Trillion Rout, China Tech Traders See More Pain," *Bloomberg*, August 20, 2021.

22. 현대 중국의 평등주의(egalitarianism)는 마오쩌둥 치하에서 '계급투쟁'으로 처음 표현되었던 것과 매우 다르다. 다음을 참조하라. Kerry Brown and Una Aleksandra Berzina-Cerenkova, "Ideology in the Era of Xi Jinping," *Journal of Chinese Political Science* 23, no. 3 (2018).

23. 이 점은 세계은행의 전 중국 국장이자 현재 싱가포르 국립대학교 동아시아연구소 소장인 버트 호프만(Bert Hofman)이 1986년에 해안개발전략(Coastal Development Strategy)의 출범을 계기로, 시진핑의 공동부유 캠페인을 덩샤오핑이 했던 그 유명한 발언과 결부시키면서 강조해왔다. 다음을 참조하라. Bert Hofman, "China's Common Prosperity Drive," *EAI Commentary*, National University of Singapore, September 3, 2021. 소득과 부의 지역 격차를 조절하는 데 인공지능이 할 수 있는 역할에 대한 논쟁도 계속되고 있다. 실제로 확장 가능한 인공지능 기반 애플리케이션을 사용해 혜택을 확산시키고, 원자바오의 4불과 관련해 '조정되지 않는' 경제에 대한 비판을 묵시적으로 해결하고 있다. 다음을 참조하라. Shiyuan Li and Miao Hao, "Can Artificial Intelligence Reduce Income Inequality? Evidence from China," *Munich Personal RePEc Archive*, MPRA Paper No. 110973, October 2021.

24. 다음을 참조하라. "Xi Jinping's Talk of 'Common Prosperity' Spooks the Prosperous," Free Exchange, *The Economist*, August 28, 2021.

25. 그 예로 다음을 참조하라. Macabe Keliher and Hsinchao Wu, "Corruption,

Anticorruption, and the Transformation of Political Culture in Contemporary China," *Journal of Asian Studies* 75, no. 1 (February 2016); Melanie Manion, "Taking China's Anticorruption Campaign Seriously," *Economic and Political Studies* 4, no. 1 (May 2016); Jiangnan Zhu, Dong Zhang, and Huang Huang, "'Big Tigers, Big Data': Learning Social Reactions to China's Anticorruption Campaign through Online Feedback," *Public Administration Review* 79, no. 4 (July/August 2019); and Yuen Yuen Ang, *China's Gilded Age: The Paradox of Economic Boom and Vast Corruption* (London: Cambridge University Press, 2020).

26. 그 예로 다음을 참조하라. Steven Levitsky and Daniel Ziblatt, *How Democracies Die* (New York: Crown, 2018); Sarah Smarsh, *Heartland: A Memoir of Working Hard and Being Broke in the Richest Country on Earth* (New York: Scribner, 2018); Timothy Snyder, *On Tyranny: Twenty Lessons from the Twentieth Century* (New York: Random House Crown, 2017); and J. D. Vance, *Hillbilly Elegy: A Memoir of Family and Culture in Crisis* (New York: HarperCollins, 2016). 트럼프의 대통령직 수행 및 그 기원을 평가하는 약 150권의 책을 개괄하는 내용을 알고 싶다면 다음을 참조하라. Carlos Lozada, *What Were We Thinking: A Brief Intellectual History of the Trump Era* (New York: Simon & Schuster, 2020).

27. 노벨 경제학상 수상자인 로버트 소로(Robert Solow)는 일반적으로 현대 경제성장 이론의 맥락에서 생산성이 수행한 역할을 정리한 학자로 인정받고 있다. 다음을 참조하라. Robert M. Solow, "A Contribution to the Theory of Economic Growth," *Quarterly Journal of Economics* 70, no. 1 (February 1956). 지난 여러 해에 걸쳐 논쟁의 초점은 생산성 성장, 특히 자주혁신의 원천으로 옮겨 갔다. 그 예로 다음을 참조하라. Edmund S. Phelps, "The Dynamism of Nations: Toward a Theory of Indigenous Innovation," *Capitalism and Society* 12, no. 1 (May 2017); and Edmund Phelps, Raicho Bojilov, Hian Teck Hoon, and Gylfi Zoega, *Dynamism: The Values That Drive Innovation, Job Satisfaction, and Economic Growth* (Cambridge, MA: Harvard University Press, 2020). 아울러 다음을 참조하라. Stephen S. Roach, "The Sino-American Innovation Dilemma: A Conflict with Deep Roots and Tough Solutions," *Asia-Pacific Journal* 16, no. 20 (October 2018).

28. 연구개발 분야에서 중국이 미국을 따라잡는 경향은 5장에서 살펴봤다. 중국이 미국의 STEM을 따라잡는 것과 관련된 논의에 대해서는 다음을 참조하라.

Remco Zwetsloot, Jack Corrigan, Emily Weinstein, et al., "China Is Fast Outpacing U.S. STEM PhD Growth," CSET Data Brief, Center for Security and Economic Policy, August 2021.

29. 4장에서 언급했듯이 피터 나바로 전 트럼프 대통령의 자문위원이 앞장서서 이 메시지를 소리 높여 외쳤다. 나바로가 2018년에 CNBC와 했던 다음 인터뷰 및 2018년 6월의 백서를 참조하라. Navarro's White House Office of Trade and Manufacturing Policy, "How China's Economic Aggression Threatens the Technologies and Intellectual Property of the United States and the World," June 2018. 미국무역대표부 책임자였던 로버트 라이트하이저는 2020년 11월에 그의 든든한 후원자였던 도널드 트럼프가 재선에 실패하고 민간인이 된 뒤에 이 주장을 강력하게 해오고 있다. 다음을 참조하라. Robert Lighthizer, "America Shouldn't Compete against China with One Arm Tied Behind Its Back," *New York Times*, July 27, 2021. 그런데 이것은 단지 공화당만의 입장이 아니다. 민주당 지도부도 중국의 기술 위협에 내포된 실존적인 성격에 대해서 공화당과 다를 바 없는 반중 감정을 표명했다. 다음을 참조하라. Maggie Miller, "Senators Warn of Chinese Technology Threats Ahead of International Meeting," *The Hill*, October 4, 2021. 아울러 다음을 참조하라. Vincent Ni, "China Denounces US Senate's $250bn Move to Boost Tech and Manufacturing," *The Guardian*, June 9, 2021.

30. 다음을 참조하라. Ha-Joon Chang, *Bad Samaritans: The Myth of Free Trade and the Secret History of Capitalism* (New York: Bloomsbury Press, 2010).

31. 앞서 5장에서 지적했던 런정페이 화웨이 회장의 오만함에 대한 지적은 반복되고 있다. 반면에 시스코의 렌 회장은 2007년에 자사의 라우터들 가운데 하나에 내장된 소프트웨어 불법 복제 혐의와 관련된 상세한 증거가 제시되자, 한 단어로 "우연이다"라면서 당당하게 반박했다. 다음을 참조하라. Chuin-Wei Yap and Dan Strumpf, "Huawei's Yearslong Rise Is Littered with Accusations of Theft and Dubious Ethics," *Wall Street Journal*, May 25, 2019.

32. 다음을 참조하라. Mark Scott, Laura Kayali, and Laurens Cerulus, "European Commission Accuses China of Peddling Disinformation," *Politico*, June 10, 2020; Kuni Mayake, "China's Information Warfare Is Failing Again," *Japan Times*, March 16, 2020; and Ruth Levush, "Government Responses to Disinformation on Social Media Platforms," Law Library of Congress, Global Legal Research Directorate, September 2019.

33. 다음을 참조하라. Pew Research Center, "Most Americans Have 'Cold'

Views of China. Here's What They Think about China, in Their Own Words," June 30, 2021.

34. 다음을 참조하라. Globely staff, "How Do the Chinese People View America?" *Globely News*, March 17, 2022; Ilaria Mazzocco and Scott Kennedy, "Public Opinion in China: A Liberal Silent Majority?" *Big Data China*, Center for Strategic and International Studies (CSIS), February 9, 2022; Kaiser Kuo, "How Do Chinese People View the United States?" SupChina Sinica podcast with Yaswei Liu and Michael Cerny, November 26, 2021; and Adam Y. Liu, Xiaojun Li, and Songyin Fang, "What Do Chinese People Think of Developed Countries? 2021 Edition," *The Diplomat*, March 13, 2021.

35. 페이스북에 대한 프랜시스 하우건의 내부 고발에 대해서는 다음을 참조하라. "Statement of Frances Haugen," testimony before the US Senate Committee on Commerce, Science, and Transportation, Sub-Committee on Consumer Protection, Product Safety, and Data Security, October 4, 2021. 아울러 다음을 참조하라. Jeff Horwitz, "The Facebook Whistleblower, Frances Haugen, Says She Wants to Fix the Company, Not Harm It," *Wall Street Journal*, October 3, 2021; Ryan Mac and Cecilia Kang, "Whistleblower Says Facebook 'Chooses Profits over Safety,'" *New York Times*, October 3, 2021; and Scott Pelley, "Whistleblower: Facebook Is Misleading the Public on Progress against Hate Speech, Violence, Misinformation," *CBS Sixty Minutes*, October 4, 2021. 오바마 전 대통령이 소셜미디어가 초래한 민주주의의 위기를 주제로 한 연설에 대해서는 다음을 참조하라. Barack Obama, "Disinformation Is a Threat to Our Democracy," speech before Stanford University Symposium on Challenges to Democracy in the Digital Information Realm, April 21, 2022.

36. 다음 책의 13장을 참조하라. Stephen Roach, "Codependency, the Internet, and a Dual Identity Crisis," *Unbalanced: The Codependency of America and China* (New Haven, CT: Yale University Press, 2014).

37. 다음을 참조하라. Daniel H. Rosen and Lauren Gloudeman, "Understanding US-China Decoupling: Macro Trends and Industry Impacts," Report of the Rhodium Group and US Chamber of Commerce China Center, February 2021. 아울러 다음을 참조하라. Keith Johnson and Robbie Gramer, "The Great Decoupling," *Foreign Policy*, May 14, 2020; and Stephanie Segal, "Degrees of Separation: A Targeted Approach to U.S.-China

Decoupling—Final Report," A Report of the CSIS Economics Program, Center for International and Strategic Studies, October 2021.

38. 다음을 참조하라. Graham Allison, *Destined for War: Can America and China Escape Thucydides's Trap?* (New York: Mariner Books, 2017).

39. 아시아에서 미국과 중국 사이에 열전이 벌어질 위험성이 커진 것을 두고 관심이 높아지고 있다. 다음을 참조하라. Minxin Pei, "China and the US Dash toward Another MAD Arms Race," *Nikkei Asia*, May 16, 2021. 아울러 다음을 참조하라. David C. Gompert, Astrid Stuth Cevallos, and Cristina L. Garafola, *War with China: Thinking Through the Unthinkable* (Santa Monica: The RAND Corporation, 2016). 남중국해에 대해서는 이에 대해서는 다음을 참조하라. Oriana Skylar Mastro, "Military Confrontation in the South China Sea," Council on Foreign Relations Contingency Planning Memorandum No. 36, May 21, 2020; and dith M. Lederer, "US and China Clash at UN over South China Sea Disputes," *Military Times*, August 9, 2021. 대만에 대해서는 다음을 참조하라. Lindsay Maizland, "Why China-Taiwan Relations Are So Tense," Council on Foreign Relations Backgrounder, May 10, 2021; Alastair Gale and Chieko Tsuneoka, "As China-Taiwan Tensions Rise, Japan Begins Preparing for Possible Conflict," *Wall Street Journal*, August 27, 2021; and conomist Intelligence Unit, "Is War between China and Taiwan Inevitable?" Economist Group, June 16, 2021. 러시아-우크라이나 전쟁 와중에 불거진 푸틴의 핵 위협은 더욱 불안하다. 다음을 참조하라. Uri Friedman, "Putin's Nuclear Threats Are a Wake-Up Call for the World," *The Atlantic*, March 15, 2022; Steven Simon and Jonathan Stevenson, "Why Putin Went Straight for the Nuclear Threat," *New York Times*, April 1, 2022; Matthew Kroemig, Mark J. Massa, and Alyxandra Marine, "To Decipher Putin's Nuclear Threats, Watch What He Does—Not What He Says," *New Atlanticist* (Atlantic Council, March 4, 2022).

40. 다음을 참조하라. Office of the Secretary of Defense, *Military and Security Developments Involving the People's Republic of China: 2020*, Annual Report to Congress, Washington DC, September 2020; and Anthony H. Cordesman, "Chinese Strategy and Military Forces in 2021: A Graphic Net Assessment," Center for Strategic and International Studies, August 2021.

41. 여기에 대해서는 6장에서 살펴봤다. 다음을 참조하라. Paul Kennedy, *The Rise and Fall of the Great Powers: Economic Change and Military Conflict from 1500 to 2000* (New York: Random House, 1987).

42. 다음을 참조하라. Gloria Cowan, Mimi Bommersbach, and Sheri R. Curtis, "Codependency, Loss of Self, and Power," *Psychology of Women Quarterly* 19, no. 2 (June 1995); Marolyn Wells, Cheryl Glickauf-Hughes, and Rebecca Jones, "Codependency: A Grass Roots Construct's Relationship to Shame-Proneness, Low Self-Esteem, and Childhood Parentification," *American Journal of Family Therapy* 27, no. 1 (1999).

43. 다음을 참조하라. Alison Favorini, "Concept of Codependency: Blaming the Victim or Pathway to Recovery?" *Social Work* 40, no. 6 (November 1995); Ofer Zur, "Rethinking 'Don't Blame the Victim': The Psychology of Victimhood," *Journal of Couples Therapy* 4, no. 3-4 (1995).

44. 다음을 참조하라. Jimmy Carter, "Energy and National Goals: Address to the Nation," July 15, 1979, Jimmy Carter Presidential Library and Museum, https://www.jimmycarterlibrary.gov/assets/documents/speeches/energy-crisis.phtml.

45. 다음을 참조하라. Stephen S. Roach, "Japan Then, China Now," *Project Syndicate*, May 2019.

46. 다음을 참조하라. Jude Blanchette, "Xi's Gamble: The Race to Consolidate Power and Stave Off Disaster," *Foreign Affairs*, July/August 2021; Dexter Tiff Roberts, "Xi Jinping's Politics in Command Economy," Scowcroft Center for Strategy and Security, Atlantic Council Issue Brief, July 2021; and Susan L. Shirk, "China in Xi's 'New Era': The Return to Personalistic Rule," *Journal of Democracy* 29, no. 2 (April 2018).

13장

1. 그 예로 다음을 참조하라. David S. Mason, "Glasnost, Perestroika and Eastern Europe," *International Affairs* 64, no. 3 (Summer 1988); Lilita Dzirkals, "Glasnost and Soviet Foreign Policy," RAND Note, Rand Corporation, January 1990; and George A. Carver Jr., "Intelligence in the Ages of Glasnost," *Foreign Affairs*, Summer 1990.

2. 다음을 참조하라. Chris Buckley, "China Sees 'Trust Deficit' before Xi's US Trip," Reuters, February 7, 2012. 미국과 중국의 오래된 전략적 불신에 대한 관점의 비교는 다음을 참조하라. Kenneth Lieberthal and Wang Jisi, "Addressing U.S.-China Strategic Distrust," John L. Thornton China Center Monograph Series, Number 4 (Washington DC: Brookings Institution, March 2012).

3. 추이톈카이는 존스흡킨스대학교에서 대학원 과정을 수료했고 중국 외교부에

서 20년간 근무했으며, 2007년부터 2009년까지 3년간 주일 대사를 지냈다. 다음을 참조하라. "Biography of Ambassador Cui Tiankai," Embassy of the People's Republic of China in the United States of America. available at http://www.china-embassy.org/eng/sgxx/ctk/boa/.

4. 다음을 참조하라. Jonathan D. Spence, *The Chan's Great Continent: China in Western Minds* (New York: W. W. Norton & Company, Inc.: 1998).

5. 다음을 참조하라. Phoebe Scott, "Mimesis to Mockery: Chinoiserie Ornament in the Social Space of Eighteenth-Century France," *Philament* 5 (January 2005).

6. 다음을 참조하라. Spence, *The Chan's Great Continent*, 16.

7. 다음을 참조하라. Jonathan D. Spence, "Kissinger and China," *New York Review*, June 9, 2011.

8. '차이나 이니셔티브'는 2018년 11월 트럼프 정부가 미국의 안보에 위험을 제기하는 중국 스파이 위협에 대응하기 위해 시작한 것으로 알려져 있다. 미국 법무부는 이 노력의 초점을 경제 스파이와 사이버 해킹에서 '연구에서의 무결성'을 묻는 것으로 빠르게 전환했는데, 특히 일부 학자들이 자기의 연구 프로그램에 대한 중국 자금 출처를 공개하지 못하는 경우에 초점을 맞췄다. 〈MIT 테크놀로지 리뷰〉에 발표된 상세한 평가에 따르면 이 혐의로 기소된 150명 가까운 사람들 가운데 거의 90퍼센트가 중국계였다. 미국의 여러 대학교의 교직원 단체들은 메릭 갈랜드 미국 법무부 장관에게 차이나 이니셔티브의 남용에 항의하며 즉각 중단을 요구하는 서한을 보냈다. 나도 2022년 1월 갈랜드에게 보낸 예일대학교 항의 서한에 서명한 193명 중 한 명이었다. 다음을 참조하라. Eileen Guo, Jess Aloe, and Karen Hao, "The US Crackdown on Chinese Economic Espionage Is a Mess. We Have the Data to Show It," *MIT Technology Review*, December 2, 2021; and Isaac Yu, "'A Chilling Hostile Environment': Faculty Protest China Initiative as Tensions Continue to Disrupt Research," *Yale Daily News*, December 2, 2021. 비판이 점점 확산되자 바이든 정부는 2022년 2월에 차이나 이니셔티브를 공식적으로 종료했으며 중국에 대한 스파이 사건은 다시 법무부의 국가안보 부서 차원으로 축소되었다. 다음을 참조하라. Katie Benner, "Justice Dept. to end Trump-Era Initiative to Deter Chinese Threats," *New York Times*, February 23, 2022.

9. 다음을 참조하라. Tamim Bayoumi and Yunhui Zhao, "Incomplete Financial Markets and the Booming Housing Sector in China," International Monetary Fund Working Paper No. 2020/265, December 2020; Kenneth S. Rogoff and Yuanchen Yang, "Peak China Housing," NBER Working

Paper 27967, August 2020; Stella Yifan Xie and Mike Bird, "The $52 Trillion Bubble: China Grapples with Epic Property Boom," *Wall Street Journal*, July 16, 2020; and Maya Bhandari et al., "If the Chinese Bubble Bursts: The Views of 30 Experts," *International Economy*, Fall 2019. 반대 견해에 대해서는 다음을 참조하라. Thomas Orlick, *China: The Bubble that Never Pops* (New York: Oxford University Press, 2020); Hanming Fang, Quanlin Gu, Wei Xiong, and Li-An Zhou, "Demystifying the Chinese Housing Boom," NBER Working Paper No. 21112, April 2015. 2021~2022 년 중국의 헝다 파산과 2008년 미국의 리먼 브러더스 파산 사이의 유사성을 우려하는 논의에 대해서는 다음을 참조하라. Martin Farrer and Vincent Ni, "China's Lehman Brothers Moment? Evergrande Crisis Rattles Economy," *Guardian*, September 17, 2021; and Desmond Lachman, "Is This China's Lehman Brothers Moment?" *The Hill*, September 21, 2011.

10. 다음을 참조하라. Dinny McMahon, *China's Great Wall of Debt: Shadow Banks, Ghost Cities, Massive Loans, and the End of the Chinese Miracle* (New York: Houghton Mifflin Harcourt, 2018); Wojciech Maliszewski et al., "Resolving China's Corporate Debt Problem," IMF Working Paper No. 16/203, October 2016; and Yukon Huang and Canyon Bosler, "China's Debt Dilemma: Deleveraging While Generating Growth," Carnegie Endowment for International Peace, September 2014.

11. 다음을 참조하라. Stephen S. Roach, "Deciphering China's Economic Resilience," *Project Syndicate*, July 25, 2017; and Barry Naughton, "Two Trains Running: Supply-Side Reform, SOE Reform and the Authoritative Personage," *China Leadership Monitor*, August 2016.

12. 워싱턴 기득권층은 오랫동안 중국이 WTO 규범을 준수하지 않을 것이라 는 주장에 동조해왔다. 다음을 참조하라. "The Broken Promises of China's WTO Accession: Reprioritizing Human Rights," Hearing Before the Congressional-Executive Commission on China, March 2017; and Elizabeth Economy, "Trade: Parade of Broken Promises," *Democracy: A Journal of Ideas*, no. 52 (Spring 2019). 이 견해는 경제성장과 민주주의 를 연결하는 영향력 있는 근대화 이론과 일치한다. 그 예로 다음을 참조하라. Seymour M. Lipset, "Some Social Requisites of Democracy: Economic Development and Political Legitimacy," *American Political Science Review* 53, no. 1 (1959); and Samuel P. Huntington, *The Third Wave: Democratization in the Late Twentieth Century* (Norman, OK: University

of Oklahoma Press, 1961). 경제학자 네 명이 진행한 2008년의 특별한 경험적 연구는 이 이론이 전제하는 거짓 인과관계에 대해서 심각한 문제 제기를 했다. 다음을 참조하라. Daron Acemoglu, Simon Johnson, James A. Robinson, and Pierre Yared, "Income and Democracy," *American Economic Review* 98, no. 3 (June 2008).

13. 다음을 참조하라. Joe Renquard, "The Nixon-Mao Summit: A Week that Changed the World?" *US, Asia, and the World: 1914-2012* 17, no. 3 (Winter 2012).

14. 다음을 참조하라. "The Shanghai Communique, February 28, 1972," *Foreign Policy Bulletin* 8, no. 2 (1997).

15. 헨리 키신저는 중동에서의 협상 및 중국-대만 협상 모두에서 미국 외교 정책에 모호성을 적용한 것으로 널리 인정받고 있다. 그 예로 다음을 참조하라. Robert D. Blackwill and Philip Zelikow, "The United States, China, and Taiwan: A Strategy to Prevent War," Council on Foreign Relations, Council Special Report No. 90, February 2021; Joel Singer, "The Use of Constructive Ambiguity in Israeli-Arab Peace Negotiations," in Yoram Dinstein, ed., *Israeli Yearbook on Human Rights*, vol. 50 (Leiden and Boston: Brill Nijhoff, 2020); and Khaled Elgindy, "When Ambiguity Is Destructive," op-ed, *Brookings*, January 22, 2014.

16. 다음을 참조하라. Henry Kissinger, *On China* (New York: Penguin Press, 2011).

17. 헨리 키신저가 리처드 닉슨에게 보낸 1973년 11월 19일자 장문의 메모에서 그는 중국 임무를 요약했는데, 여기에서 그는 연락사무소가 "더 큰 임무를 수행하는 더 큰 임무들을 지원한다. (…) 연락사무소는 대사관이나 다름없다"라고 묘사했다. 다음을 참조하라. Office of the Historian, *Foreign Relations of the United States, 1969-1976*, Volume XVIII, China, 1973-976, Document No. 62.

18. 자료 출처: World Bank Development Indicators.

19. 다음을 참조하라. Nicholas R. Lardy, *Integrating China into the Global Economy* (Washington DC: Brookings Institution, 2002); US Congress, "Normal Trade Relations for the People's Republic of China," Public Law 106-286, October 10, 2000; and Gary C. Hufbauer and Daniel H. Rosen, "American Access to China's Market: The Congressional Vote on PNTR," International Economic Policy Briefs, Institute for International Economics, May 2000.

20. 다음을 참조하라. World Trade Organization, "Protocol on the Accession of the People's Republic of China," decision of November 10, 2001.

21. 다음을 참조하라. Bill Clinton, "Speech on China Trade Bill," before the Paul H. Nitze School of Advanced International Studies, Johns Hopkins University, Washington DC, March 9, 2000.

22. Clinton, "Speech on China Trade Bill."

23. Clinton, "Speech on China Trade Bill."

24. 중국은 WTO 제소의 주요 표적국은 전혀 아니었다. 1995~2021년까지 이어진 WTO의 역사에서 미국과 EU를 대상으로 한 제소는 각각 178건, 101건이었다. 비록 짧은 기간(2001~2021년)이긴 하지만 중국을 대상으로 하는 49건보다 훨씬 많은 수치다. 다음을 참조하라. World Trade Organization Dispute Settlement Database, available at https://www.wto.org/english/tratop_e/dispu_e/dispu_by_country_e.htm. 아울러 다음을 참조하라. James Bacchus, Simon Lester, and Huan Zhu, "Disciplining China's Trade Practices at the WTO," Cato Institute Policy Analysis No. 856, November 15, 2018.

25. 다음을 참조하라. US Trade Representative, "2020 Report to Congress on China's WTO Compliance," January 2021.

26. 바이든 정부의 새로운 미국무역대표부 대표인 캐서린 타이가 불공정한 산업 정책 보조금 문제를 제기하며 중국을 압박하고 나섰다. 다음을 참조하라. David Lawder and Andrea Shalal, "U.S. Trade Chief Tai Seeks Talks with China, Won't Rule Out New Tariff Actions," Reuters, October 4, 2021.

27. 다음을 참조하라. US Department of Commerce, "U.S.-China Joint Commission on Commerce and Trade (JCCT)," available at https://2014-2017.commerce.gov/tags/us-china-joint-commission-commerce-and-trade-jcct.html.

28. 다음을 참조하라. Tiffany Barron et. al., *Engagement Revisited: Progress Made and Lessons Learned from the US-China Strategic and Economic Dialogue*, National Committee on American Foreign Policy, September 2021.

29. 다음을 참조하라. US Department of the Treasury, "U.S.-China Comprehensive Economic Dialogue: 2017," available at https://www.treasury.gov/initiatives/pages/china.aspx.

30. 미중경제안보검토위원회 헌장을 참조하라. 다음에서 볼 수 있다. https://www.uscc.gov/charter.

31. 중국의 외교 정책 기관은 미중경제안보검토위원회의 반중 편향에 대해 오랫

동안 우려를 표명해왔다. 예컨대 2017년에는 중국 외교부 대변인 겅솽은 "이 위원회는 중국 관련 문제에 대해서는 늘 편견으로 가득 차 있다"라고 논평했다. 다음을 참조하라. Reuters staff, "China Denounces U.S. Call to Register Chinese Journalists as Agents," Reuters, November 16, 2017; and Tom O'Connor, "China Says US Report to Congress Filled with 'Conspiracies, Pitfalls, Threats,'" *Newsweek*, December 2, 2020. 이 견해에 다른 사람들이 동조했다. 다음을 참조하라. "U.S. Urged to Do More against Rising Threat of Assertive China," *Bloomberg News*, December 1, 2020; and Government of the Hong Kong Special Administrative Region, "HKSARG Vehemently Refutes Groundless Accusations by the United States-China Economic and Security Review Commission," press release, December 2, 2020.

32. 다음을 참조하라. US-China Economic and Security Review Commission, *2020 Report to Congress*, Washington DC, December 2020. 경제전략연구소 설립자 겸 이사장인 클라이드 프레스토위츠(Clyde Prestowitz)는 2022년 미중경제안보검토위원회에 출석해서, 팀 쿡 애플 CEO와 레이 달리오 브리지워터 창업자 겸 공동대표가 모두 자기 회사가 유리한 대우를 받을 수 있도록 하려고 중국에 '굽신거리기'를 반복하는 것을 들어 중국을 대변하는 외국 대리인으로 등록되어야 한다고 주장했다. 다음을 참조하라. Clyde Prestowitz, "Testimony Before the U.S.-China Economic and Security Review Commission," April 6, 2022. 아울러 다음을 참조하라. Robert Delaney and Joshua Cartwright, "Tim Cook of Apple and Financier Ray Dalio Should Register as Foreign Agents for China, US Panel Hears," *South China Morning Post*, April 15, 2022.

33. 다음을 참조하라. Stephen S. Roach, "Chinese Rebalancing: Transitioning from the 12th to the 13th Five-Year Plan," testimony before the USCESRC, April 22, 2015; Stephen S. Roach, "A Wake-Up Call for the US and China: Stress Testing a Symbiotic Relationship," testimony before the USCESRC, February 15, 2009; and Stephen S. Roach, "Getting China Right," testimony before the USCESRC, September 25, 2003. 내가 하는 증언들에 이어지는 질문은 위원회 위원들의 반중 편향을 보여준다. 그런 각각의 모습을 보여주는 질의응답은 다음에서 볼 수 있다. https://www.uscc.gov/hearings.

34. 2000~2021년의 회의 의제는 중국개발포럼의 다음 웹사이트에 나와 있다. https://www.cdf.org.cn/cdf2021/index.jhtml.

35. 2000년 중국개발포럼 첫 회의에 불참한 뒤에 나는 2021년 비대면 참여에 이어

서 2022년에도 코로나19로 인한 웨비나(비대면 세미나)를 포함해 2001년 이후 중국개발포럼의 모든 행사에 참여하고 연설했다. 2017~2020년까지 트럼프 정부의 고위 관리들은 중국개발포럼에 참석하지 않았다.

36. 다음을 참조하라. https://english.boaoforum.org/; https://www.weforum. org/about/new-champions; http://english.cciee.org.cn/; http://www. ciids.cn/node_64908.htm; and http://new.cf40.org.cn/index_en.php.

37. 외교의 보조 메커니즘으로서 트랙-II 대화의 역사는 길다. 2009년 10월에 베이징에서 원자바오 총리가 헨리 키신저, 조지 슐츠, 로버트 루빈, 윌리엄 페리와 만난 자리는 중국으로서는 첫 번째 '고위' 트랙-II 대화였다. 나는 여러 해에 걸쳐서 트랙-II 대화에 여러 차례 참여했으며 미중관계국가위원회가 후원하는 대화의 장과 오랜 인연을 맺고 있다. 다음을 참조하라. Charles Homans, "Track II Diplomacy: A Short History," *Foreign Policy*, June 20, 2011; Jennifer Staats, "A Primer on Multi-Track Diplomacy: How Does It Work?" United States Institute of Peace, July 31, 2019; and Jiao Liu, "China-US Track Two Diplomacy Injecting Huge Positive Energy," *China Daily*, November 7, 2018.

38. 다음을 참조하라. Henry Kissinger, *On China* (New York: Penguin Books, 2011). 아울러 다음을 참조하라. "Kissinger among Featured Speakers at Johnson Center's First Annual Conference," *Yale News*, April 1, 2012.

39. 1973년 미중 협상에서 핫라인 설치가 무산된 것은 앞서 미국 외교문서에서 언급되었다. 다음을 참조하라. Office of the Historian, *Foreign Relations of the United States, 1969–1976*, Volume XVIII, China, 1973–1976, Document No. 55; and Kazushi Minami, "Re-examining the End of Mao's Revolution: China's Changing Statecraft and Sino-American Relations, 1973–1978," *Cold War History* 16, no. 4 (2016).

40. 첸젠 교수는 그 이전의 연구논문에서 1970년대 미중 협상에서 마오쩌둥이 부정적인 영향력을 행사했음을 암시했다. 다음을 참조하라. Chen Jian, *Mao's China and the Cold War* (Chapel Hill: University of North Carolina Press, 2001). 첸젠이 곧 발표할 저우언라이 전기는 2012년에 예일대학교에서 열린 심포지엄 자리에서 새롭게 확인한 중국 문서를 바탕으로 하는데, 이 전기는 *그가 예전부터 가지고 있었던 의심이 틀리지 않았음을* 입증할 것 같다.

41. 2012년 예일대학교 심포지엄의 해당 내용을 확인해준 전 예일대학교 총장 리처드 레빈에게 고마운 마음을 전한다.

42. 다음을 참조하라. Matt Bevan, "Xi Jinping discussed the Thucydides Trap with Malcolm Turnbull, Revealing His View of the World Today," ABC

News Australia, July 5, 2021; "China Generals Urge More Spending for U.S. Conflict 'Trap,'" *Bloomberg News*, March 8, 2021; Michael Crowley, "Why the White House Is Reading Greek History," *Politico Magazine*, June 21, 2017; and Ministry of Foreign Affairs of the People's Republic of China, "Transcript of Ambassador Cui Tiankai's Dialogue with Professor Graham Allison at the Annual Conference of the Institute for China-American Studies," Washington DC, December 5, 2020.

43. 다음을 참조하라. Intergovernmental Panel on Climate Change, *Climate Change 2021: The Physical Science Basis*, Contribution of Working Group I to the Sixth Assessment Report of the IPCC (Cambridge: Cambridge University Press, August 2021).

44. 다음을 참조하라. Our World in Data, "Coronavirus (Covid-19 Vaccinations," available at http://new.cf40.org.cn/index_en.php.

45. 다음을 참조하라. Peter J. Hotez, *Preventing the Next Pandemic: Vaccine Diplomacy in a Time of Anti-science* (Baltimore, MD: Johns Hopkins University Press, 2021); and Gina Kolata, "Fauci Wants to Make Vaccines for the Next Pandemic Before It Hits," *New York Times*, July 25, 2021.

46. 다음을 참조하라. Matt Warren, "Ransomware: A Global Problem," *RMIT Australia*, July 5, 2021' and Enrique Dans, "Ransomware Is a Global Threat That Requires a Coordinated Global Response," *Forbes*, August 5, 2021.

47. 다음을 참조하라. Derek Kortepeter, "Shipping Giant COSCO Brutalized by Ransomware Attack," *TechGenix*, August 3, 2018; "The Latest: 29,000 Chinese Institutions Hit by Cyberattack," Associated Press, May 15, 2017; and Naveen Goud, "Over 20K Chinese PCs Infected with a New Ransomware Variant," *Cybersecurity Insiders*, December 2016.

48. 다음을 참조하라. Joseph R. Biden, "Paris Climate Agreement," White House Briefing Room, January 20, 2021.

49. 다음을 참조하라. US Department of State, Leaders' Summit on Climate, https://www.state.gov/leaders-summit-on-climate/. 아울러 다음을 참조하라. UN Climate Change Conference (COP26): UK 2021, https://ukcop26.org/.

50. 다음을 참조하라. Chris Buckley, "China Opened a National Carbon Market. Here's Why It Matters," *New York Times*, July 16, 2021. 아울러 다음을 참조하라. Bianca Nogardy, "China Launches World's Largest Carbon

Market: But Is It Ambitious Enough?" *Nature*, July 29, 2021.

51. US Department of State, "U.S.-China Joint Statement Addressing the Climate Crisis," Media Note, Office of the Spokesperson, April 17, 2021.

52. COP26이 글로벌 기후변화 대응에서 미국과 중국이 발휘할 리더십의 중대한 출발점이라는 견해를 밝힌 존 케리 장관은 중국 측 대화 상대방에게 COP26 이후의 대응을 계속 추진해왔다. 다음을 참조하라. Steven Mufson, Brady Dennis, and Michael Birnbaum, "Beyond Glasgow, Kerry Pushes to Close Emission Gaps," *Washington Post*, December 30, 2021. 아울러 다음을 참조하라. Tripti Lahiri, "An Old Friendship Is Behind the Surprise US-China COP26 Announcement," *Quartz*, November 11, 2021. 동시에 예비 데이터 에 따르면 2021년 온실가스 배출량이 놀라울 정도로 급격히 증가해 COP26의 배출량 목표 달성이 더욱 어려워졌다. 다음을 참조하라. Alfredo Rivera, Kate Larsen, Hannah Pitt, and Shweta Movalia, "Preliminary US Greenhouse Emissions Estimates for 2021," Rhodium Group Note, January 10, 2022. 2022년 초에 러시아-우크라이나 전쟁으로 에너지 가격이 급등하고 이에 따라 석탄 수요가 급증한 것에 대해서는 다음을 참조하라. Darrell Proctor, "Coal Use Rises, Prices Soar as War Impacts Energy Markets," *Power*, March 8, 2022; and Ajit Niranjan, "Russia-Ukraine War Risks Greater Carbon Pollution Despite Boost to Clean Energy," DW Akademie (Germany), March 15, 2022.

53. 다음을 참조하라. White House Briefing Room, "Statement by President Joe Biden on the Investigations into the Origins of COVID-19," May 26, 2021.

54. 다음을 참조하라. Office of the Director of National Intelligence, "Unclassified Summary of Assessment on COVID-19 Origins," Intelligence Community Assessment, August 27, 2021, available at https://www.dni.gov/index.php/newsroom/reports-publications/reports-publications-2021/item/2236-unclassified-summary-of-assessment-on-covid-19-origins; Michael Worobey, Joshua I. Levy, Lorena M. Malpica Serrano, et al., "The Huanan Market Was the Epicenter of SARS-Cov-2 Emergence," *Zenodo*, February 26, 2022, available at https://doi.org/10.5281/zenodo.6299116; and Jonathan E. Pekar, Andrew Magee, Edyth Parjer, et al., "SARS-CoV-2 Emergence Very Likely Resulted from Two Zoonotic Events," *Zenodo*, February 26, 2022, https://doi.org/10.5281/zenodo.6291628.

55. 다음을 참조하라. White House Briefing Room, "Statement by President

Joe Biden on the Investigations into the Origins of COVID-19," August 27, 2021, available at https://www.whitehouse.gov/briefing-room/statements-releases/2021/08/27/statement-by-president-joe-biden-on-the-investigation-into-the-origins-of-covid-%E2%81%A019/.

56. 다음을 참조하라. White House Briefing Room, "Statement by President Joe Biden on the Investigations into the Origins of COVID-19," May 26, 2021.

57. 다음을 참조하라. Chao Deng, "China Rejects WHO Proposal for Second Phase of Covid-19 Origins Probe," *Wall Street Journal*, July 22, 2021.

58. 다음을 참조하라. Raymond Zhong, Paul Mozur, and Aaron Krolik, "No 'Negative' News: How China Censored the Coronavirus," *New York Times*, January 13, 2021.

59. 다음을 참조하라. Embassy of the PRC in the United States of America, "Statement by the Chinese Embassy in the United States on the 'COVID-19 Origin-Tracing' Report of the U.S. Side," August 27, 2021. 아울러 다음을 참조하라. Ministry of Foreign Affairs of the PRC, "Remarks by Ambassador Chen Xiaodong at Press Briefing on COVID-19 Origin-Tracing," Chinese Embassy in South Africa, August 30, 2021.

60. 다음을 참조하라. White House Briefing Room, "Background Press Call by Senior Administration Officials on Malicious Cyber Activity Attributable to the People's Republic of China," July 19, 2021. 아울러 다음을 참조하라. Zolan Kanno-Youngs and David E. Sanger, "U.S. Accuses China of Hacking Microsoft," *New York Times*, July 19, 2021.

61. 다음을 참조하라. Office of the Secretary of Defense, *Military and Security Developments Involving the People's Republic of China*: 2020, Annual Report to Congress, Washington DC, September 2020; and Office of the Attorney General, "U.S. Charges Five Chinese Military Hackers for Cyber Espionage against U.S. Corporations and a Labor Organization for Commercial Advantage," Office of Public Affairs, Department of Justice, May 19, 2014. 미국의 언론은 "이번 조치는 홍보 효과는 있어도 해커들을 저지하는 데는 거의 도움이 되지 않을 것"이라고 강조해서 보도했다. 다음을 참조하라. Jaikumar Vijayan, "Hacker Indictments against China's Military Unlikely to Change Anything," *Computerworld*, May 19, 2014. 아직 기소되지 않은 2014년의 범죄 혐의는 해킹이고, 이는 국가적인 차원의 범법자들을 대상으로 제기된 첫 번째 조치였다. 그러나 미국 법무부는 2021년 7월에 미국 및 전 세계의 기업, 대학, 정부 기관을 겨냥한 글로벌 사이버 해킹 혐의로 중

국 국적자 네 명을 추가 기소하는 등 추가로 노력을 기울였다. 다음을 참조하라. Office of the Attorney General, "Four Chinese Nationals Working with the Ministry of State Security Charged with Global Computer Intrusion Campaign Targeting Intellectual Property and Confidential Business Information, Including Infectious Disease Research," Office of Public Affairs, Department of Justice, July 19, 2021. 아울러 다음을 참조하라. Katie Benner, "U.S. Accuses Chinese Officials of Running Data Theft Ring," *New York Times*, July 19, 2021.

62. 다음을 참조하라. Teddy Ng and Echo Xie, "China Confirms Xi Jinping Will Attend Biden's Earth Day Climate Summit," *South China Morning Post*, April 21, 2021. 시진핑은 2021년 11월 글래스고에서 열린 COP26 글로벌 기후 정상회담에도 참석하지 않음으로써 코로나19 사태가 발생한 뒤로 중국을 떠나지 않은 기록을 계속 이어갔다.

63. 그 예로 다음을 참조하라. Ma Jun, *The Economics of Air Pollution in China: Achieving Better and Cleaner Growth* (New York: Columbia University Press, 2017); Angang Hu and Qingyou Guan, *China: Tackle the Challenge of Global Climate Change (China Perspectives)* (New York and Beijing: Routledge and Tsinghua University Press, 2017); and Weiguang Wang and Guoguang Zheng, eds., *China's Climate Change Policies* (New York: Routledge, 2012).

64. 다음을 참조하라. Stephen Roach, "Time for the U.S. and China to Collaborate, Not Complain," *Bloomberg Opinion*, March 30, 2020.

65. 중국의 글로벌 백신 보급 공약(2021년 20억 회 규모)은 미국의 해외 보급 계획(12억 회분. 이 중 2022년 2월 기준으로 112개국에 4억 회분 이상 선적)을 훨씬 웃돈다. 그러나 특히 전염성이 높은 오미크론 변종에 대해서는 두 백신의 상대적인 효능이 심각하게 의심을 받고 있다. 다음을 참조하라. White House Briefing Room, "FACT SHEET: The Biden Administration's Commitment to Global Health," February 2, 2022; Liu Zhen, "Xi Jinping Says China Promises 2 Billion Covid-19 Vaccine Doses to Other Countries in 2021," *South China Morning Post*, August 6, 2021; and Smriti Mallapaty, "China's COVID Vaccines Are Going Global—But Questions Remain," *Nature*, May 12, 2021.

66. 다음을 참조하라. Sam Meredith, "Dr. Fauci Says U.S. Will Remain a WHO Member and Join Global Covid Vaccine Plan," CNBC, January 21, 2021.

67. 현재의 팬데믹을 해결하기 위한 글로벌 보건 리더십에서 중국이 수행할 역할과

관련된 논의에 대해서는 다음을 참조하라. Yanzhong Huang, "The COVID-19 Pandemic and China's Global Health Leadership," Council on Foreign Relations, Council Special Report No. 92, January 2022. 코로나19를 놓고 미국과 중국이 협력할 가능성에 대해서는 다음을 참조하라. Stephen Roach, "Time for the U.S. and China to Collaborate, Not Complain," *Bloomberg Opinion*, March 30, 2020.

68. 중국 질병통제예방센터는 2001년 사스 발생 이후인 2002년에 설립되었다. 조직 위상으로 보자면 이 기관은 중화인민공화국 국가보건위원회 소속이다. 미국 질병통제예방센터는 1946년에 설립되었고 1887년에는 세계 최대 생물의학 연구기관인 국립보건원(NIH)이 설립되었는데, 이 둘은 모두 보건복지부 소속이다. 다음을 참조하라. "U.S.-China Dialogue on Global Health," Background Report of the Georgetown University Institute for US China Dialogue, April 2017.

69. 그 예로 다음을 참조하라. Stephen Orlins, "How Joe Biden's America and China Can Turn the Page on a Rocky Relationship," *South China Morning Post*, January 14, 2021.

70. NGO 활동에 대한 규제를 완화하는 대표적인 사례로는 미국에 있는 중국의 공자 연구소들의 활동 및 현재 미국변호사협회의 중국 활동(지금은 이 활동이 금지되어 있다)에 대한 압력을 완화하는 것을 들 수 있다. 그 예로 다음을 참조하라. Jessica Batke, "'The New Normal' for Foreign NGOs in 2020," *ChinaFile*, The China NGO Project, January 3, 2020; Elizabeth Knup, "The Role of American NGOs and Civil Society Actors in an Evolving US-China Relationship," Carter Center China Program, 2019; and Yawei Liu, Susan Thornton, and Robert A. Kapp, "Finding Firmer Ground: The Role of Civil Society and NGOs in U.S.-China Relations," A Report on US-China Relations Produced by the Carter Center, 2021. 중국 기업의 미국 상장에 대해서는 다음을 참조하라. "How the Delisting of Chinese Firms on American Exchanges Might Play Out," Buttonwood's Notebook, *The Economist*, August 14, 2021; Paul Kiernan, "SEC to Set New Disclosure Requirements for Chinese Company IPOs," *Wall Street Journal*, July 30, 2021; and Keith Zhai, "China Plans to Ban U.S. IPOs for Data-Heavy Tech Firms," *Wall Street Journal*, August 27, 2021. 미국 정부의 외국인투자심의위원회(CIFIUS) 확대에 대해서는 다음을 참조하라. Alan Rappeport, "U.S. Outlines Plans to Scrutinize Chinese and Other Foreign Investment," *New York Times*, September 17, 2019. 거래제한 업체 명단을 무기로 활용하는 것

에 대해서는 다음을 참조하라. Eversheds Sutherland LLP, "US Maximizes Sanctions Pressure on China with 'Entity Listing' of 59 Chinese Entities," *JD Supra*, December 22, 2020.

14장

1. 자료 출처: US Department of Commerce (Bureau of Economic Analysis).
2. 다음을 참조하라. Conference Board, "The China Trade Challenge: Phase II," *Solution Briefs*, July 2020.
3. 1단계 준수는 피터슨국제경제연구소의 채드 본(Chad Bown)이 세심하게 모니터링했다. 다음을 참조하라. Chad P. Bown, "US-China Phase One Tracker: China's Purchases of US Goods," Peterson Institute for International Economics, March 11, 2022. 그 약속이 실패할 수밖에 없었던 점을 본이 놀랍도록 예리하게 밝혀낸 내용에 대해서는 다음을 참조하라. Chad P. Bown, "China Bought None of the Extra $200 Billion of US Exports in Trump's Trade Deal," Peterson Institute for International Economics, March 8, 2022. 미국무역대표부의 캐서린 타이는 1단계 약속이 지켜지지 않은 것에 대한 중국의 책임을 계속 묻기 위해 여러 차례의 공개적인 성명을 통해서 목소리를 높였다. 다음을 참조하라. David Lawler, "U.S. Trade Chief Tai Says Getting 'Traction' with China in 'Phase I' Deal Talks," Reuters, November 10, 2021. 아울러 다음을 참조하라. "Testimony of Ambassador Katherine Tai Before the House Ways & Means Committee on the President's 2022 Trade Policy Agenda," March 30, 2022, available at https://ustr.gov/about-us/policy-offices/press-office/speeches-and-remarks/2022/march/testimony-ambassador-katherine-tai-house-ways-means-committee-hearing-presidents-2022-trade-policy.
4. 다음을 참조하라. Chad P. Bown, "US-China Trade War Tariffs," Peterson Institute for International Economics, March 26, 2021. 아울러 다음을 참조하라. Erica York, "Tracking the Economic Impact of U.S. Tariffs and Retaliatory Actions," Tax Foundation Tariff Tracker, September 18, 2020.
5. 미국과 중국이 서로에게 매기는 보복관세를 처음부터 매기지 않았을 경우와 비교해 추가로 부담하게 되는 비용, 즉 '관세로 징수되는 세금' 650억 달러는 다음과 같이 계산해서 나온 것이다. 미국의 중국 수입품 가운데 약 66퍼센트에 매기는 미국의 관세율은 2018년 1월 3.1퍼센트에서 2021년 1월까지 19.3퍼센트로 인상되었다. 이 16.2퍼센트포인트의 관세 인상은 연간 약 540억 달러에 해당된다. 중국의 미국 수입품 가운데 약 58퍼센트에 매기는 중국의 관세율 차이 12.7

퍼센트포인트(2018년 1월 8퍼센트에서 2021년 1월 20.7퍼센트로)는 연간 약 110억 달러에 해당된다. 이 둘을 합치면 650억 달러다. 자료 출처: 다음의 자료를 토대로 한 저자의 계산이다. Chad Bown, PIIE (October 2021) and the US Department of Commerce (BEA).

6. 그 예로 다음을 참조하라. David Wessel, "How Worried Should You Be about the Federal Deficit and Debt?" Brookings Voter Vitals, July 8, 2020; Douglas W. Elmendorf, "Why We Should Not Reduce Budget Deficits Now," remarks delivered at a conference at Princeton University, Princeton, NJ, February 22, 2020; and Desmond Lachman, "With Low Interest Rates, Should We Really Ignore Budget Deficits?" American Enterprise Institute, June 8, 2020.

7. 다음을 참조하라. Stephen S. Roach, "The Fed Must Think Creatively Again," *Project Syndicate*, November 22, 2021.

8. 다음을 참조하라. "Pelosi-Schumer Remarks at Press Conference on Trump FY2021 Budget," February 11, 2020, available at https://www.speaker.gov/newsroom/21120-0; and Mitch McConnell, "President Biden's Budget 'Would Drown American Families in Debt, Deficits, and Inflation,'" press release, May 28, 2021, available at https://www.republicanleader.senate.gov/newsroom/press-releases/mcconnell-president-bidens-budget-would-drown-american-families-in-debt-deficits-and-inflation-. 아울러 다음을 참조하라. Kevin L. Kliesen, "Do We Have a Saving Crisis?" *Regional Economist,* St. Louis Federal Reserve Bank, July 2005; Daniel J. Mitchell, "How Government Policies Discourage Savings," *Heritage Foundation Backgrounder* No. 1185, June 2, 1998; and George Packer, "America's Plastic Hour Is Upon Us," *The Atlantic*, October 2020.

9. 저축 정책에 대한 비판은 전형적으로 막대한 규모의 예산 적자에서 발생할 수 있는 잠재적인 영향을 놓고 미국에서 오랜 세월 진행되었던 정책 논쟁의 맥락에서 나타난다. 노벨 경제학상 수상자인 경제학자 폴 크루그먼은 '적자 꾸짖기(deficit scolds, 미래의 공포에 사로잡혀 적자를 잘못된 것으로만 바라보는 태도-옮긴이)'라는 용어를 만들어 이런 태도를 강력하게 비판했다. 그의 초기 저작들 가운데 하나에 대해서는 다음을 참조하라. Paul Krugman, "What the Deficit Scolds Won't Say about the Fiscal Cliff," *Akron Beacon Journal*, November 13, 2012. 아울러 다음을 참조하라. Jason Furman and Lawrence H. Summers, "Who's Afraid of Budget Deficits?" *Foreign Affairs*, March/

April 2019; and James McBride and Andrew Chatzky, "The U.S. Trade Deficit: How Much Does It Matter?" Council on Foreign Relations Backgrounder, March 8, 2019. 적자 및 저축을 부정하는 태도는 최근의 현대 통화이론(정부의 지출이 세수를 넘어서면 안 된다는 주류 경제학의 철칙을 깨고, 경기부양을 위해 정부가 화폐를 계속 발행해야 한다는 주장─옮긴이)을 둘러싼 논쟁에도 슬금슬금 스며들었다. 다음을 참조하라. Stephanie Kelton, *The Deficit Myth: Modern Monetary Theory and the Birth of the People's Economy* (New York: Public Affairs, 2020).

10. 켈리앤 콘웨이 전 대통령 자문위원이 '대안적인 사실들'이라는 기억하기 쉬운 문구를 만들어냈지만, 이는 트럼프 행정부와 공화당 지지자들을 위한 작동 프로토콜로 빠르게 자리를 잡았다. 다음을 참조하라. Aaron Blake, "Kellyanne Conway's Legacy: The 'Alternative Facts'-ification of the GOP," *Washington Post*, August 24, 2020.

11. 그 예로 다음을 참조하라. Jyh-An Lee, "Forced Technology Transfer in the Case of China," *Journal of Science & Technology Law* 6, no. 2 (August 2020); Anton Malkin, "Beyond 'Forced' Technology Transfers: Analysis of and Recommendations on Intangible Economy Governance in China," Center for International Governance Innovation, CIGI Papers No. 239, March 2020; Julia Ya Qin, "Forced Technology Transfer and the US-China Trade War: Implications for International Economic Law," *Journal of International Economic Law* 22, no. 4 (December 2019).

12. 4장에서도 언급했듯이 외국 기업이 외국의 지적재산을 정당하게 취득하기 위해서 라이선스 수수료와 로열티를 지불하는 법률적으로 완벽한 법적 기술 이전 메커니즘이 있다. 미국과 중국을 포함해 대부분 국가는 정상적인 사업 과정에서 법률적으로 뒷받침되는 이런 방식으로 기술을 이전한다. 중요한 것은 최근 몇 년 동안 중국이 외국의 지적재산을 사용하면서 대가로 지불하는 금액이 급격히 늘어났지만 아일랜드나 네덜란드나 미국에 비하면 이런 대가 지불이 매우 뒤처져 있음은 사실이다. 그런데 기술 이전의 이런 법률적 형식은 중국을 무역 전쟁의 악당으로 악마화하는 과정에서 간과되고 있다. 다음을 참조하라. Nicholas R. Lardy, "China: Forced Technology Transfer and Theft?" *China Economic Watch* (blog), Peterson Institute for International Economics, April 29, 2018.

13. 다음을 참조하라. Rappeport, "U.S. Outlines Plans to Scrutinize Chinese and Other Foreign Investment."

14. 다음을 참조하라. Nicolas F. Runnels, "Securing Liberalization: China's

New Foreign Investment Law," *Journal of International Law and Politics*, December 6, 2020; Jia Sheng, Chunbin Xu, and Wenjun Cai, "Implementing China's New Foreign Investment Law," Emerging Trends, Pillsbury Law, July 2020; Maurits Elen, "What's Missing in China's Foreign Investment Law?" Interview in *The Diplomat*, January 22, 2020; and Yawen Zheng, "China's New Foreign Investment Law and Its Contribution towards the Country's Development Goals," *Journal of World Investment and Trade* 22, no. 3 (June 2021). 아울러 다음을 참조하라. US Department of State, "2021 Investment Climate Statements: China," available at https://www.state.gov/reports/2021-investment-climate-statements/china/.

15. 2021년 여름 바이든 정부가 오랫동안 약속했던 미국의 대중 무역 정책 검토를 질질 끌자 조바심이 점점 커지고 있었다. 또 미국이 중국의 산업 정책과 중국이 국영기업에 제공하는 보조금을 겨냥해서 새로운 행동에 나설 것이라는 암시도 있었다. 다음을 참조하라. Gavin Bade, "'Lay Out the Strategy': Corporate America Grows Impatient on Biden's China Trade Review," *Politico*, August 16, 2021; and Bob Davis and Lingling Wei, "Biden Administration Takes Aim at China's Industrial Subsidies," *Wall Street Journal*, September 11, 2021.

16. 다음을 참조하라. Petros C. Mavroidis and Andre Sapir, "China and the WTO: An Uneasy Relationship," VoxEU, April 29, 2021; Romi Jain, "China's Compliance with the WTO: A Critical Examination," *Indian Journal of Asian Affairs* 29, no. 1/2 (June – December, 2016); and US Trade Representative, "2020 Report to Congress on China's WTO Compliance," January 2021.

17. 다음을 참조하라. Todd Allee and Clint Peinhardt, "Evaluating Three Explanations for the Design of Bilateral Investment Treaties," *World Politics* 66, no. 1 (January 2014).

18. 미국이 볼리비아 및 에콰도르와 체결했던 BIT는 종료되었다. 6개국(벨라루스, 엘살바도르, 아이티, 니카라과, 러시아, 우즈베키스탄)과 체결한 BIT는 아직 비준과 발효 과정을 거치지 않았다. 자료 출처: https://www.state.gov/investment-affairs/bilateral-investment-treaties-and-related-agreements/united-states-bilateral-investment-treaties/.

19. 다음을 참조하라. Michael Froman, "Trump Needs a Comprehensive Trade Deal with China. Luckily, He Has This to Build On," , February 4, 2019.

20. 자료 출처: The BIT tab of the website of the Office of the US Trade

Representative, Executive Office of the President, available at https://ustr.gov/trade-agreements/bilateral-investment-treaties.

21. 2012년의 미국의 표준적인 BIT 틀은 다음에서 볼 수 있다. https://www.state.gov/investment-affairs/bilateral-investment-treaties-and-related-agreements/.

22. 자료 출처: The BIT tab of the US State Department website, available at https://www.state.gov/investment-affairs/bilateral-investment-treaties-and-related-agreements/united-states-bilateral-investment-treaties/.

23. 다음을 참조하라. Peter Carberry, "China's Fourth Model Bilateral Investment Treaty," *European Guanxi*, November 15, 2020; Arendse Huld, "China BITs: How to Use Investment Agreements," *China Briefing*, Dezan, Shira & Associates, August 17, 2021, available at https://www.china-briefing.com/news/china-bits-how-to-use-bilateral-investment-treaties/; and https://tcc.export.gov/Trade_Agreements/Bilateral_Investment_Treaties/index.asp.

24. 다음을 참조하라. Huld, "China BITs."

25. 예를 들면 1981년에 시작된 미국 프로그램에 따라 체결된 첫 번째 조약인 미국-이집트 BIT에는 이집트의 외환보유고를 보호하기 위한 특별 조항이 포함되어 있었다. 또 특히 유통 부문(도매, 소매, 수출입 부문 활동들)에서 제외된 산업에 대한 광범위한 '부정적인 목록'도 포함되어 있었을 뿐만 아니라 투자은행, 머천트뱅크, 재보험사 등에도 이 조항은 적용되었다. 미국-폴란드 BIT는 "동유럽의 특별한 상황"을 고려해서 표준적인 틀을 수정한 폭이 상당히 컸다. 개발도상국에 초점을 맞췄던 애초의 한계를 넘어선 이런 BIT에는 '비즈니스 및 경제 관계 조약'이라는 명칭이 붙었다. 다음을 참조하라. "Egypt Bilateral Investment Treaty," Senate Treaty Doc. 99-24, signed March 11, 1986 (modified); "Argentina Bilateral Investment Treaty," Senate Treaty Doc. 103-1, signed November 14, 1991; "Poland Business and Economic Relations Treaty," Senate Treaty Doc. 101-18, signed March 21, 1990; "Turkey Bilateral Investment Treaty," Senate Treaty Doc. 99-19, signed December 3, 1985; "Uruguay Bilateral Investment Treaty," Senate Treaty Doc. 109-9, signed November 4, 2005; and "Rwanda Bilateral Investment Treaty," Senate Treaty Doc. 110-23, signed February 19, 2008. 이 조약들은 다음 미국무역대표부 웹사이트에서 볼 수 있다. https://tcc.export.gov/Trade_Agreements/Bilateral_Investment_Treaties/index.asp.

26. 다음을 참조하라. Gisela Grieger, "EU-China Comprehensive Agreement

on Investment: Levelling the Playing Field with China," Briefing, European Parliament, March 2021; Alicia Garcia-Herrero, "The EU-China Investment Deal May Be Anachronic in a Bifurcating World," *China-US Focus*, March 2021; and Weinian Hu, "The EUChina Comprehensive Agreement on Investment," *CEPS Policy Insight*, May 2021.

27. 다음을 참조하라. Alexander Chipman Koty, "European Parliament Votes to Freeze the EU-China Comprehensive Agreement on Investment," *China Briefing*, Dezan, Shira & Associates, May 27, 2021; and "China's Embrace of Sanctions Costs It an Investment Deal with the EU," *Bloomberg News*, May 20, 2021.

28. 다음을 참조하라. Jonathan T. Stoel and Michael Jacobson, "U.S. Free Trade Agreements and Bilateral Investment Treaties: How Does Ratification Differ?" *Kluwer Arbitration Blog*, Wolters Kluwer, October 28, 2014; and Jane M. Smith, Daniel T. Shedd, and Brandon J. Murrill, "Why Certain Trade Agreements Are Approved as Congressional-Executive Agreements Rather than Treaties," Congressional Research Service, April 15, 2013.

29. 북미자유무역협정(NAFTA)은 1993년 11월 하원에서 234 대 200, 상원에서 61 대 38로 통과되었다. 미국-멕시코-캐나다 협정은 2019년에 하원에서 385 대 41로, 2020년에 상원에서 89 대 10으로 통과되었다. 자료 출처: Clerk, US House of Representatives, https://clerk.house.gov/Votes; and US Senate, "Legislation and Records," https://www.senate.gov/legislative/votes_new.htm.

30. 국제적인 사무국을 다루는 저작은 이런 조직의 주요 기능을 다음 다섯 가지로 꼽는다. 바로 봉사, 상호 의사소통, 종합, 협상, 집단의식 유지다. 다음을 참조하라. Anne Winslow, "Functions of an International Secretariat," *Public Administration Review* 30, no. 3 (May-June 1970). 아울러 다음을 참조하라. Charles Winchmore, "The Secretariat: Retrospect and Prospect," *International Organization* 19, no. 3 (Summer 1965).

31. 2009년부터 2012년까지 중국과 S&ED를 상대하는 미국 재무부 선임 조정자였던 데이비드 로에빙거(David Loevinger)는 워싱턴 D.C.에서 전문가 다섯 명을 이끌고 연례 S&ED 회의 준비를 맡았다. 2021년 9월 로에빙거와 저자가 나누었던 2021년 9월의 이메일에 따르면 그 회의 날짜가 다가오자 해당 업무를 수행하는 직원은 "베이징 주재 미국 대사관의 대부분 부서 소속 직원 그리고 [미국 국무부와 백악관 국가안보회의를 포함해] 그 회의에 관련된 모든 기관에서 선발된

인원을 포함해서 문자 그대로 수백 명으로 늘어났다." 로에빙거는 계속해서 "해마다 또는 6개월마다 열리는 거창한 회의는 우리가 하던 일에서 가장 덜 중요하던 부분이었다"라고 지적했다. 그는 미국 재무부가 중국을 상대로 공식적으로 수행했던 업무 대부분은 상대적으로 소수의 미국 고위 관리들과 중국 고위 관리들 사이에서 계속 이뤄졌다고 강조했다.

32. 다음을 참조하라. Stephen Roach, "Time for the U.S. and China to Collaborate, Not Complain," *Bloomberg Opinion*, March 30, 2020.

33. 미국이 WTO를 개혁해야 한다고 고집을 부리는 바람에 2018년 이후로는 WTO의 항소법원 판사 임명이 막히면서 관련 분쟁을 해결하는 과정이 제대로 작동하지 못하고 있다. 그러나 WTO는 여전히 "세계에서 가장 능동적인 국제 분쟁 메커니즘"을 가지고 있다고 자부한다. WTO는 1995년에 설립된 이후로 약 606개의 분쟁을 해결하는 350개 이상의 판결을 내렸다. 다음을 참조하라. https://www.wto.org/english/tratop_e/dispu_e/dispu_e.htm. 아울러 다음을 참조하라. Jeongho Nam, "Model BIT: An Ideal Prototype or a Tool for Efficient Breach?" *Georgetown Journal of International Law* 48, no. 4 (Summer 2017).

미국과 중국은 왜 갈등하는가
우발적 충돌

제1판 1쇄 인쇄 | 2023년 8월 18일
제1판 1쇄 발행 | 2023년 9월 4일

지은이 | 스티븐 로치
옮긴이 | 이경식
펴낸이 | 김수언
펴낸곳 | 한국경제신문 한경BP
책임편집 | 김종오
교정교열 | 김순영
저작권 | 백상아
홍보 | 서은실·이여진·박도현
마케팅 | 김규형·정우연
디자인 | 권석중
본문디자인 | 디자인현

주소 | 서울특별시 중구 청파로 463
기획출판팀 | 02-3607-553~6
영업마케팅팀 | 02-3604-595, 583 **FAX** | 02-3604-599
H | http://bp.hankyung.com **E** | bp@hankyung.com
T | @hankbp **F** | www.facebook.com/hankyungbp
등록 | 제2-315(1967.5.15)

ISBN 978-89-475-4894-6 03340